Helmut König · Michael Kohlstruck
Andreas Wöll (Hrsg.)

Vergangenheitsbewältigung am Ende des zwanzigsten Jahrhunderts

Mit Beiträgen von
Andreas Wöll, Constantin Goschler, Joachim Perels, Heinz Bude, Michael Kohlstruck, Lore Maria Peschel-Gutzeit, Tine Stein, Annette Weinke, Christiane Brenner, Attila Schauschitz, Sabine Grabowski, Kazimierz Wóycicki, Zdzisław Krasnodębski, Irmela Hijiya-Kirschnereit, Heribert Adam, Helmut König, Werner Bergmann, Helmut Fleischer, Bernhard Schlink

Springer Fachmedien Wiesbaden GmbH

Alle Rechte vorbehalten
© Springer Fachmedien Wiesbaden 1998
Ursprünglich erschienen bei Westdeutscher Verlag GmbH, Opladen/Wiesbaden, 1998

Das Werk einschließlich aller seiner Teile ist urheberrechtlich geschützt. Jede Verwertung außerhalb der engen Grenzen des Urheberrechtsgesetzes ist ohne Zustimmung des Verlags unzulässig und strafbar. Das gilt insbesondere für Vervielfältigungen, Übersetzungen, Mikroverfilmungen und die Einspeicherung und Verarbeitung in elektronischen Systemen.

http://www.westdeutschervlg.de

Höchste inhaltliche und technische Qualität unserer Produkte ist unser Ziel. Bei der Produktion und Verbreitung unserer Bücher wollen wir die Umwelt schonen: Dieses Buch ist auf säurefreiem und chlorfrei gebleichtem Papier geduckt. Die Einschweißfolie besteht aus Polyäthylen und damit aus organischen Grundstoffen, die weder bei der Herstellung noch bei der Verbrennung Schadstoffe freisetzen.

Umschlaggestaltung: Horst Dieter Bürkle, Darmstadt
Satz: Martina Fleer, Herford

Gedruckt auf säurefreiem Papier

ISBN 978-3-531-13156-6   ISBN 978-3-663-11730-8 (eBook)
DOI 10.1007/978-3-663-11730-8

Inhalt

Einleitung der Herausgeber 7

I. Bewältigung der NS-Vergangenheit

Andreas Wöll: „Wegweisend für das deutsche Volk" – Der 20. Juli 1944: Öffentliche Erinnerung und Vergangenheitsbewältigung in der Bundesrepublik 17

Constantin Goschler: Offene Fragen der Wiedergutmachung. Entschädigungsforderungen von Verfolgten des Nationalsozialismus als politischer Diskurs 38

Joachim Perels: Die Zerstörung von Erinnerung als Herrschaftstechnik. Adornos Analysen zur Blockierung der Aufarbeitung der NS-Vergangenheit 53

Heinz Bude: Die Erinnerung der Generationen 69

Michael Kohlstruck: Zwischen Geschichte und Mythologisierung. Zum Strukturwandel der Vergangenheitsbewältigung 86

II. Auseinandersetzung mit der DDR-Vergangenheit

Lore Maria Peschel-Gutzeit: Die Bedeutung des Nürnberger Juristenprozesses für die justitielle Bearbeitung der DDR-Vergangenheit 111

Tine Stein: Vergangenheitsbewältigung im Medium der Verfassungspolitik? Die deutsche Verfassungsdiskussion nach 1989 zwischen Vergangenheit und Zukunft 136

Annette Weinke: Der Umgang mit der Stasi und ihren Mitarbeitern 167

III. Osteuropa

Christiane Brenner: Vergangenheitspolitik und Vergangenheitsdiskurs in Tschechien 1989-1998 195

Attila Schauschitz: Vergangenheitsbewältigung in Ungarn. Dossier und Analyse 233

Sabine Grabowski: Vergangenheitsbewältigung in Polen. Dossier und Analyse 261

Kazimierz Wóycicki: Opfer und Täter – Die polnische Abrechnung mit der Geschichte nach 1989 291

Zdzisław Krasnodębski: Lob, Verlegenheit und Irritation – Deutsche Vergangenheitsbewältigung und polnische Schwierigkeiten mit der Geschichte . 309

IV. Japan und Südafrika

Irmela Hijiya-Kirschnereit: „Kriegsschuld, Nachkriegsschuld". Vergangenheitsbewältigung in Japan 327

Heribert Adam: Widersprüche der Befreiung: Wahrheit, Gerechtigkeit und Versöhnung in Südafrika 350

V. Theorie der Vergangenheitsbewältigung

Helmut König: Von der Diktatur zur Demokratie oder Was ist Vergangenheitsbewältigung 371

Werner Bergmann: Kommunikationslatenz und Vergangenheitsbewältigung . 393

Helmut Fleischer: Mit der Vergangenheit umgehen. Prolegomena zu einer Analytik des Geschichtsbewußtseins 409

Bernhard Schlink: Die Bewältigung von Vergangenheit durch Recht 433

Verzeichnis der Autorinnen und Autoren 452

Helmut König / Michael Kohlstruck / Andreas Wöll

Einleitung

I.

Der Begriff Vergangenheitsbewältigung hat sich in den letzten Jahren von dem historischen Kontext, auf den er ursprünglich gemünzt war, abgelöst. Aus dem Namen für einen ethisch-moralischen Umgang mit der Vergangenheit des Nationalsozialismus in Deutschland ist ein Gattungsbegriff geworden, der heute in politik- und sozialwissenschaftlichen Analysen der Ablösung von Diktaturen durch Demokratien einen festen Platz hat. Das Ende des Staatssozialismus und die Aufgabe, in Deutschland erneut das Erbe einer Diktatur in eine Demokratie zu überführen, hat zu dieser semantischen Generalisierung wesentlich beigetragen. Die Rede war von der „doppelten Vergangenheit"[1] und in der Folge eben von der Aufgabe einer „zweifachen" oder „doppelten Vergangenheitsbewältigung".[2]

Das führte zu der Frage, ob und inwieweit im Blick auf die Bundesrepublik und im internationalen Kontext Vergleiche erlaubt, möglich und sinnvoll sind.[3] Die Debatte darüber ist in vollem Gange.[4] Unabhängig von ihrem Ausgang bleibt festzuhalten, daß der Terminus Vergangenheitsbewältigung zu einer Sammelbezeichnung für jene Aktivitäten geworden ist, mit denen sich demokratische und auf die Menschenrechte verpflichtete politische Systeme und Gesellschaften mit ihren durch Diktatur und Verbrechen gekennzeichneten Vorgängersystemen auseinandersetzen. Der Vorschlag, den Begriff zu formalisieren und zur Bezeichnung der Auseinandersetzung mit den Folgen jedweden politischen Systemwechsels zu benutzen,[5] hat sich nicht durchgesetzt. „Die entscheidende Voraussetzung jedes Anspruchs auf Vergangenheitsbewältigung ist (...) der vorausgegangene (...) Kontinuitätsbruch, der in der Regel Verfolgung, Entrechtung, Behinderung derjenigen Menschen und Strukturen bedeutet, gegen die sich die proklamierte 'revolutionäre Veränderung' richten sollte. Hinzu kommt aber auch die Einsicht in die Verstrickung großer Bevölkerungsteile in diesen Kontinuitätsbruch."[6]

1 Jäckel (1991).
2 Hoffmann (1993); Faulenbach (1995).
3 Hoffmann/Jesse (1993); Jesse (1993); Sühl (1994).
4 Courtois (1998).
5 Quaritsch (1992).
6 Steinbach (1994, S. 11).

Am Anfang, in den frühen 50er Jahren der Bundesrepublik, war „Vergangenheitsbewältigung" ein Terminus, der unter Wissenschaftlern allenfalls von Historikern verwendet wurde.[7] Dies hat sicher mit der Entstehung des Wortes im Umfeld eines theologisch und moralisch geprägten Politikverständnisses zu tun.[8] Die Herausforderung der „unbewältigten Vergangenheit" wurde häufig als die ausstehende Auseinandersetzung mit der jeweiligen individuellen Beteiligung am Nationalsozialismus verstanden und damit als ein Akt individueller Selbst- und Gewissensprüfung.[9]

Der früheste Beleg für die Verwendung des Wortes findet sich in einer „Einladung zu einer Tagung zum 20. Juli" der Evangelischen Akademie Berlin im Sommer 1955. Thema der Tagung war die „Verbindlichkeit und Problematik unserer Geschichte". Der damalige Akademieleiter Erich Müller-Gangloff sprach zu diesem Zeitpunkt allerdings noch nicht von einem tatsächlich stattfindenden Prozeß oder gar einem Resultat der Vergangenheitsbewältigung; er betonte statt dessen die Aufgabe, sich überhaupt mit „den Schatten einer unbewältigten Vergangenheit" auseinanderzusetzen. Müller-Gangloff hat mit diesem, in den folgenden Jahren immer häufiger in substantivierter Form genutzten Terminus einen Begriff geschaffen, der für die Formulierung von Ansprüchen und Kritik ebenso geeignet war wie für die Beschreibung tatsächlicher Prozesse.

Immer wieder ist das Wort Vergangenheitsbewältigung kritisiert worden. Ein erster Einwand bezieht sich auf die mit dem Wortteil „Bewältigung" verbundene Implikation eines verändernden Handelns. Damit – so der Einwand – werde gerade der wesentliche Unterschied zwischen Vergangenheit und Gegenwart ignoriert. Die Vergangenheit sei abgeschlossen, und lediglich Gegenwart und Zukunft seien veränderbar. Die Auseinandersetzung mit der Vergangenheit könne deshalb nicht in der Weise konzipiert werden, in der man an die Herausforderungen aktueller und zukünftiger Aufgaben herangehe. Gegenüber der Vergangenheit sei überhaupt nur ein Bewerten, nicht ein Bewältigen denkbar.[10]

Eine schwächere Version dieses Arguments besagt, daß Vergangenheitsbewältigung generell vielleicht möglich sei, der Nationalsozialismus mit seinen singulären Verbrechen davon jedoch ausgenommen werden müsse.[11] Andere Autoren

---

7 Heimpel (1960).
8 Klingenstein (1988).
9 Heimpel (1960); Freyer (1964); Mitscherlich/Mitscherlich (1967, S. 24); Bergmann/Erb/Lichtblau sprechen deshalb von „Vergangenheitsbewältigung" als einem „politisch-psychologischen" Begriff (1995, S. 11).
10 So Peter R. Hofstätter: „Es gibt auf der ganzen Erde kein Volk, das seine Vergangenheit je bewältigt hätte. Man kann sich von ihr bloß sachte distanzieren, bis zu jenem Punkt, wo die Affekte von damals den blutleeren Schatten ähnlich werden, mit denen Odysseus am Tor des Hades für kurze Zeit Zwiesprache hielt. Es scheint mir unklug, wenn wir uns eine prinzipiell unlösbare Aufgabe stellen." (Die Zeit vom 14.6.1963, zitiert nach Reichel 1984, S. 145 f.) Völlig konträr hierzu meint Chargaff „Vergangenheitsbewältigung ist ein dummes Wort. Ihre Bewältigung, wenn es so etwas gibt, hat die Vergangenheit immer in eigener Regie übernommen" (Chargaff 1988, S. 71).
11 Vgl. etwa Hannah Arendts Rede anläßlich der Entgegennahme des Lessing-Preises der

Einleitung

gehen umgekehrt davon aus, daß auch für den Nationalsozialismus eine Vergangenheitsbewältigung denkbar und möglich sei, machen aber auf eine andere Schwierigkeit aufmerksam. „Bewältigung" impliziere die trügerische Annahme, daß die Auseinandersetzung mit der Geschichte wirklich vollendet werden könne, und zwar in dem doppelten Sinne, daß sie zu einem Abschluß komme und daß sie gelinge.[12] Das wichtigste bei der Auseinandersetzung mit der NS-Vergangenheit aber bestehe gerade in der Einsicht, daß es unmöglich ist, mit ihr zu einem Ende zu kommen oder mit ihr fertig zu werden.[13]

Viele Autoren ziehen es vor, statt von Vergangenheitsbewältigung von der „Aufarbeitung der Vergangenheit" zu sprechen – ein Begriff, den Adorno 1959 in die Diskussion eingeführt hat und der seitdem vor allem im Bildungs- und Erziehungsbereich verwendet wird.[14] Peter Reichel hat den Begriff „Erinnerungskultur" vorgeschlagen, der unpathetisch sei und sehr viel präziser auf „das Handlungsfeld, das kulturelle Teilsystem und den gesellschaftlichen Prozeßcharakter und die ästhetisch-kulturellen Medien der kollektiven Vergegenwärtigung von Vergangenheit" verweise.[15] Andere Autoren bevorzugen die Wendung des „Umgangs mit der Vergangenheit".[16]

Alle diese Begriffe haben den Nachteil, daß sie sich nur auf *eine* Dimension der Auseinandersetzung mit der Vergangenheit und ihren Folgen beziehen. Das Spektrum der politischen, kulturellen, juristischen, wissenschaftlichen, pädagogi-

---

Stadt Hamburg: „Hinter der neuerlich in Deutschland vielfach diskutierten und leider nur zu verbreiteten Neigung, so zu tun, als habe es die Jahre 1933 bis 1945 gar nicht gegeben, (...) steckt natürlich eine echte Ratlosigkeit. (...) Wie schwer es sein muß, hier einen Weg zu finden, kommt vielleicht am deutlichsten in der gängigen Redensart zum Ausdruck, das Vergangene sei noch nicht bewältigt, und in der gerade Menschen guten Willens eigenen Überzeugung, man müsse erst einmal darangehen, 'die Vergangenheit zu bewältigen'. Dies kann man wahrscheinlich überhaupt mit keiner Vergangenheit, sicher aber nicht mit dieser. Das Höchste, was man erreichen kann, ist zu wissen und auszuhalten, daß es so und nicht anders gewesen ist, und dann zu sehen und abzuwarten, was sich daraus ergibt." (Arendt 1960, S. 32 f.) – Diese These wird später etwa von Hans und Sophinette Becker wieder aufgegriffen: Die literarische Abrechnung von Niklas Frank mit seinem Vater Hans Frank scheint ihnen „exemplarisch dafür zu stehen, daß eine 'Bewältigung' der NS-Vergangenheit (gerade ihrer 'Greuel-Seite') unmöglich ist – es gibt lediglich eine Auseinandersetzung mit dieser" (Becker/Becker 1989, S. 46).

12 Wenke (1960, S. 67).
13 So z.B. Günther Anders, der das Problem gerade darin sieht, daß sich die Deutschen in ihrer Mehrzahl „von der Vergangenheit nicht hatten beunruhigen lassen". Deshalb sei nicht Bewältigung der Vergangenheit zu fordern, sondern umgekehrt, daß die Deutschen „mit ihrer Vergangenheit nun einmal nicht fertigwerden, daß sie sich nun endlich ein Trauma schlagen und schlagen lassen. Nicht 'Heilung' heißt die Aufgabe, sondern 'Wunde'" (Anders 1979, S. 179).
14 Adorno (1959). Zu diesem Begriffsfeld gehört auch der Begriff der „Geschichtsaufarbeitung", für den es Ash zufolge – ebenso wie für „Vergangenheitsbewältigung" – kein Äquivalent in anderen Sprachen gibt (Ash 1997, 1998). Vgl. Dudek (1992, 1995); Bergmann/Erb/Lichtblau (1995).
15 Reichel (1995, S. 331).
16 Vgl. Jesse (1993), Danyel (1995), Steininger (1994).

schen und religiösen Handlungsdimensionen in seiner Gesamtheit geht auf diese Weise verloren.[17]

In den letzten Jahren sind die Kontroversen um den Begriff ebenso in den Hintergrund getreten wie die Debatten um die übergroße Frage, ob die Vergangenheitsbewältigung in der Bundesrepublik gelungen sei. Das Wort hat seinen festen Platz in der politischen Sprache und auch in die einschlägigen wissenschaftlichen Lexika Einzug gehalten.[18] Das Thema Vergangenheitsbewältigung ist zu einem normalen zeitgeschichtlichen und sozialwissenschaftlichen Forschungsfeld geworden.

II.

In der Bundesrepublik ist der Terminus Vergangenheitsbewältigung geprägt worden, und die Bundesrepublik ist das einzige Land, in dem sich in diesem Jahrhundert nach dem Ende von zwei sehr unterschiedlichen Diktaturen die nachfolgenden demokratischen Systeme die Aufgabe einer Vergangenheitsbewältigung gestellt haben. Der Umgang mit der NS-Vergangenheit und die besondere Qualität, die in diesem Umgang gesehen wurde, haben manchmal dazu geführt, den deutschen Fall der Vergangenheitsbewältigung als vorbildliches Modell zu empfehlen. Solche praktischen Nutzanwendungen sind jedoch zweifelhaft, weil sie Gefahr laufen, die Unterschiede in den jeweiligen Bedingungen und Voraussetzungen zu ignorieren. Sinnvoll dagegen ist es, die in der Bundesrepublik in den letzten 50 Jahren praktizierte Auseinandersetzung mit dem Nationalsozialismus als ein heuristisches und analytisches Modell zu verstehen und zu nutzen. Die Kenntnis der großen inneren Vielfalt und der Konflikte, die mit der Bewältigung der NS-Vergangenheit in der Bundesrepublik verbunden waren und bis heute verbunden sind, schärft den analytischen Blick auf Versuche anderer postdiktatorischer Staaten, die Folgen ihrer jeweiligen Vergangenheiten zu bewältigen.[19]

Erfahrungen von großem heuristischen Wert sind z.B. die in der Bundesrepublik der 50er und 60er Jahre sehr heftig ausgetragenen Kontroversen um Politiker, denen ihre Rolle im Nationalsozialismus zum Vorwurf gemacht wurde. Konflikte dieser Art sind für die Bewältigung der NS-Vergangenheit in der Bundesrepublik wegen der großen zeitlichen Distanz in Zukunft kaum noch zu erwarten. Aber die Kategorien, die für die empirische Erforschung und theoretische Durchdringung dieser Konflikte erarbeitet wurden,[20] können prinzipiell auch für die Un-

---

17 Andere Sammelbezeichnungen (vgl. Jesse 1997) werden im gleichen Sinn verwendet wie der in diesem Band vorherrschende deskriptive Begriff von Vergangenheitsbewältigung.
18 Jesse (1991).
19 Das zeigt in exemplarischer Weise der unlängst von Garton Ash (1998) unternommene synchrone Vergleich des Umgangs mit den Hinterlassenschaften des Staatssozialismus.
20 Herz/Schwab-Trapp (1997).

tersuchung von Kontroversen um öffentliche Personen geeignet sein, die wegen ihrer aktiven Beteiligung an einer anderen Diktatur attackiert werden.

Ähnliches läßt sich für die Erfahrungen sagen, die die Bundesrepublik mit der Ächtung des Antisemitismus gemacht hat.[21] Die Möglichkeiten und Grenzen des Versuchs, mit den Mitteln der Tabuisierung auf die politische Mentalität einer Bevölkerung Einfluß zu nehmen, sind nicht auf das Thema Antisemitismus und seine Funktion im Nationalsozialismus begrenzt, sondern darüber hinaus von grundsätzlicher Bedeutung.

Auch die ungewöhnlich breite und emotionale Resonanz der Behauptung, zur Mentalität der Deutschen habe bis zum Ende des Zweiten Weltkriegs ein eliminatorischer Antisemitismus gehört, ist in andere Zusammenhänge übertragbar. Das gilt besonders für den Aspekt, daß komplexe historische Prozesse für die Zwecke der Anschaulichkeit und der Radikalität von Geschichtsdeutungen in monokausale Interpretationen gezwängt werden und in den Debatten, in denen das Geschichtsbewußtsein postdiktatorischer Gesellschaften verhandelt wird, eher die Gesetze der Medienöffentlichkeit bestimmend sind als das Interesse an Sachlichkeit und Aufklärung.[22]

Ferner reichen auch die Fragen nach Gedächtnis, Gedenken und Erinnerung, wie sie im Zusammenhang mit der Bewältigung der NS-Vergangenheit immer wieder gestellt wurden, über den spezifischen Fall hinaus. Das gilt sowohl für die transgenerationelle Übertragung psychischer Belastungen (auf seiten der Opfer und auf seiten der Täter) wie für die Bedeutung, die generell der Generationszugehörigkeit für die Aktivitäten auf den verschiedenen Gebieten der Vergangenheitsbewältigung zukommt.[23] Und es gilt auch für die Kontroversen, wie sie sich an der Errichtung von Gedenkstätten und Denkmalen für die Opfer des Nationalsozialismus entzündet haben. Die gegenwärtige Debatte über die Errichtung eines zentralen Holocaust-Denkmals in Berlin ist nur der Höhepunkt in einer langen Kette von Auseinandersetzungen über die Möglichkeiten einer dem Grauen der Vergangenheit angemessenen Form des Gedenkens und der Erinnerung.

Die Aufzählung ließe sich vermutlich durch alle Aspekte und Facetten der Vergangenheitsbewältigung hindurch fortführen. Auch die allgemeine Verlaufsform der Konflikte um die Bewältigung der NS-Vergangenheit kann für die Beurteilung und Analyse anderer Fälle in anderen Ländern von Bedeutung sein. Zunächst standen in der Bundesrepublik politische und juristische Entscheidungen im Zentrum. Diese Entscheidungen waren über lange Jahre hin auch die Kristallisationspunkte der öffentlichen Kontroversen (Wiedergutmachung, Verjährung, Personalentscheidungen). Mittlerweile hat sich das Schwergewicht von der materiellen, entscheidungs- und ressourcenbezogenen Politik zu den diskursiven und

---

21 Etwa Bergmann/Erb (1986), Bergmann/Erb (1991), Bergmann (1997).
22 Heil/Erb (1998).
23 Hauer (1994), Rosenthal/Fischer-Rosenthal (1992), Bar-On/Brendler/Hare (1997), Welzer/Montau/Plaß (1997), Schwan (1997).

symbolischen Dimensionen der Beschäftigung mit dem Nationalsozialismus verlagert.

Im gleichen Zug hat sich der Diskurs über eine angemessene Auseinandersetzung mit der NS-Vergangenheit um eine selbstreflexive Schicht angereichert: Zu den Debatten über einen angemessenen aktuellen Umgang mit dem „Dritten Reich" ist die Frage hinzugekommen, wie die früheren Auseinandersetzungen mit der NS-Vergangenheit, insbesondere die der 50er Jahre, zu bewerten sind.[24] Das allerdings ist ein Aspekt, der naturgemäß bislang nur im Blick auf die NS-Vergangenheit ins Spiel gekommen ist. Mehr als 50 Jahre nach dem Ende des Nationalsozialismus kann von einem aktuellen politischen Handlungsbedarf zur Bewältigung dieser Vergangenheit kaum noch die Rede sein. Korrespondierend dazu tritt die Beschäftigung mit der Geschichte der Vergangenheitsbewältigung in den Vordergrund. Zugleich mit dem Blick auf die Geschichte wird die Frage nach den künftigen Möglichkeiten und Grenzen der Vergangenheitsbewältigung gestellt.[25]

Ob es um Geschichte und Zukunft des Umgangs mit der NS-Vergangenheit in der Bundesrepublik geht, um die gegenwärtige Bewältigung der staatssozialistischen Vergangenheit in Mittel- und Osteuropa oder um die Auseinandersetzungen mit der Apartheid-Vergangenheit in Südafrika – immer steht mehr zur Debatte als ein untergegangenes und abgetanes Regime. Es sind zentrale politische und moralische Fragen der jeweils eigenen Gegenwart, die hier im Medium der Auseinandersetzung mit der Vergangenheit verhandelt werden. Daher rührt der hohe Grad der öffentlichen Erregung, mit dem die entsprechenden Konflikte und Kontroversen in den jeweiligen Gesellschaften ausgetragen werden. Daran wird sich auch in absehbarer Zukunft kaum etwas ändern.

24 Etwa: Lübbe (1983), Kittel (1993), Frei (1996).
25 Müller (1994).

Literatur

Adorno, Theodor W., 1959: Was bedeutet: Aufarbeitung der Vergangenheit, in: Gerd Kadelbach (Hrsg.), Erziehung zur Mündigkeit. Vorträge und Gespräche mit Hellmut Becker 1959-1969, Frankfurt a.M. 1979, S. 10-28.
Anders, Günther, 1979: Besuch im Hades. Auschwitz und Breslau 1966. Nach „Holocaust", München.
Arendt, Hannah, 1960: Von der Menschlichkeit in finsteren Zeiten. Rede über Lessing, München.
Ash, Timothy Garton, 1997: Vier Wege zur Wahrheit. Machen wir es richtig? Wie machen es die anderen? Eine Zwischenbilanz, in: Die Zeit, Nr. 41 vom 03.10., S. 44.
Ash, Timothy Garton, 1998: Diktatur und Wahrheit. Die Suche nach Gerechtigkeit und die Politik der Erinnerung, in: Lettre, Nr. 40, S. 10-16.
Bar-On, Dan, Konrad Brendler und Paul A. Hare (Hrsg.), 1997: „Das ist kaputtgegangen an den Wurzeln ...". Identitätsformation deutscher und israelischer Jugendlicher im Schatten des Holocaust, Frankfurt a.M.

Becker, Sophinette und Hans Becker, 1989: Die Legende von der Bewältigung des Unerträglichen, in: Psychosozial, 11. Jg., Nr. 36, S. 44-54.
Bergmann, Werner, 1997: Antisemitismus in öffentlichen Konflikten. Kollektives Lernen in der politischen Kultur der Bundesrepublik 1949-1989, Frankfurt a.M./New York.
Bergmann, Werner und Rainer Erb, 1986: Kommunikationslatenz, Moral und öffentliche Meinung. Theoretische Überlegungen zum Antisemitismus in der Bundesrepublik Deutschland, in: KZfSS, 38. Jg., S. 223-246.
Bergmann, Werner und Rainer Erb, 1991: „Mir ist das Thema Juden irgendwie unangenehm". Kommunikationslatenz und die Wahrnehmung des Meinungsklimas im Fall des Antisemitismus, in: KZfSS, 43. Jg., H. 3, S. 502-519.
Bergmann, Werner, Rainer Erb und Albert Lichtblau, 1995: Einleitung: Die Aufarbeitung der NS-Vergangenheit im Vergleich. Österreich, die DDR und die Bundesrepublik Deutschland, in: Werner Bergmann, Rainer Erb und Albert Lichtblau (Hrsg.), Schwieriges Erbe. Der Umgang mit Nationalsozialismus und Antisemitismus in Österreich, der DDR und der Bundesrepublik Deutschland, Frankfurt a.M./New York, S. 11-17.
Chargaff, Erwin, 1988: Abscheu vor der Weltgeschichte, in: ders., Abscheu vor der Weltgeschichte. Fragmente vom Menschen, Hamburg 1991, S. 66-89.
Courtois, Stéphane, Nicolas Werth, Jean-Louis Panné, Andrzej Packowski, Karel Bartosek und Jean-Louis Margolin, 1998: Das Schwarzbuch des Kommunismus. Unterdrückung, Verbrechen und Terror, München.
Dudek, Peter, 1992: „Vergangenheitsbewältigung". Zur Problematik eines umstrittenen Begriffs, in: APuZ, Nr. B 1-2 vom 03.01., S. 44-53.
Dudek, Peter, 1995: „Der Rückblick auf die Vergangenheit wird sich nicht vermeiden lassen". Zur pädagogischen Verarbeitung des Nationalsozialismus in Deutschland 1945-1990, Opladen.
Danyel, Jürgen (Hrsg.), 1995: Die geteilte Vergangenheit. Zum Umgang mit Nationalsozialismus und Widerstand in beiden deutschen Staaten, Berlin.
Faulenbach, Bernd, 1995: Die doppelte „Vergangenheitsbewältigung". Nationalsozialismus und Stalinismus als Herausforderungen zeithistorischer Forschung und politischer Kultur, in: Jürgen Danyel (Hrsg.), Die geteilte Vergangenheit. Zum Umgang mit Nationalsozialismus und Widerstand in beiden deutschen Staaten, Berlin, S. 107-124.
Frei, Norbert, 1996: Vergangenheitspolitik. Die Anfänge der Bundesrepublik und die NS-Vergangenheit, München.
Freyer, Hans, 1964: Gesellschaft und Kultur, in: Golo Mann (Hrsg.), Propyläen Weltgeschichte. Eine Universalgeschichte, 10. Bd., Frankfurt a.M./Berlin, S. 499-591.
Hauer, Nadine, 1994: Die Mitläufer oder die Unfähigkeit zu fragen. Auswirkungen des Nationalsozialismus für die Demokratie von heute, Opladen.
Heil, Johannes und Rainer Erb (Hrsg.), 1998: Geschichtswissenschaft und Öffentlichkeit. Der Streit um Daniel J. Goldhagen, Frankfurt a.M.
Heimpel, Hermann (Hrsg.), 1960: Kapitulation vor der Geschichte? Gedanken zur Zeit, Göttingen.
Herz, Thomas und Michael Schwab-Trapp, 1997: Umkämpfte Vergangenheit. Diskurse über den Nationalsozialismus seit 1945, Opladen.
Hoffmann, Christa, 1993: Literaturbericht: Deutsche Vergangenheitsbewältigung, in: Jahrbuch Extremismus & Demokratie, Nr. 5, S. 193-218.
Hoffmann, Christa und Eckhard Jesse, 1993: Die 'doppelte' Vergangenheitsbewältigung in Deutschland: Unterschiede und Gemeinsamkeiten, in: Werner Weidenfeld (Hrsg.), Deutschland. Eine Nation – doppelte Geschichte, Köln, S. 209-234.
Jäckel, Eberhard, 1991: Die doppelte Vergangenheit, in: Der Spiegel, Nr. 52 vom 23.12., S. 39-43.
Jesse, Eckhard, 1991: Artikel „Vergangenheitsbewältigung", in: Werner Weidenfeld und Karl-Rudolf Korte (Hrsg.), Handwörterbuch zur deutschen Einheit, Bonn, S. 715-722.
Jesse, Eckhard, 1993: Umgang mit Vergangenheit, in: Werner Weidenfeld und Karl-Rudolf Korte (Hrsg.), Handbuch zur deutschen Einheit, Frankfurt a.M., S. 648-655.

Jesse, Eckhard, 1997: Doppelte Vergangenheitsbewältigung in Deutschland. Ein Problem der Vergangenheit, Gegenwart und Zukunft, in: Eckhard Jesse und Konrad Löw (Hrsg.), Vergangenheitsbewältigung, Berlin, S. 11-26.
Kittel, Manfred, 1993: Die Legende von der „Zweiten Schuld". Vergangenheitsbewältigung in der Ära Adenauer, Berlin.
Klingenstein, Grete, 1988: Über Herkunft und Verwendung des Wortes „Vergangenheitsbewältigung", in: Geschichte und Gegenwart, 7. Jg., H. 4, S. 301-312.
Lübbe, Hermann, 1983: Der Nationalsozialismus im deutschen Nachkriegsbewußtsein, in: Historische Zeitschrift, Nr. 236, S. 579-599.
Mitscherlich, Alexander und Margarete, 1967: Die Unfähigkeit zu trauern. Grundlagen kollektiven Verhaltens, München 1988.
Müller, Richard Matthias, 1994: Normal-Null und die Zukunft der deutschen Vergangenheitsbewältigung. Ein Essay, Schernfeld.
Quaritsch, Helmut, 1992: Theorie der Vergangenheitsbewältigung, in: Der Staat, 31. Jg., H. 4, S. 519-551.
Reichel, Peter, 1984: Vergangenheitsbewältigung als Problem unserer politischen Kultur. Einstellungen zum Dritten Reich und seinen Folgen, in: Jürgen Weber und Peter Steinbach (Hrsg.), Vergangenheitsbewältigung durch Strafverfahren? NS-Prozesse in der Bundesrepublik Deutschland, München, S. 145-163.
Reichel, Peter, 1995: Politik mit der Erinnerung. Gedächtnisorte im Streit um die nationalsozialistische Vergangenheit, München/Wien.
Rosenthal, Gabriele und Wolfram Fischer-Rosenthal (Hrsg.), 1992: Opfer und Täter nach dem „Dritten Reich". Biographische Verläufe über drei Generationen, in: Themenheft Psychosozial, 15. Jg., H. 3, Nr. 51.
Schwan, Gesine, 1997: Politik und Schuld. Die zerstörerische Macht des Schweigens, Frankfurt a.M.
Steinbach, Peter, 1994: Vergangenheitsbewältigungen in vergleichender Perspektive. Politische Säuberung, Wiedergutmachung, Integration, Berlin.
Steininger, Rolf (Hrsg.), 1994: Der Umgang mit dem Holocaust. Europa – USA – Israel, Wien/Köln/Weimar.
Sühl, Klaus (Hrsg.), 1994: Vergangenheitsbewältigung 1945-1989. Ein unmöglicher Vergleich?, Berlin.
Welzer, Harald, Robert Montau und Christine Plaß, 1997: „Was wir für böse Menschen sind!" Der Nationalsozialismus im Gespräch zwischen den Generationen, Tübingen.
Wenke, Hans, 1960: „Bewältigte Vergangenheit" und „Aufgearbeitete Geschichte". Zwei Schlagworte, kritisch beleuchtet, in: GWU, 11. Jg., S. 65-70.

I. Bewältigung der NS-Vergangenheit

Andreas Wöll

„Wegweisend für das deutsche Volk" – Der 20. Juli 1944: Öffentliche Erinnerung und Vergangenheitsbewältigung in der Bundesrepublik

Im Vordergrund dieses Aufsatzes steht die Analyse eines politischen Gedenktages: des 20. Juli 1944. Die öffentliche Kommunikation über die Bedeutung dieses Tages soll zum Anlaß genommen werden, einige Tendenzen und Strukturmerkmale der bundesdeutschen Auseinandersetzung über die NS-Vergangenheit herauszuarbeiten. Dies geschieht in zweifacher Absicht: Zum einen geht es darum, in einer *historischen Perspektive* zu klären, welche Inhalte in dieser Auseinandersetzung thematisiert werden und welchem Wandel der Konflikt unterlag. Zum anderen geht es in einer *systematischen Perspektive* darum, nach Regeln bzw. Mustern zu fragen, denen die bundesdeutschen Auseinandersetzungen über die NS-Vergangenheit unterlagen – ohne daß dies von den zeitgenössischen Akteuren erkannt wurde oder auch nur hätte erkannt werden können. Der Aufsatz versucht, beide Perspektiven durch einen Zugriff auf die geschichtspolitische Dimension dieser Auseinandersetzung zu erschließen. Das bedeutet, daß vor allem die Reden, Ansprachen und Stellungnahmen der politischen Eliten zum 20. Juli 1944 analysiert werden sollen.

Ich folge damit einer zuletzt von Edgar Wolfrum geäußerten Kritik, nach der in den Diskussionen über den Umgang mit der NS-Vergangenheit Fragen nach dem „Geschichtsbewußtsein" (also danach, welchen Niederschlag die Vergangenheit in Prozessen individueller Sozialisation gefunden hat) und der „Geschichtskultur" (also danach, wie der Nationalsozialismus gesellschaftlich begriffen worden ist) dominieren, während die Frage danach, wie mit der Vergangenheit Politik gemacht wird, in den Hintergrund getreten ist. Für Wolfrum ist es aber gerade mit Blick auf pluralistische Gesellschaften, „in denen es ein einheitliches Geschichtsbild nicht geben kann (...), ein lohnendes Unterfangen, Geschichtspolitik als Element politischer Gestaltung und Mobilisierung zu analysieren und die Dynamik des Politikums Geschichte am Ort der politischen Praxis sichtbar zu machen" (Wolfrum 1998, S. 384).

Diese Absicht bringt zwangsläufig einen veränderten Blick auf die Vergangenheitsbewältigung mit sich. An die Stelle der Frage, was eine „wahre" oder eine „falsche", eine angemessene oder eine unangemessene Art und Weise gewesen ist, über den Nationalsozialismus zu reden, tritt die nüchterne Analyse *wer* von *welchem Ort* aus mit *welchem Anspruch* oder mit *welchem Interesse in welcher Weise* über diese Vergangenheit spricht. Im Mittelpunkt des Interesses an Geschichtspolitik steht nicht länger die moralische Bewertung eines bestimmten Konflikts, sondern die Frage, wie der Diskurs funktionierte und welche Deutungen und politischen Optionen in ihm präsentiert werden.

Ausgehend von knappen Hinweisen zur bisherigen Einordnung des politischen Gedenkens an den 20. Juli 1944 werde ich im folgenden versuchen, die Praxis dieses Gedenkens darzustellen und als ein Fallbeispiel dafür zu analysieren, wie mit der NS-Vergangenheit in der Bundesrepublik Politik gemacht wurde. Der 20. Juli ist im politischen Kalender der Bundesrepublik ein zentrales Datum, an dem der nationalsozialistischen Herrschaft offiziell gedacht wird. Selten zeigen sich die politischen Eliten der Republik so stark motiviert, an die politische und moralische Katastrophe des Nationalsozialismus zu erinnern und über die Legitimität bzw. Illegitimität staatlicher Herrschaft nachzudenken. Dieser Umstand und die Tatsache, daß es sich bei dem Gedenken um ein jährlich wiederkehrendes, in seinem Ablauf formalisiertes und zeitlich eng begrenztes Ereignis handelt, machen den Tag zu einem idealen Beispiel für die mit der NS-Vergangenheit verbundenen Auseinandersetzungen. Wenn man die Veränderungen im politischen Gedenken erklären möchte, muß die Frage danach, wie mit Vergangenheit Politik gemacht wird, an einer bestimmten Stelle der Analyse allerdings auf den sozialen Kontext zurückbezogen werden, in dem der Zugriff auf die Geschichte erfolgt. Ich möchte deshalb in einem abschließenden Schritt unter Rückgriff auf die Inhalte und Formen des Gedenkens am 20. Juli bzw. unter Rückgriff auf die Konflikte, die mit der Bewertung dieses Datums bis heute verbunden sind, die Frage nach dem Wandel und den Strukturmerkmalen der Auseinandersetzung um die NS-Vergangenheit in einem allgemeinen Sinne wiederaufnehmen. Anders ausgedrückt lautet das Thema dann: Aus welchen Gründen kommt es zu Änderungen des Redens über die Vergangenheit; und was haben diese Veränderungen jeweils zu bedeuten?[1]

---

1 Mit dem hier gewählten Zugriff ist nicht der Anspruch verbunden, eine Rezeptionsgeschichte des Widerstandes zu entwerfen (vgl. dazu Toyka-Seid 1994). Selbst die Beschränkung auf die geschichtspolitische Dimension der Erinnerung an den 20. Juli 1944 führt zu einer Konfrontation mit umfangreichem Material. Mit wenigen Ausnahmen werden im *Bulletin des Presse- und Informationsamtes der Bundesregierung* jährlich mehrere Reden, Ansprachen oder anderweitige öffentliche Äußerungen zur Bedeutung des 20. Juli nachgewiesen. Der Versuch, die Thematisierung des Attentats über mittlerweile fünf Nachkriegsjahrzehnte darzustellen, bringt es mit sich, für die einzelnen Zeiträume sehr punktuell auf das Material zugreifen zu müssen. Ich trage damit die Verantwortung dafür, daß die von mir getroffene Auswahl den jeweils vorherrschenden Tenor des politischen Gedenkens trifft.

I.

Das politische Gedenken an den 20. Juli 1944 hat in der wissenschaftlichen Literatur breite Beachtung gefunden.[2] Dabei ist unbestritten, daß die Konflikte, die mit der Würdigung dieses Datums in Zusammenhang stehen, weniger etwas mit der „Annäherung an den historischen Augenblick" zu tun haben als vielmehr aus der „Verbindung zwischen Vergangenheit, Gegenwart und Zukunftserwartungen" resultieren (Steinbach 1994, S. 10). Die Auseinandersetzungen um das Attentat auf Adolf Hitler und den Staatsstreich werden nicht als geschichtswissenschaftliche Kontroversen begriffen, sondern als politische Ereignisse, in denen unter Bezug auf dieses Datum die Legitimation und die Identität der bundesdeutschen Gegenwartsgesellschaft gestützt oder aber in Frage gestellt werden sollte. So präzise sich für die Forschung dabei mehrere Phasen der Auseinandersetzungen mit je unterschiedlichen Tendenzen feststellen lassen (Steinbach 1997), so eindeutig ist das Votum, welchen Platz der 20. Juli 1944 in der erwachsen gewordenen Bundesrepublik einnimmt: „Die Berufung auf den Widerstand gehört in Deutschland heute zu den feststehenden Bestandteilen unseres historischen und politischen Erinnerns, und zwar ganz unabhängig von den grundlegenden politischen Richtungs- und Wertentscheidungen, zu denen wir uns bekennen" (Steinbach 1994, S. 3).

Wenn nun die Würdigung des Widerstands und die damit über einen langen Zeitraum einhergehenden Auseinandersetzungen ideologisch bzw. politisch motiviert waren und wenn für die Gegenwart ein unbestrittenes Bekenntnis zu diesem Widerstand, jenseits aller politischen Präferenzen, konstatiert wird, dann ist die Frage nach der aktuellen Bedeutung dieses Tages aber nicht etwa beantwortet, sondern muß auf ganz neue Weise gestellt werden: Sind die Konflikte um diesen Gedenktag entschieden worden? Oder haben sie sich – aus welchen Gründen auch immer – verflüchtigt? Oder existieren die Konflikte weiterhin und der Streit findet keine öffentliche Beachtung mehr? Anders gefragt: Hat der erreichte Konsens etwas damit zu tun, daß das Thema des Widerstandes aus dem Beziehungsgeflecht von Vergangenheit, Gegenwart und Zukunftserwartungen herausgetreten ist? Oder hat das Beziehungsgeflecht selbst seine Kraft verloren? – Hier verbindet sich in einer empirischen Perspektive die Frage, wer von welchem Ort aus mit welchem

---

2 Eine auch nur annähernd umfassende Notierung der Literatur ist hier nicht möglich. Zur Eigenart und zu den Problemen politischen Gedenkens vgl. nur Schiller (1993) und Benz (1995). Zur Geschichte des Staatsstreiches und den unterschiedlichen Aspekten seiner Rezeption verweise ich auf Fest (1994) und Ueberschaer (1997). Eine – mittlerweile veraltete – Dokumentation der Reden und Ansprachen zu diesem Datum findet sich in Informationszentrum Berlin/Gedenkstätte deutscher Widerstand (1986). Übersichtliche Kurzdarstellungen zur Auseinandersetzung um den 20. Juli sind bei Mommsen (1985), Reichel (1995) und vor allem bei Steinbach (1986, 1988, 1994, 1997) nachzulesen. Sehr umfassend und detailliert sind die Arbeiten von Büchel (1975) und Holler (1994).

Anspruch oder welchem Interesse wie über die Vergangenheit redet, mit der Frage danach, welche Gründe es dafür gibt, daß sich das Reden zu bestimmten Zeitpunkten verändert und was diese Änderungen bedeuten.

Im allgemeinen werden in der Literatur fünf Impulse identifiziert, die die Thematisierung des 20. Juli bzw. die damit verbundenen Konfliktkonstellationen entscheidend beeinflußt haben: War zunächst das Bestreben vorherrschend, aus der Existenz des Widerstandes Ansätze für eine politische Umkehr und demokratische Nachkriegsentwicklung schon unter dem NS-Regime abzuleiten und hatte der Bezug auf den 20. Juli damit vor allem nach außen, an die Adresse der Alliierten gerichteten Signalcharakter, so ging es sehr bald darum, die Erinnerung an dieses Datum „vor den frechen Reden des Demagogen" und dem „weitergetragenen Geschwätz der Bierbank" zu retten, wie Theodor Heuss sich zu formulieren genötigt sah (Bulletin 1952a, S. 927). Das politische Gedenken war lange Jahre den Anfeindungen derer ausgesetzt, die aus unterschiedlichen Motiven im Widerstand des 20. Juli Hoch- bzw. Landesverrat sahen und den Staatsstreich auf keinen Fall zum Gründungsakt der Nachkriegsdemokratie aufgewertet wissen wollten. Erst die deutschlandpolitische Zuspitzung bzw. die an Schärfe gewinnende Systemkonfrontation zwischen Ost und West haben die Anerkennung des politischen Gedenkens an den 20. Juli dann entscheidend befördert. Die Erinnerung an das Datum symbolisierte in der Bundesrepublik spätestens seit 1961 einen antitotalitären Konsens, der die Legitimität staatlicher Herrschaft an die Kategorien des Rechts, der Moral bzw. der Sittlichkeit band. Von dort aus wurde der Widerstand des 20. Juli in den Folgejahren und -jahrzehnten ein ums andere Mal als Bezugspunkt genommen, um die gesellschaftliche und politische Ordnung der Bundesrepublik gegen den politischen Änderungsanspruch der Außerparlamentarischen Opposition und gegen die Herausforderung durch den linksextremen Terrorismus der siebziger Jahre ebenso zu verteidigen, wie die Legitimität politischer Willensbildung in einem parlamentarischen System gegenüber dem Protest der neuen sozialen Bewegungen zu bekräftigen. Schließlich wird mit Beginn der achtziger Jahre eine Phase benannt, in der die Erinnerung an das Attentat und den Staatsstreich zu national(konservativ)er Identitätsstiftung genutzt wird, eine Tendenz, die sich nach der Wiedervereinigung der Jahre 1989/90 noch einmal verstärkt.

II.

Das politische Gedenken an den 20. Juli 1944 geht in der Bundesrepublik bis ins Jahr 1951 zurück. Vom Oktober dieses Jahres datiert ein Kabinettsbeschluß, demzufolge die Bundesregierung unter Kanzler Konrad Adenauer es als ihre Pflicht ansah, das Andenken des mit dem Attentat auf Hitler in Verbindung stehenden Widerstandes zu bewahren und vor Verunglimpfung zu schützen (vgl. Ueberschaer 1997, S. 13). Diese Proklamation der Regierung mag um so erstaunlicher erscheinen, als nicht nur in der deutschen Nachkriegsbevölkerung die Meinungen über den 20. Juli 1944 geteilt waren (Benz 1990, S. 138 ff.), sondern zunächst auch auf seiten der westlichen Alliierten Zweifel an der Ehrenhaftigkeit des Widerstandes bestanden hatten (vgl. Kettenacker 1997; Wolfrum 1997).

Bei näherem Hinsehen wird aber schnell deutlich, daß sich von Beginn an eine nach innen wie außen selbstbewußte Haltung beobachten läßt, mit der die politischen Eliten das Attentat und den Staatsstreich würdigten. Ohne Zweifel rührt dabei die Aufmerksamkeit für dieses Datum von der objektiven Bedeutung her, die das Attentat für die Nachkriegsdemokratie und die sie tragenden Kräfte haben mußten: Der 20. Juli 1944 stellt den chancenreichsten und konkretesten Versuch dar, Hitler zu töten, die NS-Führungsspitze zu zerschlagen und eine neue Ordnung zu etablieren. Was lag für die politischen Eliten des Nachkriegsstaates näher, als diesen historischen Sachverhalt zu würdigen und am Gedenktag eine normative Grenzziehung gegenüber dem Nationalsozialismus zu bekräftigen? Bereits an dieser Stelle muß aber nach dem ambivalenten Charakter der öffentlichen Erinnerung an den 20. Juli gefragt werden. Denn so überzeugend die Demonstration einer normativen Grenzziehung gegenüber dem nationalsozialistischen Regime am Jahrestag des Attentats gelungen sein mag – sie kontrastiert mit den weitgehenden und teilweise skandalösen Zugeständnissen, die man den aus der NS-Vergangenheit belasteten Eliten im politischen Alltagsgeschäft machte (vgl. Frei 1996).

Es wird daher im folgenden auf den funktionalen Bezug des politischen Gedenkens hinzuweisen sein. Dieser funktionale Bezug ist nicht etwa als ein untergeordnetes Moment der öffentlichen Erinnerung anzusehen. Mit dem Gedenken an den 20. Juli waren in der Geschichte der Bundesrepublik eine Vielzahl politischer Optionen verbunden, die in den ersten einhalb Nachkriegsjahrzehnten besonders von den konservativen Kräften rasch als attraktiv erkannt wurden. Schlechthin konstitutiv für den Diskurs über das Attentat und den Staatsstreich war dabei dessen staatspolitische Bedeutung. Daneben lassen sich vor allem deutschland- wie allgemein europa- und außenpolitische Thematisierungsstrategien erkennen und ein gesellschaftspolitisch bedeutsamer Interpretationsrahmen ausmachen.

Die *staatspolitische Bedeutung* des Gedenkens spiegelt sich in der Auffassung, die Ereignisse des 20. Juli seien „wegweisend für das deutsche Volk" und der Aufforderung, die „sittliche Bedeutung" des Attentats zu Bewußtsein zu bringen (Bulletin 1952b, S. 938). Zentral für die historische und politische Einordnung des Datums ist dabei die von Bundespräsident Theodor Heuss bereits kurz nach Kriegsende geprägte Formel, es habe sich bei den Verschwörern des Jahres 1944 um Männer des „christlichen Adels deutscher Nation" gehandelt (Bulletin 1952a, S. 927):[3]

„Ich habe einmal, die Formel eines Luthers gebrauchend, gesagt: Der 'christliche Adel deutscher Nation' verband sich mit Führern der Sozialisten, der Gewerkschaftler und sie *erkannten* sich in dieser Begegnung. Männer der Kirchen, Männer des Staates, deren Leben

---

3 Heuss verweist in dem hier zitierten Brief an die Witwe eines Widerstandskämpfers darauf, daß er diesen Begriff bereits im Jahre 1945 verwendet hat.

treue Amtserfüllung in den verschiedenen Stufen des behördlichen Seins gewesen war, in der Verwaltung, im Außendienst und – Soldaten, Berufssoldaten, darunter Obersten, Generale, Heerführer." (Bulletin 1954a, S. 1188; Hervorhebung dort)

Es fehlt in der Folgezeit in fast keiner Rede oder Ansprache der Hinweis auf den Bündnischarakter der Verschwörung. Dem Attentat wird dabei weniger der Charakter einer rational kalkulierten politischen Tat zugeschrieben, zu der sich für einen historischen Moment gesellschaftliche Kräfte mit höchst unterschiedlichen politischen Vorstellungen zusammengefunden haben, sondern es wird zu einer existentiellen historischen Grundentscheidung stilisiert, in der eine „Schicksalsgemeinschaft" (Bulletin 1954b, S. 1200) die „Gegensätze der Herkunft und der Weltanschauungen" zurückgestellt habe (Bulletin 1954c, S. 1191), um Deutschland zu retten (Bulletin 1964a, S. 1105).[4] Der bedrückenden Tatsache, daß die Machtübernahme und die Herrschaft der Nationalsozialisten durch einen großen Teil der deutschen Gesellschaft begrüßt worden waren, wurde die Erinnerung daran entgegengehalten, daß auch im Widerstand „Angehörige aller Stände, aller Parteien, jeden Glaubensbekenntnisses" versammelt waren (Bulletin 1952b, S. 938). Zwar konnte der Nationalsozialismus als politische und moralische Katastrophe schlechthin begriffen werden. Aber in dieser Katastrophe, selbst angesichts der millionenfachen Verbrechen, war etwas intakt geblieben. Der durch die Ereignisse des 20. Juli möglich gewordene Hinweis auf dieses Aufbegehren war nicht eben unwichtig, um aus der Nachkriegsperspektive – jenseits der faktisch bereits erfolgten Reinstallation zweier deutscher Nachkriegsstaaten – den Fortbestand einer deutschen Staatlichkeit auch moralisch zu legitimieren und – in einem Akt der „Ehrenrettung" (Bulletin 1956, S. 1320) – die Integrität des politischen Souveräns davor zu bewahren, „immer von neuem am Pranger" zu stehen (Bulletin 1964a, S. 1105). Daß mit der Beschwörung der Offiziere, Beamten und Diplomaten oder eben des „christlichen Adels deutscher Nation" der rettende Traditionsbezug auf die nicht ganz unproblematische Hinwendung zu den Milieus des wilhelminischen Kaiserreichs festgelegt war, wurde dabei nicht als störend empfunden.

Ebenso drängt sich die *deutschlandpolitische Bedeutung* auf, die mit dem Ge-

---

4 An dieser Stelle soll betont werden, daß die entrückten Vokabeln, mit denen über den Widerstand gesprochen wurde, zeittypisch verbreitet waren. Für den hessischen Generalstaatsanwalt Fritz Bauer, von dem noch die Rede sein wird, war der 20. Juli 1944 der „Samen", aus dem die Nachkriegsdemokratie erwuchs (vgl. Ahrens 1998). Eugen Gerstenmaier bezeichnete das Attentat als ein „heiliges Vermächtnis" und den Widerstand als „Martyrium" (Bulletin 1964). Das Sich-Erkennen, bei Heuss eine aus dem Text hervorgehobene Vokabel für die Verbündung unterschiedlicher oppositioneller Gruppen, bezeichnet im Alten Testament die geschlechtliche Vereinigung zweier Menschen. Vielleicht wird man sagen können, daß der Widerstand und die ihm zugrundeliegenden Motive durch die hier nur beispielhaft erwähnten Begriffe in gewisser Weise sakralisiert bzw. in einen geschichtsmythologischen Zusammenhang gestellt wurden. Die Sakralisierung des Widerstandes findet dabei eine Entsprechung in der Dämonisierung des Nationalsozialismus; der „Dämon Hitler" (Bulletin 1954f, S. 1210) erscheint als „das Böse an sich" (Bulletin 1954b, S. 1190). Gemeinsam ist beiden Thematisierungen, daß man damit die geschichtlichen Ereignisse apolitisch interpretiert.

denken an das Attentat auf Hitler spätestens seit Mitte der fünfziger Jahre verbunden war. Ich bin mir allerdings nicht sicher, ob die gelegentlich geäußerte Behauptung, wonach erst die Niederschlagung des Aufstandes in der DDR am 17. Juni 1953 entscheidende Impulse für eine Anerkennung der Legitimität des Widerstandes freigesetzt habe (Steinbach 1994, S. 9), aufrechterhalten werden kann. Tatsächlich fehlt es in den Jahren nach 1953 nicht an Hinweisen, daß an beiden Tagen Recht und Freiheit gegen ein diktatorisches Regime verteidigt worden seien (Bulletin 1954c, 1954d, 1961a, 1961b, 1963a, 1963b, 1964b). Insofern konnten sich die politischen Eliten in der Bundesrepublik durch ein Ereignis der Gegenwart darin bestätigt sehen, den Widerstand der Vergangenheit auszuzeichnen. Vor dem Hintergrund des bislang vorgestellten Materials scheint es mir aber fraglich, ob es einer solchen Bestärkung bedurft hatte. Eine wesentlich größere Bedeutung scheint mir dem Hinweis zuzukommen, daß im Gedenken an den 20. Juli das Motiv der „Freiheit" gegenüber dem der „Einheit" eine wesentlich stärkere Gewichtung erfuhr:

„Der 20. Juli gibt uns die Aufgabe, unseren demokratischen Staat mit freiheitlichem Leben zu erfüllen, die Prinzipien also zu verwirklichen, für die sich der heroische Kampf gegen Hitler, der sie geschändet hatte, im 'Dritten Reich' entzündete. Der 17. Juni 1953 ruft uns auf, nicht nachzulassen in dem Bemühen, unseren Brüdern und Schwestern jenseits der Zonengrenze mit friedlichen Mitteln ein Leben nach jenen Prinzipien des Freiheit und des Rechts zu erringen." (Bulletin 1963a, S. 1129)

Das Ziel der deutschen Einheit ist in diesem Zeitungsbeitrag des Bundesministers der Verteidigung, Kai-Uwe von Hassel nicht einmal namentlich genannt (wohl aber gibt es einen Bezug auf „unseren Staat", die Bundesrepublik). Selbst wenn man dies als semantische Petitesse betrachten will, so bleibt die Reihenfolge und die Bezeichnung der Ziele bedeutsam: Das *Bemühen* um ein Leben in Freiheit und Recht für die Bürger des anderen Teiles Deutschlands rangiert hinter der *Aufgabe*, die Freiheit im eigenen Land zu gewährleisten. Diese Reihenordnung gilt im gleichen Jahr auch für den Staatssekretär im Bundesministerium für gesamtdeutsche Fragen, Franz Thedieck. Nach einer Würdigung der beiden Ereignisse im Jahre 1944 und 1953, „als Empörung des Freiheitswillens, als Aufstand gegen den inneren Feind im eigenen Volk" und einer Verbindung mit den Aufständen der Jahre 1956 in Polen und Ungarn, heißt es bei ihm:

„Die Freiheit unseres staatlichen Neubeginns nach außen und innen zu behaupten und die Einheit und Freiheit für das ganze, ungeteilte Deutschland wieder zu gewinnen – das ist nicht nur eine Lebensfrage unseres Volkes, sondern auch das Vermächtnis des 20. Juli." (Bulletin 1963b, S. 1138)

Wo Edgar Wolfrum bezüglich des 17. Juni darauf hinweist, daß es durchaus fraglich ist, ob das Gedenken an den Tag „für Einheit, Freiheit und Wiedervereinigung oder für die normative und faktische Bestätigung der Bundesrepublik" stand (Wolfrum 1998, S. 388), läßt sich mit dem Blick auf den 20. Juli 1944 eine bemerkenswert klare Funktion des Gedenktags festhalten: Die Erinnerung an das Attentat und den Staatsstreich nutzten die konservativen Eliten in der Bundesrepublik, um deutlich zu machen, daß die Durchsetzung und Erhaltung einer freiheitlichen Identität das Maß jeder deutschlandpolitischen Perspektive zu sein habe.

In diesen Zusammenhang gehört auch die im Laufe der Zeit an Schärfe zunehmende Polemik gegen „jene aus den Tagen des gemeinsamen Kampfes, bei denen wir in den letzten (...) Jahren erkennen mußten, daß ihr Kampf nicht der Freiheit galt, sondern daß sie nur Wegbereiter eines anderen unmenschlichen Regierungssystems sein wollen" (Bulletin 1961b, S. 1316). Dabei stellt die auf Ausgrenzung des kommunistischen wie überhaupt des nicht-bürgerlichen Widerstandes zielende Version öffentlicher Erinnerung nur einen Ausschnitt aus den ausgesprochen konservativen Positionen dar, mit denen das Gedenken an den Widerstand in den ersten eineinhalb Nachkriegsjahrzehnten in der Bundesrepublik verbunden war. So besteht für Innenminister Gerhard Schröder der ordnungspolitische Gewinn des Gedenkens an den Staatsstreich in einer gewissermaßen demokratiekritischen Pointe: „Im Hinblick auf den 20. Juli erkennen wir klar: Nicht die Massen schlechthin sind die Träger geschichtlicher Entwicklung, sondern die Kräfte, die den harten dauerhaften Kern eines Volkes ausmachen" (Bulletin 1958a, S. 1382). Diese Interpretation hatte vier Jahre zuvor bereits Konrad Adenauer vorweggenommen, der den 20. Juli vor allem anderen als ein Aufbegehren gegen die „Massenherrschaft" verstanden wissen wollte (Bulletin 1954d, S. 1198).[5] Ein namentlich nicht gezeichneter Artikel im *Bulletin des Presse- und Informationsamtes der Bundesregierung* würdigt im Jahre 1953 unter Bezug auf den 20. Juli 1944 die „Rechtsstaatsidee der Konservativen" und polemisiert gegen einen Freiheitsbegriff, der sich „auf die abstrakte Gleichheit der Massen gründen will" (Bulletin 1953, S. 1499).

Im Zusammenhang mit diesen Äußerungen rückt die *gesellschaftspolitische Bedeutung* des politischen Gedenkens an den Widerstand in den Blick. Durch den positiven Bezug auf das Attentat und den Staatsstreich waren Vorteile bei der Durchsetzung eines bestimmten Gesellschaftsbildes zu erzielen. Die öffentliche Erinnerung an den 20. Juli hatte in der Bundesrepublik von Beginn an die Funktion, bestimmte Auffassungen darüber zu favorisieren, welche politischen Ordnungsvorstellungen sich durch den Widerstand gegen Hitler für eine zukünftige Gestaltung Deutschlands qualifiziert hatten, und umgekehrt sind in den Reden und Ansprachen unüberhörbare Anklänge daran zu vernehmen, welche politischen Optionen ausgegrenzt werden sollten. Wichtiger noch als die Feststellung, daß unter Berufung auf den Widerstand ein antitotalitärer Konsens in der westdeutschen Nachkriegsgesellschaft gestiftet werden konnte (vgl. Löwenthal 1982), ist dementsprechend der Hinweis, daß dieser antitotalitäre Konsens so eng umrissen war, daß schon die Sozialdemokratie sich nur dann als zugehörig empfinden

---

5 Diese Aussage trifft Adenauer mit Blick auf die Verhältnisse in der DDR. Für einen demokratisch legitimierten Politiker bleibt die Wortwahl dennoch frappierend.

konnte, wenn sie abweichende Auffassungen über Ursachen und Konsequenzen des Nationalsozialismus hintanstellte. Die Möglichkeit, an diesem Tag in der Funktion einer politikgestaltenden Verfassungskraft an die Öffentlichkeit zu treten, hatte die SPD lange Zeit ohnehin nicht; die erste Rede eines sozialdemokratischen Redners am 20. Juli datiert in den regierungsamtlichen Veröffentlichungen aus dem Jahr 1966. Mit dem Bezug auf die Verschwörung des Jahres 1944 war es über lange Jahre möglich, den Anspruch einer konservativen Hegemonie in der Bundesrepublik aufrechtzuerhalten.

Was bleibt, ist ein kurzer Hinweis auf die *europa- und außenpolitische Bedeutung* des Gedenkens an den 20. Juli. Über den oben bereits angesprochenen – gleichsam defensiv ausgelegten – staatspolitischen Bezug hinaus konnte das Gedenken an den 20. Juli nach einer gewissen Zeit dafür genutzt werden, die Selbstachtung eines in den „Kreis der freien Nationen" wiederaufgenommenen Staates zu artikulieren (Bulletin 1962). Der Bezug auf den 20. Juli erlaubte es dem offiziellen Bonn dabei, die „destruktive Formel von Casablanca" zu kritisieren und auf den mit dem Staatsstreich in Verbindung stehenden Plan eines „konstruktiven europäischen Friedens" zu verweisen, der die „geschichtlich gewachsene europäische Ordnung" erhalten und „dem Bolschewismus Dämme entgegengesetzt" hätte (Bulletin 1954e, S. 1192).[6] Ebenso selbstbewußt sind die Hinweise darauf, daß die europäischen Einigungsbemühungen der Gegenwart nur eine Wiederaufnahme jener europapolitischen Konzeptionen darstellten, die der Widerstand des 20. Juli bereits vorgezeichnet habe (vgl. Bulletin 1954e, 1958b) – ein Sachverhalt dessentwegen die Verschwörung später gar als „einzigartig unter den europäischen Widerstandsbewegungen" prämiiert wird (Bulletin 1965, S. 1024). Das Gedenken an den 20. Juli spielt in den fünfziger Jahren nicht nur eine Rolle, um die Wiederaufrüstung der Bundesrepublik und ihre Integration in die NATO innenpolitisch durchzusetzen. Wenn man so will, ist damit das nach außen gerichtete Signal verbunden, sich selbst durchaus der uneingeschränkten staatlichen Souveränität für würdig zu befinden. Dieses Ansinnen hat, wie wir wissen, aber erst sehr viel später verfangen.

Wenn man den geschichtspolitischen Blick auf das Gedenken an den 20. Juli mit der verbreiteten Einschätzung in Beziehung setzt, die Auseinandersetzung mit dem Nationalsozialismus sei in den ersten eineinhalb Nachkriegsjahrzehnten durch ein kollektives Beschweigen der Vergangenheit vermieden worden, so muß man feststellen, daß entgegen dieser Auffassung in einem ganz bestimmten Sinn viel über die Vergangenheit geredet worden ist. So kennzeichnend es für das Klima dieser Jahre dabei sein mag, daß die Würdigung des Widerstandes der

---

6 In einem nicht gezeichneten Beitrag für das *Bulletin des Presse- und Informationsamtes der Bundesregierung* heißt es im gleichen Jahr: „Die freie Welt, die schließlich gegen Hitler zu den Waffen griff und ihn vernichtet hat, diese freie Welt hat die faire Bundesgenossenschaft des anderen Deutschland ausgeschlagen. In der schweigenden Ablehnung auch des gegen Hitler kämpfenden Deutschlands drückt sich die tragische geschichtliche Situation aus, in die Deutschland nicht allein durch Hitler, aber vor allem durch ihn gebracht wurde" (Bulletin 1954f, S. 1210).

beinahe einzige Anlaß war, an die nationalsozialistische Vergangenheit zu erinnern (Zimmermann 1992, S. 130 f.), so frappant ist die Beobachtung, daß das Gedenken an diesem Tag in ganz auffälliger Weise gegenwartspolitischen Zwecken diente. Die Verurteilung des Regimes und die Würdigung seiner Gegner war als Möglichkeit wahrgenommen worden, für die Fortdauer deutscher Staatlichkeit eine moralische Berechtigung zu reklamieren, dem westdeutschen Nachkriegsstaat internationale Achtung zu verschaffen und innerhalb dieses Staates bestimmte ordnungspolitische Vorstellungen zu befördern. Statt mit dem von zeitgenössischen Beobachtern wahrgenommenen „peinlichen Schweigen offizieller Stellen" (vgl. Wolfrum 1997, S. 76) haben wir es in diesem Zeitraum eher mit einer strategischen Erzählung zu tun, die zwar absichtsvoll Tabus produziert, aber die Option der Kommunikation nicht preisgibt.

Wie stark im Umgang mit der nationalsozialistischen Vergangenheit das Deutungsmonopol der konservativen Kräfte war, zeigt sich nicht zuletzt mit einem doppelten Blick auf die Herabwürdigungen und Verunglimpfungen, denen das Attentat und der Staatsstreich in den frühen fünfziger Jahren ausgesetzt war. Der bekannteste Hergang in diesem Zusammenhang dürften die Agitation der 1952 verbotenen Sozialistischen Reichspartei (SRP) und im besonderen die Ausfälle des ehemaligen Kommandeurs des Wachbataillons in Berlin, Major Hans Otto Remer, sein. Remer hatte auf einer Kundgebung der Partei im Mai 1951 die Männer des 20. Juli als Hoch- und Landesverräter denunziert und die Vermutung geäußert, sie seien vom Ausland bezahlt worden. Nach einer Strafanzeige u.a. des Bundesinnenministers Robert Lehr wegen übler Nachrede und Beschimpfung des Andenkens Verstorbener vertrat der damals in Braunschweig tätige Oberstaatsanwalt Fritz Bauer die Anklage. Der Prozeß endete mit der Verurteilung Remers zu einer Freiheitsstrafe und mit der Feststellung, das Attentat und der Staatsstreich seien kein Landesverrat gewesen (vgl. Wassermann 1985, S. 36 ff.; Ahrens 1998).

Wie zwiespältig diese juristische Normsetzung aufgenommen werden muß, wird deutlich, wenn man sich des rechts- und verfassungspolitischen Rahmens erinnert, in den der Jurist Bauer seine Anklage ursprünglich gestellt hatte:

„Bauers Ziel war es, das Widerstandsrecht prinzipiell – und eben nicht nur das des 20. Juli 1944 – als Recht jeden Bürgers einem Staat gegenüber, der Menschenrechte aufhebt, zu bestimmen und dieses Widerstandsrecht als zutiefst rechtsstaatlichen Bezugspunkt für die politische – demokratische – Kultur der Bundesrepublik zu etablieren und es im politischen Bewußtsein der deutschen – postdiktatorischen – Gesellschaft zu verankern." (Ahrens 1998, S. 12)

In dieser Absicht folgte ihm das Landgericht Braunschweig nicht, das sich in seiner Urteilsbegründung allein auf die historische Situation des Jahres 1944 bezog. Die Verurteilung Remers kann auch sonst nicht darüber hinwegtäuschen, daß die Position Bauers weit davon entfernt war, sich juristisch durchzusetzen. Die Frage der Legitimität des Widerstandes gegen den Nationalsozialismus ist bis in die höchsten Gerichte des westdeutschen Nachkriegsstaates tendenziell negativ beantwortet worden. In der Frage, ob die Legalität staatlichen Handelns zwischen 1933 und 1945 pauschal zu annullieren sei, konnte sich die Haltung Fritz Bauers nicht durchsetzen. Im Gegenteil ging das Gros der richterlichen Entscheidungen davon aus, daß der NS-Staat mit der Ermordung seiner Gegner unter rechtlichen Gesichtspunkten auf legitime Weise seinen Bestand geschützt habe (vgl. Friedrich 1983, S. 186 ff.).[7]

Es ist an dieser Stelle sehr interessant, die politischen Reaktionen auf die Rechtsprechung in dieser Zeit zu beobachten. Einerseits ist auf die Urteile der Justiz mit der Bemerkung reagiert worden, eine Würdigung des 20. Juli verlange offenbar, „daß man sich über bestimmte, in Deutschland weit verbreitete Vorurteile hinwegsetzt, die Dogmatisierung von Formalbegriffen, wonach Treue Treue und Verrat Verrat ist, ohne Rücksicht auf die sich mit ihnen verbindenden Werte oder Unwerte" (Bulletin 1958b, S. 1374). Im Kern jedoch hat man die Argumentation Bauers, wonach der Treueeid auf Hitler schon allein deshalb unsittlich und damit nicht bindend gewesen sei, weil „individuelle Verantwortung niemals an Autoritäten abgegeben werden" könne (Ahrens 1998, S. 12), nicht geteilt und auf die Argumentation des Landgerichts Braunschweig zurückgegriffen. Es war wiederum Theodor Heuss, der eine Formel fand, auf die sich das politische Gedenken fortan bezogen hat. Demzufolge waren die Verschwörer von der Treuepflicht des Eides durch den vorausgegangenen permanenten Treuebruch Hitlers gegenüber dem deutschen Volk entbunden (Bulletin 1954a, S. 1189). Damit blieb der Widerstand des 20. Juli ein Ereignis, das unter so exklusiven historischen Bedingungen stattgefunden hatte (und als solches Legitimation erfuhr), daß von ihm aus keine Neubestimmung des Verhältnisses von individueller Autonomie und staatlicher Herrschaft vorzunehmen war.

Wenn sich die konservativen politischen und juristischen Eliten darin einig waren, daß aus dem Vermächtnis des Widerstandes auf keinen Fall eine verfassungspolitische Revision – nämlich die Installation eines Rechts auf Widerstand im Grundgesetz[8] – abgeleitet werden dürfe, so ist das Gedenken an den 20. Juli 1944 auch insofern ein gutes Beispiel für die Auseinandersetzung mit der NS-Vergangenheit in der Bundesrepublik, als mit dem Hinweis auf die unterschiedliche Bewertung des Widerstandes durch Justiz und Politik auf nicht unerhebliche und frühzeitig bestehende Differenzen zwischen den staatlichen Funktionseliten aufmerksam gemacht werden kann. Diese Differenzen werden in einer rückblickenden Betrachtung häufig durch die in den sechziger Jahren einsetzende Konfrontation überdeckt, in deren Zuge private Initiativen und Organisationen die Thematisierung der NS-Vergangenheit durch die bundesdeutschen Institutionen einer mas-

---

7 Noch 1956 beispielsweise bestätigte der Bundesgerichtshof die Todesurteile gegen die mit dem 20. Juli 1944 in Verbindung stehenden Widerstandskämpfer Hans von Dohnanyi, Dietrich Bonhoeffer, Wilhelm Canaris als rechtmäßig.
8 Bekanntlich ist das Recht auf Widerstand im Zuge der Notstandsgesetzgebung in Artikel 20 des Grundgesetzes aufgenommen worden. Der Widerstand gegen den Nationalsozialismus stellte dabei nur einen – nicht sonderlich herausgehobenen – historischen Bezugspunkt neben anderen dar (Wassermann 1985, S. 101 ff.).

siven Kritik unterzogen. In den unterschiedlichen Auffassungen zwischen Justiz und Politik, wie der Widerstand angemessen begriffen und historisch und juristisch einzuordnen sei, kündigen sich aber schon vor dem Beginn der öffentlichen Erregung erste Pluralisierungsschübe an.

Das Bild vom 20. Juli 1944 erfährt ab der zweiten Hälfte der sechziger Jahre auf dreierlei Weise eine entscheidende Differenzierung. Im Zuge dieser Differenzierung geht das Deutungsmonopol der Konservativen gegenüber dem 20. Juli verloren. Zum einen werden die mit diesem Datum verbundenen Ereignisse von den nun vermehrt an die Öffentlichkeit tretenden sozialdemokratischen Rednern in einen veränderten Traditionszusammenhang gestellt. Zum zweiten erfährt dadurch das Bild des NS-Staates gleichsam zwangsläufig eine Korrektur. Zum dritten mehren sich die Stimmen, die eine kritische Auseinandersetzung mit den politischen Motiven und gesellschaftspolitischen Ideen der Verschwörung fordern. In der Folge dieser veränderten Rede über den 20. Juli wird ein bislang ausgegrenzter oder doch zumindest wenig angesehener Teil des politischen Spektrums in den antitotalitären Konsens der Bundesrepublik einbezogen, und dadurch wird dieser Konsens selbst verändert. Gleichzeitig werden im Zusammenhang mit der öffentlichen Erinnerung an den Nationalsozialismus auf veränderte Weise Fragen danach gestellt, was politisch aus dem Attentat und dem Staatsstreich gelernt werden soll.

Der Anteil der Sozialdemokratie am Widerstand gegen den Nationalsozialismus wird erstmals im Jahre 1962 durch den Göttinger Historiker Karl Otto Freiherr von Aretin in ausführlicher Weise gewürdigt (Bulletin 1962). Vier Jahre später besteht dann der stellvertretende SPD-Vorsitzende Fritz Erler darauf, daß den Sozialdemokraten nicht nur ein gebührender Platz im Gedenken an den Widerstand zustehe, sondern daß es ohne den Kampf von Sozialdemokraten, Kommunisten und Gewerkschaftern „weder den 20. Juli 1944 noch die Hoffnung auf ein besseres Deutschland gegeben" hätte (Bulletin 1966, S. 765). Durch Klaus von Dohnanyi wird die Ahnenreihe der Verschwörung bis zu August Bebel, Wilhelm Weitling und Georg Büchner (Bulletin 1968a, S. 804), durch den sozialdemokratischen Justizminister Gerhard Jahn bis zu Rosa Luxemburg erweitert (Bulletin 1970, S. 970). Gustav Heinemann schließt als erster sozialdemokratischer Bundespräsident im Jahre 1969 „alle Widerstandskämpfer (...), die in den Jahren der Diktatur von 1933 bis 1945 in Deutschland und außerhalb Deutschlands, aus welcher Nation und an welchem Ort auch immer, das Opfer des Lebens für Recht und Menschenwürde brachten", in das Gedenken ein (Bulletin 1969a, S. 825) und würdigt damit zum ersten Mal die Emigration.

Mit den neuen Traditionskonstruktionen erfährt zugleich das Bild von der nationalsozialistischen Diktatur eine Korrektur. Vor allem die Rede Dohnanyis ist an dieser Stelle zu nennen. Dohnanyi skizziert die in den unterschiedlichen deutschen Staatsformen traditionell mehrheitsfähige nationalistische und imperiale Ideologie, der gegenüber die Verschwörer des 20. Juli 1944 unter den besonderen Bedingungen des Nationalsozialismus in einer ohnmächtigen Minderheit bleiben mußten; mit der Mobilisierung dieser Ideologie seien bereits die warnenden Stimmen sozialdemokratischer Arbeiter gegen die Annexion Elsaß-Lothringens im Jahre 1870 sowie die Minderheit in der SPD, die sich im Jahre 1914 gegen die Bewilligung der Kriegskredite gewandt hatte, geächtet worden (Bulletin 1968a, S. 804). Bundespräsident Heinemann bezieht sich ein Jahr später auf diese Passage, um darauf hinzuweisen, daß das NS-Regime vor dem Hintergrund dieser Traditionslinien wohl kaum als ein Betriebsunfall der deutschen Geschichte bezeichnet werden könne: „Im Vorspiel und im Nachspiel des 20. Juli 1944 haben Überlieferungen unserer Geschichte kulminiert" (Bulletin 1969a, S. 825).

Was sich an dieser Stelle verändert, ist der Blick auf die Mehrheitsverhältnisse. Das nationalsozialistische Regime erscheint nicht mehr als die Herrschaft einer kleinen Clique, gegen die sich alle Teile der Gesellschaft erhoben haben. Vielmehr wird das Bild eines nationalsozialistischen Deutschlands entworfen, in dem nicht unerwartet die moralisch integren und politisch verantwortlichen Kräfte unter dem Stillschweigen – wenn nicht der Billigung – einer sozialmoralisch desensibilisierten Mehrheitsgesellschaft in die Keller der Gestapo gewandert oder aber zur Emigration gezwungen waren und der noch handlungsfähige Widerstand hoffnungslos in der Minderheit blieb. Damit war klar, daß sich der politische Neuanfang in der Nachkriegsdemokratie und das Gedenken an den Widerstand nicht mehr bruchlos auf die dominierenden politischen und gesellschaftlichen Traditionen im vornationalsozialistischen Deutschland beziehen läßt. Das Milieu des Kaiserreiches und die in ihm tonangebenden Kräfte werden vielmehr selbst zum Problem für ein modernes Widerstands- und Demokratieverständnis. Entweder sind es daher die Gegner dieser Traditionen, deren Vermächtnis im Zusammenhang mit dem 20. Juli für achtenswert erklärt wird. Oder aber der Widerstand gegen den Nationalsozialismus wird aus jeder deutschen Traditionen herausgelöst und in einen internationalen Zusammenhang mit den Kämpfen um die Unabhängigkeit der Vereinigten Staaten und die Französischen Revolution gestellt (Bulletin 1968a, S. 803).

Es kann kaum verwundern, daß eine selbstbewußte Sozialdemokratie, die auf die von Beginn an gegen den Nationalsozialismus geübte Opposition verweisen kann, das ihr zukommende moralische Gewicht als Regierungspartei zu nutzen gedenkt, um in Anknüpfung an das *bessere Deutschland* das *moderne Deutschland* schaffen zu wollen.[9] Gegen das konservative Gründungsprogramm der Republik wird nun unter Berufung auf die historische Hypothek des Nationalsozialismus der Aufbau einer sozialen Demokratie und die Konzeption einer verständigungsorientierten Außenpolitik gefordert sowie die Beachtung individueller Menschen- und Bürgerrechte in den Mittelpunkt der politischen Programmatik gestellt. Dabei fehlt es nicht an deutlicher Kritik gegenüber den romantischen Neuordnungsvorstellungen des Widerstandes (Bulletin 1971, S. 1228 f.) und an der „einseitigen

---

9 „Wir schaffen das moderne Deutschland" war der zentrale Slogan der SPD im Bundestagswahlkampf 1969.

konservativen Färbung", die das Bild der deutschen Opposition durch das bisherige Gedenken erhalten habe (Bulletin 1978, S. 824).

Das veränderte Reden über den Nationalsozialismus hat seine Ursache zum einen natürlich im politischen Selbstverständnis der Akteure, die nun meinungsführend wurden. Zum anderen reagiert die Politik damit aber auch auf den gesellschaftlichen Protest der sechziger Jahre, in dem nicht zuletzt das Aufbegehren gegen einen verlogenen Umgang mit dem Nationalsozialismus und die Forderung nach einer moralischen Integrität derer, die in der Bundesrepublik eine öffentliche Funktion wahrnehmen, eine wichtige Rolle spielte. Neben den ganz offensichtlichen funktionalen Bezügen auf den 20. Juli, mit dem die Sozialdemokraten versuchten, eine sozialliberale Reformprogrammatik abzusichern und durch den gleichsam der Modus, mit Vergangenheit Politik zu machen, unter umgekehrten Vorzeichen fortgeschrieben wurde, tritt aber schnell ein parteiübergreifendes Deutungsmotiv, das im Gedenken an den 20. Juli dem gesellschaftlichen Protest entgegentritt und auf die Gefährdungen der Demokratie durch die Infragestellung staatlicher Autorität hinweist.

„Jede Diktatur, auch wenn sie die 'Vernunft' auf ihre Fahnen schreibt, richtet sich wider den Menschen, mißachtet seine Würde; zerstört seine Freiheit. Müssen wir deshalb nicht mißtrauisch werden, wenn heute (...) die Revolution um utopischer Zukunftsziele wegen gepredigt wird?" (Bulletin 1968b, S. 803) An diese rhetorische Frage wird in den folgenden eineinhalb Jahrzehnten eine ganze Reihe von Warnungen geknüpft, sich zur Rechtfertigung einer „aus bindungsloser Unlust geborenen Verneinung von Pflicht und Gehorsam" nicht auf das historische Beispiel des Widerstandes gegen Hitler berufen zu können (Bulletin 1969b, S. 828), den legitimen Widerstand gegen eine Diktatur nicht mit dem illegitimen Widerstand gegen einen Rechtsstaat zu verwechseln (Bulletin 1973, S. 905) und dadurch den Widerstand gegen die Naziherrschaft zu verunglimpfen (Bulletin 1983, S. 731). Im Zuge der Auseinandersetzung mit dem linksextremistischen Terror der siebziger und den rechtsextremen Attentaten Anfang der achtziger Jahre wird der 20. Juli zu einem Datum, das nicht mehr an die Notwendigkeit einer fundamentalen Neuordnung erinnert, sondern an die Bewahrung des Erreichten mahnt. Nicht mehr die Gefahren der Vergangenheit, sondern die der Gegenwart stehen im Mittelpunkt.

Mit der öffentlichen Erregung über den bisherigen Umgang mit der NS-Vergangenheit und den heftigen Auseinandersetzungen der siebziger Jahre über die Gefährdung der sozialen und politischen Grundordnung der Bundesrepublik sind drei Konsequenzen verbunden, die das Gedenken an den 20. Juli seither prägen und die seine Gestalt wie die ihm zukommende Bedeutung maßgeblich bestimmen. Zum einen handelt es sich dabei um das gesellschaftliche Bedürfnis, die politische und moralische Integrität derer, die sich zum Nationalsozialismus öffentlich äußern, mit erhöhter Aufmerksamkeit zu prüfen. Zum zweiten geht es darum, daß die Erinnerung an den Nationalsozialismus sich zunehmend an dem Maßstab messen lassen muß, inwiefern die darin transportierten Interpretationen über die

Ursachen und die Folgen der NS-Vergangenheit sich mit dem Selbstbild der bundesdeutschen Gesellschaft bzw. der darin hegemonialen Teile in Übereinstimmung bringen lassen. Dies gilt in wachsendem Maße, seitdem sich der überwiegende Teil der linken und liberalen Öffentlichkeit mit der Bundesrepublik und ihrer Verankerung im Westen identifiziert. Zum dritten ist durch die Rede Richard von Weizsäckers zum 8. Mai im Jahre 1985 ein beinahe liturgischer Maßstab gesetzt worden, welchem inneren Zusammenhang von Form und Inhalt staatliches Gedenken an den Nationalsozialismus oder an ein mit ihm verbundenes Ereignis zu genügen hat. Im Zusammenhang mit diesen drei Punkten hat sich im Laufe der Zeit eine nicht mehr hintergehbare Bereitschaft entwickelt, diejenigen Funktionseliten zu diskreditieren, die entweder eine durch den Nationalsozialismus belastete Biographie aufweisen,[10] den Konsens über die Bedeutung des Nationalsozialismus verfehlen oder gar herausfordern[11] oder sonstige Thematisierungsregeln auf erhebliche Art und Weise verletzen.[12]

Das Gedenken an den 20. Juli 1944 trägt nach dem Jahre 1982 denn auch weniger starke Spuren einer erneuten konservativen oder gar nationalkonservativen Umdeutung als das gemeinhin angenommen wird. Ohnehin stammt im *Bulletin des Presse- und Informationsamtes der Bundesregierung* aus dem seither verstrichenen Zeitraum nur noch die vergleichsweise geringe Anzahl von elf Reden.

10 Der Fall Filbinger ist das bekannteste Beispiel dafür. Zum dreißigsten Jahrestag des 20. Juli im Jahr 1974 sprach der baden-württembergische Ministerpräsident Hans Filbinger in seiner Eigenschaft als Bundesratspräsident im Berliner Reichstagsgebäude (Bulletin 1974). Zu der Gedenkfeier waren neben anderen Ehrengästen etwa vierhundert jüdische Bürger der Vereinigten Staaten und aus Israel geladen. Während der Rede kommt es im Plenarsaal zu heftigen Tumulten. Filbinger, der sich selber zum Widerstand rechnet, sieht sich nach kurzer Zeit unablässigen Zwischenrufen aus den Reihen der Zuhörer ausgesetzt. Er wird ein Nazi geheißen, und es wird Auskunft über seine Tätigkeit als Marinerichter im Krieg verlangt. Die Veranstaltung kann nur unter Mühen zum Abschluß gebracht werden (vgl. dazu Levy 1974).
Der Fall Filbinger ist vornehmlich durch die beharrlichen Vorwürfe des Schriftstellers Rolf Hochhuth bekannt geworden. Hochhuth konnte dem CDU-Politiker nachweisen, daß er in den letzten Kriegswochen Todesurteile gegen Soldaten der deutschen Marine ausgefertigt habe und vollstrecken ließ. Filbinger mußte unter dem Druck der Öffentlichkeit und nicht zuletzt seiner eigenen Partei im Spätsommer 1978 zurücktreten, nachdem er in rechtfertigenden und nach Ausflucht suchenden Aussagen ein mit rechtsstaatlichen und demokratischen Maßstäben nicht zu vereinbarendes Rechtsverständnis erkennen ließ. Bereits seit 1972 waren Vorwürfe gegen Filbinger bekannt, er habe als Kriegsgerichtsrat in alliierten Internierungslagern unter Bezugnahme auf nationalsozialistische Phrasen Recht gesprochen (vgl. zu der Affäre Knesebeck 1980; jetzt auch die Studien in Herz/Schwab-Trapp 1997). – Auf Filbinger ist in einer späteren Feierstunde zum 20. Juli noch einmal Bezug genommen worden. Klaus von Dohnanyi verbat sich im Jahre 1978 auf dem Höhepunkt der Affäre Filbinger die „mißbräuchliche Berufung auf den Widerstand" und die „Ausbeutung der Toten des deutschen Widerstandes zugunsten persönlicher politischer Vorteile" (Bulletin 1978, S. 823 f.).
11 Das Paradebeispiel dafür ist der Historikerstreit.
12 Im Zusammenhang mit der Mißachtung des inneren Zusammenhangs von Form und Inhalt wäre natürlich die Rede Philipp Jenningers zum 50. Jahrestag des 9./10. November 1938 zu nennen.

Zahlreicher sind die mit den Jahren immer knapper ausfallenden Erklärungen des Bundeskanzlers zum 20. Juli. Man kann kaum davon sprechen, daß in die Würdigung des Tages neue Elemente Eingang gefunden haben. Einige Anklänge an eine Vaterlands-Rhetorik bleiben marginal (Bulletin 1983, 1987). Vielmehr handelt es sich um eine kunstvolle Zusammensetzung oft erprobter und allgemein akzeptierter Deutungen, in deren Mittelpunkt die Bewahrung des Rechtsstaates, die Verteidigung der Freiheit und das Sinnen auf eine europäische Einigung steht.

Wenn man so will, kann man in dieser Kunst der Komposition vor allem eine Professionalisierung der Akteure im Umgang mit einer problematischen Vergangenheit sehen. Die konservativen Eliten der Bundesrepublik haben in den nach 1983 einsetzenden Debatten über Ursachen und Folgen des Nationalsozialismus erfahren müssen, daß mit der Ächtung des NS-Regimes zugleich eine kritische Analyse der ihm vorausliegenden Traditionen wie ein ebenso kritischer Umgang mit den durch den Aufstieg des Nationalsozialismus korrumpierten Eliten zum festen Bestandteil der politischen Kultur in der Bundesrepublik geworden ist. Gerade der Umstand, daß sich dieser Prozeß der Veränderung vielleicht nicht einmal in erster Linie unter kognitiven Aspekten – in politischen oder historischen Debatten – vollzieht, sondern mit einer alltagsweltlichen Orientierung in Zusammenhang gebracht werden muß, macht den Vorgang noch bedeutsamer. Mit anderen Worten: Die nationalen und mit Kategorien wie Militär, Ehre und Sittlichkeit verbundenen Orientierungsmuster, die mancher unter Rückgriff auf das Gedenken an den 20. Juli 1944 reanimiert sehen will, prallen an einer Gesellschaft ab, die sich in ihrer schon notorischen Zivilität sonnt und auf der Suche nach der Harmonie von individuellem Glücksstreben und dem rechten Maß an Bürgersinn ist.

Mit der Professionalisierung der öffentlichen Erinnerung ging seit den achtziger Jahren die Marginalisierung des politischen Gedenkens an den 20. Juli einher. Der Tag eignete sich nicht mehr dazu, zwingende politische Optionen für Gegenwart und Zukunft zu präsentieren. Der Akt des Gedenkens verkümmerte gleichsam zu einer Geschichtsstunde. Nur einmal noch, im Zusammenhang mit der deutschen Wiedervereinigung und dem 50. Jahrestag des Attentats, erhob sich eine letzte Kontroverse um den 20. Juli 1944. Sie hatte damit zu tun, daß in der Gedenkstätte Deutscher Widerstand neben den Photographien der zum militärischen Widerstand gehörenden Verschwörer Persönlichkeiten des kommunistischen Widerstandes, namentlich Offiziere des „Nationalkomitees Freies Deutschland" und die „Gruppe Ulbricht" in Moskau abgebildet werden. In die Attacken gegen das integrative Konzept der Ausstellung, die aus den Familien einiger der ehemaligen Widerständler kamen, mischte sich auch die Politik ein, für die Verteidigungsminister Volker Rühe zu der Formel fand, der kommunistische Widerstand gehöre zweifelsfrei zu einer historischen Auseinandersetzung und Würdigung der Ereignisse, eine andere Frage sei, wie man ihn moralisch zu bewerten habe (Bulletin 1994a, S. 647). Diese von Bundespräsident Roman Herzog übernommene Auffassung (Bulletin 1994b, S. 666) verdichtet sich in der seither alljährlich wiederholten Parole aus dem Kanzleramt, der 20. Juli stehe für die Mahnung, daß „Radikale –

egal, ob von rechts oder links – nie mehr eine Chance bekommen (dürfen), die Geschichte unseres Landes zu bestimmen" (Bulletin 1998, S. 695).

An dieser Stelle blitzt noch einmal ein streitbarer tages- bzw. gesellschaftspolitischer Bezug auf den Widerstand des Jahres 1944 auf. Denn natürlich zielt die Diskreditierung der Ausstellung in erster Linie auf die PDS und auf einen sich mancherorts in den ostdeutschen Bundesländern noch dezidiert parteisozialistisch verstehenden Antifaschismus. In Form dieser Kampagne wird die Auseinandersetzung um den Widerstand sicher noch eine Weile weiter gesponnen. Das – darin ist Peter Steinbach zuzustimmen – darf aber nicht darüber hinwegtäuschen, daß es im Grunde kleine nationalkonservative, politisch nicht weiter einflußreiche Kreise sind, die an diese Kampagne eine Hoffnung anhängen, das differenzierte und weithin akzeptierte Bild des Widerstandes revidieren zu können (vgl. Süddeutsche Zeitung vom 21. Juli 1998).

III.

Aus welchen Gründen ändert sich zu bestimmten Zeitpunkten das Reden über die Vergangenheit; und was haben diese Veränderungen jeweils zu bedeuten? Vor allem: Was hat es damit auf sich, daß die Konflikte um die Bewertung des Widerstandes in einen so breiten Konsens übergegangen sind? Die Antworten auf diese Frage sind an verschiedenen Stellen des Aufsatzes bereits gegeben worden: Es sind die unterschiedlichen strategischen Optionen, die mit dem Gedenken an den 20. Juli 1944 verbunden waren, die zu den Kontroversen um den Widerstand geführt haben. Und es ist die geschichtspolitische Defensive, in die die Politik seit geraumer Zeit geraten ist, in deren Folge eine differenzierte Anerkennung des Widerstandes möglich war. Wenn man noch einmal zusammenfassend auf die Gedenktagsgeschichte des 20. Juli zurückblickt, dann fällt auf, wie wenig überzeugend das Interpretationsmuster Schweigen/Protest/Aufarbeitung auf die bundesdeutsche Auseinandersetzung mit dem Nationalsozialismus jedenfalls für die Staatsspitze bezogen werden kann. Von Beginn an standen die Akteure hier nicht nur unter einem Äußerungszwang, sondern haben die Gelegenheit genutzt, politisches Kapital aus der Erinnerung an die Geschichte zu schlagen – sofern und solange ihnen das durch ihre prominente Stellung möglich war.

Die Veränderungen, die sich in der Auseinandersetzung mit dem Nationalsozialismus ergeben, haben oft mit einem schlichten Wechsel der Interessenlage zu tun. Diese Einsicht gilt im übrigen nicht nur für den Bereich der Politik. Für die Geschichtswissenschaft etwa hat Hans-Ulrich Wehler festgestellt, daß der erbittert geführte Historikerstreit namentlich mit der Konkurrenz verschiedener Forschungsparadigmen zu tun hatte (Wehler 1988, S. 12 ff.). Der Blick auf die Verzerrungen, die im Umgang mit der NS-Vergangenheit so offenkundig sind, sollte sich daher auch auf anderen Feldern verstärkt darauf richten, das reichlich vorhandene Material auf strategische Optionen untersuchen, die durch eine zielgerichtete Interpretation der Vergangenheit im öffentlichen Bewußtsein untergebracht werden konnten.

Die Einsicht, daß Interessenlagen selbst das Gedenken an die Opfer des Nationalsozialismus und die Erinnerung an den Widerstand durchziehen, ist womöglich schlecht zu ertragen. Es handelt sich bei den historischen Sachverhalten des Nationalsozialismus schließlich nicht um Themen, von denen man heute dies und morgen das behaupten kann. Und das Gedenken erzwingt eine Form, die sich mit der Kategorie des Interesses kaum in Einklang bringen läßt. Die moralische und politische Katastrophe, die das Regime und die deutsche Gesellschaft zu verantworten haben, erfordert eigentlich ein Innehalten, eine angemessene Distanz zu allen strategischen und funktionalen Bezügen, die im politischen Alltag so nahe liegen. Vermutlich führt aber die Erkenntnis, daß es in einer säkularisierten und funktional differenzierten Gesellschaft kein einheitliches Geschichtsbild geben kann, zu der Einsicht, daß politisches Gedenken in einer solchen Gesellschaft notwendigerweise in einem profanen Spannungsverhältnis steht: Dem Gedenken, das im Namen aller erfolgt, sollen möglichst viele zustimmen können. Diejenigen, die heute an Gedenktagen sprechen, möchten morgen wiedergewählt werden (vgl. Wöll 1997).

Das Ungenügen, das darüber spürbar wird (vgl. Brumlik 1992), führt in der Gegenwart vielleicht zu einer weiteren großen Verschiebung im Umgang mit dem Nationalsozialismus. Die Professionalisierung des politischen Gedenkens kann auch als Bedeutungsverlust für die Politik begriffen werden, der die Produktion von Deutungsangeboten oder das Stiften von Sinn zunehmend entgleiten. Das Interesse am Gedenken wandert aus: in die Vielzahl privater Initiativen, Organisationen und Zusammenhänge. Dies haben nicht nur die vielen Veranstaltungen zum 8. Mai 1995 gezeigt. Die Diskussionen um das geplante Holocaust-Denkmal und um ein ebensolches Museum in Berlin sind aktuelle Beispiele dafür. Ob diese Privatisierung des Gedenkens zu einem Zugewinn an Rationalität im Umgang mit dem Nationalsozialismus führt, bleibt abzuwarten.

Literatur

Ahrens, Claudia, 1998: Der 20. Juli kommt vor Gericht. Der Remer-Prozeß und Fritz Bauers Kampf um eine neue politische Kultur in Deutschland, in: Frankfurter Rundschau, Nr. 165 vom 20. Juli 1998, S. 12.

Benz, Wolfgang (Hrsg.), 1990: Legenden, Lügen, Vorurteile. Ein Wörterbuch zur Zeitgeschichte, München 1993.

Benz, Wolfgang, 1995: Der Umgang mit Gedenktagen und Gedenkstätten in der Bundesrepublik Deutschland, in: Werner Bergmann, Rainer Erb und Albert Lichtblau (Hrsg.), Schwieriges Erbe – Der Umgang mit Nationalsozialismus und Antisemitismus in Österreich, der DDR und der Bundesrepublik Deutschland, Frankfurt a.M., S. 302-318.

Brumlik, Micha, 1992: Trauerrituale und politische Kultur nach der Shoah in der Bundesrepublik, in: Hanno Loewy (Hrsg.), Holocaust – Die Grenzen des Verstehens. Eine Debatte über die Besetzung der Geschichte, Reinbek, S. 191-212.

Büchel, Regine, 1975: Der deutsche Widerstand im Spiegel von Fachliteratur und Publizistik seit 1945, München.

Bulletin des Presse- und Informationsamtes der Bundesregierung, 1952a: Zum 20. Juli 1944. Bundespräsident Theodor Heuss an die Witwe eines Opfers des 20. Juli, Bulletin Nr. 94 vom 19. Juli 1952, S. 927.
Bulletin des Presse- und Informationsamtes der Bundesregierung, 1952b: 20. Juli 1944 wegweisend für das deutsche Volk. Der Aufstand gegen Unrecht und Gewalt – Gedenkrede von Bundesminister Dr. Lukaschek, Bulletin Nr. 95 vom 22. Juli, S. 938-939.
Bulletin des Presse- und Informationsamtes der Bundesregierung, 1953: Das andere Preußen. Weg und Schicksal Ludwig von Gerlachs – Der 20. Juli 1944 und die Rechtsstaatsidee der Konservativen, Bulletin Nr. 179 vom 19. September 1953, S. 1499-1500.
Bulletin des Presse- und Informationsamtes der Bundesregierung, 1954a: Bekenntnis und Dank. Der Bundespräsident über die Männer des „20. Juli 1944" – Symbolhaftigkeit des Opfergangs, Bulletin Nr. 132 vom 20. Juli 1954, S. 1188-1190.
Bulletin des Presse- und Informationsamtes der Bundesregierung, 1954b: Ein bedeutsames Element der deutschen Geschichte, Bulletin Nr. 133 vom 21. Juli 1954, S. 1199-1200.
Bulletin des Presse- und Informationsamtes der Bundesregierung, 1954c: Mahnende Verpflichtung. Zur zehnjährigen Wiederkehr des 20. Juli 1944, Bulletin Nr. 132 vom 20. Juli 1954, S. 1190-1991.
Bulletin des Presse- und Informationsamtes der Bundesregierung, 1954d: In der vordersten Linie im Kampf um die Freiheit. Unser Anspruch auf die Wiedervereinigung Deutschlands wird seine Erfüllung finden, Bulletin Nr. 133 vom 21. Juli 1954, S. 1197-1198.
Bulletin des Presse- und Informationsamtes der Bundesregierung, 1954e: Der „20. Juli" in europäischer Sicht. Die deutsche Erhebung im Jahre 1944 – Ein letzter Wille, der bis heute nicht erfüllt ist, Bulletin Nr. 132 vom 20. Juli 1954, S. 1191-1193.
Bulletin des Presse- und Informationsamtes der Bundesregierung, 1954f: Planmäßige Arbeit zum Sturze Hitlers, Bulletin Nr. 134 vom 22. Juli 1954, S. 1209-1210.
Bulletin des Presse- und Informationsamtes der Bundesregierung, 1956: Der 20. Juli ein Mahn- und Prüfstein im deutschen Volk. Ehrenrettung vor der Welt und vor der eigenen Geschichte – Verpflichtung auf dem Weg in die Zukunft, Bulletin Nr. 134 vom 21. Juli 1956, S. 1320-1321.
Bulletin des Presse- und Informationsamtes der Bundesregierung, 1958a: Wesentlicher Beitrag zu einem geläuterten Geschichtsbild der Deutschen, Bulletin Nr. 130 vom 22. Juli 1958, S. 1381-1382.
Bulletin des Presse- und Informationsamtes der Bundesregierung, 1958b: Erinnerung an den 20. Juli 1944, Bulletin Nr. 129 vom 19. Juli 1958, S. 1374.
Bulletin des Presse- und Informationsamtes der Bundesregierung, 1961a: Der 20. Juli und der Soldat. Der 17. Juni 1953 und der 20. Juli 1944 gehören zusammen, Bulletin Nr. 133 vom 21. Juli 1961, S. 1302-1304.
Bulletin des Presse- und Informationsamtes der Bundesregierung, 1961b: Die Verpflichtung des 20. Juli. Kranzniederlegung am Bonner Ehrenmal durch den Bundeskanzler – Eine Gedenkfeier, Bulletin Nr. 134 vom 22. Juli 1961, S. 1315-1316.
Bulletin des Presse- und Informationsamtes der Bundesregierung, 1962: Widerstand und Wiederaufstieg. Das Verdienst der Widerstandskämpfer um die Wiederaufnahme Deutschlands in den Kreis der freien Nationen, Bulletin Nr. 129 vom 18. Juli 1962, S. 1115-1116.
Bulletin des Presse- und Informationsamtes der Bundesregierung, 1963a: Das Vermächtnis des 20. Juli. Die Aufgabe, unseren demokratischen Staat mit freiheitlichem Leben zu erfüllen, Bulletin Nr. 127 vom 20. Juli 1963, S. 1129.
Bulletin des Presse- und Informationsamtes der Bundesregierung, 1963b: Einheit und Freiheit für das ungeteilte Deutschland. Die Bundesrepublik gedachte der Widerstandskämpfer des 20. Juli 1944, Bulletin Nr. 128 vom 23. Juli 1963, S. 1137-1139.
Bulletin des Presse- und Informationsamtes der Bundesregierung, 1964a: Ein heiliges Vermächtnis. Der deutsche Widerstand ein deutsches Bekenntnis, ja ein deutsches Martyrium für den Gehorsam gegen das gerechte Recht und die Gebote der Freiheit, Bulletin Nr. 116 vom 23. Juli 1964, S. 1105-1108.
Bulletin des Presse- und Informationsamtes der Bundesregierung, 1964b: Symbol der Selbstachtung unseres Volkes. Der Aufstand vom 20. Juli eine politische Tat von historischer Bedeutung, Bulletin Nr. 115 vom 22. Juli 1964, S. 1093-1095.

Bulletin des Presse- und Informationsamtes der Bundesregierung, 1965: Die deutsche Erneuerungsbewegung und die Zeitgeschichte. Zwei bisher unbekannte Denkschriften über die Ziele des Aufstandes vom 20. Juli 1944, Bulletin Nr. 126 vom 23. Juli 1965, S. 1022-1024.
Bulletin des Presse- und Informationsamtes der Bundesregierung, 1966: Freiheit und Menschenwürde sind dem Staat vorgegeben, Bulletin Nr. 96 vom 22. Juli 1966, S. 764-766.
Bulletin des Presse- und Informationsamtes der Bundesregierung, 1968a: Die Widerstandsbewegung hatte bedeutende Ahnen, Bulletin Nr. 93 vom 24. Juli 1968, S. 803-805.
Bulletin des Presse- und Informationsamtes der Bundesregierung, 1968b: Grundpflicht des Soldaten: Schutz des Friedens, Bulletin Nr. 93 vom 24. Juli 1968, S. 801-803.
Bulletin des Presse- und Informationsamtes der Bundesregierung, 1969a: Zeugnis des Ringens um Menschenrecht und Menschenwürde. Gedenken an die deutschen Opfer des Widerstandes, Bulletin Nr. 96 vom 22. Juli 1969, S. 825-827.
Bulletin des Presse- und Informationsamtes der Bundesregierung, 1969b: Wahrung der unveräußerlichen Grundrechte des Menschen. Wiederherstellung der vollkommenen Macht des Rechts und der Grundlagen der Sittlichkeit, Bulletin Nr. 96 vom 22. Juli 1969, S. 827-828.
Bulletin des Presse- und Informationsamtes der Bundesregierung, 1970: Vermächtnis des deutschen Widerstandes gegen den Nationalsozialismus. Gedenken an den 20. Juli, Bulletin Nr. 99 vom 22. Juli 1970, S. 969-970.
Bulletin des Presse- und Informationsamtes der Bundesregierung, 1971: Bulletin Nr. 112 vom 22. Juli 1971, S. 1228-1230.
Bulletin des Presse- und Informationsamtes der Bundesregierung, 1973: Bulletin Nr. 89 vom 24. Juli 1973, S. 904-905.
Bulletin des Presse- und Informationsamtes der Bundesregierung, 1974: Ansprache des Bundesratspräsidenten, Bulletin Nr. 89 vom 23. Juli 1974, S. 887-891.
Bulletin des Presse- und Informationsamtes der Bundesregierung, 1978: Der 20. Juli bleibt eine Verpflichtung, Bulletin Nr. 87 vom 8. August 1978, S. 823-827.
Bulletin des Presse- und Informationsamtes der Bundesregierung, 1983: Verpflichtung des 20. Juli 1944 zu Freiheit und Menschenwürde, Bulletin Nr. 49 vom 21. Juli 1983, S. 729-731.
Bulletin des Presse- und Informationsamtes der Bundesregierung, 1987: Mahnung und Verpflichtung des deutschen Widerstandes, Bulletin Nr. 123 vom 14. November 1987, S. 1053-1056.
Bulletin des Presse- und Informationsamtes der Bundesregierung, 1994a: „Aufstand des Gewissens". Gedenken an den militärischen Widerstand, Bulletin Nr. 68 vom 22. Juli 1994, S. 648-649.
Bulletin des Presse- und Informationsamtes der Bundesregierung, 1994b: Die Freiheit verteidigen, Bulletin Nr. 71 vom 28. Juli 1994, S. 665-666.
Bulletin des Presse- und Informationsamtes der Bundesregierung, 1998: Erklärung des Bundeskanzlers, Bulletin Nr. 53 vom 29. Juli 1998, S. 695.
Fest, Joachim, 1994: Staatsstreich – Der lange Weg zum 20. Juli, Berlin.
Frei, Norbert, 1996: Vergangenheitspolitik. Die Anfänge der Bundesrepublik und der Nationalsozialismus, München.
Friedrich, Jörg, 1983: Freispruch für die Nazi-Justiz. Die Urteile gegen NS-Richter seit 1948, Reinbek.
Herz, Thomas und Michael Schwab-Trapp (Hrsg.), 1997: Umkämpfte Vergangenheit. Diskurse über den Nationalsozialismus seit 1945, Opladen.
Holler, Regina, 1994: 20. Juli 1994 – Vermächtnis oder Alibi? Wie Historiker, Politiker und Journalisten mit dem deutschen Widerstand gegen den Nationalsozialismus umgehen. Eine Untersuchung der wissenschaftlichen Literatur, der offiziellen Reden und der Zeitungsberichterstattung in Nordrhein-Westfalen 1945-1986, München u.a.
Informationszentrum Berlin/Gedenkstätte Deutscher Widerstand (Hrsg.), 1986: Der 20. Juli 1944. Reden zu einem Tag der deutschen Geschichte, 2. Bde., Berlin (West).

Kettenacker, Lothar, 1997: Die Haltung der Westalliierten gegenüber Hitlerattentat und Widerstand nach dem 20. Juli 1944, in: Gerd R. Ueberschaer (Hrsg.), Der 20. Juli. Das „andere Deutschland" in der Vergangenheitspolitik, Berlin, S. 22-46.

Knesebeck, Rosemarie von dem (Hrsg.), 1980: In Sachen Filbinger gegen Hochhuth. Die Geschichte einer Vergangenheitsbewältigung, Reinbek.

Levy, Ernst L., 1974: Akustisch bleibt Filbinger am 20. Juli Herr der Lage, in: Frankfurter Allgemeine Zeitung, Nr. 166 vom 22. Juli 1974, S. 8.

Löwenthal, Richard, 1982: Widerstand im totalitären Staat, in: ders. und Patrick von zur Mühlen (Hrsg.), Widerstand und Verweigerung in Deutschland 1933-1945, Bonn/Berlin (West).

Mommsen, Hans, 1985: Die Geschichte des deutschen Widerstandes im Lichte der neueren Forschung, in: Aus Politik und Zeitgeschichte – Beilage zur Wochenzeitung „Das Parlament", B 50/85, S. 3-18.

Reichel, Peter, 1995: Politik mit der Erinnerung. Gedächtnisorte im Streit um die nationalsozialistische Vergangenheit, München.

Schiller, Dietmar 1993: Politische Gedenktage in Deutschland – Zum Verhältnis von öffentlicher Erinnerung und politischer Kultur, in: Aus Politik und Zeitgeschichte – Beilage zur Wochenzeitung „Das Parlament", B 25/93, S. 32-39.

Schmädecke, Jürgen und Peter Steinbach (Hrsg.), 1985: Der Widerstand gegen den Nationalsozialismus. Die deutsche Gesellschaft und der Widerstand gegen Hitler, München.

Steinbach, Peter, 1986: Der Widerstand als Thema der politischen Zeitgeschichte. Ordnungsversuche vergangener Wirklichkeit und politischer Reflexionen, in: Gerhard Besier und Gerhard Ringshausen (Hrsg.), Bekenntnis, Widerstand, Martyrium. Von Barmen 1934 bis Plötzensee 1944, Göttingen.

Steinbach, Peter, 1988: Widerstandsforschung im politischen Spannungsfeld, in: Aus Politik und Zeitgeschichte – Beilage zur Wochenzeitung „Das Parlament", B 28/88, S. 3-21.

Steinbach, Peter, 1994: „Stachel im Fleisch der deutschen Nachkriegsgesellschaft" – Die Deutschen und der Widerstand, in: Aus Politik und Zeitgeschichte – Beilage zur Wochenzeitung „Das Parlament", B 28/94, S. 3-14.

Steinbach, Peter, 1997: Widerstand im Dritten Reich – die Keimzelle der Nachkriegsdemokratie? Die Auseinandersetzung mit dem Widerstand in der historischen politischen Bildungsarbeit, in den Medien und in der öffentlichen Meinung nach 1945, in: Gerd R. Ueberschaer (Hrsg.), Der 20. Juli 1944. Das „andere Deutschland" in der Vergangenheitspolitik, Berlin, S. 98-124.

Toyka-Seid, Christiane, 1994: Der Widerstand gegen Hitler und die westdeutsche Gesellschaft. Anmerkungen zur Rezeptionsgeschichte des „anderen Deutschlands" in den frühen Nachkriegsjahren, in: Johannes Tuchel und Peter Steinbach (Hrsg.), Widerstand gegen den Nationalsozialismus, Bonn.

Ueberschaer, Gerd R. (Hrsg.), 1997: Der 20. Juli 1944. Bewertung und Rezeption des deutschen Widerstandes gegen das NS-Regime, Berlin.

Wassermann, Rudolf, 1985: Recht, Gewalt, Widerstand. Vorträge und Aufsätze, Berlin (West).

Wehler, Hans-Ulrich, 1988: Entsorgung der deutschen Vergangenheit? Ein polemischer Essay zum „Historikerstreit", München.

Wöll, Andreas, 1997: Als der Frieden ausbrach ... Der 8. Mai 1945 in der öffentlichen Rede der Bundesrepublik, in: psychosozial, 20. Jg., H. 2 (68), S. 123-138.

Wolfrum, Edgar, 1997: Frankreich und der deutsche Widerstand gegen Hitler 1944-1964. Von der Aberkennung zur Anerkennung, in: Gerd R. Ueberschaer (Hrsg.), Der 20. Juli 1944. Das „andere Deutschland" in der Vergangenheitspolitik, Berlin, S. 68-81.

Wolfrum, Edgar, 1998: Geschichtspolitik und deutsche Frage. Der 17. Juni im nationalen Gedächtnis der Bundesrepublik (1953-1989), in: Geschichte und Gesellschaft, 24. Jg., H. 2, S. 382-411.

Zimmermann, Michael, 1992: Negativer Fixpunkt und Suche nach positiver Identität. Der Nationalsozialismus im kollektiven Gedächtnis der alten Bundesrepublik, in: Hanno Loewy (Hrsg.), Holocaust – Die Grenzen des Verstehens. Eine Debatte über die Besetzung der Geschichte, Reinbek, S. 128-143.

Constantin Goschler

Offene Fragen der Wiedergutmachung

Entschädigungsforderungen von Verfolgten des Nationalsozialismus als politischer Diskurs*

Der folgende Beitrag geht der Frage nach, wo im Bereich der sogenannten Wiedergutmachung für Verfolgte des Nationalsozialismus noch aktueller Regelungs- und Entscheidungsbedarf besteht.[1] Dabei konzentrieren sich die Ausführungen ganz auf den Bereich der materiellen Entschädigungen; die juristische Rehabilitierung, die ein eigenes umfangreiches und kompliziertes Kapitel bildet, kann hier nicht berücksichtigt werden. Die Aufgabe, den Umfang der 'offenen Fragen' zu bestimmen, wirft große methodische Schwierigkeiten auf: Ein erster, eher theoretischer Weg wäre, von der Gesamtzahl der durch nationalsozialistische Verfolgung geschädigten Personen auszugehen – Schätzungen sprechen hier von wenigstens 20 Millionen Menschen.[2] Das Ausmaß der 'offenen Fragen' ließe sich dann als Differenz zu den bereits geregelten berechnen. Ein anderer, praktikablerer Weg könnte hingegen darin bestehen, von den aktuell artikulierten Forderungen auszugehen, die vor allem von Interessenvertretungen der NS-Verfolgten erhoben werden und sich auf die noch lebenden, mittlerweile hochbetagten Opfer beziehen. So leben heute noch etwa 200.000 jüdische Überlebende des Holocaust in aller Welt, von denen eine große Zahl bis heute keine materielle Entschädigung erhalten hat.[3]

Das Ausmaß der 'offenen' wie der geklärten Fragen wird jedoch sehr unterschiedlich eingeschätzt, je nachdem ob sich etwa Interessenverbände der NS-Verfolgten oder das Bundesfinanzministerium dazu äußern. Während letzteres auf die beträchtlichen bereits geleisteten Summen verweist, wird von anderer Seite nachdrücklich auf die Vielzahl der NS-Verfolgten verwiesen, die gar keine oder

---

* Das Manuskript wurde im Mai 1998 abgeschlossen. Die seitdem eingetretenen neuen Entwicklungen konnten nicht mehr berücksichtigt werden.

[1] Der Begriff „Wiedergutmachung" ist insofern natürlich problematisch, als er die Vorstellung transportiert, das dem Vorgang zugrundeliegende Geschehen ließe sich rückgängig machen. Doch soll er hier als eingeführter Terminus technicus verwendet werden, sofern nicht präzisere Begriffe verfügbar sind.

[2] Ludolf Herbst, Einleitung, in: Wiedergutmachung in der Bundesrepublik Deutschland, hrsg. von dems. u. Constantin Goschler, München 1989, S. 7-31, hier: S. 19.

[3] Schreiben von Dr. K. Brozik (Claims Conference, Office for Germany) vom 27.4.1998.

nur sehr bescheidene Leistungen erhalten haben. Hinzu kommt, daß der Versuch, sich zur Bestimmung des Umfangs der 'offenen Fragen' auf ihre Thematisierung durch die Verfolgtenverbände zu stützen, bereits deren unterschiedliche Fähigkeit zur Artikulation ihrer Forderungen in die Definition des Problems mit hineinnimmt.

Ein prinzipieller methodischer Ausweg aus der extremen Standortgebundenheit bei der Bestimmung der 'offenen Fragen' der materiellen Entschädigung existiert nicht. Im folgenden wird versucht, das Problem dadurch handhabbar zu machen, daß einerseits aktuell diskutierte Forderungen, die auf eine Erweiterung der bestehenden Regelungen zielen, systematisiert werden. Zugleich sollen die damit verbundenen Mechanismen der Thematisierung analysiert werden. In diesem Beitrag soll also nicht die Berechtigung von Entschädigungsforderungen erörtert werden. Vielmehr werden die 'offenen Fragen' der materiellen Entschädigung als ein politischer Diskurs betrachtet, dessen Ein- und Ausschließungsmechanismen untersucht werden müssen. Die sich bei diesen Fragen unweigerlich aufdrängenden Werturteile möge der Leser selbst fällen.

Aus der Frage nach dem gegenwärtig bestehenden Regelungs- und Entscheidungsbedarf folgt die weitere Frage, auf welche Weise er zustande kommt. Wodurch werden die Thematisierungs- und Durchsetzungschancen von Entschädigungsforderungen bestimmt? Inwieweit spielen hierbei Veränderungen der innen- und außenpolitischen Rahmenbedingungen wie das Ende des Ost-West-Konflikts bzw. Veränderungen der politischen Kultur der Bundesrepublik eine Rolle? Zur Beantwortung dieser Fragen werde ich in drei Schritten vorgehen: Erstens werde ich kurz die Struktur der bestehenden Wiedergutmachungsregelungen skizzieren, da diese die Folie für die 'offenen Fragen' darstellt. Im zweiten Schritt werde ich versuchen, die gegenwärtig diskutierten 'offenen Fragen' zu systematisieren und dabei einige zentrale Tendenzen festzustellen. Dies leitet über zum dritten Schritt, bei dem die Strukturen der Formulierung und Thematisierung 'offener Fragen' der materiellen Entschädigung von NS-Verfolgten untersucht werden.

1. Die bestehenden Wiedergutmachungs-Regelungen

In der heutigen Form ist die sogenannte Wiedergutmachung nationalsozialistischen Unrechts das Resultat eines nun bereits seit 50 Jahren verlaufenden Prozesses, dem keinerlei systematische Planung zugrundelag. Walter Schwarz, einer der besten Sachkenner, sprach von „legislativem Wildwuchs".[4] Einen ersten Teilbereich bildet die Rückerstattung. Diese versuchte auszugleichen, daß sich der deutsche Staat sowie Teile der deutschen Bevölkerung an jüdischem Eigentum, aber auch dem politischer und gewerkschaftlicher Organisationen bereichert hatten. Noch

---

4 Walter Schwarz, Die Wiedergutmachung nationalsozialistischen Unrechts durch die Bundesrepublik Deutschland. Ein Überblick, in: Wiedergutmachung in der Bundesrepublik Deutschland, hrsg. von Herbst/Goschler, München 1989, S. 33-54, hier: S. 54.

in der Besatzungszeit erließen die westalliierten Militärregierungen Gesetze, die die Rückerstattung des wiederauffindbaren Eigentums bestimmten. Überdies regelte das 1957 erlassene Bundesrückerstattungsgesetz, daß bis zu einer festgelegten Gesamthöhe von drei Mrd. DM Entschädigungen für Werte gezahlt werden sollten, die das Deutsche Reich beschlagnahmt und geraubt hatte und die nicht mehr wiederaufzufinden waren.

Einen zweiten Hauptkomplex bildet die Entschädigung persönlicher Schäden. Neben verschiedenen Ländergesetzen in den Westzonen, die zum Teil noch in der Besatzungszeit erlassen wurden, ist hier vor allem das Bundesentschädigungsgesetz wichtig. Es regelt die Entschädigung der rassisch, religiös und politisch Verfolgten für ihre Schäden an Leben, Körper und Gesundheit, Freiheit und beruflichem Fortkommen. 1953 in seiner ersten Fassung verabschiedet, wurde es bis 1965 mehrfach ausgeweitet und novelliert. Seither blieb es, ausdrücklich als Bundesentschädigungs-Schlußgesetz (BEG-SG) bezeichnet, resistent gegenüber allen weiteren Erweiterungsbestrebungen. Entgegenkommen fand, wenn überhaupt, nur auf dem Wege von Härtefonds statt, die das System des Bundesentschädigungsgesetzes nicht antasteten.

Im Gegensatz zu den Reparationen, bei denen es sich um die Forderungen ausländischer Staaten handelt, zielte die Wiedergutmachung im Kern auf solche Personen ab, die zu bestimmten Zeiten Staatsangehörige des Deutschen Reiches oder der Bundesrepublik waren. Deshalb lag ihr das sogenannte Territorialitätsprinzip zugrunde. Ausländer wurden demnach in der Regel nicht als NS-Verfolgte betrachtet, sondern auf die Reparationsregelungen ihrer Heimatstaaten verwiesen. In Abweichung davon verpflichtete sich die Bundesrepublik in einer Anzahl sogenannter Globalabkommen zu Leistungen an ausländische Staatsbürger, die unter nationalsozialistischer Verfolgung gelitten hatten. Hier handelt es sich um einen dritten Hauptkomplex der Wiedergutmachung. Das bekannteste Beispiel ist das mit Israel und der *Jewish Conference on Material Claims against Germany*, kurz: *Claims Conference*, 1952 geschlossene Abkommen, in dem sich die Bundesrepublik unter anderem zu Leistungen in Höhe von etwa 3,5 Mrd. DM verpflichtete.

Darüber hinaus wurden Ende der fünfziger / Anfang der sechziger Jahre Globalabkommen mit elf westeuropäischen Staaten geschlossen, die ein Gesamtvolumen von ca. 1 Mrd. DM erreichten. Dort wurden Zahlungen von Pauschalbeträgen zugunsten von Angehörigen dieser Staaten vereinbart, die durch NS-Verfolgung Schäden an Leben, Körper, Gesundheit oder Freiheit erlitten hatten und keinen Anspruch auf Entschädigung nach deutschen Gesetzen besaßen. Ein ähnliches Abkommen kam 1961 auch mit Österreich zustande.

Seit dem Ende des Ost-West-Konflikts läßt sich die bewußt vorgenommene und bis dato mit außenpolitischen Gründen gerechtfertigte Ungerechtigkeit der systematischen Benachteiligung der in Osteuropa lebenden NS-Verfolgten, die bislang von allen Leistungen ausgeschlossen gewesen waren, nicht mehr ohne weiteres rechtfertigen. Doch war bereits seit Mitte der achtziger Jahre die teils bewußte, teils unbewußte Diskriminierung der sogenannten „vergessenen Opfer" im Bereich der Entschädigung, von denen diese Gruppe einen wichtigen Teil bildete, auch in Teilen der bundesrepublikanischen Öffentlichkeit kritisiert worden.

So wurden seit 1990 nach dem Vorbild der Globalabkommen mit den westlichen Ländern auch Verhandlungen mit osteuropäischen Staaten aufgenommen, die zum Teil noch nicht abgeschlossen sind.[5] Dabei gelang es der Bundesrepublik, das Damoklesschwert, das in Gestalt der Friedensvertragsklausel des Londoner Schuldenabkommens von 1953 über ihr schwebte, abzuwenden. Dort waren Reparationsleistungen und damit zusammenhängende Probleme bis zum Abschluß eines Friedensvertrages aufgeschoben worden. Anstelle eines solchen setzte die Bundesregierung 1990 in den „Zwei-plus-vier-Verhandlungen" durch, daß die bis dahin bestehenden Rechte und Verpflichtungen der vier Hauptsiegermächte in bezug auf den äußeren Status Deutschlands durch eine „abschließende völkerrechtliche Regelung" aufgegeben werden sollten.[6] Ausgeklammert und damit wohl endgültig aufgeschoben blieben traditionelle Elemente von Friedensverträgen wie die Regelung von Grenz-, Vermögens-, Eigentums-, Entschädigungs- oder auch Wiedergutmachungsfragen. Zum Nachteil der Ansprüche ehemaliger NS-Verfolgter schützte sich die Bundesrepublik damit vor der Notwendigkeit, zahlreiche nunmehr jahrzehntelang aufgeschobene Fragen lösen zu müssen.

Statt dessen leistete die Bundesrepublik zwischen 1991 und 1993 an Stiftungen in Polen, der Russischen Föderation, der Republik Weißrußland und der Ukraine Zahlungen in Höhe von 1,5 Mrd. für Einmalleistungen. Diese Lösung führt für die betreffenden NS-Verfolgten allerdings zu Leistungen weit unterhalb des Niveaus der innerdeutschen Entschädigungsgesetzgebung. Im Gegensatz zu der Forderung einer Gruppe deutscher Parlamentarier aus verschiedenen Fraktionen, die die individuelle Entschädigung dieser NS-Opfer forderten, war die Bundesregierung lediglich bereit, jeder der drei Baltenrepubliken eine Pauschalsumme von zwei Millionen DM zu zahlen.

Sowohl auf deutscher als auch auf polnischer Seite wäre es begrüßt worden, wenn sich die deutsche Industrie an solchen Fonds beteiligt hätte, denn bei vielen der in Frage kommenden Personen handelt es sich um ehemalige Fremdarbeiter oder KZ-Zwangsarbeiter, die während des Zweiten Weltkrieges in der deutschen Rüstungsindustrie beschäftigt waren. Allerdings existiert nach Auffassung der deutschen Bundesregierung keine rechtliche Möglichkeit, die Unternehmen zu einem solchen Beitrag zu zwingen.[7] Aber auch eine freiwillige Beteiligung der deutschen Industrie, auf die gehofft worden war, blieb aus.

---

5 Die folgenden Zahlenangaben nach einer schriftlichen Mitteilung des Bundesfinanzministeriums vom 2.4.1998.
6 Vertrag über die abschließende Regelung in bezug auf Deutschland; Bundesgesetzblatt 1990, II, S. 1318 ff.
7 Beate Brüninghaus, Wiedergutmachung und andere Rentenleistungen, in: Zwangsarbeit bei Daimler-Benz, hrsg. v. Barbara Hoppmann, Mark Spoerer, Birgit Weitz u. Beate Brüninghaus, Stuttgart 1994, S. 463–468, hier: S. 466 f.

Nachdem auch mit Estland und Litauen erfolgreiche Verhandlungen über die Gründung einer Stiftung geführt wurden, steht gegenwärtig noch der Abschluß eines Abkommens mit Lettland bevor. Anfang 1998 kam auch der deutsch-tschechische Zukunftsfonds zustande, an dem sich die Bundesrepublik mit 140 Mio. DM beteiligt und der zum größten Teil den rund 8000 überlebenden NS-Verfolgten in Tschechien zukommen soll. Bis zu diesem Zeitpunkt wandte die Bundesrepublik fast 1,8 Mrd. DM für Entschädigungsleistungen an NS-Opfer in Osteuropa auf.

Zu den zusätzlichen Leistungen nach dem Ende des Ost-West-Konflikts gehören auch Zuwendungen an die *Claims Conference* zugunsten bisher nur unzureichend entschädigter, in finanzieller Not befindlicher jüdischer Verfolgter aus Osteuropa. Im Zeichen der Verhandlungen um die Vereinigung Deutschlands schloß die Bundesrepublik im Oktober 1992 eine Vereinbarung mit der *Claims Conference*, die auf Artikel 2 der Vereinbarung vom 18. September 1990 zum Einigungsvertrag zwischen der Bundesrepublik Deutschland und der DDR zurückgeht. Diese Härtefallregelung sollte der Tatsache Rechnung tragen, daß Juden, die aus der Sowjetunion, aber auch anderen mittel- und osteuropäischen Staaten kommen, bislang aufgrund des Ost-West-Konflikts keine Möglichkeit besessen hatten, irgendwelche Entschädigungsleistungen erhalten zu können.[8] Allerdings beschränkten diese Abmachungen laufende Zahlungen auf notleidende jüdische NS-Verfolgte aus Mittel- und Osteuropa, die ihre Heimatländer mittlerweile verlassen haben und heute in westlichen Staaten leben. Deshalb forderten jüdische Organisationen wie die *Claims Conference, das American Jewish Committee* und der *World Jewish Congress*, aber auch die Bundestagsfraktion BÜNDNIS 90/DIE GRÜNEN und der *Bundesverband Information und Beratung für NS-Verfolgte*, die Leistungen des „Artikel-2-Fonds" auf in Mittel- und Osteuropa lebende schwergeschädigte jüdische NS-Verfolgte auszuweiten und gleichfalls laufende Rentenzahlungen zu gewähren.[9] Erst nach einer massiven Kampagne erklärte sich die Bundesrepublik Anfang 1998 schließlich dazu bereit, wenigstens ab 1999 200 Millionen Mark zur Entschädigung von Überlebenden des Holocaust in diesen Ländern bereit zu stellen, wobei erstmals auch monatliche Zahlungen geleistet werden sollen.[10]

Nach dem Stand von Anfang 1998 leistete die Bundesrepublik bislang etwa 102 Mrd. DM an Wiedergutmachungszahlungen, ein Betrag, der sich nach momentanen Schätzungen durch laufende Renten noch auf mindestens 124 Mrd. DM erhöhen wird. Der Großteil, etwa 80 Prozent, entfällt bislang auf Leistungen nach dem Bundesentschädigungsgesetz, wovon wiederum Renten den Hauptanteil ausmachen. Etwa derselbe prozentuale Anteil entfällt nach den vorliegenden groben

---

8 Dokumentation des Bundesfinanzministeriums, Nr. 7/94 vom Oktober 1994, S. 11 f.
9 Schreiben von Dr. K. Brozik (Claims Conference, Office for Germany) vom 27.4.1998; Deutscher Bundestag, Drucksache 13/6844 vom 29.1.1997.
10 Schriftliche Auskunft von Hermann Evers (Bundesverband Information und Beratung für NS-Verfolgte e.V.) vom 14.4.1998. Danach betragen die monatlichen Leistungen, die jüdischen Verfolgten in Mittel- und Osteuropa gewährt werden können, mit 250 DM monatlich lediglich die Hälfte dessen, was seit 1992 den bisher leer ausgegangenen jüdischen Verfolgten in den Ländern des Westens zur Verfügung steht.

Offene Fragen der Wiedergutmachung 43

Schätzungen des Bundes und der Länder an jüdische Empfänger. Leistungen an NS-Verfolgte außerhalb der Wiedergutmachungsgesetze, v.a. im Rahmen des Allgemeinen Kriegsfolgengesetzes und der Wiedergutmachung in der Sozialversicherung, sind in diesen Berechnungen nicht enthalten.[11]

Mit Rücksicht auf seine finanzielle Leistungsfähigkeit erklärte der deutsche Staat von Anfang an eine vollständige Wiedergutmachung für unmöglich. Dies trug wesentlich zur Selektivität der Leistungen bei. Im Verein mit den vor allem nach Maßgabe außenpolitischer Opportunitäten erzeugten Ausnahmen und Sonderregelungen führte dies dazu, daß das 'System' der materiellen Entschädigung inkonsequent und ungerecht erscheinen mußte. Dieser Eindruck verstärkt sich noch bei einem Vergleich mit anderen Bereichen der Regelung von Kriegsfolgen im weitesten Sinne. Während die Bundesrepublik Entschädigungszahlungen für NS-Verfolgte im kommunistischen Machtbereich stets ablehnte, bezogen ehemalige Wehrmachtsangehörige und sogar SS-Veteranen während all der Jahre Kriegsversehrtenrenten nach dem Bundesversorgungsgesetz. Recherchen der Panorama-Redaktion ergaben beispielsweise, daß in Lettland 300 Angehörige der Waffen-SS nach dem Bundesversorgungsgesetz eine Rente erhalten, Opfer des Holocaust hingegen bis zuletzt leer ausgingen.

In welcher Weise auch scheinbar geklärte Fragen erhebliche Unruhe erzeugen, wird besonders an den Globalabkommen deutlich. Bei diesen mit den Herkunftsstaaten der ehemaligen NS-Verfolgten geschlossenen Verträgen zahlte die Bundesrepublik pauschale Beträge und überließ die Modalitäten der Verteilung den Empfängerstaaten. Dies steht insoweit in Übereinklang mit völkerrechtlichen Gepflogenheiten, als Individuen nur über ihre Heimatstaaten Ansprüche gegen fremde Staaten formulieren können. Für die Bundesrepublik bot diese Verfahrensweise den Vorteil, sich nicht mehr mit dem schwierigen Geschäft der Verteilung der Leistungen beschäftigen zu müssen.

Eine Diskrepanz zwischen der Haltung der Bundesrepublik, die guten Gewissens auf die erbrachten umfangreichen Leistungen verweist, und dem Zorn vieler Betroffener, die mit dem, was bei ihnen an Leistungen ankommt, unzufrieden sind, besteht auch im Hinblick auf die sogenannten Versöhnungsfonds, die die Bundesrepublik in Polen, den Nachfolgestaaten der Sowjetunion und anderen Staaten des ehemaligen Ostblocks eingerichtet hat. So erhielten ehemalige polnische NS-Verfolgte etwa für mehrere Jahre Zwangsarbeit oder für ihre Haft in einem Ghetto oder Konzentrationslager einmalige Zahlungen in durchschnittlicher Höhe von 550 DM.[12] Die Betroffenen sehen sich damit oft als Verfolgte zweiter Klasse behandelt, während die Angelegenheit aus der Sicht der Bundesregierung als erledigt gilt. Überdies ist bei den mittlerweile zustandegekommenen Verträgen

---

11 Schriftliche Mitteilung des Bundesfinanzministeriums vom 2.4.1998. Zur statistischen Problematik der Wiedergutmachung siehe auch Karl Heßdörfer, Finanzielle Bilanz, in: Wiedergutmachung in der Bundesrepublik Deutschland, hrsg. von Herbst/Goschler, München 1989, S. 231-248.
12 Bundestags-Drucksache 13/6844 vom 29.1.1997.

mit den Nachfolgestaaten der Sowjetunion gelegentlich nicht ganz klar, ob das Geld wirklich in die Hände der ehemaligen NS-Verfolgten gelangt.

2. Aktuelle Forderungen

Das Ausmaß der 'offenen Fragen' ist somit untrennbar mit der Beurteilung der tatsächlich geleisteten materiellen Entschädigung verbunden. Auf der einen Seite wird die Auffassung vertreten, angesichts der Unmöglichkeit, die geschehenen Verbrechen wirklich wiedergutzumachen, sei doch wenigstens das Menschenmögliche versucht worden. Geradezu provozierend hielt Walter Schwarz den seit Mitte der achtziger Jahre zunehmenden kritischen Stimmen entgegen: „Ich meine, ein Deutscher hätte das Recht, auf das Werk der Wiedergutmachung stolz zu sein."[13] Demgegenüber steht eine große Bandbreite herber Kritik an den Unterlassungen, aber auch an Umfang und Gestus der gewährten Leistungen, die in dem Diktum von der Wiedergutmachung als einer „zweiten Verfolgung" gipfelt.[14] Der folgende Versuch, die 'offenen Fragen' zu systematisieren, steht also, um es noch einmal deutlich zu machen, sowohl vor der Schwierigkeit der unterschiedlichen Bewertungen der 'gelösten Fragen', als auch vor der, daß bei der Auswahl der 'offenen Fragen' die Fähigkeit der Betroffenen zur wirksamen Thematisierung von Forderungen eine wichtige Rolle spielt. Die Auswahl bleibt also in gewisser Weise fragmentarisch, doch soll sie zumindest einige Tendenzen verdeutlichen.

Den wohl bedeutendsten aktuellen Problemkomplex stellt weiterhin die Frage der materiellen Entschädigung für die NS-Verfolgten aus Mittel- und Osteuropa dar, wenngleich die Bundesrepublik seit 1991 eine Anzahl von Schritten in diesem Bereich unternommen hat. Gegenwärtig finden weitere Verhandlungen mit den Regierungen der betreffenden Staaten statt, die auf die Einrichtung sogenannter 'Versöhnungsfonds' nach dem Vorbild der mit Polen und den Nachfolgestaaten der Sowjetunion ausgehandelten Abkommen zielen. Dazu gehören Albanien, Bulgarien, Rumänien, die Slowakei, Ungarn und die Nachfolgestaaten Jugoslawiens.[15]

Über Probleme der materiellen Entschädigung für NS-Verfolgte aus den Ländern des ehemaligen Ostblocks verhandelt die Bundesrepublik aber nicht nur mit ausländischen Regierungen, sondern vor allem auch mit der *Claims Conference*. Diese steht gegenwärtig wegen der Verbesserung der Leistungen für ehemalige jüdische NS-Verfolgte in Mittel- und Osteuropa in Verhandlungen mit der Bundesregierung. Dabei geht es um Einschränkungen der vereinbarten Härteregelungen, die aus Sicht der Betroffenen unsinnig und schikanös wirken: Etwa daß

---

13 Walter Schwarz, Die Wiedergutmachung nationalsozialistischen Unrechts durch die Bundesrepublik Deutschland. Ein Überblick, in: Wiedergutmachung in der Bundesrepublik Deutschland, hrsg. von Herbst/Goschler, München 1989, S. 33-54, hier: S. 54.
14 Beispielhaft für diese Kritik ist Christian Pross, Wiedergutmachung. Der Kleinkrieg gegen die Opfer, Frankfurt a.M. 1988.
15 Schriftliche Mitteilung des Bundesfinanzministeriums vom 2.4.1998.

mindestens sechs Monate Haft in einem Konzentrationslager oder 18 Monate in einem Ghetto als Voraussetzung für eine Rente aus dem Härtefonds erforderlich sind, oder auch etwa die Beschränkung auf Verfolgte, die heute in einer wirtschaftlichen Notlage leben, und ähnliches mehr.[16]

Die *Claims Conference* beschränkt sich entsprechend ihrer Zusammensetzung auf die Vertretung jüdischer Interessen. Demgegenüber stehen seit den achtziger Jahren Versuche, eine Gesamtlösung für alle offenen Fragen der materiellen Entschädigung zu finden. Angesichts des Bedeutungsverlustes der Wiedergutmachungsfrage in der öffentlichen politischen Auseinandersetzung der Bundesrepublik leiden aktuelle Bestrebungen, den Ansprüchen der sogenannten „vergessenen Opfer" Geltung zu verschaffen, heute unter einer gegenüber den achtziger Jahren stark verminderten Aufmerksamkeit.

Das zeigte sich auch, als das BÜNDNIS 90/DIE GRÜNEN nach einer Anhörung einer Reihe von Verfolgtenorganisationen, die bei dieser Gelegenheit ihre Unzufriedenheit mit den Mängeln der bestehenden Situation artikulierten, 1995 im Bundestag erneut eine Wiedergutmachungs-Initiative starteten. Dort brachten sie den Antrag ein, eine Bundesstiftung „Entschädigung für NS-Unrecht" einzurichten, wodurch allen denjenigen Gerechtigkeit widerfahren solle, die Opfer des NS-Regimes waren, aber weder durch das Bundesentschädigungsgesetz noch durch später eingerichtete Härtefonds Ausgleichszahlungen bekommen haben.[17] Durch diese Bundesstiftung sollten Deserteure, Zwangsarbeiter, Zwangssterilisierte, „Euthanasie"-Geschädigte, „asoziale" Opfer, Homosexuelle, Sinti und Roma sowie Kommunisten als Opfer des NS-Regimes anerkannt werden. Hier handelte es sich um einen umfassenden Vorschlag, der darauf zielte, alle noch offenen Fragen endlich zu erledigen. Der Vorschlag, der im Bundestag keine breitere Unterstützung fand, sah auch vor, die Beschränkung auf deutsche NS-Verfolgte aufzuheben. Demgegenüber hielt 1997 ein ähnlich lautender Antrag der SPD-Bundestagsfraktion auf Einrichtung einer „Bundesstiftung für NS-Unrecht", der freilich gleichfalls keine Mehrheit fand, am Territorialitätsprinzip fest: nur deutsche Staatsangehörige oder Personen mit langjährigem Wohnsitz in der Bundesrepublik oder der ehemaligen DDR sollten entschädigt werden.[18]

War bei den bislang angesprochenen 'offenen Fragen' der bundesdeutsche Staat als Rechtsnachfolger des Deutschen Reiches adressiert, so richten sich andere Forderungen gegen Wirtschaftsunternehmen. Hier liegt eine der umstrittensten 'offenen Fragen', die gerade in der jüngsten Zeit zunehmende Sprengkraft entwickelt hat. Die Abneigung der deutschen Industrie, sich an einem Wiedergutmachungsfonds zu beteiligen, der insbesondere ehemaligen polnischen und sowjetischen Zwangsarbeitern zugute kommen sollte, besitzt eine längere Tradition. Bereits seit den fünfziger Jahren sah sich die deutsche Industrie wiederholt mit

---

16 Schreiben von Dr. K. Brozik (Claims Conference, Office for Germany) vom 27.4.1998.
17 Deutscher Bundestag, Drucksache 13/1193 vom 25.4.1995.
18 Deutscher Bundestag, Drucksache 13/6824 vom 29.1.1997.

Forderungen ehemaliger Zwangsarbeiter konfrontiert, die vor allem Schadensersatz für die ihnen vorenthaltenen Löhne forderten.

Im Mittelpunkt standen dabei die Forderungen der ehemaligen KZ-Zwangsarbeiter. Neben den Fremdarbeitern, deren Zahl im August 1944 mit 7,8 Millionen ihren Höhepunkt erreichte, darunter etwa 5,7 Millionen Zivilarbeiter und knapp 2 Millionen Kriegsgefangene, spielte der Zwangsarbeitseinsatz von KZ-Häftlingen in der deutschen Rüstungsindustrie erst in der letzten Phase des Krieges eine bedeutsamere Rolle. Er erreichte Mitte 1944 mit einer halben Million seinen absoluten Höhepunkt.[19] Für die KZ-Zwangsarbeiter, in der Regel (ebenso wie die Fremdarbeiter ohnehin) meist Ausländer, bestand dabei in der bundesdeutschen Entschädigungsgesetzgebung kein Rechtsanspruch auf materielle Entschädigung, sei es für die ihnen vorenthaltenen Löhne, sei es für die dabei entstandenen Leiden oder Schäden.[20] So versuchten eine Reihe von betroffenen Individuen bzw. deren Interessenverbände von den Unternehmen, die KZ-Häftlinge beschäftigt hatten, eine Entschädigung zu erhalten.

Für Publizität des Themas sorgten große Debatten im Deutschen Bundestag bzw. im Europäischen Parlament über die Sklavenarbeit im Dritten Reich Anfang 1986. Letzteres verabschiedete auch zwei Entschließungen, in denen die europäischen Abgeordneten Entschädigungsleistungen für ehemalige Sklavenarbeiter der deutschen Industrie forderten.[21] Im Zuge dieser Entwicklung erklärten sich drei weitere namhafte deutsche Firmen – die Deutsche Bank, Daimler-Benz, Volkswagen – zu Entschädigungsleistungen an ehemalige KZ-Zwangsarbeiter bereit.[22] Sie nutzten die Gelegenheit, auf diese Weise Moral und Marketing imagefördernd zu verbinden. Man darf dabei freilich nicht übersehen, daß immer noch nur ein kleiner Teil der davon betroffenen Firmen sich zu einem derartigen Wandel ihrer Strategie beim Umgang mit diesem Problem entschließen konnte. Insgesamt überwiegt weiterhin die Tendenz, sich für unzuständig zu erklären und neben der juristischen und moralischen auch die finanzielle Verantwortung an den deutschen Staat zu delegieren.

Rechtlich gesehen waren und sind die Unternehmen dabei in einer für sie vorteilhaften Position. Die Masse der fraglichen KZ-Häftlinge konnte als Ausländer ihre Ansprüche nicht direkt an die Firmen stellen, sondern sah ihre Forderungen unter die Reparationen eingestuft. Damit fielen aber auch die Lohnforderungen

---

19 Ulrich Herbert, Fremdarbeiter. Politik und Praxis des „Ausländer-Einsatzes" in der Kriegswirtschaft des Dritten Reiches, Bonn 1985, S. 11.
20 Siehe zum folgenden Benjamin B. Ferencz, Lohn des Grauens. Die Entschädigung jüdischer Zwangsarbeiter – Ein offenes Kapitel deutscher Nachkriegsgeschichte, Frankfurt a.M./New York 1986; Constantin Goschler, Streit um Almosen. Die Entschädigung der KZ-Zwangsarbeiter durch die deutsche Nachkriegsindustrie, in: Dachauer Hefte, Heft 2: Sklavenarbeit im KZ, München 1993, S. 175-194; Ulrich Herbert, Nicht entschädigungsfähig?, in: Wiedergutmachung in der Bundesrepublik Deutschland, hrsg. von Herbst/Goschler, München 1989, S. 273-302.
21 Amtsblatt der Europäischen Gemeinschaften, Nr. C 36, 17.2.1986, S. 129 f.
22 Brüninghaus, Wiedergutmachung und andere Rentenleistungen, S. 465 f.

der ehemaligen Zwangsarbeiter ausdrücklich unter die aufschiebende Wirkung des Art. 5 (2) des Londoner Schuldenabkommens. Aufgrund der Befürchtung, daß die Lohnansprüche der Fremd- und KZ-Zwangsarbeiter die deutsche Zahlungsfähigkeit wesentlich beeinträchtigen könnten, waren auf der Londoner Schuldenkonferenz in Abweichung vom Allgemeinen Völkerrecht und der Haager Landkriegsordnung alle derartigen Lohnforderungen ausdrücklich eingefroren worden. Verbunden mit der bis zum heutigen Tag seitens der Industrie vertretenen und juristisch erfolgreichen Argumentation, daß die deutsche Industrie bei der Beschäftigung von KZ-Häftlingen im Auftrag des Reiches gehandelt habe, bedeutete dies de facto, daß die Forderungen ausländischer KZ-Häftlinge, ebenso wie die der ehemaligen Fremdarbeiter, blockiert sind.

Deutsche KZ-Zwangsarbeiter konnten hingegen Ansprüche nach dem Bundesentschädigungsgesetz stellen. So gewährte das Bundesentschädigungsgesetz anerkannten Verfolgten des Nationalsozialismus für jeden vollen Monat Freiheitsentziehung oder Freiheitsbeschränkung eine Entschädigung von 150 DM. Allerdings war dort die Frage der vorenthaltenen Arbeitslöhne oder der bei der Arbeit erlittenen Gesundheitsschäden nicht geregelt. Zwar war die Ausgangssituation von deutschen ehemaligen KZ-Zwangsarbeitern für eine entsprechende Klage prinzipiell günstiger als bei Ausländern, doch zeigte die Praxis vor Gericht, daß diese Forderungen in der Regel als verjährt angesehen wurden. Im November 1997 gelang es erstmals einer KZ-Zwangsarbeiterin, in erster Instanz von der Bundesrepublik eine Entschädigung für in der NS-Zeit entgangenen Lohn zu erstreiten. Das Bonner Landgericht erkannte dabei an, daß die Klägerin bis 1968 in Polen gelebt habe und somit nicht in der Lage gewesen sei, ihre Ansprüche geltend zu machen.[23] Doch scheint die Bundesrepublik entschlossen, den Weg durch die Instanzen zu gehen, um hier eine rechtliche Trendwende zu verhindern.

An diesem Problemkreis zeigt sich zugleich eine bedeutsame Entwicklung der jüngsten Zeit, die in Wechselwirkung mit einer sich verändernden Auffassung vom Charakter der nationalsozialistischen Herrschaft während des Krieges steht: Im März 1998 reichte eine Interessengemeinschaft von Tausenden ehemaliger Zwangsarbeiter in den USA eine Klage gegen die amerikanische Firma Ford ein, deren deutsche Tochter während des Krieges Zwangsarbeiter beschäftigt hatte.[24] Ähnlich wie bei der jüngsten Auseinandersetzung um den Verbleib des deutschen Raubgolds während des Zweiten Weltkriegs, bei der nicht zuletzt die Tatsache der Beteiligung auch neutraler europäischer Zentralbanken in das öffentliche Bewußtsein gerückt ist, überspringt nun die Wiedergutmachungsdiskussion die bundesdeutsche Grenze. Dabei stand zuletzt vor allem die Rolle der Schweizer Banken sowie anderer europäischer Zentralbanken bei der Plünderung des Eigentums der europäischen Juden während des Zweiten Weltkriegs im Rampenlicht. Die Schwei-

---

23 Elisabeth Bauschmidt, „Es gibt noch viele, die warten", in: Süddeutsche Zeitung vom 6.11.1997.
24 Jeffrey Gold, Amerikanische und englische Agenturen zur Ford-Klage, Associated Press (1998).

zer Banken sehen sich aufgrund massiven internationalen Drucks mittlerweile zu erheblichen finanziellen Zugeständnissen zugunsten ehemaliger NS-Verfolgter gedrängt.

Ein weiteres Beispiel für die zunehmende Ausweitung des Problems über den Rahmen Deutschlands hinaus, die zugleich mit einer stärkeren Beachtung der Rolle der Wirtschaft bei der nationalsozialistischen Verfolgung einhergeht, bilden die jüngst erhobenen Forderungen gegen Versicherungen, die sich an Policen ermordeter Juden bereichert hatten. Diese von Nachfahren der Opfer gestellten Klagen richten sich gegen deutsche Unternehmen, etwa die Allianz Lebensversicherungs AG,[25] aber auch gegen ausländische Unternehmen: So wurde die italienische Versicherungsgesellschaft Assicurazioni Generali 1997 in Los Angeles auf die Zahlung von 135 Millionen Dollar verklagt.[26]

Diese in den letzten Jahren formulierten 'offenen Fragen' zeigen ein verändertes Bewußtsein für die Qualität der nationalsozialistischen Verfolgung insbesondere der Juden an, wie es nicht zuletzt durch die Auseinandersetzung mit der Kollaboration in den besetzten westeuropäischen Gebieten bewirkt worden ist. Zugleich verweisen sie auf eine wachsende Empfindlichkeit europäischer Wirtschaftsunternehmen gegenüber Drohungen mit Sanktionen auf dem wichtigen US-amerikanischen Markt. Hier stellt sich also die Frage nach den Mechanismen, die der Formulierung und Durchsetzung 'offener Fragen' der materiellen Entschädigung zugrunde liegen.

3. Die Politik der „offenen Fragen"

Anhand der kurzen Aufzählung der derzeitig diskutierten 'offenen Fragen', die hier nicht durch eine spekulative Auflistung künftig möglicherweise auf der Wiedergutmachungs-Agenda erscheinender Probleme ergänzt werden soll, lassen sich einige Rahmenbedingungen verdeutlichen, die die Thematisierungschancen bestimmter Forderungen nach materieller Entschädigung von NS-Verbrechen betreffen. Ein erster Faktor, der dafür verantwortlich ist, ob bestimmte nationalsozialistische Verbrechen zum einen überhaupt als solche betrachtet und darüber hinaus auch die Qualität einer 'offenen Frage' der materiellen Entschädigung erhalten, ist der gesellschaftliche Wertewandel und damit einhergehende Veränderungen der Interpretation des Nationalsozialismus. Besonders deutlich zeigt sich dies am Beispiel der seit etwa der Mitte der achtziger Jahre einsetzenden Diskussion um die sogenannten „vergessenen Opfer". Hieran läßt sich ein gestiegenes Problembewußtsein im Umgang mit Minderheiten und gesellschaftlichen Randgruppen ablesen, auch wenn man kritisieren mag, daß damit gelegentlich paternalistische Haltungen bzw. Funktionalisierungsversuche einhergingen.

Die sozialen und ökonomischen Probleme nach der deutschen Vereinigung

---

25 „Allianz Leben sucht bei Holocaust-Opfern außergerichtliche Einigung", dpa (1998).
26 „Erste Privatklage von Holocaust-Opfern gegen Versicherungen", dpa (1997).

wirkten dieser Entwicklung entgegen, und so trat das Thema nach 1990 erneut stärker in den Hintergrund. Das liegt nicht allein an den verengten finanziellen Spielräumen der öffentlichen Kassen. Hinzu kommt vor allem auch, daß der Nationalsozialismus, wie sich vermuten läßt, seither im kollektiven Bewußtsein der deutschen Bevölkerung in den Rang der „vorletzten Vergangenheit" einrückte. Das wirkte sich auch auf das Problem der materiellen Entschädigung aus, zumal nun die Überlagerung mit der Auseinandersetzung der Folgen der DDR zunächst eine wichtige Rolle spielte.

Ein zweiter für diesen Zusammenhang wichtiger Faktor scheint sich dazu allerdings gegenläufig zu verhalten: Die Thematisierungschancen im Bereich der materiellen Entschädigung sind in erheblichem Maße von außenpolitischen Bedingungen bzw. der Haltung des Auslandes abhängig, wobei den USA immer wieder eine Schlüsselrolle zukommt. Wie gesagt, spielte das Ende des Ost-West-Konflikts eine erhebliche Rolle dafür, daß Fragen, die jahrzehntelang als nicht existent angesehen worden waren, nicht mehr länger ignoriert werden konnten. Doch waren damit die Unterschiede des politischen Gewichts der hinter diesen Forderungen stehenden Parteien noch längst nicht aufgehoben. Besonders augenfällig ist dies bei einem Vergleich von Ansprüchen aus dem ehemaligen Ostblock gegenüber solchen aus den USA.

Die Drohung mit der massiven Gefährdung von Geschäftsinteressen in den USA stellt einen der wirksamsten Hebel dar, um einer 'offenen Frage' Anerkennung als solcher zu verschaffen, wie jüngst auch das Beispiel der Schweizer Banken gezeigt hat. Hinzu kommt als ein weiterer, oft übersehener Grund, daß die USA im Gegensatz zu den ehemaligen Ostblockstaaten keine eigenen mit der Entschädigung für NS-Verfolgte konkurrierenden Forderungen an die Bundesrepublik besitzen. Die NS-Verfolgten spielen im Kalkül der mittel- und osteuropäischen Staaten angesichts von deren Interessen an deutscher Unterstützung eine eher untergeordnete Rolle und genießen daher bei ihren eigenen Regierungen erheblich weniger Unterstützung als vergleichbare Ansprüche, die von den USA aus erhoben werden.

Dies trifft besonders auf die Sowjetunion bzw. Rußland zu. Nach Kriegsende wurden in Deutschland befreite sowjetische Kriegsgefangene bzw. sowjetische Zwangsarbeiter in der Sowjetunion als Kollaborateure behandelt. Viele kamen anschließend wieder in Lager, diesmal in sowjetische. Und erst recht erhielten diese Gruppen in der Sowjetunion keinerlei Unterstützung bei eventuellen individuellen Wiedergutmachungsansprüchen gegenüber Deutschland, zumal hier umfangreiche sowjetische Reparationsforderungen im Raum standen. Noch bei den 'Zwei-plus-vier-Verhandlungen' wogen etwa finanzielle Forderungen, die der Repatriierung der Roten Armee in ihre Heimat dienten, mehr als die individuellen Forderungen ehemaliger NS-Verfolgter, die dort nicht thematisiert wurden. In der Struktur der 'gelösten' wie der 'offenen' Fragen spiegelt sich damit gleichermaßen ein Machtgefälle der hinter diesen Ansprüchen stehenden Staaten bzw. Organisationen wie ein Gefälle der Unterstützung dieser Staaten für die jeweiligen individuellen Forderungen ihrer ehemals vom Nationalsozialismus verfolgten Bürger wider.

Eng verbunden damit ist schließlich ein weiterer wichtiger Faktor: Entscheidend für die Artikulation dieser Fragen sind Interessenverbände der Verfolgten. Auf seiten der NS-Verfolgten bestehen wiederum höchst vielfältige Interessen: Die Gemeinsamkeit besteht letztlich nur in ihrem Verfolgungsschicksal, das sehr unterschiedlich beschaffen sein konnte. Ansonsten kann man sich kaum eine Gruppe von größerer Heterogenität vorstellen. Die Folge ist, daß in der Regel einzelne Gruppen mit unterschiedlicher Artikulationsfähigkeit und Durchsetzungschancen ihre Interessen weitgehend unabhängig voneinander verfolgen. Ihre Chancen, Gehör für ihre Forderungen zu finden, sind wiederum in hohem Maße davon abhängig, inwieweit es ihnen möglich ist, sich vor allem die internationale Konstellation zunutze zu machen.

Den bedeutendsten Interessenverband stellt die *Claims Conference* dar. Ihre Gründung Anfang der fünfziger Jahre, die durch einen Zusammenschluß von 22 jüdischen Organisationen aus aller Welt erfolgte, ist auch eine Folge des Wunsches der bundesdeutschen Regierung, mit einem einheitlichen Gesprächspartner verhandeln zu können. Ihr Status als internationale Non-Governmental Organization drückt zugleich die Tatsache aus, daß die überlebenden jüdischen Verfolgten des Nationalsozialismus heute über die ganze Welt verstreut sind. Es ist auffällig, daß sie die einzige nichtstaatliche Interessenvertretung der NS-Verfolgten blieb, der es gelang, Abkommen erfolgreich auszuhandeln. Das dürfte neben ihrer großen juristischen und sachlichen Kompetenz sicherlich zu einem Teil darin begründet liegen, daß auf deutscher Seite der Mythos von der Macht internationaler jüdischer Organisationen weiterhin eine, in ihrem genauen Ausmaß freilich schwer abschätzbare Rolle spielte. Ohne Zweifel half die bei wiederholten Gelegenheiten erfolgte Unterstützung der *Claims Conference* durch amerikanische Politiker, diesem Stereotyp einen gewissen Anschein von Realität zu verleihen. Demgegenüber konnten andere Organisationen keine entsprechende Wirksamkeit entfalten. Zumal vor dem Ende des Ost-West-Konflikts galten diese oftmals als kommunistisch stigmatisiert oder als Repräsentanten des Ostblocks.[27]

Aufschlußreich ist ein Blick auf den 1983 gegründeten *Zentralrat der deutschen Sinte und Roma*.[28] Er spielte eine wichtige Rolle dabei, daß es den von der nationalsozialistischen Rassenpolitik gleichfalls schwer betroffenen „Zigeunern" gelang, öffentliche und politische Aufmerksamkeit für ihr Verfolgungsschicksal in der nationalsozialistischen Zeit sowie für ihre Wiedergutmachungsforderungen herzustellen. Die Organisation in einem Interessenverband war also eine wesentliche Voraussetzung für die Konstituierung und öffentliche Wahrnehmung einer

27 Vgl. dazu Hermann Langbein, Entschädigung für KZ-Häftlinge? Ein Erfahrungsbericht, in: Wiedergutmachung in der Bundesrepublik Deutschland, hrsg. von Herbst/Goschler, München 1989, S. 327-339.
28 Vgl. dazu Gilad Margalit, Sinte und andere Deutsche – Über ethnische Spiegelungen, in: Tel Aviver Jahrbuch für deutsche Geschichte 26 (1997), S. 281-306, hier: S. 293 ff.

'offenen Frage' der materiellen Entschädigung. Bis dahin war diese mit ihren Wiedergutmachungsansprüchen lange diskriminierte Gruppe auf das vereinzelte Engagement etwa innerhalb der jüdischen *United Restitution Organization* angewiesen, die sich gelegentlich für ihre Angelegenheiten einsetzte.[29]

Einen Versuch, die Zersplitterung der einzelnen Verfolgtengruppen organisatorisch zu überwinden, stellt schließlich der 1990 gegründete *Bundesverband Information und Beratung für NS-Verfolgte* dar. Anders als die professionell organisierte *Claims Conference* fristet dieser eine karge 'ABM-Existenz'. Er versucht einerseits die ehemaligen Verfolgten bei der Wahrnehmung ihrer oft gut im Gesetzes- und Verordnungsdschungel versteckten Ansprüche zu beraten und zugleich als Lobbyist für die Verbesserung der Entschädigungsregelungen zu arbeiten.

Anhand dieser Beispiele lassen sich Vermutungen darüber anstellen, inwieweit im Bereich der materiellen Entschädigung in den letzten Jahren Veränderungen des politischen Stils stattgefunden haben. So stehen sich auf seiten der Interessenorganisationen unterschiedliche Vorgehensweisen gegenüber: Die *Claims Conference* repräsentiert einen quasi-diplomatischen Politikstil und gleicht sich damit im Auftreten staatlichen Organisationen an.[30] Dazu gehört vor allem, daß sie ihre Forderungen zumindest in Deutschland nicht auf dem Marktplatz der Öffentlichkeit verhandelt. Statt dessen setzt sie auf direkte persönliche Kontakte zur deutschen Regierung bzw. Bürokratie. Dies schließt politische Rückendeckung vor allem aus den USA durchaus ein. Hinter der Ablehnung der Diskussion ihrer Forderungen in der deutschen Öffentlichkeit durch die *Claims Conference* steckt vermutlich auch ein Stück Mißtrauen gegenüber den möglichen Effekten einer solchen Vorgehensweise.

Während die *Claims Conference* somit weiterhin das Modell der Verhandlungen hinter verschlossenen Türen favorisiert und deshalb eine zurückhaltende Informationspolitik betreibt, gehen andere Organisationen verstärkt den Weg über die Öffentlichkeit. Ein Schrittmacher für diesen politischen Stil im Bereich der Wiedergutmachungsdiskussion war der *Zentralrat der deutschen Sinte und Roma*, der mangelnde politische Einflußmöglichkeiten durch offensive Öffentlichkeitsarbeit zu ersetzen suchte. Doch kommt es mittlerweile durchaus zu einer Koordinierung der auf verschiedenen Ebenen geführten Anstrengungen. Ein Beispiel dafür ist der schon genannte *Bundesverband Information und Beratung für NS-Verfolgte*, der gelegentlich die diskreten politischen Verhandlungen der *Claims Conference* durch öffentliche Kampagnen flankiert. Hierbei können sich diese Verbände eine neue Entwicklung zunutze machen: Zunehmend versuchen sie, wie in den obigen Beispielen bereits angesprochen, die Empfindlichkeit der Bundesrepublik bzw. der

---

29 Hans Günter Hockerts, Die United Restitution Organization, in: Wiedergutmachung in der Bundesrepublik Deutschland, hrsg. von Herbst/Goschler, München 1989, S. 249-272, hier: S. 269 ff.
30 Zu den Kontroversen innerhalb der Claims Conference über die politische Vorgehensweise siehe in historischer Perspektive Constantin Goschler, Wiedergutmachung. Westdeutschland und die Verfolgten des Nationalsozialismus, München 1992, v.a. S. 266 f.

deutschen Industrie vor allem gegenüber der öffentlichen Meinung in den USA für ihre Zwecke einzusetzen. Dabei können auch Anklagen vor amerikanischen Gerichten eine wichtige Rolle spielen. So macht die vielberedete Globalisierung auch vor der Wiedergutmachung nicht halt.

Die Geschichte der Wiedergutmachung, so läßt sich zusammenfassen, war also immer zugleich die Geschichte der Gewährung von Entschädigung und des Ausschlusses von Ansprüchen. Die „vergessenen Opfer", wie sie seit Mitte der achtziger Jahre genannt werden, sind nicht nur die Folge fortwirkender Vorurteile oder historischer Unkenntnis, sondern auch bewußter politischer Entscheidungen. Gleichzeitig stehen auch die daraus resultierenden 'offenen Fragen' jeweils im Zeichen einer bestimmten Perspektive: Es kommt dabei darauf an, wer jeweils in der Lage ist, solche Fragen zu artikulieren und sie im politischen Diskurs der Bundesrepublik zu verankern.

Unter dieser allgemeinen Voraussetzung stehen heute, wie gezeigt wurde, zwei Hauptkomplexe zur Diskussion, die im Gefolge des Endes des Ost-West-Konflikts in den Vordergrund gerückt sind: Einmal die NS-Verfolgten in Mittel- und Osteuropa, und zum anderen die Zwangs- und Fremdarbeiter. Beide Probleme überlagern sich, da es sich zum Teil um denselben Personenkreis handelt. Mit dieser Aufzählung sind gewiß nicht alle Probleme erschöpft: Vielmehr produziert jede Zeit ihre neuen 'offenen Fragen'.

Joachim Perels

Die Zerstörung von Erinnerung als Herrschaftstechnik

Adornos Analysen zur Blockierung der Aufarbeitung der NS-Vergangenheit

Adornos Arbeiten über die Mechanismen der Verdrängung der NS-Vergangenheit sind – obgleich im einzelnen häufig rezipiert – bisher nicht im Zusammenhang erörtert worden. Auf der Konferenz zum 80. Geburtstag von Adorno von 1983 ist die Frage der Nachwirkungen Nazi-Deutschlands in der Bundesrepublik, die den ins Land der Täter zurückgekehrten Emigranten theoretisch und praktisch umgetrieben hat, nicht behandelt worden – als sollten Adornos Arbeiten zu dieser Frage als außerwissenschaftlich beiseite gerückt werden.[1] Dabei bleiben seine politisch-soziologischen Analysen der fünfziger und sechziger Jahre bis heute relevant.[2] Sie arbeiten mit einer außergewöhnlichen – durch das Gruppenexperiment von 1950/51[3] empirisch fundierten – Imaginationskraft die vielfältigen Formen und gesellschaftlichen Grundlagen der Wahrnehmungsstörungen gegenüber dem NS-Regime durch eine scharfsichtige Kategorienbildung heraus. Adornos Arbeiten transzendieren eine punktuelle Betrachtung der historischen Hypothek der NS-Zeit. Sie begreifen die fehlende Aufarbeitung der Vergangenheit als ein tragendes Element der – trotz der politischen und verfassungsrechtlichen Diskontinuität – weitgehend fortexistierenden gesellschaftlichen Gesamtverfassung, deren Änderung identisch wäre mit einer grundlegenden Überwindung der NS-Herrschaft und ihrer Folgewirkungen.

Rückkehr des Emigranten

Als Adorno 1949 aus dem Exil nach Frankfurt/Main zurückkehrt, tritt ihm subjektiv zunächst weniger die in ihren Kernstrukturen wiederhergestellte Gesellschaft, die den Nationalsozialismus getragen hatte,[4] gegenüber. Adorno hegte fast

---

1 L. v. Friedeburg und J. Habermas (Hrsg.): Adorno-Konferenz 1983, Frankfurt a.M. 1983.
2 Vgl. etwa N. Frei: Vergangenheitspolitik. Die Anfänge der Bundesrepublik und die NS-Vergangenheit, München 1996; Redaktion Kritische Justiz (Hrsg.): Die juristische Aufarbeitung des Unrechts-Staats, Baden-Baden 1998.
3 Gruppenexperiment. Ein Studienbericht, bearbeitet von F. Pollock. Mit einem Geleitwort von Franz Böhm, Frankfurt a.M. 1955.
4 Vgl. etwa J.H. Herz: The Fiasco of Denazification in Germany, Political Science Quar-

emphatische Hoffnungen auf einen intellektuellen Neubeginn, der mit der Antizipation einer freien, durch autonome Subjekte konstituierten Gesellschaft verbunden war. In einem Brief an Leo Löwenthal vom 3. Januar 1949 drückt er dies so aus: „Mein Seminar gleicht einer Talmud-Schule – ich schrieb nach Los Angeles, es wäre, wie wenn die Geister der ermordeten jüdischen Intellektuellen in die deutschen Studenten gefahren wären."[5] Auch wenn Adorno diese spekulative Bemerkung – er nennt sie eine „glückvoll-überwältigende Erfahrung" – nicht für das Ganze nimmt und in demselben Brief davon spricht, daß das entscheidend Negative sei, daß „die Deutschen (...) keine politischen Subjekte mehr sind,"[6] verweist sie doch auf seine Intention, gesellschaftskritisches Denken zur Triebkraft eines anderen Deutschland realer Demokratie zu machen. Es wirkt folgerichtig, daß Jürgen Habermas, einst Assistent am Institut für Sozialforschung, mit seinen Arbeiten über Walter Benjamin, Ernst Bloch, Max Horkheimer und Adorno selbst, vor allem aber mit seinem großen Essay über den „Deutschen Idealismus der Jüdischen Philosophen" von 1961 davon zeugt, daß jene Philosophen durch das „Ferment einer kritischen Utopie"[7] bestimmt werden, das den zeitgenössischen bürgerlichen Ideologen reiner Herrschaft – etwa einem Carl Schmitt, der in seinen Aufzeichnungen den Antisemitismus auch nach 1945 als ideologisches Instrument benutzte[8] – vollständig entgegengesetzt ist.

Die Rückkehr nach Deutschland, die für viele Emigranten ausgeschlossen blieb – manche befürchteten, den Mördern ihrer Angehörigen zu begegnen –,[9] hatte für Adorno einen einfachen Grund. Sein Denken ließ sich, obgleich er in der Emigration auch auf englisch publizierte und selbst von Horkheimer englische Briefe empfing,[10] nicht von der deutschen Sprache lösen: „Die Substanz meiner Gedanken ist noch in dem, wo sie scharf gegen die deutsche Tradition sich wenden, von dieser Tradition nicht zu trennen; ich hätte mein geistiges Naturell verleugnen müssen, wenn ich den Versuch dazu gemacht hätte. Daß ich das Gefühl hegte, in

---

terly 63 (1948), S. 569 ff.; A. Brecht: Personnel Management, in: E.H. Litchfield (Hrsg.), Governing Postwar Germany, Ithaca 1953, S. 263 ff.; K. Löwenstein: Justice, ebd., S. 236 ff.; J. Perels: Die Restauration der Rechtslehre nach 1945, in: Die juristische Aufarbeitung des Unrechts-Staats, (Fn. 2), S. 237 ff. m.w. Nachw.
5 L. Löwenthal: Erinnerungen an Theodor W. Adorno, Adorno-Konferenz, (Fn. 1), S. 399.
6 Ebd.
7 J. Habermas: Der deutsche Idealismus der jüdischen Philosophen, in: Th. Koch (Hrsg.), Porträts deutsch-jüdischer Geistesgeschichte, Köln 1961, S. 99 ff. (124); s. auch J. Habermas: Philosophisch-politische Profile, Frankfurt a.M. 1981, S. 141 ff., S. 160 ff., S. 336 ff., S. 411 ff.; s. auch ders.: Bemerkungen zur Entwicklungsgeschichte des Horkheimerschen Werkes, in: A. Schmidt und N. Altwicker (Hrsg.), Max Horkheimer heute: Werk und Wirkung, Frankfurt a.M. 1986, S. 163 ff.
8 Vgl. etwa C. Schmitt: Der Leviathan (1938), Köln 1982; ders.: Glossarium. Aufzeichnungen der Jahre 1947-1951, hrsg. von E. Freiherr v. Medem, Berlin 1991, S. 18, S. 45, S. 208, S. 259.
9 E. Fried: Ein Versuch, Farbe zu bekennen, in: H. Kesten (Hrsg.), Ich lebe nicht in der Bundesrepublik, München 1963, S. 45.
10 Vgl. etwa M. Horkheimer: Gesammelte Schriften, Bd. 17, Briefwechsel 1941-1948, hrsg. von G. Schmid Noerr, Frankfurt a.M. 1996, S. 330 ff.

Deutschland auch einiges Gute tun, der Verhärtung und Wiederholung des Unheils entgegenarbeiten zu können, ist wohl nur ein anderer Aspekt derselben Sache." Für den Entschluß zur Rückkehr nennt Adorno noch ein fast außerpolitisches Motiv, das mit der Diesseitigkeit des Judentums zu tun hat: „Ich wollte einfach dorthin zurück, wo ich meine Kindheit hatte, am Ende aus dem Gefühl, daß, was man im Leben realisiert, wenig anderes ist, als der Versuch, die Kindheit verwandelnd einzuholen."[11] Dieser Gedanke, der der Utopie ein fragiles geschichtliches Fundament zumißt, findet sich schon bei Ernst Bloch, aus dessen Frühwerk Adorno den antizipatorischen Zentral-Begriff der Utopie übernimmt.[12] In der Schlußpassage des „Prinzip Hoffnung" spricht auch Bloch von einem bereits existierenden Zeitkern der Utopie: In realer Demokratie, in der der Mensch das Seine ohne Entfremdung begründet, entsteht in der Welt etwas, „das allen in die Kindheit scheint".[13]

Der Gedanke einer freien Gesellschaft ist in der sozialen Realität der frühen Bundesrepublik eine intellektuelle Oppositionskategorie, deren Kern von keinem – gar mehrheitsfähigen – politischen Subjekt getragen wird. Die Restauration der Macht- und Einflußpositionen der traditionellen Eliten, die das NS-Regime in der Ökonomie, im Staatsapparat und in den Universitäten aktiv mitgetragen hatten, führt dazu, daß Adorno – bei aller Wirksamkeit als Autor und als Hochschullehrer der Frankfurter Universität – ein Außenseiter bleibt. Er erhält weder einen Ruf an eine andere Universität noch irgendeine Auszeichnung wie etwa den Lessing-Preis der Stadt Hamburg oder den Merck-Preis für wissenschaftliche Prosa der Deutschen Akademie für Sprache und Dichtung in Darmstadt. Seine Ernennung zum außerplanmäßigen Professor im Jahre 1953 wird vom Dekan gleichsam ausgrenzend mit einem außerwissenschaftlichen Kriterium – „allein aus Wiedergutmachungsgründen"[14] – befürwortet.

Als restaurative Gegenfigur erscheint Adorno Martin Heidegger. In einer Vorlesung zur Einführung in die philosophische Terminologie von 1962 reagiert Adorno auf den Vorwurf, er habe in der Kritik an Heideggers deutschtümelnder Sprache das Prinzip der Kollegialität verletzt, mit kompromißloser Entschiedenheit. Martin Heidegger hatte vor allem aufgrund eines Gutachtens von Karl Jaspers 1946 seine Professur in Freiburg wegen seiner aktiven Rolle im Dienst der NS-Diktatur verloren.[15] Er kehrte wenige Jahre später an die Universität zurück und publizierte

---

11 Auf die Frage: Warum sind Sie zurückgekehrt (1962), in: Th.W. Adorno, Vermischte Schriften I, hrsg. von R. Tiedemann, Frankfurt a.M. 1986, S. 394 f.
12 Vgl. E. Bloch und Th. W. Adorno: Ein Gespräch (1964), in: Gespräche mit Ernst Bloch, hrsg. von R. Traub und H. Wieser, Frankfurt a.M. 1975, S. 58 ff.; Th.W. Adorno: Henkel, Krug und frühe Erfahrung, in: Ernst Bloch zu ehren, hrsg. von S. Unseld, Frankfurt a.M. 1965, S. 9 ff.
13 E. Bloch: Das Prinzip Hoffnung, Frankfurt a.M. 1959, S. 1628.
14 R. Wiggershaus: Die Frankfurter Schule, München 1986, S. 520.
15 H. Ott: Martin Heidegger. Unterwegs zu seiner Biographie, Frankfurt a.M. 1988, S. 316, S. 321; vgl. auch V. Farias: Heidegger und der Nationalsozialismus. Mit einem Vorwort von J. Habermas, Frankfurt a.M. 1989; K. Löwith: Mein Leben in Deutschland vor 1933 und nach 1933. Ein Bericht (1940), Frankfurt a.M. 1989, S. 56 ff.

auch seine nationalsozialistisch geprägten Texte unverändert wieder.[16] Adorno bemerkt: „Herr Heidegger (hat) in der Zeit, in der ich und eine Reihe anderer Menschen hier verjagt worden sind, keineswegs jene Art von Kollegialität an den Tag gelegt (...), auf die ich jetzt verwiesen werde."[17] Das politische Motiv von Adornos philosophischer Arbeit läßt sich in gewisser Beziehung als Auseinandersetzung mit einer schuldaufrechnenden Position Heideggers (die ihm möglicherweise über Marcuse direkt bekannt war) begreifen. Gegenüber Herbert Marcuse hatte Heidegger in einem Brief vom 20. Januar 1948 erklärt: Alles, was über die Ausrottung der Juden gesagt werde, gelte genauso für die Alliierten.[18] Die unverstellte Erinnerung an das Grauen trennt Adorno bis ins Innerste von Heidegger: „Nach all dem, was geschehen ist, gibt es nichts Harmloses und Neutrales mehr. Nachdem Millionen unschuldiger Menschen ermordet worden sind, als Philosoph sich so zu benehmen, als ob es noch etwas Harmloses gäbe, worüber, wie man das so genannt hat, sich diskutieren ließe und nicht so zu philosophieren, daß man sich vor den Ermordeten dabei nicht zu schämen braucht, das würde mir allerdings zu verstoßen scheinen gegen jenes Angedenken, gegen jene Mnemosyne, die schon Platon für den Nerv der Philosophie gehalten hat."[19]

Kritischer Wahrheitsbegriff

Die Trennung von Wissenschaft im Sinne empirisch-analytischer Methodik und intersubjektiv angeblich nicht begründbarer Werturteile wird von Adorno, zumal im Blick auf die NS-Herrschaft und ihre Folgewirkungen, entschieden verworfen, da sie dem Gegenstand des Erkennens nicht entspreche. Zum Erkennen gehören selber wertende Anteile, durch deren isolierende Abtrennung die geschichtlich-gesellschaftlichen Realien, der materialistische Vorrang des Objekts, verfehlt würden: „Der Begriff der Wahrheit selber, den man ja von dem Begriff der Erkenntnis nicht einfach abspalten kann, (enthält) in sich selber ein wertendes Moment (...), das heißt, daß, wenn ich nicht Wahrheit für etwas Besseres als Falschheit oder Unwahrheit halte, dann (hat) Erkennen selber überhaupt keinen Sinn. In Wirklichkeit, in der konkret vollzogenen Erkenntnis (sind) das sogenannte wertende oder bloß erkennende Verhältnis vielfach ineinander verflochten (...) und (...) die

---

16 J. Habermas: Zur Veröffentlichung von Vorlesungen aus dem Jahre 1935 (1953), in: Philosophisch-politische Profile, (Fn. 7), S. 65 ff.; s. auch K. Korn: Warum schweigt Heidegger?, in: FAZ v. 14. August 1953.
17 Th.W. Adorno: Philosophische Terminologie (1962), Bd. 1, Frankfurt a.M. 1973, S. 165 f.
18 Zit. in: H. Marcuse, Brief an M. Heidegger v. 13. Mai 1948, in: B. Martin, Martin Heidegger und das 'Dritte Reich'. Ein Kompendium, Darmstadt 1989, S. 157. Heideggers Gleichsetzung der Vernichtung der Juden und der Handlungen der Alliierten, der Leugnung der geschichtlichen Wahrheit, setzt Marcuse die bittere Frage entgegen: „Stehen Sie nicht mit diesem Satz außerhalb der Dimension, in der überhaupt noch ein Gespräch zwischen Menschen möglich ist – außerhalb des Logos?" (Ebd.).
19 Adorno: Philosophische Terminologie, (Fn. 17), S. 166 f.

Trennung, die von dieser offiziellen Wissenschaftslehre behauptet wird, (ist) eigentlich ein recht künstliches, gewaltsames Produkt."[20]

Den Begriff der Wahrheit, der in definitorischer Knappheit Horkheimers frühe Konzeption emphatischer Erkenntnis[21] aufnimmt, die gleichermaßen den Gegenstand aufschließt und ein antizipierendes, richtendes Moment enthält, drängt Adorno in den Satz zusammen: „Das Bedürfnis, Leiden beredt werden zu lassen, ist die Bedingung aller Wahrheit."[22] In dem Wort vom Leiden, das den Schrecken der Geschichte und die Not der Gepeinigten auszudrücken sucht, sind Erkennen und Urteilen notwendig miteinander verbunden. Das gilt in besonderer Weise für das Wahrnehmen des Holocaust. Die Vernichtung der europäischen Juden durch die Mordinstitutionen des NS-Staats wird ganz im Gegensatz zur schnellen Flucht in die Selbstberuhigung einer pessimistischen Anthropolgie, die geschichtliche Vorgänge mit der Lehre des unveränderlich ewig Bösen auflöst und die politische Verantwortung für den Genozid zum Verschwinden bringt, in ihrer historischen Spezifik begriffen: „Aber mag es selbst immer schon so gewesen sein, obwohl doch weder Timor und Dschingis Khan noch die indische Kolonialverwaltung planmäßig Millionen von Menschen mit Gas die Lungen zerreißen ließen, dann offenbart doch die Ewigkeit des Entsetzens sich daran, daß jede seiner neuen Formen die ältere überbietet. Was überdauert, ist kein invariantes Quantum von Leid, sondern dessen Fortschritt zur Hölle."[23] Adorno fährt fort: „Man kann nicht Auschwitz auf eine Analogie mit der Vernichtung der griechischen Stadtstaaten bringen, als bloß graduelle Zunahme des Grauens, der gegenüber man den eigenen Seelenfrieden bewahrt. Wohl aber fällt von der nie zuvor erfahrenen Marter und Erniedrigung der in Viehwagen Verschleppten das tödlich-grelle Licht noch auf die fernste Vergangenheit, in deren stumpfer und planloser Gewalt die wissenschaftlich ausgeheckte teleologisch bereits mitgesetzt war."[24] In tastender Schärfe öffnet Adorno in seinem Hauptwerk die Augen für das, was wirklich geschah: „Mit dem Mord an Millionen durch Verwaltung ist der Tod zu etwas geworden, was so noch nie zu fürchten war. Keine Möglichkeit mehr, daß er in das erfahrene Leben des Einzelnen als ein irgend mit dessen Verlauf übereinstimmendes eintrete. Enteignet wird das Individuum des letzten und ärmsten, was ihm geblieben war. Daß in den Lagern nicht mehr das Individuum starb, sondern das Exemplar, muß das Sterben auch derer affizieren, die der Maßnahme entgingen."[25]

Adorno bestimmt das Unvergleichliche des Massenmordes mit der emphatischen Denkgenauigkeit dessen, der selber nur durch die Flucht ins Exil der staat-

---

20 Th.W. Adorno, Vorlesung zur Einleitung in die Erkenntnistheorie (1957/58), Frankfurt a.M. o.J. (1971), S. 27.
21 M. Horkheimer: Zum Problem der Wahrheit (1935), in: ders., Kritische Theorie, Frankfurt a.M. 1968, S. 228 ff.
22 Th.W. Adorno: Negative Dialektik, Frankfurt a.M. 1966, S. 27.
23 Th.W. Adorno, Minima Moralia. Reflexionen aus dem beschädigten Leben (1951), Frankfurt a.M. 1962, S. 314.
24 Ebd., S. 315.
25 Adorno, (Fn. 22), S. 353.

lichen Tötungsmaschine entkam. Wie noch die Überlebenden (nicht nur der Konzentrationslager, die von den Erfahrungen der Marter in Träumen gepeinigt werden) angesichts des auch ihnen geltenden Mordprogramms geschädigt wurden, drückt der einstige Emigrant in seiner eigenen Reaktionsweise aus. Er spricht von der „(drastischen) Schuld des Verschonten". „Zur Vergeltung suchen ihn Träume heim wie der, daß er gar nicht mehr lebte, sondern 1944 vergast worden wäre, und seine ganze Existenz danach lediglich in der Einbildung führte."[26]

In der individuellen Erfahrung, die bei Hegel und anderen großen Systemdenkern als bloß faule Existenz von der Wahrnehmung der gesellschaftlichen Objektivität strikt geschieden wurde, liegt eine gegen die szientifische Allgemeinheit gerichtete substantielle Erkenntnismöglichkeit. Mit ihr kann das Konkret-Allgemeine, weil es im Besonderen anwesend ist, oftmals genauer erkannt werden, als dies in einem abstrakt subsumtionslogischen Zugriff möglich ist. Adornos Wahrheitsbegriff, der auch seine zeithistorischen Arbeiten prägt, bezieht seine Kraft aus dem Vorrang des Besonderen.

Formen der Wahrnehmungsabwehr

Die Analysen zur blockierten Aufarbeitung der NS-Herrschaft folgen einer vergleichbaren Untersuchungsrichtung wie die Studien Adornos zur „autoritären Persönlichkeit", die die subjektiven Bedingungen des Funktionierens des NS-Systems aufzuhellen suchten.[27] Nach 1945 geht es um die subjektiven Formen der Wahrnehmungs-, Erkenntnis- und Schuldabwehr, die in den fünfziger Jahren dominieren. Die große qualitative Untersuchung des Instituts für Sozialforschung, das Gruppenexperiment, zeigt, daß die verschiedenen Formen der Zerstörung von Erinnerung mit einer mächtigen gesellschaftlichen Tendenz zusammenhängen.[28]

In einem Vortrag, auf Einladung des Koordinierungsrates der Gesellschaft für Christlich-Jüdische Zusammenarbeit, entwickelt Adorno 1959 eine erhellende, auf Freud gestützte, sozialpsychologische Gesamtdiagnose, die von der Forschung zum Umgang mit der NS-Vergangenheit in der Ära Adenauer nur begrenzt aufgenommen wurde. Er konstatiert, daß dem tatsächlichen Zusammenbruch des NS-Regimes kein systematisches Komplement in der psychischen Verfassung der Individuen entspricht: „Jene Panik blieb aus, die nach Freuds Theorie aus 'Massenpsychologie und Ich-Analyse' dort sich einstellt, wo kollektive Identifikationen zerbrechen. Schlägt man nicht die Weisung des großen Psychologen in den Wind, so läßt das nur eine Folgerung offen: daß insgeheim, unbewußt schwelend und

26 Ebd., S. 354.
27 Th.W. Adorno u.a.: Der autoritäre Charakter (1950), 2 Bde., Amsterdam 1968; ursprünglich trug die Untersuchung den politisch deutlicheren Titel „Der faschistische Charakter", s. M. Horkheimer: Gesammelte Schriften, Bd. 17: Briefwechsel 1941-1948, (Fn. 10), S. 739.
28 Gruppenexperiment, (Fn. 3).

Die Zerstörung von Erinnerung als Herrschaftstechnik 59

darum besonders mächtig, jene Identifikationen und der kollektive Narzißmus gar nicht zerstört wurden, sondern fortbestehen."[29] Ein äußerliches Indiz ist hierfür etwa, daß nach einer Umfrage, ebenfalls aus dem Jahr 1959, 41% der Befragten offen die Ansicht vertraten, daß Hitler ohne Krieg – also mit dem System der Konzentrationslager – einer der größten Staatsmänner gewesen wäre.[30]

Die fortexistierenden Identifikationen mit dem nationalsozialistischen Regime nehmen die unterschiedlichsten Formen an. Die manipulative, beziehungs- und empathieunfähige Struktur des autoritären Charakters, von dem die Organisatoren des Massenmordes – wie Himmler, Eichmann, Best und Höß – bestimmt waren,[31] existiert nach 1945 in bestimmtem Maße weiter. Er nimmt in der Nachkriegszeit die Form *„des Mangels an Affekt gegenüber dem Ernstesten"* an.[32] Die Blockierung einer einfachen, moralisch eingedenkenden Wahrnehmung der Leiden der NS-Opfer ist für die eigentlichen NS-Staatsverbrecher – von den Nürnberger Prozessen über die Nachfolgeverfahren der Amerikaner gegen die Funktionseliten des Regimes bis zum Auschwitz-Prozeß – ganz überwiegend bestimmend.[33]

Aber auch für Vertreter des neuen Staatsapparates und der Justiz ist eine von den Tätern gewiß verschiedene, gleichwohl bemerkenswerte Affektsperre gegenüber der Diskriminierungs- und Mordrealität des NS-Regimes charakteristisch. Um nur zwei Hinweise zu geben: Konrad Adenauer, selber kein Parteigänger der Nazis, als Kanzler machtbewußter Seismograph von Verdrängungspotentialen in der Bevölkerung, widmet in seinen Erinnerungen nicht ein einziges Kapitel dem Problem der Aufarbeitung der NS-Zeit.[34] In seiner ersten Regierungserklärung

---

29 Th.W. Adorno: Was bedeutet: Aufarbeitung der Vergangenheit (1959), in: ders., Eingriffe, Frankfurt a.M. 1963, S. 135; Adornos Vortrag und die nachfolgende Diskussion wurden zuerst in einer vom Deutschen Koordinierungsrat der Gesellschaften für Christlich-Jüdische Zusammenarbeit herausgegebenen Broschüre (Was bedeutet: Aufarbeitung der Vergangenheit? Bericht über die Erzieherkonferenz am 6. und 7. November 1959 in Wiesbaden, Frankfurt a.M. o.J., S. 12 ff., S. 24 ff.) veröffentlicht.
30 J. Perels: Wider die 'Normalisierung' des Nationalsozialismus. Interventionen gegen die Verdrängung, Hannover 1996, S. 74 m.w. Nachw.
31 E. Fromm: Anatomie der menschlichen Destruktivität (1973), Stuttgart 1974, S. 271 ff.; H. Arendt: Eichmann in Jerusalem. Ein Bericht von der Banalität des Bösen, München 1964; U. Herbert: Best. Biographische Studien über Radikalismus, Weltanschauung und Vernunft 1903-1989, Bonn 1996; R. Höß: Kommandant in Auschwitz. Autobiographische Aufzeichnungen, hrsg. von M. Broszat, München 1964; H. Welzer: Sozialingenieur der Vernichtung: Rudolf Höß, in: ders., Verweilen beim Grauen, Tübingen 1997, S. 93 ff.
32 Adorno, (Fn. 29), S. 126; entsprechend heißt es bei H. Arendt 1950: „Dieser allgemeine Gefühlsmangel (...) ist nur das auffälligste äußere Symptom einer tief verwurzelten, hartnäckigen und gelegentlich brutalen Weigerung, sich dem tatsächlichen Geschehen zu stellen." (H. Arendt: Besuch in Deutschland, in: dies., Zur Zeit. Politische Essays, Berlin 1986, S. 44).
33 T. Taylor: Die Nürnberger Prozesse, München 1994, insb. S. 617 ff.; ders.: Die Nürnberger Prozesse, Zürich 1950; J. Perels: Der Nürnberger Juristenprozeß im Kontext der Nachkriegsgeschichte, in: Kritische Justiz, H. 1 (1998), S. 23 f. m.w. Nachw.; J. Perels und I. Wojak: Motive im Denken und Handeln Fritz Bauers, in: F. Bauer, Die Humanität der Rechtsordnung. Ausgewählte Schriften, Frankfurt a.M. 1998, S. 23 f. m.w. Nachw.
34 K. Adenauer: Erinnerungen 1945-1953, Stuttgart 1965.

vom 20. September 1949 verliert er kein Wort über die Ermordung der Juden durch den gerade niedergerungenen Vorgängerstaat der Bundesrepublik und postuliert statt dessen, Vergangenes vergangen sein lassen.[35] In der Bundestagsdebatte vom 22. Oktober 1952, in der es unter anderem um die Rolle seines Ministerialdirektors Hans Globke ging, der als Fachbeamter des nationalsozialistischen Innenministeriums die juristische Ausgrenzung der Juden mit seinem Kommentar zu den Nürnberger Rassegesetzen, später mit der Einfügung der diskriminierenden Zweitnamen, betrieb, fordert Adenauer unter dem Beifall der Regierungsparteien, „mit der Nazi-Riecherei Schluß zu machen."[36] Dies war nicht nur eine, zum Schutz eines judenfeindlichen Schreibtischadministrators eingesetzte, strategische Formel. Sie diente dazu, die personelle Kontinuität der Beamtenschaft, die durch ein unverkürztes Erkennen der Macht-Techniken des einstigen nationalsozialistischen Staatsapparates zu einer systematischen Legitimationsstörung der jungen Republik geführt hätte, abzusichern.

Im Umgang mit NS-Verbrechen zeigte sich in der Justiz vielfach eine vergleichbare Tendenz der Wahrnehmungsabwehr des staatlichen Schreckens: Ein Kommandeur einer Pionierabteilung, der für die Mordkommandos gar nicht „zuständig" war, tötet zum „Zeitvertreib" an einem Sonntag im November 1939 in einer polnischen Kreisstadt auf eigene Initiative eigenhändig und zusammen mit anderen 162 Menschen – Männer, Frauen und Kinder. Das Landgericht Gießen verurteilt ihn am 26. März 1962 – und diese Entscheidung entspricht einer zentralen, teilexkulpierenden Tendenz der Rechtsprechung zu den NS-Gewaltverbrechen[37] – lediglich wegen Beihilfe zum Mord zu einer Mindeststrafe von 3 Jahren und drei Monaten Zuchthaus.[38] Die historische Realität des überzeugten nationalsozialistischen Täters wird dadurch zum Verschwinden gebracht, daß er zum bloßen Gehilfen in einem ihm fremden Geschehen umdefiniert wird. Das bedeutete, daß die – symbolische – Wiederherstellung der Integrität der Opfer durch eine Strafsanktion weitgehend ausgeschlossen und die persönliche Verantwortung für das Leiden der Opfer tendenziell aufgelöst wurde. In der ebenso leeren wie falschen juristischen Abstraktion wird die Immunisierung gegen das Entsetzen über den NS-Terror manifest.

Zur Stillegung humanen Empfindens gegenüber der Herrschaftsrealität des NS-Regimes tritt die Auslöschung des Geschehens hinzu, die die Verdrängung überbietet. Das Ziel des Teufels in Goethes Faust – „und ist so gut, als wär es nie

---

35 Frei, (Fn. 2), S. 27.
36 H.J. Döscher: Verschworene Gesellschaft. Das Auswärtige Amt unter Adenauer zwischen Neubeginn und Kontinuität, Berlin 1995, S. 347 m.w. Nachw.; Wilhelm Stuckart und Hans Globke: Reichsbürgergesetz – Blutschutzgesetz – Ehegesundheitsgesetz. Kommentare zur deutschen Rassengesetzgebung, Bd. 1, München 1936; R. Hilberg: Die Vernichtung der europäischen Juden (1961), Frankfurt a.M. 1990, S. 185.
37 Vgl. die Urteilsanalysen in: Die juristische Aufarbeitung des Unrechts-Staats, (Fn. 2), S. 383 ff. (S. Benzler), S. 547 ff. (S. Wittke), S. 595 ff. (F. Kruse), S. 635 ff. (B. Nehmer).
38 B. Just-Dahlmann und Helmut Just: Die Gehilfen. NS-Verbrechen und die Justiz nach 1945, S. 163, 184.

Die Zerstörung von Erinnerung als Herrschaftstechnik 61

gewesen" – ist das der „Zerstörung von Erinnerung".³⁹ Das heißt: „Die Ermordeten sollen noch um das einzige betrogen werden, was unsere Ohnmacht ihnen schenken kann, das Gedächtnis."⁴⁰

Die weitgehende Tilgung der Erinnerung an die Staatsverbrechen der NS-Diktatur, vor allem an die Aktionen der Einsatzgruppen und anderer Mordverbände, wird für eine bestimmte Zeit zu Beginn der fünfziger Jahre unter dem Vorzeichen einer Quasi-Amnestie in gewisser Weise offizielle Regierungspolitik. Eine Amnestie der NS-Verbrechen wurde von dem Ideologen der fessellosen Exekutivgewalt, Carl Schmitt,⁴¹ in zwei Artikeln in „Christ und Welt" und im „Sonntagsblatt" 1949 mit der – die primären Ausrottungsentscheidungen des Hitler-Regimes aus dem Blick rückenden – Behauptung postuliert, daß die NS-Diktatur lediglich eine Partei eines von beiden Seiten geführten Bürgerkriegs sei, der durch Straffreiheit endgültig beendet werden müsse.⁴² Die Forderung, die größten Verbrechen der deutschen Geschichte zu vergessen, wird von Werner Best, dem Theoretiker des durch keine Rechtsschranken begrenzten Maßnahmenstaates systematisiert,⁴³ der Verbrechen von der Tötung der polnischen Intelligenz bis zur Ausrottung der Juden als „normalen", technisch perfektionierten Teil der Staatspolitik massenhaft organisierte.

Diese Position wird, vermittelt durch Best, im Regierungsapparat der jungen Bundesrepublik politisch wirksam. Als Mitarbeiter des FDP-Abgeordneten Achenbach, der zum rechts-nationalistischen Flügel seiner Partei gehörte und in der deutschen Botschaft in Paris einst für die Deportation der Juden mit verantwortlich war,⁴⁴ verfaßt Best 1952 eine Denkschrift. Ihre Kernthese lautet: Die Staatsverbrechen des NS-Regimes müssen von einfacher Kriminalität als politische Akte unterschieden und daher der Ahndung durch eine allgemeine Amnestie, eben durch ihr Vergessen, entzogen werden.⁴⁵ Die Blickrichtung dieser Denkschrift, die in Schreiben an Vizekanzler Blücher und Justizminister Dehler operationalisiert wurde, blieb im Bundesjustizministerium nicht wirkungslos: Die Verfolgung von NS-Verbrechen ließ etwa zwischen 1952 und 1957 stark nach.⁴⁶ Der SPD-Abgeordnete Menzel benannte den politischen Kontext. Er bezieht sich auf den Bericht eines

---

39 Adorno, (Fn. 29), S. 128.
40 Ebd.
41 S. Fn. 8; vgl. I. Maus: Bürgerliche Rechtstheorie und Faschismus. Zur sozialen Funktion und aktuellen Wirkung Carl Schmitts, München 1976.
42 Anonymus (= Carl Schmitt): Amnestie – Urform des Rechts, in: Christ und Welt vom 10.11.1949; ders.: Amnestie ist die Kraft des Vergessens, in: Sonntagsblatt vom 15.01.1950; vgl. D. v. Laak: Gespräche in der Sicherheit des Schweigens. Carl Schmitt in der politischen Geistesgeschichte der frühen Bundesrepublik, Berlin 1993, S. 74 f.
43 Herbert, (Fn. 35), S. 147 ff., S. 163 ff., S. 203 ff., S. 225 ff., S. 251 ff.; v. Laak, (Fn. 42), S. 102.
44 Herbert, (Fn. 30), S. 253, S. 308; Hilberg, (Fn. 35), S. 646, S. 1148.
45 Herbert, (Fn. 30), S. 458; vgl. auch J. Perels: Der Umgang mit Tätern und Widerstandskämpfern nach 1945, in: Kritische Justiz, H. 3 (1997), S. 363 f.
46 Herbert, (Fn. 30), S. 460; Perels, (Fn. 45), S. 364; F. Kruse: NS-Prozesse und Restauration (1978), in: Redaktion Kritische Justiz (Hrsg.), Der Unrechts-Staat, Frankfurt a.M. 1979, S. 180 ff.

Vertreters des Bundesjustizministeriums im Rechtsausschuß des Deutschen Bundestages: „Auf Grund der damaligen Erörterungen über eine Generalamnestie für alle in der Hitlerzeit begangenen Verbrechen hätten die Länder (...) an eine Art Trend in der Öffentlichkeit geglaubt, auf die Verfolgung jener Delikte nicht mehr so Wert legen zu müssen. Sie hätten (...) auf eine systematische Durchforschung der Vorgänge verzichtet."[47]

Adornos Bemerkung, daß die Gefahr für die Demokratie nicht von den rechtsradikalen Rändern, sondern vom Nachleben faschistischer Tendenzen in der Demokratie herrühre,[48] hat eine sehr genaue Bedeutung. Der Geltungsanspruch des demokratischen Rechtsstaates, für den es keine sanktionsfreien Akte einer kriminellen Staatsgewalt geben kann, ist in der ersten Phase der Bundesrepublik nur im Blick auf die gesellschaftsneutralen Alltagsfragen, nicht aber gegenüber den nationalsozialistischen Staatsverbrechen systematisch durchgesetzt worden. Die Bindung der öffentlichen Gewalt an die Rechtsordnung ist durch ein machtpolitisches System des Vergessens weitgehend außer Kraft gesetzt worden. Erst mit der Einrichtung der Ludwigsburger Zentralen Stelle zur Aufklärung von NS-Verbrechen im Jahre 1958 ändert sich diese Grundsituation.

Zur Zerstörung von Erinnerung treten jene *Abwehrmechanismen* hinzu, die das Geschehen zwar nicht auslöschen, aber *verkleinern*.[49] Auch hier nur wenige Hinweise: In einer vor drei Jahren erschienenen Gesamtdarstellung des Nationalsozialismus eines rechtskonservativen Historikers, Karl-Heinz Weißmann, wird die Zahl der ermordeten Juden mit 3,5 Millionen angegeben. Weißmann zählt die 1,5 Millionen Opfer der Einsatzgruppenmorde in der Sowjetunion, für die er in seinem umfangreichen Buch nicht einmal einen ganzen Satz zur Verfügung hat, einfach nicht mit.[50]

Die Verkleinerung der Dimension der Verbrechen konvergiert mit Tendenzen in der Justiz, in der Rechtslehre, in der Kirchengeschichtsschreibung und in der Militärhistorie der fünfziger Jahre, den NS-Staat zu „normalisieren" und dessen Terrorstruktur als ein Randphänomen eines im Kern intakten Staates zu betrachten,[51] der prinzipiell Anspruch auf Rechtsgeltung besitzt. So schrieb etwa der Präsident des Bundesgerichtshofes, Hermann Weinkauff, selber Reichsgerichtsrat in der NS-Diktatur, 1956: „Zwar hat sich der nationalsozialistische Staat während seines ganzen Bestehens durch schwerstes, von ihm selbst gesetztes Unrecht und durch furchtbare, von ihm selbst begangene Verbrechen befleckt. Trotzdem kann ihm der Staatscharakter nicht abgesprochen werden, denn er hielt eine bestimmte Ordnung des staatlichen und gesellschaftlichen Gefüges aufrecht (...) Jeder Staat

---

47 Verhandlungen des Deutschen Bundestages, 3. Wahlperiode, Sten. Berichte, Bonn 1960, S. 6682; s. hierzu Kruse, (Fn. 46).
48 Adorno, (Fn. 29), S. 126.
49 Ebd., S. 127.
50 K.H. Weißmann: Der Weg in den Abgrund. Deutschlands Weg unter Hitler 1933 bis 1945, Berlin 1995, S. 423; s. hierzu U. Herbert: Die „selbstbewußte" Nation und der Nationalsozialismus, in: Die Zeit vom 1.12.1995.
51 Perels, (Fn. 29), S. 14 ff.

Die Zerstörung von Erinnerung als Herrschaftstechnik

(also auch der NS-Staat, J.P.) hat (...) um der von ihm erbrachten Ordnungsfunktion willen das Recht, sich durch Strafdrohung gegen gewaltsame Angriffe auf seinen inneren und äußeren Bestand zu schützen."[52] Durch die Trennung von Staatsgewalt und NS-Regime, wie sie hier typisch für einen ganzen Deutungsansatz entwickelt wird, können Repressionsakte der Diktatur als „normale" Formen der Ausübung der öffentlichen Gewalt ausgegeben werden – wie etwa hunderte von Verfahren gegen Widerstandskämpfer der in bestimmten Gruppen fortexistierenden, illegalen Arbeiterbewegung, die ganz überwiegend wegen Vorbereitung zum Hochverrat verurteilt worden sind.[53]

Zur Umdeutung des Systems des Grauens gehören *„euphemistische Umschreibungen"*.[54] Die Implikationen dieser Kategorie macht Adorno selber deutlich. Er analysiert die Sprache eines Buches über neue Geborgenheit von Otto Friedrich Bollnow. Adorno gibt zunächst folgende Passage wieder: „Bergengruens letzter Gedichtband 'Die heile Welt' schließt mit dem Bekenntnis 'Was aus Schmerzen kam, war Vorübergang und mein Ohr vernahm nichts als Lobgesang.' Es ist also ein Gefühl dankbarer Zustimmung zum Dasein und Bergengruen ist bestimmt kein Dichter, dem man einen billigen Optimismus nachsagen könnte. Er berührt sich in diesem Gefühl einer tiefen Dankbarkeit mit Rilke, der am Ende seines Weges ebenfalls sagen kann: 'Alles atmet und dankt, oh ihr Nöte der Nacht, wie ihr spurlos versankt'."[55] Adorno kommentiert: „Der Band von Bergengruen ist nur ein paar Jahre jünger als die Zeit, da man Juden, die man nicht gründlich genug vergast hatte, lebend ins Feuer warf, wo sie das Bewußtsein wiederfanden und schrien. Der Dichter, dem man bestimmt keinen billigen Optimismus nachsagen könne, und der philosophisch gestimmte Pädagoge, der ihn auswertet, vernahmen nichts als Lobgesang."[56]

Die *„Aufrechnung der Schuld"*,[57] auch von Adorno kritisch festgehalten, ist schließlich eine besondere Form der Relativierung der Verantwortung. Sie bildet sich schon kurz nach Kriegsende aus. Für den Protestantismus, der die gleichsam offensive Rückzugsposition des deutschen Bürgertums nach dessen Kompromittierung durch die Unterstützung der NS-Diktatur formiert,[58] ist die Karfreitagspredigt von Helmut Thielicke von 1947 – er war theologischer Berater des EKD-Vorsitzenden Wurm – repräsentativ. In dieser Predigt, die starken Widerhall findet, wird von der „Schuld der anderen" gesprochen und mit der Schuld der Deutschen

---

52 H. Weinkauff: Die Militäropposition gegen Hitler und das Widerstandsrecht (1956), in: 20. Juli 1944, bearb. von H. Royce, neubearb. und ergänzt von E. Zimmermann und H.-J. Jacobsen, Bonn o.J. (1960), S. 259.
53 W. Abendroth: Arbeiterklasse, Staat und Verfassung, hrsg. von J. Perels, Frankfurt a.M. 1975, S. 83 ff.
54 Adorno, (Fn. 29), S. 126.
55 O.F. Bollnow, Neue Geborgenheit, Stuttgart 1956, S. 26 f.
56 Th.W. Adorno, Jargon der Eigentlichkeit, Frankfurt a.M. 1964, S. 23 f.
57 Adorno, (Fn. 29), S. 127.
58 C. Vollenhals: Evangelische Kirche und Entnazifizierung 1945-1949, München 1989; J. Perels: „Uns demgemäß verhalten". Die gescheiterte Selbstbesinnung der hannoverschen Landeskirche nach 1945, in: Lutherische Monatshefte, H. 4 (1998), S. 26 ff.

auf eine Stufe gestellt: Die Westalliierten, die Befreier von Dachau, Buchenwald und Bergen-Belsen, erscheinen als „Höllenhund", identisch mit den Zwingherren des NS-Staates: „Als Vertreter der Kirche spreche ich es aus angesichts des Jüngsten Gerichts, vor dem wir alle einmal stehen werden, wir alle, die wir den Höllenhund durch unser Schweigen und Mitmachen haben entbinden helfen, und die, die ihn nun weiter rasen lassen, obwohl sie im Namen des Christentums zu uns zu kommen vorgaben: das ist Unrecht, das ist Ärgernis."[59] Den Alliierten, die die unverstellte Wahrnehmung der Staatsverbrechen der NS-Diktatur vor allem durch die Nürnberger Prozesse und die Nachfolgeverfahren in Gang brachten, hält Thielicke vor, daß sie „im Namen der Rache" statt „im Namen des Christentums und der Mitmenschlichkeit" kämen. In diesem nationalprotestantischen System der Umverteilung der Schuld wird den Nazis mehr Aufrichtigkeit zugebilligt als den Alliierten, die deren Schrecken ein Ende setzten: Die „verflossenen Machthaber" seien immerhin so ehrlich gewesen, „nicht das Bild des Gekreuzigten, sondern die 'blonde Bestie' als Aushängeschild zu benutzen."[60]

Die gegen die Erkenntnis des NS-Systems gerichteten Abwehrmechanismen sind für Adorno nicht primär innerpsychologisch bedingt. Sie resultieren aus dem Prozeß der weitgehenden Restauration jener gesellschaftlichen Machtverhältnisse und ihrer Funktionseliten, die die Diktatur trugen: „Daß der Faschismus nachlebt; daß die vielzitierte Aufarbeitung der Vergangenheit bis heute nicht gelang und zu ihrem Zerrbild, dem leeren und kalten Vergessen, ausartete, rührt daher, daß die objektiven gesellschaftlichen Voraussetzungen fortbestehen, die den Faschismus zeitigten."[61] Es war kein Zufall, daß jene große Untersuchungen, die den inneren Vermittlungszusammenhang von NS-Despotie und bürgerlicher Gesellschaft empirisch wie theoretisch herausarbeiteten – Ernst Fraenkels 'Dual State' von 1941, Franz Neumanns 'Behemoth' von 1942/44 und Raul Hilbergs 'The Destruction of the European Jews' von 1961 –, bis in die siebziger Jahre in der Bundesrepublik nicht auf deutsch publiziert wurden;[62] sie standen quer zum Selbstbild der wiederhergestellten bürgerlichen Gesellschaft, die zu ihrer Neulegitimation ihren aktiven ideologischen, judikativen und administrativen Anteil an der Aufrechterhaltung der NS-Herrschaft weitgehend unsichtbar werden ließ: „Noch die psychologischen Mechanismen in der Abwehr peinlicher und unangenehmer Erinnerungen dienen höchst realitätsgerechten Zwecken (...) Die Tilgung der Erinnerung ist eher eine Leistung des allzu wachen Bewußtseins als dessen Schwäche gegenüber der Übermacht unbewußter Prozesse. (...) Sie (lehnt) sich an gesellschaftliche Tendenzen an (...)."[63]

---

59 H. Thielicke: Predigt am Karfreitag 1947 in der Marktkirche zu Stuttgart, in: Die Schuld der Anderen, Göttingen 1948, S. 10.
60 Ebd., S. 11.
61 Adorno, (Fn. 29), S. 139.
62 E. Fraenkel: Der Doppelstaat (1941), Frankfurt a.M. 1974; F. Neumann: Behemoth. Struktur und Praxis des Nationalsozialismus (1942/44), Köln 1977; Hilberg, (Fn. 36).
63 Adorno, (Fn. 29), S. 128 f.

Strategien einer Aufarbeitung der Vergangenheit

Gegenüber den vielfältigen Formen der Erkenntnis- und Verantwortungsabwehr nimmt Adorno – trotz der mehrheitsgestützten Unverrückbarkeit der Machtverhältnisse – keine resignativ-kontemplative Haltung ein. Der Vorwurf, daß die Kritische Theorie sich in eine praxislose Negation des Bestehenden eingekapselt habe, findet in seinen Arbeiten, deren Adressaten nicht zuletzt Lehrer sind, insoweit keinen Anhalt. Adorno setzt auf die möglichen subjektiven Handlungsmöglichkeiten. Für sie entwickelt er Strategien gegen die Zerstörungen der Erinnerung an das System des Grauens.

Im Zentrum steht „militante Aufklärung",[64] die unverstellte Erkenntnis des Entsetzlichen. In einem dichten, empfindungsgenauen Text zu H.G. Adlers Buch über das Konzentrationslager Theresienstadt findet sich hierfür ein Beispiel: „Es übersteigt das Maß des Vorstellbaren, daß ein zarter und sensibler Mensch seiner selbst geistig mächtig bleibt und zur Objektivation fähig in der organisierten Hölle, deren eingestandener Zweck die Zerstörung des Selbst noch vor der physischen Vernichtung ist. Solche Kraft ist von jeder krud-vitalen, vom plumpen Selbsterhaltungswillen überaus verschieden. Vielleicht setzt sie sogar eben die Zartheit voraus, die nach oberflächlicher Meinung am ehesten erliegen müßte; ein Sensorium, dem Brutalität und Unrecht so unerträglich sind, daß es noch in extremis die Verpflichtung spürt, dort wo nichts mehr sich ändern läßt, wenigstens das Gedächtnis zu bewahren, das Unsägliche zu sagen und damit den Opfern die Treue zu halten. Es mag aber auch in Adler etwas von dem jüdisch-brüderlichen Widerspruchsgeist zu einer Reaktion geworden sein, die sich weigert, das Unausweichliche zu akzeptieren."[65]

Die Abwehrmechanismen – wie die scheinwissenschaftliche Infragestellung der Zahl der Ermordeten – sucht Adorno durch die Wendung aufs Subjekt, durch eine Anleitung zur Selbstbesinnung abzubauen: „Man (sollte) versuchen, zur Besinnung über die Formen des Denkens zu veranlassen, das sich darauf kapriziert, es wären nicht sechs, sondern nur (!) fünf Millionen gewesen und das dann von dort unmerklich, wie ich es wiederholt in rechtsradikalen Publikationen habe beobachten können, dazu übergeht, daß es am Ende nur ein paar tausend gewesen seien. Generell ist es besser, über Strukturen der Argumentation aufzuklären, über die Mechanismen, die ins Spiel gebracht werden."[66] Das Erwerben von Verhaltensformen der Selbstbesinnung durch „demokratische Pädagogik" richtet sich

---

64 Th.W. Adorno: Zur Bekämpfung des Antisemitismus heute (1962), in: ders., Kritik. Kleine Schriften zur Gesellschaft, Frankfurt a.M. 1971, S. 132.
65 Th.W. Adorno: Über H.G. Adler (1965), in: ders., Vermischte Schriften II, hrsg. von R. Tiedemann, Frankfurt a.M. 1986, S. 495; vgl. H.G. Adler: Theresienstadt 1941-1945. Das Antlitz einer Zwangsgemeinschaft, Tübingen 1955.
66 Adorno, (Fn. 64), S. 114 f.

gegen jenen autoritären, ich-schwachen Charakter, der nach 1945 in der kalten Beziehungslosigkeit zu den Leidenden weiterexistiert.[67]

Allerdings zielt die Überwindung des autoritären Charakters weniger auf die Generation der ideologischen und exekutierenden Täter, sondern auf die nachwachsende Generation, die eher für eine Entwicklung zur Ich-Stärke in der Familie, im Kindergarten, in der Schule geeignet erscheint. In dieser Generation kann die kritische Erfahrung der Psychoanalyse, daß Brutalität und Kälte, die ein Kind erfahren hat, weitergegeben werden,[68] durch pädagogisches Handeln eher wirksam werden. Auch wenn der erziehungspolitische Ansatz Adornos in der ausgehenden Ära Adenauer angesichts der kollektiven Tendenz der Abwehr einer Aufarbeitung der Vergangenheit keinen starken gesellschaftlichen Rückhalt besaß, ist er im Gefolge der Bewegung von 1968 in Gestalt der Zurückdrängung autoritärer Verhaltensstrukturen in vielen gesellschaftlichen Bereichen, nicht nur in der Familie, sondern auch in den Schulen und selbst in der Justiz in mancher Beziehung aufgenommen worden.[69]

Trotz seines Versuchs, die innere Verfaßtheit der Subjekte zum Ausgangspunkt von Veränderungsprozessen zu machen, sind Adorno die Grenzen aufklärerischer Praxis nur zu bewußt. Dies zeigt vor allem seine Auseinandersetzung mit dem Antisemitismus der Nachkriegszeit. Dem Antisemitismus, der Fortexistenz der wichtigsten ideologischen Substanz der NS-Diktatur, der seit Beginn der Bundesrepublik einen festen Bodensatz der nicht-öffentlichen Meinung bildet,[70] begegnet Adorno nicht etwa mit dem Postulat einer philosemitischen Haltung. Denn die Überhöhung der Juden ist selbst dem Mechanismus der Ausgrenzung, wenn auch unter anderen Vorzeichen, verpflichtet: „Lobreden auf die Juden, welche diese als Gruppe absondern, geben selber dem Antisemitismus allzuviel vor. (...) Man hat mir die Geschichte einer Frau erzählt, die einer Aufführung des dramatisierten Tagebuchs der Anne Frank beiwohnte und danach erschüttert sagte: Ja, aber *das* Mädchen hätte man doch wenigstens leben lassen sollen. (...) Der individuelle Fall, der aufklärend für das furchtbare Ganze einstehen soll, wurde gleichzeitig durch seine eigene Individuation zum Alibi des Ganzen, das jene Frau darüber vergaß."[71] Auch wenn der Antisemitismus mit einem reflektierten Erziehungsprogramm bis zu einem gewissen Grade bekämpft werden kann, so bleibt er doch der Kitt der falschen Gesellschaft, die ihre ungelösten Probleme auf die Juden

---

67 Vgl. Adorno, (Fn. 64), S. 115, S. 120 f.; ders., (Fn. 29), S. 141.
68 Adorno, (Fn. 64), S. 122 f.
69 Vgl. O. Negt: Achtundsechzig. Politische Intellektuelle und Macht, Göttingen 1995; ders.: Kindheit und Schule in einer Welt der Umbrüche, Göttingen 1997; vgl. die Beiträge in der „Kritischen Justiz" zur Entwicklung des bundesdeutschen Rechtssystems 1968 ff; vgl. U.K. Preuß: Die Erbschaft von „1968" in der deutschen Politik, in: M. Buckmiller und J. Perels (Hrsg.), Opposition als Triebkraft der Demokratie. Bilanz und Perspektiven der zweiten Republik, J. Seifert zum 70. Geburtstag, Hannover 1998, S. 149 ff.
70 W. Bergmann und R. Erb: Antisemitismus in der Bundesrepublik Deutschland. Ergebnisse der empirischen Forschung von 1946-1989, Opladen 1991.
71 Adorno, (Fn. 29), S. 143.

projiziert. Nur die Überwindung einer antagonistischen Gesellschaft kann dem Antisemitismus die Grundlage wirklich entziehen.

Im amerikanischen Exil entwickelt Adorno eine spekulative Erklärung für die Verfolgung der Juden, in der der innere Zusammenhang der Stigmatisierung der Juden und der Herrschaftsmechanismen der Gesellschaft mit großer Klarheit bezeichnet wird. 1940 schreibt er in einer Beilage zu einem Brief an Horkheimer: „Die Juden sind die, welche sich nicht haben 'zivilisieren' und dem Primat der Arbeit unterwerfen lassen. Das wird ihnen nicht verziehen und deshalb sind sie der Stein des Anstoßes in der Klassengesellschaft. Sie haben sich, könnte man sagen, nicht oder nur widerwillig aus dem Paradies vertreiben lassen. Noch die Beschreibung, die Moses von dem Land, wo Milch und Honig fließen, gibt, ist die des Paradieses. Dies Festhalten am ältesten Bild des Glücks ist die jüdische Utopie (...) Je mehr die Welt der Seßhaftigkeit als eine der Arbeit, die Unterdrückung reproduzierte, (sich ausbildete, J.P.), um so mehr mußte der ältere Zustand als ein Glück erscheinen, das man nicht erlauben, dessen Gedanken man verbieten muß. Dies Verbot ist der Ursprung des Antisemitismus."[72] Nicht zuletzt gegen die messianische Idee einer humanen Ordnung ohne Unterdrückung und Gewalt, die von Halb-Apologeten der NS-Herrschaft wie Ernst Nolte noch heute aggressiv verworfen wird – er spricht davon, daß man „kein Nationalsozialist zu sein braucht, um den utopischen Menschheitstraum Jesajas zu verurteilen"[73] –, konstituierte sich das Hitler-Regime. Seine Struktur ist das grausige Gegenbild zu der alttestamentlichen Vision, „daß der Herr den Gewalttätigen mit dem Stabe seines Mundes schlagen, daß dem Elenden rechtes Urteil im Lande zugesprochen wird" (Jesaja 10, 4).

Den Opfern, die für die Hoffnung auf ein neues Jerusalem, in dem sich „Frieden und Gerechtigkeit küssen" (Psalm 85, 11) einstanden, hält Adorno die Treue. In seiner Theorie bewahrt er die messianische Hoffnung der ermordeten Juden: „Philosophie, wie sie im Angesicht der Verzweiflung einzig noch zu verantworten ist, wäre der Versuch, alle Dinge so zu betrachten, wie sie vom Standpunkt der Erlösung aus sich darstellen. Erkenntnis hat kein Licht, als das von der Erlösung

---

72 M. Horkheimer: Gesammelte Schriften, Bd. 16, Briefwechsel 1937-1940, hrsg. von G. Schmid Noerr, Frankfurt a.M. 1995, S. 763 f.; vgl. auch M. Horkheimer und Th.W. Adorno: Dialektik der Aufklärung, Amsterdam 1947, S. 234: „Gleichgültig, wie die Juden an sich selbst beschaffen sein mögen, ihr Bild, als das des Überwundenen, trägt die Züge, denen die totalitär gewordene Herrschaft todfeind sein muß: des Glückes ohne Macht, des Lohns ohne Arbeit, der Heimat ohne Grenzstein, der Religion ohne Mythos. Verpönt sind diese Züge von der Herrschaft, weil die Beherrschten sie insgeheim ersehnen. Nur solange kann jene bestehen, wie die Beherrschten selber das Ersehnte zum Verhaßten machen." Vgl. ferner R.R. Geis: Gedenkrede für die jüdischen Opfer des Nationalsozialismus in Kassel (1950), in: ders., Gottes Minorität. Beiträge zur jüdischen Theologie und zur Geschichte der Juden in Deutschland, München 1971, S. 159 f.
73 E. Nolte: Streitpunkte. Heutige und künftige Kontroversen um den Nationalsozialismus, Berlin 1993, S. 378; zu neueren Arbeiten Noltes s. H.-U. Wehler: Politik in der Geschichte, München 1998, S. 145 ff. sowie Perels, (Fn. 30), S. 25 ff.

her auf die Welt scheint: Alles andere erschöpft sich in der Nachkonstruktion und bleibt ein Stück Technik. Perspektiven müssen hergestellt werden, in denen die Welt ähnlich sich versetzt, verfremdet ihre Risse und Schründe offenbart, wie sie einmal als bedürftig und entstellt im Messianischen Lichte daliegen wird."[74]

---

74 Adorno, (Fn. 23), S. 333.

Heinz Bude

Die Erinnerung der Generationen

Der Begriff der Erinnerung setzt hohe Ansprüche an die Selbstbeschreibung komplexer Gesellschaften.[1] Ein Wertbegriff („Westen"), ein Ursprungsschema („Christliches Abendland") oder eine Leitdifferenz („fundamentalistisch/reflexiv") reichen nicht hin, um für die vielen einzelnen die Vorstellungen einer Zugehörigkeit, eines Zusammenhalts oder einer Verpflichtung zu begründen. Es braucht offenbar Erzählungen über gemeinsam begangene Verbrechen, gemeinsam erlebte Triumphe oder gemeinsam erlittene Verfolgungen, die starke Wir-Gefühle stiften und somit den Horizont möglicher Zuschreibungen begrenzen.

Das Ganze verweist daher immer auf eine Geschichte, die freilich nie zu Ende erzählt werden kann und selten aufgeht. Das hängt mit dem sperrigen Charakter von Erinnerungen zusammen, die schwer auf eine Linie zu bringen sind, weil sie ganz schnell zu abseitigen, vergessenen, unterdrückten Geschichten führen. Das schwierigste Problem freilich ergibt sich aus der Perspektivität von Erinnerung überhaupt. Wessen Erinnerung soll die maßgebende sein? Was davon wird in welcher Form und mit welchen Konsequenzen erinnert? Wer darf wann Einspruch erheben, Korrekturen vornehmen und Akzente verschieben?

Das Feld der Erinnerung ist allerdings nicht nur kontrovers, was den Einfluß und die Macht einzelner Gruppen im Gesellschaftsgefüge, sondern vor allem was ihre Lage im Strom der unaufhörlich weiterfließenden Zeit betrifft. Der bloße Umstand, daß Jüngere und Ältere mit ihren jeweiligen Geschichten aufeinanderstoßen, spaltet die kollektive Erinnerung, die der gesellschaftlichen Selbstbeschreibung den nötigen Stoff und eine hinreichende Gewähr geben sollte. Von der historischen Seinsgebundenheit der Erinnerung handelt der Begriff der Generation. Nach dem Verschwinden von „Klasse" und „Nation" als natürlichen Selbstverständlichkeiten scheint die „Generation" zum ersten „Wir" einer identifikato-

---

1 Im Unterschied zum idealen Begriff „vernünftiger Identität", der die Vorstellung enthält, daß Gesellschaften ihre „eigentliches" oder „wahres" Selbstverständnis verfehlen können, will das „abgemagerte Konzept der Selbstbeschreibung" auch die Möglichkeit einschließen, daß grundlegender Dissens besteht und darüber kommuniziert wird. Dazu einerseits Jürgen Habermas, Können komplexe Gesellschaften eine vernünftige Identität ausbilden?, in: ders., Zur Rekonstruktion des Historischen Materialismus, Frankfurt a.M.: Suhrkamp 1976, S. 92-126, hier S. 92 und andererseits Niklas Luhmann, Die Gesellschaft der Gesellschaft, Frankfurt a.M.: Suhrkamp 1997, S. 14 f.

rischen Setzung geworden zu sein.[2] Wenn man also in dieser Weise nach dem Erfahrungsgrund und der Erlebnisweise der herrschenden Selbstbeschreibung fragt, zerfällt die Totalität der Gesellschaft in das Perspektivenspiel der verschiedenen Generationen.

I. Generation als „Gedächtnis- und Erinnerungsort"

Pierre Nora hat 1992 in einem großen Gemeinschaftswerk über die Konstruktion der französischen Vergangenheit die Generation als eminenten „Gedächtnis- und Erinnerungsort" („lieu de mémoire") des übergreifenden Narrativs der französischen Republik eingeführt.[3] Die Wurzeln des modernen Begriffs liegen im revolutionären Code selbst.[4] Denn mit der Idee der Generation ist die Vorstellung einer Dominanz von Zukunft über Vergangenheit verbunden. Die Erwartung, daß der Aufritt einer neuen Generation das Bisherige und Gewordene in Frage stellt, geht zurück auf das revolutionäre Konzept totaler Verzeitlichung. Allerdings nicht unbedingt in der Weise, daß die Zukunft der kommenden Generation eine Kompensation für das gegenwärtige Elend bietet, sie kann auch einfach nur das Neue und Andere bringen. Die Jungen definieren die Welt nach ihren Vorstellungen und kümmern sich dabei erst einmal nicht um das, was die Alten als ihren Lebensentwurf und ihre Geschichtsbilanz hochhalten. So enthält der Generationsbegriff zwei Differenzbestimmungen: In zeitlicher Dimension bedeutet er eine Unterbrechung der herrschenden Kontinuitätsannahmen und in sozialer Hinsicht eine Abgrenzung zwischen denen, die eine Vergangenheit verteidigen, und denen, die eine Zukunft beanspruchen. Projiziert man nun diese beiden Differenzeffekte auf die Fläche der gelebten gesellschaftlichen Gegenwart, entsteht das Bild einer ungeheuren „Ungleichzeitigkeit des Gleichzeitigen" (Wilhelm Pinder[5]).

Was in einem bestimmten geschichtlichen Augenblick als Erinnerung gilt, ist immer eine Mischung zwischen der Gesetzmäßigkeit des Gleichzeitigen und der des Gleichaltrigen. Es existiert eine Menge von Geschichten, die sich ganz verschiedenen Erlebnissen von Dauer verdanken und nicht alle in gleicher Weise zu den Bedürfnissen der Jetztzeit passen. Wie sich die Geschichten der Generationen zur Geschichtlichkeit des geschichtlichen Augenblicks verhalten,[6] ist das Ergebnis

---

2 Dazu Heinz Bude, Die „Wir-Schicht" der Generation, in: Berliner Journal für Soziologie, 7. Jg., Heft 2, 1997, S. 197-204.
3 Pierre Nora, Génération, in: ders. (Hrsg.), Les Lieux de Mémoire, Paris: Editions Gallimard 1992.
4 Freilich ist der Begriff so leicht nicht auf seine moderne Verwendung festzulegen. Populär ist er gerade dadurch geworden, daß er antike und moderne, biologische und soziale, oberflächliche und existentielle Konnotationen in sich vereinigt.
5 Wilhelm Pinder, Das Problem der Generationen, München: Bruckmann 1961 (zuerst 1926).
6 Den Unterschied zwischen einem Kalenderbegriff der Geschichte und dem Intensitätsbegriff der Geschichtlichkeit hat Charles Péguy gemacht. Dazu Bruno Latour, Wir sind nie modern gewesen. Versuch einer symmetrischen Anthropologie, Berlin: Akademie 1995, S. 92 f.

von dramatisierten Generationskämpfen oder kühlen Generationsbeziehungen. Jedenfalls bildet die Mehrdimensionalität der Gegenwart einen Raum möglicher Überraschungen und unwahrscheinlicher Verbindungen für die Definition von Einschnitten, Wechseln, Kontinuitäten und Perioden.

Generationen sind die eigentlichen Träger kollektiver Erinnerung. Sie machen aus der wilden Kontingenz der Ereignisse eine geregelte Kontingenz mit einem Anfang, einem Höhepunkt und einem Ende. Die sozialisatorischen Effekte einer gemeinsamen Erfahrung historischer Betroffenheit werden durch eine „Kunst des Schließens" (Frank Kermode) und durch „Operationen der Einrahmung" (Jurij M. Lotmann) in Erinnerung gehalten und zu Erfahrungen kondensiert.[7] Aufgrund des Erlebnisses gleichartiger Einwirkungen in einem gewissen historischen Zeitraum wird die Kontingenz der Geburt zum Anker einer kollektiven Geschichtsrekonstruktion. Das Gefühl einzigartiger Betroffenheiten, Prägungen und Bilanzen begründet ein „übertriebenes Wir" (Julia Kristeva[8]) der annähernd Gleichaltrigen, die sich als eine Gruppe besonderer Art in der Öffentlichkeit artikulieren, einmischen und behaupten. Was Karl Mannheim[9] die besondere „Erlebnisschichtung" nennt, stellt die Kernstruktur eines solchen „Generationszusammenhangs" dar. Dessen Einheit beruht allerdings nicht selten auf einer Differenz, durch die sich polar aufeinanderbezogene „Generationseinheiten" definieren, die man als alternative Versuche der Bewältigung derselben historischen Konstellation und derselben dazugehörigen inneren Problematik verstehen kann.

Im Generationsbegriff steckt freilich nicht nur das revolutionäre Erbe Frankreichs, sondern zudem eine historistische Hypothek aus Deutschland. Verschiedene Verspätungen und Sonderwege haben die Deutschen bekanntlich zum Volk der Geschichte gemacht, das sich nicht wie die Briten, Franzosen oder Holländer in einem „goldenen Zeitalter", sondern im ewigen Wechsel der Generationen wiedererkennt. Wo keine Tradition lebendig ist, muß man sich auf die vergehende Zeit selbst beziehen. Hier wird die Generation zu einer Zeitkategorie, die die Endlichkeit der Lebensspanne, die Unentrinnbarkeit periodischer Effekte und das vitale Motiv des Wechsels widerspiegelt.[10] So konstituieren sich Generationen als einzigartige Erfahrungs- und Erinnerungsgemeinschaften, die aufgrund einer „verwandten Lagerung" im historischen Strom eine horizontale Identität jenseits aller Formen vertikaler Solidarität ausbilden. Es ist ein bestimmtes Problembewußtsein und ein gewisses Erregungspotential, das den Angehörigen einer Generation eine spezifische „Konstruktion der Wirklichkeit" nahelegt.

Daraus ergibt sich ein erhöhter Differenzbedarf. Generationen identifizieren

---

7 Dazu Paul Ricoeur, Zufall und Vernunft in der Geschichte, Tübingen: konkursbuch Verlag Claudia Gehrke 1986.
8 Julia Kristeva, Eine Erinnerung, Schreibheft, Nr. 26, 1985, S. 134-143, hier S. 134.
9 Karl Mannheim, Das Problem der Generationen (1928), in: ders., Wissenssoziologie. Auswahl aus dem Werk. Hrsg. von Kurt H. Wolff, Berlin/Neuwied: Luchterhand 1964, S. 509-565, hier S. 535 ff.
10 In diesem Sinne Marvin Rintala, The Constitution of Silence. Essays on Generational Themes, Westport/London: Greenwood Press 1979, S. 3 ff.

sich in Bezug zu anderen Generationen. Die Selbstbezeichnung einer Generation trägt daher immer eine polemische Note der Unterscheidung von vorhergehenden oder nachfolgenden Generationen. Aber genau genommen sind nicht zwei, sondern drei Parteien dabei im Spiel. Im Nachvollzog der wechselseitigen Bezüge, Absetzungen und Frontstellungen stößt man nämlich normalerweise auf eine Konstellation von mindestens drei Generationen: Es gibt den „führenden", den „umgelenkten" und den „unterdrückten Generationstyp".[11] Die gesellschaftsgeschichtliche Gelegenheitsstruktur bringt eine Generationsgestalt nach vorne, drängt eine andere in den Hintergrund und läßt einer dritten die Möglichkeit der Anschmiegung und Umarbeitung herrschender Tendenzen. Das kann in Form einer mehr oder minder ruhigen Abfolge oder in Form eines regelrechten Kampfes geschehen. Die nachfolgende Generation kann die Vorgabe des „führenden Generationstyps" zunächst aufnehmen, um dann einen eigenen Stil oder eine eigene Gestalt daraus zu machen; sie kann sich mit ihren Sichtweisen und Lebensauffassungen aber auch neben das herrschende Modell setzen, um es dann auszuspielen und niederzukonkurrieren. Wann das gradualistische Modell der Abfolge und wann das radikale des Kampfes angelegt werden kann, hängt offenbar davon ab, welchen Moment man in den Prozessen allgemeiner Interdependenz ins Auge faßt. Allerdings kann es immer passieren, daß das, was nach vorne als Sprung erscheint, sich nach hinten als Variation eines latenten Musters erweist.

Generationen bilden also komplexe „Gedächtnis- und Erinnerungsorte". Sie werden durch Unterscheidungen hervorgebracht, wandeln sich in Rückblicken und verschwinden mit dem Ableben ihrer Angehörigen. Nichts anderes garantiert den Ort einer Generation als die Erzählungen ihrer Protagonisten. Daher rührt die besondere Autorität der Zeitzeugen in Generationsfragen. Zwar existieren Spuren des generationellen Selbstverständnisses in den verschiedenen, alltäglichen und künstlerischen, Praktiken des kulturellen Gedächtnisses, aber das Erlebnis von Provokation und Aufregung durch Stil und Stimmung ist für die Nachgeborenen nicht wiederzubeleben.

Das vorgestellte begriffliche Schema soll nun dazu dienen, die Erinnerungsgeschichte des Bundesrepublik in der Nachfolge des Nationalsozialismus zu rekonstruieren. Schon der Einsatz des Generationskonzepts unterstellt, daß es nicht die eine Erinnerungslinie gibt, der eine bestimmte Tendenz der Verarbeitung und des Zurechtkommens zugrundeliegt, sondern eine Folge von Erinnerungskomplexen, die jeweils bestimmte Sperren, Öffnungen und Wenden im Umgang mit dem Gedächtnismaterial implizieren. Das Ganze erhält dann den Charakter einer Komplikation, die sich in einer Folge von Umwandlungen verfolgen läßt.[12]

---

11 Zu dieser Unterscheidung von Julius Peterson siehe Mannheim, a.a.O., S. 559 f.
12 In diesem Sinne kann man vielleicht von einer „Basiserzählung" unserer Politischen Kultur sprechen. So Michael Schwab-Trapp, Konflikt, Kultur und Interpretation. Eine Diskursanalyse des öffentlichen Umgangs mit dem Nationalsozialismus, Opladen: Westdeutscher Verlag 1996.

II. Die frühe Nachkriegszeit: Die 45er Konstellation

Am Anfang hatten nicht die Jungen, sondern die Alten ihre Chance. Die Bundesrepublik kann man als Elitengründung begreifen, bei der die Angehörigen der Weimarer Generation den Ton angaben. Geprägt durch ihre politische Sozialisation in der „Klassengesellschaft" der Zwischenkriegszeit, rechneten sich die um 1900 Geborenen Niederlage und Zusammenbruch als generationsspezifisches Versagen zu. Dazu muß man wissen, daß das ursprüngliche Ziel besonders der amerikanischen Besatzungspolitik, nämlich Installierung einer zweifelsfreien demokratischen Elite, aus Personalmangel mißlang. Die totalitäre Elite, so beispielsweise das Ergebnis der Untersuchungen von Lewis J. Edinger,[13] wurde nicht von einer demokratischen Gegenelite abgelöst, sondern von einer Mischung einzelner Personen, die weder eindeutige Befürworter noch ausgemachte Gegner der Nazis waren. Allerdings existierte eine Dominanz der aus innerer und äußerer Emigration zurückgekehrten Parteieliten gegenüber den funktionalen Eliten in Verwaltung, auswärtigem Dienst, Wirtschaft und Kirchen. Was Leute wie Adenauer, Heuss und Schumacher nach 1945 vereinte, war ein Gefühl für den prekären Charakter des neuen Staatswesens. In der „Demokratie ohne Demokraten" mußte man, wie Dolf Sternberger 1949 formulierte, „ein weites Herz haben" und „viele tolerieren, die gestern Feinde waren".[14]

Die von daher zu verstehende absolute Priorität der Regeln des Rechts vor den Maßnahmen des Staates und den Imaginationen des Volkes klärt den vergangenheitspolitischen Revisionismus der frühen Bundesrepublik. Norbert Frei[15] hat die bereits im Herbst 1949 mit Billigung aller Fraktionen des Parlaments einsetzenden Praktiken der Amnestie, der Integration und der Abgrenzung beschrieben, wodurch die besatzungspolitischen Säuberungsprozeduren und Sühnevorschriften außer Kraft gesetzt wurden. Vorbereitet allerdings durch die Praxis der noch von den alliierten Siegermächten in Gang gesetzten „Mitläuferfabriken",[16] konstituierte sich ein Kollektiv von Befreiten und Davongekommenen, in dem „Schicksalskategorien" sich nicht nur vor „soziale Typisierungen",[17] sondern mehr noch vor „moralische Zuschreibungen" schoben. Man suchte eine „passende Vergangenheit",[18] die der strategischen Bedingung des Kalten Kriegs, der Entlastung

---

13 Lewis J. Edinger, Post-Totalitarian Leadership: Elites in the German Federal Republic, in: American Political Science Review, 54. Jg., 1960, S. 58-82.
14 Dolf Sternberger, Die deutsche Frage, in: Der Monat, 2. Jg., 1949, Heft 8/9, S. 16-21, hier S. 17.
15 Norbert Frei, Vergangenheitspolitik. Die Anfänge der Bundesrepublik und die NS-Vergangenheit, München: Beck 1996.
16 Vgl. Lutz Niethammer, Die Mitläuferfabrik. Die Entnazifizierung am Beispiel Bayerns, Berlin/Bonn: Dietz 1982.
17 So Friedrich H. Tenbruck, Alltagsnormen und Lebensgefühle in der Bundesrepublik, in: Hans Peter Schwarz und Richard Löwenthal (Hrsg.), Die Zweite Republik. 25 Jahre Bundesrepublik Deutschland – eine Bilanz, Stuttgart: Seewald, S. 289-310.
18 Siehe Robert G. Moeller, War Stories: The Search for a Usable Past in the Federal Republic of Germany, in: American Historical Review, 101. Jg., 1996, S. 1008-1048.

einer defensiven Wir-Gemeinschaft und der Integration von Tätern, Mittätern und Tatgehilfen dienen konnte.[19]

Das für diese Praxis gesellschaftlicher Synthesis in Anspruch genommene „Pathos der Nüchternheit" wurde von der Erfahrungs- und Erinnerungsgemeinschaft der „Weimarer" getragen und verkörpert, die sich schon nach dem zivilisatorischen Schock des Ersten Weltkriegs in „Verhaltenslehren der Kälte"[20] geflüchtet hatten. Man hatte sich in „jenen zwanziger Jahren" der Modernität bedingungslos überantwortet, ohne sie allerdings voll und ganz zu akzeptieren. Das Lebensgefühl war eher, in eine zufallsbedingte Welt geworfen zu sein, wo jedes Engagement mit der Gefahr der Enttäuschung rechnen mußte.[21] Dem konnte man allenfalls mit einer „Ästhetik des Schreckens"[22] Herr werden, die den „Mut zum Sein"[23] einer extremen Probe unterwarf. Ansonsten hieß die Parole: „Lieber Überleben. Lieber noch da sein, weiterarbeiten, wenn erst der Spuk vorüber war."[24]

Es scheint dieses Prinzip einer stoischen Indifferenz gewesen zu sein, welche die Weimarer Generation in den Anfängen der Bundesrepublik zum „führenden Generationstyp" disponierte. Schwankend zwischen einer resignativen Stimmung der Unbehaustheit[25] und dem stolzen Bewußtsein der Seinsvergessenheit[26] waren diese jungen alten Männer bereit, den deutschen Gestaltungsspielraum unter alliierter Kontrolle zu nutzen. Der Nationalsozialismus wurde als „deutsche Katastrophe" behandelt, die in große Verfallserzählungen eingeordnet wurde. Die Verbrechen waren „unaussprechlich", und dem Wirkungszusammenhang der Gewaltherrschaft wohnte eine „Dämonie der Macht" inne. Das „Wörterbuch des Unmenschen"[27] hatte die Voraussetzungen für eine endemische Verwirrung des Geistes geschaffen. Vor den Fehlentwicklungen von Mensch und Moderne bot allenfalls die Kultur des Abendlands oder die Idee von Europa Rettung.

Zugleich wurden die institutionellen Vorkehrungen gegen antidemokratische

---

19 Diese drei Rahmenbestimmungen der frühen Bundesrepublik nennt Klaus Naumann, Die „saubere" Wehrmacht. Gesellschaftsgeschichte einer Legende, in: Mittelweg 36, 7. Jg., Heft 4, 1998, S. 8-18.
20 Hierzu Helmut Lethen, Verhaltenslehren der Kälte. Lebensversuche zwischen den Kriegen, Frankfurt a.M.: Suhrkamp 1994.
21 Siehe als Dokument Frank Matzke, „Jugend bekennt: so sind wir!", Leipzig: Reclam 1930.
22 Dies die auf das frühe Werk von Ernst Jünger gemünzte Formel von Karl Heinz Bohrer, Die Ästhetik des Schreckens, München: Hanser 1978.
23 Davon sprach dann Anfang der fünfziger Jahre Paul Tillich, The Courage to be, Yale: Yale University Press 1952.
24 So im Rückblick Marie Luise Kaschnitz, Orte. Aufzeichnungen, Frankfurt a.M.: Suhrkamp 1973, S. 112.
25 Kennzeichnend dafür der essayistische Klassiker der fünfziger Jahre Hans Egon Holthusen, Der unbehauste Mensch. Motive und Probleme der modernen Literatur, München: Piper 1951.
26 In befremdlicher Einfachheit nachzulesen bei Martin Heidegger, Über den „Humanismus". Brief an Jean Beaufret, Paris, in: ders., Platons Lehre von der Wahrheit. Mit einem Brief über den „Humanismus", Bern/München: Francke 1947, S. 53-119.
27 Dolf Sternberger, Gerhard Storz und W.E. Süskind, Aus dem Wörterbuch des Unmenschen, Hamburg: Claassen 1957.

Bewegungen getroffen. Die Entschlossenheit zur Demokratie war bei der Weimarer Gründungselite durchaus mit einer gewissen Skepsis gegenüber dem eigenen Volk verbunden. Die „Vernunftdemokraten" setzten nicht auf Umerziehung und Durcharbeitung, sondern auf den festen äußeren Rahmen von parteienstaatlicher Demokratie und rechtsstaatlicher Autorität. Hier deutet sich im Generationszusammenhang der „Weimarer" ein innerer Zusammenhang zwischen Gefühlskälte und Institutionenpathos an. Was man später den „Vorlauf der Institutionenbildung" in der Entwicklung der politischen Kultur der Bundesrepublik genannt hat,[28] legte jedenfalls den Grund für die Genealogie des bundesrepublikanischen Selbstverständnisses.

Die ideelle wie institutionelle Dominanz der Weimarer Generation hatte freilich die Stille der eigentlichen Kriegsgeneration der Zweiten Weltkriegs zur Voraussetzung. Die Jahrgänge 1910 bis 1925 hatten die aktiven Teile der Wehrmacht gebildet, und sie waren vorher die Adressaten und Träger der nationalsozialistischen Bewegung gewesen. Diejenigen, die 1945 zwischen 20 und 40 Jahre alt waren, stammten nicht nur aus einer Generation, von der viele im Krieg gefallen waren, sie mußten zudem mit der Erfahrung einer „großen Täuschung"[29] zurechtkommen. Die Generation, die 1939 angetreten war, Europa zu erobern, hatte den Krieg verloren, das Land ruiniert und den Völkermord zu verantworten. Ihre Niederlage paßte zu keiner Erzählung, und ihre Schuld wuchs mit der Kenntnisnahme der nationalsozialistischen Verbrechen. Für die heimkehrenden Männer waren der Krieg und die Kriegsgefangenschaft von existentieller Bedeutung gewesen. Aber von ihren Erlebnissen in diesen „Grenzsituationen" wollte zu Hause niemand etwas wissen. Sie kamen zurück in eine Welt, wo anderes vordringlich war: die Beschaffung des Nötigsten, die Wiedererlangung einer beruflichen Existenz und die Suche nach sozialem Status.

Einer Untersuchung des Frankfurter Instituts für Sozialforschung aus den fünfziger Jahren zufolge hatten viele ehemalige Soldaten das Gefühl, daß ihnen nicht die Ehre und der Respekt erwiesen worden waren, die sie für ihren Kriegsdienst und die Gefangenschaft verdienten. Man ließ sie „draußen vor der Tür" stehen und bedeutete ihnen, daß sie keine besondere Ansprüche zu stellen hatten: weder auf Geld und Anerkennung noch auf Aufmerksamkeit und Zuspruch. Was dann noch blieb, waren die Endlosgeschichten im privaten Raum, mit denen die Väter ihren Kindern und die Ehemänner ihren Ehefrauen auf die Nerven gingen. Die Rechtfertigungsbedürfnisse des demontierten deutschen Mannes fanden keinen Ansprechpartner, und seine Geschichten aus dem Herz der Finsternis liefen sich leer. Lutz Niethammer[30] kam nach seinem Versuch, zehn Kriegserinnerungen

---

28 M. Rainer Lepsius, Die Prägung der politischen Kultur der Bundesrepublik durch institutionelle Ordnungen (1982), in: ders., Interessen, Ideen und Institutionen, Opladen: Westdeutscher Verlag 1988, S. 63-84.
29 Zur Phänomenologie dieser Formel Eva Sternheim-Peters, Die Zeit der großen Täuschungen. Mädchenleben im Faschismus, Bielefeld: AJZ-Druck & Verlag 1987.
30 Lutz Niethammer, Heimat und Front. Versuch, zehn Kriegserinnerungen aus der Arbeiterklasse des Ruhrgebiets zu verstehen, in: ders., „Die Jahre weiß man nicht, wo

aus der Arbeiterklasse des Ruhrgebiets zu verstehen, zu dem Ergebnis, daß die Kultur des Wiederaufbaus die Mehrzahl seiner Gesprächspartner mit der schwierigen Aufgabe alleingelassen habe, ihre persönlichen Kriegserlebnisse in eine gesellschaftlich relevante Kriegserfahrung einzubringen.

Das Werk von Wolfgang Borchert belegt, wie sich diese „Generation ohne Abschied" in einen „pazifistischen Affekt"[31] flüchtete, worin sich der Schock der Todeserfahrung und das Stigma des Täterseins ununterscheidbar vermischten. Man bekannte sich schuldig, vermied es aber dadurch, mit der eigenen persönlichen Destruktivität in Berührung zu kommen. Dafür gab es nur eine Sprache stiller Praktiken im Alltag[32] oder einsamer Gesten in der bildenden Kunst. „Zeige deine Wunde!" verlangte Joseph Beuys und sprach damit den gesamten Assoziationsraum von Verwundung und Tod, Gefangenschaft und Heimkehr an.[33] In diesem rheinisch-katholischen Zusammenhang ist auch die Bedeutung von Heinrich Böll als literarischer Ausdrucksgestalt der Kriegsgeneration des Zweiten Weltkriegs zu sehen: Was Bölls Werk von der „Kahlschlagliteratur" eines Günter Eich oder Walter Höllerer unterschied, war die in seinen heimatlichen Geschichten zum Ausdruck kommende Verteidigung einer Kindheit[34] jenseits von Krieg und Völkermord. Die seelische Funktion dieser sentimentalen Konstruktion bestand darin, daß sie einerseits das verborgene Schuldgefühl der Kriegsteilnehmer berührte und daß sie andererseits diesem eine Hoffnung verlieh. „Weil dieses Volk so verachtet wurde", sagte Böll 1972 in seiner Rede zur Verleihung des Nobelpreises für Literatur, „wollte ich auch dazugehören. Das mag sehr metaphysisch klingen. Ich war ein Gegner des Naziregimes von Anfang an, aber das bedeutet überhaupt nichts."[35]

Während also die Weimarer Generation die Regie für das politische Experiment der Bundesrepublik übernahm, gab sich die Kriegsgeneration des Zweiten Weltkriegs dem „manischen Ungeschehenmachen"[36] des Wiederaufbaus hin. Zwischen dem dominierenden der Weimarer-Generation und dem dominierten der Kriegsgeneration spielte in der Konstellation von 1945 die „skeptische Generation" der zwischen 1926 und 1930 geborenen Schüler- und Kinder-Soldaten aus der Endphase des Zweiten Weltkriegs den „umgelenkten Typ". Gegen die totale Skepsis der Weimarer Geisteselite setzten die „letzten Helden des Führers" ihre kleine und präzise Skepsis. Nicht das Sich-Aufrichten an der totalen abendländischen

    man die heute hinsetzen soll". Faschismuserfahrungen im Ruhrgebiet, Berlin/Bonn: Dietz 1983, S. 163-232.
31 Vgl. Jan Philipp Reemtsma, Generation ohne Abschied. Wolfgang Borchert – als Angebot, in: Mittelweg 36, 1. Jg., Heft 5, 1992, S. 37-55.
32 Die Spuren dieses materialen Gedächtnisses sucht Harry Walter, Eins zu Eins. Ein Fotoalbum zum Wiederaufbau Deutschlands, in: Harald Welzer (Hrsg.), Das Gedächtnis der Bilder, Tübingen: edition diskord 1995, S. 115-163.
33 Vgl. Heinz Bude, Bilder vom Osten, in: Transit, Heft 11, 1996, S. 78-86.
34 Zu diesem Interpretationsmodell Christian Lindner, Böll, Reinbek: Rowohlt 1978, S. 153 ff.
35 Zitiert nach Lindner, a.a.O., S. 165.
36 Alexander und Margarete Mitscherlich, Die Unfähigkeit zu trauern. Grundlagen kollektiven Verhaltens, München: Piper 1967, S. 25.

Geste, sondern das Verstehen auf den „kleinen Verrat" und die „tägliche schmutzige Rettung" riet Hans Magnus Enzensberger 1957 zur „Verteidigung der Wölfe gegen die Lämmer".[37] Das war zwar gegen den „Ruf"[38] an die Jugend des Nachkriegs gerichtet, doch nicht in offener Konfrontation, sondern in Angleichung und Absetzung suchten die einstigen HJ-Aktivisten den Anschluß. Innere Distanz bei äußerem Engagement war schon auf den Flakgeschützen die Formel der Selbstbewahrung gewesen. Helmut Schelsky bescheinigte dieser Jugend einen „geschärften Wirklichkeitssinn" und ein „unerbittliches Realitätsverlangen"[39] und gab damit der „Generation der vorsichtigen, aber erfolgreichen jungen Männer"[40] seinen Segen.

Doch die zur Schau getragene Haltung der Skepsis konnte man auch als „Schwierigkeit, nein zu sagen"[41] verstehen. So vermuteten Margarete und Alexander Mitscherlich hinter der defensiven „Identifikationsscheu" der einstigen Jugend des Führers eine verborgene „Identifikationsnot".[42] 1945 war nicht nur die äußere Verhaltensheimat zerstört, sondern mehr noch waren die inneren Orientierungen zerbrochen. Wie ist weiterzuleben, wenn man in der Prägephase der Adoleszenz einen universellen Realitätszerfall erlebt? Nicht der Neubeginn im Bewußtsein des Besseren, sondern die Nutzung des zufällig Gegebenen und glücklich Gewährten konstituierte das Lebensgefühl der zwischen der Weimarer- und der Kriegsgeneration „umgeleiteten" Flakhelfer-Generation.[43] Dieses früh eingepflanzte und tief verankerte Kontingenzbewußtsein machte die „letzten Helden des Führers" zur Avantgarde des historischen Abbruchunternehmens der Bundesrepublik. „Als in den sechziger Jahren die Gerüste fielen", notierte Enzensberger 1988 im Bewußtsein dieser einzigartigen kollektiven Umwertung der Werte, „war eine völlige Neukonstruktion zu besichtigen."[44]

Charakteristisch für die 45er-Konstellation war, daß das von Mannheim herausgestellte Polarisierungserlebnis im gemeinsamen Generationsgefühl auf den Systemgegensatz von West- und Ostdeutschland übertragen wurde. Denn in der Bundesrepublik wie in der DDR gelangte die Weimarer Generation ans Ruder – nur unter gegensätzlichem Vorzeichen: Setzten die Weimarer Kommunisten nach

---

37 Aus dem Gedichtband von Hans Magnus Enzensberger, Verteidigung der Wölfe, Frankfurt a.M.: Suhrkamp 1957, S. 90 und 95.
38 So der Titel einer 1946 von Alfred Andersch mit viel ideologischem Elan gegründeten und von Hans Werner Richter redigierten Zeitschrift für das „junge Deutschland".
39 Helmut Schelsky, Die skeptische Generation. Eine Soziologie der deutschen Jugend (1957), Frankfurt a.M./Berlin/Wien: Ullstein 1975, S. 71.
40 Schelsky, a.a.O., S. 381.
41 Dies die Formel von Klaus Heinrich, Versuch über die Schwierigkeit nein zu sagen, Frankfurt a.M.: Suhrkamp 1964.
42 Mitscherlich und Mitscherlich, a.a.O., S. 231 und 262.
43 Zum Ganzen dieser Deutung Heinz Bude, Deutsche Karrieren. Lebenskonstruktionen sozialer Aufsteiger aus der Flakhelfer-Generation, Frankfurt a.M.: Suhrkamp 1987.
44 Hans Magnus Enzensberger, Mittelmaß und Wahn. Ein Vorschlag zur Güte, in: ders., Mittelmaß und Wahn. Gesammelte Zerstreuungen, Frankfurt a.M.: Suhrkamp 1988, S. 250-276, hier S. 251.

1945 in der sowjetischen Besatzungszone auf einen expliziten Antifaschismus, der die faschistische Gefahr im universalen kapitalistischen System beschwor, wählte die sozialdemokratische und bürgerliche Generationseinheit unter dem Auge der westlichen Alliierten aus Gründen antitotalitärer Überzeugung oder sozialmoralischer Bindung den Anschluß an den Westen und die dadurch ermöglichte postfaschistische Konsolidierung.[45] Man bekämpfte sich so unnachgiebig, weil man sich ganz genau kannte. So entstanden zwei deutsche Staaten aus einem ursprünglichen Generationszusammenhang. Sowohl für die Kriegsgeneration als auch für die Flakhelfer-Generation spielte diese im innerdeutschen Verhältnis dramatisierte Polarität zunächst nur eine untergeordnete Rolle. Die mittlere wie die jüngere Generation suchten in beiden Systemen Deckung und warteten auf ihre Chance im Wiederaufbau.

III. Die späte Nachkriegszeit: Die 68er-Konstellation

Legt man das Schema zugrunde, nach dem Helmut Lethen den Habitus der Weimarer Generation rekonstruiert hat,[46] dann kann man sagen, daß die 68er-Konstellation durch einen Wechsel von einer Scham- zu einer Schuldkultur in der kollektiven Erinnerung gekennzeichnet ist. In Abkehr von einem herrischen Stil der Fremdanklage und Aufrechnungsreaktion wie von einer trotzigen Stimmung von Vergessenswünschen und Reparaturgesinnungen wurde im Laufe der sechziger Jahre der Freiheits- und Beweglichkeitsgewinn des Schuldgefühls entdeckt. In der Fähigkeit, sich schuldig zu fühlen, liegt psychoanalytisch gesehen eine Integrationsleistung beschlossen, die den Teufelskreis zwischen heilsbringender Erlösungserwartung und verfolgerischem Getriebensein zur Ruhe bringt.[47] Wer sich schuldig bekennt, braucht sich nicht immerzu an anderen abarbeiten, die auch nicht sauber gewesen sind und sich genauso unmenschlich verhalten haben, sondern kann für sich selbst Möglichkeiten des Andersseins und Weiterkommens erproben. Insofern kann ein vor aller Welt ausgesprochenes Schuldbekenntnis aus einem dumpfen Gefühl der Lähmung herausführen und einem unbewußten Strafbedürfnis einen wirklichen Inhalt verleihen.

Die Führungsrolle in diesem Stilwechsel der herrschenden Gedächtniskultur spielte die später so genannte 68er-Generation. Genau genommen handelte es sich um die Stichwortgeber einer jungen intellektuellen Generation, die in den Hochschulen das Forum für eine dezidierte Praxis der Negation und Subversion fand. Formeln wie die von Max Horkheimer „Wer aber vom Kapitalismus nicht reden

---

45 Zum daraus sich entwickelten Unterschied zwischen antifaschistischer Tragik und postfaschistischer Ironie Heinz Bude, Das Ende einer tragische Gesellschaft, in: Leviathan, 19. Jg., 1991, S. 305-316.
46 Siehe Lethen, a.a.O.
47 Zu dieser von Melanie Klein herkommenden Interpretation D.W. Winnicott, Psychoanalyse und Schuldgefühl, in: ders., Reifungsprozesse und fördernde Umwelt, Frankfurt a.M.: Fischer 1984, S. 17-35.

will, sollte auch vom Faschismus schweigen" trafen den Impuls der Bewegungen von 1968, deren einigendes Thema jenseits aller jugendkulturellen Autonomisierungs- und psychosozialen Informalisierungsprozesse die Denk- und Vorstellungsmöglichkeit von Auschwitz war. Die vielfältigen gesellschaftstheoretischen Versuche kreisen um das Verständnis der Lebensform, in der das möglich war. Wie überhaupt die Ersetzung des Existenz- durch den Gesellschaftsbegriff ein ganz anderes Denken über die Kontinuität von Vergangenheit in den sozialen Verhältnissen und kollektiven Phantasien der Gegenwart ermöglichte.[48] Die Vorstellung, nach wie vor in demselben gesellschaftlichen Zustand zu leben, der den Massenmord an den europäischen Juden nicht nur hingenommen, sondern mehr noch zustandegebracht hatte, verwischte die Unterschiede zwischen dem Möglichen, dem Wahrscheinlichen, dem Unmöglichen und dem Phantastischen in der Wahrnehmung der gegebenen Bedingungen. Es war ein „nachträglicher Ungehorsam",[49] der in hilfloser Opferidentifikation zum militanten Protest gegen den Vietnamkrieg, zum unmittelbaren Interesse für die Befreiungsbewegungen der Dritten Welt und zur ohnmächtigen Wut auf die Selbstvergessenheit einer konsumistischen Gesellschaft führte. Daß alles weitergeht, war den Geschichtsphilosophischen Thesen von Walter Benjamin zu entnehmen, ist die Katastrophe.

Kein anderer als Karl Jaspers hatte Mitte der sechziger Jahre die Atmosphäre beschrieben, aus der sich ein bestimmter Wille zur Wahrheit löste. In seinen Reflexionen über die Position der Bundesrepublik notierte er auf dem Höhepunkt des „Wirtschaftswunders": „Man redet gern in Allgemeinheiten. Man versteht sich auf das Nichtreden im Reden. Man vermeidet das Konkrete und nennt nicht gern beim Namen (...) Ein nicht radikaler Wille zur Wahrheit läßt dies Ungeklärte stehen, behandelt es, als ob es nicht da wäre. Aber dieser halbe Wille zur Wahrheit läßt ihn bei wohlanständigen Leuten doch als Unwahrheit erscheinen und stiftet daher in ihnen Unruhe, Abwehr und Trotz."[50]

Von entscheidender Bedeutung für das Abgrenzungsverhalten zwischen den Generationen innerhalb der 68er-Konstellation war die plötzliche Wiederkehr eines heroischen Schemas der Gesellschaftskritik und der Geschichtsunterbrechung. Hatte man sich unter den Verhältnissen des Wiederaufbaus und der Konsolidierung in einer deflationären Haltung einer entideologisierten Mentalreservation eingerichtet,[51] wo allenfalls im persönlichen Eskapismus oder im ästhetischen Experimentalismus noch etwas anderes aufzuscheinen vermochte, brach von einem auf den anderen Tag eine Inflation von öffentlichem Engagement und poli-

---

48 Vgl. Heinz Bude, 1968 und die Soziologie, in: Soziale Welt, 45. Jg., 1994, S. 242-253.
49 So eine griffige Formel von Odo Marquard, Abschied vom Prinzipiellen, Stuttgart: Reclam 1981, S. 9 f.
50 Karl Jaspers, Wohin treibt die Bundesrepublik? Tatsachen, Gefahren, Chancen, München: Piper 1966, S. 116.
51 Zu dieser Beschreibung eines Wechsels in den intellektuellen Haltungen zwischen einer deflationären Akzeptanz der gegeben Welt und einer inflationären Bereitschaft zur Weltverbesserung Jeffrey C. Alexander, Fin de Siècle Social Theory. Relativism, Reduction, and the Problem of Reason, London/New York: Verso 1995, S. 10 ff.

tischem Beteiligungswillen los. Skepsis galt nicht mehr als das letzte Wort, und das Gesetz der zunehmende Reflexion hinderte nicht mehr an der Bereitschaft zur direkten Aktion.[52]

Die Reaktion der damals Vierzigjährigen aus der Flakhelfer-Generation auf diesen Ausbruch eines scheinbar längst vergangenen Pathosbedarfs war gespalten: Eine kleine, aber einflußreiche Generationseinheit schloß sich dem Protest der Studenten an und verlieh der sozialen Bewegung durch „Theorien des kommunikativen Handels", durch „sozialgeschichtliche Ansätze" oder durch „Kritische Theorien des Subjekts" das nachhaltige intellektuelle Design,[53] während sich die Mehrheit durch den radikalen Gestus der Bewegung in die Defensive gedrängt fühlte. Besonders das ödipale Szenarium einer Anklage der Väter hatte unwillkürliche Verteidigungs- und Beschwichtigungsreaktionen zur Folge, die die Gelegenheitsstruktur zum Nationalsozialismus herausstellten und die Verständnisbrücken zwischen den Generationen aus der Toleranz der Not rechtfertigten.[54] Familiendynamisch betrachtet erinnert dieses gespannte Verhältnis zwischen den kaum mehr als zehn Jahre auseinanderliegenden Generationen an die Streitigkeiten zwischen Geschwistern, wo die „vernünftigen" Älteren den „rebellischen" Jüngeren bedeuten, die Eltern mit ihren Anklagen in Ruhe zu lassen, weil doch offensichtlich ist, daß diese selbst mit den wenig erhebenden Aspekten ihrer Geschichte nicht zurechtkommen. So waren weniger die Inhalte als der Stil des Erinnerns zwischen der normativ hochgestochenen 68er- und der praktisch hocheffizienten Flakhelfer-Generation umstritten.

Daß sich trotzdem eine zusammenhängende Konstellation von spezifischen Differenzen formierte, die den 45er-Konsens ablöste, lag nicht zuletzt am Charisma von Willy Brandt, der die verschiedenen Generationsimpulse auf sich ziehen und zu einem gemeinsamen Projekt umbilden konnte. Der milde Anarchist an der Spitze der sozialdemokratischen Traditionspartei wirkte sowohl auf die reformerische Fraktion der Modell-Deutschland-Macher als auch auf die rebellische Generation der „Großen Weigerung". Sein Kniefall vor dem Denkmal für die Opfer des Warschauer Ghettoaufstands am 7. Dezember 1970 wurde zum einigenden staatsästhetischen Akt, der eine moralische Einstellung der Selbstzurechnung und ein Identitätsbewußtsein des Eingedenkens in stellvertretender Deutung für ein „neues Deutschland" zur Darstellung brachte.

Außen vor in diesem Wandlungsprozeß blieb wieder die eigentliche Kriegs-

---

52 Diese plötzliche Umstellung von Resignation auf Revolte beschreibt Karl Heinz Bohrer, Die gefährdete Phantasie, oder Surrealismus und Terror, München: Hanser 1970.
53 Die Ende der siebziger Jahre von Jürgen Habermas als Band 1000 der edition suhrkamp herausgegebenen „Stichworte zur ›Geistigen Situation der Zeit‹" (Frankfurt a.M.: Suhrkamp 1979) versammeln ein exemplarisches Sample dieser kritischen Generationseinheit innerhalb des Generationszusammenhangs einer ansonsten „skeptischen Generation".
54 Hermann Lübbe, Der Nationalsozialismus im deutschen Nachkriegsbewußtsein, in: Historische Zeitschrift, 236. Jg., 1983, S. 579-599, hat mit seinem Konzept des „kommunikativen Beschweigens" diese Reaktion noch einmal auf den Punkt gebracht.

generation der nunmehr Fünfzigjährigen. Hans G. Konsalik schrieb mit großem Erfolg seine Geschichten von Stalingrad und anderswo, doch die bedienten nur einen populären Geschmack unterhalb der Schwelle öffentlicher Aufmerksamkeit. Ein Kriegsteilnehmer wie Helmut Schmidt durfte sich in den siebziger Jahren zwar als Krisenmanager bewähren, aber von seinen Erfahrungen als junger Offizier der deutschen Wehrmacht sollte er besser schweigen. So blieb besonders die Generation der zwischen 1920 und 1925 geborenen jungen Soldaten des Zweiten Weltkriegs, die sich beim Wiederaufbau in Wirtschaft, Verwaltung und Politik hervorgetan hatten, ohne weiteren Einfluß auf die Erinnerungsgeschichte der Bundesrepublik. Nur einmal war die Welt des Krieges mit einem Mal wieder präsent. Im „deutschen Herbst" von 1977 zeigten die jungen Offiziere der Wehrmacht im „großen Krisenstab" mit Helmut Schmidt an der Spitze der bis aufs äußerste gespannten Nation, was es heißt, in größter Gefahr und höchster Not Ruhe zu bewahren, eine Strategie zu entwickeln und eine Entscheidung zu fällen. Die Bereitschaft, einen herausgehobenen einzelnen zu opfern, um das Ganze zu retten, hat Helmut Schmidt, wie auch künstlerische Nacharbeitungen der Vorgänge belegen,[55] zur traumfähigen Figur gemacht.

Insgesamt brachte die 68er-Konstellation gegenüber der 45er-Konstellation eine doppelte Wende in der Gedächtniskultur Westdeutschlands. Zum einen erlaubte der Gesellschaftsbegriff eine anderes Verständnis des Nationalsozialismus: Man brauchte das Dritte Reich nicht mehr zum schicksalhaften Verhängnis stilisieren, sondern konnte die sozialen Strukturen und politischen Prozesse namhaft machen, die unter den Bedingungen der deutschen Geschichte eine Tätergesellschaft ermöglicht hatten. Zum anderen brachte die Opferidentifikation eine andere Haltung zur Vergangenheit des Holocaust mit sich: Man wollte sich nicht mehr damit begnügen, in einen Abgrund der Unmenschlichkeit zu blicken, sondern bekannte sich zu den politischen Gegenwartskonsequenzen im Nachfolgebewußtsein der nationalsozialistischen Vergangenheit. Beides zusammen ergab ein neues vergangenheitspolitisches Schema: In dem Maße nämlich, wie der Nationalsozialismus in der Kontinuität der deutschen Geschichte verortet wurde, entwickelte sich der Holocaust zum einzigartigen Bezugsereignis für das deutsche Selbstverständnis.

Von wohl nicht zu unterschätzender Bedeutung für die kollektive Verinnerlichung dieser Vorstellung war ein Medienereignis des Jahres 1979: Die Ausstrahlung der amerikanischen Fernsehserie „Holocaust" im Ersten Deutschen Programm bewirkte nach Ansicht so unterschiedlicher Beobachter wie Alexander Mitscherlich und Joachim Fest einen emotionalen Durchbruch in der Themenkarriere der nationalsozialistischen Vergangenheit. In der Miterlebbarkeit eines einzelnen Opferschicksals konnte man den prosozialen Impuls einer direkten und spontanen Empathie ausprobieren. Die Opfer einer „unmenschlichen" Vernichtung bekamen dadurch „menschliche" Züge, die sie nicht mehr nur als konzeptionelle Juden,

---

55 Siehe beispielsweise Heinrich Breloer, Todesspiel. Von der Schleyer-Entführung bis Mogadischu. Eine dokumentarische Erzählung, Köln: Kiepenheuer & Witsch 1997.

sondern als Leute von nebenan erkennbar machten. In der Rezeptionsforschung wurde dafür die Kategorie der „Erschütterung" benutzt, welche bei entsprechenden Befragungen die mit Abstand höchste Zustimmung fand.[56] Dieses mediale Erlebnis klingt bis heute in dem Ausdruck „Holocaust" nach, der seitdem für die Kennzeichnung des Massenmords an den europäischen Juden in der deutschen Öffentlichkeit gebräuchlich geworden ist.

Diese Form der Vergangenheitsdeutung ist dann in einer Folge von vergangenheitspolitischen Ereignissen bekämpft und befragt worden, was am Ende aber nur zu ihrer Bestätigung beigetragen hat. Die Fassbinder-Kontroverse von 1976, der Streit um die Bemerkung Helmut Kohls von der „Gnade der späten Geburt" auf seiner Israelreise 1984, die Bitburg Affäre von 1985 und schließlich der Historikerstreit von 1986[57] belegen die Austestung anderer Varianten und ihre Verwerfung zugunsten des Musters, das der Weltkriegssoldat und Bundespräsident Richard von Weizsäcker in seiner Ansprache am 8. Mai 1985 anläßlich des 40. Jahrestags des Kriegsendes in einer Gedenkstunde im Plenarsaal des Deutschen Bundestags bekräftigt hat: Aus einer Haltung des Schuldgefühls in bezug auf den Nationalsozialismus läßt sich der 8. Mai 1945 als ein Tag der Befreiung bezeichnen.

IV. Das Ende der Nachkriegszeit: Die 89er-Konstellation

Die 89er-Konstellation entstand durch den Abtritt einer alten, den Auftritt einer jungen und mit dem Altern einer mittleren Generation. Die Kriegsteilnehmer sterben langsam aus, und es meldet sich eine junge Generation, für die der Nationalsozialismus keine Erinnerung, sondern Geschichte ist. So passiert im Verhältnis zwischen den Generationen der Übergang vom personal bezeugten „kommunikativen" zum symbolisch fixierten „kulturellen Gedächtnis".[58]

Für die Jüngeren bilden heute die auf die sechzig zugehenden 68er die letzte Generation, die noch über persönliche Erinnerungsreste vom „Untergang des Dritten Reichs" verfügt. Spürt man nämlich dem Ursprung dieser Generationsgestalt genauer nach, erweist sich die aus den Jahrgängen 1938 bis 1948 bestehende 68er-Generation als eine Generation von Kriegskindern, die teils die Endphase des Zweiten Weltkriegs in den Luftschutzkellern oder auf der Flucht, teils die Hungerwinter der späten vierziger Jahre in ängstlicher Nähe zunächst zu ihren Müttern und später zu ihren Eltern erlebt haben. Hier liegen die Wurzeln eines

---

56 Etwa Dieter Weichert, „Holocaust" in der Bundesrepublik: Design, Methode und zentrale Ergebnisse der Begleitforschung, in: Rundfunk und Fernsehen, 28. Jg., 1980, S. 488-508, insbes. Tabelle 7.
57 Siehe Werner Bergmann, Antisemitismus in öffentlichen Konflikten. Kollektives Lernen in der politischen Kultur der Bundesrepublik 1949-1989, Frankfurt a.M./New York: Campus 1997, S. 313 ff.
58 So die bekannte Konzeptualisierung von Jan Assmann, Das kulturelle Gedächtnis. Schrift, Erinnerung und politische Identität in frühen Hochkulturen, München: Beck, 2. Aufl. 1997.

Die Erinnerung der Generationen

Herkunftskomplexes, der als ein Ineinanderrücken der Generationen beschrieben werden kann.[59] Den Kindern wird zugemutet, was die Eltern an Scham, Verzweiflung und Schuld weder zurückweisen noch übernehmen können. So sehr scheint die eigene Geschichte mit der Geschichte der Eltern verwoben zu sein, daß ein „Gefühl des Schuldiggeborenseins" nicht verschwinden will.[60] Der ganze, in erster Linie psychoanalytisch erkundete Formenkreis übernommener Traumata und entlehnter Konflikte[61] deutet auf eine gewisse seelische Hörigkeit in dieser „zweiten Generation" der Nachfolge[62] hin, welche die Setzung eines eigenen Erfahrungsakzents in der historischen Kontinuität erschwert. Undurchschaute Erbschaften und eingekapselte Vorstellungen lassen sie zum seelischen Container einer anderen Geschichte werden, die einen Kurzschluß zwischen vergangener und zukünftiger Gegenwart herstellt. Klaus Theweleit hat diesen verborgenen Wirkungszusammenhang am Beispiel des Bildes von den Stammheim-Häftlingen kürzlich noch einmal beschrieben: „Als wäre der Geist ihrer Elterngeneration, dem sie hatten entkommen wollen, gebündelt in sie zurückgeschlüpft in einer umgekehrten Exorziation, als wären ihre Körper, vom Hunger und Durst ihres Streiks ausgezehrt, über alle Maßen geschwächt, nicht mehr in der Lage gewesen, dem deutschen Horror, der am Grund ihres Wesens abgespeichert lag, länger einen Widerstand entgegenzusetzen, als wäre er über sie gekommen, aufgejagt von Injektionen der Bundesanwaltschaft und des BKA, und sie zu Puppen konvertiert, die, wie in einem Syberberg-Film, ungewollt die Grundlagen der eigenen Geschichte ausspucken."[63]

Die Jüngeren erfahren diese „Betroffenheit" als Thematisierungszwang, dem sie sich allein schon aus Gründen der Unterscheidung zu entziehen suchen. Im Laufe der achtziger Jahre ist in der Bundesrepublik die Beziehung zwischen der älterwerdenden 68er- und ihrer nachfolgenden Kinder-, Schüler- und Studentengeneration in einen Zustand von Absetzungen, Zurückweisungen und Überspielungen geraten. Dabei ist das Thema der nationalsozialistischen Vergangenheit reflexiv geworden, was heißt, daß es als Zitat verwendet, als Provokation benutzt oder als Kapital eingesetzt werden kann.[64] In dem Maße schließlich wie erkannt

59 Zu dieser ursprünglich von Heinz Kohut herausgearbeiteten Form der Identifizierung Haydée Faimberg, Die Ineinanderrückung (Telescoping) der Generationen: Zur Genealogie gewisser Identifizierungen, in: Jahrbuch für Psychoanalyse, 20. Jg., 1987, S. 114-142.
60 Diese Deutung entfaltet Heinz Bude, Das Altern einer Generation. Die Jahrgänge 1938 bis 1948, Frankfurt a.M.: Suhrkamp, 2. Aufl. 1997.
61 Siehe als Überblick Werner Bohleber, Trauma, Identifizierung und historischer Kontext. Über die Notwendigkeit, die NS-Vergangenheit in den psychoanalytischen Deutungsprozeß einzubeziehen, in: Psyche, 51. Jg., 1997, S. 958-995.
62 Dazu Anita Eckstaedt, Nationalsozialismus in der „zweiten Generation". Psychoanalyse von Hörigkeitsverhältnissen, Frankfurt a.M.: Suhrkamp 1989.
63 Klaus Theweleit, Ghosts. Drei leicht inkorrekte Vorträge, Frankfurt a.M.: Stroemfeld/ Roter Stern 1998, S. 63.
64 Was daraus für Typen von Vergangenheitsbezug in der „dritten Generation" entstehen können, rekonstruiert Michael Kohlstruck, Zwischen Erinnerung und Geschichte. Der Nationalsozialismus und die jungen Deutschen, Berlin: Metropol 1997.

wird, daß die Referenz auf die Last dieser Vergangenheit der Sicherung von Rederechten dienen kann, steigen die Anforderungen an die Performanz authentischer Gesten, Konfessionen und Beglaubigungen des Eingedenkseins. Hier beginnen die Probleme der Schaffung angemessener Rituale und ausdrucksfähiger Monumente des „kulturellen Gedächtnisses".

Allerdings der tiefste Schnitt, der die 89er- von der 68er-Konstellation trennt, ist die deutsche Einigung, die eine „gespaltene Erinnerung"[65] zusammenbrachte. Seitdem existiert ein innerdeutscher Streit um Erinnerungsrechte und Erinnerungspflichten, bei dem es darum geht, wem welche Erinnerung gehört. So wie der Westen den Erinnerungsgewinn des offenen Postfaschismus im Vergleich zu den Erinnerungsverlusten durch den geschlossenen Antifaschismus für sich in Anspruch nimmt, wird besonders von ostdeutschen Intellektuellen eine verborgene Erinnerungsgeschichte des kumulativen Illusionsverlusts über die drei verpaßten Gelegenheiten von 1953, 1961 und 1968 verteidigt. Daß eine der Bundesrepublik vergleichbare Generationsdynamik in der kollektiven Erinnerung der DDR nicht zustandegekommen ist, hängt damit zusammen, daß dort im Gefühl einer staatsverbundenen Aufstiegserfahrung die Ablösung des „führenden Typs" der Weimarer Generation von den verschiedenen jüngeren Generationen[66] bis zum Schluß versäumt wurde. Die Erinnerungsgemeinschaften haben sich eher im Verborgenen verständigt und den schönen deutschen Mythos des Antifaschismus[67] auf sich beruhen lassen. Da die skeptischen Aufbaugenerationen in Ost und West längst von der Bühne abgetreten sind, scheint sich heute der innerdeutsche „Kampf um Erinnerung" auf eine vergleichende Generationsgeschichte von 1968 zu konzentrieren. Welche Erinnerungssperren hat die einseitige Fixierung auf den Nationalsozialismus bei den westdeutschen 68ern mit sich gebracht und wie hat sich der Einmarsch in Prag auf das politische Erinnerungsvermögen der 68er im Osten ausgewirkt?

Doch die entscheidende Wende von 1989 besteht darin, daß sich die vergrößerte Bundesrepublik nicht mehr in unmittelbarer Nachfolge des Nationalsozialismus befindet. Für eine „Berliner Republik", so Charles S. Maier,[68] dient die „Bonner Republik" als Pufferstaat gegenüber der Vergangenheit. Damit zerfällt die aus der 68er-Konstellation herrührende vergangenheitspolitische Begründung der Demokratie in Deutschland. Von daher stellt sich für die 89er-Konstellation die Frage nach einer neuen politischen Generation, die die schwierige Aufgabe eines Wech-

---

65 Als Aufriß von zwei Vergangenheitspolitiken Jeffrey Herf, Divided Memory. The Nazi Past in the Two Germanys, Cambridge: Harvard University Press 1997.
66 Eine Skizze dieser nachfolgenden Generationen bietet Hartmut Zwahr, Umbruch durch Ausbruch und Aufbruch: Die DDR auf dem Höhepunkt der Staatskrise 1989. Mit Exkursen zu Ausreise und Flucht sowie einer ostdeutschen Generationenübersicht, in: Hartmut Kaelble, Jürgen Kocka und Hartmut Zwahr (Hrsg.), Sozialgeschichte der DDR, Stuttgart: Klett Cotta 1994, S. 426-465.
67 Den destruiert Antonia Grunenberg, Antifaschismus – ein deutscher Mythos, Reinbek: Rowohlt 1993.
68 Charles S. Maier, Die Gegenwart der Vergangenheit. Geschichte und die nationale Identität der Deutschen, Frankfurt a.M./New York: Campus 1992, S. 9.

sels von Erinnerung zu Geschichte, von Erfahrung zu Repräsentation und von Schuld zu Verantwortung bewerkstelligen könnte. Dafür bietet sich der zwischen der befangenen Generation der 68er und der unbefangenen Generation ihrer Kinder stehende „umgelenkte Typ" der heute Vierzigjährigen an. Als Kinder der beiden deutschen Staaten haben sie sowohl den glücklichen Wiederaufstieg als auch die krisenhaften Entwicklungen in der Nachkriegszeit mitbekommen. Als „Zaungäste der Geschichte"[69] kennen sie die Fallstricke polemischer Gesellschaftsbegriffe genauso wie die Kosten des Durchhaltens und Weitermachens. In den achtziger Jahren haben sie sich praktisch an nicht-normale Lebenswege gewöhnt und intellektuell den Verzicht auf Letztbegründungen eingesehen. Sie könnten deshalb in der Lage sein, sowohl ein Bild der Vergangenheit festzuhalten als auch einen Blick für die Zukunft zu gewinnen. Gemeinsam ist ihnen jedenfalls ein Gefühl für die Paradoxie der Erinnerung in Deutschland: Wie man erinnern kann, was man nie vergessen sollte.[70]

---

69 Dieser Formel für die sogenannten 78er bedient sich Reinhard Mohr, Zaungäste. Die Generation, die nach der Revolte kam, Frankfurt a.M.: Fischer 1992.
70 Diese Fragestellung entwickeln in einem dichten deutsch-jüdischen Dialog Michael Geyer und Miriam Hansen, German-Jewish Memory and National Consciousness, in: Geoffrey H. Hartman (Hrsg.), Holocaust Remembrance. The Shapes of Memory, Oxford/Cambridge: Blackwell 1994, S. 175-190.

Michael Kohlstruck

Zwischen Geschichte und Mythologisierung

Zum Strukturwandel der Vergangenheitsbewältigung

„Soviel Erinnerung war nie", lautete der zutreffende Befund, als 1995 die Reihe der 50-Jahr-Veranstaltungen zu Ende ging, mit denen an Ereignisse und Entscheidungen im nationalsozialistischen Deutschland erinnert wurde. Offensichtlich haben sich auch in der Zwischenzeit die Prognosen eines Rückgangs der öffentlichen Beschäftigung mit dem Nationalsozialismus (NS) nicht erfüllt. Es steht außer Zweifel, daß der Nationalsozialismus im allgemeinen und die Gewaltverbrechen im besonderen zu den wichtigsten Themen der Mediengesellschaft gehören. Die öffentliche Debatte um das Buch von Goldhagen, die Resonanz auf die Ausstellung „Die Verbrechen der Wehrmacht" und die Kontroverse um die Errichtung eines zentralen Denkmals für die ermordeten Juden Europas zeigen dies ebenso wie die Ausstrahlung zeitgeschichtlicher Fernsehreihen (etwa „Soldaten für Hitler"; vgl. Engert 1998) und die Vielzahl von Seminaren, Ausstellungen oder Initiativen für die Anbringung von Erinnerungstafeln. Kurz: Der deutsche „'Gedenkfleiß'" hat zu einer Gedächtniskultur geführt, die den Nationalsozialismus und seine Verbrechen in einer nie gekannten Weise vergegenwärtigt (Naumann 1997).[1]

Entmaterialisierung der nationalsozialistischen Gewaltverbrechen

Die allgemeine öffentliche Beschäftigung mit den NS-Gewaltverbrechen wird häufig kritisiert. Die Kritik fragt nach Sinn und Eigenart der zahlreichen und vielfältigen Gedenk- und Erinnerungsveranstaltungen und der Rezeption der Deutungsangebote durch das Publikum. Ihre Beobachtungen lassen sich zusammenfassen unter den Stichworten *„Sakralisierung", „Metaphorisierung"* und *„Mythisierung".*

Horst Meier hat gezeigt, wie fragwürdig es ist, die Leugnung des nationalsozialistischen Völkermords unter Strafe zu stellen. Die seit dem 1.12.1994 geltende Neufassung des § 130 StGB (Volksverhetzung) sieht eine Bestrafung desjenigen vor, der den Völkermord der Nazis öffentlich „in einer Weise, die geeignet ist,

---

1 Vgl. zu den Konjunkturen der Erinnerung Heyl (1995).

den öffentlichen Frieden zu stören (...) billigt, leugnet oder verharmlost". Meier macht besonders darauf aufmerksam, daß das Strafgesetz mit dem Begriff des „Verharmlosens" über den herkömmlichen Schutz der persönlichen Ehre hinausgeht. „Die unbestimmte Vielzahl der 'Verharmlosungsfälle' kann nicht als eine Kränkung der Naziopfer eingestuft werden." (Meier 1994, S. 1131; Leggewie/Meier 1995, S. 146) Wie kam es zu dieser Verschärfung des Strafrechts, wo doch seit 1985 die Leugnung des Völkermords als Beleidigung nach § 185 strafbar und von Amts wegen zu verfolgen war? Meier sieht in der Gesetzesänderung den Ausdruck einer sakralen Funktion, die die NS-Verbrechen mittlerweile für das öffentliche Bewußtsein der Bundesrepublik haben: „Das Absolute, die einzigartige Vernichtungswahrheit des Holocaust wird von den neonazistischen Häretikern in Zweifel gezogen – vor allem deshalb werden sie von der strafenden Bewältigungsgemeinde exkommuniziert, die sich damit das zutiefst Gute ihrer Bemühungen bestätigt" (1994, S. 1131). Noch einen Schritt weiter geht Peter Furth in seiner Skepsis gegenüber dem Straftatbestand einer Leugnung der Gewaltverbrechen überhaupt: „Wenn also für Sachverhalte der Schutz der Wahrheit nicht ausreicht und Ge- und Verbotstafeln um sie herum aufgerichtet werden oder wenn Wahrheiten durch Strafen und Belohnungen beschützt werden sollen, dann weiß man, daß es dabei nicht bloß um Tatsachenwahrheiten geht, sondern daß etwas in Frage steht, für das Hoheit und Heiligkeit in Anspruch genommen werden, gegen das zu verstoßen ein Frevel ist" (Furth 1997, S. 53).

Eine Sakralisierung wird auch im Bereich der Filmkunst gesehen. Am Beispiel von Claude Lanzmann und seinem Kommentar zu Spielbergs „Schindlers Liste" ist gezeigt worden, wie das von Lanzmann formulierte und praktizierte Darstellungsverbot der Massenvernichtungen in einer Analogie zu byzantinischen Ikonoklasten steht: Die unaufhebbare Asymmetrie zwischen dem Absoluten und dem Endlichen soll dadurch bewahrt werden, daß man ihre Berührungsbereiche der Darstellungspraxis qua autoritärer Verfügung entzieht und zu Tabus erklärt (Kohlhammer 1994). Ähnlich wie bei der These einer Singularität und Unvergleichbarkeit der Massenvernichtungen geht es bei einem Darstellungs- und Bilderverbot um die Behauptung eines absoluten Ranges. „Die Einzigartigkeit des Holocaust – das ist der Monotheismus der Greuel" (Kohlhammer 1994, S. 507).[2]

Kritisiert wird auch die poetische und politische Metaphorisierung von „Auschwitz". Amir Eshel hat gezeigt, wie für eine bestimmte Sprechart in Deutschland Auschwitz zum Zeichen wurde, dessen Referenz immer mehr in Unklarheit geriet (Eshel 1993a, S. 462). Diese Metaphorisierung ist ein Element in einer Deutungslinie, die die Juden als exponierteste Gruppe in der NS-Rassenideologie und Vernichtungspraxis zum Zeichenträger, etwa dem „Grundpfeiler der Kultur, Fun-

---

2 „Der Holocaust ist ein eifersüchtiger Gott: Du sollst keine Parallelen zu ihm ziehen." (Lopate 1994, S. 39) Kritisch beobachtet auch Arno J. Mayer 1994 eine „Sakralisierung" des Holocaust (1994). Kraushaar spricht von der Gefahr einer „negativen Ontologisierung des Holocaust" (Kraushaar 1995, S. 138).

dament des Weltgebäudes und Gottesdienervolk" oder als „Erfinder Gottes" (George Steiner nach Eshel 1993b, S. 82) erklärt.[3]

Eshels Einwände gegen ein metahistorisches Vokabular und eine enthistorisierte Perspektive auf die NS-Verbrechen in literaturtheoretischen Erwägungen (Jakob Hessing) und den Überlegungen zum Theodizee-Problem (George Steiner) haben eine Entsprechung im politisch motivierten Einspruch gegen eine Inflationierung von Auschwitz. In einer kritischen Auseinandersetzung mit dem „Revisionismus" der alternativen Linken macht Alexander Ruoff auf die Implikationen eines ubiquitären „Auschwitz" aufmerksam: „Wenn es gilt in Bosnien, in Ruanda und wo auch immer, 'Auschwitz' zu verhindern, wenn alles Auschwitz und Auschwitz überall ist, dann ist entweder jeder Völkermord singulär, ist jedes Massaker ein geschichtlicher Bruch, oder Auschwitz selbst war 'nur' ein 'normaler' Völkermord, wie er tagtäglich im Fernsehen zu besichtigen ist" (Ruoff 1995, S. 39).[4]

Schließlich wird die Entmaterialisierung der NS-Verbrechen auch unter dem Stichwort der „Mythisierung" oder „Mythologisierung" diskutiert. Mythologisierung meint, daß ein historisches Ereignis aus dem Fluß der Geschichte herausgehoben, einem Prozeß der Statuarisierung unterworfen und zum Träger einer überzeitlichen, unveränderbaren und tabugeschützten Bedeutung erhoben wird. Roland Barthes hat die beiden Bedeutungsschichten mit den traditionellen Begriffen „Geschichte" und „Natur" bezeichnet, André Malraux spricht von der Gleichzeitigkeit des „Realen" und des „Imaginären" – entscheidend sind weniger die Namen als die Eigenschaften und das Verhältnis der beiden Bedeutungsdimensionen (Barthes 1957; Malraux 1974).[5]

In diesem Sinne spricht etwa Moshe Zimmermann von der Mythisierung der NS-Verbrechen: „Die zeitliche Entfernung zur Wannsee-Konferenz oder zum Dritten Reich schafft keine normale historische Distanz oder sachliche Betrachtungsweise – je weiter der Holocaust in die Vergangenheit rückt, desto größer und stärker ist seine mythische Wirkung. Dies gilt nicht nur für die israelische, sondern auch für die deutsche und allgemeine Holocaust-Perspektive" (Zimmermann 1991, S. 28). Die Mythologisierung ist die Nutzung einer fixierten Interpretation der Vergangenheit – etwa für die Identität eines politischen Kollektivs.

---

3 In eine ähnliche Richtung gehen die Überlegungen Noltes, wenn er seinerseits das Stereotyp vom Juden als dem „absolut intellektuellen Wesen" substanzialisiert und mit den Juden die „herausragendsten Repräsentanten" des „Wesen[s] des Menschen" getötet sieht. „Kein 'Intellektueller' kann daran zweifeln, wie er urteilen soll, da er in den Juden sein eigenstes Wesen verworfen sieht" (Nolte 1993, S. 401; 1996).
4 Auch Diner konstatiert, daß „die Inanspruchnahme des nationalsozialistischen Horrors für die Bewertung verschiedenster Untaten inflationär geworden" ist. „'Auschwitz' hat sich zur universell akzeptierten Metapher für das Böse schlechthin ausgewachsen" (Diner 1994, S. 470).
5 „Der Mythos ist weder eine Lüge noch ein Geständnis. Er ist eine Abwandlung." „Der Mythos leugnet nicht die Dinge, seine Funktion besteht im Gegenteil darin, von ihnen zu sprechen. Er reinigt sie nur einfach, er macht sie unschuldig, er gründet sie als Natur und Ewigkeit, er gibt ihnen eine Klarheit, die nicht die der Erklärung ist, sondern die der Feststellung." (Barthes 1957, S. 112, 131)

Einen anderen Aspekt von Mythologisierung spricht Richard Matthias Müller an, wenn er „Mythos" und „Mythisierung" als Gegenbegriff zu „Wahrheit" und „Wissenschaft" verwendet. Müller weist die zeitlich unbegrenzte und sachliche undifferenzierte Stilisierung der Deutschen zum „Mördervolk" zurück. Er macht zudem darauf aufmerksam, daß sich in der allgemeinen Öffentlichkeit die Tendenz zeige, die Zahlen der jüdischen Opfer einer „Veränderung durch Forschung und Argumentation" zu entziehen. „Statt dessen werden die 'Sechsmillionen' (so tatsächlich die Schreibweise bei Günther Anders) zu einem nur noch liturgisch sinnhaltigen Wort oder zum Schibboleth für die Scheidung der Guten von den Bösen" (Müller 1994, S. 102 f.).[6]

Die Beobachtungen an den verschiedenen Deutungsangeboten und Rezeptionen münden in die Diagnose, daß es eine breite Tendenz einer entmaterialisierenden oder enthistorisierenden Thematisierung der NS-Verbrechen gibt. Anknüpfend an Broszats Skepsis gegenüber einer „Verinselung der Hitlerzeit" (Broszat 1983, S. 120) möchte ich die Frage nach den Ursachen für derartige „metahistorische Kontinentalisierungen" des NS erörtern. Es sind – wie im folgenden zu zeigen sein wird – im wesentlichen drei voneinander unabhängige Entwicklungen, die solche Entmaterialisierungsphänomene begünstigen. (1) Der Generationenwechsel verändert das Verhältnis zu Schuld, Erinnerung und Erfahrung. (2) In den Kämpfen um die Deutungshoheit in der politischen Kultur der Bundesrepublik, insbesondere im sog. Historikerstreit von 1986 wurde die NS-Vergangenheit instrumentalisiert. (3) Schließlich haben sich quasi akteurslose Veränderungen im öffentlichen Bewußtsein der Bundesrepublik (wie in großen Teilen der westlichen Welt) zugetragen, die als eine Sentimentalisierung und Moralisierung des öffentlichen Lebens beschrieben und gleichfalls als Grundlage für die Konjunktur der genannten Deutungen verstanden werden können.

Generationenwechsel

„Die Frage nach Hitler", so das präzise Diktum von Sebastian Haffner, ist „in Deutschland eine Generationsfrage" (Haffner 1973, S. 100). Die gesellschaftliche Auseinandersetzung mit dem NS war und ist wesentlich von der Zugehörigkeit zu verschiedenen Generationen geprägt. Dies gilt für politische oder historische Generationen im Sinne Karl Mannheims (1928), deren Angehörige in jeweils ty-

---

6 Manchmal werden bereits in der bloßen Verwendung des Wortes „Holocaust" Entrealisierungstendenzen gesehen (etwa Mayer 1989, S. 43 f.; Sofsky 1990, S. 529), da „Holocaust" ähnlich wie „Shoah" aus der religiösen Tradition des Judentums stammen (vgl. Heyl 1994; Münz 1994; Ehmann 1995). Demgegenüber hat Bauer gezeigt, daß das Wort „Holocaust" auch als Begriff verwendet werden kann (Bauer 1978, S. 35 f.), so daß die Vorbehalte eines magisch anmutenden Sprachrealismus in die Irre gehen (vgl. dazu Müller 1994, S. 129-145). Strittig bleibt freilich die Bestimmung von „Holocaust" als eines in sich konsistenten und deutlich abgegrenzten Begriffs (vgl. Kershaw 1993, S. 149-151).

pischer Weise Funktionen im NS übernommen haben oder später in der Gemeinsamkeit ihres Generationenstils den NS und seine Interpretationen interpretiert haben.

Dies gilt aber auch für eine andere Generationen-Einteilung, deren Kriterien sich an den öffentlichen Streitpunkten der Vergangenheitsbewältigung und den individuellen sowie familiengeschichtlichen Verarbeitungsmöglichkeiten biographischer Erfahrungen orientiert.[7] Unter diesen Gesichtspunkten wurde in vielen Arbeiten die genealogische Kategorie der „Gleichaltrigen-Generationen" (Hellpach 1944, S. 120) in eine Zeitreihe eingefügt: Als Erste Generation galten die Träger des NS, die Zweite Generation sind deren Kinder und die Dritte Generation sind die Enkel der Ersten Generation usf.[8]

Worin liegt die Bedeutung dieser genealogischen Generationenunterscheidung für die Untersuchung der heutigen Auseinandersetzung mit dem NS? Einmal wird damit die Aufmerksamkeit auf die innerfamiliäre Tradierung biographischer und zeitgeschichtlicher Erfahrungen gelenkt, die als ein prominenter Fall des kommunikativen Gedächtnisses (Assmann 1988) hervorgehoben wird. Zum anderen wird mit der Betonung des Alterns und schließlich des Abtretens von Generationen und dem gleichzeitigen Nachrücken neuer Generationen der Akzent auf die Bedingungen zeitgeschichtlicher Erfahrung und der Verarbeitung von Erfahrungen gelegt. Das Konzept der genealogischen Generationenreihe hebt den Sachverhalt der Endlichkeit und Unvertretbarkeit personaler Erfahrung hervor (vgl. Bredow 1996, S. 87). Dies hat wichtige Implikationen für die Schuldfrage, die Erinnerungspflicht und das Gebot geschichtlichen Lernens.

Die *Schuldfrage* war über lange Jahre das Zentrum der öffentlichen Auseinandersetzung um den NS in Deutschland.[9] Dabei ging es um das Problem, wem mit welchem Recht welche Schuld am NS und seinen Verbrechen zugeschrieben werden müßte und welche Konsequenzen dies haben sollte. Diese Auseinandersetzung gehörte zum einen in den Bereich des Strafrechts, zum anderen nahm sie in den Medien breiten Raum ein. Soweit die öffentlichen Debatten nicht um die Frage einer Kollektivschuld kreisen, sind sie – wie die juristischen Verfahren ohnehin – in einem bestimmten Sinn an die Generationenzugehörigkeit gebunden. Die moralische Zuschreibung von Schuld und die Verurteilung in Strafrechtsprozessen sind an die Schuldfähigkeit von Personen und damit an ein bestimmtes Lebensalter

---

7 Vgl. etwa aus dem psychoanalytischen und familientherapeutischen Kontext: Massing/Beushausen (1986), Eckstaedt (1989), Müller-Hohagen (1992); aus der allgemeinen Publizistik: Furth (1986, S. 15-17); Türcke (1987), Morshäuser (1992, 1993, S. 106 f.); aus der Soziologie: Brusten u.a. (1991), Rosenthal/Fischer-Rosenthal (1992), Bar-On u.a. (1997). Aus der Sicht eines Opfers: Levi (1986, S. 204).

8 Diese Reihe wird zur Beschreibung und Untersuchung von Gegner, Opfern, Tätern und Mitläufern des NS verwendet. In diesem Beitrag steht die Mehrheit der deutschen Bevölkerung und damit die Mitläufer und deren Nachkommen im Zentrum.

9 Giordano spricht von einer zweifachen Schuld, Seeßlen von einer vierfachen (Giordano 1987; Seeßlen 1994, S. 24-34). Vgl. zur Schuldfrage als Zentrum der Vergangenheitsbewältigung Kohlstruck (1997); zur Schuldfrage im Generationenwandel zuletzt Schneider (1998).

Zwischen Geschichte und Mythologisierung 91

gebunden. Spätestens mit dem Tod der Akteure können ihnen auch ihre Taten nicht mehr vorgeworfen werden und ihre Schuld ist nicht mehr zu ahnden (vgl. Kohlstruck 1996). Die Schuld-Frage im engeren Sinne ist auf die Angehörigen der Ersten Generation begrenzt.[10]

Eine ganz ähnliche Limitierung ist mit der *Erinnerungspflicht* verbunden. Erinnerungen können sich immer nur auf frühere persönliche Erfahrungen beziehen. „Es ist ein Unterschied zwischen dem Gedächtnis, das immer in irgend einer Hinsicht vermittelt ist, und dem Erinnern, das, weil es auf die eigene Erfahrung zurückgeht, in seinem Kern konkret ist" (Furth 1997, S. 54). Der weiter gefaßte aktuelle Sprachgebrauch bezieht demgegenüber seine Plausibilität aus der Verbindung der moralischen mit der zeitlichen Bedeutung und aus den Authentizitätsassoziationen von „Erinnerung".

Die Gebundenheit einer Verpflichtung zur Erinnerung an den Kreis der Erlebnis-Generation läßt sich an einer der prominentesten Stationen der westdeutschen Vergangenheitsbewältigung, dem Buch über eine „Unfähigkeit zu trauern" (1967) zeigen. Im Mittelpunkt des Buches steht die Verbindung zwischen dem NS und einer kritischen Diagnose der politischen Kultur.[11] Den aktuellen Befund eines „psychosozialen Immobilismus" (Mitscherlich 1967, S. 82, S. 133 passim) in der westdeutschen Gesellschaft führen die beiden Psychoanalytiker auf die unterbliebene Auseinandersetzung mit der NS-Vergangenheit zurück. In ihrer überwiegenden Mehrzahl hätten die Deutschen, die den NS lange Zeit positiv, ja begeistert getragen haben, eine wirkliche Konfrontation mit ihrer Vergangenheit vermieden und nicht die Bereitschaft gezeigt, sich von ihren früheren Idealen zu verabschieden. Das Zurückweichen vor dem Schmerz der Selbstkonfrontation und die psychischen Energien, die aufgeboten werden mußten, um einer Begegnung mit der eigenen Vergangenheit auszuweichen, hätten zu einem Fortleben der alten Mentalitäten und zur Unbeweglichkeit im sozialen und politischen Leben der Bundesrepublik geführt.

Der für Psychoanalytiker naheliegende praktische Interventionswunsch folgt dem Freudschen Dreischritt von „Erinnern, Wiederholen, Durcharbeiten": „Der Inhalt einmaligen Erinnerns, auch wenn es von heftigen Gefühlen begleitet ist, verblaßt rasch wieder. Deshalb sind Wiederholung innerer Auseinandersetzungen und kritisches Durchdenken notwendig, um die instinktiv und unbewußt arbeitenden Kräfte des Selbstschutzes im Vergessen, Verleugnen, Projizieren und ähnlichen Abwehrmechanismen zu überwinden. Die heilsame Wirkung solchen Erinnerns und Durcharbeitens ist uns aus der klinischen Praxis wohlbekannt. (...) Diese Therapie müßte aber in einem Kollektiv verwirklicht werden, dem es, wenigstens materiell, insgesamt besser geht als je zuvor." (Mitscherlich 1967, S. 24) „Trauerarbeit kann nur geleistet werden, wenn wir wissen, wovon wir uns lösen müssen; und nur durch ein langsames Ablösen von verlorenen Objektbeziehungen

---

10 Mit diesem grundsätzlichen Argument können sich verschiedene Definitionen verbinden, welche Geburtsjahrgänge zu dieser Ersten Generation gerechnet werden. Vgl. dazu Grosser (1989, S. 97 f.); Kohlstruck (1997, S. 289-291).
11 Vgl. zu dem Konzept einer Kooptierung der NS-Vergangenheit in Kontexte der jeweiligen Gegenwart Schwab-Trapp (1996).

– solchen zu Menschen oder zu Idealen – kann die Beziehung zur Realität wie zur Vergangenheit in einer sinnvollen Weise aufrechterhalten werden. Ohne eine schmerzliche Erinnerungsarbeit wird dies nicht gelingen können, und ohne sie wirken unbewußt die alten Ideale weiter, die im Nationalsozialismus die fatale Wendung der deutschen Geschichte herbeigeführt haben." (Mitscherlich 1967, S. 82 f.)

Über die praktische Verwirklichung dieser Schritte machen sich die Mitscherlichs keine Illusionen. Doch weil die Erste Generation vor der Aufgabe der Vergangenheitsbewältigung versagte, kehrte das vermeintlich Überwundene wieder: Wer sich seiner Vergangenheit nicht stellt, ist dazu verdammt, sie erneut zu vollziehen. Gewiß – die Mitscherlichs dramatisieren ihre Befunde nicht. Sie sprechen nicht von einer drohenden „Wiederkehr des Faschismus" und räumen statt dessen ein: „Die Geschichte wiederholt sich nicht, und doch verwirklicht sich in ihr ein Wiederholungszwang." (S. 64)

Unabhängig von der Beurteilung der Verbindung von Erinnerungspflicht und Wiederholungsgefahr wird an dem Buch der Mitscherlichs deutlich, daß eine sinnvolle Aufforderung zur Erinnerung einen begrenzten Adressatenkreis hat: Nur die Erste Generation, die sog. Erlebnisgeneration war über ihr Verhalten und ihre Gefühle unmittelbar mit den Ereignissen des „Dritten Reiches" verbunden, nur sie verfügt über wirkliche Erfahrungen, denen sie sich stellen oder die sie verleugnen kann. Nur für ihr Selbstbewußtsein und ihr Selbstverhältnis kann es eine Befreiung bedeuten, wenn blockierte Erlebnisse und Erfahrungen erinnert, wiederholt und durchgearbeitet werden.

Die Erinnerungspflicht ist eng verbunden mit dem Gebot, *aus der Geschichte zu lernen*. Auch diese Aufforderung hat die NS-Vergangenheitsbewältigung von den Anfängen an begleitet. Bei genauerem Hinsehen stellt sich heraus, daß auch die Möglichkeiten, aus der Geschichte zu lernen auf die eigene Lebensgeschichte beschränkt sind. Zu dieser Einsicht ist keineswegs eine didaktikresistente Geschichtsphilosophie erforderlich, obwohl man auch von dieser Seite über den Gang der Weltgeschichte belehrt werden kann:[12] Ein „Lernen aus der Geschichte" ist an die Kontinuität eines Subjekts gebunden, das die Offenheit aufbringt, in zeitgeschichtlichen Erfahrungen seine eigenen früheren Erwartungen mitzulesen, und das die Kraft findet, frühere Lebensentwürfe hinter sich zu lassen, um sich für eine neue Art des Lebens zu entscheiden. Solche Wendepunkte sind Krisen, die durchlebt werden müssen; ihre Lebensbedeutsamkeit kann nicht als bloßes Ergebnis weitergegeben oder rezipiert werden. Unbeteiligte Individuen oder Kollektivsubjekte können deshalb nicht die Subjekte solcher Lernprozesse sein. Nur Personen lernen aus der eigenen Lebensgeschichte.[13] „Wenn es immer wieder

---

12 „Was die Erfahrung aber und die Geschichte lehren, ist dies, daß die Völker und Regierungen niemals etwas aus der Geschichte gelernt und nach Lehren, die aus denselben zu ziehen gewesen wären, gehandelt haben." (Hegel, Die Vernunft in der Geschichte, zitiert nach Koselleck 1967, S. 58f.) – „Daß aus der Geschichte Lehren für die Zukunft gezogen werden, ist ein banales Mißverständnis, das ebenso beharrlich gepflegt wird wie die kultische Formel, Erinnerung führe zur Erlösung" (Broder 1993, S. 253).

13 Habermas hat deshalb zu Recht auf die Zugehörigkeit zu bestimmten Generationen aufmerksam gemacht, für die das Jahr 1945 die Möglichkeit eines Lernens aus der Geschichte geboten hatte (1994, S. 188 f.).

heißt, die Menschen von heute könnten oder sollten aus der vergangenen Geschichte etwas lernen, so wird sich bei näherem Hinsehen doch erweisen, daß sie im Medium einer anderen Geschichte immer nur bekunden können, was sie in ihrer eigenen, selbsterlebten und selbst-mitgemachten Geschichte an personalem und sozial-kommunikativem Vermögen erworben haben" (Fleischer 1988, S. 6; vgl. auch Fleischer 1986, S. 1288; 1995, S. 50).

Mit dem Generationenwechsel ändern die Schuldfrage, die Erinnerungspflicht und das Lernen aus der Geschichte ihren Status: Ursprünglich und sinnvollerweise sind sie an die Generation der Träger und der anderen Zeitgenossen des NS adressiert. Deren Abtreten von der Bühne des öffentlichen Lebens oder deren Ableben schaffen eine neue Situation für die Nachfolgegesellschaft. Sie ist zunächst nur dadurch gekennzeichnet, daß bestimmte, an die Erste Generation gebundene Verhaltens- und Handlungsmöglichkeiten an Bedeutung verlieren.[14] Dies gilt auch, wenn man den Dialog zwischen den Generationen in den Blick nimmt. Die Möglichkeit der Zweiten und Dritten Generation die Älteren zu Handlungen aufzufordern, die als seelische oder geistige Verarbeitung des an sich unabänderlichen historischen Faktums des NS und seiner Gewaltverbrechen gelten können, nimmt ab (vgl. Frei 1992, S. 108). Auf der anderen Seite ist die Situation der Zweiten, v.a. aber der Dritten Generation dadurch charakterisiert, daß sie ihre historischen Kenntnisse nur von den Angehörigen der Trägergeneration und von den Medien haben können (vgl. Geyer 1996, S. 186). Damit lösen sich die Überlagerung und das potentielle Spannungsverhältnis zwischen den eigenen Erfahrungen und dem medienvermittelten Zugang zur Geschichte auf, die für die Erste und teilweise auch die Zweite Generation gegeben waren. Die Bedingung der Möglichkeit, historische Kenntnisse über den NS zu erwerben, ist für die Dritte Generation an personale und mediale Vermittlungen gebunden.

Politische Deutungsentscheidungen

Neben dem Generationenwechsel sind bestimmte westdeutsche Deutungstraditionen und Deutungsentscheidungen für den Strukturwandel der Auseinandersetzung mit dem NS maßgeblich.[15] Als zweiter großer Wendepunkt in der Geschichte der Vergangenheitsbewältigung in der Bundesrepublik erweist sich heute die Zeit 1985/86. Der damalige Bundespräsident von Weizsäcker hat mit seiner viel gerühmten Rede zum 8. Mai 1985 nicht nur Geschichtslegenden kritisiert, Differenzierungen vorgetragen und der verschiedenen Opfergruppen gedacht. Er

---

14 Die drei genannten Komplexe unterscheiden sich allerdings in ihrem Zeitindex: die Schuldfrage kann anders als die Erinnerungsverpflichtung nicht gegenüber Personen geäußert werden, die 1945 in den Kinder- und ersten Jugendjahren standen. Das Geschichtslernen steht zwischen diesen beiden Extremen.
15 „Nicht das, was passiert ist, ist für die Repräsentation im Gedächtnis entscheidend, sondern vielmehr, wer etwas erinnert und um welchen spezifischen Fall es sich handelt" (Diner 1996, S. 47).

hat mit dieser Rede und seiner Bekräftigung der Erinnerungsforderung wesentlich das aufklärerische Projekt einer politisch motivierten Erinnerung unterstützt.[16] Für diese „Politik der Erinnerung" (Michael Geyer) hat das öffentliche Wissen über die deutschen Gewaltverbrechen den praktischen Sinn einer Verhinderung gleicher oder ähnlicher Verbrechen. Die Unterstützung dieses Typs von Erinnerung durch den ersten Mann des Staates markiert eine wichtige Zäsur: „It put an end to the time when a politics of memory served as the main marker of opposition against high politics" (Geyer 1996, S. 173). Die Forderung nach einer selbstkritischen Auseinandersetzung mit dem NS gehörte fortan zum gehobenen Ton in der Selbstdarstellung der deutschen Politik.

Gleichwohl gab es Differenzen. Wie jeder deutungspolitische Streit hatte auch der sog. „Historikerstreit" eine sachliche und eine soziale Dimension. In grundsätzlicher Hinsicht war es ein Streit um das legitime Selbstverständnis der Bundesrepublik und damit ein Streit um das Ethos eines politischen Kollektivs, der immer im Medium eines bestimmten Themas geführt werden muß und der sich in diesem Fall am Thema NS auskristallisierte. Über dem Gewicht dieser Sachdimension ist häufig die Sozialdimension des Streits in den Hintergrund getreten. Sie erschließt sich erst, wenn man den nominellen Inhalt der Kontroversen zurückstellt und in einer metadiskursiven Perspektive der Frage des sozialen oder politischen Streitbedarfs nachgeht (vgl. Milchman/Rosenberg 1995). Als Beispiel für eine geglückte Geschichtspolitik und eine erfolgreiche Behauptung der kulturellen Hegemonie erweisen sich diese Auseinandersetzungen, sobald man an die Offensivverteidigung der These von der Einmaligkeit der NS-Verbrechen auch die Machtfrage stellt.

Die Singularitätsthese war nominell der Einspruch gegen das Geschichtsdenken von Ernst Nolte und gegen Hillgrubers These von „Zweierlei Untergang". Auf dieser Ebene der geschichtswissenschaftlichen Auseinandersetzung bewegt sich das Urteil von Eberhard Jäckel, „daß der nationalsozialistische Mord an den Juden deswegen einzigartig war, weil noch nie zuvor ein Staat mit der Autorität seines verantwortlichen Führers beschlossen und angekündigt hatte, eine bestimmte Menschengruppe einschließlich der Alten, der Frauen, der Kinder und der Säuglinge möglichst restlos zu töten, und diesen Beschluß mit allen nur möglichen staatlichen Machtmitteln in die Tat umsetzte." (Jäckel 1986, S. 118) Allerdings ist dies nur die sachliche Seite. Die (partei-)politische Dimension deutet Jäckel mit der Frage an: „Was eigentlich würde sich denn ändern, wenn der nationalsozialistische Mord nicht einzigartig gewesen wäre?" (Jäckel 1986, S. 119). Das Insistieren auf einer bestimmten Formel und ihre Stilisierung zu einer „Bekenntnisformel"

---

16 Weizsäcker selbst hatte unter Berufung auf das Alte Testament – wie der Theologe Rolf Rendtorff in den sechziger Jahren (vgl. Neidhardt 1985) – den Zeitabstand von 40 Jahren als Voraussetzung für eine Zäsur in der Auseinandersetzung mit dem NS benannt (Weizsäcker 1985, S. 15 f.). Übereinstimmend wird die erste große Wende auf die Jahre 1958/60 datiert: Frei (1992, S. 104); Meier (1990, S. 89; 1996, S. 950); Bredow (1996, S. 25); Bergmann (1997, S. 253 f.).

(Jäger 1996, S. 344) ist Ausdruck eines Kampfes, in dem es um die kulturelle Hegemonie in der Interpretation der Zeitgeschichte geht.

Der Streit um die konkreten Anlässe und die allgemeinen Fragen hatte seine soziale Basis in den bestehenden Deutungskulturen, die ihrerseits parteipolitisch nicht ganz neutral waren. So ist mit Recht darauf aufmerksam gemacht worden, daß der der SPD nahestehende Habermas ausgerechnet ein halbes Jahr vor der Bundestagswahl (25.01.1987) den Deutungskonflikt gegen „die Konservativen" in Politik und Geschichtswissenschaften in Gang gebracht hat (vgl. Hahn/Schöttler 1987; Milchman/Rosenberg 1995, S. 162). Dazu hat er eine beharrungsfreundliche Argumentationsfigur aufgeboten, derzufolge ein bis dato gültiger Konsens über die Bewertung des NS von den Neokonservativen gebrochen worden sei – mit anderen Worten: die Rechten hätten die Republik verraten.[17]

Als Symbolakt innerhalb der allgemeinen politischen Kommunikation hat die Behauptung der Einmaligkeit der NS-Verbrechen vier klassische Funktionen: sie übernimmt eine Signalfunktion und sorgt für Aufmerksamkeit, sie ist ein wichtiges Regulativ für die Bewältigung von Informationsmengen, d.h. sie vereinfacht und macht etwas handhabbar, sie ist gefühlsadressiert, auf Mobilisierung von Emotionen und auf Stimulanz erwünschter Assoziationen ausgerichtet und schließlich hat sie die Aufgabe, den Anspruch auf „Benennungsmacht" (Sarcinelli) bestimmter Teile des politischen Spektrums zu dokumentieren.[18]

Nach einem gängigen Urteil wurde der Historikerstreit von den „Singularisten" gewonnen, die sich von da an um den auf einem wichtigen Feld der politisch-ethischen Selbstverständigung errungenen Sieg sammelten, während sie von der politisch-historischen Beratungsmacht auf Bundesebene ausgeschlossen waren.[19] Für die weitere Tradierung des Deutungsmusters „Singularität" war damit ein wichtiges Mobilisierungs- und Selbstzuordnungsmuster geschaffen. Da die Singularitätsthese durch den Historikerstreit zu einer aktuellen politische Zurechnungsformel gemacht worden war, konnte eine Skepsis gegenüber dem Sinn derartiger Gesamtbewertungen überhaupt oder des vorliegenden materialen Urteils durch die politische Warnung vor einem „Beifall von der falschen Seite" weitgehend neutralisiert werden (vgl. Winkler 1998). Dadurch war die Einmaligkeitsformel nicht nur gegen einige Historiker und deren Argumentation gerichtet, sie war nun zugleich ein Einspruch gegen die Geste von „Bitburg" und schließlich

---

17 Narr zeigt ausführlich, inwiefern dieses Beharren auf einem angeblichen Konsens nicht den zeitgeschichtlichen Tatsachen entspricht und kritisiert diese „'taktische' Zugabe" (1987, S. 31).
18 Vgl. Sarcinelli (1989, S. 133 f.); Edelman (1976/1990, S. 5-9). Symbolakte bestehen „in verschiedenen Methoden, eine Situation anzugehen, in sie einzutreten oder in ihr zu verbleiben, der regelmäßig bestimmten Äußerungen getan werden (...) sie können aber auch im extremen Bestehen auf einer bestimmten Formulierung oder in aggressiven Reaktionen auf den Versuch, diese zu modifizieren, bestehen." (Himmelstrand zitiert nach Edelman 1976/1990, S. 8 f.)
19 Vgl. Hartung (1992): „Der Streit endete mit einem geradezu normativen Konsens über die Deutung der deutschen Geschichte und mit einem Bekenntnis zum Verfassungspatriotismus." Vgl. auch Tenbruck (1993, S. 493) und Zuckermann (1998a, S. 28).

auch gegen Ronald Reagan und Helmut Kohl. Der Mangel an politischer Macht konnte durch die Deutungsmacht auf einem wichtigen Feld der politischen Kultur kompensiert werden.

In der Folge des Historikerstreits ist die These der „Singularität" und des „Zivilisationsbruchs" weiter verbreitet worden. Ausdrücklich gehört dazu auch die Interpretation in superlativischen kulturkritischen Formulierungen: „Auschwitz ist ein Niemandsland des Verstehens, ein schwarzer Kasten des Erklärens, ein historiographische Deutungsversuche aufsaugendes, ja außerhistorische Bedeutung annehmendes Vakuum. Nur ex negativo, nur durch den ständigen Versuch, die Vergeblichkeit des Verstehens zu verstehen, kann ermessen werden, um welches Ereignis es sich bei diesem Zivilisationsbruch gehandelt haben könnte. Als äußerster Extremfall und damit als absolutes Maß von Geschichte ist diese Ereignis wohl kaum historisierbar" (Diner 1987, S. 73; vgl. Diner 1988). In der öffentlichen Thematisierung der folgenden Jahre hat die Formel von der „Singularität" eine wichtige Rolle gespielt. Zusammen mit der erkenntniskritischen These von der „Unverstehbarkeit" von Auschwitz wurde sie für viele so etwas wie ein fundamentum inconcussum in der Frage der Gegenwartsbedeutung der NS-Gewaltverbrechen.

Betroffenheitskultur

Die Entmaterialisierungstendenzen in der öffentlichen Thematisierung des NS sind zureichend nicht ohne den Hinweis auf Entwicklungen zu verstehen, die mit dem NS nichts zu tun haben und sowohl in der Bundesrepublik wie in anderen westlichen Ländern zu beobachten sind. Dabei überlagern sich zwei Tendenzen.

In den letzten Jahrzehnten hat sich das Selbstbild der Angehörigen westlicher Gesellschaften verändert. Diese Veränderung ist von Ralph H. Turner als Verschiebung von einem institutionell gebundenen zu einem impulsiven Modell des „wahren Selbst" beschrieben worden. Auf der einen Seite steht ein Selbstbild, das durch hohe Konformität mit den gesellschaftlichen Institutionen, durch persönliche Moral und Betonung des Willens und der Ambitionen charakterisiert wird und das ein hohes Maß an Formbewußtheit aufweist; auf der anderen Seite steht das impulsive Selbst, das sich durch die Negierung und Abstoßung von solchen Formimperativen auszeichnet. Es setzt auf spontane Gefühle und eine Lebensgestaltung in Übereinstimmung mit seinen eigenen Regungen (Turner 1976). „Nichts soll in der Gesinnung anerkannt werden, was nicht durch ein Gefühl gerechtfertigt ist" (Bude 1995, S. 62).[20]

Neben der Tendenz einer Sentimentalisierung oder Gefühlsbestimmung des Selbst läßt sich ein bestimmter Modus beobachten, in dem grundlegende Werte

---

20 Die Konjunkturen des Subjektivismus und die damit verbundenen Feminisierungsschübe des öffentlichen Lebens lassen sich bis auf die Frühromantik zurückverfolgen (vgl. Horneffer 1919; Brumlik 1992).

und Normen in der Öffentlichkeit des Mediensystems und der Politik, aber auch in der Bildungsarbeit präsent sind. Bemerkenswert ist, daß die geltenden Werte bzw. das normative Wertsystem der Gesellschaft genutzt werden, um eine erhöhte Aufmerksamkeit für ihre Verletzung zu erzielen. In diesem Sinne wird die Aufmerksamkeit für die allgemeinen Werte primär über eine Reaktionsmoral erzielt (Zielcke 1986). Das Engagement für das Gute geht häufig nicht den direkten Weg einer praktischen Förderung wünschenswerter Zwecke in offenen und damit der Zukunft zugewandten Handlungen, sondern bezieht sich auf die Vergangenheit und damit auf ein irreversibles Geschehen. Nachgespürt wird dem „Bösen" und dem Unmoralischen, d.h. der Verletzung elementarer Menschenrechte, die geahndet und deren Urheber – soweit greifbar – stigmatisiert werden. Die Reinform dieser Reaktionsmoral ist der Skandal. Skandalisierungen sind auf eingegrenzte Ereignisse mit hohem medialem Erlebniswert und zurechenbaren Urhebern angewiesen. Doch auch im Normalbetrieb der Medien müssen die Ereignisse bestimmten Kriterien entsprechen. Die Nachrichtenwerttheorie rechnet zu diesen Kriterien alle Informationen, die in einem bestimmten Rahmen überraschend sind, wenn sie sich auf Handeln oder Leiden von Personen beziehen, Konflikte, Kontroversen, Schaden oder andere Negativismen betrifft, Dramatik oder zumindest einen hohen Intensitätsgrad besitzen (Schulz 1993, S. 24). Zweck der öffentlichen Präsentation ist – neben Einschaltquoten und öffentlicher Aufmerksamkeit bzw. Ablenkung von weniger sichtbaren und personalisierbaren Entwicklungen – die Auslösung von Empörung, die Verwerfung der Handlung und der Akteure; zu den Effekten gehören darüber hinaus die Stärkung der Norm und die Schaffung der „pluralistic ignorance", d.h. die Unkenntnis der Normalität von Devianz (vgl. Niroumand 1996).

Sowohl für gezielte Moralpolitik wie für die Gesetze der Medienöffentlichkeit gibt es starke und schwache „Generatoren des Unheils". Nicht alle Vorfälle lösen in gleicher Weise Empörung aus. In unserer Epoche ist diese Rolle – wie Lautmann (1996) richtig beobachtet – der Gewalt zugewachsen. 45 Jahre ohne heißen Krieg in Europa haben die Sensibilität für Gewalt geschärft und dazu geführt, daß der Gewaltbegriff sukzessive über seinen physischen Kernbereich hinaus erweitert wurde. Physische Gewalt als Grenze und „Gewalt" als Grenzbegriff sind einem Sog der Steigerung ausgesetzt. Die Aufmerksamkeit in der öffentlichen Kommunikation kann nur gewonnen werden, indem man qualitative und quantitative Überbietungen präsentiert. Auf diesem Weg kommt es zur Abstraktifizierung und Verwesentlichung der physischen Gewalt: Sie wird nicht mehr in und aus bestimmten sozialen und historischen Kontexten verstanden, sondern wird reiner und klarer und ist am Ende nur noch Gewalt.

Das Produkt der Sentimentalisierung der Individuen und der Empörungsmoralisierung des öffentlichen Lebens ist die Kultur der Betroffenheit,[21] d.h. einer

---

21 Dabei muß festgehalten werden, daß der polemisch in die Diskussion eingeführte Terminus „Betroffenheit" nur dann seinen erschließenden Sinn nicht verfehlt, solange

emotionalisierten Haltungsbekundung.[22] Dabei wird die Einsicht der Moralforschung, daß Emotionen ein zentraler Aspekt der moralischen Haltung eines Individuums sind, und daß insofern „Emotionen solche Realitätsaspekte auszeichnen, denen besondere subjektive Bedeutsamkeit zukommt" (Nunner-Winkler 1988, S. 76), von der Gefühlsstilisierung des impulsiven Selbst überbetont.

Betroffenheit ist eine emotionale und symbolische Selbstdarstellung, die über ein selbstzuerkanntes und öffentlich geäußertes hohes Maß an emotionaler Anteilnahme und Identifikation erfolgt, bei gleichzeitiger räumlicher und zeitlicher Entfernung zum fraglichen Geschehen und ohne nach Recht und Möglichkeiten von Identifikationen zu fragen (vgl. Kittsteiner 1997, S. 242). Die Gefühlsbetonung steht dabei in einem krassen Mißverhältnis zu den Möglichkeiten eines realen Einwirkens auf die inkriminierten Ereignisse und überdehnt den glaubwürdigen Bereich primärer Empathie.[23]

Solche Haltungsbekundungen der „Sekundärbetroffenen" (Meier 1994, S. 1132), die zwangsläufig von vielen Ereignissen in Geschichte und Gegenwart nur eine „synthetische Erfahrung" haben können (vgl. Schulz 1993, S. 20 f.), sind meistens Grund und Folge von Gemeinschaftsbildungen. Die Reaktionsmoral gilt der Evozierung von Empörung und der Bildung von Empörungsgemeinschaften, d.h. der Konstituierung von Personenkreisen, die sich in ihrem guten Willen einig sind. „Moral integriert auf der Mikroebene und das kostet nicht einmal Geld" (Lautmann 1996, S. 865). Auch wenn sie nicht den gängigen Klischees der sog. „Gutmenschen" entsprechen, kann man festhalten, daß sie sich über die Orientierung an vergangenen Verbrechen und über das gemeinsame Gefühl ihrer Ablehnung zusammenfinden. Nicht ein bestimmtes positives Handlungsziel konstituiert sie als Gruppen, sondern die Ablehnung der Negation von Menschheitswerten in der Vergangenheit.[24]

Die Erklärung von überhistorischen Deutungen der NS-Verbrechen und von Auseinandersetzungsformen, die unabhängig von konkreten Lebenserfahrungen verlaufen, kann sich auf die dargestellten demographischen, deutungspolitischen

---

er präzise auf diejenigen beschränkt bleibt, die qua Alter und Familiengeschichte nicht zu der Gruppe der Gegner, Opfer und Täter des NS gehören (vgl. Bredow 1996, S. 88).

22 Sie ist in der Bundesrepublik seit den 70er Jahren zum Gegenstand polemischer Aufmerksamkeit geworden (vgl. Henscheid u.a. 1985). Es stimmt wohl, daß die Kritik am Betroffenheitsgerede bereits vor über 10 Jahren „ebenso ein Klischee wie das Betroffenheitsgerede selbst" war (Westphalen 1994, S. 30). Die Hochschätzung der ostentativen Emotionalitätsbekundung, der Empörungsmoral und der nur symbolischen Handlungen hat sich aber keineswegs überlebt (vgl. Geyer 1996, S. 188).

23 Vgl. Fetscher (1989, S. 169). Polemisch überzogen: „Die permanente Feststellung von Betroffenheit belegt nur ihr Nichtvorhandensein" (Broder 1985, S. 79).

24 Überscharf in der Publizistik: „Die schwatzhafte deutsche Betroffenheit hat Ursache und Namen: Auschwitz, das Trauma deutscher Moral. Danach über Moral zu reden, Betroffenheit zur Schau zu stellen war und ist allemal bequemer, als eine moralische Neuorientierung zu versuchen, die erneuten Hitlerismus verhindert. Die Folge ist eine Republik der Phrasendrescher" (Seligmann 1994, S. 92; vgl. auch die gesammelten Polemiken von Geisel 1992, 1998).

und kulturellen Entwicklungen beziehen. Dabei zeigt sich, daß die demographischen Veränderungen zu einem Rückgang jener Bevölkerungsgruppen führen, die in einer lebensgeschichtlichen Verbindung zum NS und seinen Verbrechen stehen. Nur diese aber können wirklich Adressaten von Schuldvermutungen sein und ihre Erinnerungen aufarbeiten. Für die Angehörigen der Zweiten und Dritten Generation (wie für alle folgenden) machen sich die geschilderten Bedingungen der politischen Kultur und der veränderten Mentalitäten geltend. Das Thema NS wird jedoch nicht nur dadurch entwirklicht, daß es den Produktions- und Rezeptionsbedingungen der Mediengesellschaft und damit spezifischen Gestaltungsimperativen unterworfen wird. Eine vergleichbare Entmaterialisierung findet statt, wenn Forderungen an die Dritte Generation herangetragen werden, die nur für die Erste Generation Gültigkeit haben können.

Durcharbeiten ohne Erinnerung

Als ein Beispiel für den „cultural lag" in der Beschäftigung mit dem NS kann ein Modell der sog. „Holocaustdidaktik" (Brendler 1997a, S. 97) herangezogen werden. Dieses Modell geht davon aus, daß eine Schuldhypothek aus der NS-Zeit die Sozialisation der heute Heranwachsenden beeinflußt und in der Politik eine Rolle spielt. Die Aufgabe der Bildungsarbeit bestehe darin, die kollektive Belastung der jungen Deutschen in einer spezifischen Weise in das individuelle und kollektive Selbstbild der Heranwachsenden zu integrieren. Damit könne eine aggressive und übertreibende Abwehr der NS-Geschichte und der an sie erinnernden Opfer und Denkmäler durch die Jugendlichen verhindert und ein gelassenes Selbstverhältnis zur eigenen Nation gefördert werden.

Die Verwirklichung dieser Ziele kann nach Auffassung der „Holocaustdidaktik" nicht durch sachbezogenen und wissenschaftsorientierten Unterricht oder Information allein erfolgen. Hinzukommen muß eine Aktualisierung der Abwehrstrukturen der Heranwachsenden durch gezielte Konfrontation mit dem „'Unerträglichen' im Erleben der Schüler" (Brendler 1997a, S. 97 f.). Auf dieser Basis wird ein Prozeß des Durcharbeitens angestrebt, in dessen Verlauf die Jugendlichen ihre Abwehrenergien kennen und akzeptieren lernen sollen. Die Geschichte des NS und seiner Verbrechen soll von den Schülern gleichsam persönlich genommen werden. Durch eine intensive Konfrontation mit den Bildern des Grauens oder des individuellen Schicksals von NS-Opfern sollen sich die Schüler einer emotionalen Erschütterung aussetzen, die über die Reflexion ihrer Erfahrungen einen Zuwachs an Persönlichkeitsbildung bewirkt. Dieses aufwendige und tief in die Persönlichkeit eindringende Verfahren ist für die Holocaustdidaktik unverzichtbar: „Nicht Erschütterungen durch das Grauen der NS-Verbrechen und das explizite Leiden unter ihrem historischen Ballast, sondern die durch Versachlichung, Gefühlspanzerung und Abwehr hergestellte scheinbare Unbetroffenheit verhindert die Integration der Schatten und seelische Erleichterung von der unumgänglichen Last der Vergangenheit" (Brendler 1997a, S. 101).

Die zweifellos existierende „Schuldhypothek" Deutschlands wird hier nicht als politische Tatsache, sondern als persönliches und psychisches Problem von jungen Deutschen behandelt. Die konzeptionelle Psychologisierung des kollektiven Erbes, die Annahme, „lähmende Schuld- und Schamgefühle" wegen der NS-Verbrechen seien unter den jungen Deutschen weit verbreitet, ist die notwendige Voraussetzung für die Forderung nach einem psychoanalytischen Durcharbeiten der Widerstände gegen die Dokumente und Berichte. Strukturell gesehen wird damit von den Heranwachsenden der Dritten Generation die Authentizität psychischer Bewältigungsleistungen verlangt, wie sie die Mitscherlichs als Trauerarbeit von der Ersten Generation gefordert hatten (vgl. Brendler 1996, S. 142; 1997b, S. 219). Erst ein Prozeß des psychischen Durcharbeitens könne zu einem angemessenen Verhältnis zu den Verbrechen und dem kollektiven Erbe führen.[25]

Die Dritte Generation wird über Modelle diesen Typs in eine Verpflichtung zur Aufarbeitung von Vergangenheit gestellt, die in ihrer persönlichen Verbindlichkeit hinter den Bewältigungsanforderungen gegenüber der Erlebnis-Generation kaum zurücksteht. Anders als die Erste Generation kann sich die Dritte Generation zwar nur auf eine vermittelte Kenntnis des historischen Geschehens stützen; über den gezielten Einsatz drastischer Bilder und erschütternder Berichte wird sie aber von der „Holocaustdidaktik" in eine seelische Zeitgenossenschaft mit dem „Dritten Reich" und seinen Verbrechen gestellt. Erst eine solche Immediatisierung scheint der „Holocaustdidaktik" die erforderliche Voraussetzung für ein umfassendes Begreifen der NS-Geschichte zu erbringen. Damit wird die emotionale und moralische Dimension der Geschichtsvergegenwärtigung nicht nur gleichrangig neben den Erwerb von Kenntnissen gestellt, sie wird zum Kriterium gelungener Persönlichkeitsbildung (vgl. Brendler 1997a, S. 102).

In einem Land vor unserer Zeit

Auch eine der jüngeren Debatten über die NS-Gewaltverbrechen kann zur Verdeutlichung der heute wirksamen Mechanismen in der öffentlichen Beschäftigung mit dem NS herangezogen werden.[26] Die Goldhagen-Kontroverse ist mittlerweile dokumentiert (u.a. Heyl 1996; Schoeps 1996) und analysiert (vgl. Schneider 1997; Heil/Erb 1998). Besonders instruktiv sind die Analysen soweit sie die starke

---

25 Dies besagt die These, „daß didaktisch angelegte Konfrontationen mit dem 'Unerträglichen' als Schlüsselerfahrungen für eine präventive 'Abwehrerziehung' und für identitätsformative Bildungsprozesse weiterhin unverzichtbar sind." (Brendler 1997a, S. 97; vgl. auch 1997a, S. 98)
26 Zu den großen Rezeptions-Phänomenen gehören außerdem die Rezeption der Klemperer-Tagebücher, die Wehrmachtsausstellung und ihre vielfältige Resonanz und die Debatten um die Errichtung eines Denkmals für die ermordeten Juden Europas in Berlin. Vgl. dazu als Überblick Zuckermann (1998a,b).

Resonanz Goldhagens über die mediale Dimension des öffentlichen Gedächtnisses erklären.

Die Analysen zeigen, daß Goldhagens Darstellung den Kriterien der Filmproduktion und den Sehgewohnheiten eines Medienpublikums folgen (vgl. Knoch 1998). Zunächst ist festzuhalten, daß es um die Geschichte einer vergangenen, fremden Welt geht. Die Täter gehören mit ihrer Kultur des sog. „eliminatorischen Antisemitismus" nicht zur Welt der amerikanisierten und demokratisierten Nachkriegsdeutschen, es sind die alten germanischen Deutschen, mit denen die heutigen Deutschen nichts zu tun haben.[27] Damit ist das Geschehen, das dargestellt und erklärt werden soll, auf die Distanz gebracht, die den Leser in die Sicherheit des Zuschauers bringt.

In der Rolle des Zuschauers jedoch will das Publikum nah am Geschehen sein. Durch ein dosiert eingesetztes Heranzoomen erreicht es Goldhagen, daß die historischen Verbrechen ins Bild gesetzt werden und unter die Haut gehen. Die Quellen der Geschichte werden „gemäß der Ästhetik des Horrorfilms" arrangiert. Zu Recht hält Ulrich Raulff fest, daß Goldhagens Buch aufgrund der detaillierten Wiedergabe der Nazigreuel partienweise weniger einer klassischen historischen Abhandlung als einem „verkappten Filmskript" gleicht (Raulff 1996).

Die Parallelen lassen sich weiter verfolgen: Die von Goldhagen vorgestellten Akteure sind auf eine unterkomplexe und damit rasche Rezeptionsmöglichkeit hin angelegt. Das betrifft nicht nur die naive Voraussetzung, die Motive eines Verhaltens seien an den Resultaten des Verhaltens abzulesen, es betrifft auch die Vorstellung, es seien im wesentlichen die ideellen oder ideologischen Gehalte des individuellen Bewußtseins, die das praktische Verhalten von Gesellschaftsmitgliedern steuerten (vgl. König 1998). Mit diesem dramaturgischen Kunstgriff erreicht Goldhagen die Stilisierung der an den NS-Verbrechen Beteiligten zu „Tätern" in einem historischen Drama. Die historischen Akteure werden in seinem Skript zu Tätern im eigentlichen Sinne, weil sie aus Freiheit ihre inneren Ziele verwirklichen. Seine „'Weltanschauungskrieger'" (Knoch 1998, S. 168) sind autonome „Tatmenschen", die ihren starken Gefühlen folgen (Mittig 1998, S. 279). Das Geschehen selbst folgt dem „kategorischen Superlativ" (Erwin Chargaff), d.h. der Maxime der Massenmedien, „das Grelle und das Grausige" (Boventer) besonders hervorzuheben. Mit den Todesdrohungen und Tötungen werden Handlungen dargestellt, deren definitive Negation des Fremdhandelns die absolute Macht repräsentieren (vgl. Narr 1980, S. 551).

Neben der surrealen Täterskulptur und den auf Extremsituationen zugespitzten Geschehensausschnitten, gibt es noch einen dramaturgischen, von Archetypen bestimmten Untergrund, der gleichfalls ein Indikator für den medialisierten Zuschnitt von „Hitlers willigen Vollstreckern" ist. „Was an anderer Stelle der Gegen-

---

27 „Damit es ganz klar wird: Die heutige politische Kultur Deutschlands unterscheidet sich wesentlich, um 180 Grad, von der herrschenden deutschen politischen Kultur um 1933" (Goldhagen, Der Spiegel, Nr. 33 vom 12.08., S. 54). Vgl. dazu die Überlegungen von Helle (1997, S. 269 f.).

satz der schönen Frau und der gesichtslosen Mordlust einer enthemmten Horde leistet, das bewirkt hier die Kombination der Elemente Wald, kleines Mädchen und stumpf-viehischer Totschläger: In dieser Geschichte, erzählt als schwärzestes Märchen aus dem galizischen Wald, gewinnt das Böse Kontur und Gestalt, und gelegentlich gewinnt es sogar einen Namen" (Raulff 1996). Goldhagens einfache Darstellung und Erklärung der NS-Verbrechen bedient das Reservoir der archetypischen Gegensätze von Gut und Böse, Deutschen und Juden, Täter und Opfer, Schuld und Unschuld und damit von vereinfachenden, rezeptionseffektiven und leicht faßbaren Dualitäten (vgl. Aschheim 1998). Sein Text begnügt sich nicht mit „der vorläufigen Einsicht in die letzten Dinge vor den letzten" (Siegfried Kracauer), er bewegt sich auch in der Dimension der „letzten Fragen". Diese werden allerdings nicht erörtert, sondern in leicht faßliche Dichotomien aufgelöst.[28]

Enthistorisierte Vergangenheitsbewältigung

Auch 50 Jahre nach seinem Ende ist die Beschäftigung mit dem NS und seinen Verbrechen eine öffentliche Angelegenheit. Dabei fallen Tendenzen auf, die NS-Verbrechen durch superlativische Stilisierungen aus ihrem historischen Entstehungskontext herauszulösen, sie als ein archetypisches Geschehen zu behandeln oder ihre Darstellung den Rezeptionsmustern einer Medien- und Betroffenheitskultur anzupassen. Der Versuch, diese Strömung zu verstehen, verweist auf das Zusammenspiel veränderter Handlungsmöglichkeiten und die frühere politisch bedingte Etablierung bestimmter Deutungsmuster. Die Deutungssteigerung auf der einen und das zunehmende geschichtliche Entschwinden dieser Phase und ihrer Träger auf der anderen Seite haben eine spannungsreiche widersprüchliche Situation geschaffen.

Das Modell der „Holocaustdidaktik" und Darstellung Goldhagens Darstellung können als Antworten auf die Schwierigkeiten verstanden werden, die die Auseinandersetzung mit der NS-Vergangenheit gegenwärtig in Deutschland bereitet. Das Zusammenwirken der genannten demographischen Veränderungen mit den deutungspolitischen Verabsolutierungen im Historikerstreit hat eine Spannung zwischen dem symbolischen Bedeutungszuwachs des NS und der Reduzierung von individuellen und gesellschaftlichen Handlungsmöglichkeiten erzeugt. Wie kann auf einen „Zivilisationsbruch" angemessen geantwortet werden?

Die „Holocaustdidaktik" ist sich mit vielen darin einig, daß es kein Gedenken an die Opfer ohne einen direkten Nutzen für die heutige Gesellschaft geben sollte. Sie richtet deshalb „Lernorte" ein, die einem magischen Lernmodell verpflichtet sind: Ausgerechnet die alten Orte des Schreckens und die mediale Vergegenwärtigung der Greuel sollen die moralische Bildung der heutigen Jugend befördern. Das skizzierte Didaktik-Modell besteht auf Verarbeitungsformen, die vielleicht

---

28 Vgl. zu den Problemen einer retrospektiven moralischen Bewertung historischer Akteure Zielcke (1986), Kreissl (1991).

für die Erste Generation sinnvoll gewesen sind. Die anachronistische Immediatisierung der NS-Gewaltverbrechen verschiebt das Zentrum der Beschäftigung mit dem NS von seiner historischen Wirklichkeit zur Intensität heutiger Prozesse eines seelischen Durcharbeitens. Wichtiger als die historischen Kenntnisse über „den Holocaust als einen politischen Prozeß" (Mommsen 1996, S. 26) wird eine Authentizität des Durcharbeitens von Sekundärerfahrungen.

Goldhagen scheint den anderen Weg zu gehen und die historische Wirklichkeit zu erforschen. Tatsächlich aber konstruiert er Geschichte nach den Gesetzen der Mediengesellschaft: Gewalt, Opfer und Täter werden in surrealer, mythischer Klarheit präsentiert. Sein Erfolg beim Publikum ist Ausdruck einer anderen Auflösung des Problems eines adäquaten Umgangs mit einem „Zivilisationsbruch". Goldhagen verwandelt Geschichte in das Ensemble elementarer anthropologischer Möglichkeiten. Er spricht über den Menschen, über Leid und Qual, Verantwortung und Schuld und zeigt, zu was der Mensch imstande ist. Die Tatsache, daß die Verbrechen in deutschem Namen und unter spezifischen Rahmenbedingungen begangen wurden, wird dadurch neutralisiert, daß Goldhagen ein ausgestorbenes Tätervolk präsentiert, dessen Vernichtungswille ohne Erben geblieben ist. Goldhagens Weg ist die Ontologisierung der NS-Verbrechen (Dipper 1998).

Literatur

Aschheim, Steven E., 1998: Archetypen und der deutsch-jüdische Dialog. Erwägungen zur Goldhagen-Kontroverse, in: Johannes Heil und Rainer Erb (Hrsg.), Geschichtswissenschaft und Öffentlichkeit. Der Streit um Daniel J. Goldhagen, Frankfurt a.M., S. 184-201.
Assmann, Jan, 1988: Kollektives Gedächtnis und kulturelle Identität, in: Jan Assmann und Tonio Hölscher (Hrsg.), Kultur und Gedächtnis, Frankfurt a.M., S. 9-19.
Bar-On, Dan, Konrad Brendler und A. Paul Hare (Hrsg.), 1997: „Da ist etwas kaputtgegangen an den Wurzeln...". Identitätsformation deutscher und israelischer Jugendlicher im Schatten des Holocaust, Frankfurt a.M.
Barthes, Roland, 1957: Mythen des Alltags (1957), Frankfurt a.M. 1964.
Bauer, Yehuda, 1978: The Holocaust in Historical Perspective, Seattle.
Bergmann, Werner, 1997: Antisemitismus in öffentlichen Konflikten. Kollektives Lernen in der politischen Kultur der Bundesrepublik 1949-1989, Frankfurt a.M.
Bredow, Wilfried von, 1996: Tückische Geschichte. Kollektive Erinnerung an den Holocaust, Stuttgart/Berlin/Köln.
Brendler, Konrad, 1996: Die Rezeption der Geschichte des Nationalsozialismus und des Holocaust bei Enkel der Tätergeneration, in: Klaus Himmelstein und Wolfgang Keim (Hrsg.), Die Schärfung des Blicks. Pädagogik nach dem Holocaust, Frankfurt a.M., S. 141-166.
Brendler, Konrad, 1997a: Die NS-Geschichte als Sozialisationsfaktor und Identitätsballast der Enkelgeneration, in: Dan Bar-On, Konrad Brendler und A. Paul Hare (Hrsg.), „Da ist etwas kaputtgegangen an den Wurzeln...". Identitätsformation deutscher und israelischer Jugendlicher im Schatten des Holocaust, Frankfurt a.M., S. 53-104.

Brendler, Konrad, 1997b: Aufarbeitung des Holocaust im deutsch-israelischen Dialog. Der Gruppenprozeß aus deutscher Sicht, in: Dan Bar-On, Konrad Brendler und A. Paul Hare (Hrsg.), „Da ist etwas kaputtgegangen an den Wurzeln...". Identitätsformation deutscher und israelischer Jugendlicher im Schatten des Holocaust, Frankfurt a.M., S. 191-223.
Broder, Henryk M., 1985: Über jüdische Distanzierung und deutsche Betroffenheit, in: Andreas Wojak (Hrsg.), Schatten der Vergangenheit. Deutsche und Juden heute, Gütersloh, S. 74-79.
Broder, Henryk M., 1993: Das Shoah-Business, in: Der Spiegel, Nr. 47, H. 16 vom 19.04., S. 248-256.
Broszat, Martin, 1983: Eine Insel der Geschichte? Der Historiker in der Spannung zwischen Verstehen und Bewerten der Hitler-Zeit (1983), in: Hermann Graml, Klaus-Dietmar Henke (Hrsg.), Nach Hitler – der schwierige Umgang mit unserer Geschichte. Beiträge von Martin Broszat, München 1986, S. 114-120.
Brumlik, Micha, 1992: Trauerrituale und politische Kultur nach der Shoah in der Bundesrepublik, in: Hanno Loewy (Hrsg.), Holocaust: Die Grenzen des Verstehens. Eine Debatte über die Besetzung der Geschichte, Reinbek, S. 191-212.
Brusten, Manfred, Friedhelm Beiner und Bernd Winkelmann, 1991: The relevance of the Holocaust for current Perspectives of German Youth, in: Konrad Brendler und Günter Rexilius (Hrsg.), Drei Generationen im Schatten der NS-Vergangenheit. Beiträge zum internationalen Forschungskolloquium Lernen und Pseudo-Lernen in der Aufarbeitung des Holocaust, Wuppertal, S. 164-186.
Bude, Heinz, 1995: Das Altern einer Generation. Die Jahrgänge 1938 bis 1948, Frankfurt a.M.
Diner, Dan, 1987: Zwischen Aporie und Apologie. Über Grenzen der Historisierbarkeit des Nationalsozialismus, in: Dan Diner (Hrsg.), Ist der Nationalsozialismus Geschichte? Zu Historisierung und Historikerstreit, Frankfurt a.M., S. 62-73.
Diner, Dan (Hrsg.), 1988: Zivilisationsbruch. Denken nach Auschwitz, Frankfurt a.M.
Diner, Dan, 1994: Massenverbrechen im 20. Jahrhundert: über Nationalsozialismus und Stalinismus, in: Rolf Steininger (Hrsg.), Der Umgang mit dem Holocaust. Europa – USA – Israel, Wien/Köln/Weimar, S. 468-481.
Diner, Dan, 1996: Massenvernichtung und Gedächtnis. Zur kulturellen Strukturierung historischer Ereignisse, in: Hanno Loewy und Bernhard Moltmann (Hrsg.), Erlebnis – Gedächtnis – Sinn. Authentische und konstruierte Erinnerung, Frankfurt a.M., S. 47-55.
Dipper, Christof, 1998: Warum werden deutsche Historiker nicht gelesen. Anmerkungen zur Goldhagen-Debatte, in: Johannes Heil und Rainer Erb (Hrsg.), Geschichtswissenschaft und Öffentlichkeit. Der Streit um Daniel J. Goldhagen, Frankfurt a.M., S. 93-109.
Eckstaedt, Anita, 1989: Nationalsozialismus in der „zweiten Generation". Psychoanalyse von Hörigkeitsverhältnissen, Frankfurt a.M.
Edelman, Murray, 1976: Politik als Ritual. Die symbolische Funktion staatlicher Institutionen und politischen Handelns, Frankfurt a.M./New York 1990.
Ehmann, Annegret, 1995: Über Sprache, Begriffe und Deutungen des nationalsozialistischen Massen- und Völkermords. Aspekte des Erinnerns, in: Annegret Ehmann, Wolf Kaiser, Thomas Lutz, Hanns-Fred Rathenow und Norbert H. Weber (Hrsg.), Praxis der Gedenkstättenpädagogik. Erfahrungen und Perspektiven, Opladen, S. 75-100.
Engert, Jürgen (Hrsg.), 1998: Soldaten für Hitler, Berlin.
Eshel, Amir, 1993a: Auschwitz als Metapher. Zu Jakob Hessings „Gedichte nach Auschwitz", in: Merkur, 47. Jg., H. 5, S. 462-464.
Eshel, Amir, 1993b: Auschwitz und seine Metaphern, in: Mittelweg, 36. Jg., S. 81-88.
Fetscher, Sebastian, 1989: Das Dritte Reich und die Moral der Nachgeborenen. Vom Dünkel der Betroffenheit, in: Neue Sammlung, 29. Jg., S. 161-185.
Fleischer, Helmut, 1986: Moralisierung der Geschichte – Historisierung des Moralischen, in: Universitas, 41. Jg., S. 1276-1289.
Fleischer, Helmut, 1988: Zur Kritik des Historikerstreits, in: APuZ, H. 40/41, 30.09., S. 3-14.
Fleischer, Helmut, 1995: Geschichte aufarbeiten, in: Stephan Lahrem und Olaf Weißbach (Hrsg.), Konturen des Gemeinsinns. FS für Peter Furth, Berlin, S. 47-59.

Frei, Norbert, 1992: Auschwitz und Holocaust. Begriff und Historiographie, in: Hanno Loewy (Hrsg.), Holocaust: Die Grenzen des Verstehens. Eine Debatte über die Besetzung der Geschichte, Reinbek, S. 101-109.
Furth, Peter, 1986: Troja hört nicht auf zu brennen. Über die Bewirtschaftung der Toten, in: Düsseldorfer Debatte, H. 2, S. 6-25.
Furth, Peter, 1997: Heuchelei und moralische Weltanschauung, in: Berliner Debatte/Initial 8, H. 3, S. 45-56.
Geisel, Eike, 1992: Die Banalität der Guten. Deutsche Seelenwanderungen, Berlin.
Geisel, Eike, 1998: Triumph des guten Willens. Gute Nazis und selbsternannte Opfer. Die Nationalisierung der Erinnerung, Berlin.
Geyer, Michael, 1996: The Politics of Memory in contemporary Germany, in: Joan Copjec (Hrsg.), Radical Evil, London/New York, S. 169-200.
Giordano, Ralph, 1987: Die zweite Schuld oder Von der Last ein Deutscher zu sein, München 1990.
Goldhagen, Daniel Jonah, 1997: Modell Bundesrepublik. Nationalgeschichte, Demokratie und Internationalisierung in Deutschland, in: Blätter, 42. Jg., H. 4, S. 424-443.
Grosser, Alfred, 1989: Verbrechen und Erinnerung. Der Genozid im Gedächtnis der Völker, München 1993.
Habermas, Jürgen, 1994: Aus der Geschichte lernen?, in: Sinn und Form, 46. Jg., H. 2, S. 184-189.
Haffner, Sebastian, 1973: Die Deutschen und Hitler, in: Walter Kempowski (Hrsg.), Haben Sie Hitler gesehen? Deutsche Antworten, München, S. 99-118.
Hahn, Barbara und Peter Schöttler, 1987: Jürgen Habermas und das 'ungetrübte Bewußtseins des Bruchs', in: Heide Gerstenberger und Dorothea Schmidt (Hrsg.), Normalität oder Normalisierung? Geschichtswerkstätten und Faschismusanalyse, Münster, S. 170-177.
Hartung, Klaus, 1992: Wider den linken Alarmismus, in: Die Zeit, Nr. 48 vom 20.11.
Heil, Johannes und Rainer Erb (Hrsg.), 1998: Geschichtswissenschaft und Öffentlichkeit. Der Streit um Daniel J. Goldhagen, Frankfurt a.M.
Helle, Andreas, 1997: Kein ganz gewöhnlicher Streit: Zur Zeitgebundenheit der Goldhagen-Debatte, in: Leviathan, 25. Jg., H. 2, S. 251-270.
Hellpach, Willy, 1944: Einführung in die Völkerpsychologie, 2. Aufl., Stuttgart.
Henscheid, Eckhard, Carl Lierow, Elsemarie Maletzke und Chlodwig Poth, 1985: Dummdeutsch. Ein satirisch-polemisches Wörterbuch, Frankfurt a.M.
Heyl, Matthias, 1994: Von den Metaphern und der geteilten Erinnerung – Auschwitz, Holocaust, Shoah, Churban, „Endlösung", in: Helmut Schreier und Matthias Heyl (Hrsg.), Die Gegenwart der Schoah. Zur Aktualität des Mordes an den europäischen Juden, Hamburg, S. 11-32.
Heyl, Matthias, 1995: Jews are no metaphors, oder: Die Kontextualisierung des Holocaust in Deutschland, in: Helmut Schreier und Matthias Heyl (Hrsg.), „Daß Auschwitz nicht noch einmal sei...". Zur Erziehung nach Auschwitz, Hamburg, S. 27-62.
Heyl, Matthias, 1996: Die Goldhagen-Debatte im Spiegel der englisch- und deutschsprachigen Rezensionen von Februar bis Juli 1996. Ein Überblick, in: Mittelweg, 36. Jg., H. 4, S. 41-56.
Horneffer, Ernst, 1919: Der moderne Individualismus, in: Kant-Studien, 23. Jg., H. 4, S. 406-425.
Jäckel, Eberhard, 1986: Die elende Praxis der Untersteller, in: „Historikerstreit". Die Dokumentation der Kontroverse um die Einzigartigkeit der nationalsozialistischen Judenvernichtung, München 1987, S. 115-122.
Jäger, Herbert, 1996: Über die Vergleichbarkeit staatlicher Großverbrechen. Der Historikerstreit aus kriminologischer Sicht, in: Eckhard Jesse (Hrsg.), Totalitarismus im 20. Jahrhundert. Eine Bilanz der internationalen Forschung, Baden-Baden, S. 343-356.
Kershaw, Ian, 1993: Der NS-Staat. Geschichtsinterpretationen und Kontroversen im Überblick, 3. Aufl. 1993, Reinbek 1995.
Kittsteiner, Heinz, 1997: Das deutsche Gewissen im 20. Jahrhundert, in: Richard Faber (Hrsg.), Politische Religion – religiöse Politik, Würzburg, S. 227-242.

Knoch, Habbo, 1998: Im Bann der Bilder. Goldhagens virtuelle Täter und die deutsche Öffentlichkeit, in: Johannes Heil und Rainer Erb (Hrsg.), Geschichtswissenschaft und Öffentlichkeit. Der Streit um Daniel J. Goldhagen, Frankfurt a.M., S. 167-183.

König, Helmut, 1998: Über die Differenz zwischen Bewußtsein und Verhalten in Deutschland, in: Leviathan, 26. Jg., H. 1, S. 92-108.

Kohlhammer, Siegfried, 1994: Der Holocaust und das Bilderverbot, in: Merkur, 48. Jg., H. 6, S. 501-509.

Kohlstruck, Michael, 1996: Zur Gegenwartsbedeutung des Nationalsozialismus, in: Leviathan, 24. Jg., S. 155-162.

Kohlstruck, Michael, 1997: Zwischen Erinnerung und Geschichte. Der Nationalsozialismus und die jungen Deutschen, Berlin.

Koselleck, Reinhart, 1967: Historia Magistra Vitae. Über die Auflösung des Topos im Horizont neuzeitlich bewegter Geschichte, in: Reinhart Koselleck (Hrsg.), Vergangene Zukunft. Zur Semantik geschichtlicher Zeiten, Frankfurt a.M. 1984, S. 38-66.

Kracauer, Siegfried, 1969: Geschichte – Vor den letzten Dingen, Frankfurt a.M. 1973.

Kraushaar, Wolfgang, 1995: Zivilisationsbruch Auschwitz. Singularität versus Universalität der Judenvernichtung, in: Helmut Schreier und Matthias Heyl (Hrsg.), „Daß Auschwitz nicht noch einmal sei...". Zur Erziehung nach Auschwitz, Hamburg, S. 121-140.

Kreissl, Reinhard, 1991: Zwischen Moral und Theorie. Der Diskurs über Rationalität oder Irrationalität der nationalsozialistischen Vernichtungspolitik als Form der Vergangenheitsverarbeitung, in: Wolfgang Schneider (Hrsg.), „Vernichtungspolitik". Eine Debatte über den Zusammenhang von Sozialpolitik und Genozid im nationalsozialistischen Deutschland, Hamburg, S. 77-87.

Lautmann, Rüdiger, 1996: Mißbrauch. Über Moralpolitik, in: Merkur, 50. Jg., H. 9/10, Nr. 570/571, S. 865-879.

Leggewie, Claus und Horst Meier, 1995: „Republikschutz". Maßstäbe für die Verteidigung der Demokratie, Reinbek.

Levi, Primo, 1986: Die Untergegangenen und die Geretteten, München.

Lopate, Phillipp, 1994: Der Holocaust als rhetorische Figur, in: Konkret, H. 1.

Malraux, André, 1974: Die grossen Revolutionäre, in: Lettre International (1998), Nr. 40, S. 28-31.

Mannheim, Karl, 1928: Das Problem der Generationen, in: Kurt H. Wolff (Hrsg.), Wissenssoziologie. Auswahl aus dem Werk, Berlin/Neuwied 1964, S. 509-565.

Massing, A. und U. Beushausen, 1986: „Bis ins dritte und vierte Glied". Auswirkungen des Nationalsozialismus in den Familien, in: Psychosozial, Nr. 28, S. 27-42.

Mayer, Arno J., 1989: Der Krieg als Kreuzzug. Das Deutsche Reich, Hitlers Wehrmacht und die Endlösung, Reinbek.

Mayer, Arno J., 1994: Memory and History. On the Poverty of Remembering and Forgetting the Judeocide, in: Rolf Steininger (Hrsg.), Der Umgang mit dem Holocaust. Europa – USA – Israel, Wien/Köln/Weimar, S. 444-456.

Meier, Christian, 1990: Vierzig Jahre nach Auschwitz. Deutsche Geschichtserinnerung heute, München.

Meier, Christian, 1996: Erinnern – Verdrängen – Vergessen, in: Merkur, 50. Jg., H. 9/10, Nr. 570/571, S. 937-952.

Meier, Horst, 1994: Das Strafrecht gegen die 'Auschwitzlüge', in: Merkur, 48. Jg., H. 12, S. 1128-1132.

Milchman, Alan und Alan Rosenberg, 1995: Die Frage nach der Einzigartigkeit des Holocaust, in: Helmut Schreier und Matthias Heyl (Hrsg.), „Daß Auschwitz nicht noch einmal sei...". Zur Erziehung nach Auschwitz, Hamburg, S. 141-170.

Mitscherlich, Alexander und Margarete, 1967: Die Unfähigkeit zu trauern. Grundlagen kollektiven Verhaltens, München 1988.

Mittig, Hans-Ernst, 1998: Künstler in Schuldgefühlen. „Denkmal für die ermordeten Juden Europas", in: Johannes Heil und Rainer Erb (Hrsg.), Geschichtswissenschaft und Öffentlichkeit. Der Streit um Daniel J. Goldhagen, Frankfurt a.M., S. 279-294.

Mommsen, Hans, 1992: Erfahrung, Aufarbeitung und Erinnerung des Holocaust in Deutschland, in: Hanno Loewy (Hrsg.), Holocaust: Die Grenzen des Verstehens. Eine Debatte über die Besetzung der Geschichte, Reinbek, S. 93-100.
Mommsen, Hans, 1996: Die Deutschen und der Holocaust, in: Dieter Dowe (Hrsg.), Die Deutschen – ein Volk von Tätern?, Bonn, S. 11-27.
Morshäuser, Bodo, 1992: Hauptsache Deutsch, Frankfurt a.M.
Morshäuser, Bodo, 1993: Warten auf den Führer, Frankfurt a.M.
Müller, Richard Matthias, 1994: Normal-Null und die Zukunft der deutschen Vergangenheitsbewältigung. Ein Essay, Schernfeld.
Müller-Hohagen, Jürgen, 1992: Psychotherapeutische Erfahrungen bei der Behandlung von psychischen Störungen in der dritten und vierten Generation, in: Helmut Schreier und Matthias Heyl (Hrsg.), Das Echo des Holocaust. Pädagogische Aspekte des Erinnerns, Hamburg, S. 43-56.
Münz, Christoph, 1994: Geschichtstheologie und jüdisches Gedächtnis nach Auschwitz. Über den Versuch, den Schrecken der Geschichte zu bannen, Frankfurt a.M.
Narr, Wolf-Dieter, 1980: Physische Gewaltsamkeit, ihre Eigentümlichkeit und das Monopol des Staates, in: Leviathan, 8. Jg., S. 541-573.
Narr, Wolf-Dieter, 1987: Der Stellenwert der Auseinandersetzung mit dem Nationalsozialismus in der gesellschaftlichen Diskussion heute, in: Niemandsland, 1. Jg., H. 1, S. 26-44.
Naumann, Klaus, 1997: Zwischen Tabu und Skandal. Zur Aufarbeitung der NS-Vergangenheit in der Bundesrepublik, in: Butterwegge, Christoph (Hrsg.), NS-Vergangenheit, Antisemitismus und Nationalismus in Deutschland. Beiträge zur politischen Kultur der Bundesrepublik und zur politischen Bildung, Baden-Baden, S. 39-49.
Neidhardt, Roland, 1985: Zur Einführung: Die Last der zweiten Generation, in: Andreas Wojak (Hrsg.), Schatten der Vergangenheit. Deutsche und Juden heute, Gütersloh, S. 11-14.
Niroumand, Mariam, 1996: ... und ruft sogleich Alarm. Die Medien als Moralisierungsanstalten, in: Merkur, 50. Jg., H. 9/10, Nr. 570/571, S. 840-850.
Nolte, Ernst, 1993: Streitpunkte. Heutige und künftige Kontroversen um den Nationalsozialismus, Berlin/Frankfurt a.M.
Nolte, Ernst, 1996: Absage an die wissenschaftliche Rationalität? Ernst Noltes Geschichtskonstruktion – eine Erwiderung, in: NZZ, Nr. 26 vom 01.02., S. 36.
Nunner-Winkler, Gertrud, 1988: Regeregeln und Betroffenheit, in: Forum für Philosophie (Hrsg.), Zerstörung des moralischen Selbstbewußtseins: Chance oder Gefährdung?, Frankfurt a.M., S. 66-90.
Raulff, Ulrich, 1996: Herz der Finsternis. Daniel Jonah Goldhagens Ästhetik des Grauens, in: FAZ vom 16.04.
Rosenthal, Gabriele und Wolfram Fischer-Rosenthal (Hrsg.), 1992: Opfer und Täter nach dem „Dritten Reich". Biographische Verläufe über drei Generationen, in: Psychosozial, 15. Jg., Nr. 51, H. 3.
Ruoff, Alexander, 1995: Von der Auschwitzlüge zur Inflation des Holocaust, in: Ästhetik und Kommunikation, 24. Jg., H. 91, S. 35-40.
Sarcinelli, Ulrich, 1989: Überlegungen zur Kommunikationskultur: Symbolische Politik und politische Kommunikation, in: Walter A. Mahle (Hrsg.), Medienangebot und Mediennutzung. Entwicklungstendenzen im entstehenden dualen Rundfunksystem, Berlin, S. 129-144.
Schneider, Christian, 1998: Schuld als Generationenproblem, in: Mittelweg, 36. Jg., Nr. 7, H. 4, S. 28-40.
Schneider, Michael, 1997: Die „Goldhagen-Debatte". Ein Historikerstreit in der Mediengesellschaft, in: Archiv für Sozialgeschichte, XXXVII. Jg., S. 460-481.
Schoeps, Julius H. (Hrsg.), 1996: Ein Volk von Mördern? Die Dokumentation zur Goldhagen-Kontroverse um die Rolle der Deutschen im Holocaust, Hamburg.
Schulz, Winfried, 1993: Medienwirklichkeit und Medienwirkung. Aktuelle Entwicklungen der Massenkommunikation und ihre Folgen, in: APuZ, H. 40, 01.10., S. 16-26.

Schwab-Trapp, Michael, 1996: Konflikt, Kultur und Interpretation. Eine Diskursanalyse des öffentlichen Umgangs mit dem Nationalsozialismus, Opladen.
Seeßlen, Georg, 1994: Tanz den Adolf Hitler. Faschismus in der populären Kultur, Berlin.
Seligmann, Rafael, 1994: Republik der Betroffenen, in: Der Spiegel, Nr. 14 vom 04.04., S. 92 f.
Sofsky, Wolfgang, 1990: Absolute Macht. Zur Soziologie des Konzentrationslagers, in: Leviathan, 18. Jg., H. 4, S. 518-535.
Tenbruck, Friedrich H., 1993: Zeitgeschichte als Vergangenheitsbewältigung? in: Thomas Nipperdey, Anselm Doering-Manteuffel und Hans-Ulrich Thamer (Hrsg.), Weltbürgerkrieg der Ideologien. Antworten an Ernst Nolte. FS zum 70. Geburtstag, Berlin, S. 482-495.
Türcke, Christoph, 1987: Darüber schweigen sie alle. Tabu und Antinomie in der neuen Debatte über das Dritte Reich, in: Merkur, 41. Jg., S. 762-772.
Turner, Ralph H., 1976: The Real Self: From Institution to Impulse, in: American Journal of Sociology, S. 989-1016.
Weizsäcker, Richard von, 1985: Zum 40. Jahrestag der Beendigung des Krieges in Europa und der nationalsozialistischen Gewaltherrschaft. Ansprache am 8. Mai 1985 in der Gedenkstunde im Plenarsaal des Deutschen Bundestages, Bonn.
Westphalen, Josef von, 1994: Betroffenheit, in: Klaus Bittermann und Gerhard Henschel (Hrsg.), Das Wörterbuch des Gutmenschen. Zur Kritik der moralisch korrekten Schaumsprache, Berlin, S. 28-31.
Winkler, Heinrich August, 1998: Lesarten der Sühne, in: Der Spiegel, Nr. 35 vom 24.08., S. 180 f.
Zielcke, Andreas, 1986: Die halbe Sache der Moral, in: Merkur, 40. Jg., H. 3, S. 203-214.
Zimmermann, Moshe, 1991: Deutschland war wieder auf der Seite der Bösen, in: Zeichen, 19. Jg., H. 3, S. 28 f.
Zuckermann, Moshe, 1998a: Perspektiven der Holocaust-Rezeption in Israel und Deutschland, in: APuZ, H. 14, 27.03., S. 19-29.
Zuckermann, Moshe, 1998b: Zweierlei Holocaust. Der Holocaust in den politischen Kulturen Israels und Deutschlands, Göttingen.

II. Auseinandersetzung mit der DDR-Vergangenheit

Lore Maria Peschel-Gutzeit
unter Mitarbeit von Birgit Geigle

Die Bedeutung des Nürnberger Juristenprozesses für die justitielle Bearbeitung der DDR-Vergangenheit

Am 3. und 4. Dezember 1947 verkündete der Militärgerichtshof III der Vereinigten Staaten von Amerika das Nürnberger Juristenurteil.[1] Die rechtlichen Grundlagen für das Urteil bildeten das Statut für den Internationalen Militärgerichtshof, ein völkerrechtlicher Vertrag und das Kontrollratsgesetz Nr. 10. Der Militärgerichtshof führte in seinem Urteil aus, daß das Kontrollratsgesetz Nr. 10 „einen Ausdruck des zur Zeit seiner Schaffung bestehenden materiellen Völkerrechts" darstelle, also eine Kodifikation bereits bestehenden Völkerrechts.[2] Zu den in Artikel II Kontrollratsgesetz Nr. 10 angeführten Tatbeständen gehörte in Absatz 1c auch der Tatbestand des Verbrechens gegen die Menschlichkeit. Er pönalisierte u.a. die Verfolgung aus politischen, rassischen oder religiösen Gründen ohne Rücksicht darauf, ob sie das nationale Recht des Landes, in welchem die Handlung begangen wurde, verletzten. Der Gerichtshof, der seine Jurisdiktion auf internationale Autorität begründete, hatte nach eigenem Verständnis die Aufgabe, Völkerrecht als jedem deutschen Gesetz oder Erlaß überlegenes Recht durchzusetzen. Wie der Gerichtshof ausführte, sollte dabei „nicht das Verbrechen eines deutschen Privatmannes verurteilt werden, sondern Verbrechen (...), die entweder von der Regierung systematisch organisiert und durchgeführt wurden oder ihre Billigung fanden".[3] Zur Wahrung des Grundsatzes „nulla poena sine lege" (lat.: keine Strafe ohne Gesetz), stellte der Gerichtshof darauf ab, „daß der Angeklagte wußte bzw. wissen mußte, daß er sich in Angelegenheiten von völkerrechtlichem Belang der Teilnahme an einem staatlich organisierten System der Ungerechtigkeit und Verfolgung schuldig gemacht hat, welches das sittliche Gefühl der Menschheit verletzt, und daß er wußte, bzw. wissen mußte, daß er im Falle der Festnahme bestraft werden würde".[4]

---

1 In den vorliegenden Aufsatz sind Auszüge eingeflossen aus Peschel-Gutzeit/Jenckel: Aktuelle Bezüge des Nürnberger Juristenurteils, in: dies. (Hrsg.), Das Nürnberger Juristen-Urteil von 1947, Baden-Baden: Nomos-Verlag 1996.
2 Zentral-Justizamt für die Britische Zone (Hrsg.): Das Nürnberger Juristenurteil, S. 20 f.
3 Das Nürnberger Juristenurteil, S. 29.
4 Das Nürnberger Juristenurteil, S. 34.

Diese Aussagen des Nürnberger Juristenurteils sind heute, in einer Zeit, in der sich die deutsche Justiz mit der Aufarbeitung des Systemunrechts der DDR beschäftigt, aktueller denn je. Auch wenn die Umstände, unter denen die Militärgerichtshöfe und das von ihnen anzuwendende Recht geschaffen wurden, völlig andere waren, als sie der Einigungsvertrag mit sich gebracht hat, zeigt sich nach fünfzig Jahren, daß die Probleme bei der Aufarbeitung von Systemunrecht dieselben geblieben sind. Das ist unabhängig davon, ob das Ende eines solchen Unrechtssystems durch eine militärische Befreiung oder durch eine friedliche Revolution herbeigeführt wird, und auch unabhängig davon, ob ein internationaler oder ein nationaler Gerichtshof zu Gericht sitzt. Das Problem „Menschenrechte und Rückwirkungsverbot" stand damals ebenso im Zentrum der Auseinandersetzung wie heute. Selbstverständlich ist die NS-Terrorjustiz, für die der „Wille des Führers" Gesetz war, nicht mit der SED-Justiz gleichzusetzen. Dennoch lassen sich beide Unrechtssysteme in vielerlei Hinsicht miteinander vergleichen.[5] Der Bundesgerichtshof weist in seinem Urteil vom 3. November 1992 zu Recht darauf hin, daß das Unrecht des NS-Staats unvergleichlich schwerer wog als das staatliche Unrecht der DDR.[6] Gleichwohl sind, wie das Landgericht Berlin in dem ersten „Mauerschützenurteil" erkannt hat, die Rechtsgrundsätze, die zur Beurteilung des NS-Unrechts herangezogen wurden, auch auf das SED-Unrecht anzuwenden.[7] Denn juristisch kann es nicht auf die Tötungstechniken und die Zahl der Opfer – auch anderer Menschenrechtsverletzungen – ankommen. Der folgende Beitrag will untersuchen, ob die deutsche Justiz und der Gesetzgeber aus dem Nürnberger Prozeß und den in seiner Folge geführten Diskussionen und vertraglichen Vereinbarungen Lehren gezogen haben, die sie in die Lage versetzen, das Systemunrecht der DDR juristisch korrekt aufzuarbeiten und die Menschenrechte angemessen zu verteidigen.

I. Das Rückwirkungsverbot

Verständnis, Auslegung und Anwendung des Rückwirkungsverbots entscheiden maßgeblich über die Handlungsfähigkeit einer Justiz. Um den Umgang des Bundesgerichtshofes mit diesen Fragen bei der Aufarbeitung des Systemunrechts der DDR beurteilen zu können, soll im folgenden zunächst auf die Ursprünge des Rückwirkungsverbots und sodann auf die Entwicklungen, die der Grundsatz in internationalen Vereinbarungen erfahren hat, eingegangen werden. Weiter soll die Handhabung des Rückwirkungsverbots in den Prozessen gegen NS-Täter durch die westdeutsche Nachkriegsjustiz und die DDR-Justiz dargestellt werden.

---

5 Vgl. Wassermann: Sind politische Verbrechen justitiabel?, S. 28.
6 BGHSt 39, 1, 24 = NJW 1993, S. 141.
7 LG Berlin, JZ 1992, S. 693.

Die Bedeutung des Nürnberger Juristenprozesses

I.1 Geschichtliche Einordnung und innerstaatliche Bedeutung des Rückwirkungsverbots

Das Rückwirkungsverbot „nulla poene sine lege" geht auf die Zeit der Aufklärung zurück.[8] Es spiegelt den Gedanken der Gewaltenteilung von Montesquieu wider. Die Judikative darf nur dort (ver-)urteilen, wo die Legislative ein entsprechendes Gesetz erlassen hat. Dadurch wird der Mensch als Inhaber angeborener, unverletzlicher Rechte vor unvorhersehbaren und willkürlichen Sanktionen des Staates, die in eben diese Rechte eingreifen, geschützt. Feuerbach hat die lateinische Formulierung im Zusammenhang mit der Theorie des psychologischen Zwangs geschaffen,[9] die längst der Rechtsgeschichte angehört.[10] Für das heute geltende Schuldprinzip im Strafrecht hat dieser Satz dennoch seine Bedeutung behalten. Hiernach ist nur diejenige Handlung als Unrecht vorwerfbar, die als solche festgelegt und bezeichnet ist. Dadurch wird jene Rechtssicherheit gewährt, wie sie die Bewegung der Aufklärung für alle Bürger gefordert hat: Nur wenn der Staat vor der Begehung ein Delikt unter Strafe gestellt hat, darf er in die Freiheiten seines Bürgers eingreifen und eine Strafe aussprechen. Dabei weist Grünwald zu Recht darauf hin, daß es nicht auf die Kenntnis des konkreten Strafgesetzes, sondern des Verbots der betroffenen Handlung ankomme, denn nur letztere sei Anknüpfungspunkt für den Schuldvorwurf.[11] Dies entspricht auch der Regelung des § 17 StGB. Zur Unrechtseinsicht und damit zum Fehlen eines strafbefreienden Verbotsirrtums genügt das Bewußtsein eines Verstoßes gegen die rechtliche Ordnung, ohne daß es der Kenntnis einer bestimmten verletzten Norm bedarf.[12] Maßgeblich ist die Kenntnis, Unrecht zu tun. Darauf, ob dieses Unrecht auch vom Täter für strafbar gehalten wird, kommt es nicht an.[13] Allerdings ist das Vorliegen eines Gesetzes, aus dem sich das Unrecht ergibt, unabdingbare Voraussetzung für die Strafbarkeit dieses Unrechts. Das Rückwirkungsverbot ist in Artikel 103 Absatz 2 Grundgesetz verankert. Danach kann eine Tat nur bestraft werden, „wenn die Strafbarkeit gesetzlich bestimmt war, bevor die Tat begangen wurde". Hinsichtlich strafrechtlicher Gesetze gilt dieses Rückwirkungsverbot absolut.[14]

I.2 Das Rückwirkungsverbot in internationalen Verträgen

Nachdem die internationalen Prozesse über das Unrecht des NS-Regimes beendet waren, fanden die Grundsätze, wie sie dort und später auch von einem entspre-

---

8 Vgl. Welke, in: KJ 1995, S. 369.
9 Vgl. Grünwald, in: ZStW 1964, S. 10.
10 Vgl. Welke, in: KJ 1995, S. 372.
11 Vgl. Grünwald, in: ZStW 1964, S. 11.
12 Vgl. BGHSt 11, S. 266.
13 Tröndle, Kommentar zum StGB, § 17 Rn 3.
14 BVerfGE 30, S. 384 f.

chenden Gerichtshof in Tokio[15] angewandt worden waren, auch weiterhin Aufmerksamkeit. Bereits 1950 legte die International Law Commission im Auftrag der Generalversammlung der UNO den ersten Entwurf einer Formulierung der sog. Nürnberger Prinzipien vor, also der völkerrechtlichen Prinzipien, wie sie im Statut des Internationalen Militärgerichtshofs und in den Nürnberger Prozessen anerkannt worden waren. Allerdings wurde dieser Entwurf in der Generalversammlung der Vereinten Nationen über einen langen Zeitraum nicht in die verbindliche Form gebracht. Erst durch die Einrichtung des Internationalen Strafgerichtshofs zur Ahndung der Balkankriegsverbrechen am 25. Mai 1993 wurden diese Grundsätze erstmals in eine für alle Mitglieder der UNO verbindliche Form umgesetzt.[16]

Die Allgemeine Erklärung der Menschenrechte vom 10. Dezember 1948 enthält in Artikel 11 Nr. 2 ein Rückwirkungsverbot, das sogar noch über Artikel 103 Absatz 2 Grundgesetz hinausgeht.[17] Es unterscheidet ausdrücklich zwischen Handlung und Unterlassung und gilt auch hinsichtlich der Strafdrohung; allerdings werden die Nürnberger Prinzipien nicht berücksichtigt.[18] Um die Menschenrechte jedenfalls für die europäischen Staaten verbindlich zu sichern, wurde in Rom am 4. November 1950 die Europäische Konvention zum Schutz der Menschenrechte und Grundfreiheiten (EMRK) unterzeichnet.[19] Das Rückwirkungsverbot wurde in diesem Vertrag zugunsten materieller Gerechtigkeit entscheidend relativiert: Artikel 7 Absatz 2 EMRK nimmt von dem Rückwirkungsverbot solche Handlungen oder Unterlassungen aus, die im Zeitpunkt ihrer Begehung nach den von der Völkergemeinschaft anerkannten allgemeinen Rechtsgrundsätzen strafbar waren. Die Rechtsprechung der Europäischen Kommission für Menschenrechte verlangt zur Einhaltung des Rückwirkungsverbots nicht notwendig einen geschriebenen Rechtssatz, wenn nur der Straftatbestand und der Strafrahmen nach der Rechtsprechung klar umgrenzt sind.[20]

Die Bundesrepublik Deutschland hat bei der Ratifizierung der EMRK als einziger Unterzeichnerstaat den Vorbehalt gemacht, daß sie Artikel 7 Absatz 2 nur in den Grenzen von Artikel 103 Absatz 2 Grundgesetz anwenden will.[21] Das Festhalten der Bundesrepublik an einem absoluten Rückwirkungsverbot beruht auf den Erfahrungen mit rückwirkenden Gesetzen im NS-Regime.[22] Die übrigen Unterzeichnerstaaten haben auf die Aufnahme des Artikel 7 Absatz 2 EMRK gedrungen, weil die Nürnberger Militärgerichtsverfahren ausdrücklich gerecht-

---

15 Vgl. Roggemann, in: ZRP 1994, S. 297 ff.
16 Resolution 827 v. 25.5.1993.
17 Resolution 217 III Universal Declaration of Human Rights, in: United Nations, General Records third Session, part I, Resolutions, Doc. A/810, S. 71.
18 Vgl. Bonner Kommentar zum Grundgesetz – Rüping, Art. 103 Abs. 2, Rz 97.
19 United Nations Treaty Series (UNTS) Bd. 213, S. 221.
20 Vgl. Frowein/Peukert – Frowein, EMRK-Kommentar, Art. 7, Rz 4; Maunz-Dürig-Herzog – Schmidt-Aßmann, Kommentar zum Grundgesetz, Art. 103 Abs. 2, Rz 250.
21 BGBl. 1954 II 14.
22 Frowein, a.a.O., Rz 8.

fertigt werden sollten. Die internationalen Strafverfahren nach dem Kriege hatten verdeutlicht, daß die absolute Beschränkung der Strafbarkeit von Handlungen und Unterlassungen auf solche Taten, die bereits vor ihrer Begehung durch ein schriftliches Gesetz mit Strafe bedroht waren, den Erfordernissen bei der juristischen Aufarbeitung der Taten eines Unrechtssystems nicht gerecht werden konnte.[23] Wenn es an einer nationalen Strafordnung fehlt, die Verstöße gegen die Menschenrechte unter Strafe stellt, wie es zumeist bei Unrechtssystemen der Fall ist, können bei einem absoluten Rückwirkungsverbot solche Verstöße nach dem politischen Ende des Systems, unter dem sie begangen wurden, nicht geahndet werden.

Nahezu zwanzig Jahre später, am 19. Dezember 1966, wurde von der Vollversammlung der UNO der Internationale Pakt über bürgerliche und politische Rechte (IPbpR) verabschiedet.[24] Er dient der völkerrechtlichen Sicherung der Menschenrechte; im wesentlichen bringt er die in der Allgemeinen Erklärung der Menschenrechte von 1948 enthaltenen Grundsätze in eine vertragliche Form. Sowohl die Bundesrepublik als auch die DDR sind ihm beigetreten.[25] In Artikel 15 Absatz 2 wurde zum Rückwirkungsverbot dieselbe einschränkende Formulierung wie in Artikel 7 Absatz 2 EMRK gewählt: Ein Täter kann sich nicht auf das Rückwirkungsverbot berufen, wenn seine Tat zwar nicht nach dem Gesetz seines Landes, aber nach den von der Völkergemeinschaft anerkannten allgemeinen Grundsätzen strafbar ist. Die Bundesrepublik hat – anders als bei der EMRK – hierzu keinen Vorbehalt erklärt. Dem lag die Überlegung zu Grunde, daß Artikel 15 Absatz 2 IPbpR zwar die Strafbarkeit von Taten jenseits der Regelung des Artikels 103 Absatz 2 GG zuläßt, zur Verfolgung aber nicht verpflichtet. Insoweit geht für die Bundesrepublik gemäß Artikel 5 Absatz 2 des Paktes das Verfassungsrecht als das dem Angeklagten günstigere Recht vor.[26] Es ist schon 1953 darauf hingewiesen worden, daß – mangels einer Strafverpflichtung – auch der Vorbehalt zu Artikel 7 Absatz 2 EMRK nicht notwendig gewesen wäre, weil Artikel 103 Absatz 2 Grundgesetz insoweit Vorrang genießt.[27]

I.3 Die Prozesse der Justiz der Bundesrepublik gegen NS-Verbrecher

Während sich in Nürnberg die Militärgerichte der Aufarbeitung des NS-Systemunrechts mit großem Aufwand widmeten, nahmen parallel dazu die wiedereröffneten deutschen Gerichte die Strafverfolgung von NS-Verbrechen auf. In den Verfahren ging es – sozusagen spiegelbildlich zu den von den alliierten Militärgerichten verfolgten Taten – vor allem um Verbrechen, die an Deutschen verübt worden waren. Dabei waren auch die deutschen Gerichte gehalten, das Kontroll-

---

23 Vgl. Grünwald, in: ZStW 1964, S. 6.
24 BGBl. 1973 II 1534.
25 BGBl. II 1973 1533; GBl./DDR 1974 II 57.
26 BR-Drucks. 304/73, 34.
27 Vgl. Weber, in: ZStW 1953, S. 348.

ratsgesetz Nr. 10 anzuwenden. Wurde von der deutschen Völker- und Staatsrechtslehre die Legitimation der Alliierten Gesetzgebung und Strafverfolgung bezweifelt,[28] so nahm bald auch ein gewichtiger Teil der Strafrechtswissenschaftler eine kritische Haltung zu den alliierten Prozessen, dem Kontrollratsgesetz Nr. 10 und zum Tatbestand des Verbrechens gegen die Menschlichkeit ein. Man hielt die im deutschen Strafrecht zentralen Maximen des „nullum crimen sine lege, nulla poena sine lege" für verletzt.[29] Dies führte bald dazu, daß die gesamte Strafverfolgung nationalsozialistischer Gewaltverbrechen mit dem Odium der Rechtsstaatswidrigkeit versehen wurde. Das Wort von der „Siegerjustiz" machte die Runde. Bald war auch von „Nestbeschmutzern" die Rede. Schon fünf Jahre nach dem Ende der nationalsozialistischen Herrschaft verlangte eine qualifizierte Mehrheit der Westdeutschen, daß endlich ein „Schlußstrich" unter die Vergangenheit gezogen werde.[30] Die erste Bundesregierung gab dieser Stimmung nach. Die „Entnazifizierung" wurde mit der nahezu vollständigen Rehabilitierung aller Belasteten abgeschlossen. Auf Grund des Ausführungsgesetzes zu Artikel 131 GG erhielten 1951 auch NS-Aktivisten ihre „wohlerworbenen Rechte" zurück.[31] Praktisch alle noch verwendungsfähigen Richter und Staatsanwälte kehrten nun in den Justizdienst zurück. Gleichzeitig setzten sich die höchsten Repräsentanten der zweiten deutschen Demokratie für die Begnadigung der von alliierten Gerichten verurteilten NS-Verbrecher ein. Franz Schlegelberger, der im Nürnberger Juristenurteil zu lebenslanger Freiheitsstrafe verurteilt worden war, kam beispielsweise schon 1950 frei.[32]

Nach zähen Auseinandersetzungen mit den Alliierten wurde bereits ab 1951 das Kontrollratsgesetz Nr. 10 nicht mehr angewandt.[33] Damit verblieb als Rechtsgrundlage für die strafrechtliche Verfolgung von NS-Verbrechern nur noch das innerstaatliche Recht. 1954 trat ein Amnestiegesetz hinzu, nach welchem sogar Tötungs-Verbrechen in der „Schlußphase des Krieges" – 1. Oktober 1944 bis 31. Juli 1945 – straffrei bleiben konnten. Wer sich 1945 eine falsche Identität zugelegt hatte, konnte nun sanktionslos wieder „auftauchen".[34] Vor diesem Hintergrund herrschte bei den Strafverfolgungsbehörden die Auffassung, die Auseinandersetzung mit den NS-Verbrechen sei abgeschlossen. Daher trat in den 50er Jahren ein faktischer Stillstand der Rechtspflege ein. Waren bis Ende 1952 rund 4.500 Personen von deutschen Gerichten wegen NS-Verbrechen verurteilt worden, so sank die Zahl der verurteilten Personen im Jahre 1954 auf 44 und im Jahre 1955 auf lediglich 21 ab.[35] Zwar hatte sich die im Bundestag ebenfalls erhobene Forderung nach

---

28 Vgl. Klein, Neues deutsches Verfassungsrecht, S. 32 f; Stödter, Deutsche Rechtslage, S. 185 ff.
29 Vgl. Haensel, in: NJW 1949, S. 367 ff.; v. Hodenberg, in: SJ 1947, S. 114 ff.
30 Steinbach, Nationalsozialistische Gewaltverbrechen, S. 56.
31 Vgl. Müller, Furchtbare Juristen, S. 210.
32 Vgl. Schwartz, in: Vierteljahreshefte für Zeitgeschichte 1990, S. 375 ff.
33 Vgl. Rückerl, NS-Verbrechen vor Gericht, S. 124.
34 Vgl. Rückerl, a.a.O., S. 329.
35 Vgl. Rückerl, a.a.O., S. 329.

einer Generalamnestie nicht durchsetzen können. Aber die politischen Vorgaben hatten zur Folge, daß Staatsanwaltschaften und Gerichte die Verfolgung von NS-Verbrechen faktisch beendeten. Erst der im Jahre 1958 durchgeführte „Ulmer Einsatzgruppenprozeß", bei dem es um die Ermordung von 4.000 litauischen Juden nach dem deutschen Überfall auf die Sowjetunion im Jahre 1941 ging, machte dem Desinteresse der westdeutschen Gesellschaft an der Aufarbeitung von NS-Verbrechen ein Ende.[36] Durch die breite Medienberichterstattung rückte erstmals seit den Nürnberger Prozessen wieder in das Bewußtsein einer breiten Öffentlichkeit, welche Verbrechen vor allem in Osteuropa verübt worden waren. Auch viele Politiker sahen nun Handlungsbedarf. Am 1. Dezember 1958 wurde von den Justizministern und -senatoren der deutschen Bundesländer auf Grundlage einer Verwaltungsvereinbarung die „Zentrale Stelle der Landesjustizverwaltungen zur Aufklärung nationalsozialistischer Gewaltverbrechen" in Ludwigsburg errichtet.[37] Damals ging man davon aus, daß die bis heute bestehende „Zentrale Stelle" ihre Aufgabe binnen weniger Jahre erledigt haben würde.[38]

Der Deutsche Bundestag ließ noch im Jahre 1960 Totschlagsdelikte aus der NS-Zeit verjähren. Die Verjährungsfrist für Mord wurde 1965 und 1969 zunächst verlängert, bis sie schließlich 1979 ganz aufgehoben wurde.[39] In fast allen Bundesländern wurden seit Beginn der 60er Jahre bei den Staatsanwaltschaften Sonderdezernate zur Verfolgung von NS-Gewaltverbrechen gebildet. Damit begann eine systematische Aufarbeitung jener nationalsozialistischer Gewaltverbrechen, die insbesondere in Osteuropa begangen worden waren. Der Erfolg dieser Bemühungen hielt sich jedoch sehr in Grenzen. In vielen Fällen setzten die staatsanwaltschaftlichen Ermittlungen zu spät ein, zogen sich dann über Jahre hin und mußten letztlich eingestellt werden. In anderen Fällen, in denen es zur Anklage kam, verhängten Gerichte kaum nachvollziehbar milde Strafen.

Ein besonders dunkles Kapitel stellt die verständnisvolle Rechtsprechung der Tatsacheninstanzen und des Bundesgerichtshofes gegenüber NS-Juristen dar.[40] Grundlage der Diskussionen bildete die sog. Radbruchsche Formel. „Der Konflikt zwischen der Gerechtigkeit und der Rechtssicherheit", so Radbruch, „dürfte dahin zu lösen sein, daß das positive, durch Satzung und Macht gesicherte Recht auch dann den Vorrang hat, wenn es inhaltlich ungerecht und unzweckmäßig ist, es sei denn, daß der Widerspruch des positiven Gesetzes zur Gerechtigkeit ein so unerträgliches Maß erreicht, daß das Gesetz als 'unrichtiges Recht' der Gerechtigkeit zu weichen hat".[41] Zur strafrechtlichen Verantwortung von Richtern führte Radbruch aus: „Strafbarkeit des Richters wegen Tötung setzt die gleichzeitige Feststellung einer von ihm begangenen Rechtsbeugung voraus", und eine Rechts-

---

36 Vgl. Steinbach, a.a.O., S. 46-48.
37 Vgl. Schüle, in: JZ 1962, S. 242.
38 Vgl. Steinbach, a.a.O., S. 48-50.
39 Vgl. Steinbach, a.a.O., S. 54 ff.
40 Vgl. Dencker, Die strafrechtliche Beurteilung von NS-Rechtsprechungsakten, S. 294 ff.
41 Radbruch, in: SJZ 1946, S. 107.

beugung ist nur strafbar, wenn sie „bewußt" erfolgt.[42] Die Rechtsprechung jener Jahre machte sich diese Ausführungen Radbruchs zunutze. Anders als die Richter von Nürnberg räumten sie dem nationalen positiven Recht den Vorrang vor dem Völkerrecht ein. Mit Hinweis auf ein fehlendes Unrechtsbewußtsein wurde kein einziger NS-Richter oder Staatsanwalt – von zwei Ausnahmen abgesehen – von der deutschen Nachkriegsjustiz für die von ihm begangenen Verbrechen zur Zeit des Nationalsozialismus verurteilt. Die Einschränkung Radbruchs, daß „Rechtsblindheit (...) den Vorsatz nicht auszuschließen" vermöge, wurde ignoriert. Mit Recht wird daher von Kritikern von einer Selbstamnestierung der Justiz für ihre eigenen Taten gesprochen; ein Makel, an dem die deutsche Nachkriegsjustiz zu tragen hat.

I.4 Die Prozesse der DDR-Justiz gegen NS-Verbrecher

Die DDR hat sich nach ihrer Gründung in intensiver Weise darum bemüht, ihr neugegründetes Staatswesen durch Prozesse gegen NS-Verbrecher von der deutschen Vergangenheit zu distanzieren und dadurch zu demonstrieren, daß die DDR „die Lehren aus der deutschen Geschichte gezogen habe und ihre völkerrechtlichen Verpflichtungen aus dem Potsdamer Abkommen erfülle".[43] Nach offiziellen Angaben der DDR sollen in der Zeit von 1945 bis 1964 in der Bundesrepublik insgesamt 5.234 Personen und in der DDR im selben Zeitraum 12.807 Personen verurteilt worden sein.[44] Diese Zahlen müssen jedoch bezweifelt werden, denn sie beziehen auf seiten der DDR zum Beispiel die sog. Waldheimer Prozesse ein. Dabei handelte es sich um weit über 3.000 Verfahren gegen zuvor in Internierungslagern der Sowjets festgehaltene Menschen, die im Verdacht standen, sich gegen die Gesetze der Menschlichkeit vergangen oder sich in irgendeiner Form an den Verbrechen des nazistischen Staates beteiligt zu haben.[45] Sie wurden von eigens hierfür geschaffenen Ausnahmegerichten abgeurteilt, die sehr hohe Strafen verhängten. Nur einige Verfahren wurden öffentlich als Schauprozesse durchgeführt, um den Eindruck zu vermitteln, es handele sich um Verfahren, die die in der neuen Verfassung gewährleisteten Grundrechte achteten. Das Kammergericht hat im Zusammenhang mit einem Verfahren wegen Rechtshilfe festgestellt, daß eine Beachtung der Urteile in den Waldheimer Prozessen wegen „einer Fülle von Verstößen gegen die elementarsten Rechtsprinzipien" nicht in Betracht komme und die Urteile „absolut und unheilbar nichtig" seien.[46]

Die Rechtsgrundlage für die Verurteilungen von Nazi-Verbrechern bildete Ar-

---

42 Radbruch, in: SJZ 1946, S. 108.
43 Urteil des Obersten Gerichts der DDR gegen Dr. Hans Globke, in: NJ 1961, S. 449.
44 Vgl. Generalstaatsanwalt der DDR und Justizministerium der DDR (Hrsg.), Die Haltung der beiden deutschen Staaten zu den Nazi- und Kriegsverbrechen, S. 27.
45 Vgl. Werkentin, Politische Strafjustiz in der Ära Ulbricht, S. 174 ff.; Fricke, in: NJ 1991.
46 KG NJW 1954, S. 1901.

tikel 6 des Statuts für den Internationalen Militärgerichtshof (IMT-Statut). Vor der Verfassungsreform von 1968 ging das Oberste Gericht der DDR in seinen Urteilen davon aus, daß Artikel 5 der Verfassung der DDR von 1949,[47] der in seinem Wortlaut Artikel 25 GG glich, die Tatbestände des Artikel 6 des IMT-Status zu geltendem, direkt anwendbarem Recht in der DDR machte.[48] Alliiertes Recht bildete damit die unmittelbare Rechtsgrundlage für die Verfolgung der Nazi-Verbrecher. Dabei wies das Oberste Gericht darauf hin, daß es sich hierbei nicht um neue Tatbestände, sondern lediglich um die Kodifikation völkerrechtlicher Verbrechen handele.[49] Die neue Verfassung der DDR von 1968 nahm diesen in der Rechtsprechung entwickelten Grundsatz in Artikel 91 auf. Er wurde wortgleich in die Verfassung von 1974 übernommen.

Zwar enthielten alle Verfassungen der DDR ein Rückwirkungsverbot, wonach die Strafe gesetzlich bestimmt sein mußte und Strafgesetze keine rückwirkende Kraft hatten. Allerdings nahm Artikel 135 Absatz 3 der Verfassung von 1949 die Bestimmungen, die zur Überwindung des Nazismus, des Faschismus und des Militarismus getroffen wurden oder die zur Ahndung von Verbrechen gegen die Menschlichkeit notwendig waren, von der Anwendung des Rückwirkungsverbots aus. Die Frage nach der Reichweite eines Rückwirkungsverbots hinsichtlich der Aufarbeitung des NS-Unrechts stellte sich in der Zeit vor 1968 also schon wegen dieser Verfassungsvorschrift nicht. Die spätere Verfassung von 1974 übernahm zwar den bereits erwähnten Artikel 91. Eine ausdrückliche Ausnahmeregelung hinsichtlich des Rückwirkungsverbots wurde jedoch nicht aufgenommen. Gleichwohl wurde in der DDR kein Anlaß gesehen, das Rückwirkungsverbot für die Verfolgung von NS-Verbrechen zu erörtern, weil das Völkerrecht als unmittelbar geltendes Recht übergeleitet worden war.

Die DDR behandelte die Aufarbeitung der NS-Justiz als ein Mittel, sich als konsequenten Verfechter der Menschenrechte im Geiste der Vereinten Nationen und als Verfolger der NS-Verbrecher darzustellen.[50] Dabei wurde immer wieder betont, daß die DDR die völkerrechtlichen Prinzipien, wie sie sich aus Artikel 6 des IMT-Status ergeben, im Gegensatz zur Bundesrepublik unbedingt anerkenne und nach ihnen verfahre. In diesem Zusammenhang wurde auch wiederholt darauf verwiesen, daß sich weder ein Staat unter Berufung auf seine souveräne Entscheidungsfreiheit noch der einzelne unter Berufung auf das jeweilige innerstaatliche Recht diesen Regeln und damit der Strafbarkeit entziehen könne.[51] Nach der Völkerrechtslehre der DDR konnten Verbrechen gegen die Menschlichkeit im Sinne von Artikel 6c des IMT-Statuts auch unabhängig von Verbrechen gegen den Frieden oder Kriegsverbrechen begangen werden, da es sich um selbständige Tatbestände

---

47 GBl./DDR 1949, S. 5 ff.
48 Urteil gegen Dr. Hans Globke, in: NJ 1961, S. 507; Urteil gegen den KZ-Arzt Fischer, in: NJ 1966, S. 203.
49 Urteil gegen Dr. Hans Globke, in: NJ 1961, S. 507.
50 Vgl. Graefrath, in: NJ 1967.
51 Vgl. Akademie für Staats- und Rechtswissenschaft der DDR (Hrsg.), Völkerrecht, S. 348.

handelte, die sowohl im Krieg als auch im Frieden erfüllt werden könnten.[52] Die DDR hielt also an den Nürnberger Prinzipien, wie sie die International Law Commission der UNO dargelegt hat, fest.

Der Umgang der Strafrechtslehre mit Verbrechen gegen die Menschlichkeit hat sich auch in den Jahren, in denen kaum noch Verfahren gegen Nazi-Verbrecher stattfanden, in der Theorie nicht geändert. Immer wieder wurde betont, daß Artikel 6 des Londoner IMT-Statuts als unmittelbar geltendes Recht anzuwenden sei[53] und daß sich die Aktualität der Nürnberger Prinzipien nicht mit der „Abrechnung mit den Nazi-Verbrechern" erschöpft habe. Kein Staat dürfe sich diesen Maßstäben unter Berufung auf innerstaatliche Bestimmungen entziehen, und jeder, der Verbrechen der in Artikel 6 IMT-Statut aufgeführten Art begeht, müsse sich an den Nürnberger Prinzipien messen lassen.[54] „Das Ringen um die Bewahrung des Urteils von Nürnberg und seine Grundsätze gehört zum Streben nach einer Politik der friedlichen Koexistenz. Es ist nicht zu trennen vom Kampf um die Wahrung elementarster Menschenrechte."[55]

Daß die DDR das Thema „Aufarbeitung von NS-Unrecht" dazu genutzt hat, sich von der Bundesrepublik abzugrenzen und sich damit als „Hort des Antifaschismus" zu legitimieren, soll hier nicht vertieft werden. Entscheidend für die hier angestellten Überlegungen ist das unbedingte Festhalten der DDR an der Strafbarkeit von Verbrechen gegen die Menschlichkeit im Sinne des Artikels 6c des IMT-Statuts, unabhängig vom innerstaatlichen Recht, der amtlichen Funktion des Täters und einem möglichen Befehl, aufgrund dessen er gehandelt hat. Insoweit deckte sich die Auffassung in der DDR zur Reichweite des Rückwirkungsverbots mit der Mehrheit der Unterzeichner-Staaten und entsprach dem in der Europäischen Menschenrechtskonvention und im Internationalen Pakt für bürgerliche und politische Rechte niedergelegten Ansatz. Diesen Ansatz hat die Bundesrepublik nicht übernommen.

II. Bedeutung des Rückwirkungsverbots in den Urteilen zum DDR-Systemunrecht

II.1 Vorbemerkung zu den Verfahren der Berliner Justiz aus dem Bereich des Systemunrechts der DDR

Zur Aufarbeitung des Systemunrechts der DDR wurden 1990 vergleichbar der Situation nach dem Krieg hohe Ansprüche an die Justiz gerichtet. Straftaten gegen Leben und Gesundheit, aber auch gegen Freiheit und Freizügigkeit sollten konsequent verfolgt werden. Dabei ist heute weitgehend in Vergessenheit geraten,

---

52 Vgl. Akamedie für Staats- und Rechtswissenschaft der DDR, a.a.O., S. 347.
53 Vgl. Toeplitz, in: NJ 1985.
54 Vgl. Wieland, Der Jahrhundertprozeß von Nürnberg, S. 151 f.
55 Przybylski, Zwischen Galgen und Amnestie, S. 6.

Die Bedeutung des Nürnberger Juristenprozesses 121

daß die ersten Strafverfahren gegen Repräsentanten des SED-Regimes im Verlauf des Jahres 1990 noch von der Generalstaatsanwaltschaft der DDR, als Hans Modrow Ministerpräsident der DDR war, eingeleitet wurden. So liefen gegen Erich Honecker Ermittlungen wegen Hochverrats, und Erich Mielke sowie Harry Tisch saßen bereits vor dem 3. Oktober 1990 in Untersuchungshaft. An diesem Tag übernahm die West-Berliner Justiz unter der damaligen Senatorin für Justiz und heutigen Präsidentin des Bundesverfassungsgerichts, Prof. Jutta Limbach, die Verantwortung für die Justiz im Ostteil Berlins. Es kam zu einem radikalen Bruch mit der Ost-Justiz. Anders als in den neuen Ländern wurden am 3. Oktober 1990 zunächst alle Gerichte im Ostteil der Stadt geschlossen. Von den 281 Richtern und Staatsanwälten, die dort amtiert hatten, wurden schließlich nur 43 übernommen, nachdem zunächst alle entlassen worden waren. Dies entspricht einem Anteil von lediglich 15 Prozent, während in den neuen Bundesländern rund die Hälfte übernommen wurde. Hinzu trat der ausgeprägte Wille zu einer effizienten strafrechtlichen Verfolgung des Systemunrechts der DDR. Noch am 3. Oktober 1990 wurde die „Arbeitsgruppe Regierungskriminalität" bei der Generalstaatsanwaltschaft beim Kammergericht gebildet. Diese übernahm eine Art Schrittmacherfunktion bei dem Umgang mit dem Systemunrecht der DDR. Seit dem 1. Oktober 1994 hat das Land Berlin eine zweite Staatsanwaltschaft bei dem Landgericht Berlin eingerichtet, unter deren Dach nunmehr die Ermittlungen aller Verfahren zur sogenannten Regierungs- und Vereinigungskriminalität zusammengefaßt sind. Sie hat insgesamt 125 Beschäftigte, darunter 80 Stellen für Staatsanwälte, deren Besetzung in einer Soll-Stärke von 60 Stellen durch Abordnungen aus Bund und Ländern vorgesehen ist. Zum Stichtag 31. März 1998 verzeichnete diese Staatsanwaltschaft nach eigenen Angaben 22.191 Eingänge. Davon sind mittlerweile 20.503 durch Einstellung erledigt worden. In 471 Fällen wurde Anklage erhoben. Nur noch 1.217 Verfahren sind offen. Von den insgesamt 174 wegen Gewalttaten an der Grenze beschuldigten Personen wurden 78 rechtskräftig verurteilt. Aus dem Justiz-Bereich wurden insgesamt 141 Personen wegen Rechtsbeugung angeklagt, jedoch lediglich 16 rechtskräftig verurteilt.

II.2 Die Urteile zum Systemunrecht der DDR und das Rückwirkungsverbot

Mittlerweile liegen mehrere Urteile des Bundesgerichtshofs und des Bundesverfassungsgerichts zum Systemunrecht der DDR vor, und wieder rückt das Rückwirkungsverbot in den Mittelpunkt der Betrachtung. Hier soll anhand der Deliktsbereiche „Schußwaffengebrauch an der Mauer" und „Rechtsbeugung" untersucht werden, ob und in welchem Ausmaß den Verstößen gegen Menschenrechte in der DDR durch die Strafjustiz Rechnung getragen wird.

Beide Deliktsbereiche fallen nach der Rechtsprechung unter das gemäß den Vorschriften des Einigungsvertrages anwendbare Strafrecht und sind grundsätzlich strafbar. Es gibt dazu jeweils höchstrichterliche Urteile und zwar verurteilende wie freisprechende. Artikel 315 EGStGB legt fest, daß Straftaten, die auf dem Gebiet der DDR begangen wurden, nach dem Beitritt nur dann zu bestrafen sind, wenn sie auch nach dem Recht der DDR mit Freiheitsstrafe oder Geldstrafe belegt waren.[56] Diese Regelung ist Ausdruck des in Artikel 103 Absatz 2 GG normierten Rückwirkungsverbots. Auch die Strafbarkeit der sogenannten staatsverstärkten Kriminalität der DDR richtet sich somit nach dem damals gültigen Strafgesetzbuch. Der Verweis auf § 2 StGB in Artikel 315 EGStGB berücksichtigt dabei die Unterschiede zwischen dem Rechtsstaat der alten Bundesrepublik und der sozialistischen Gesetzlichkeit in der DDR nicht. Allerdings finden sich in den Urteilen zu den genannten Deliktsgruppen Ausführungen, die sich auf das Verhältnis zwischen den Strafgesetzen der DDR, insbesondere ihrer tatsächlichen Handhabung, und den Menschenrechten beziehen. Bei den sog. Mauerschützenprozessen wird hierauf bei der Prüfung möglicher Rechtfertigungsgründe, bei den Rechtsbeugungsprozessen bei der Prüfung des objektiven, ggf. des subjektiven Tatbestandes eingegangen. Läßt sich eine gemeinsame Linie erkennen, an der sich die Auslegung der jeweiligen Strafvorschrift und die Subsumtion der einzelnen Taten orientiert?

II.2.1 Zu den Mauerschützenprozessen

Im ersten Mauerschützenurteil des Bundesgerichtshofes vom 3. November 1992 heißt es, § 27 Absatz 2 Grenzgesetz der DDR dürfe nicht als Rechtfertigungsgrund im Sinne des milderen Rechts berücksichtigt werden.[57] Die tatsächliche Handhabung dieser Vorschrift habe der Fluchtbehinderung Vorrang vor dem Lebensschutz eingeräumt und müsse daher „wegen Verletzung vorgeordneter, auch von der DDR zu beachtender allgemeiner Rechtsprinzipien und wegen eines extremen Verstoßes gegen das Verhältnismäßigkeitsprinzip bei der Rechtfertigung außer Betracht bleiben."[58] Dabei hebt der BGH in dieser Entscheidung deutlich hervor, daß Fälle, in denen ein zur Tatzeit angenommener Rechtfertigungsgrund außer Betracht bleibt, nur dann vorliegen, wenn in dem Rechtfertigungsgrund „ein offensichtlich grober Verstoß gegen Grundgedanken der Gerechtigkeit und der Menschlichkeit zum Ausdruck kommt, der so schwer wiegt, daß er die allen Völkern gemeinsam, auf Wert und Würde des Menschen bezogenen Rechtsüberzeugungen verletzt". Es wird auf die Radbruchsche Formel verwiesen, die jedoch ein neues Problem stellt: Entschieden werden muß, wann ein „unerträgliches Maß" erreicht ist.

[56] Einführungsgesetz zum Strafgesetzbuch vom 2.3.1974, BGBl. I 469, letztes Änderungsgesetz vom 16.6.1995, BGBl. I 818.
[57] § 27 Abs. 2 Grenzgesetz der DDR hat folgenden Wortlaut: „Die Anwendung der Schußwaffe ist gerechtfertigt, um die unmittelbar bevorstehende Ausführung oder die Fortsetzung einer Straftat zu verhindern, die sich den Umständen nach als ein Verbrechen darstellt. Sie ist auch gerechtfertigt zur Ergreifung von Personen, die eines Verbrechens dringend verdächtig sind".
[58] BGHSt 39, 1, 24.

Der BGH zitiert in der genannten Entscheidung vom 3. November 1992 als „konkreten Prüfungsmaßstab" dafür, wann Menschenrechtsverletzungen vorliegen, die internationalen Menschenrechtspakte. Insbesondere greift er auf den 1974 auch von der DDR ratifizierten Internationalen Pakt für bürgerliche und politische Rechte vom 19.12.1966 zurück. Dabei sei es unerheblich, ob die DDR innerstaatlich entsprechend Artikel 51 ihrer Verfassung den Pakt umgesetzt habe.[59] Denn aus der einschlägigen völkerrechtlichen Literatur der DDR ergebe sich, daß ein Staat sich auch nach dem damaligen Rechtsverständnis nicht darauf habe berufen dürfen, völkerrechtlich eingegangene Verpflichtungen innerstaatlich nicht umgesetzt zu haben. Im Ergebnis stellt der BGH in der zitierten Entscheidung fest, die Auslegung, die § 27 Grenzgesetz in der DDR-Staatspraxis als Rechtfertigungsgrund erfahren habe, verstoße gegen die in Artikel 6 und 12 des Internationalen Pakts für bürgerliche und politische Rechte verbrieften Rechte auf Leben und Ausreisefreiheit und müsse daher bei der Suche nach dem milderen Recht unberücksichtigt bleiben.

Ein Rechtfertigungsgrund soll unberücksichtigt bleiben? Es stellt sich sogleich die Frage, wie dies mit dem Rückwirkungsverbot des Artikel 103 Absatz 2 GG zu vereinbaren ist. Der BGH problematisiert dies bei der Erörterung, „welches Verständnis vom Recht der Tatzeit" zugrunde zu legen sei. Er kommt zu dem Ergebnis, der Richter sei nicht an die Interpretation gebunden, die eine Vorschrift in der Staatspraxis erfahren habe, vielmehr dürfe er das Recht der DDR in den Grenzen seines Wortlauts „im Lichte der Verfassung der DDR so auslegen, daß den völkerrechtlichen Bindungen der DDR im Hinblick auf Menschenrechte entsprochen wurde."[60]

Diese Rechtsprechung hat der BGH seither mehrfach bestätigt, ergänzend erläutert,[61] und sowohl für die Tatzeit vor Erlaß des Grenzgesetzes der DDR am 25. März 1982, als ein Rechtfertigungsgrund in einem entsprechenden Befehl gelegen haben könnte,[62] als auch für die Zeit vor der Ratifizierung des Internationalen Pakts für bürgerliche und politische Rechte am 8. November 1974 mit Hinweis auf die Allgemeine Erklärung der Menschenrechte vom 10. Dezember 1948 ausgeweitet.[63] In seiner Entscheidung vom 26. Juli 1994 hat er zudem ausdrücklich darauf hingewiesen, daß die DDR wiederholt erklärt habe, sie identifiziere sich mit den Zielsetzungen der Vereinten Nationen, und damit anerkannt habe, jedem Menschen ständen Lebens- und Freiheitsrechte zu, die der Staat zu achten habe und über die er nicht schrankenlos verfügen dürfe. Zudem sei aus Entscheidungen des Internationalen Gerichtshofs erkennbar gewesen, daß die

---

59 Art. 51 der Verfassung der DDR lautet: „Die Volkskammer bestätigt Staatsverträge der Deutschen Demokratischen Republik und andere völkerrechtliche Verträge, soweit durch sie Gesetze der Volkskammer geändert werden. Sie entscheidet über die Kündigung dieser Verträge".
60 BGH St 39, 1, 29.
61 Vgl. BGH NJ 1993, S. 275 = NStZ 1993, S. 486 f. mit Anm. J. Herrmann.
62 Vgl. BGH NStZ, S. 401 ff. = NJ 1995, S. 539.
63 BGH NStZ 1994, S. 533 f. = NJ 1995, S. 42.

Menschenrechte mit Wirkung gegen jedermann, auch gegen den Staat zu schützen seien.

Schließlich hat der BGH in seinem Urteil vom 26. Juli 1994 entschieden,[64] daß auch Mitglieder des Nationalen Verteidigungsrats als Täter im Rahmen einer „Organisationsherrschaft"[65] mitverantwortlich für die an der innerdeutschen Grenze getöteten Flüchtlinge seien, weil sie an Entscheidungen des Nationalen Verteidigungsrats mitgewirkt haben, die anschließend in Befehle umgesetzt wurden.

Diese Rechtsprechung des BGH hat in der Literatur große Beachtung gefunden. Jakobs sieht in den Urteilen einen Verstoß gegen das Rückwirkungsverbot, weil bei der Prüfung der Frage, ob die Schüsse an der Mauer auch in der DDR strafbar waren, auf die „wirkliche Ordnung" in der DDR, also die nicht geschriebenen und auch nicht publizierten Regeln, die die Wirklichkeit bestimmten, abzustellen sei, und das Recht der DDR nicht mit rechtsstaatlichem Verständnis ausgelegt werden dürfe.[66] Dieser Ansicht tritt Schroeder entschieden mit dem Hinweis entgegen, die Anforderungen an den Grundsatz „nulla poena sine lege" würden überspannt, wenn die Rechtsprechung verpflichtet würde, faktischen Rechtfertigungsgründen „nachzuspüren", die die Täter selbst öffentlich nicht in Anspruch genommen hätten.[67] Auch Pawlik problematisiert die Frage nach dem Gehalt des Rechts der DDR, an dem sich das Rückwirkungsverbot zu orientieren hat.[68] Er kommt zu dem Schluß, daß dem DDR-Recht keine andere Bedeutung beigelegt werden könne als die, die sich auch aus der tatsächlichen, politischen Handhabe ergebe. Beide Kritiker stellen nicht den Sinn und die Herkunft des Rückwirkungsverbots in Frage, sondern halten in streng positivistischem Verständnis an ihm fest mit der Folge, daß sie die Strafbarkeit der Mauerschützen ablehnen. Schroeder hingegen nimmt Bezug auf die Strafprozesse gegen nationalsozialistische Gewalttäter, um zu verdeutlichen, daß diese Prozesse den Tätern gerade verdeutlichen sollten, daß sie nicht auf den Fortbestand des Unrechtssystems und die dadurch gesicherte Straffreiheit vertrauen dürfen und damit rechnen müssen, daß eine Nachfolgeordnung sie strafrechtlich belangen wird.[69]

Hinsichtlich der Anwendung der Radbruchschen Formel durch den BGH führt Pawlik zudem aus, diese könne zwar die Anwendbarkeit des § 27 GrenzG/DDR als Rechtfertigungsgrund ausschließen, führe deswegen aber noch nicht zu einer Strafbarkeit der Tötung.[70] In dieselbe Richtung geht die Ansicht von Kaufmann, wonach sich mit der Radbruchschen Formel zwar „schweres gesetzliches Unrecht als ein solches falsifizieren lasse, zumeist wegen eines eklatanten Widerspruchs zu Menschenrechten", diese Falsifikation aber nur zu einer Regelungslücke führe,

---

64 BGH NStZ 1994, S. 537.
65 Anm. von Cl. Roxin zu BGH in: JZ 1995, S. 49.
66 Vgl. Jakobs, in: GA 1994.
67 Vgl. Schroeder, in: JZ 1992.
68 Vgl. Pawlik, in: GA 1994.
69 Vgl. Welke, in: KJ 1995, S. 381.
70 Vgl. Pawlik, in: GA 1994, S. 482; ebenso Jakobs, in: GA 1994, S. 12.

Die Bedeutung des Nürnberger Juristenprozesses

die dann vom Gesetzgeber zu schließen sei und vorher wegen des Rückwirkungsverbots nicht als Rechtsgrundlage für eine Strafe genutzt werden dürfe.[71] Diese Ansicht rührt von einem formalen Verständnis der „Formel" und hält an der Absolutheit des Rückwirkungsverbots fest.

Anders jedoch wollte Radbruch seine Formel verstanden wissen, wonach „überpositive Derogation positiver Normen" nur in deklaratorischer Weise einen Strafgrund benennt. Ein Verstoß gegen das Rückwirkungsverbot ist also dann nicht gegeben, wenn man mit Radbruch davon ausgeht, daß der Inhalt überpositiven Rechts – oder in diesem Fall auch des internationalen Pakts für bürgerliche und politische Rechte – trotz Widerspruchs zum positiven Recht – bereits zur Tatzeit gegolten hat.[72] Naucke konkretisiert diese Überlegung, indem er in der „menschenrechtsfreundlichen" Auslegung, „die sich der BGH geschaffen hat", eine „Ausweitung der Radbruch-Formel auf grundgesetzkonforme Weise" sieht.[73]

Die Rechtsprechung des BGH zu den Mauerschützen hat es verstanden, einen Weg zur strafrechtlichen Aufarbeitung einzuschlagen, der das Menschenrecht auf Leben verteidigt und die Täter, die an „Mauer, Stacheldraht, Todesstreifen und Schießbefehl" Anteil hatten, nicht mit Hinweis auf die tatsächliche Rechtspraxis – oder genauer gesagt: die politische Praxis – in der DDR vom strafrechtlichen Vorwurf freispricht.[74] Das Bundesverfassungsgericht hat die Rechtsprechung des BGH bestätigt. In seiner Entscheidung vom 24.10.1998 hat der Zweite Senat neben den Verfassungsbeschwerden von Mitgliedern des Nationalen Verteidigungsrates auch die eines Mauerschützen zurückgewiesen.[75] Extremes staatliches Unrecht könne sich nur solange behaupten, „wie die dafür verantwortliche Staatsmacht faktisch besteht". „In dieser ganz besonderen Situation", so das Bundesverfassungsgericht, müsse „der strikte Schutz von Vertrauen durch Artikel 103 Absatz 2 GG (...) zurücktreten".[76] Obwohl das Bundesverfassungsgericht in seiner Entscheidung ausdrücklich an der Absolutheit des Rückwirkungsverbots festhält, erfährt Artikel 103 Absatz 2 GG in den Fällen extremen staatlichen Unrechts also eine wesentliche Einschränkung im Sinne der Radbruchschen Formel.

II.2.2 Zu den Prozessen wegen Rechtsbeugung

Der Strafvorschrift der Rechtsbeugung kommt im wohlverstandenen, rechtsstaatlichen Sinne die Aufgabe der Quadratur des Kreises zu. Sie soll nämlich einerseits die Rechtspflege schützen und die Geltung der Rechtsordnung sichern, andererseits darf die Auslegung des Tatbestands aber nicht dazu führen, daß ein Richter

---

71 Kaufmann, in: NJW 1995, S. 86.
72 Salinger, Radbruchsche Formel und Rechtsstaat, S. 37.
73 Naucke, Die strafjuristische Privilegierung staatsverstärkter Kriminalität, S. 45.
74 BVerfG im Urt. zum Grundlagenvertrag, zit. vom LG Berlin im Verfahren gegen die Todesschützen von Chris Gueffroy, JZ 1992, S. 694.
75 BVerfG JZ 1997, S. 142 ff.
76 BVerfG, a.a.O., S. 144.

im Hinblick auf eine mögliche Bestrafung in seiner Unabhängigkeit und damit in seiner Möglichkeit zur aus seiner Sicht rechtmäßigen Entscheidung eingeengt wird. So hat der BGH in einem „westdeutschen" Fall gefunden, „eine Rechtsbeugung begeht der Amtsträger, der sich bewußt in schwerwiegender Weise vom Gesetz entfernt".[77] Der Tatbestand wird also sowohl im objektiven als auch im subjektiven Bereich teleologisch reduziert. In einem seiner Rechtsbeugungsurteile vom 16. November 1995, mit dem der BGH die Verurteilung eines ehemaligen Richters der DDR bestätigt hat, der in den 50er Jahren die Todesstrafe ausgesprochen hatte, heißt es, der Rechtsbeugungstatbestand sei „in den Fällen der vorliegenden Art auf offensichtliche schwere Menschenrechtsverletzungen durch unerträgliche Willkürakte beschränkt".[78] Die Dinge liegen also ungleich schwieriger: Was sind „Fälle der vorliegenden Art", was ist eine „schwere Menschenrechtsverletzung" im Gegensatz zur „einfachen", und wann ist ein Willkürakt „unerträglich"?

Als Maßstab, wann eine Bestrafung in Betracht kommt, hat der BGH die Leitlinien aus den Mauerschützenprozessen insoweit übernommen, als auch bei der Rechtsbeugung die Verletzung von Menschenrechten, wie die DDR sie in dem Internationalen Pakt für bürgerliche und politische Rechte anerkannt hatte, entscheidend sein soll. Der BGH sieht auch im Hinblick auf Artikel 103 Absatz 2 GG danach folgende Fallgruppen als Rechtsbeugung an:

- Überdehnung von Tatbeständen durch Überschreitung des Gesetzeswortlauts oder Ausnutzung seiner Unbestimmtheit mit der Folge, daß eine Bestrafung, zumal mit Freiheitsstrafe, als offensichtliches Unrecht anzusehen ist.
- Unerträgliches Mißverhältnis zwischen Handlung und verhängter Strafe, so daß eine willkürliche Menschenrechtsverletzung anzunehmen ist.
- Schwere Menschenrechtsverletzung durch Art und Weise der Durchführung des Verfahrens oder durch Mißbrauch des Strafverfahrens zur Ausschaltung des politischen Gegners und nicht zur Verwirklichung von Gerechtigkeit.

Damit ist die Justiz aufgefordert, in jedem einzelnen Fall bereits auf der Ebene des Tatbestandes – und nicht erst in einer anschließenden Prüfung nach der Radbruchschen Formel – eine Wertung vorzunehmen. Die Angelegenheit ist wegen der zweifach unbestimmten Begriffe, die jede Fallgruppe kennzeichnen, einer Rückführung auf allgemeine Grundsätze besonders unzugänglich. Allerdings zeigt die Formulierung dieser Fallgruppen eine weitere Einschränkung des Tatbestandes der Rechtsbeugung,[79] ohne daß dessen Grenzen konkret bestimmt wären.[80] Die oben dargelegten Grundsätze, die ein arbeitsrechtliches Verfahren betreffen, hat der BGH auch auf Strafrichter übertragen.[81] Dazu hat er ausgeführt, „auch die

---

77 BGHSt 38, S. 281 ff. = JR 1994, S. 34 ff.
78 BGH NJW 1996, S. 857 ff. = NJ 1996, S. 154.
79 Kritisch: Spendel, in: JR 1994.
80 Vgl. Schulz, in: StV 1995.
81 BGH NJW 1995, S. 64 ff. = NJ 1994, S. 583.

Anwendung geschriebenen Rechts, das nach seinem zwingenden Wortlaut oder in einer bestimmten menschenrechtswidrigen Auslegung gegen überpositives Recht verstößt, wird vom Normbereich des § 244 DDR-StGB erfaßt; gesetzliche Bestimmungen, die den 'Kernbereich des Rechts' verletzen (...wie er) in neuerer Zeit (...u.a.) im Internationalen Pakt über bürgerliche und politische Rechte seinen Niederschlag gefunden hat, können von vornherein keine rechtliche Wirkungskraft entfalten".[82] Trotz des einschränkenden Charakters der Grundsätze aus dem ersten Urteil verheißen diese abstrakten Ausführungen jedenfalls die Durchsetzung der Menschenrechte, wie sie sowohl von der Bundesrepublik als auch von der DDR unterzeichnet worden sind, indem Richter wegen Mißachtung dieser Rechte der Rechtsbeugung bezichtigt werden können.

Bei der Anwendung dieser Leitlinie auf den Einzelfall zeigt sich jedoch, daß dem nicht so ist. Der BGH führt aus: „Die Achtung der nationalen Rechtsordnung stellt in der Regel ein schützenswertes Rechtsgut dar, so daß es grundsätzlich als zulässig erachtet werden muß, wenn ein Staat öffentliche provokative Kritik an seiner Gesetzgebung unter Strafe stellt" – und spricht einen Richter frei, der einen ausreisewilligen DDR-Bürger verurteilt hatte, weil er auf sein – immerhin in Artikel 12 Absatz 2 Internationaler Pakt für bürgerliche und politische Rechte verbrieftes – Recht auf Ausreise öffentlich hingewiesen hatte. Selbstverständlich sieht Artikel 12 Absatz 3 vor, daß dieses Recht aus bestimmten Gründen eingeschränkt werden darf – in der DDR jedoch wurde dieses Recht faktisch grundsätzlich verweigert.[83] Leider finden sich in der Begründung keine Ausführungen zum Verhältnis zwischen diesem individuellen Menschenrecht und dem Rechtsgut „Achtung der nationalen Rechtsordnung". Das Gericht beschränkt sich hier auf den Hinweis, Kritik an Gesetzen, die „etwa Völkermord oder Folter für zulässig erklären", dürfe nicht unter Strafe gestellt werden. Auch über die anderen beiden Fallgruppen kommt der BGH nicht zur Strafbarkeit der Richter: Obwohl das Urteil keine „ins einzelne gehende Subsumtion enthalte", bemüht sich der BGH, die Urteilsbegründung „nachzubessern", indem er aus seiner Sicht darstellt, wie der DDR-Richter die Verurteilung unter Zugrundelegung der Wertmaßstäbe der DDR hätte rechtfertigen können.[84] Zur Strafhöhe führt der BGH aus, „diese Praxis verstieß zweifellos gegen den Grundsatz der Verhältnismäßigkeit. Als grob ungerecht und schwerer Verstoß gegen die Menschenrechte im Sinne willkürlicher Rechtsanwendung erscheint sie jedoch nicht". Warum der BGH dies so sieht, erläutert er nicht. Die Argumentationskette, wonach eine Maßnahme der DDR-Justiz zwar „offensichtlich rechtsstaatswidrig", aber noch nicht „derart wenig nachvollziehbar (ist), daß darin eine willkürliche und unerträgliche Verletzung von Menschenrechten der Verfolgten gesehen werden muß", findet sich auch in einem Urteil, das der 5. Strafsenat am 15. September 1995 gefällt hat.[85] Anhand

---

82 BGH NJW 1995, S. 65.
83 Kritisch: Grünwald, in: StV 1991.
84 Zur Kritik s. Anm. von A. Schoreit, in: StV 1995.
85 BGH NJ 1996, S. 152.

welcher Maßstäbe der BGH seine Abwägung vornimmt, ist wiederum nicht ersichtlich.

Schließlich ist auf ein Urteil einzugehen, das wegen seiner ausdrücklich kritischen Bemerkungen zum Umgang des BGH mit den NS-Juristen besondere Aufmerksamkeit in der Öffentlichkeit erlangt hat.[86] In diesem Verfahren ging es u. a. um mehrere Todesurteile, die unter Mitwirkung des Angeklagten in den 50er Jahren in der DDR ausgesprochen worden waren. Zu Beginn seiner Urteilsbegründung stellt der BGH den Radius verfolgbarer Rechtsbeugungen klar: „Ein elementarer Verstoß gegen die Rechtspflege kann dabei, nicht zuletzt mit Rücksicht auf den im Rechtsstaatsprinzip und speziell auch in Artikel 103 Absatz 2 GG verankerten Gesichtspunkt des Vertrauensschutzes, nur bei offensichtlichen Willkürakten seitens der DDR-Justiz bejaht werden. Die Entscheidung des Amtsträgers muß sich (...) bei Zugrundelegen des für die Beurteilung maßgeblichen Rechts der DDR und unter Berücksichtigung der im SED-Staat herrschenden, von rechtsstaatlichen Grundsätzen abweichenden Wertvorstellungen als unerträgliche Menschenrechtsverletzung darstellen".[87] Der BGH betont also erneut die beschränkte Verfolgbarkeit von Rechtsbeugungen. Sodann legt das Gericht dar, daß die Verhängung einer Todesstrafe – entsprechend der Wertentscheidung in Artikel 102 GG (Abschaffung der Todesstrafe) – „unüberwindlichen Bedenken begegne", auch wenn „nicht wenige Kulturstaaten, darunter gerade auch die führenden Demokratien der westlichen Welt, die Todesstrafe beibehalten haben".[88] Das Gericht will einerseits die „in der DDR herrschenden Wertvorstellungen" berücksichtigen, andererseits Artikel 6 Absatz 2 DDR-Verfassung 1949, das angewandte Strafgesetz, „menschenfreundlich" auslegen, mit der Folge, daß es den DDR-Richtern möglich gewesen sein soll, in jedem Fall eine andere als die Todesstrafe zu wählen. Nun folgt eine erfreuliche Klarstellung, von der man sich wünschte, sie wäre auch für andere politisch motivierte Urteile, die gegen die Menschenrechte verstießen, erfolgt. Der durch „Verblendung" oder „Willfährigkeit gegenüber den politischen Machthabern abgestumpfte" Täter könne nicht aus subjektiven Gründen straflos bleiben und unterliege auch nicht einem den Vorsatz berührenden Irrtum.[89] Damit rückt der BGH von seiner im Zusammenhang mit der Aufarbeitung des NS-Unrechts entwickelten Rechtsauffassung ab. Die Rechtsprechung des BGH zur Strafbarkeit von DDR-Richtern wegen Rechtsbeugung wurde vom Bundesverfassungsgericht bestätigt.[90] In Anlehnung an seine Mauerschützenentscheidung verweist das Bundesverfassungsgericht darauf, daß Artikel 103 Absatz 2 GG „nicht anwendbar" sei, „wenn die der Rechtsanwendung zugrundeliegende Staatspraxis durch Aufforderung zu schwerstem kriminellen Unrecht (...) die in der Völkerge-

---

86 BGH NJW 1996, S. 857 ff.
87 BGH NJW 1996, S. 857.
88 BGH, a.a.O., S. 858.
89 BGH, a.a.O., S. 863.
90 Beschluß vom 7. April 1998; 2 BvR 2560/95; noch nicht veröffentlicht.

meinschaft allgemein anerkannten Menschenrechte in schwerwiegender Weise mißachtet".[91]

II.2.3 Anmerkungen zur Rechtsprechung zum Systemunrecht der DDR

Die bisher vorliegenden Urteile lassen eine gemeinsame Linie erkennen: Sie reduzieren das überpositive Recht, auf das im Rahmen der Radbruchschen Formel Bezug genommen wird, auf den „vorrechtsstaatlichen" Kernbereich der durch den Internationalen Pakt für bürgerliche und politische Rechte auch für die DDR völkerrechtsverbindlichen Menschenrechte.[92] Der BGH handelt dabei zugunsten der Rechtssicherheit im Sinne von „nulla poene sine lege". Dort, wo Menschen durch staatliches Handeln – sei es durch Urteil oder Schießbefehl – zu Tode gekommen sind, ist eine Beurteilung als strafbares Unrecht durch die bundesdeutsche Justiz sehr wahrscheinlich. Anders verhält es sich aber in den vielen Rechtsbeugungsverfahren, in denen es vornehmlich um die Freiheitsentziehung von Menschen geht, die ihre Rechte auf Freizügigkeit, Meinungsfreiheit, Versammlungsfreiheit oder Ausreisefreiheit in Anspruch genommen hatten.

Obwohl die DDR die Gültigkeit der Menschenrechte für ihre Rechtsordnung reklamiert hat, „strahlen" diese nur in einigen wenigen, mittlerweile rechtskräftigen Rechtsbeugeverurteilungen durch, und zwar dort, wo ein „Verstoß gegen das Verbot überharter, die Gerechtigkeit und die Menschenrechte in unerträglicher und offensichtlicher Weise verletzender Bestrafung" vorliegt.[93] Hier verfährt der BGH gerade so, wie es von einigen Kritikern der Mauerschützenurteile gefordert wird:[94] Er beschränkt sich darauf, die faktische Rechtspraxis der DDR zu berücksichtigen, ohne bei der eigentlichen Subsumtion Rückgriff auf vorstaatliches Recht zu nehmen. In den Rechtsbeugungsurteilen – mit Ausnahme des Urteils vom 16. November 1995 – finden sich keine den Mauerschützenverfahren vergleichbaren Ansätze, das DDR-Recht – oder besser Gesetz – „im Lichte der Verfassung der DDR" so auszulegen, daß es „den völkerrechtlichen Bindungen der DDR im Hinblick auf die Menschenrechte entspricht".[95]

Eher gewinnt man zuweilen den Eindruck, daß den angeklagten Juristen, soweit sie kein Todesurteil ausgesprochen haben, in wohlwollender Weise ein gewisses Maß an „Eingleisigkeit" im Hinblick auf ihre politische Einbindung und auf die Einflußnahme durch Dritte zugute gehalten wird. Der Maßstab dessen, was als „unerträglich" einzustufen ist, richtet sich in den Rechtsbeugungsverfahren ausschließlich nach der damaligen Auslegung und dem Selbstverständnis derer, die sich als Richter oder Staatsanwälte an politischen Strafverfahren beteiligt

---

91 BVerfG Beschl. v. 7.4.1998, S. 12.
92 Vgl. Starck, in: VVDStRL 1992.
93 BGH NJ 1996, S. 318.
94 Vgl. Jakobs, in: GA 1994; vgl. Pawlik, in: GA 1994.
95 BGHSt 39, 1, 24 = NJW 1993, S. 141.

haben. Es geht also immer um ein Mißverhältnis von Tatvorwurf und Strafe, nicht um einen Verstoß gegen Menschenrechte „dem Grunde nach". Bei der Rechtsbeugung liegt, wie ausgeführt, nicht nur ein Problem des objektiven Tatbestandes vor, sondern hier bestehen auch – insbesondere wenn man eine solche menschenrechtsfreundliche Auslegung der DDR-Gesetze (wohlgemerkt nicht im Sinne des Grundgesetzes) vornähme – Probleme im Bereich des subjektiven Tatbestandes. Diese Probleme aber hat der BGH in seinen Urteilen zu Schüssen an der Mauer und zu den Todesurteilen ausräumen können. Die Gewichtung in der Rechtsprechung zur Rechtsbeugung verkennt, daß die Menschenrechte nicht nur in der Verfassung der DDR verankert worden waren, sondern daß viele Menschen in der DDR, und zwar nicht nur die, die schließlich die friedliche Revolution eingeleitet und durchgeführt haben, ein anderes Verständnis von den im Internationalen Pakt für bürgerliche und politische Rechte gesicherten Menschenrechten hatten als die DDR-Justiz. Daß Menschen verurteilt wurden, weil sie diese Rechte in wohlverstandenem Sinne in Anspruch genommen hatten, genügt nach höchstrichterlicher Rechtsprechung heute nicht, um von Rechtsbeugung zu sprechen. Die damals Verurteilten, die ohne weiteres rehabilitiert wurden, empfinden den Freispruch ihrer Richter heute als „Ohrfeige" des Rechtsstaats.

Bei den Mauerschützen, zumeist jungen Soldaten, die für das Tun, für das sie heute verurteilt werden, damals zunächst einen Befehl – und im Zweifel im Anschluß einen Orden – erhielten, unterstellt die Rechtsprechung, diese jungen Männer hätten das Grenzgesetz der DDR im Lichte der Menschenrechte auslegen können. Jedenfalls müßten sie sich eine solche Auslegung auch im Rahmen des Artikel 103 Absatz 2 GG entgegenhalten lassen. An die Juristen hingegen, unter denen insbesondere in den letzten zehn Jahren der DDR durchaus eine Menschenrechtsdebatte geführt wurde, werden solche Anforderungen nur in Extremfällen gestellt. Im Rahmen des Rückwirkungsverbots werden „die in der Rechtsprechungspraxis der DDR damals herrschenden Rechtsvorstellungen bis an die Grenze zum unerträglichen und offensichtlichen Verstoß gegen Gerechtigkeit und Menschenrechte" berücksichtigt.[96] Aus den Urteilsbegründungen ergibt sich nicht, wie das tatsächliche Verständnis des BGH von den „damals herrschenden Rechtsvorstellungen" ermittelt wurde und ob es den tatsächlichen Gegebenheiten in der DDR-Gesellschaft – und nicht nur der Auffassung der Nomenklatura und der „verblendeten" politischen Justiz – entspricht. Die Urteilsbegründungen problematisieren nicht, ob jedenfalls an diesem Punkt die wissenschaftliche Auseinandersetzung in der DDR und vor allem das „schlechte Gewissen" der Verfahrensbeteiligten, wie es z.B. im Ausschluß der Öffentlichkeit Ausdruck gefunden hat, zu berücksichtigen sind.[97] Die Urteile verhalten sich auch nicht zu der Art von Konsequenzen oder Sanktionen, denen ein Richter oder Staatsanwalt ausgesetzt worden wäre, wenn er eine die Menschenrechte berücksichtigende Entscheidung

---

96 BGH NJ 1996, S. 152.
97 Vgl. Maiwald, in: NJW 1993, S. 1887.

gefällt hätte. Ob schließlich der Spielraum des einzelnen, sich der Mitwirkung an solchen Verfahren zu enthalten, ermittelt werden müßte?

Der BGH selbst hat dargelegt, daß die jetzige Handhabung des Verhältnisses von Rückwirkungsverbot und Menschenrechten dazu führt, daß „massive Reaktionen der DDR-Justiz auf besonders mutiges und aktiv auf die Durchsetzung von Freiheitsrechten gerichtetes Verhalten eher selten zu strafrechtlichen Sanktionen gegen die verantwortlichen Justizangehörigen führen" wird.[98] Das ist außerordentlich unbefriedigend und wird dazu führen, daß die bundesdeutsche Justiz vor dem Urteil der Geschichte nur in Ansätzen als eine „lernfähige" Justiz bestehen wird, die aus den Fehlern und der Aufarbeitung des Unrechts der NS-Diktatur gelernt hat. Daran ändern auch die kritischen Bemerkungen des BGH zu seiner Rechtsprechung nichts, auch wenn diese ausdrückliche Distanzierung sehr zu begrüßen ist.[99] Man vermißt bei der Lektüre der Urteile eine durchgehende Linie, die das Verhältnis von vorstaatlichem oder überpositivem Recht zu den Menschenrechtskonventionen und zu dem geschriebenen Recht entwickelt und konsequent durchhält.

Das absolute Rückwirkungsverbot des Grundgesetzes läßt sich jedoch, streng genommen, überhaupt nicht mit überpositivem Recht vereinbaren. Hier hat weder der Gesetzgeber noch die Rechtsprechung die Ergebnisse der Nürnberger Prozesse verarbeitet und in nationales Recht umgesetzt. Man hätte aus Anlaß der Unterzeichnung der Europäischen Konvention zum Schutze der Menschenrechte und Grundfreiheiten oder später des Internationalen Paktes für bürgerliche und politische Rechte darüber entscheiden müssen, wie die Bundesrepublik zu dem dort aufgenommenen modifizierten Rückwirkungsverbot steht. Auch die Ausarbeitung des Einigungsvertrags hätte Gelegenheit geboten, hierzu eine ausdrückliche Regelung zu finden. Die Entscheidungen des Bundesverfassungsgerichts zur Strafbarkeit von Mauerschützen und von DDR-Richtern weisen in die richtige Richtung, denn hiermit wurde eine „Lockerung" des absoluten Rückwirkungsverbots in den Fällen extremen staatlichen Unrechts herbeigeführt. Die grundsätzliche Problematik wird dadurch jedoch in Ermangelung eindeutiger gesetzlicher Vorgaben nicht gelöst.

Vor dem Hintergrund der Untätigkeit des Gesetzgebers steht die Justiz bei der Aufarbeitung des Unrechts der zweiten deutschen Diktatur vor einer äußerst schweren Aufgabe. Einen weiteren Weg, den man zur Einschränkung des absoluten Rückwirkungsverbots hätte gehen können, hat die Rechtsprechung bisher allerdings nicht beschritten: Man hätte die Mitglieder der DDR-Justiz an den eigenen Maßstäben, wie sie sie bei der Aufarbeitung des NS-Unrechts angewandt hatten, messen können. Die DDR hatte – im Gegensatz zur Bundesrepublik – die Grundsätze von Nürnberg zu nationalem Recht gemacht und sich dessen immer wieder gerühmt. Den Angehörigen der DDR-Justiz war daher bewußt, daß es eine positive

---

98 BGH NJ 1996, S. 152.
99 Vgl. Spendel, in: NJW 1996; ders., in: JR 1996 zur grundsätzlichen Kritik an den Rechtsbeugungsurteilen.

„Gesetzlichkeit" vorgeordneter Rechte gibt, für deren Verletzung man jenseits des Grundsatzes „nulla poene sine lege" zur Verantwortung gezogen werden kann. Ob und inwieweit das Vertrauen der DDR-Juristen vor diesem Hintergrund überhaupt schützenswert war, und wenn ja, wo hier die Grenze verlief, ist aus der Rechtsprechung des BGH nicht ersichtlich. Es läßt sich nur mutmaßen, daß das „Primat des absoluten Lebensschutzes" für den BGH die Unerträglichkeitsgrenze auf der Rechtsfolgenseite der DDR-Handlungen markiert. Freilich bleibt auch offen, woher dieses „absolute Primat" rührt und ob es vor dem Hintergrund, daß auch westliche Demokratien nach wie vor die Todesstrafe vollstrecken und diese nicht im IPbpR verboten ist (vgl. Artikel 6 IPbpR) – über die bundesrepublikanische Ordnung hinaus verbindlich ist.

III. Schluß

Das Rückwirkungsverbot sichert Vertrauen in von staatlicher Obrigkeit gesetztes Recht. Jeder soll sich darauf verlassen können, nur für solche Taten zur Verantwortung gezogen zu werden, deren Unrecht er bei der Tat kennen konnte. Dieser Mechanismus ist für bestehende Staaten und seine Bürger konzipiert. Nach einem Systemwechsel wie in der deutschen Geschichte aber führt der Grundsatz gerade dazu, daß sich die Herrschenden und zugleich Täter des vergangenen Staates vor der zukünftigen Strafverfolgung schützen können. Der Grundsatz schützt hier also nicht den ursprünglichen Rechtsunterworfenen, sondern den ursprünglichen Inhaber staatlicher Macht. In der internationalen Staatengemeinschaft aber muß gerade dies verhindert werden: Keiner soll darauf vertrauen können, daß er in einem Unrechtsstaat in Ausübung staatlicher Willkür Menschenrechte im Einklang mit dem jeweils nationalen „Recht" verletzten und später dafür nicht zur Verantwortung gezogen werden kann.[100] Das gerade ist der Kern der Nürnberger Prinzipien. Selbstverständlich ist die „Reichweite" einzelner Menschenrechte umstritten – dies wird insbesondere immer wieder für die Ausreisefreiheit ins Feld geführt, obwohl offensichtlich ist, daß jedenfalls die konkrete Praxis in der DDR mit ihren Selbstschußanlagen gegen den Geist des Internationalen Pakts verstieß. Dennoch wurde in der Formulierung des Artikel 15 Absatz 2 IPbpR der Versuch unternommen, den Schutz der Menschenrechte durch Zulassung nationaler Strafen für Verletzungen der dort verbrieften Menschenrechte ohne Berücksichtigung des Rückwirkungsverbots zu effektivieren. Auf diesem Weg muß weitergegangen werden, wenn Menschenrechtsverletzer in Zukunft zur Verantwortung gezogen werden sollen.

Durch die Einrichtung des Internationalen Strafgerichtshofs zur Ahndung der Balkankriegsverbrechen 1993 haben die Bemühungen der Weltgemeinschaft, bestimmte Mindeststandards für alle Staaten juristisch zwingend zu vereinbaren,

---

100 Vgl. Baumann, in: JZ 1963, S. 118.

einen großen Fortschritt gemacht.[101] Artikel 5 des Statuts erklärt das Gericht – ebenso wie das Londoner Abkommen es für den Militärgerichtshof in Nürnberg tat – u.a. für die Verfolgung von „Verbrechen gegen die Menschlichkeit" zuständig, unter denen „Mord, Vernichtung, Versklavung, Deportation, Gefangenenhaltung, Folter, Vergewaltigung, politische Verfolgung" und „andere unmenschliche Akte" zu verstehen sind. Diese Tatbestandsfassung erfährt zwar wegen ihrer Unbestimmtheit Kritik.[102] Aber ihre Existenz nährt – fünfzig Jahre nach den Nürnberger Prozessen – die Hoffnung, daß sich die Weltvölkergemeinschaft wirksame und durchsetzbare Regeln gegen Menschenrechtsverletzungen geben wird.

Der deutsche Gesetzgeber ist aufgefordert, aus den Defiziten zu lernen und die Hierarchie von Rückwirkungsverbot und Menschenrechten „vom Kopf auf die Füße" zu stellen. Die Lösung des Problems liegt nicht in einer Abkehr oder „Aufweichung" des Rückwirkungsverbots, sondern in der Schaffung eines Weltstrafgesetzbuches, das für alle Staaten verbindliche Standards festlegt. „Das internationale Menschenrecht und seine Institutionen sind weiter zu stärken, das gilt insbesondere für die Konstituierung und weitere Stärkung der Internationalen Strafgerichtsbarkeit".[103] Diese Einsicht gilt es umzusetzen. Am 16. Juni 1998 fand in Rom die erste Staatenkonferenz zur Erarbeitung eines Statuts zur Schaffung eines Internationalen Strafgerichtshofes statt, an der Vertreter von über 150 UN-Mitgliedsstaaten teilgenommen haben. Damit ist ein wichtiger erster Schritt getan.

101 Vgl. Roggemann, in: ZRP 1994.
102 Vgl. Ambros, in: ZRP 1996, S. 263.
103 Schlußbericht der Enquete-Kommission des Deutschen Bundestages „Überwindung der Folgen der SED-Diktatur im Prozeß der deutschen Einheit", Bundestagsdrucksache 13/11000, S. 322).

Quellen und Literatur

Akademie für Staats- und Rechtswissenschaft der DDR (Hrsg.), 1973: Völkerrecht, Lehrbuch Teil 1.
Ambros, K., 1996: Zum Stand der Bemühungen um einen ständigen Internationalen Strafgerichtshof und ein Internationales Strafgesetzbuch, in: Zeitschrift für Rechtspolitik (ZRP), S. 263 ff.
Baumann, J., 1963: Gedanken zum Eichmann-Urteil, in: Juristen Zeitung (JZ), S. 110 ff.
Bonner Kommentar zum Grundgesetz, Stand Mai 1990, Bd. 8.
Dencker, D., 1985: Die strafrechtliche Beurteilung von NS-Rechtsprechungsakten in: P. Salje (Hrsg.), Recht und Unrecht im Nationalsozialismus, Münster.
Fricke, K.W., 1991: Das justitielle Unrecht der Waldheimer Prozesse, in: Neue Justiz (NJ), S. 209 f.
Frowein, J. und W. Peukert, 1985: EMRK-Kommentar.
Generalstaatsanwalt der DDR und Justizministerium der DDR (Hrsg.), 1965: Die Haltung der beiden deutschen Staaten zu den Nazi- und Kriegsverbrechen, Berlin.
Graefrath, B., 1967: Schutz der Menschenrechte – Bestrafung der Kriegsverbrecher, in: Neue Justiz (NJ), S. 393 ff.

Grünwald, G., 1991: Die strafrechtliche Bewertung in der DDR begangener Handlungen, in: Strafverteidiger (StV), S. 31 ff.
Grünwald, W., 1964: Bedeutung und Begründung des Satzes „nulla poena sine lege", in: Zeitschrift für die gesamte Rechtswissenschaft (ZStW) 76, S. 1 ff.
Haensel, Carl, 1949: Der Ausklang von Nürnberg, in: Neue Juristische Wochenschrift (NJW), S. 367 ff.
Hodenberg, Hodo Frh. v., 1947: Zur Anwendung des Kontrollratsgesetzes Nr. 10 durch deutsche Gerichte, in: Süddeutsche Juristenzeitung (SJ), S. 114 ff.
Jakobs, G., 1994: Untaten des Staates – Unrecht im Staat, in: Goltdammers Archiv für Strafrecht (GA), S. 1 ff.
Kaufmann, A., 1995: Die Radbruchsche Formel vom gesetzlichen Unrecht und vom übergesetzlichen Recht in der Diskussion um das im Namen der DDR begangene Unrecht, in: Neue Juristische Wochenschrift (NJW), S. 81 ff.
Klein, F., 1949: Neues Deutsches Verfassungsrecht, Frankfurt a.M.
Maiwald, M., 1993 Rechtsbeugung im SED-Staat, in: Neue Juristische Wochenschrift (NJW), S. 1881 ff.
Maunz-Düring-Herzog: Kommentar zum Grundgesetz, Stand Dez. 1992.
Müller, I., 1987: Furchtbare Juristen. Die unbewältigte Vergangenheit unserer Justiz, München.
Naucke, W., 1996: Die strafjuristische Privilegierung staatsverstärkter Kriminalität, Frankfurt a.M.
Pawlik, M., 1994: Strafrecht und Staatsunrecht, in: Goltdammers Archiv für Strafrecht (GA), S. 472 ff.
Peschel-Gutzeit, L.M. und A. Jenckel, 1996: Aktuelle Bezüge des Nürnberger Juristenurteils: Auf welchen Grundlagen kann die deutsche Justiz das Systemunrecht der DDR aufarbeiten?, in: dies. (Hrsg.), Das Nürnberger Juristen-Urteil von 1947, Baden-Baden, S. 277 ff.
Przybylski, P., 1983: Zwischen Galgen und Amnestie, Berlin.
Radbruch, G., 1946: Gesetzliches Unrecht und übergesetzliches Recht, in: Süddeutsche Juristenzeitung (SJ), S. 105 ff.
Roggemann, H., 1994: Der Internationale Strafgerichtshof der Vereinten Nationen von 1993 und die Balkankriegsverbrechen, in: Zeitschrift für Rechtspolitik (ZRP), S. 297 ff.
Rückerl, A., 1982: NS-Verbrechen vor Gericht. Versuch einer Vergangenheitsbewältigung, Heidelberg.
Salinger, F., 1995: Radbruchsche Formel und Rechtsstaat, Heidelberg.
Schoreit, A., 1995: Anmerkung zu BGH 4 StR 23/94, in: Strafverteidiger (StV), S. 195 ff.
Schroeder, F.-Ch., 1992: Zur Strafbarkeit von Tötungen in staatlichem Auftrag, in: Juristen Zeitung (JZ), S. 990 ff.
Schüle, E., 1962: Die Zentrale der Landesjustizminister zur Aufklärung nationalsozialistischer Gewaltverbrechen in Ludwigsburg, in: Neue Juristische Wochenschrift (NJW), S. 241 ff.
Schulz, L., 1995: Rechtsbeugung und Mißbrauch staatlicher Macht, in: Strafverteidiger (StV), S. 206 ff.
Schwartz, Th. A., 1990: Die Begnadigung deutscher Kriegsverbrecher. John McCloy und die Häftlinge von Landsberg, in: Vierteljahreshefte für Zeitgeschichte, S. 375 ff.
Spendel, G., 1996: DDR-Unrechtsurteile in der neueren BGH-Judikatur – eine Bilanz, in: Juristische Rundschau (JR), S. 177 ff.
Spendel, G., 1994: Der Bundesgerichtshof zur Rechtsbeugung unter dem SED-Regime, in: Juristische Rundschau (JR), S. 221 f.
Spendel, G., 1996: Rechtsbeugung und BGH – eine Kritik, in: Neue Juristische Wochenschrift (NJW), S. 809 ff.
Starck, Ch., 1992: Der Rechtsstaat und die Aufarbeitung der Vergangenheit, in: Veröffentlichung der Vereinigung deutscher Staatsrechtslehrer (VVDStRL) 51, S. 11 ff.
Steinbach, P., 1981: Nationalsozialistische Gewaltverbrechen. Die Diskussion in der deutschen Öffentlichkeit nach 1945, Berlin.
Stödter, R., 1948: Deutsche Rechtslage, Hamburg.

Toeplitz, H., 1985: Verwirklichung der Grundrechte der Bürger durch Rechtsprechung, in: Neue Justiz (NJ), S. 480 ff.
Tröndle, H., 1997: Kommentar zum StGB, 48. Aufl.
Wassermann, R., 1995: Sind politische Verbrechen justitiabel?, in: J. Weber und M. Piazolo (Hrsg.), Eine Diktatur vor Gericht, München.
Weber, H. v., 1953: Die strafrechtliche Bedeutung der europäischen Menschenrechtskonvention, in: Zeitschrift für die gesamte Strafrechtswissenschaft (ZStW) 65, S. 334.
Welke, W.A., 1995: Rückwirkungsverbot zugunsten staatlicher Kriminalität?, in: Kritische Justiz (KJ), S. 369 ff.
Werkentin, F., 1995: Politische Strafjustiz in der Ära Ulbricht, Berlin.
Wieland, G., 1986: Der Jahrhundertprozeß von Nürnberg, Berlin.
Zentral-Justizamt für die Britische Zone (Hrsg.), 1948: Das Nürnberger Juristenurteil, Hamburg.

Tine Stein

Vergangenheitsbewältigung im Medium der Verfassungspolitik?

Die deutsche Verfassungsdiskussion nach 1989 zwischen Vergangenheit und Zukunft

Es ist viel geschrieben worden über die Vergangenheitsbewältigung auf der einen und die Verfassungsdiskussion auf der anderen Seite, allerdings weniger zu der Frage, in welchem Verhältnis diese beiden politischen Diskurse zueinander stehen, genauer: ob Vergangenheitsbewältigung auch im Zuge einer Verfassungsdiskussion betrieben werden kann.[1] Ungeachtet der begrifflichen Problematik, die der Vergangenheitsbewältigung oder auch Vergangenheitsaufarbeitung innewohnt,[2] kann doch von einer allgemeinen Verwendung des Begriffs ausgegangen werden. Vergangenheitsbewältigung umfaßt all jene Handlungen, die darauf gerichtet sind, die Restauration einer vergangenen politischen Ordnung, die als illegitim erkannt wird, zu verhindern, die Täter zur Verantwortung zu ziehen, die Opfer zu rehabilitieren und die neue, legitime Ordnung zu festigen.[3] Es geht bei der Bewältigung bzw. Aufarbeitung von Vergangenheit also nicht um die Auswertung jedweder politischer Vergangenheit, die sich den Zeitgenossen in der Rückschau anbietet, sondern um vergangene Diktaturen. Diese Klarstellung erlaubt für die Beantwor-

1 Vgl. zur Vergangenheitsbewältigung mit Sichtung der Literatur nur Pampel (1995); zur Verfassungsdiskussion im Jahr der deutschen Einheit als Dokumentation Guggenberger/Stein (1991), zur Arbeit der Gemeinsamen Verfassungskommission Kloepfer (1995 m.w.N.), zu den neuen Länderverfassungen im vergleichenden Überblick Starck (1994). Zur Verknüpfung von Vergangenheitsbewältigung und Verfassungsdiskussion Kloepfer (1994); zur Verknüpfung von „ostdeutschen Interessen" und der Verfassungsdiskussion Bremers (1996).
2 Vgl. nur „Podiumsdiskussion zum Thema des Abschlußvortrages von Heinrich Lübbe – Nationalsozialismus und Gegenwart", in: Broszat (1983, S. 350-378) und Enquête-Kommission des Deutschen Bundestages „Aufarbeitung von Geschichte und Folgen der SED-Diktatur in Deutschland" (BT-Drks. 12/8270).
3 Vgl. auch Pampel (1995, S. 31) und Jesse (1992, S. 28). So kommen als vergangenheitsaufarbeitende Maßnahmen im einzelnen in Betracht: – die justizielle Vergangenheitsbewältigung (strafrechtliche Ahndung von Regimeunrecht); – die Regelung von Wiedergutmachungsansprüchen für Opfer (finanzieller Art oder z.B. berufliche Rehabilitierung); – Personalpolitik in bezug auf die Täter (Integration oder Ausschluß); – die historische Aufarbeitung im Rahmen öffentlicher Auseinandersetzung; – und schließlich auch die Vergangenheitsbewältigung durch Verfassungspolitik.

tung der Frage, ob im Medium der Verfassungsdiskussion nach 1989 eine Vergangenheitsbewältigung stattgefunden hat, eine wichtige Unterscheidungsmöglichkeit: Waren die vorgetragenen Argumente für oder wider eine umfassende Diskussion der verfassungsmäßigen Grundlagen des vereinigten Deutschlands sowie die Überlegungen zu einzelnen verfassungsrechtlichen Regelungen auf die DDR-Vergangenheit und die Teilung Deutschlands bezogen oder auf die vierzigjährige Erfahrung mit dem demokratischen Rechtsstaat der Bundesrepublik?

Vergangenheit und Zukunft

Herrmann Lübbe hat darauf aufmerksam gemacht, daß in der Gründungsgeschichte der Bundesrepublik „die öffentliche Anerkennung der politischen und moralischen Niederlage der nationalsozialistischen Herrschaft zu den zentralen legitimatorischen Elementen dieser Republik gehörte" (Lübbe 1983, S. 333). Als besonderer Schutz vor der Gefahr der Restauration einer Diktatur galt es, verfassungspolitisch-institutionelle Konsequenzen aus den „Erfahrungen mit den verfassungsmäßigen Voraussetzungen der sogenannten Machtergreifung zu ziehen" (ebd.), das heißt ein institutionelles Gefüge zu schaffen, das stabile demokratische und rechtsstaatliche Verhältnisse sichert. Das Grundgesetz als die klassische „Aufarbeitungsverfassung" (Kloepfer 1994, S. 48) kann als ein Beispiel dafür gelten, daß Verfassungsgebung keine creatio ex nihilo ist, sondern an Vergangenes anknüpft, Erfahrungsverarbeitung und Ergebnis eines die eigene politische Vergangenheit reflektierenden Lernprozesses ist. Gerade vor dem Hintergrund einer totalitären Diktatur, deren Wesensmerkmal es ist, weder demokratische Verfahren der Herrschaftslegitimierung noch die der Herrschaftslimitierung zu kennen, stellt sich der verfassungsgebende Souverän vornehmlich der Frage, wie der Zweck der Verfassung als herrschaftsbegründend und herrschaftsbegrenzend (Grimm 1990) zu erfüllen und durch welche normativen und prozeduralen Regeln in der Verfassung dieser Zweck am ehesten zu erreichen ist. Das ist das Credo des Grundgesetzes: erwachsen aus der Katastrophe des Dritten Reiches und den Erfahrungen mit der Weimarer Verfassung, hat der Parlamentarische Rat eine Verfassung ausgearbeitet, die in besonderem Maße auf stabile Regierungsverhältnisse ausgerichtet und durch eine auffallend starke Bindung des demokratischen Souveräns an das Rechtsstaatsprinzip, und zwar als materielles Rechtsstaatsprinzip, gekennzeichnet ist. So binden die Grundrechte als unmittelbar geltendes Recht alle Gewalten, der Gesetzgeber ist in der Gesetzgebung an die Vorgaben der Verfassung gebunden, und schließlich ist selbst der Ausnahmezustand noch verfassungsrechtlich geordnet, wie es sich etwa im Widerstandsrecht des Artikel 20 Abs. 4 GG niederschlägt.[4] Zudem schlägt sich in dem Verzicht auf plebiszitäre

---

4 Wobei letztere Regelung erst 1969 durch den verfassungsändernden Gesetzgeber aufgenommen wurde.

Verfahren das Mißtrauen der Eliten gegenüber der Demokratiereife des deutschen Volkes nieder, dessen politischem Willen noch nicht getraut wurde. Deshalb wurde eine rechtliche Kanalisation durch Repräsentation für erforderlich gehalten. All dieses dient dem Zweck, die politische Herrschaft an das Recht zu binden, da die rechtlich ungebundene politische Herrschaft als die Inkarnation illegitimer Herrschaft gilt. Verfassungspolitisch gesehen handelt es sich beim Grundgesetz um ein antidiktatorisches Programm in Reinkultur.

Auch die DDR läßt sich als eine totalitäre Diktatur kennzeichnen, in der die politische Herrschaft nicht durch das Recht gebunden, sondern im Gegenteil das Recht eine Funktion der Politik war. Aufgrund ihrer vergleichsweise langen Dauer konnte die Funktionalisierung des Rechts zu einem Instrument totalitärer Herrschaft besonders umfassend gelingen.[5] In der Verfassung der DDR schlägt sich die Instrumentalisierung des Rechts vor allem in dem festgeschriebenen Führungsanspruch der SED als Staatspartei und im Prinzip des demokratischen Zentralismus nieder. Auch die sogenannte „sozialistische Gesetzlichkeit", nach der alle Gesetze dem Ziel der Erschaffung einer wirklich sozialistischen Gesellschaft dienen sollten, ist in diesem Zusammenhang bedeutsam. Denn die Entscheidung, auf welcher Stufe zur entwickelten sozialistischen Gesellschaft sich die DDR jeweils befand, lag bei der Partei. Rechtssicherheit im Sinne eines Erwartungssicherheit stiftenden Vertrauensschutzes konnte es daher nicht geben, und folglich wurde Rechtssicherheit, verstanden als Folge der sozialistischen Gesetzlichkeit, nur gewährt gemäß den Erfordernissen der gesellschaftlichen Entwicklung. Insofern war die DDR vor allem ein Nicht-Rechtsstaat, dem die Willkür als Unberechenbarkeit der politischen Herrschaft gewissermaßen als Programm eingeschrieben war. Darüber hinaus kann die DDR auch als Un-Rechtsstaat gekennzeichnet werden, da die klassischen individuellen Grundrechte nicht verfassungsrechtlich wirksam verbürgt waren: Weder waren die hierfür zentralen institutionellen Sicherungsverfahren der Gewaltenteilung installiert, noch konnte das Individuum in seiner Rolle als Bürger seine Belange durch die Wahrnehmung politischer Rechte – allen voran des Wahlrechts – politisch geltend machen.

Wenn nun das Grundgesetz gerade als diejenige Verfassung angesehen werden kann, deren besonderes Kennzeichen die Betonung des rechtsstaatlichen Elementes ist und in deren Mittelpunkt die Geltung der Grundrechte steht, stellt sich mithin die Frage, inwiefern auf die Vergangenheit der DDR überhaupt eine verfassungsrechtliche Antwort erforderlich und sinnvoll ist, die über das Grundgesetz hinausgeht. Die Notwendigkeit anderer oder zusätzlicher Antworten als jener, die das Grundgesetz bietet, ist auch in der Verfassungsdiskussion im Jahr der deutschen Einheit von vielen bestritten worden. Stellvertretend für viele brachte diese Position Robert Leicht kurz und knapp auf den Punkt, indem er den Ostdeutschen beschied, daß das Rad sich nun einmal nicht neu erfinden lasse (Leicht 1991, S. 190). In diesem Zusammenhang kann auch an die These Jürgen Habermas'

---

5 Vgl. statt anderer Mampel (1982); vgl. auch Meuschel (1994).

erinnert werden, daß es sich bei der Überwindung der DDR um eine nachholende Modernisierung handele (Habermas 1990).[6] Schließlich könnte auch die topographische Metaphorik der alten Bundesrepublik neu belebt werden: Wenn „Bonn" in gelungener Weise nicht „Weimar" ist, dann ist „Bonn" eben auch nicht „Ost-Berlin". „Bonn" ist vor dem Hintergrund des bisher Gesagten in jedem Fall eine verfassungspolitisch passende Lösung, gleichviel ob nun verhindert werden soll, daß je wieder Rassenfeinde stigmatisiert und vernichtet oder Klassenfeinde verfolgt werden.[7] Doch so überzeugend diese Überlegung im Grundsätzlichen erscheint, so kann sie doch nicht die Frage überflüssig machen, ob – zwar nicht in den „existentiellen Grundentscheidungen" der Verfassung (Leicht 1991, S. 191), aber doch in den Details – eine spezifische Antwort auf die Besonderheiten der DDR-Vergangenheit vonnöten ist.

Eine Besonderheit war vor allem das Ende der DDR: die berühmte „sanfte" Revolution, die ohne Guillotine und den Ruf „à la lanterne" auskam. Das ganze Bemühen der Akteure dieser Revolution war vor allem auf Friedlichkeit gerichtet und darauf, in verfahrensmäßig geordneter Form den Übergang zu organisieren – die Revolution läßt sich paradox formuliert auch als konstitutionelle Revolution (vgl. Preuß 1990, S. 59 ff. und vgl. Ullmann 1990) beschreiben. Die demokratischgeordnete Bezwingung dieses Regimes durch die Bevölkerung selbst führt für die Verfassungsdiskussion zu zwei Folgerungen: Neben der DDR und ihren Vergehen sollten auch die Umstände ihres Endes bedacht werden. Außerdem scheint die ostdeutsche Bevölkerung durch den sanften Umsturz berechtigt, nun explizit über die neue Ordnung zu entscheiden. In diesem Zusammenhang ist auch der These nachzugehen, daß unabhängig von dem tatsächlichen Ergebnis einer Verfassungsdiskussion allein schon die Diskussion der verfassungsrechtlichen Grundlagen von eigenem Wert sei: als Chance der Vergegenwärtigung der bisherigen Erfahrungen mit der alten politischen Ordnung und der Anerkennung oder Aneignung der ja für die ostdeutsche Bevölkerung gänzlich neuen Ordnung des demokratischen Rechtsstaates. Damit wird der Verfassungsdiskussion gewissermaßen die Funktion einer Citoyen-Bildung beigemessen.

Mit diesen Vorüberlegungen allein könnte jedoch die Analyse der deutschen Verfassungsdiskussion nach 1989 in bezug auf die Frage, inwiefern diese Diskussion als möglicher Akt der Vergangenheitsbewältigung verstanden werden kann, mißverständlich beantwortet werden. Denn bislang wurde mit Vergangenheit jene Vergangenheit angesprochen, die im Begriff der Vergangenheitsbewältigung umschlossen ist: nämlich die überwundene Zeit der Diktatur, vor deren Restauration

---

6 Vgl. dazu kritisch Baule (1996).
7 Es ist heute zur Vermeidung von Mißverständnissen notwendig geworden zu betonen, daß mit einer solchen Aussage *keine* Gleichsetzung des Nationalsozialismus und des Kommunismus intendiert ist. Allerdings hat der Vergleich anhand eines tertium comparationis, welches aus den Theorien über totalitäre Herrschaftsformen gewonnen wird, einen großen heuristischen Wert – vgl. dazu mit Bezug auf die jüngste Auseinandersetzung über das Schwarzbuch des Kommunismus und die Legitimität des Totalitarismusbegriffes Winkler (1998) und kritisch Meuschel (1994, S. 93).

die Verfassung und ihre auf Dauer gestellten institutionellen Vorkehrungen des demokratischen Rechtsstaats schützen sollen. Doch in der Diskussion über die deutsche Einheit wurde gerade nicht das durch das Grundgesetz strukturierte Institutionengefüge von allen Seiten für sakrosankt erklärt. Vielmehr stand dieses Gefüge selbst als Vergangenheit des Westens wenn auch nicht zur „Bewältigung", so aber doch in den Augen vieler zur Erfahrungsauswertung an. Die deutsche Vereinigung und ihre Verschränkung mit der Verfassungsdiskussion bot für die Verfassungs*reform*vorschläge den Anlaß – aber nicht den Grund. Während also mit dem Begriff der „Vergangenheitsbewältigung" im Zusammenhang mit der Verfassungsdiskussion die Vergangenheit der DDR als Diktatur und ihr Ende gemeint ist, ist davon die Vergangenheit der Bundesrepublik in bezug auf die Erfahrungen mit dem Grundgesetz analytisch abzusetzen: Aus der vierzigjährigen Erfahrung mit der grundgesetzlichen Ordnung heraus dieses verfassungsrechtliche Gefüge auf etwaige Modernisierungen hin zu prüfen, kann zwar als eine Auswertung der Vergangenheit verstanden werden, aber nicht sinnstiftend als Bewältigung im hier eingangs explizierten Sinne. In der Analyse der in der Verfassungsdiskussion vorgetragenen verfassungspolitischen Vorschläge sowie der zu Verfassungsrecht gewordenen Regelungen ist daher zu bedenken, auf *welche* Vergangenheit die Regelungen respondieren.

Bevor nun im einzelnen auf die Verfassungsdiskussion eingegangen werden kann, ist schließlich noch auf eine letzte Differenzierung einzugehen, die von besonderer Bedeutung ist. Bis hierhin ist Verfassungsgebung als ein besonders reflektierter Ausdruck des Lernens aus Vergangenheit begriffen worden, um so für die Zukunft besser gerüstet zu sein. Michael Kloepfer bringt dies auf den Begriff der 'Zukunftsbewältigung aus Vergangenheitserfahrung' und führt dazu aus: „Jede Verfassung ist auch so etwas wie das kollektive Gedächtnis eines Volkes. In dem, was sie verhindern oder auch erhalten will, registriert und verarbeitet die Verfassung die Geschichte einer Nation. Dabei ist die Verfassung nicht nur so etwas wie ein pathetisches Archiv von historischem Geschehen mit Rechtsverbindlichkeit, sondern gerade auch das Ergebnis eines meist leidvollen historischen Lernprozesses (...). In diesem Sinne ist die Verfassung auch als kollektive Lernerfahrung, als Bewältigung der Zukunft aus Vergangenheitserfahrung zu verstehen" (Kloepfer 1994, S. 36).

Es wird aber in der folgenden Analyse der deutschen Verfassungsdiskussion nach 1989 auch der These nachzugehen sein, daß diese Diskussion zu guten Teilen nicht von dem Blick in die Vergangenheit und der Auswertung der tatsächlich gemachten Erfahrungen mit bisherigen Verfassungsgrundlagen geprägt ist, sondern von der Antizipation zukünftiger Probleme und der Suche nach neuen verfassungspolitischen Antworten. Diese These klingt zunächst eher zu unauffällig, als daß sie von Wert sein könnte. Denn wer wollte bestreiten, daß der Bezug zur Zukunft der Verfassungsgebung schon deswegen inhärent ist, weil es immer um zukünftige Gestaltungsmöglichkeiten geht, mithin darum, Konfliktregelungsverfahren für zukünftige Probleme zu finden. Aber dieser generelle Zukunftsbezug ist hier nicht gemeint (vgl. Huba 1996, S. 107 ff.). Vielmehr ist zu fragen, inwiefern neben das verfassungspolitische Programm des Lernens aus der Erfahrung der Vergangenheit vermehrt das Programm des Lernens durch Antizipation noch nicht gemachter Erfahrungen, genauer: noch nicht gemachter Fehler tritt. Damit geht die Annahme einher, daß das bisherige Verfassungsprogramm für einige der aktuellen Herausforderungen gewissermaßen „unterkomplex" ist und sich in der vergangenen Verfassungspraxis keine ausreichenden Anknüpfungspunkte finden lassen, um für bestimmte Herausforderungen der Zukunft gerüstet zu sein. Um also verfassungspolitisch auf der Höhe der Zeit zu sein, würde vor dem Hintergrund dieser Überlegung weniger die Verarbeitung der Vergangenheit als vielmehr die Vorstellung der Zukunft gefragt sein.

Im folgenden sollen nun die in der Verfassungsdiskussion erhobenen verfassungspolitischen Forderungen und die tatsächlich erfolgten verfassungsrechtlichen Änderungen in bezug auf ihr Verhältnis zu Vergangenheit und Zukunft betrachtet werden.[8] Zunächst ist auf die Diskussion einzugehen, ob und worin überhaupt der Wert einer Verfassungsdiskussion als *Diskussion* im Hinblick auf die Chancen einer Vergangenheitsbewältigung besteht. Zweitens ist zu fragen, welche verfassungspolitischen und verfassungsrechtlichen Konsequenzen aus der DDR und ihrem Ende gezogen wurden und welche Vorschläge und Änderungen auf die Erfahrungen mit der grundgesetzlichen Ordnung respondieren. Hier ist schließlich auch der These nachzugehen, daß die Verfassungsdiskussion nicht nur aus der Verarbeitung der Vergangenheit verstanden werden kann, sondern auch aus der Wahrnehmung der Herausforderungen der Zukunft. Vor dem Hintergrund dieser Analyse soll abschließend überlegt werden, inwieweit die These berechtigt ist, die Verfassungsdiskussion sei eine verpaßte Chance gewesen (vgl. Guggenberger 1998).

Durch den Weg zum Ziel: politische Einheitsbildung durch Verfassungsdiskussion

Die Verfassungsdiskussion im Kontext der deutschen Vereinigung erstreckt sich vom Mauerfall 1989 bis zum Herbst 1994, als die letzten Landesverfassungen in den neuen Bundesländern in Kraft traten und der verfassungsändernde Gesetzgeber im Bund über die von der Gemeinsamen Verfassungskommission entwickelten Vorschläge zur Grundgesetzreform befand. Die Initialzündung der Verfassungsdiskussion war der Beschluß des Runden Tisches, eine Arbeitsgruppe „Neue

---

8 An dieser Stelle ist es geboten, darauf aufmerksam zu machen, daß die Verfasserin einer in ihrer Person begründeten Schwierigkeit ausgesetzt ist: denn sie muß als erkennendes Subjekt einer kritischen Überprüfung unterziehen, an was sie sich als aktiv Teilnehmende der Verfassungsdiskussion erinnert. Fraglos ist bei einer solchen Personalunion immer das Risiko gegeben, daß das erkennende Subjekt das durcheinander bringt, was unter Umständen die Teilnehmerin an der Diskussion mit einem bestimmten Standpunkt im verklärten Rückblick gerne hören will.

Verfassung der DDR" einzusetzen, der in der konstituierenden Sitzung des Runden Tisches am 7.12.1989 getroffen wurde (vgl. Fischer 1990, S. 416). Die Arbeitsgruppe sollte zügig den Entwurf einer neuen Verfassung erarbeiten, welcher nach den Neuwahlen der Volkskammer übergeben und schließlich in einem Volksentscheid zur Abstimmung gestellt werden sollte. Tatsächlich schien im Winter 1989/90 die Vereinigung mit der Bundesrepublik unausweichlich zu sein; sie wurde von den „neuen Kräften" begrüßt.[9] Allerdings blieben die Annahmen über das Tempo hinter der tatsächlichen Entwicklung zurück. Die Befürworter einer neuen Verfassung für die DDR gingen von der Überlegung aus, daß dieser Staat noch einige Jahre existieren würde. Insbesondere den Vertretern der Bürgerbewegung war der Gedanke unerträglich, daß während dieses Zeitraums die wie auch immer reformierte alte DDR-Verfassung die Grundlage für eine neue Politik bilden sollte, ausgerechnet jenes Dokument also, das sich als willfähriges Instrument im Dienste der Staatspartei erwiesen hatte. Die in öffentlichen Diskussionen von Bürgern aus Ostdeutschland vorgetragene Meinung, die DDR habe ja eine gute Verfassung auf dem Papier gehabt und der Fehler sei nur gewesen, daß vieles nicht Verfassungswirklichkeit wurde, wurde von diesen Promotoren einer neuen Verfassung für die Noch-DDR nicht geteilt. Bereits hier wird erkennbar, welche Chance für eine grundlegende Aufarbeitung der Vergangenheit mit einer Diskussion über die Verfassung verknüpft war; denn die eben zitierte Meinung provozierte in der Regel eine Entgegnung, die zu erklären versuchte, daß Grund- und Bürgerrechte ohne Gewaltenteilung, vor allem ohne eine unabhängige Gerichtsbarkeit, das Papier eben nicht wert waren, auf dem sie in noch so großer Detailfreude festgehalten waren.

Die Forderung nach einer langsamen Gangart im deutschen Vereinigungsprozesses gründete sich auch in der Hoffnung, daß vor einer Vereinigung, wie Monsignore Ducke es ausdrückte: „die Menschen hierzulande zuvor zu sich selbst finden. Die 40 Jahre DDR-Geschichte sind nicht mit einem schnellen Anschluß an die BRD zu bewältigen. Jetzt Verdrängtes wird sich später wieder rächen" (zit. n. Thaysen 1990, S. 147). Nach dieser Auffassung konnte die alte DDR-Verfassung, wie auch immer „reformiert", keine legitime Grundlage darstellen. Das gewichtigste Argument der Befürworter einer neuen Verfassung für die Noch-DDR zielte allerdings nicht auf die Vergangenheit, sondern auf das Ende der DDR. Weil die Bürger selbst die Machthaber zurückgedrängt hatten, erkannten sie für sich das Recht, sich eine Verfassung zu geben. Für die Zukunft der deutschen Einheit verband sich damit die Hoffnung, gegenüber dem Grundgesetz der Bundesrepublik eine gleichrangige Ordnung zu schaffen, die der ostdeutschen Seite für den

---

9 Der Runde Tisch setzte sich hinsichtlich seiner Mitglieder paritätisch aus sogenannten „neuen" und „alten" Kräften zusammen mit jeweils 19 Stimmen; zu den „neuen" Kräften" gehörten die aus dem Widerstand und der Revolution hervorgegangenen Gruppen (allen voran die „Initiative Frieden und Menschenrechte", das „Neue Forum" und „Demokratie Jetzt"), zu den „alten Kräften" zählten etwa die SED/PDS, die Blockparteien und die Massenorganisationen. Dieses Kräfteverhältnis setzte sich auch in der Arbeitsgruppe „Neue Verfassung" fort (vgl. Thaysen 1990, S. 59 ff.).

Vergangenheitsbewältigung im Medium der Verfassungspolitik? 143

Vereinigungsprozeß eine wichtige Voraussetzung mit auf den Weg geben sollte: nämlich das aus der friedlichen Revolution erwachsene Selbstwertgefühl konstitutionell festzuhalten und damit in die Einheit Deutschlands zu gehen.[10]

Aber es gab auch andere Akzente in der Begründung für eine Verfassungsgebung, die mit einer eigenständigen Verfassung auch eine „eigenständige Entwicklung der DDR"[11] sichern wollten. Diese Vorstellungen über die Zukunft der DDR, die vom linken Flügel der Bürgerbewegung und von der PDS formuliert wurden, sind analytisch nur schwer von den Vorstellungen eines für die Lösung der Menschheitsprobleme 'objektiv notwendigen' dritten Weges zu unterscheiden (vgl. Thaysen 1990, S. 147). Ob aber der Verfassungsentwurf, den die „Arbeitsgruppe Verfassung" des Runden Tisches vorgelegt hat, tatsächlich als ein „Verfassungsentwurf für einen dritten Weg" (Thaysen 1990, S. 143; Roellecke 1991) gelten kann, wie seine Kritiker meinen, ist damit noch nicht gesagt. Festzuhalten ist jedoch, daß der linke Flügel der ostdeutschen Befürworter einer neuen Verfassung für die Noch-DDR ein anderes Verhältnis zur Vergangenheit hat als die „bürgerliche" Bürgerbewegung. Denn mit der Position der im dritten Weg zum Ausdruck kommenden Äquidistanz zwischen realexistierendem Sozialismus der alten DDR und der Bundesrepublik Deutschland ist die Zielvorstellung eines 'demokratischen Sozialismus' verborgen. Eine solche Zukunftsoption führt auch zu einer anderen Gewichtung in der Bewertung der Vergangenheit.

Für das Scheitern der Verfassungsaktivisten können jedoch nicht ihre internen Differenzen verantwortlich gemacht werden. Vielmehr war die Forderung nach einer neuen Verfassung für die Übergangszeit auf der machtpolitischen Ebene nicht stark genug. Der überwältigende Sieg der „Allianz für Deutschland" bei der Volkskammerwahl am 18.3.1990 ist allerdings kein Beleg dafür, daß die Bevölkerung ohne Verfassungsdiskussion rasch dem Geltungsgebiet des Grundgesetzes beitreten wollte. Denn es lassen sich auch Indizien finden, die die Interpretation des 18. März als eines Plebiszits für das Grundgesetz relativieren. So ergab zum

---

10 Das war jedenfalls die Position von Gerd Poppe, neben Wolfgang Ullmann spiritus rector der deutschen Verfassungsbewegung: „Niemand darf dem Volk, das in einer friedlichen Revolution seine Fesseln selbst gesprengt hat, dieses Recht bestreiten. Diejenigen, die die Voraussetzung für eine neue Ordnung geschaffen haben, dürfen ihres Rechts nicht beraubt werden. Deshalb legt der Runde Tisch als der legitime Sachwalter derjenigen Kräfte, die die Erneuerung bewirkten, einen Entwurf für eine neue Verfassung vor, über dessen Annahme nach öffentlicher Diskussion ein Volksentscheid befinden soll. Dabei handelt es sich um eine Verfassung für die DDR, mit deren Annahme wir eine gegenüber der durch das Grundgesetz für die Bundesrepublik gegebenen gleichrangige und damit gleichberechtigte Ordnung schaffen. Mit diesem Entwurf einer neuen Verfassung tritt der Runde Tisch Bestrebungen entgegen, sich durch die Abgabe von Beitrittserklärungen einer anderen Verfassungsordnung, dem Grundgesetz der BRD, nach Art. 23 zu unterwerfen. Wer auf einen solchen Weg der Einheit Deutschlands strebt, verletzt (...) das Selbstwertgefühl und damit die Würde dieses Volkes (...)" (Gerd Poppe, zit. n. Thaysen 1990, S. 146; vgl. auch Preuß 1991, S. 359).

11 So Bernd Gehrke, Vertreter der Vereinigten Linken am Runden Tisch, zit. n. Thaysen (1990, S. 147).

Beispiel eine infas-Umfrage Anfang April 1990, daß 42% der Bürger der DDR für die Ausarbeitung einer eigenständigen neuen Verfassung waren, 38% sprachen sich zu diesem Zeitpunkt für eine gesamtdeutsche Verfassung aus und nur 9% für die Übernahme des Grundgesetzes.[12] Für den Verfassungsentwurf des Runden Tisches wurden in kurzer Zeit immerhin rund 200.000 Unterschriften gesammelt.[13] Wie unsicher im Frühjahr 1990 selbst die Regierung de Maizière in dieser Frage war, zeigt sich auch in einem nach dem Justizminister Wünsche benannten Entwurf. Zwar sah die Koalitionsvereinbarung der „Allianz für Deutschland" den Beitritt der in Länder aufzulösenden DDR zum Geltungsbereich des Grundgesetzes nach Art. 23 GG vor, andererseits aber auch die Ausarbeitung einer neuen Verfassung.[14] Unter der Federführung des Justizministeriums und unter Hinzuziehung westdeutscher Ministerialbeamter sowie einiger Aktivisten der „Arbeitsgruppe Verfassung" des Runden Tisches sollte an einem einzigen Wochenende im Mai ein Entwurf für eine neue Verfassung erstellt werden, der im Ergebnis „ein heterogenes Gebilde (war), äußerlich an der Verfassung von 1949 und am Verfassungsentwurf des Runden Tischs orientiert, innerlich ganz auf die Linie des Grundgesetzes gebracht" (Schlink 1991, S. 28). Letztlich war dem Streben nach einer eigenständigen Verfassung für die Noch-DDR jedoch kein Erfolg beschieden – weder mit der Vorlage, die der Runde Tisch der Öffentlichkeit übergab, noch durch den Entwurf der Regierung, welcher gar nicht erst veröffentlicht wurde. Statt dessen begnügte sich die Volkskammer als verfassungsändernde Gesetzgeberin für die kurze Restzeit der DDR mit der Verabschiedung von einigen Verfassungsgrundsätzen (vgl. Hohmann 1991, S. 99).

Die Verfechter des Runden-Tisch-Entwurfs richteten ihre Forderung nach einer Diskussion über die Grundlagen der politischen Ordnung im Lichte der jüngsten Geschichte nun an die gesamtdeutsche Öffentlichkeit. Zum einen wurde weiterhin das Argument vorgetragen, daß das Erbe der friedlichen Revolution für die Zukunft festzuhalten sei – nun eben als ein Erbe aus der ostdeutschen Vergangenheit in einem geeinten Deutschland. Es kam ein weiteres Argument hinzu: das deutsche Volk solle sich in freier Selbstbestimmung eine Verfassung geben.[15] Die Befürworter einer breiten Verfassungsdiskussion waren der Überzeugung, daß die Herausbildung einer politischen Einheit der Bürger in Ost und West einer Verfassungsdiskussion bedurfte (vgl. Schneider 1991). Damit aber die „Leipziger Artikelverschie-

---

12 taz, 11.4.1990, S. 7, ap-Meldung. Ein gutes Jahr später waren übrigens 58% der ostdeutschen Bevölkerung für ein neues Grundgesetz, wie eine Allensbach-Umfrage ergab, FAZ, 4.12.1991 (vgl. kritisch zum Argument der Zustimmung zum Grundgesetz bezogen auf die Wahl am 18.3.1990 Huba 1996, S. 43 u. 111 f.).
13 Arbeitsbericht des Kuratoriums für einen demokratisch verfaßten Bund deutscher Länder, vgl. FN 20.
14 Das Dokument ist abgedruckt in Herles/Rose (1990, S. 10 ff.).
15 Der Runde Tisch beschloß fünf Punkte „Zur Arbeit an einer neuen Verfassung": „(.....) 5. Der Verfassungsentwurf des Runden Tisches ist in die Debatte um eine neue deutsche Verfassung gem. Präambel und Art. 146 GG der BRD einzubeziehen" (abgedr. in Herles/Rose 1990, S. 301).

bung"[16] von *dem* Volk zu *einem* Volk auch einen politisch ge- und verfaßten Gehalt erlangen konnte, auf den sich später wechselseitige Ansprüche der Bürger gründen konnten, wurde die Beteiligung und die verantwortliche Entscheidung des Volkes über die Verfassung als Chance der Herausbildung einer als gemeinsam begriffenen Bürgerschaft gesehen (Preuß 1994). Idealtypisch gedacht, sollten sich die Deutschen in der Auseinandersetzung über die Grundlagen des politischen Gemeinwesens als politisch-rechtlich gleichberechtigte Bürger wechselseitig anerkennen, sich dabei zugleich ihrer Verschiedenheit aus vierzig Jahren Teilung bewußt werden können (vgl. Evers 1993) und mit einem die Diskussion beschließenden Volksentscheid eine gesamtdeutsche Verfassung als einen gemeinsamen Anfang des vereinigten Deutschlands in Kraft setzen. Der Volksentscheid über die Verfassung sollte als gleichermaßen höchste Verbindlichkeit beanspruchender Gründungsakt wie als Geste des gemeinsamen Beginns das vereinigte Deutschland vor einem Gründungsfehler bewahren, den viele bereits für die alte Bundesrepublik beklagt hatten (vgl. Fetscher 1983, S. 364). Diese methodisch begründete Forderung einer Verfassungsdiskussion ist analytisch zu unterscheiden von jenen Argumenten, die auf verfassungspolitische Reformen abzielten – eine Unterscheidung, die in der damaligen Konfliktsituation vor allem die Gegner einer Verfassungsdiskussion bewußt nicht trafen. Für diese hatte sich das Grundgesetz in einer Weise „bewährt", daß jedwede aus Anlaß der Veränderungen von 1989 auf die Tagesordnung gelangte Verfassungsdiskussion als mit zu großen Risiken behaftet gesehen wurde (vgl. Guggenberger/Stein 1991, S. 12 f.). Das Plädoyer für das verfassungspolitische 'Weiter so' findet sich in der von 100 deutschen Staatsrechtslehrern unterschriebenen Erklärung „Der Beitritt nach Art. 23 ist der richtige Weg zur deutschen Einheit" (Die Welt, 28.3.1990).[17]

Nach der Ablehnung des Runden-Tisch-Entwurfs durch die Volkskammer und in Anbetracht des sich beschleunigenden Tempos im Vereinigungsprozeß mußten die Aktivisten der „Arbeitsgruppe Verfassung" also erkennen, daß ihre auf die DDR bezogenen Bemühungen zu keinem Ergebnis führen konnten und jede Initiative, die auch nur die Chance politischer Relevanz erreichen wollte, gesamtdeutsch sein mußte. Daher traten Gerd Poppe und andere mit der Idee, eine gesamtdeutsche Bürgerinitiative zu gründen, an einige Westdeutsche heran, die sie noch aus der Zeit vor dem Mauerfall kannten.[18] Diese Bürgerinitiative sollte

---

16 Grammatikalisch handelt es sich formal bei dem Wort „ein" entweder um einen unbestimmten Artikel oder um ein Zahlwort. In diesem Kontext erhält das Wort allerdings eine zusätzliche Bedeutung im Sinne von „ein gemeinsames", was die formale Zuordnung erschwert.
17 Dieser Erklärung widersprach die von Helmut Simon initiierte Nohfeldener Erklärung, vgl. Frankfurter Rundschau vom 25.5.1990, S. 1.
18 Die ostdeutschen Bürgerrechtler, die zu DDR-Zeiten den harten Kern der politischen Opposition darstellten (in den 80er Jahren vor allem in der Initiative „Frieden und Menschenrechte" organisiert), erfuhren nur von wenigen westdeutschen Politikern persönliche Unterstützung, wie 1983, als auf dem Alexanderplatz Petra Kelly, Lukas Beckmann und andere das Transparent mit jenem Emblem entrollten, welches das Symbol der ostdeutschen Friedensbewegung war und auch später die Veröffentli-

sich für eine breite Verfassungsdiskussion und einen Volksentscheid über eine Verfassung für das vereinigte Deutschland einsetzen. Die Initiatoren luden am Vorabend des 17. Juni 1990 in den Berliner Reichstag zur Gründungsveranstaltung ein. Eingeleitet durch Reden von Günter Grass, Wolfgang Ullmann und anderen, moderiert von Lea Rosh und Ulrich K. Preuß, gründeten die rund 120 anwesenden Bürgerinnen und Bürger aus Ost und West die erste gesamtdeutsche Bürgerinitiative.[19] Das Kuratorium befürchtete allerdings, die 'Errungenschaften' des Grundgesetzes in einer offenen Diskussion über die verfassungspolitische Zukunft des vereinten Deutschlands aufs Spiel zu setzen. So forderte das Verfassungskuratorium in seinem Gründungsaufruf, daß die Ergebnisse einer breiten öffentlichen Verfassungsdiskussion in eine verfassungsgebende Versammlung fließen sollten, um „auf der Basis des Grundgesetzes (...) unter Wahrung der in ihm enthaltenen Grundrechte und unter Berücksichtigung des Verfassungsentwurfes des Runden Tisches" eine neue gesamtdeutsche Verfassung auszuarbeiten.[20] Die Bürgerinnen und Bürger sollten abschließend über die Annahme der neuen Verfassung durch einen Volksentscheid beschließen können.

In diesem Zusammenhang ist von Interesse, daß nicht nur bürgerliche Konservative das Grundgesetz keinem Änderungsrisiko aussetzen wollten, sondern auch innerhalb der Linken Vorbehalte gegenüber einer Verfassungsdiskussion bestanden. Während jene die Vorschläge scheuten, die sie aus der Mottenkiste des verfassungspolitischen Reformeifers der siebziger Jahre herausgeholt sahen (vgl. nur Isensee 1991), befürchteten diese, daß das Ergebnis einer Verfassungsdiskus-

---

chung des Verfassungsentwurfes des Rundes Tisches zieren sollte: „Schwerter zu Pflugscharen". Aus der SPD hatten vor allem Freimut Duve und Gert Weisskirchen Kontakt zu den Bürgerrechtlern – die Vielzahl der Kontakte, die die SPD zur DDR jedenfalls in der zweiten Hälfte der 80er Jahre gehabt hatte, konzentrierte sich bekanntlich auf die SED und das Vorhaben eines gemeinsamen Papieres (vgl. kritisch zur Entspannungspolitik aus Sicht der Bürgerbewegung Templin 1993).

19 Unter den Mitgliedern des Kuratoriums waren unter anderen: Inge Aicher-Scholl, Heinrich Albertz, Franz Alt, Rudolf Bahro, Angelika Barbe, Lukas Beckmann, Wolf Biermann, Marianne Birthler, Tatjana Böhm, Bärbel Bohley, Hilde v. Braunmühl, Herta Däubler-Gmelin, Karl-Heinz Ducke, Freimut Duve, Erich Fischer, Günter Grass, Jürgen Habermas, Gerald Häfner, Detlef Hensche, Walter Jens, Petra K. Kelly, Freya Klier, Ludwig Mehlhorn, Margarete Mitscherlich-Nielsen, Heiner Müller, Leonie Ossowski, Claus Offe, Gerd Poppe, Ulrike Poppe, Ulrich K. Preuß, Jens Reich, Horst-Eberhard Richter, Lea Rosh, Otto Schily, Hans-Peter Schneider, Werner Schulz, Jürgen Seifert, Helmut Simon, Michael Succow, Wolfgang Templin, Wolfgang Ullmann, Antje Vollmer, Ulrich Vultejus, Christine Weiske, Gert Weisskirchen, Christine v. Weizsäcker, Konrad Weiß, Rosemarie Will, Christa Wolf. Um den Zusammenschluß – der sich als strikt überparteilicher verstand – so offen wie möglich zu halten, verzichtete die Initiative auf Vereinsstatus, Satzung und Beitragszahlungen. Finanziert wurde die Arbeit aus privaten Einzelspenden und durch die Heinrich-Böll-Stiftung. Zuschüsse zu einzelnen Kongressen gab auch die Friedrich-Ebert-Stiftung.
20 Dieser Gründungsaufruf des Kuratoriums wurde Ende Juni in mehreren überregionalen Tageszeitungen sowie in der ZEIT veröffentlicht. Die gesamten Unterlagen des Kuratoriums sind nach seiner Auflösung im Juni 1993 in das Archiv Grünes Gedächtnis der Heinrich Böll Stiftung eingegangen.

sion gerade darin bestehen könnte, daß die Freiheitsrechte zugunsten der Stabilität der staatlichen Ordnung zurückgeschnitten würden (vgl. Günther 1992).[21] Eine Ingredienz für die skeptische Haltung war auch das bei vielen noch immer vorhandene Mißtrauen gegenüber der Zivilität der Mitbürger. Die Vorstellung, daß das deutsche Ungeheuer des Chauvinismus nur schlief und jedes nationale Ereignis, vor allem aber *das* Ereignis der Vereinigung diesem Schlaf ein Ende bereiten konnte, war ein wesentlicher Grund, warum eine Verfassungsdiskussion, die eben ihren Anlaß und zu Teilen auch ihren Grund in der Vereinigung hatte, innerhalb der Linken nicht verfing. Zudem war Ende der achtziger Jahre ein guter Teil jener politisch Engagierten in der freiheitlichen und demokratischen Ordnung der Bonner Republik angekommen, die früher die politische Ordnung der Bundesrepublik als bürgerliche Formaldemokratie bewertet hatten und zum Staat, in dem sie lebten, auf Distanz gegangen waren. Die innere und äußere Distanz gegenüber dem Programm des demokratischen Verfassungsstaates – etwa die Skepsis gegenüber dem friedensstiftenden Effekt des staatlichen Gewaltmonopols und dem freiheitsstiftenden des materiellen Rechtsstaates –, hatte sich in dem Maße abgebaut, wie die Träger dieser kritischen Haltung mehr und mehr selbst die Politik der Bundesrepublik nach den Regeln der Verfassung mitgestalteten. In gewisser Weise hat 1989 den Anstoß für eine neue Selbstverortung der Linken als republikanische Demokraten mit Westbindung gegeben, überzeugt von dem demokratischen Rechtsstaat. Wer in der Bonner Republik unter Mühen angekommen ist, sie dabei auch verändert hat, will nicht gleich schon wieder nach Berlin aufbrechen.[22]

Nicht zuletzt wegen dieser Zurückhaltung konnte von einer *Massen*bewegung für eine neue Verfassung im Jahre 1990/91 keine Rede sein.[23] Das heißt aber andererseits nicht, daß die verfassungspolitischen Initiativen, die es gab, völlig marginal waren und ohne öffentliche oder machtpolitische Wirkung geblieben wären.[24] So haben etwa verschiedene frauenpolitische Initiativen kontinuierlich 'Frauenrechte als Verfassungsfragen' öffentlich thematisiert, ohne die es unter

---

21 Vgl. auch Schmid (1994, S. 61 f.): „(...) eine grundsätzliche Erneuerung der Verfassung soll man nur dann ins Auge fassen, wenn man der Gesellschaft und ihren politischen Kräften die Reife zutraut, die eigene Gesellschaftsordnung im *republikanischen* Sinne zu verändern und zu erneuern. Für diese Reife sehe ich derzeit keine Anzeichen." (H.i.O.)
22 Diese Einschätzung ist nicht nach den Regeln sozialwissenschaftlicher Methoden zufriedenstellend zu belegen – es läßt sich aber ersatzweise an einige Auseinandersetzungen erinnern, die um Buchveröffentlichungen geführt wurden, z.B. um Schmid (1991) oder Knapp (1991).
23 Vgl. als Überblick besonders für das Jahr 1990 Stein (1991); vgl. insgesamt für die Zeit 1990 bis 1993 den Arbeitsbericht des Kuratoriums, den die Initiative zum Abschluß seiner Tätigkeit im Frühsommer 1993 vorlegte (vgl. FN 20).
24 Auf die Arbeit und die Bedeutung der gesellschaftlichen Verfassungsinitiativen wird etwa bei Winkel (1997) und Schultze (1997) nur sehr kurz eingegangen. Es hat den Anschein, als ob bei der Bewertung der Frage, ob die Verfassungsdiskussion erfolgreich gewesen sei, das Ausmaß der Verfassungsänderungen als Kriterium für den Erfolg angenommen wird.

Umständen nicht zu der Ergänzung in Artikel 3 GG gekommen wäre.[25] Auch der DGB hatte sich für eine Reform der Verfassung ausgesprochen.[26] Aber die Verfassungsdiskussion wurde nicht nur von Interessenvertretern geführt, die ihre jeweiligen Belange verfassungsrechtlich gewahrt sehen wollten. Das „Kuratorium für einen demokratisch verfaßten Bund deutscher Länder" konnte allein auf den drei großen Kongressen, die es im September 1990 in Weimar, im November 1990 in Potsdam und im Juni 1991 in der Frankfurter Paulskirche veranstaltete, mehr als 2.000 Bürgerinnen und Bürger begrüßen. Über diese Kongresse, insbesondere über den Kongress in der Frankfurter Paulskirche „Vom Grundgesetz zur deutschen Verfassung", auf dem der Kuratoriumsentwurf für eine neue Verfassung vorgestellt und diskutiert wurde, wurde in der überregionalen Tagespresse verhältnismäßig breit berichtet.[27] Darüber hinaus organisierte das Kuratorium zu den Themen Demokratie, Föderalismus und Frauenpolitik drei Fachtagungen in Bonn, um die Arbeit der Gemeinsamen Verfassungskommission kritisch zu begleiten. Dies waren klassische „Experten"-Treffen, bei denen die Fachpolitiker Gelegenheit hatten, mit den zu den verfassungspolitischen Themen arbeitenden Wissenschaftlern und mit den Vertretern gesellschaftlicher Initiativen ihre Standpunkte zu diskutieren.[28]

In besonderer Weise spiegeln die Kongresse die Entstehungsgeschichte des Verfassungsentwurfs wider[29] und damit den methodischen Anspruch des Kuratoriums, den die Initiative auch als politische Forderung für den staatlichen Prozeß erhob. Auf dem ersten Kongreß in Weimar formulierten die Teilnehmer in themenbezogenen Arbeitsgruppen erste verfassungspolitische Inhalte auf der Basis des Grundgesetzes und des Runden-Tisch-Entwurfes. In Potsdam setzten die Arbeitsgruppen die Diskussion über die Kernpunkte einer neuen Verfassung fort

---

25 Vgl. „Frauen in bester Verfassung" – Vorschläge zu Verfassungsänderungen von einerRaueninitiative der Humanistischen Union, dokumentiert in: Kuratorium (1990a, S. 54 f.); vgl. die Ergebnisse des in der Frankfurter Paulskirche im September 1990 abgehaltenen Kongresses „Frauen für eine neue Verfassung", dokumentiert in dem Sonderheft Extra 1 der Feministischen Studien (1990). Die SPD veranstaltete im September 1992 einen Kongreß zu Frauenfragen auf der Fraueninsel im Chiemsee unter dem Motto „Von Herrenchiemsee 1948 nach Frauenchiemsee 1992", vgl. „Ich wollte hier keine Nachhilfe in Theorie", in: taz, 22.8.1992.
26 Vgl. Wahlprüfstein VI des DGB, DGB (1990).
27 Im Archivbestand des Kuratoriums ist auch eine umfangreiche Pressedokumentation enthalten. Berichte über die Kongresse des Kuratoriums finden sich bei Bachmann (1993).
28 Die Fachtagungen sind dokumentiert worden und finden sich als Dokumentationen unter den Titeln „Verfassungsreform – letzte Chance für die Länder?" (13.3.1992), „Frauenrechte in der Verfassung" (15.5.1992) und „Direkte Demokratie und Bürgerbeteiligung in der Verfassung" (15.6.1992 – diese Tagung wurde in Zusammenarbeit mit der Stiftung Mitarbeit/Bonn durchgeführt) im Archivbestand des Kuratoriums (FN 20).
29 Vgl. zur Entstehungsgeschichte auch die Denkschrift zum Verfassungsentwurf des Kuratoriums. Der Verfassungsentwurf und die Denkschrift sind mehrfach veröffentlicht worden: Kuratorium (1991a) (Heinrich-Böll-Stiftung); Guggenberger/Preuß/Ullmann (1991); Kuratorium (1991b).

und beauftragten den Arbeitsausschuß und eine Redaktionsgruppe mit der Erstellung eines Verfassungsentwurfs, der auf der Grundlage des Grundgesetzes unter Berücksichtigung des Runden-Tisch-Entwurfs die Arbeitsergebnisse der Kongresse zu einem Gesamtentwurf weiterentwickeln sollte.[30] Dieser Entwurf wurde in der Frankfurter Paulskirche der Öffentlichkeit vorgestellt und diskutiert und daraufhin noch einmal überarbeitet. Die Besonderheit dieses Diskussionsprozesses ist zunächst darin zu sehen, daß er tatsächlich zu dem Ergebnis eines vollständigen Entwurfes für eine neue Verfassung geführt hat und nicht nur zu einem Bündel von Stellungnahmen, die einzelne herausgehobene Verfassungsfragen betreffen. Dies gilt es um so mehr zu betonen, als das Verfahren ein völlig offenes war, an dem jeder, der wollte, sich beteiligen konnte. Zum anderen ist von Bedeutung, daß hier Bürger und Politiker, Laien und Experten, Allgemein-Interessierte und Vertreter bestimmter Interessen – und vor allem: Bürger aus Ost und West – zusammenkamen. In gewisser Hinsicht hat das Verfassungskuratorium in seinem Wirkungskreis das eingelöst, was es als Anforderung und Erwartung an einen verfassungsgebenden Prozeß formulierte: daß der Bürgerschaft eine organisierte Möglichkeit der Selbstfindung und Selbstbeschreibung gegeben war, nämlich im Medium der Verfassungsdiskussion sich wechselseitig zu erklären. In diesem Sinne fand auch eine Vergangenheitsaufarbeitung in der gesellschaftlich geführten Verfassungsdiskussion statt. Denn bestimmte verfassungspolitische Forderungen waren gar nicht zu verstehen, wenn nicht der jeweilige Erfahrungshorizont transparent gemacht wurde, vor dessen Hintergrund die Forderung erhoben wurde. Die Diskutanten aus Ost und West begegneten sich als Fremde im eigenen Land, deren politische Sprache einer Erklärung bedurfte. Die vielbeschworene innere Einheit konnte in diesem wechselseitigen Verständigungsprozeß der „offenen Gesellschaft der Verfassungsgeber"[31] diskursiv „hergestellt" werden – ohne daß dabei politisch-inhaltliche Differenzen zwischen den Beteiligten eingeebnet werden mußten.

Es bleibt festzuhalten, daß diese Form einer Verständigung über die Grundlagen der politischen Ordnung zwischen Ost und West eine Erfahrung war, die keine massenhafte geworden ist, sondern sich auf eine sehr kleine Zahl in der Bürgerschaft beschränkt hat. Die Forderung nach einer „Verfassung mit Volksentscheid" im Sinne eines Entscheides durch das Volk über die Annahme der Verfassung gründete in der Vermutung, daß das Erfordernis einer verbindlichen Entscheidung auch mit einer anderen Diskussionsbereitschaft einhergegangen wäre. Neben der damit verbundenen Chance des gewissermaßen diskursiven Zusammenwachsens dessen, was zusammengehörte, ist auch die Notwendigkeit eines Fundamentes betont worden, dem zugestimmt zu haben in Krisenzeiten in

---

30 Vgl. zum Potsdamer Kongreß die Potsdamer Erklärung „Verfassung für Deutschland", abgedruckt in: Kuratorium (1990b, S. 48-51).
31 Selbstverständlich stammt diese Begriffsschöpfung von Peter Häberle (1991, S. 254), der seine eigenen Vorschläge für eine Verfassungsänderung in der „Weltstunde des Verfassungsstaates" als Diskussionsbeitrag verstanden wissen wollte.

Erinnerung gerufen werden kann. Vor allem Ernst Benda hat 1990 hierauf aufmerksam gemacht. Obwohl selbst skeptisch gegenüber inhaltlichen Änderungsvorschlägen, mahnte er eine Verfassungsdiskussion an, die es den Ostdeutschen ermöglichen sollte, sich mit der neuen Ordnung zu identifizieren, damit „der Konsens, der das Grundgesetz im Bewußtsein der Bürger der Bundesrepublik getragen hat, künftig die Menschen in ganz Deutschland erfaßt" (Benda 1991, S. 228). Aus heutiger Perspektive ist es schwer zu sagen, ob die ostdeutschen Bürger mittlerweile stärker vom Programm des demokratischen Rechtsstaats überzeugt wären, ob sie extremistischen Parteien weniger Stimmen geben würden und zwischen der Qualität des demokratischen Systems und der Leistung der demokratisch gewählten Regierung unterscheiden würden, wenn es eine umfassende und öffentliche Verfassungsdiskussion auf gesamtdeutscher Ebene gegeben hätte. Aber selbst für den Fall einer ähnlich feindseligen Haltung gegenüber der demokratischen Ordnung wäre eines doch anders: Es gäbe die Möglichkeit, daran zu erinnern, daß sie dieser Ordnung einst mehrheitlich zugestimmt hatten. Die Volkskammerwahl vom 18. März 1990 als Plebiszit für das Grundgesetz kann jedenfalls für eine solche Mahnung keine Basis bilden. Ein Volksentscheid über das wie auch immer reformierte Grundgesetz wäre wie „das Ja-Wort vor dem Traualtar" (Stolleis 1991) ein Versprechen gewesen, an das zu erinnern gerade in schlechten Tagen eine zivile Form der Selbstbindung ist.

Verfassungspolitik zwischen Vergangenheitsbewältigung und Zukunftsperspektiven

Inwieweit lassen sich nun die Änderungsvorschläge bzw. die tatsächlichen verfassungsrechtlichen Regelungen als Konsequenz aus dem Herrschaftscharakter der DDR und ihrem Ende durch eine friedliche Revolution,[32] aus vierzig Jahren Erfahrung mit dem Grundgesetz oder aus der Antizipation zukünftiger Herausforderungen verstehen? Eine Analyse der verfassungspolitischen Reformvorschlä-

---

32 Es kann im folgenden nicht darum gehen, bei allen eingebrachten Vorschlägen und schließlich verabschiedeten Regelungen die jeweils ostdeutsche Perspektive herauszuarbeiten, die es als einheitliche ohnehin nicht gibt (vgl. Bremers 1996); es sind die verfassungspolitischen Fragen herauszugreifen, bei deren Diskussion in besonderer Weise auf die Vergangenheit der DDR als Diktatur und ihr Ende eingegangen wird. Ohnehin würde eine vollständige Synopse den Rahmen dieser Untersuchung bei weitem sprengen: Die Verfassungsdiskussion nach 1989 umfaßt die Verfassungsdiskussion am Runden Tisch, die gesamtdeutsche Verfassungsdiskussion 1990-1993 von engagierten gesellschaftlichen Gruppen, die Verfassungsdiskussion auf staatlich-institutionalisierter Ebene sowie die Verfassungsdiskussion und die Verabschiedung von Länderverfassungen in den neuen Bundesländern. In dem Verzicht auf annäherungsweise Vollständigkeit liegt allerdings das Risiko, wichtige Regelungen bzw. Vorschläge nicht in den Blick zu bekommen, die die Beantwortung der Fragestellung anders ausfallen lassen könnten. Insofern kann das hier Ausgeführte nur Plausibilität mit Bezug auf die behandelten Beispiele beanspruchen.

Vergangenheitsbewältigung im Medium der Verfassungspolitik?

ge und verfassungsrechtlichen Regelungen in ihrem Verhältnis zu Vergangenheit und Zukunft soll anhand einiger besonders prägnanter Beispiele zur Klärung dieser Frage beitragen.

Zunächst sind die Vorschläge für die Präambel der gesamtdeutschen Verfassung sowie die Präambeln der neuen Länderverfassungen als besonderes Zeugnis der politischen Identität der Bürgerschaft zu untersuchen. Peter Häberle hat darauf aufmerksam gemacht, daß sich Präambeln vor allem durch drei Elemente auszeichnen: durch das formale Element des spezifischen Klangs der Sprache und durch die beiden inhaltlichen Elemente des Konzentrats der Verfassung sowie der Verarbeitung von Geschichte und der Verpflichtungen für die Zukunft (Häberle 1991, S. 247). In gewisser Weise beantwortet die Präambel die Frage, woher wir kommen und wohin wir gehen. Wenn eingangs davon die Rede war, daß eine Bewältigung oder Aufarbeitung der Vergangenheit im Medium der Verfassungspolitik bedeutet, die verfassungsrechtlichen Instrumentarien zu nutzen, um eine Restauration der überwundenen Diktatur zu verhindern, so ist hier nicht allein an Grundrechte oder Verfahrensregeln zu denken. Auch die Präambel als Beschreibung der politischen Identität des Gemeinwesens kann ein Element der Vergangenheitsbewältigung im Medium der Verfassungspolitik sein. Sie legt Zeugnis ab über den „historischen Ort", an dem sich die Bürgerschaft eine neue Verfassung gegeben hat. Für die Vergangenheitsbewältigung, das spätere „Erinnern und Begreifen" durch die Bürger, gibt die Präambel eine wichtige politische Interpretation der Geschichte vor; sie fördert damit die Auseinandersetzung mit der Vergangenheit und hilft, die Renaissance von illegitimen politischen Ordnungen zu verhindern.

Die Präambel des Grundgesetzes enthielt sich in Hinblick auf die Frage, woher wir kommen, eines expliziten Bezugs auf den Nationalsozialismus,[33] formulierte aber für die Zukunft den Verfassungsauftrag der deutschen Einheit: „Das gesamte Deutsche Volk bleibt aufgefordert, in freier Selbstbestimmung die Einheit und Freiheit Deutschlands zu vollenden." Der verfassungsändernde Gesetzgeber hat den Zukunftsauftrag gewissermaßen ins Präsens gesetzt: „Die Deutschen in den Ländern Baden-Württemberg (...) und Thüringen haben in freier Selbstbestimmung die Einheit und Freiheit Deutschlands vollendet. Damit gilt dieses Grundgesetz für das gesamte Deutsche Volk." Überzeichnungen können in Präambeln gerechtfertigt sein, da sie die Bürger an ihr besseres Selbst, an ihre „Citoyen"-Eigenschaften erinnern sollen. Bei der jetzigen Formulierung allerdings, nach der *alle* Deutschen in allen sechzehn Ländern die Einheit in freier Selbstbestimmung

---

[33] Michael Kloepfer macht auf den ursprünglich diskutierten Einleitungssatz aufmerksam „Nationalsozialistische Zwingherrschaft hat das deutsche Volk seiner Freiheit beraubt", der allerdings fallengelassen wurde, um dem Nationalsozialismus kein „ewiges Denkmal" zu setzen (Abg. Süsterhenn) und der Präambel „Zeitlosigkeit" (Abg. Heuß) zu geben (Kloepfer 1994, S. 48). Dieser Bezug auf das Dritte Reich gibt auch zu anderer Kritik Anlaß: Denn es hat nach diesem Satz den Anschein, als ob die nationalsozialistische Machtergreifung wie von außen das Land gewalttätig okkupiert hat und nicht vom deutschen Volk mehrheitlich getragen war.

vollendet haben sollen, stellt sich die Frage, wie stark die Darstellung der Geschichte zugunsten des Bewußtseins einer zusammengehörenden Nation „interpretiert" werden kann, ohne vor allem für bestimmte Teile der Bevölkerung – in diesem Fall jene ostdeutschen Bürger, die auf den Demonstrationen im Herbst 1989 das kommunistische Regime zum Einsturz brachten und damit die conditio sine qua non der deutschen Einheit schufen – desintegrativ zu wirken. Dabei hat es an Vorschlägen nicht gefehlt, das Verdienst der ostdeutschen Bevölkerung in Form der Würdigung der „friedlichen" oder „demokratischen Revolution" in die Präambel der gesamtdeutschen Verfassung aufzunehmen.[34]

Der Parlamentarische Rat hat auch darauf verzichtet, eine spezifische Verantwortung oder Verpflichtung der deutschen Nation „gegenüber den Opfern deutscher Gewaltherrschaft" (Verfassungsentwurf des Kuratoriums) zu formulieren oder auch nur „der Verantwortung aller Deutschen für ihre Geschichte und deren Folgen" (Verfassungsentwurf des Runden Tisches) zu gedenken. Die Verfassungsgeber der neuen Bundesländer – mit Ausnahme Sachsen-Anhalts[35] – hingegen formulieren einen Bezug zur Vergangenheit, allerdings fällt dieser Bezug sehr unterschiedlich aus. Während die Präambel der Verfassung Mecklenburg-Vorpommerns nur in allgemeiner Form vom „Bewußtsein der Verantwortung aus der deutschen Geschichte" spricht, dafür aber auf den Herbst '89 nicht eingeht, erfährt in der brandenburgischen Verfassung zwar die nähere Vergangenheit eine Würdigung („...gründend auf den friedlichen Veränderungen[36] im Herbst 1989..."), nicht aber jene fernere Vergangenheit der deutschen Geschichte. Statt dessen heißt es, daß die „Bürgerinnen und Bürger des Landes Brandenburg[37] (...) im Geiste

---

34 Peter Häberle schlug z.B. vor, den Ausruf „Wir sind das Volk" als den 'Todesstoß für die Volksdemokratie' aufzunehmen (Häberle 1991, S. 247). Der Verfassungsentwurf des Kuratoriums nimmt die Revolutionserfahrung in der Präambel (welche Wolfgang Ullmann auch in die Beratungen der Gemeinsamen Verfassungskommission (GVK) einbrachte) mit auf: „(...) ausgehend von den Erfahrungen freiheitlicher Demokratie und dank der durch eine demokratische Revolution vollendeten Einheit (....)" (vgl. zur knappen Diskussion über die Präambel in der GVK, die um die Frage der Aufnahme des Begriffs der „inneren Einheit" kreiste, Bremers 1996, S. 438 f.).
35 Michael Kloepfer hat die sachsen-anhaltinische Verfassung als geschichtslos bezeichnet (1994, S. 64). Kommentatoren der Verfassung weisen darauf hin, daß die Aufnahme der invocatio Dei in der Präambel – die angesichts einer Bevölkerung, die sich zu 80% nicht zu Gott bekennt, sehr umstritten war – als eine Zurückweisung der Verabsolutierung der Staatsgewalt und eine Absage an den Atheismus als Staatsreligion zu verstehen sei; letztere „erklärt sich auch aus der Erfahrung mit dem totalitären SED-Regime, das in der DDR auch die allerkleinsten Bereiche durch eine atheistische Weltanschauung zu prägen suchte" (Mahnke 1993, S. 18).
36 Auch die Verfassung Thüringens spricht von „friedlichen Veränderungen". Allein der sächsische Verfassungsgeber benutzt die Formel der „friedlichen Revolution". Interessanterweise greift auch die zu großen Teilen aus der Feder Christa Wolfs stammende Präambel des Runden-Tisch-Entwurfs (vgl. zur Entstehungsgeschichte der Präambel Rogner 1993, S. 129 ff.) nicht auf die Formulierung „friedliche" oder „demokratische Revolution" zurück, sondern spricht von „revolutionärer Erneuerung" (sic!).
37 Auch die Verfassung Mecklenburg-Vorpommerns spricht von den Bürgern dieses Landes, die sich diese Verfassung gegeben haben; die drei anderen ostdeutschen

der Traditionen von Recht, Toleranz und Solidarität in der Mark Brandenburg (...)" sich diese Verfassung gegeben haben. Dieser selbstbewußte Bezug auf die eigene Landesgeschichte überrascht. Für die zwei Diktaturen, die insgesamt sechsundsechzig Jahre andauerten, wird keine Erinnerungsleistung erbracht, wohl aber für Traditionen, die offensichtlich vor dieser Zeit gelegen haben müssen.[38] Die Präambel der Verfassung Sachsens setzt gegenüber der brandenburgischen den Kontrapunkt. Zwar knüpft auch in Sachsen der Verfassungsgeber an die vordiktatorische Geschichte an und stützt sich auf „Traditionen der sächsischen Verfassungsgeschichte". Dann aber heißt es: „(...) ausgehend von den leidvollen Erfahrungen nationalsozialistischer und kommunistischer Gewaltherrschaft,[39] eingedenk eigener Schuld an seiner Vergangenheit (...)". Von allen Aussagen der Präambel war die gleichzeitige Nennung der leidvollen Erfahrungen unter beiden deutschen Gewaltherrschaften am umstrittensten, da die Gegner dieser Aussage hier eine Gleichsetzung von Nationalsozialismus und Kommunismus vermuten (Kunzmann u.a. 1993, S. 40). Auch das Schuldbekenntnis stieß auf Widerspruch, da hier die Vorstellung einer Kollektivschuld vermutet wurde (Kunzmann u.a. 1993, S. 41). Die Auseinandersetzung über die sächsische Präambel gehört im oben angesprochenen Sinn zum wünschenswerten Prozeß des „Erinnerns und Begreifens" der eigenen Vergangenheit.

Im Einklang mit dieser deutlichen 'historischen Verortung' in der Präambel hat die sächsische Landesverfassung als einzige der ostdeutschen Länderverfassungen der Vergangenheitsbewältigung einen eigenen Artikel gewidmet, in dem in Form eines Programmsatzes das Land aufgefordert wird, „die Ursachen individuellen und gesellschaftlichen Versagens in der Vergangenheit abzubauen, die Folgen verletzter Menschenwürde zu mindern und die Fähigkeit zu selbstbestimmter und eigenverantwortlicher Lebensgestaltung zu stärken" (Art. 117).[40] Diese sehr allgemeine Forderung wird begleitet von weiteren spezifischen Erklärungen gegenüber Opfern und Tätern. Artikel 116 erkennt den Opfern „nationalsozialistischer oder kommunistischer Gewaltherrschaft (...) nach Maßgabe der Gesetze Anspruch auf Wiedergutmachung" zu (vgl. Kunzmann u.a. 1993, S. 376 ff.).

Landesverfassungen sprechen vom Volk des jeweiligen Landes (vgl. Thiele u.a. 1995, S. 21). Nachfragen bei Beteiligten ergaben, daß es in Brandenburg und Mecklenburg-Vorpommern v.a. auf Bestreben der Vertreter der Bürgerbewegungen zurückgeht, den Begriff des Volkes zugunsten der Bürger zu ersetzen.
38 Rechtshistoriker könnten fragen, ob der brandenburgische Verfassungsgeber hier stolz auf die Geltung des Sachsenspiegels als Beleg früher rechtsstaatlicher Tradition erinnern möchte oder an das Preußische Allgemeine Landrecht oder auch an den „Vergleich mit den brandenburgischen Ständen" von 1472 (vgl. Schneider 1994) und ob diese frührechtsstaatlichen Traditionen die Willkürregime des 20. Jahrhunderts vergessen machen sollen.
39 In der Präambel der thüringischen Verfassung heißt es unbestimmter „(...) leidvollen Erfahrungen mit überstandenen Diktaturen (...)" (vgl. dazu Linck u.a. 1994, Rz 1 ff.; vgl. ausführlich zur Entstehung der thüring. LV Schmitt 1995).
40 Auch die beiden für die nationale Ebene vorgeschlagenen Verfassungsentwürfe des Runden Tisches und des Kuratoriums weisen keine vergleichbaren Artikel auf.

In den Artikeln 118 und 119, die die Abgeordneten- bzw. Ministeranklage und die Eignung für den Öffentlichen Dienst regeln, wird erklärt, daß Personen, die „gegen die Grundsätze der Menschlichkeit oder Rechtsstaatlichkeit verstoßen" haben oder „für das frühere Ministerium für Staatssicherheit/Amt für nationale Sicherheit der DDR tätig" waren, weder im Landtag noch in der Landesregierung oder im Öffentlichen Dienst tragbar sind.[41]

In der Diskussion über die gesamtdeutsche Verfassung ist dieser Aspekt der Rehabilitierung und Entschädigung der Opfer und Bestrafung der Täter nicht vertieft worden.[42] In diesem Zusammenhang ist auf das grundgesetzliche Rückwirkungsverbot des Art. 103 Abs. 2 GG einzugehen, welches durch den Einigungsvertrag nicht geändert wurde. Damit sich dieser Artikel in bezug auf die für DDR-Systemkriminalität Verantwortlichen nicht als eine „Magna Charta des Verbrechers" entpuppt, müssen die Gerichte subtil argumentieren. Das Bundesverfassungsgericht hat in seinem Beschluß über die Frage der Strafbarkeit der Tötung von Flüchtlingen an der innerdeutschen Grenze im Grunde jene limitierte Außerkraftsetzung des Rückwirkungsverbotes vorgenommen, welche der verfassungsändernde Gesetzgeber vorzunehmen versäumt hat (BVerfGE 95, 96, II).[43] Helmut König hat darauf hingewiesen, daß dieses Versäumnis bis ins Jahr 1952 zurückreicht, als die Bundesrepublik bei der Ratifizierung der Europäischen Menschenrechtskonvention (EMRK) einen Vorbehalt geltend gemacht hat, der Art. 7 Abs. 2 der EMRK betrifft (vgl. König 1997). Nach diesem Passus wird das Rückwirkungsverbot aufgehoben in bezug auf eine Person, „die sich einer Handlung oder Unterlassung schuldig gemacht hat, welche im Zeitpunkt ihrer Begehung nach den allgemeinen von den zivilisierten Völkern anerkannten Rechtsgrundsätzen strafbar war". Das aber wollte die Bundesrepublik zu Beginn der fünfziger Jahre nicht in nationales Recht übernehmen, vorgeblich um damit den scheinbar größten

---

41 Vgl. ähnlich auch Art. 96 Abs. 2 Thüring. LV („Stasi-Mitarbeit").
42 Hans-Peter Schneider formulierte auf dem Weimarer Kongreß des Kuratoriums zwar unter Beifall eine Forderung an den gesamtdeutschen Gesetzgeber nach einem entsprechenden Verfassungsauftrag (Schneider 1991, S. 31), doch es findet sich keine entsprechende Regelung im Kuratoriumsentwurf.
43 Das Bundesverfassungsgericht hat vorgeführt, warum „(i)n dieser ganz besonderen Situation (...) das Gebot materieller Gerechtigkeit, das auch die der völkerrechtlich anerkannten Menschenrechte aufnimmt, die Anwendung eines solchen Rechtfertigungsgrundes (untersagt)" (BVerfGE 95, 96, II (133)) – gemeint ist hier der von den Verfassungsbeschwerdeführern vorgetragene Rechtfertigungsgrund, nach dem eine Strafbarkeit der in Rede stehenden Handlungen nicht gegeben sei, der also die vorsätzliche Tötung von Personen decken sollte, die unbewaffnet und ohne Gefährdung allgemein anerkannter Rechtsgüter die innerdeutsche Grenze überschreiten wollten (BVerfGE 95, 96, II (135)). Die Aufforderung zu solchem Tun und seine Begünstigung mißachtete die in der Völkerrechtsgemeinschaft allgemein anerkannten Menschenrechte. Diese Mißachtung zeige, daß es gerade an der besonderen Vertrauensgrundlage gefehlt habe, die – wie der zweite Leitsatz ausführt – die Strafgesetze tragen, wenn sie von einem an die Grundrechte gebundenen demokratischen Gesetzgeber erlassen werden. Der Vertrauensschutz des Rückwirkungsverbotes ist nach dieser Argumentation des Bundesverfassungsgerichts mithin nicht verletzt.

Abstand zur Praxis der nationalsozialistischen Justiz zu wahren, die rückwirkende Strafgesetze erließ. Dies führte andererseits aber im Ergebnis dazu, daß darauf verzichtet werden konnte, „die Personen, die dieses Regime getragen hatten, für ihr Verhalten strafrechtlich zur Verantwortung zu ziehen" (König 1997, S. 450), und so sind in den 50er Jahren die NS-Prozesse „fast ganz zum Erliegen" (König 1997, S. 449) gekommen.

Es ist ein Versäumnis, daß dieses herausragende Problem der Verarbeitung totalitärer Herrschaft in Deutschland im Kontext der Verfassungsdiskussion nach 1989 kein Thema war. Die für die Vergangenheitsbewältigung so zentrale Frage, wie auf rechtsstaatliche *und* gerechte Weise mit den verantwortlichen Tätern des DDR-Unrechtes umzugehen ist, hätte sinnvoll in der Verfassungsdiskussion erörtert gehört. Die begrenzte, regelgeleitete Außerkraftsetzung des Rückwirkungsverbotes, vorgenommen durch den verfassungsändernden Gesetzgeber, hätte dann mithin als ein weiteres Element des grundgesetzlichen Systems erkannt werden können, auch noch den Ausnahmezustand rechtlich zu verfassen. Durch die Nichtbehandlung dieser Frage im Rahmen der Verfassungsdiskussion seitens der staatlichen und gesellschaftlichen Akteure[44] wurde die Möglichkeit vergeben, in einer öffentlichen Diskussion den kategorialen Unterschied zwischen der materiellen Rechtsstaatsordnung, die auf Menschenrechte gegründet ist, und der Rechtsordnung, die nur Instrument im Dienste einer auf Ideologie gegründeten Herrschaftsordnung ist, herauszuarbeiten.

Auch die Beschäftigung mit anderen Problemen, die – wie in der eben diskutierten Frage des Rückwirkungsverbots – einen unmittelbaren und direkten Bezug zur DDR-Vergangenheit haben, fand überwiegend nicht im Rahmen der Verfassungsdiskussion statt.[45] Wie anhand der Präambeln und einiger Artikel aus der

---

44 In der Gemeinsamen Verfassungskommission kam nur kurz zu diesem Thema eine Debatte auf, als der Vertreter der PDS, Uwe-Jens Heuer, einen Antrag zugunsten eines verfassungsrechtlichen Verbotes der „Diskriminierung wegen der politischen Haltung zur DDR" (als ein neu einzufügender Art. 116b, ein neuer 116a sollte eine ostdeutsche Kammer vorsehen (Kommissionsdrucksache 26 u. 88, vgl. Bremers 1996, S. 439)) einbrachte – was vor allem die Bürgerrechtler in der GVK als Versuch einer „Generalamnestie ehemals politisch Verantwortlicher der SED/DDR-Diktatur mit Verfassungsrang" (Angelika Barbe) empört zurückwiesen (zit. n. Bremers 1996, S. 439). Der Antrag erhielt dann auch nur die Stimme des Antragstellers. In den Beratungen des Kuratoriums spielte die Frage des grundgesetzlichen Rückwirkungsverbotes nach den Erinnerungen der Verfasserin und anderer Beteiligter keine Rolle. In der Arbeitsgruppe Neue Verfassung des Runden Tisches war nach Auskunft von Beteiligten klar, daß es bei der Behandlung dieses Problems zu großen Friktionen kommen würde (schließlich setzte sich ja auch die Arbeitsgruppe paritätisch aus Vertretern der „neuen" und „alten" Kräfte zusammen). Aufgrund des enormen Zeitdrucks, unter dem die Arbeit stand, sei in dieser Frage 'der Deckel auf dem Problem gelassen worden'.
45 Die Problematik der Eigentumsfrage ist ausführlich von Preuß (1993) behandelt worden. Vgl. auch die Regelung im Verfassungsentwurf des Runden Tisches (Art. 131). Auch auf die Frage der Übernahme von Staatsangestellten der DDR in den Öffentlichen Dienst der Bundesrepublik wurde im Rahmen der Verfassungsdiskussion nicht ausführlich eingegangen – wiewohl sich diesbezüglich eine Regelung im Verfassungsentwurf des Runden Tisches findet (Art. 128, vgl. dazu Preuß 1991, S. 365).

sächsischen Landesverfassung gezeigt, verhielt sich dies für die Ebene des Landesverfassungsrechts anders. Allerdings kann eine Reihe von verfassungspolitischen Vorschlägen auch für die gesamtdeutsche Verfassung ausgemacht werden, welche einen mittelbaren und impliziten Bezug zur Diktatur der DDR haben. Ein solcher Bezug ist in Vorschlägen erkennbar, die einige Grundrechte und Staatsziele sowie die Aufnahme plebiszitärer Verfahren betreffen.

Der wohl bekannteste Satz aus dem Verfassungsentwurf des Runden Tisches findet sich in dessen Grundrechtsteil: „Jeder schuldet jedem die Anerkennung als Gleicher" (Art. 1 Abs. 2, Satz 1). Gerd Roellecke hat diesen Satz als Erbe aus der DDR-Verfassung von 1968/74 interpretiert (Roellecke 1991, S. 373). Die Autoren dieses Verfassungsentwurfs wollten ihn aber genau als Konsequenz aus ihrer Erfahrung des Lebens in der Diktatur verstanden wissen,[46] in der ja nicht nur eine anonyme Staatsmacht, sondern reale Personen die Bürger unterschiedlich behandelt haben. Das Verfassungskuratorium hat diesen Gedanken auch in seinem Entwurf ausgedrückt, betont aber – um die Mißverständnisse, zu der die Formulierung 'als Gleicher' Anlaß gibt, zu vermeiden –, daß es um die Anerkennung der gleichen Würde aller Menschen geht: „Alle erkennen einander als Gleiche in ihrer Würde an" (Art. 1 Abs. 1 Satz 3, vgl. Kuratorium 1991a, S. 26). Dieser Satz wird als Ergänzung des obersten Grundsatzes der Unantastbarkeit der Menschenwürde verstanden. In der Voranstellung dieses Grundsatzes vor allen anderen verbürgten Rechte erkennen die Autoren des Kuratoriumsentwurfes die „wichtigste Konsequenz aus den Erfahrungen in der Zeit des Totalitarismus" (Kuratorium 1991a, S. 26).

Bei der Lektüre der Grundrechtskataloge der ostdeutschen Landesverfassungen fällt zunächst auf, daß es in den neuen Bundesländern wohl außer Frage stand, überhaupt in die Landesverfassungen „volle eigenständige Grundrechtskataloge verbunden mit der Einführung einer Verfassungsbeschwerde zu den überall eingerichteten Landesverfassungsgerichten" (Steinberg 1994, S. 436; vgl. auch Starck 1994, S. 42) aufzunehmen. Rudolf Steinberg erklärt dies mit dem Bedürfnis, „nach den Jahrzehnten des Unrechtsstaates (...) sich selber des Grundes und der Grenzen der Freiheit als Mensch und als Bürger zu vergewissern" (Steinberg 1994, S. 436). Bei einzelnen Grundrechten fallen Besonderheiten gegenüber dem Katalog der grundgesetzlich verbrieften Grundrechte auf. Dies betrifft vor allem den Schutz personenbezogener Daten und das Auskunftsrecht über die eigene Person.[47] Hier findet ausdrücklich Aufnahme, was das Bundesverfassungsgericht als Datenschutzgrundrecht in seiner Rechtsprechung (BVerfGE 65, 1) entwickelt hat – vor dem Hintergrund der Erfahrung mit dem Staatssicherheitsdienst

---

46 Bei der Auflösungsveranstaltung des Verfassungskuratoriums in Berlin am 22. Mai 1993 erinnerte Gerd Poppe im Rückblick an den Auftrag des Runden Tisches an die AG Neue Verfassung: nämlich die spezifischen Erfahrungen des Lebens in der Diktatur und ihre Überwindung in einer Verfassung aufzuheben, was Poppe vor allem in dem oben zitierten Satz wiederfand.

47 Art. 11 Brandenb. Verf., Art. 6 Meckl.-V. Verf., Art. 33 Sächs. Verf., Art. 6 Abs. 1 Sachs.-A. Verf., Art. 6 Thür. Verf.

kann diese Neuerung als eine spezifische verfassungsrechtliche Antwort auf die Vergangenheit der DDR als Diktatur gelten (vgl. auch Kloepfer 1994, S. 75).[48] Auch die im Landesverfassungsrecht statuierten Informationsansprüche über Umweltdaten der öffentlichen Verwaltung, welche jedermann bezüglich seines Lebensraumes zugebilligt werden (vgl. Starck 1994, S. 47),[49] sind angesichts der Desinformationspolitik der DDR-Regierung eine spezifische Konsequenz aus der Vergangenheit.

Weiterhin fallen in den neuen Länderverfassungen und auch in den beiden Entwürfen für die nationale Ebene verschiedene soziale 'Rechte' in Form von Aufgabennormen bzw. Staatszielbestimmungen auf.[50] In der Diskussion der Gemeinsamen Verfassungskommission, die sich nicht auf eine Konkretisierung des Sozialstaatsgebots verständigen konnte, spielte dieses Thema eine große Rolle. Bezogen auf die hier zu behandelnde Frage der Vergangenheitsbewältigung im Medium der Verfassungsdiskussion muß eine Bewertung der sozialen Rechte bzw. Staatsziele ambivalent ausfallen. Denn einerseits kann positiv vermerkt werden, daß in der Auseinandersetzung über soziale Rechte die Chance bestand zu verdeutlichen, warum diese nicht als einklagbare Grundrechte ausstattbar sind, und damit auch den Charakter einer politischen Ordnung zu unterstreichen, die einen bewußt begrenzten Regelungsanspruch hat, im Unterschied zu totalitären politischen Ordnungen.[51] Zudem kann in solchen konkreten sozialen Verfassungsnormen auch eine wichtige integrative Funktion erkannt werden. Andererseits können die sozialen Rechte und weiteren Staatszielbestimmungen auch kritisch bewertet werden. Die umfassenden Kataloge können unter Umständen Erwartungen wecken, die nicht zu erfüllen sind, womit die „Gefahr einer Überforderung und damit letztlich einer Schwächung der normativen Kraft der Verfassung" (Steinberg 1994, S. 438) einhergeht. Insofern haben diese Regelungen gerade die ostdeutschen

48 In der Diskussion über eine gesamtdeutsche Verfassung wurden auch Forderungen laut, den Verfassungsschutz bzw. sämtliche Geheimdienste zu verbieten. Diese Forderung hat sich im Kuratoriumsentwurf insofern niedergeschlagen, als daß der Begriff des „Verfassungsschutzes" aus Art. 73 Ziffer 10 und Artikel 87 Abs. 1 gestrichen wurde. Allerdings wurde kein generelles verfassungsrechtliches Verbot aufgenommen (vgl. Kuratoriumsentwurf 1991a, S. 51).
49 Art. 39 Abs. 7 Brandenb. Verf., Art. 6 Abs. 3 Meckl.-V. Verf., Art. 34 Sächs. Verf., Art. 6 Abs. 2 Sachs.-A. Verf., Art. 33 Thür. Verf.
50 Die entsprechenden Normen können hier nicht alle aufgeführt werden; vgl. als Zusammenstellung der Länderverfassungen Starck (1994, S. 43 ff.); vgl. zum Runden Tisch-Entwurf Preuß (1991, S. 362 ff.) und zum Kuratoriumsentwurf Kuratorium (1991a, S. 32 f.).
51 In der Erarbeitung des Kuratoriumsentwurfes wurde immer wieder die Forderung laut, 'echte' soziale Rechte aufzunehmen. Der Kuratoriumsentwurf formulierte das „Recht auf Arbeit" (Art. 12a), das „Recht auf soziale Sicherung" (Art. 12b) und das „Recht auf Wohnung" (Art. 13a), wie es in der Denkschrift zum Entwurf heißt, „entgegen anderer Forderungen bewußt nicht in der Form einklagbarer Grundrechte (...). Ein Staat, der nicht selbst die Arbeit verteilt oder die Wohnungen besitzt, kann einen solchen Rechtsanspruch nicht einlösen. Aber diese Artikel verpflichten den Staat, die genannten Rechte im Rahmen seiner Möglichkeiten (...) zu schützen" (Kuratorium 1991a, S. 33).

Bürger der neuen politischen Ordnung entfremdet. Richard Schröder hat in diesem Zusammenhang von einer „DDR-Identität post festum" gesprochen, die sich dadurch kennzeichnet, im Rückblick das Leben in der DDR als 'nicht so schlimm' zu bewerten und als das Gute im Sozialismus an erster Stelle die soziale Sicherheit, keine Arbeitslosigkeit und ein ruhigeres Leben zu erkennen (Schröder 1998). Mit der Formulierung sozialer Rechte – auch wenn diese nicht als klassische Grundrechte ausgestattet sind – und ausführlicher Staatsziele, bis hin zur Förderung von Kindertageseinrichtungen (Art. 19 Abs. 3 Thüring. LV) wird unter Umständen eine solche nachträgliche DDR-Identität noch unterstützt.

Eine gewichtige Rolle spielte die Rezeption der deutschen Vergangenheit bei der Frage der Aufnahme plebiszitärer Verfahren der Willens- und Entscheidungsbildung und weiterer Formen der Bürgerbeteiligung. Vor allem die ostdeutschen Mitglieder in der Gemeinsamen Verfassungskommission betonten, wie zentral eine Reform des Grundgesetzes in dieser Frage wäre. Denn die ostdeutschen Bürger hätten nach vierzig Jahren, in denen sie ihrer politischen Mitwirkungsrechte beraubt waren, 1989 eine Form von verantwortlicher Gestaltung der eigenen Angelegenheiten erfahren, und es gelte, diese positive Erfahrung verfassungspolitisch zu institutionalisieren und damit auch zu verhindern, wie Konrad Elmer es ausdrückte, „daß von unseren Dingen fast nichts übrig bleibt".[52] Doch die Sperrminorität seitens der Regierungskoalition wollte diese Konsequenz der demokratischen Revolution – die doch eine Ausnahmesituation gewesen sei[53] – nicht als bleibendes Erbe in der gesamtdeutschen Verfassung wissen. Wenn auch in der politischen Auseinandersetzung über Plebiszite mittlerweile die Ergebnisse der wissenschaftlichen Forschung zur Kenntnis genommen werden – insbesondere hinsichtlich der Frage, ob Plebiszite die Ursache für den Niedergang der Weimarer Republik darstellen und was den Parlamentarischen Rat bewogen hat, keine solchen Verfahren aufzunehmen[54] – so wurde von den Gegnern von Volksbegehren und Volksentscheid – neben zahlreichen anderen Bedenken – doch noch immer auf die negativen „Weimarer Erfahrungen" verwiesen.[55] Demgegenüber brachten die Befürworter nicht nur die ostdeutsche demokratische Revolutionserfahrung ein, sondern aus westdeutscher Perspektive auch die stabile Demokratieerfahrung der Bundesrepublik, die für die mittlerweile längst zu konstatierende 'Demokratiefähigkeit' der Deutschen spräche (Kuratorium 1991a, S. 47). In diesem Zusammenhang sind auch die verfassungspolitischen Reformvorschläge zum Verhältnis von

---

52 GVK-Protokoll der 6. Sitzung, S. 17.
53 Vgl. als einer der Wortführer der Gegner von Volksbegehren und Volksentscheid Abg. Norbert Geis in der 6. Sitz. der GVK, 14.5.1992, Prot. S. 9.
54 Vgl. hierzu v.a. die Arbeiten von Otmar Jung (Jung 1994 m.w.N.); vgl. zur Rezeption dieser Forschungsergebnisse Prot. d. 6. Sitz. der GVK (14.5.1992), S. 18 (Abg. Hans-Jochen Vogel) u. Prot. der 3. Öff. Anh. der GVK (17.6.1992), S. 9 (Svst. Tilman Evers).
55 Vgl. abermals Norbert Geis: „Ich meine, daß wir alles in allem und gerade aufgrund der Erfahrung der Weimarer Verfassung (...) sowie insbesondere aufgrund der Erfahrungen der Schweiz nicht ja sagen sollten zu Plebisziten" (Prot. d. 6. Sitz. der GVK (14.5.1992), S. 4).

Parlament und Regierung von Interesse. Denn während der Parlamentarische Rat durch die Erfahrungen mit der Weimarer Verfassung ganz bewußt für die Konstruktion einer stabilen Regierung und einer im Verhältnis schwachen Stellung des Parlaments optierte, so könne heute angesichts der vergangenen vierzig Jahre diese Sorge relativiert und das Parlament entsprechend gestärkt und mit mehr Rechten ausgestattet werden (Kuratorium 1991a, S. 52 ff.). In den neuen Länderverfassungen schlägt sich diese Aufwertung des Parlaments nieder (vgl. Starck 1994, S. 20 ff.). Auch sind in allen neuen Länderverfassungen Verfahren der Volksgesetzgebung aufgenommen worden.[56] Eine besondere Verarbeitung der Revolutionserfahrung stellen schließlich jene Artikel in einigen der ostdeutschen Landesverfassungen dar, die neben den Parteien auch die 'weichere' Organisationsform der Bürgerbewegung verfassungsrechtlich absichern.[57]

Das Gros der verfassungsrechtlichen Änderungen, die die Gemeinsame Verfassungskommission empfohlen hat, läßt allerdings keinen solchen mittelbaren Bezug zur Vergangenheitserfahrung erkennen. Zwar ist seitens einiger ostdeutscher Mitglieder der Wunsch notiert worden, alle Verfassungsregeln vor dem Hintergrund der spezifischen DDR-Vergangenheit zu prüfen;[58] in den Einzeldiskussionen der jeweiligen Themenkomplexe, die in der Gemeinsamen Verfassungskommission behandelt worden sind, spielte die Vergangenheit der DDR als Diktatur aber keine durchschlagende Rolle.[59] Den Referenzrahmen bildeten v.a. die Vergangenheit der Bundesrepublik und die Erfahrungen mit der grundgesetzlichen Ordnung. Die Kommission „hat sich im wesentlichen nur zu solchen Verfassungsänderungen durchringen können, die in der alten Bundesrepublik Deutschland schon vor der Wiedervereinigung grundsätzlich diskutiert worden sind" (Kloepfer 1994, S. 66). Michael Kloepfer verortet die wirklich wesentlichen Ände-

---

56 Vgl. die Übersicht bei Starck (1994, S. 27).
57 Br. LV Art. 20 Abs. 3, Meckl.-V. LV Art. 3 Abs. 4, Sachsen-Anh.LV Art. 13 Abs. 1, Thür. LV Art. 9.
58 Vgl. z.B. Konrad Elmer in der Generalaussprache über die Aufgaben der GVK: „Weil wir im Osten in einer zweiten Diktatur 44 Jahre länger leiden mußten, fragen wir, wie durch die Verfassung solches für alle Zeit verhindert werden kann. Reicht das Recht zum Widerstand, oder sollten wir vielleicht sogar so etwas wie eine Pflicht zum Widerstand verankern, für den Fall, daß die Staatsgewalt verfassungswidrig wird und anders nicht mehr zur Vernunft zu bringen ist? Weil wir in der DDR ein Parlament hatten, ohne daß es die Regierung kontrollieren konnte, fragen wir, ob es nicht auch jetzt noch Möglichkeiten gibt, das Bundesparlament zu stärken. Weil wir die Stasi-Machenschaften fürchten lernten, wünschen wir den Datenschutz in der Verfassung, das Grundrecht auf informationelle Selbstbestimmung. Weil wir den Zentralismus bis zum Exzess erlebten, wollen wir auch den Föderalismus mit seinem Subsidiaritätsprinzip stärken. Zugleich haben wir jedoch auch die mögliche Diktatur von Partikularinteressen erlebt und wissen, daß ausgleichende Gerechtigkeit auch größere Zusammenschlüsse notwendig macht. Deshalb sind wir auch sehr engagierte Europäer (...)" (Prot. der 2. Sitzung der GVK am 13.2.1992, S. 21).
59 Markus Bremers kommt zu dem Ergebnis, daß in den Fällen, in denen sich ostdeutsche Mitglieder der GVK auf „ostdeutsche Interessen" berufen, dies „in erster Linie von politischen Ansichten geprägt (ist), die nicht Ostdeutsche von Westdeutschen, sondern 'Linke' von 'Rechten' unterscheiden" (Bremers 1996, S. 445).

rungsvorschläge, nämlich die Kompetenzverschiebungen im Hinblick auf die europäische Integration und das föderative Gefüge sowie einige Modernisierungen zu diversen Einzelfragen, nur in 'wiedervereinigungsunabhängigen Problembereichen'. Wenn auch in der Diskussion der staatlichen Akteure die Aufarbeitung der DDR-Vergangenheit zu kurz gekommen ist und statt dessen in erster Linie der Erfahrungshorizont der alten Bundesrepublik dominierte, so heißt dies aber nicht, daß *nur* ein 'Frühjahrsputz' des Grundgesetzes, der lediglich aus Modernisierungen der bestehenden verfassungsrechtlichen Regelungen bestand, vorgenommen worden ist. Denn bei einigen wenigen Fragen wurde weder auf die Vergangenheit der DDR rekurriert noch ausführlich auf die der Bundesrepublik, sondern es wurde versucht, angemessene verfassungspolitische und verfassungsrechtliche Konsequenzen aus der Antizipation von Zukunftsherausforderungen zu ziehen.

Es sind vor allem zwei Komplexe, deren verfassungsrechtliche Verarbeitung Neuland darstellt und bei denen nur auf wenig verfassungspraktische Erfahrungen zurückgegriffen werden kann: der Schutz der natürlichen Lebensgrundlagen und die Öffnung des Nationalstaats für supranationale Organisationen und kollektive Sicherheitssysteme. Dieser Themen hat sich die Verfassungsdiskussion nach 1989, gewiß mit unterschiedlichen Schwerpunkten bei den jeweiligen Akteuren und auf den verschiedenen Ebenen, in besonderer Weise angenommen. In der Diskussion dieser Fragen richtete sich der Blick auf die Zukunft. Ausgangspunkt für die Erkenntnis einer notwendigen Überschreitung der Grenzen des Nationalstaats war zum einen die Herausforderung der nationalstaatlich verfaßten Demokratie durch die supranationale Rechtssetzung der europäischen Institutionen und zum anderen die seit dem Ende des Ost-West-Konfliktes erneut aktuelle Frage der Friedenssicherung. Diese Probleme stellen den Verfassungsstaat vor neue Fragen, die nur begrenzt durch den Rückgriff auf bisherige Erfahrungen mit vorhandenen verfassungsrechtlichen Instrumentarien bearbeitet werden können. Schon der Parlamentarische Rat hatte mit dem Art. 24 GG Neuland betreten. Während hier „nur" dem Bund die Kompetenz eingeräumt wurde, durch Gesetz Hoheitsrechte auf zwischenstaatliche Einrichtungen zu übertragen, und damit bereits der Nationalstaat nach „oben" geöffnet wurde, binden die Regelungsvorschläge, die in der Verfassungsdiskussion vorgetragen worden sind, die Kompetenzübertragung an bestimmte Erfordernisse. Im neuen Artikel 23 GG[60] werden neben der Regelung der Entscheidungskompetenzen von Bundesregierung, Bundestag und Bundesrat auch die Anforderungen formuliert, denen die Europäische Union aus Sicht des deutschen verfassungsändernden Gesetzgebers entsprechen soll: Die Union soll demokratischen, rechtsstaatlichen, sozialen, föderativen und subsidiären Grundsätzen verpflichtet sein. Mit dieser Änderung wird dem historischen Ereignis des Maastrichter Vertrages und der damit verbundenen Entwicklung einer postnatio-

---

60 Die GVK hat entsprechend der realen Entwicklung des europäischen Integrationsprozesses nicht den Artikel 24 GG erweitert, sondern der Verwirklichung der Europäischen Union einen eigenen Artikel gewidmet.

nalen politischen Ordnung Rechnung getragen. In bezug auf die geänderten Bedingungen der Friedenssicherung in der Welt ist es allerdings seitens der Verfassungskommission versäumt worden, die Anforderungen an ein zukünftiges System kollektiver Sicherheit zu formulieren.[61] Statt dessen wurde es dem Bundesverfassungsgericht überantwortet, den verfassungsrechtlichen Rahmen des Einsatzes der Bundeswehr neu zu beleuchten. Dabei hatte es von den gesellschaftlichen Akteuren der Verfassungsdiskussion einige Anregungen für die – aufgrund des Endes des Ost-West-Konflikts bzw. des Gleichgewichts des Schreckens und der aufbrechenden vielen 'kleinen Schrecken' – unvermeidliche und notwendige Neubestimmung der Rolle Deutschlands bei der Friedenssicherung zwischen den Staaten gegeben. Das Verfassungskuratorium schlägt in seinem Verfassungsentwurf ein neues Verständnis eines Systems kollektiver Sicherheit vor, nämlich eines, „denen Staaten angehören und beitreten, die *voreinander* Schutz suchen" (Art. 24 Abs. 3). Auch wenn diese Frage im Rahmen der Verfassungsdiskussion nach 1989 nicht zufriedenstellend erörtert wurde – auf der politischen Agenda der Berliner Republik steht sie weit oben.

Der zweite Problemkomplex, der Antworten auf der Basis der Antizipation der Zukunft und weniger der Rückschau in die Erfahrungen der Vergangenheit erfordert, ist der Schutz der natürlichen Lebensgrundlagen. Das Staatsziel Umweltschutz, zu dem sich die Gemeinsame Verfassungskommission nach erheblicher Anstrengung schließlich durchgerungen hat, kann nur als ein sehr zurückhaltender Schritt auf dem Weg zu der nächsten Etappe des Verfassungsstaates gelten, der nach der sozialen Verantwortung nun auch einer ökologischen Verantwortung gerecht zu werden hat (vgl. Stein 1998). Zur Diskussion stand – und steht – eine erheblich tiefgreifendere Reform jener Verfassungsordnung, die in dem neuen Staatsziel gerade für sakrosankt erklärt wird, wenn es heißt, daß der Staat die natürlichen Lebensgrundlagen im Rahmen der verfassungsmäßigen Ordnung schützt. Aber es ist diese Ordnung selbst, die den Umweltvernutzern mehr Vorteile bietet als den Umweltschützern. Die kollektive Selbstbindung, die der Souverän mit der Verfassung eingeht, entfaltet ihre positiven Effekte nicht in bezug auf den Schutz der Umwelt. In der verfassungspolitischen Diskussion ist daher ein ganzes System verfassungsrechtlicher Regeln vorgeschlagen worden, die auf dieses Problem respondieren: angefangen von der Begrenzung individueller Freiheit aus Gründen des Umweltschutzes in den Grundrechtskatalogen über die Überprüfung des demokratischen Mehrheitswillens durch einen Ökologischen Rat mit suspensivem Vetorecht bis hin zur verfassungsrechtlich abgesicherten Verbandsklage im Dienste ökologischer Interessen zur Einbeziehung des gesellschaftlichen Sachverstands (vgl. Stein 1998, S. 229 ff.). Wie stark dieses Thema die Verfassungsdiskussion beschäftigt hat, ist nicht zuletzt anhand der neuen Länderverfassungen erkennbar, die viele dieser Vorschläge aufgenommen haben und damit über „deut-

---

61 Dies trotz ausführlicher Diskussion, vgl. Protokoll der 7. Öff. Anhörung der GVK am 11.2.1993 zum Thema staatliche Souveränität und militärische Verteidigung.

liche Elemente eines ökologischen Verfassungsstaates" (Steinberg 1994, S. 440 f.) verfügen.[62]

Die Verfassungsdiskussion – eine verpaßte Chance?

Die Verfassungsdiskussion nach 1989 hat die Chance geboten, die Vergangenheit der DDR als Diktatur und die Erfahrung von vierzig Jahren Teilung „aufzuarbeiten". Doch diese Chance hat sich nur in Ansätzen materialisiert. Die Verarbeitung der totalitären Vergangenheit und die damit verbundene Anerkennung der demokratischen und rechtsstaatlichen Grundlagen des demokratischen Verfassungsstaates hat als eine in die Breite wirkende Diskussion nicht stattgefunden, da die Gemeinsame Verfassungskommission sich nicht zu einem Volksentscheid über das reformierte Grundgesetz durchringen konnte. Der Volksentscheid hätte einen großen gesellschaftlichen Diskussionsschub bewirkt. Eine gesamtdeutsche Verabschiedung der Verfassung durch die Bürgerinnen und Bürger hätte die Ostdeutschen und Westdeutschen noch nicht in 'praktischer' Weise zu einem Volk vereint, also etwa keine sozialstrukturelle oder gar innere Einheit über Nacht bewirkt. Aber es könnte heute an den Volksentscheid als wechselseitiges „bürgerliches Versprechen" erinnert werden – etwa gegenüber jenen in den alten Ländern, die die Transferleistungen von West nach Ost in Frage stellen, aber auch gegenüber jenen in den neuen Ländern, die heute an den Grundlagen der demokratischen Ordnung zweifeln und dies auch in ihrem Wählervotum für extremistische Parteien ausdrücken.

Vom Ergebnis der verfassungsrechtlichen Änderungen des Grundgesetzes her betrachtet, kann die Verfassungsdiskussion vor allem hinsichtlich zweier Punkte als eine verpaßte Chance beschrieben werden. Die Gemeinsame Verfassungskommission hat sich im Grunde genommen auf einen 'Frühjahrsputz' des Grundgesetzes beschränkt, der in bezug auf das Gros der Änderungen, das vor allem die Stellung und Rechte der Bundesländer betrifft, eine Erfahrungsauswertung der alten Bundesrepublik darstellt. In die Zukunft weist allerdings der neue Artikel 23 GG, in dem in einer nationalstaatlichen Verfassung über den Nationalstaat hinausgreifende Regelungen festgehalten werden zugunsten der demokratischen Legitimation und menschenrechtlichen Bindung auch supranationaler Politik. Der anderen großen Zukunftsherausforderung aber ist die staatliche Verfassungsdiskussion auf der Bundesebene nicht gerecht geworden. Die gesellschaftlichen Akteure und die Verfassungsgeber in den Ländern waren in der Frage, die Dieter Grimm als eine der entscheidenden Fragen am Ende dieses Jahrhunderts bezeichnet hat und die einer verfassungsrechtlichen Antwort bedarf (Grimm 1991, S. 267), weiter – nämlich in der Frage der Sicherung der natürlichen Lebensgrundlagen.

---

62 Synoptische Darstellungen dieser Verfassungsregeln finden sich in Starck (1994), Steinberg (1994) und Stein (1998) (dort auch mit Auswertung der Vorschläge gesellschaftlicher Akteure).

Unter dieser verpaßten Chance wird die Berliner Republik besonders leiden, wenn sie mit einem in ökologischer Hinsicht „unterkomplexen" institutionellen Gefüge für Entscheidungen Mehrheiten organisieren soll, die gerade die ökologisch begründete Selbstbegrenzung der Mehrheit zum Inhalt haben.

Schließlich ist die Verfassungsdiskussion nach 1989 als verpaßte Chance zu bewerten, da die Verfahren der politischen Willensbildung der alten Bundesrepublik in Form der Parteiendemokratie nicht zugunsten der Möglichkeit des Volksentscheides als Ergänzung zum parlamentarischen Gesetzgebungsverfahren in behutsamer Weise erweitert worden sind. Gerade mit Blick auf die deutsche Geschichte wurde in den Beratungen der Gemeinsamen Verfassungskommission gewissermaßen der Untergang der Stabilität des repräsentativ-demokratischen Abendlandes beschworen. Zwar kann das Grundgesetz in der Tat als die im Grundsätzlichen angemessene verfassungspolitische Antwort auf die Erfahrung totalitärer Regime gelten – mit erwägenswerten Ergänzungen im Detail, wie die Verfassungen der neuen Länder zeigen. Aber das Jahr 1989 mahnte auch eine entscheidende Modifikation im Grundsätzlichen an: daß nämlich die Angst vor dem *demos* einem Vertrauen in den Souverän weichen konnte (Kuratorium 1991a, S. 70). Die Erfahrungen von vierzig Jahren stabiler Demokratie in der alten Bundesrepublik wie die der demokratischen Revolution der DDR geben allen Anlaß, die Verfahren der politischen Entscheidungsbildung weiterzuentwickeln. Der andauernde Verzicht auf die Aufnahme plebiszitärer Verfahren aus Sorge vor Mißbrauch durch undemokratische oder gar totalitäre Kräfte auch nach 1989 verlängert dieses „kurze Jahrhundert", das an seinem Ende doch die Chance bot, die totalitäre Vergangenheit Deutschlands durch eine „erwachsene" Demokratie zu bewältigen. Auch in dieser Frage wirft die Vergangenheit einen Schatten auf die Zukunft der Berliner Republik.

Literatur

Bachmann, Ulrich, 1993, Von der bürgerlichen Gesellschaft zur Bürgergesellschaft, in: Neue Justiz, H. 8, S. 362.
Baule, Bernward, 1996: Freiheit und Revolution. Die Bedeutung von 1989 für die Berliner Republik, in: Hannah Arendt und die Berliner Republik. Fragen an das vereinigte Deutschland, hrsg. v. ders., Berlin, S. 82-106.
Benda, Ernst, 1991: Das letzte Wort dem Volke. Auch die ostdeutschen Bürger müssen sich unsere Verfassung zu eigen machen können, in: Die Verfassungsdiskussion im Jahr der deutschen Einheit. Analysen, Hintergründe, Materialien, hrsg. v. Bernd Guggenberger und Tine Stein, München, S. 224-229.
Bremers, Markus, 1996: „Ostdeutsche Interessen in der Gemeinsamen Verfassungskommission". Ergebnisse und Schlußfolgerungen einer Befragung unter ostdeutschen Kommissionsmitgliedern, in: Kritische Justiz, S. 421-446.
Broszat, Martin u.a., 1983: Deutschlands Weg in die Diktatur. Internationale Konferenz zur nationalsozialistischen Machtübernahme im Reichstagsgebäude zu Berlin. Referate und Diskussionen. Ein Protokoll, hrsg. v. Martin Broszat u.a., Berlin.
DGB, 1990: „Auf bewährter Grundlage eine neue Verfassung schaffen", dokumentiert in: Gewerkschaftliche Monatshefte, 41. Jg., H. 11, S. 743.

Evers, Tilman, 1993: Das Scheitern war vorhersehbar, ja gewollt. Ein Lehrstück der besonderen Art: Warum die Verfassungskommission sich verläßlich blockierte, in: Frankfurter Rundschau, 25.3.1993.
Fetscher, Iring, 1983: Diskussionsbeitrag, in: Deutschlands Weg in die Diktatur. Internationale Konferenz zur sozialistischen Machtübernahme, hrsg. v. Martin Broszat u.a., Berlin, S. 364-366.
Fischer, Erich, 1990: Verfassungsgeschichte der DDR 1990, in: Kritische Justiz, H. 4, S. 413-424.
Grimm, Dieter, 1990: Verfassung, in: ders., Die Zukunft der Verfassung, Frankfurt a.M., S. 11-28.
Grimm, Dieter, 1991: Das Risiko Demokratie. Ein Plädoyer für einen neuen Parlamentarischen Rat, in: Die Verfassungsdiskussion im Jahr der deutschen Einheit. Analysen, Hintergründe, Materialien, hrsg. v. Bernd Guggenberger und Tine Stein, München, S. 261-269.
Günther, Uwe, 1992: Verfassungsdebatte im Traumland, in: taz, 21.9.1992.
Guggenberger, Bernd, 1998: Verpaßte Chancen? Die gesamtdeutsche Verfassung, in: Funkkolleg Deutschland im Umbruch, Studienbrief 5, hrsg. v. Deutschen Institut für Fernstudienforschung an der Universität Tübingen, Tübingen (Studieneinheit 15).
Guggenberger, Bernd und Tine Stein, 1991: Strukturen und Motive der Verfassungsdiskussion im Jahr der deutschen Einheit. Eine redaktionelle Vorbemerkung, in: Die Verfassungsdiskussion im Jahr der deutschen Einheit. Analysen, Hintergründe, Materialien, hrsg. v. Bernd Guggenberger und Tine Stein, München, S. 9-15.
Guggenberger, Bernd, Ulrich K. Preuß und Wolfgang Ullmann, 1991: Verfassung für Deutschland. Manifest, Text, Plädoyers, hrsg. v. Bernd Guggenberger, Ulrich K. Preuß und Wolfgang Ullmann, München.
Habermas, Jürgen, 1990: Die nachholende Revolution, Frankfurt a.M.
Häberle, Peter, 1991: Verfassungspolitik für die Freiheit und Einheit Deutschlands. Ein wissenschaftlicher Diskussionsbeitrag im Vormärz 1990, in: Die Verfassungsdiskussion im Jahr der deutschen Einheit. Analysen, Hintergründe, Materialien, hrsg. v. Bernd Guggenberger und Tine Stein, München, S. 242-260.
Herles, Helmut und Ewald Rose (Hrsg.) 1990: Vom Runden Tisch zum Parlament, Bonn.
Hohmann, Bernd, 1991: Etappen des verfassungsrechtlichen Diskurses und der Verfassungsgesetzgebung nach der revolutionären Wende in der DDR, in: Die Verfassungsdiskussion im Jahr der deutschen Einheit. Analysen, Hintergründe, Materialien, hrsg. v. Bernd Guggenberger und Tine Stein, München, S. 87-106.
Huba, Herrmann, 1996: Theorie der Verfassungskritik. Die Verfassungsdiskussion anläßlich der Wiedervereinigung, Baden-Baden.
Isensee, Josef, 1991: Abstimmen ohne zu entscheiden? Ein Plebiszit über die Verfassung ist nicht vorgesehen und auch nicht wünschenswert, in: Die Verfassungsdiskussion im Jahr der deutschen Einheit. Analysen, Hintergründe, Materialien, hrsg. v. Bernd Guggenberger und Tine Stein, München, S. 214-219.
Jesse, Eckhard, 1992: „Entnazifizierung" und „Entstasifizierung" als politisches Problem. Die doppelte Vergangenheitsbewältigung, in: Vergangenheitsbewältigung durch Recht. Drei Abhandlungen zu einem deutschen Problem, hrsg. v. Josef Isensee, Berlin, S. 9-36.
Jung, Ottmar, 1994: Grundgesetz und Volksentscheid. Die Entscheidungen des Parlamentarischen Rats gegen Formen direkter Demokratie, Opladen.
Kloepfer, Michael, 1994: Zukunftsbewältigung aus Vergangenheitserfahrung. Zur Verfassungsgebung im vereinten Deutschland, in: Kontinuität und Diskontinuität in der deutschen Verfassungsgeschichte. Von der Reichsgründung zur Wiedervereinigung, hrsg. v. dems. u.a., Berlin, S. 35-84 (in Auszügen auch abgedr. als „Zukunftsbewältigung aus Vergangenheitserfahrung. Die Verfassungskommission wird dem vereinten Deutschland nicht gerecht", in: FAZ, 1.2.1994, S. 8).
Knapp, Udo, 1991: Das Wagnis. Ökologische Realpolitik: pragmatisch, staatsfern, mehrheitsbewußt, grün, Frankfurt a.M.

König, Helmut, 1997: Juristische Feinheiten auf politischem Glatteis: Vergangenheitsbewältigung und Rückwirkungsverbot, in: Leviathan, 25. Jg., H. 4, S. 445-451.
Kunzmann, Bernd u.a., 1993: Die Verfassung des Freistaats Sachsen. Kommentierte Textausgabe, Berlin.
Kuratorium, 1990a: „In freier Selbstbestimmung", hrsg. v. Kuratorium für einen demokratisch verfaßten Bund deutscher Länder in Zus. m. der Heinrich-Böll-Stiftung, Berlin u.a.
Kuratorium, 1990b: Verfassung mit Volksentscheid, hrsg. v. Kuratorium für einen demokratisch verfaßten Bund deutscher Länder in Zus. m. der Heinrich-Böll-Stiftung, Berlin u.a.
Kuratorium, 1991a: „Vom Grundgesetz zur deutschen Verfassung." Denkschrift und Verfassungsentwurf, hrsg. v. Kuratorium für einen demokratisch verfaßten Bund deutscher Länder in Zus. m. der Heinrich-Böll-Stiftung, Berlin u.a.
Kuratorium, 1991b: Vom Grundgesetz zur deutschen Verfassung. Denkschrift und Verfassungsentwurf, vorgelegt vom Kuratorium für einen demokratisch verfaßten Bund deutscher Länder, Baden-Baden.
Leicht, Robert, 1991: Einheit durch Beitritt. Eine neue Verfassung kann nur schlechter werden, in: Die Verfassungsdiskussion im Jahr der deutschen Einheit. Analysen, Hintergründe, Materialien, hrsg. v. Bernd Guggenberger und Tine Stein, München, S. 186-200.
Linck, Joachim u.a., 1994: Die Verfassung des Freistaats Thüringen. Kommentar, Stuttgart u.a.
Lübbe, Heinrich, 1983: Der Nationalsozialismus im politischen Bewußtsein der Gegenwart, in: Deutschlands Weg in die Diktatur. Internationale Konferenz zur sozialistischen Machtübernahme, hrsg. v. Martin Broszat u.a., Berlin, S. 329-349.
Mahnke, Hans-Heinrich, 1993: Die Verfassung des Landes Sachsen-Anhalt. Textausgabe mit Erläuterungen, Berlin.
Mampel, Siegfried, 1982: Die sozialistische Verfassung der Deutschen Demokratischen Republik, 2. Aufl., Frankfurt a.M.
Meuschel, Sigrid, 1994: Vom unterschiedlichen Ausmaß der Zerstörung von Moral und Gesellschaft, in: Vergangenheitsbewältigung 1945 und 1989. Ein unmöglicher Vergleich? Eine Diskussion, hrsg. v. Klaus Sühl, Berlin, S. 92-108.
Pampel, Bert, 1995: Was bedeutet Aufarbeitung der Vergangenheit? Kann man aus der „Vergangenheitsbewältigung" nach 1945 für die „Aufarbeitung" nach 1989 Lehren ziehen?, in: Aus Politik und Zeitgeschichte, B1-2/95, S. 27-38.
Preuß, Ulrich K., 1990: Revolution, Fortschritt und Verfassung. Zu einem neuen Verfassungsverständnis, Berlin.
Preuß, Ulrich K., 1991: Auf der Suche nach der Zivilgesellschaft. Der Verfassungsentwurf des Runden Tisches, in: Die Verfassungsdiskussion im Jahr der deutschen Einheit. Analysen, Hintergründe, Materialien, hrsg. v. Bernd Guggenberger und Tine Stein, München, S. 357-366.
Preuß, Ulrich K., 1993: Die Rolle des Rechtsstaates in der Transformation postkommunistischer Gesellschaften, in: Rechtstheorie, 24. Bd., H. 1/2, S. 181-204.
Preuß, Ulrich K., 1994: Brauchen wir eine neue Verfassung?, in: Der Souverän auf der Nebenbühne. Essays und Zwischenrufe zur deutschen Verfassungsdiskussion, hrsg. v. Bernd Guggenberger und Andreas Meier, Opladen, S. 71-74.
Roellecke, Gerd, 1991: Dritter Weg zum zweiten Fall. Der Verfassungsentwurf des Runden Tisches würde zum Scheitern des Staates führen, in: Die Verfassungsdiskussion im Jahr der deutschen Einheit. Analysen, Hintergründe, Materialien, hrsg. v. Bernd Guggenberger und Tine Stein, München, S. 376-375.
Rogner, Klaus Michael, 1993: Der Verfassungsentwurf des Zentralen Runden Tisches der DDR, Berlin.
Schlink, Bernhard, 1991: Deutsch-deutsche Verfassungsentwicklungen im Jahre 1990, in: Die Verfassungsdiskussion im Jahr der deutschen Einheit. Analysen, Hintergründe, Materialien, hrsg. v. Bernd Guggenberger und Tine Stein, München, S. 19-37.

Schmid, Thomas, 1991: Thomas Schmid, Der kapitale Irrtum. Argumente für ein föderalistisches Deutschland, Frankfurt a.M.
Schmid, Thomas, 1994: Der Verfassungsgedanke auf dem Weg ins Zeitalter der De-Souveränität, in: Der Souverän auf der Nebenbühne. Essays und Zwischenrufe zur deutschen Verfassungsdiskussion, hrsg. v. Bernd Guggenberger und Andreas Meier, Opladen, S. 61-65.
Schmitt, Karl (Hrsg.), 1995: Die Verfassung des Freistaates Thüringen, Weimar/Köln.
Schneider, Hans Peter, 1991: Rede auf dem Weimarer Kongreß am 16.9.1990, in: Verfassung mit Volksentscheid, hrsg. v. Kuratorium für einen demokratisch verfaßten Bund deutscher Länder in Zus. m. der Heinrich-Böll-Stiftung e.V., Berlin u.a., S. 26-31.
Schneider, Hans Peter, 1994: „Daz ein Recht mac fromen ...". Der Sachsenspiegel – ein Rechtsbuch von europäischem Rang, in: Gegenrede. Aufklärung – Kritik – Öffentlichkeit, hrsg. v. Herta Däubler-Gmelin, Baden-Baden, S. 503-514.
Schröder, Richard, 1998: Führender Führer und führende Partei. Warum die deutsche Geschichte zum zweiten Mal aufgearbeitet werden muß, in: FAZ, 5.3.1998, S. 42.
Schultze, Rainer-Olaf, 1997: Verfassungsreform als Prozeß, in: Zeitschrift für Parlamentsfragen, H. 3, S. 502-520.
Starck, Christian, 1994: Die Verfassungen der neuen deutschen Länder: eine vergleichende Untersuchung, Heidelberg.
Stein, Tine, 1991: Eine gesamtdeutsche Bürgerinitiative, in: Vorgänge, 30. Jg., H. 2, S. 70-75.
Stein, Tine, 1998: Demokratie und Verfassung an den Grenzen des Wachstums. Zur ökologischen Kritik und Reform des demokratischen Verfassungsstaates, Opladen.
Steinberg, Rudolf, 1994: Der Beitrag des Einigungsprozesses und der neuen Bundesländer zur Verfassungsentwicklung in Deutschland, in: Gegenrede. Aufklärung – Kritik – Öffentlichkeit, hrsg. v. Herta Däubler-Gmelin, Baden-Baden, S. 423-442.
Stolleis, Michael, 1991: Wie das Ja-Wort vor dem Traualtar. Sollen die Deutschen ihre Verfassung durch eine Volksabstimmung bekräftigen?, in: FAZ, 30.10.1991, S. 37.
Templin, Wolfgang, 1993: Das schlechte Vorbild der Anpassung: Hindernisse für die innere Einheit, in: Deutschland. Eine Nation – doppelte Geschichte, hrsg. v. Werner Weidenfeld, Köln, S. 113-116.
Thaysen, Uwe, 1990: Der Runde Tisch. Oder: wo blieb das Volk?, Opladen.
Thiele, Burkhard u.a., 1995: Die Verfassung des Landes Mecklenburg-Vorpommern. Kommentierte Textausgabe, Berlin.
Ullmann, Wolfgang, 1990: Ist das Volk untergegangen?, in: Der Spiegel, 21.5.1990, S. 34 f.
Winkel, Olaf, 1997: Die deutsche Einheit als verfassungspolitischer Konflikt, in: Zeitschrift für Parlamentsfragen, H. 3, S. 473-501.
Winkler, Heinrich August, 1998: Schlagt nach bei Marx. Eine Rede, die geschrieben, aber fast nicht gehalten werden konnte, in: FAZ, 19.6.1998, S. 43.

Annette Weinke

Der Umgang mit der Stasi und ihren Mitarbeitern

Nachdem sich Mitte der neunziger Jahre schon deutliche Ermüdungserscheinungen in der Diskussion um das unerschöpfliche Stasi-Thema gezeigt hatten, ist die Debatte überraschenderweise im Jahr 1998 doch noch einmal aufgelebt. Zündstoff lieferte vor allem Jürgen Fuchs mit seinem Roman „Magdalena", eine Mischung aus literarischer Verarbeitung der eigenen Akteneinsicht und eines Insiderreports aus den Gängen und Vorzimmern der „Gauck-Behörde".[1] Fuchs knüpft mit diesem Buch an seine bereits früher geäußerten, fundamentalen Vorbehalte gegen die Form des zweiten deutschen Aufarbeitungsprozesses an, vor allem gegen die als typisch deutsch kritisierte Institutionalisierung und Bürokratisierung. Insofern sieht er auch in der Etablierung der „Gauck-Behörde" und der gesetzlichen Gängelung der Akteneinsicht durch das Stasi-Unterlagen-Gesetz (StUG) ein von der westdeutschen Führungselite verursachtes „bürokratisches Ausbremsen einer Revolution". Im Mittelpunkt seiner Betrachtungen steht somit die Perzeption des DDR-Repressionssystems durch die Westdeutschen bzw. die Nachwirkungen der nicht verarbeiteten NS-Vergangenheit auf den heutigen Aufarbeitungsprozeß. Vom Feuilleton nicht ganz so beachtet wurde der ebenso spannend zu lesende, essayistische Bericht des britischen Osteuropaexperten Timothy Garton Ash über die eigene Akteneinsicht.[2] Die gelassene Distanz des Engländers, sein persönlicher Versuch zum Verständnis von Tätern und Opfern der Diktatur und der stark subjektivierende, mißtrauische Blick von Fuchs, dem es vor allem um das Aufzeigen nationaler Neurosen und unseliger Traditionen geht, werfen ein Licht auf die Besonderheiten der gegenwärtigen deutschen Vergangenheitaufarbeitung.

I. Determinanten der Vergangenheitsaufarbeitung nach 1989

Im Gegensatz zu den übrigen postkommunistischen Staaten Osteuropas handelt es sich in Deutschland um den zweiten Aufarbeitungsversuch innerhalb eines

---

1 Jürgen Fuchs, Magdalena. MfS. Memfisblues. Die Firma. VEB Horch & Gauck – ein Roman, Berlin 1998; vgl. dazu auch die Stellungnahme von Joachim Gauck, der die Kritik des selbsternannten revolutionären „Wohlfahrtsausschusses der Erleuchteten" strikt zurückweist (Der ungenaue Blick. Interview mit Joachim Gauck, in: „Die ZEIT" vom 2. April 1998).
2 Timothy Garton Ash, Die Akte „Romeo", München 1997.

Jahrhunderts. Der erste Versuch überlagert den zweiten und hat eine eigene, bislang weitgehend unaufgearbeitete deutsch-deutsche Geschichte mit vielen Gemeinsamkeiten und gravierenden Unterschieden. Darüber hinaus ist das vereinigte Deutschland das einzige Land mit einer geteilten Vergangenheit: einer demokratischen im Westen und einer diktatorischen im Osten. Aus diesem Grunde ist der gegenwärtige Aufarbeitungsprozeß stark von dem über 1990 hinaus bestehenden Ost-West-Gegensatz bestimmt. Dieser Gegensatz wirkt sich aus auf Fragen nach der politischen Verantwortlichkeit für die personellen Säuberungen oder die Aktenöffnung; aber auch über die wissenschaftliche Erforschung der DDR-Geschichte gab es immer wieder Kompetenzstreitigkeiten zwischen Ost und West.

Vor 1989 war das nationalsozialistische Erbe für beide deutschen Teilstaaten ein wichtiges identitätsstiftendes Element innerhalb von Politik und Gesellschaft.[3] Nach 1990 ist die unterschiedliche Form des Umgangs mit diesem Erbe vermehrt in den Blickwinkel der Forschung gerückt. Angestoßen durch den publizistischen Diskurs, stand bei vielen wissenschaftlichen Untersuchungen zur Nachkriegszeit das Motiv im Hintergrund, Orientierung für den Umgang mit den SED-Hinterlassenschaften zu gewinnen. Ein Überblick über die in den letzten Jahren vorgelegten Publikationen zur deutsch-deutschen NS-Vergangenheitsbewältigung zeigt aber, daß nach wie vor ein deutliches Defizit an empirischen Arbeiten besteht. Der Überfluß an Meinungen und der Mangel an sachlich überprüfbaren Informationen waren für das z.T. ausgesprochen niedrige Niveau des Diskurses und die Renaissance der alten Systemkonfrontation verantwortlich.[4] So wurden beispielsweise ein von oben verordneter „Antifaschismus" in der DDR und eine demokratisch legitimierte Aufarbeitung durch eine unabhängige Justiz und eine freie Wissenschaft in der Bundesrepublik in plakativer und simplifizierender Form kontrastiert.[5] Auf der anderen Seite wurde erneut der alte Geist der DDR-Braunbücher beschworen und das Bild einer „refaschisierten" Bundesrepublik gezeichnet, in der die Spitzen von Politik, Wirtschaft und Militär ausnahmslos mit ehemaligen Nazis besetzt gewesen seien, während demgegenüber die DDR konsequent mit der braunen Vergangenheit gebrochen habe.[6] Daneben gab es selbstverständlich auch immer wieder Versuche, ein ausgewogenes und sachlich fun-

---

3   Vgl. dazu Ulrich Herbert und Olaf Groehler, Zweierlei Bewältigung. Vier Beiträge über den Umgang mit der NS-Vergangenheit in beiden deutschen Staaten, Hamburg 1992; Jürgen Danyel (Hrsg.), Die geteilte Vergangenheit. Zum Umgang mit Nationalsozialismus und Widerstand in beiden deutschen Staaten, Berlin 1995 sowie Werner Bergmann u.a. (Hrsg.), Schwieriges Erbe. Der Umgang mit Nationalsozialismus und Antisemitismus in Österreich, der DDR und BRD, Frankfurt a.M. 1995.
4   Paradigmen der vergleichenden Bewältigungsforschung entwickelte vor kurzem Norbert Frei, NS-Vergangenheit unter Ulbricht und Adenauer, in: Jürgen Danyel, Geteilte Vergangenheit (s. Anm. 3), S. 125 ff.
5   Christa Hoffmann, Stunden Null? Vergangenheitsbewältigung in Deutschland 1945 und 1989, Bonn 1992; Manfred Kittel, Die Legende von der „Zweiten Schuld". Vergangenheitsbewältigung in der Ära Adenauer, Frankfurt a.M./Berlin 1993.
6   Ludwig Elm, Nach Hitler. Nach Honecker – Zum Streit der Deutschen um die eigene Vergangenheit, Berlin 1991.

diertes Bild der parallelen Entwicklungen seit 1945 zu zeichnen. Es zeigte sich aber, daß auch Arbeiten wie die des holländischen Politologen Friso Wielenga das Manko an empirisch fundierten Einzelstudien nicht ohne weiteres ausgleichen können.[7] Nicht nur die personellen Säuberungen,[8] der Elitenaustausch und die strafrechtliche Ahndung von NS-Gewaltverbrechen[9] sind in der DDR und der Bundesrepublik sehr unterschiedlich verlaufen, auch Opferentschädigung und Wiedergutmachung wurden in beiden Teilstaaten nach verschiedenen politischen Kriterien geregelt.

Wenn aus der ersten deutschen Vergangenheitsbewältigung Schlußfolgerungen für den zweiten Prozeß nach 1989 gezogen werden sollen, ist man letztlich gehalten, entweder die Disparitäten zwischen Ost- und Westdeutschland zu berücksichtigen oder sich explizit für einen der beiden Bezugspunkte zu entscheiden. Außerdem sind auch die Bewertungsmaßstäbe offenzulegen. Im öffentlichen Diskurs und politischen Meinungskampf um die DDR-Vergangenheit geschieht dies aber in der Regel nicht, so daß die retrospektive Kritik oftmals diffus und schwammig ausfällt. So läuft etwa der mahnende Ruf, „alte Fehler" nicht zu wiederholen, ins Leere, wenn nicht klargestellt wird, wer eigentlich für welche Fehler verantwortlich gemacht werden soll. Gleiches gilt für die Gegenseite, wenn sie dafür plädiert, in bezug auf die DDR-Vergangenheit keine „Überkompensation" zu betreiben. Es wird keineswegs immer deutlich, was mit diesen Vorwürfen im einzelnen gemeint ist. Fehler wurden sowohl in Ost wie in West zur Genüge gemacht, wenn auch von unterschiedlicher Qualität und – aufgrund der jahrelang dominierenden Rolle der alliierten Mächte – nur teilweise selbst verschuldet. Sind es die unzureichenden personellen Säuberungen in den westlichen Besatzungszonen oder die überscharfe, auf politische Gesinnung abzielende Säuberung in der SBZ, die die Vorwürfe begründen? Meint die Kritik die von Bundesrepublik und der DDR gleichermaßen zu verantwortende zeitliche Verzögerung von NS-Prozessen, läßt sich also für beide Teilstaaten eine „zweite Schuld" konstatieren?[10] Richtet sich das abfällige Verdikt gegen die exkulpatorischen Formeln in der höchstrichterlichen Rechtsprechung der Bundesrepublik oder gegen die systemtypische Anwendung alliierter

7 Friso Wielenga, Schatten deutscher Geschichte. Der Umgang mit dem Nationalsozialismus und der DDR-Vergangenheit in der Bundesrepublik, Greifswald 1993.
8 Clemens Vollnhals (Hrsg.), Entnazifizierung. Politische Säuberung und Rehabilitierung in den vier Besatzungszonen 1945-1949, München 1991 sowie Klaus-Dietmar Henke und Hans Woller (Hrsg.), Politische Säuberung in Europa. Die Abrechnung mit Faschismus und Kollaboration nach dem Zweiten Weltkrieg, München 1991.
9 Hier ist die Forschung zur Zeit noch im Fluß; siehe dazu z.B. den Beitrag von Hubert Rottleuthner zur Aufarbeitung von NS-Justizverbrechen in Ost und West: Das Nürnberger Juristenurteil und seine Rezeption in Deutschland, in: Neue Justiz (NJ) 12 (1997), S. 617 ff.
10 Für die westdeutsche Seite sind in den letzten Jahren einzelne empirische Studien entstanden, die ein differenzierteres Bild vermitteln; so konnte hinsichtlich der KZ-Prozesse die These vom vorübergehenden „Stillstand der Rechtspflege" im wesentlichen widerlegt werden; vgl. dazu Stefan Wittke, Teilexkulpation von KZ-Verbrechen?, in: Kritische Justiz (Hrsg.), Die juristische Aufarbeitung des Unrechts-Staats, Baden-Baden 1998, S. 547 ff.

Gesetze in der DDR, die vor allem auf die exemplifizierende Abstrafung einzelner Individuen bzw. Gruppen abzielte? Fällt darunter die in West wie Ost praktizierte Politik gegenüber den Opfern, bei der ganze Opfergruppen aufgrund politischer Vorbehalte von Entschädigungsleistungen ausgeschlossen wurden? Ist damit die an unterschiedlichen Kriterien ausgerichtete Erinnerungspolitik und Gedenkkultur in Ost und West gemeint? Oder zielt die Kritik ab auf die vor 1989 hüben wie drüben verbreitete Mythologisierung der Geheimdienste und die damit verbundene Geheimniskrämerei?

Bezeichnend für die aktuelle Debatte um die DDR-Vergangenheit ist jedoch, daß die Kritiker nahezu übereinstimmend davon ausgehen, daß es eine historischmoralische Verpflichtung zur Aufarbeitung der Vergangenheit gibt. Diejenigen Stimmen, die sich für eine generelle Nichtbefassung mit der diktatorischen Vergangenheit ausgesprochen haben, beschränkten sich von Anfang an auf eine kleine, politisch unbedeutende Randgruppe, die zudem dadurch diskreditiert erschien, daß sie in mehr oder weniger starker Weise in das untergegangene System verstrickt war. Ash hat darauf hingewiesen, daß die Deutschen als Kollektiv aus der nationalsozialistischen Erfahrung vor allem die Lehre gezogen hätten, daß man sich der Vergangenheit stellen müsse. Im Gegensatz zu vielen anderen Ländern mit diktatorischer Vergangenheit gelte es in Deutschland als „politisch inkorrekt", diese „überkommene Weisheit" in Frage zu stellen. „Wie kann es nach dem Holocaust irgend jemand wagen, vom Vergessen zu reden?", so lautet auch heute noch der Grundkonsens in der bundesdeutschen Gesellschaft.[11] Es ist also festzuhalten, daß allen Verwerfungen und Ungerechtigkeiten zum Trotz die beiderseitigen Erfahrungen bei der Aufarbeitung der NS-Vergangenheit nicht dazu geführt haben, daß nach 1990 in Deutschland die Notwendigkeit einer zweiten Aufarbeitung je ernsthaft in Frage gestellt worden wäre. In der Diskussion um die DDR-Vergangenheit ging es daher immer nur um das „wie", nie um das „ob". Es war vor allem die Überzeugungskraft dieses Arguments, die nach 1990 dazu geführt hat, daß sich der politische Wille zur Aufarbeitung in einem Land durchsetzen konnte, in dem der größte Teil der Bevölkerung das soeben untergegangene Regime nur aus der Distanz wahrgenommen hatte. Für diesen Teil gilt, wie Wielenga es ausgedrückt hat, mehrheitlich die „Gnade der westlichen Geburt."[12]

Ein weiteres deutsches Spezifikum der gegenwärtigen Vergangenheitsaufarbeitung ist zweifelsohne die Ost-West-Komponente. Dabei geht das grobe Urteil, demzufolge Westdeutsche das Geld und das Know-how zur Verfügung stellen, damit Ostdeutsche ihre Akten lesen können, am Kern der Sache vorbei. Erst vor kurzem wurde mit der wichtigen Studie von Hubertus Knabe über die „West-IM's" von der Medienöffentlichkeit überhaupt zur Kenntnis genommen, daß die Verstrickung in die Unrechtspraktiken des SED-Regimes keinesfalls ein rein ostdeutsches Problem ist, sondern daß sich auch mindestens 20.000 Westdeutsche für die

---

11 Timothy Garton Ash, Diktatur und Wahrheit. Die Suche nach Gerechtigkeit und die Politik der Erinnerung, in: Lettre International 40 (1998), S. 10 ff., hier: S. 10.
12 Wielenga (s. Anm. 7), Schatten, S. 110.

Spitzeldienste der DDR-Staatssicherheit anwerben ließen.[13] Knabe schreibt dazu: „Auch durch die westdeutsche Gesellschaft verläuft somit eine unsichtbare Trennlinie zwischen 'Opfern' und 'Tätern', die bislang freilich kaum ins öffentliche Bewußtsein getreten ist".[14] Die in der altbundesdeutschen Politik und Gesellschaft ursprünglich verbreitete Abneigung gegen eine Aufarbeitung der DDR-Vergangenheit, insbesondere gegen die Öffnung der Stasi-Akten, läßt sich also nicht nur durch puren Pragmatismus und Sicherheitsbedenken erklären, sondern beruhte zu einem maßgeblichen Teil auch auf dem Wissen oder der Ahnung von einer gemeinsamen Schuld. Hinzu kommt, daß ein nicht unerheblicher Teil des linksliberalen Establishments in der alten Bundesrepublik schon seit geraumer Zeit seinen Frieden mit dem Honecker-Regime gemacht hatte und die Menschenrechtsverletzungen im anderen Teil Deutschlands jahrelang kaum zur Kenntnis nehmen wollte. Ash schreibt zu diesem Massenphänomen der Gleichgültigkeit und politischen Einäugigkeit: „Viele Angehörige der einflußreichen westdeutschen '68er' waren auch überzeugt, die Verheimlichung der Nazi-Vergangenheit und der Antikommunismus der älteren Generation seien zwei Seiten der selben Medaille. Viele von ihnen reagierten, indem sie sympathisierende, sogar rosig gefärbte Berichte über das kommunistische Ostdeutschland produzierten, zum Beispiel ohne Erwähnung der Stasi. Hier besteht ein interessanter, wenn auch perverser Zusammenhang. Ihre Revolte gegen das Versagen ihrer Väter, die Vergangenheit der vorangegangenen deutschen Diktatur vollständig aufzuarbeiten, trug zu ihrer eigenen Unfähigkeit bei, die Übel der gegenwärtigen klar zu erkennen."[15] Hier drohte also ein nicht ausgetragener Generationenkonflikt innerhalb der westdeutschen Gesellschaft die Auseinandersetzung mit der DDR-Vergangenheit zu überlagern, und es ist wohl vor allem das Verdienst der DDR-Bürgerrechtler, dies rechtzeitig erkannt und ausgesprochen zu haben.[16] Langjährig eingeschliffene Sichtweisen und Mentalitäten ändern sich jedoch nur langsam, so daß denn auch einzelne Kritiker aus dem links-liberalen Milieu der alten Bundesrepublik unbeirrt an ihrer Meinung festhalten, bei den Stasi-Überprüfungen handele es sich um einen neu aufgelegten „McCarthyismus", und die Strafverfolgung gegen SED-Partei- und Staatsfunktionäre seien „Siegerjustiz" bzw. eine Fortsetzung des „Historikerstreits" mit strafrechtlichen Mitteln.[17]

---

13 Deshalb forderte der Berliner Landesbeauftragte Martin Gutzeit auch in seinem jüngsten Jahresbericht die Stasi-Überprüfung für West-Berliner Lehrer, Polizisten und leitende Beamte, in: „die taz" vom 29. Mai 1998.
14 Hubertus Knabe, Die Stasi als Problem des Westens. Zur Tätigkeit des MfS im „Operationsgebiet", in: APuZ B 50/97 vom 5. Dezember 1997, S. 3 ff., hier: S. 3.
15 Ash (s. Anm. 11), Diktatur und Wahrheit, S. 11.
16 Diese selektive Wahrnehmung thematisiert auch Knabe, wenn er schreibt: „Während die Fehler der Väter und Großväter hinsichtlich ihres Verhaltens gegenüber den Machthabern einer Diktatur die Feuilletons beherrschen, schweigt man sich zu den eigenen lieber aus" (Knabe [s. Anm. 14], Stasi, S. 15).
17 Marion Dönhoff, Die Nürnberger Prozesse: Ein abschreckendes Beispiel, in: Ein Manifest II. Weil das Land Versöhnung braucht, Reinbek bei Hamburg 1993, S. 79 ff.; Herwig

Bemerkenswert ist allerdings weniger die Tatsache, daß überhaupt Kritik am Verlauf von „Entstasifizierung" und Strafprozessen geübt wird, als die dabei verwendeten verqueren Argumente und gewagten historischen Analogien.[18] Anläßlich der zweiten großen Amnestie-Debatte zu DDR-Straftaten vom Jahre 1994/95 erklärte Egon Bahr die Berufung von Hans Globke zum Kanzleramtschef zu „einer der großen staatsmännischen Leistungen Adenauers" und der Berliner Rechtshistoriker Uwe Wesel pflichtete ihm bei, indem er die Wiedereinstellung teilweise schwerstbelasteter NS-Funktionäre im Zuge des Art. 131 GG als positiven Beitrag zum Aufbau der jungen Demokratie pries.[19] Linke Kritiker sehen daher in diesen historischen Neubewertungen einen Grundkonsens der „68er"-Bewegung aufgekündigt oder bewerten sie als Ausdruck eines allgemeinen Rechtsrucks in der politischen Kultur der Bundesrepublik.[20] Auch von konservativer Seite gab es seit 1990 immer wieder Versuche, die strafrechtliche und historische Auseinandersetzung für geschichtsrevisionistische Zwecke zu instrumentalisieren. Vorwiegend sozialdemokratische Politiker und Organisationen, die vor 1989 mit staatlichen Einrichtungen der DDR gute Kontakte gepflegt hatten, wurden im Licht der seit 1989/90 gewonnenen historischen Erkenntnisse über den Unrechtscharakter des SED-Regimes quasi pauschal der Beihilfe zu staatskriminellen Handlungen bzw. der Kollaboration bezichtigt.[21] Interessanterweise kam man unter dem Eindruck der als zu milde empfundenen Gerichtsurteile gegen frühere SED-Partei- und Staatsfunktionäre auch auf dem rechten Spektrum zu einer Neubewertung des ersten deutschen Aufarbeitungsprozesses: Die „Nürnberger Kriegsverbrecherprozesse" wurden nun wegen der Nichtbeachtung des „nulla poena sine lege"-Prinzips als Vorbild für die Strafverfolgung von SED-Unrecht herausgestellt.[22] Die aktuelle Kontroverse über die Dokumentation kommunistischer Verbrechen im „Schwarzbuch des Kommunismus" hat zweifellos die in rechtskonservativen Kreisen bereits vorhandene Tendenz noch verstärkt, die Verbrechen des Nazi-Terrors zu relativieren, indem man sie hinter dem SED-Unrecht ver-

---

Roggemann, Die strafrechtlich Aufarbeitung der DDR-Vergangenheit am Beispiel der „Mauerschützen"- und Rechtsbeugungsverfahren, in: NJ 1997, S. 226 ff.
18 Kritisch dazu Norbert Frei, Wider die falschen Analogien. Zum Vergleichsbedarf der gegenwärtigen Amnestiedebatte, in: „Süddeutsche Zeitung" vom 10. März 1995.
19 „Der Spiegel" Nr. 43 (1994); „Die ZEIT" vom 6. Januar 1995.
20 Prägnant dazu die Kritik von Falco Werkentin, 68er im Dienste der Diktatoren, in: „die taz" vom 20. Oktober 1995; Thomas Blanke, Der „Rechtshistorikerstreit" um Amnestie: Politische Klugheit, moralische Richtigkeit und Gerechtigkeit bei der Aufarbeitung deutscher Vergangenheiten, in: Kritische Justiz 28 (1991), S. 67 ff. sowie Jörg Wollenberg, Der 8. Mai 1945: Eine Stunde Null?, in: ders., Den Blick schärfen – Gegen das Verdrängen und Entsorgen. Beiträge zur historisch-politischen Aufklärung, Bremen 1998, S. 42 f.
21 Kritik an den deutschlandpolitischen Positionen der altbundesdeutschen Linken übte vor allem Jens Hacker, Deutsche Irrtümer. Schönfärber und Helfershelfer der SED-Diktatur im Westen, Frankfurt a.M. 1992; in eine ähnliche Richtung zielen auch einzelne Beiträge des SED-Forschungsverbunds an der Freien Universität Berlin.
22 Hoffmann (s. Anm. 5), Stunden Null?, S. 241 f.

schwinden läßt.[23] Eine wichtige Rolle übernehmen dabei mit wissenschaftlichen Arbeitsmethoden unvereinbare Vergleichsverbote: Der Vergleich zwischen NS- und SED-Staat – so das geschichtspolitische Argument – würde die kommunistischen Verbrechen verharmlosen.[24] Die schematischen Vergleiche, die teilweise in den akademischen Debatten um erste und zweite Vergangenheitsbewältigung gezogen werden, beruhen aber nicht nur auf dem rudimentären Forschungsstand, sondern auch auf der zumeist nur oberflächlichen Wahrnehmung von Abläufen und Problemen der ersten und zweiten juristischen Aufarbeitung durch die Kritiker in Ost und West. Ein wichtiger Aspekt der gesamtdeutschen Debatte um die DDR-Vergangenheit ist die Fortführung von politischen Lagerkämpfen der altbundesdeutschen Gesellschaft, wobei sich der Frontverlauf – dies hat der Rechtshistoriker Thomas Blanke in seinem Beitrag zur Amnestie-Diskussion von 1994 richtig diagnostiziert – bisweilen recht unübersichtlich darstellt und sich weder in das beliebte „Rechts-Mitte-Links-Schema" noch in eine Ost-West-Polarität einpaßt.[25] Dabei munitioniert man sich, wie sollte es bei einem Streit über die Vergangenheit auch anders sein, vor allem mit historischen Dokumenten, vorzugweise mit Unterlagen aus dem ehemaligen Zentralarchiv der DDR-Staatssicherheit.

II. Die Auseinandersetzung um die Hinterlassenschaften der „VEB Horch & Guck"

Die Auseinandersetzung um den Umgang mit den Stasi-Akten, nicht etwa die Problematik der Strafverfolgung, bildete von Anfang an das Kernstück in der bundesdeutschen Debatte um die Aufarbeitung der DDR-Vergangenheit. Die Gründe dafür sind vielfältig. Sie sind zum einen im hypertrophen Ausbau des Ministeriums für Staatssicherheit (MfS) während 40 DDR-Jahren, zum anderen in dem speziellen Verlauf der „friedlichen Revolution" von 1989 zu suchen. Die völlig ausufernde Sicherheitsdoktrin der SED-Partei- und Staatsführung und der aufgeblähte Apparat einer gigantischen Zentralbehörde zur Durchsetzung dieser Doktrin waren es, die 1989 auch in der DDR das Faß zum Überlaufen brachten.[26]

---

23 Stéphane Courtois u.a. (Hrsg.), Das Schwarzbuch des Kommunismus. Unterdrückung, Verbrechen und Terror, München 1998; ein extremes Beispiel für die selektive, zielgerichtete Rezeption der Kommunismusforschung durch die Politik der Artikel von Peter Gauweiler, Pardon der Nation, in: „Wochenpost" vom 24. Mai 1995.
24 In diesem Sinne äußerte sich vor kurzem auf einer Vortragsveranstaltung der Evangelischen Akademie Berlin-Brandenburg der Rechtshistoriker Wolfgang Schuller in seinem Beitrag zu „Vergangenheitspolitik zwischen individueller Erinnerung und öffentlicher Auseinandersetzug"; gegen die Tendenz, komparatistische Ansätze „a priori mit einem Tabu zu belegen", wenden sich Günther Heydemann und Christoph Beckmann, Zwei Diktaturen in Deutschland, in: DA 1 (1997), S. 12 ff., hier: S. 18.
25 Blanke (s. Anm. 20), Rechtshistorikerstreit.
26 „Da die Tätigkeit der Staatssicherheit in ihrer Wirkung aber auf eine zerstörerische Stabilisierung des Gemeinwesens hinauslief, war das MfS selbst einer der Faktoren, der die Weltanschauungs-Diktatur DDR schließlich ruinierte". Klaus-Dietmar Henke,

Kurz vor ihrer Auflösung Anfang 1990 verfügte die DDR-Staatssicherheit über einen Personalbestand von 91.000 hauptamtlichen Mitarbeitern und ein dichtgewirktes Netz von etwa 173.000 inoffiziellen Mitarbeitern.[27] Insgesamt etwa 6 Millionen Menschen waren 40 Jahre lang von den Überwachungs- und Zersetzungsmaßnahmen der Staatssicherheit betroffen, davon 4 Millionen im Osten und 2 Millionen im Westen.[28] Seit ihrer Gründung am 8. Februar 1950 handelte die DDR-Staatssicherheit weitgehend im rechtsfreien Raum, was allerdings entgegen der Meinung mancher Kritiker keinesfalls ein Spezifikum kommunistischer Geheimdienste ist.[29] Sie konnte aber trotzdem zu keinem Zeitpunkt frei schalten und walten, sondern war von Anfang an fest in das parteiliche Nomenklatursystem eingebunden, orientierte sich somit bei ihren vielfältigen Einzelaktionen stets an der Generallinie der SED („Schild und Schwert der Partei"). Trotz vielfacher Krisenerscheinungen ist es der SED-Führung immer gelungen, phasenweise auftretende Ansätze zur Verselbständigung in den Reihen der Staatssicherheit im Keim zu ersticken. Die Tätigkeit der verschiedenen MfS-Diensteinheiten, auch „Linien" genannt, war stark von der politischen Großwetterlage und vor allem auch von den Bedingungen des deutsch-deutschen Verhältnisses geprägt. Während in den fünfziger Jahren der offene Terror mit Verschleppungen, extralegalen Inhaftierungen und sogar Auftragsmorden dominierte, setzten sich in den siebziger und achtziger Jahren leise Formen der Unterdrückung durch.

Rainer Eckert hat in seinen Beiträgen zur Diktaturforschung richtig hervorgehoben, daß MfS und Geheime Staatspolizei (Gestapo) im „Dritten Reich" hinsichtlich ihrer Organisationsform und ihrer Arbeitsweise durchaus Gemeinsamkeiten aufweisen.[30] So lassen sich etwa für beide Einrichtungen die Verquickung von Geheimdienst und politischer Polizei und das Fehlen normativer Bindungen feststellen – letzteres ist aber, wie erwähnt, nicht allein für diktatorische oder totalitäre Geheimdienste charakteristisch. Auch gibt es zweifelsohne auffällige Kontinuitäten in der Mentalität von Mitarbeitern beider Geheimdienste, die sich etwa in dem Fortleben eines ideologisch motivierten Verfügungs- und Allwissenheitsanspruchs oder antisemitischen Grundhaltungen äußern. Eine personelle Kontinuität

---

Staatssicherheit, in: Werner Weidenfeld und Karl-Rudolf Korte (Hrsg.), Handbuch zur deutschen Einheit, Bonn 1996, S. 646 ff., hier: S. 651.

27 Ebd., S. 646.
28 Joachim Gauck, Die Stasi-Akten. Das unheimliche Erbe der DDR, Reinbek bei Hamburg 1991, S. 11.
29 Karl Wilhelm Fricke, Zur Geschichte der DDR-Staatssicherheit, in: Bernd Florath, Arnim Mitter und Stefan Wolle (Hrsg.), Die Ohnmacht der Allmächtigen. Geheimdienste und politische Polizei in der modernen Gesellschaft, Berlin 1992, S. 123 ff.; zur bis 1990 fehlenden gesetzlichen Grundlage von BND und MAD vgl. auch den Beitrag von Falco Werkentin, Die politische Moral der Bundesdeutschen und die Effektivität der Dienste, in: ebd., S. 241 ff., hier: S. 243.
30 Rainer Eckert, Geheimdienstakten als historische Quelle, in: Florath, Mitter und Wolle (s. Anm. 29), Ohnmacht, S. 263 ff. sowie die Beiträge in: Klaus-Dietmar Henke und Roger Engelmann (Hrsg.), Aktenlage. Die Bedeutung der Unterlagen des Staatssicherheitsdienstes für die Zeitgeschichtsforschung, Berlin 1995.

bestand dagegen nachweislich nicht.[31] Vom unterschiedlichen ideologischen Hintergrund abgesehen lag der fundamentale Unterschied zwischen Gestapo und dem vollständig ausgebauten Sicherheitsapparat des MfS v.a. darin, daß die Gestapo kontinuierlich zur Durchsetzung ihrer Herrschaftsziele auf die spontane Denunziationsbereitschaft der Bevölkerung setzen konnte, während die Stasi aufgrund außenpolitischer Rücksichten gezwungen war, einen „subkutan" (Heydemann/Beckmann) wirkenden, flächendeckenden Spitzelapparat aufzubauen, der zunehmend mehr Kapazitäten und Personal verschlang. Entsprechend lautet der Befund von Jürgen Kocka: „Die Bespitzelungs- und Kontrollintensität durch Gestapo und Staatssicherheit verhielt sich umgekehrt proportional. Entspechend unterschiedlich gingen beiden Systeme zu Ende."[32]

II.1 Die Diskussion um das Stasi-Erbe vor der Vereinigung

Obwohl alle MfS-Einheiten in die Unterdrückung und Vernichtung des politischen Gegners involviert waren und dabei mehr oder weniger stark miteinander kooperierten, setzte sich im Bewußtsein der Betroffenen und der breiten Bevölkerung vor allem die exponierte Rolle der Hauptabteilung XX (HA XX) und ihrer verschiedenen Unterabteilungen, zuständig für die Beobachtung des „politischen Untergrunds" und der Kirchen, und die der Hauptabteilung IX (HA IX), zuständig für die politische Strafjustiz, fest. Diese weit verbreitete selektive Wahrnehmung von Aufbau und Arbeitsweise des MfS trug in der ersten Phase des politischen Umbruchs dazu bei, daß es zu umfangreichen Aktenvernichtungen unter den Augen der Bürgerkomitees kommen konnte. Bekanntlich wurden fast die gesamten Hinterlassenschaften der für die Auslandsspionage zuständigen Hauptverwaltung Aufklärung (HVA) vernichtet bzw. ins Ausland abtransportiert.[33] Hinzu kommt, daß das MfS/Amt für Nationale Sicherheit (AfNS) noch bis in das Jahr 1990 hinein von dem antifaschistischen Nimbus der DDR profitieren konnte. So trat etwa der SED/PDS-Vorsitzende Gregor Gysi am Zentralen Runden Tisch mit dem Argument

---

31 Jens Gieseke, Die hauptamtlichen Mitarbeiter des Ministeriums für Staatssicherheit, in: Klaus-Dietmar Henke (Hrsg.), Anatomie der Staatssicherheit. Geschichte, Struktur und Methoden. MfS-Handbuch, Berlin 1995.
32 Jürgen Kocka, Nationalsozialismus und SED-Diktatur in vergleichender Perspektive, in: Deutscher Bundestag (Hrsg.), Formen und Ziele der Auseinandersetzung mit den beiden Diktaturen, Bd. IX, S. 596.
33 Erst vor kurzem stellte sich anläßlich der Spionagevorwürfe gegen den BND-Direktor Volker Foertsch heraus, daß der US-amerikanische Geheimdienst CIA offenbar im Besitz größerer HVA-Bestände ist, die aus Sicherheitsbedenken dem deutschen Partnerdienst vorenthalten werden; siehe dazu den Beitrag von Andreas Förster, Der Verdacht und das Vertrauen, in: „Berliner Zeitung" vom 10. Juni 1998, S. 3. Hier zeigen sich anhand eines hochsensiblen Teilbereichs die Tücken von versiegelten bzw. außer Kontrolle geratenen Geheimdienstakten für den Demokratisierungsprozeß. Die unbefugten Besitzer dieser Akten können nahezu jede Personalentscheidung durch Erpressung, Gerüchtestreuerei oder Aktenmanipulation rückgängig machen.

gegen die geforderte Auflösung der DDR-Staatssicherheit auf, dadurch werde die Verfolgung von NS- und Kriegsverbrechern auf dem Boden der DDR in Frage gestellt.[34] Auch wurde der Bevölkerung in dieser Phase immer wieder suggeriert, das MfS sei zu weiten Teilen eine auch in anderen Staaten übliche Institution mit den „normalen" Aufgaben eines Verfassungsschutzes gewesen, die vor allem der Aufrechterhaltung der „Inneren Sicherheit", z.B. der Abwehr neonazistischer Bestrebungen, gedient habe. Trotzdem wogen schließlich der jahrelang aufgestaute Unmut über die allgegenwärtige, unheimliche Bedrohung durch die „Firma" und die Empörung über die zu dieser Zeit allerorten dokumentierten Verbrechen und Menschenrechtsverletzungen so schwer, daß beherzte Bürgerrechtler zunächst in den Bezirken, Mitte Januar dann auch in der Ost-Berliner Zentrale die Erstürmung der MfS-Gebäude wagen konnten, um die dort vonstatten gehenden Aktenvernichtungen zu stoppen.[35]

Die Dramatik dieser Ereignisse floß dann unmittelbar in die sich anschließende, sehr kämpferische politische Debatte um die Öffnung der Stasi-Akten ein.[36] Es gab jetzt eine Reihe von Leuten, die unter hohen persönlichen Risiken die Beseitigung dieser Akten verhindert hatten. Sie waren nun einerseits keinesfalls bereit, sich die Offenlegung der Akten aus Gründen der Staatsraison oder wegen Datenschutzbestimmungen streitig machen zu lassen, andererseits aber wußten sie noch nicht, nach welchem Reglement die Öffnung erfolgen sollte. Mit der Besetzung des weiterhin funktionstüchtigen MfS-Zentralarchivs in der Ost-Berliner Normannenstraße am 15. Januar 1990 hatten die Opfer einen ersten wichtigen kollektiven Schritt zur physischen Aneignung ihrer eigenen Vergangenheit unternommen, dem nun die zweite individuelle Etappe der intellektuellen und psychischen Auseinandersetzung mit den dort dokumentierten Privatdaten folgen sollte. Die aufgrund der Erfahrungen verständliche, kompromißlose Haltung der Bürgerrechtler in dieser Frage führte zu einem starken Gegendruck von seiten restaurativer Kräfte, denen zu einem erstaunlich frühen Zeitpunkt, als vom Inhalt der Akten noch kaum etwas bekannt war, plötzlich auch Stimmen aus Westdeutschland beipflichteten. Die anhaltende Fixierung auf die Stasi-Problematik, die Unbeugsamkeit und auch der moralische Rigorismus von Teilen der DDR-Bürgerrechtsbewegung haben hier ihren Grund: Von Beginn an mußten sie sich mit einer mächtigen Interessenkoalition aus Funktionären von SED/PDS, DDR-Blockflöten und Meinungsführern der alten Bundesrepublik auseinandersetzen, die aus verschiedenen Gründen eine Vernichtung der Akten forderten bzw. sich für eine Schließung dieser brisanten historischen Quellen aussprachen. Es zeichnete sich

---

34 Siehe dazu die in Form von Video- und Tonbandaufnahmen überlieferten Besprechungen am Zentralen Runden Tisch; die Aufnahmen sind über das Robert-Havemann-Archiv/Berlin zugänglich.
35 Mittlerweile ist in der Forschung unumstritten, daß die Erstürmung des MfS-Hauptquartiers am 15. Januar auf eine gezielte Provokation der Stasi zurückzuführen war.
36 Zum Verlauf der politischen Debatte bis zur Vereinigung siehe den Beitrag von Michael Strotmann, Die Last der Vergangenheit. Zum Umgang mit den Stasi-Akten. Teil I, in: DA 12 (1993), S. 1372 ff.

schon bald ab, daß alle beteiligten Parteien den Stasi-Akten große strategische Bedeutung beimaßen, hing doch von der Frage der Veröffentlichung des Geheimwissens ab, wo künftig die Möglichkeiten und Grenzen einer historischen, juristischen und politischen Aufarbeitung liegen würden und welchen Einfluß die DDR-Vergangenheit auf die politische Kultur eines vereinigten Deutschlands haben würde.

Das AfNS/MfS setzte auch in dieser Phase auf die bewährten Methoden der Täuschung und Desinformation, wobei es die neue politische Führung unter Hans Modrow hinter sich wußte. Hochrangige V-Leute des MfS, wie etwa der in die „AG Sicherheit" des Runden Tisches (ZRT) eingeschleuste SPD-Abgeordnete Ibrahim Böhme, sorgten dafür, daß sowohl die Delegierten dieses wichtigsten Transformationsgremiums als auch die Angehörigen der Bürgerkomitees in die Irre geführt wurden, damit das MfS Gelegenheit bekam, mit formeller Zustimmung der Demokratiebewegung wichtige Spuren zu verwischen.[37] Die diversen Aktionen zur Rettung und die ad-hoc durchgeführten Auswertungen der Stasi-Akten waren von Anfang an ein Wettlauf gegen die Zeit und einen Gegner, dessen Informationsvorsprung nicht mehr eingeholt werden konnte – zumal er unerkannt in den eigenen Reihen stand. Als kurz vor der ersten Volkskammerwahl durch gezielte Indiskretion zunächst der Vorsitzende des „Demokratischen Aufbruch" (DA) Wolfgang Schnur als langjähriger Stasi-Spitzel enttarnt wurde – dieser hatte zuvor in seiner Funktion als Vorsitzender der „AG Strafrecht/Rehabilitierungen" am ZRT die unverzügliche Entlassung belasteter Justizfunktionäre verhindert – und wenig später auch der SPD-Mann Böhme enttarnt wurde, waren es ausgerechnet einflußreiche Stimmen aus dem Westen, die – bezeichnenderweise schon damals unter Rückgriff auf historische Analogien aus der Nachkriegszeit – für einen Abbruch der soeben erst begonnenen „Entstasifizierung" plädierten.[38] Offenbar hoffte damals ein Teil der politischen Elite Westdeutschlands, daß sich die Stasi-Problematik zu diesem Zeitpunkt für die Mehrheit der Ostdeutschen bereits erledigt hätte, zumal die überwiegend im Bündnis 90 zusammengeschlossenen DDR-Bürgerrechtler bei den ersten Volkskammerwahlen vom 18. März 1990 für ihre Leistungen beim politischen Umbruch nicht honoriert worden waren.

Symptomatisch für die westdeutschen Diskussionsbeiträge waren vor allem folgende Aspekte: Zum einen wurde bei dem Vergleich zwischen „Entnazifizierung" und „Entstasifizierung" grundsätzlich unterstellt, daß die Ausgangsbedin-

---

37 Dies geschah z.B. in der Form, daß mit einem formellen Beschluß des Runden Tisches vom 19. Februar die elektronischen Datenträger vernichtet wurden und wenige Tage später von der „AG Sicherheit" die Selbstauflösung der HVA beschlossen wurde; vgl. dazu Hans-Hermann Lochen, Der Umgang mit den Stasi-Unterlagen, in: Georg Brunner (Hrsg.), Juristische Bewältigung des kommunistischen Unrechts in Osteuropa und Deutschland (Osteuropa-Forschungen, Bd. 34), Berlin 1995, S. 251 ff., hier: S. 256.
38 Wolfgang Schäuble, Stasi-Mitarbeiter amnestieren, in: „FAZ" vom 28. März 1990; Robert Leicht, Unter bösem Fluch, in: „Die ZEIT" vom 6. April 1990; den im Spätsommer eintretenden Sinneswandel in der westdeutschen Öffentlichkeit illustriert der Beitrag von Leicht, Wer öffnet die Tür zur Aktenhölle?, in: „Die ZEIT" vom 21. September 1990.

gungen nach 1945 und nach 1989 prinzipielle Gemeinsamkeiten aufweisen würden. Es wurde also implizit davon ausgegangen, daß die überwiegende Zahl der DDR-Bürger, ähnlich wie zuvor die Deutschen im „Dritten Reich", mehr oder weniger stark in das diktatorische Unrecht verstrickt waren und daß es insofern anhand eines formalen Verfahrens unmöglich sein werde, den Grenzstrich zwischen „schwarz" und „weiß" zu ziehen.[39] Außerdem waren sich die westdeutschen Kritiker einig in ihrer pauschalen Ablehnung des historischen Modells, ohne sich dabei in Erinnerung zu rufen, welche negativen Kehrseiten die unzureichenden politischen Säuberungen, die faktisch wegen Überbürokratisierung und vor allem wegen unzweckmäßiger Überprüfungskriterien gescheitert waren, langfristig für die politische Kultur der Bundesrepublik gehabt hatten. Von Interesse ist in diesem Zusammenhang, daß ein Teil der westdeutschen Meinungsführer seinerzeit die gezielt von DDR-Innenminister Peter Michael Diestel (Deutsche Soziale Union (DSU/CDU)) ausgestreute These von der „Kollektivschuld" der DDR-Bürger vorübergehend aufgriff,[40] ohne dabei das genaue Ausmaß und die vielen Facetten des institutionalisierten Denunziantentums in der DDR zu kennen. Das geschichtspolitisch motivierte Argument, die DDR-Bevölkerung sei ein „Volk von Spitzeln", wurde in Verbindung mit der absichtsvoll geschürten Angst vor einer Welle der Selbstjustiz zu einer der publizistischen Hauptwaffen im Meinungskampf gegen die Aktenöffnung.[41] Aufgrund der in den politischen Führungsetagen von Ost wie West gleichermaßen verbreiteten Abneigung gegen eine Öffnung der Stasi-Archive war das Jahr 1990 somit vor allem durch massenhafte Aktenvernichtungen gekennzeichnet, die im Osten unter der Federführung von Innenminister Diestel teils in Übereinstimmung, teils in Umgehung bestehender Regierungsbeschlüsse durchgeführt wurden, während im Westen seit Ende März ein Kabinettsbeschluß vorlag, der ebenfalls die Vernichtung von MfS-Unterlagen aus dem Bereich der Post- und Telefonkontrolle vorsah.[42] Die wissenschaftliche und juristische Aufarbeitung sowohl des Stasi-Erbes wie des allgemeinen DDR-Unrechts kam daher unter der Regierung de Maizière zeitweise völlig zum Erliegen,[43] während gleichzeitig die weitgehende Integration ehemaliger hauptamtlicher MfS-Mitarbeiter in die öffentliche Verwaltung und Exekutivorgane vollzogen wurde.[44] Die unmittelbare Folge der offizell angeordneten Aktenvernichtungen war, daß sich im Zuge des zusammenwachsenden deutsch-deutschen Medienmarktes ein von der Politik

---

39 In diesem Sinne auch Wielenga (s. Anm. 7), Schatten, S. 91.
40 Peter Michael Diestel, „Aus der Bundesrepublik zwei Millionen bespitzelt", in: „Die Welt" vom 24. April 1990.
41 Auch Verteidigungsminister Rainer Eppelmann sprach sich für einen Schlußstrich aus: „Wir haben Lynch-Stimmung", in: „Der Spiegel" vom 2. April 1990.
42 Strotmann (s. Anm. 36), Last der Vergangenheit I, S. 1384, Anm. 59.
43 Selbst die MfS-Sachakten, etwa ein Drittel des Gesamtbestandes, wurden zu dieser Zeit mit dem Argument des Personenschutzes unter Verschluß gehalten.
44 Das großzügige Integrationsangebot erstreckte sich auch auf die Justiz, wo es zwar gesetzliche Vorbereitungen zu einer politischen Überprüfung gab, diese faktisch aber zu DDR-Zeiten nicht mehr stattfanden.

weitgehend unbehelligter, schwungvoller Handel mit grauen Dokumenten, darunter vor allem MfS-Personendossiers, herausbilden konnte.[45]

II.2 Die Diskussion um das Stasi-Erbe nach der Vereinigung

Nach der Vereinigung setzte sich 1990/91 allgemein die Einsicht in die Notwendigkeit zur gesetzlichen Regelung der Offenlegung durch. Dazu kam es allerdings erst, nachdem ein Teil der DDR-Bürgerrechtsbewegung im September 1990 mit einer spektakulären zweiten Besetzung der Stasi-Zentrale und einer Hungerstreikaktion gegen die übermächtige deutsch-deutsche Interessenkoalition Sturm gelaufen war. Während der Beratungen zum Einigungsvertrag gab es Übereinstimmung zwischen westdeutschen Gegnern und ostdeutschen Befürwortern der Aktenöffnung allenfalls darüber, daß die MfS-Akten für Rehabilitierungs- und Wiedergutmachungsfragen, die Verfolgung von MfS-Straftaten und die Überprüfung von Volkskammer- und Landtagsabgeordneten zur Verfügung stehen sollten. In anderen zentralen Fragen, wie etwa dem Modus der Lagerung bzw. Verwaltung oder den Nutzungsrechten für Betroffene, Wissenschaft, Nachrichtendienste und Strafverfolgungsbehörden, waren die Gegensätze dagegen unüberbrückbar. Insofern wurde denn auch die Kompromißlösung, die in den Nachverhandlungen zum Einigungsvertrag zwischen dem DDR-Ministerium des Innern (MdI) und dem Bundesinnenministerium zustande gekommen war, von dem überwiegenden Teil der DDR-Bürgerrechtler abgelehnt. Dagegen stimmte Joachim Gauck, der designierte Sachwalter der Stasi-Hinterlassenschaften, für den Kompromiß, der u.a. eine dezentrale Lagerung, eine Einschränkung der Nutzungsrechte für geheimdienstliche Zwecke und eine künftige gesetzliche Regelung der Materie vorsah.[46] Als Folge dieser Abmachungen ergab sich für das Jahr 1991 die ausgesprochen mißliche und seinerzeit bereits stark kritisierte Situation, daß die betroffenen Opfer der MfS-Spitzelmaßnahmen ihre Akten nicht einsehen konnten und die historische Aufarbeitung des Stasi-Erbes blockiert war, während demgegenüber staatliche Stellen Zugang zu dem großen Fundus an Repressionsakten erhielten, der nach Übereinstimmung aller unter rechtsstaatswidrigen Umständen entstanden war.

Gemäß den Festlegungen des Einigungsvertrages setzte ab Ende 1990 eine großangelegte Überprüfungswelle von ostdeutschen Mitarbeitern und Bewerbern des öffentlichen Dienstes im Hinblick auf frühere Stasi-Mitarbeit ein.[47] In bezug auf die politische Säuberung unter den Parlamentariern wurde die halbherzige Lösung des deutsch-deutschen Schlußentwurfs vom August 1990 fortgeführt, nach

---

45 Der ungeregelte Handel mit Geheimdienstdokumenten, der im übrigen für die Entwicklung in den meisten anderen ehemaligen Ostblockstaaten typisch ist, beeinflußte auch in Deutschland den Verlauf der Stasi-Debatte in hohem Maße.
46 Michael Strotmann, Die Last der Vergangenheit. Teil II, in: DA 8 (1995), S. 806 ff.
47 Bis Ende 1991 gingen beim Bundesauftragten 342.000 Überprüfungsanträge ein (Strotmann [s. Anm. 46], Last der Vergangenheit II, S. 809).

der eine Überprüfung auf MfS-Mitarbeit nur mit Zustimmung der Betroffenen in Frage kam.[48] Außerdem bekamen Gerichte und Staatsanwaltschaften für die Durchführung von Rehabilitierungs- und Strafverfahren die Justizakten ausgehändigt, während die MfS-Justizopfer nur über ihre Anwälte Zugang zu den Akten erhielten. Die demokratische Glaubwürdigkeit des Bundesbeauftragten als Gralshüter der schriftlichen Hinterlassenschaften der Stasi wurde ferner in entscheidender Weise durch die Stasi-Enthüllungen der Medien angekratzt, denn es gab immer wieder Gerüchte, daß die Medien auch über undichte Stellen in der „Gauck-Behörde" mit Material versorgt würden.[49] In gewisser Hinsicht ähnelte die Situation im Jahre 1991 tatsächlich der Nachkriegszeit: Während personelle Überprüfungen und Strafverfolgung die Aufarbeitung der Stasi-Problematik dominierten und sich die historische Aufarbeitung vielfach auf reißerische Presseberichte beschränkte, baute sich in der Wahrnehmung der Öffentlichkeit allmählich ein neuer Stasi-Mythos auf, der für die komplizierten Opfer-/Täter-Beziehungen keinen Raum mehr ließ.[50] Erst mit der gesetzgeberischen Kompromißlösung des Stasi-Unterlagen-Gesetzes vom Dezember 1991 trat eine gewisse Beruhigung in der allgemeinen Stasi-Hysterie ein, als nun durch im großen und ganzen großzügig geregelte Einsichtsrechte für die Betroffenen und die Wissenschaft eine umfassende historische Aufarbeitung der DDR-Vergangenheit unter Einbeziehung der Geheimdienstakten beginnen konnte.[51] Obwohl sich danach allmählich ein differenzierteres Bild von Unterdrückungs- und Anpassungsmechanismen und dem Anteil der westdeutschen Politik an der Stabilisierung dieses Systems durchzusetzen begann, blieb jedoch auch in der Folgezeit in der öffentlichen Debatte um die DDR-Vergangenheit die Fokussierung auf die Stasi-Problematik bestehen.[52] Immer wieder kam die Versuchung auf, sich mit der „Einbetonierung" des Stasi-Nachlasses auch den Schwierigkeiten der Vergangenheitsbewältigung insgesamt entziehen zu können.[53]

48 Strotmann (s. Anm. 36), Last der Vergangenheit I, S. 1384.
49 Besonderes Aufsehen erregte in diesem Zusammenhang der Fall der Historiker Arnim Mitter und Stefan Wolle, beide 1989 Angehörige der Bürgerkomitees und seit 1990 Mitarbeiter des Bundesbeauftragten für die Unterlagen des Staatssicherheitsdienstes der ehemaligen Deutschen Demokratischen Republik (BStU); als sie im Jahr 1991 trotz fehlender gesetzlicher Grundlagen Material an die Medien herausgaben, wurden sie von Gauck fristlos gekündigt.
50 In diesem Sinne auch Wielenga (s. Anm. 7), Schatten, S. 78.
51 Ein Hauptkritikpunkt der DDR-Bürgerrechtler am StUG blieb die fehlende parlamentarische Kontrolle der Behörde; eine Zusammenstellung der wichtigsten rechtspolitischen Forderungen der Bürgerkomitees findet sich in: Heinrich-Böll-Stiftung (Hrsg.), Die Kontinuität des Wegsehens und Mitmachens. Stasi-Akten oder die schwierige Bewältigung der DDR-Vergangenheit, Köln 1991.
52 Die Vermischung von Stasi-Debatte und der Amnestie-Diskussion kritisiert auch Johann-Georg Schätzler, der von einem Denkfehler spricht: Die versäumte Amnestie. Vorwärts gelebt, rückwärts nichts verstanden, in: NJ 2 (1995), S. 57 ff., hier: S. 59.
53 In diesem Sinne auch Stefan Wolle, Der Kampf um die Erinnerung. Vergangenheitsbewältigung im vereinigten Deutschland, in: Eckhardt Jesse und Ralf Altenhof, Das wiedervereinigte Deutschland. Zwischenbilanz und Perspektiven, Düsseldorf 1995, S. 99 ff.

III. Aspekte der juristischen, historischen und politischen Aufarbeitung des Stasi-Erbes

Die juristische, historische und politische Aufarbeitung des Stasi-Erbes hat in den zurückliegenden acht Jahren einen sehr unterschiedlichen, zum Teil auch widersprüchlichen Verlauf genommen. Da es an dieser Stelle nicht möglich ist, einen umfassenden Überblick zu den verschiedenen Bereichen der Aufarbeitung zu liefern, soll auf einzelne Aspekte Bezug genommen werden. Seit Ende 1991 erfolgen personelle Überprüfungen des öffentlichen Dienstes und der Parlamente auf Stasi-Mitarbeit, Rehabilitierung von DDR-Justizopfern, strafrechtliche Aufklärung von SED-Unrecht mit MfS-Bezug, Akteneinsicht durch die Betroffenen und die historische Erforschung des DDR-Repressionsapparates auf der gesetzlichen Grundlage von Einigungsvertrag und StUG.

III.1 Personelle Säuberungen

Weitgehend im Schatten der aufgeregten öffentlichen Diskussion um die frühere IM-Tätigkeit bzw. Stasi-Kontakte einzelner Prominenter[54] setzte unmittelbar nach der Vereinigung ein umfassender Elitenwechsel und eine großangelegte Überprüfungswelle von Mitarbeitern und Bewerbern des öffentlichen Dienstes in den neuen Bundesländern ein. Aufschlußreich im Hinblick auf die bereits erwähnten, frühzeitig angestellten historischen Vergleiche sind vor allem die fundamentalen Unterschiede beim Elitenaustausch und der massenhaften Durchleuchtung der mittleren und unteren Ebene gegenüber der Nachkriegszeit. Diese lassen nach acht Jahren das Resümee zu, daß die Überprüfung nach 1990 im wesentlichen nach der unausgesprochenen Maxime verlaufen ist, eine „Entstasifizierung" im Stil der Säuberungswelle nach 1945 in jedem Fall zu vermeiden.[55] Besonders auffällig ist in diesem Zusammenhang die der Siegerpose widersprechende Zurückhaltung der Politik, die sich seinerzeit in den unbestimmten Formulierungen des Einigungsvertrags niederschlug und die es auch in der Folgezeit im wesentlichen der Rechtsprechung überließ, Kriterien für die „Entstasifizierung" zu entwickeln. Hier zeigt sich die auch für andere Politikbereiche typische Tendenz zum

---

54 Hier sind für die östliche Seite vor allem die Fälle Manfred Stolpe, Heinrich Fink, Gregor Gysi und Sascha Anderson zu nennen; weitaus weniger Aufsehen erregten für die westliche Seite die Fälle „Bommi" Baumann, Till Meyer, Klaus Croissant, Dietrich Staritz und William Borm.

55 Zu einem anderen Schluß kommt Olaf Groehler, der die Entnazifizierungsmaßnahmen durch den rigorosen und überharten Umgang mit früheren MfS-Mitarbeiter sogar noch übertroffen sah (Groehler, Personenaustausch in der neuesten deutschen Geschichte, in: Klaus v. Sühl [Hrsg.], Vergangenheitsbewältigung 1945 und 1989. Ein unmöglicher Vergleich?, Berlin 1994, S. 167 ff., hier: S. 173); Groehler mußte seine Arbeit im Zentrum für zeitgeschichtliche Studien Potsdam wegen Stasi-Tätigkeit aufgeben.

„Rechtsprechungsstaat" (Erhard H.M. Lange). Es spricht sicherlich für den Demokratisierungsprozeß, daß die ursprünglichen Pläne zur Vernichtung oder Einbetonierung der Akten verworfen werden mußten und sich statt dessen der mehrheitlich vorhandene Wunsch durchsetzte, die von den letzten beiden DDR-Regierungen betriebene Integration früherer MfS-Mitarbeiter rückgängig zu machen und diesen zumindest keine hochrangigen Positionen in Politik, Justiz und Verwaltung mehr zuzugestehen.[56]

Somit fand vor allem in der höheren Laufbahn des öffentlichen Dienstes ein umfassender, fachlich und politisch gerechtfertigter Personalaustausch statt, der sich fundamental von dem Restaurationsprozeß nach 1948 abhebt. Mit einer Mehrheit von 71% wurde beispielsweise noch 1991 von der ostdeutschen Bevölkerung eine Entfernung von SED-Richtern aus dem Justizdienst gefordert, wobei von Anfang an diejenigen DDR-Justizfunktionäre im Mittelpunkt der Kritik standen, die in ihrer Funktion in den politischen Senaten und Abteilungen besonders enge Kontakte zur Staatssicherheit gepflegt hatten.[57] Auch bestand schon zu DDR-Zeiten ein weit verbreitetes Bewußtsein darüber, daß eine juristische Vergangenheitsbewältigung mit einer belasteten Justiz nicht möglich sein würde. Es waren vor allem einzelne Vertreter der DDR-Bürgerrechtsbewegung, die zuerst politische Lehren aus der Aufarbeitung der NS-Vergangenheit in der Bundesrepublik zu ziehen versuchten: Diese sollten eben gerade nicht darin liegen, aufgrund negativer Erfahrungen nun tabula rasa zu machen, sondern statt dessen sollten personelle Reinigung, Bestrafung von Schuldigen und die Integration von Mitläufern Hand in Hand gehen.[58] Anders als westdeutsche Kritiker es heute tun, sprachen die DDR-Bürgerrechtler der bundesdeutschen Justiz damals jedenfalls nicht pauschal die Legitimität ab, über SED-Unrecht richten zu können.[59] Dementsprechend kam es auch in den neuen Bundesländern, anders als im osteuropäischen Ausland und anders als in der alten Bundesrepublik, zu einem umfassenden Personalaustauch im Justizdienst. Nachdem bereits 65% der im Juli 1990 amtierenden 2. 896 DDR-Richter und -Staatsanwälte auf einen Antrag auf Übernahme in den bundesdeutschen Justizdienst verzichtet hatten, wurde in den neuen Bundesländern nur ein Drittel des alten Personals übernommen, das heute nur noch ein Viertel ausmacht.[60]

---

56 Die Interpretation von Karstedt, nach der die Staatssicherheit bei der rechtlichen Vergangenheitsbewältigung den Status einer „verbrecherischen Organisation" analog zu den Entnazifizierungsverfahren übernommen hätte, erscheint allerdings aufgrund der Fakten als zu weitreichend (Susanne Karstedt, Die doppelte Vergangenheitsbewältigung der Deutschen: Die Verfahren im Urteil der Öffentlichkeit nach 1945 und 1989, in: Zeitschrift für Rechtssoziologie 17 [1996], S. 58 ff., hier: S. 90); außerdem wurden im 6. DDR-Strafrechtsänderungsgesetz von 1990 die Tatbestände für „kriminalistische Vereinigungen" gestrichen.
57 Ebd.
58 Redebeitrag Bernd Gehrke/Vereinigte Linke in der 2. ZRT-Sitzung vom 18. Dezember 1989.
59 Blanke (s. Anm. 20), „Rechtshistorikerstreit", S. 739.
60 Hans Hubertus von Roenne, „Politisch untragbar...?" Die Überprüfung von Richtern und Staatsanwälten der DDR im Zuge der Vereinigung Deutschlands, Baden-Baden

Der Anteil IM-belasteter Bewerber betrug etwa 8%.[61] Wie Hubertus von Roenne in seiner Studie zu den Überprüfungsverfahren dargestellt hat, wies auch im Justizbereich die Verfahrensweise die für den Gesamtvorgang typischen Mängel auf. Da zu DDR-Zeiten keine brauchbaren Kriterien für die Justizüberprüfungen erarbeitet worden waren und auch der Einigungsvertrag keine einheitlichen Vorgaben enthielt, legten die einzelnen Bundesländer schließlich unterschiedlich strenge Maßstäbe an.[62] Trotzdem überwiegen wohl letztlich die positiven Auswirkungen des Säuberungsverfahrens für den Aufbau rechtsstaatlicher Strukturen.

Entgegen der teilweise suggerierten Vorstellung einer radikalen politischen Säuberung lief die Durchleuchtung der unteren Hierarchie des öffentlichen Dienstes in sehr gemäßigten Formen ab und hat nur in etwa 1-2% aller Fälle wegen nachgewiesener Stasitätigkeit zu Entlassungen geführt.[63] Interessant vor dem Hintergrund der gescheiterten „Entnazifizierung" und der bundesdeutschen Beamtengesetzgebung nach 1949 ist aber vor allem, daß Verwaltungsbehörden und Gerichte das bereits in der Nachkriegszeit entwickelte Rechtsinstrument der „objektiven Kompromittierung" wesentlich weiterentwickelt haben. Anders als bei den schematischen Entnazifizierungsverfahren ging es bei den Überprüfungen weniger um die zuvor ausgeübte Funktion bzw. Parteizugehörigkeit; im Mittelpunkt des Verfahrens stand vielmehr eine Gesamtbeurteilung des Lebenswegs vor und nach dem Systemumbruch. Eine weitere entscheidende Änderung im Vergleich zur Rechtsstellung des Berufsbeamtentums in der frühen Bundesrepublik ist insofern eingetreten, als der Systemwechsel von 1989 – anders als der von 1945 – übereinstimmend als ein Systembruch aufgefaßt wird und daher die ideologischen Bindungen der ehemaligen DDR-Funktionäre an das untergegangene System von der Rechtsprechung nicht mehr systematisch ausgeblendet, sondern in differenzierender Weise berücksichtigt werden.[64]

Besonders das Bundesverfassungsgericht hat nach 1990 versucht, den system-

---

1997 sowie Hans-Ulrich Derlien, Elitenzirkulation in Ostdeutschland 1989-1995, in: APuZ B 5/98 v. 23. Januar 1998, S. 3-17, hier: S. 13.

61 Vgl. dazu die Angaben bei Clemens Vollnhals, Nomenklatur und Kaderpolitik. Staatssicherheit und die „Sicherung" der DDR-Justiz, in: DA 2 (1998), S. 221 ff., hier: S. 237.

62 Im Bereich des Polizeidienstes gab es eine Überlagerung zwischen dem notwendigen Personalabbau und der Wahl der Kriterien für die MfS-Überprüfung, so daß hier oftmals nicht stark genug gesiebt wurde und z.B. die K1-Mitarbeiter der Volkspolizei übernommen wurden; kritisch dazu Fritz Arendt, Verifikation im öffentlichen Dienst, in der Justiz, bei Polizei und Geheimdiensten in Deutschland – Erfolg oder Fehlschlag?, in: Transroda 16 (1997). Dokumentation zur Konferenz „Umgang mit der Vergangenheit in Deutschland und Polen – Aufdecken oder Zudecken?", S. 64 ff.

63 Wielenga (s. Anm. 7), Schatten, S. 88; im Gegensatz dazu lag die durchschnittliche Entlassungsquote im öffentlichen Dienst nach 1945 bei etwa 10%.

64 Dagegen hatte der BGH in seiner Rechtsprechung zur Kontinuität des deutschen Beamtenrechts die These aufgestellt, die Beamtenschaft im „Dritten Reich" habe weitgehend unbeeinflußt von den ideologischen Vorgaben der Partei gearbeitet; vgl. dazu Michael Kirn, Verfassungsumsturz oder Rechtskontinuität? Die Stellung der Jurisprudenz nach 1945 zum Dritten Reich insbesondere die Konflikte um die Kontinuität der Beamtenrechte und Art. 131 GG, Berlin 1972.

typischen Faktoren wie ideologischer Indoktrination durch Elternhaus und Schule, Verführung und Repression – etwa durch die Genehmigung oder den Entzug von Reisemöglicheiten – Rechnung zu tragen und den individuellen Grad der Verstrickung, der sich u.a. in der Dauer der Spitzeltätigkeit niederschlagen kann, zu ermitteln.[65] Nicht nur das „Recht auf politischen Irrtum" (Eugen Kogon), sondern sogar Jugendsünden, Gedächtnislücken bzw. bewußtes Verschweigen lange zurückliegender IM-Tätigkeit wurde den Betroffenen zugestanden. Im Vordergrund der Überprüfung des mittleren und unteren öffentlichen Dienstes stand also von seiten des Gesetzgebers abermals das Angebot zur Integration und nicht das der politisch motivierten Deklassierung. Auch von einer Gesinnungsjustiz in Fortsetzung des seinerzeit stark kritisierten „Radikalenerlasses" gegen kommunistische bzw. jetzt PDS-nahe Bewerber für den öffentlichen Dienst kann jedenfalls in der höchstrichterlichen Rechtsprechung keine Rede sein, wenn auch die Verwaltungspraxis zum Teil in diese Richtung ging.[66] Zwar konnte auch durch die auf Stasi-Mitarbeit fixierte Durchleuchtungspraxis nicht völlig vermieden werden, daß sich in den neuen Bundesländern einflußreiche Seilschaften aus ehemaligen SED-Kadern und Mitarbeitern der DDR-Sicherheitsorgane bildeten. Ein Vergleich zur Nachkriegsphase ist in diesem Bereich schwierig, weil sich schwer abschätzen läßt, welchen Einfluß solche Netzwerke ehemaliger Eliten in Politik, Wirtschaft und Medien haben und ob man überhaupt von einer übereinstimmenden Interessenlage ausgehen darf, die die Zielsetzungen dieser Gruppen innerhalb der Parteien oder Verbände bestimmt.

III.2 Strafverfolgung von MfS-Straftaten am Beispiel von Denunziation

Vor dem Hintergrund der schwierigen rechtlichen Bedingungen des Einigungsvertrags haben die Strafverfolgungsbehörden seit Oktober 1990 mit wechselnden Erfolgen versucht, MfS-typische Straftaten wie etwa Mord- und Verschleppungsfälle, Freiheitsberaubung, Spionage, Post- und Telefonkontrolle und Beihilfe zum Justizunrecht aufzuklären.[67] Die speziell für die Ära Honecker charakteristischen Zersetzungsmaßnahmen der Stasi gegen mißliebige Oppositionelle, von Jürgen Fuchs eindringlich beschrieben, sind nicht Gegenstand strafrechtlicher Untersu-

---

65 Peter Hantel, Tätigkeit für das MfS und die fehlende Verfassungstreue, in: NJ 4 (1995), S. 169 ff. sowie Martin Kutscha, „Politische Säuberung" des öffentlichen Dienstes?, in: NJ 6 (1995), S. 284 ff.; überwiegend kritisch dagegen Rosemarie Will, Das Bundesverfassungsgericht und der Elitenwechsel in Ostdeutschland, in: NJ 10 (1997), S. 513 ff.
66 Als besonders problematisch werden die Regelungen im Sächsischen Beamtengesetz angesehen; vgl. dazu Wolfgang Loschelder, Die Weiterbeschäftigung von Funktionsträgern des SED-Regimes im öffentlichen Dienst, in: Brunner (s. Anm. 37), Juristische Bewältigung, S. 188 ff., hier: S. 198.
67 Christoph Schaefgen, Vergangenheitsbewältigung durch Justiz. Die Strafverfolgung von DDR-Regierungskriminalität (Schriften der Juristischen Gesellschaft Mittelfranken zu Nürnberg e.V., H. 6), Regensburg 1996 sowie ders., Probleme der Strafverfolgung totalitären Unrechts, in: Transroda 16 (1997), S. 44 ff.

chungen, weil es nach Auffassung der Strafverfolgungsbehörden und der Gerichte weder nach Ost- noch nach Westrecht einen passenden Straftatbestand gibt.[68] Gesetzesinitiativen zu einer künftigen strafrechtlichen Normierung dieser modernen Form von Staatskriminalität war bislang kein Erfolg beschieden.[69] Während der vergangenen zwei Jahre hat sich die zunächst recht dürftige Verfolgungsbilanz bei MfS-Straftaten immerhin verdreifacht.[70]

Vor dem Hintergrund der unverhältnismäßig strengen Urteile gegen NS-Denunzianten nach 1945 scheint nun besonders die Frage von Interesse zu sein, wie die Justiz nach der „Wende" die flächendeckende politische Denunziation durch informelle Mitarbeiter des MfS beurteilen würde. Im Rückblick auf die von Autoritarismus geprägte deutsche Geschichte des 20. Jahrhunderts erscheint es plausibel, daß politische Denunziation zwar ein Massenphänomen darstellt, daß sie aber weder im „Dritten Reich" noch in der DDR oder der Bundesrepublik für den Geltungsbereich der eigenen Strafgewalt als Straftatbestand normiert worden ist. Dieser Umstand rührt daher, daß jeder Staat zur Durchsetzung seines politischen Strafrechts auf den Denunzianten angewiesen ist. Die strafrechtliche Aufarbeitung politisch motivierter Denunziation konnte somit, wenn überhaupt, immer nur nach Systemumbrüchen, also nach 1918, 1933, 1945 und 1989, stattfinden und erfüllte dabei in der Regel eine hohe symbolische Funktion bei der Abrechnung mit dem alten Regime. Der 1951 eingeführte Paragraph der „Politischen Verdächtigung" (§ 241a StGB), ein typisches Produkt des Rechtsdenkens im Kalten Krieg, bildet insofern eine Ausnahme von dieser Regel, als er den rechtsstaatswidrigen Verhältnissen in der DDR Rechnung zu tragen suchte.[71] Mit dieser Vorschrift sollten vor allem DDR-Bürger davor geschützt werden, aufgrund von Denunziationen Opfer staatlicher „Gewalt- und Willkürmaßnahmen" der SED-Sicherheits- und Justizorgane zu werden. Anhand der höchstrichterlichen Rechtsprechung zu Denunziationsfällen im „Dritten Reich" und der DDR lassen sich die zeittypischen Wahrnehmungsmuster und die sich wandelnden Bewertungsmaßstäbe für diktatorisches Unrecht besonders gut veranschaulichen.[72]

Mit der Konstruktion vom „Richter als Werkzeug des Denunzianten" hatten die Gerichte nach 1945 ihr Geschichtsbild von den politischen Verhältnissen im

---

68 Siehe dazu auch den vor allem von ehemaligen DDR-Bürgerrechtlern unterzeichneten Aufruf „Gegen 'Schlußstrich', gegen Amnestie und Verjährung", in: „die taz" vom 13. März 1995.
69 Antrag der Bundestagsfraktion Bündnis 90/Die Grünen vom 18. 5. 1995 betr. „Weiterer Umgang mit DDR-Unrecht" (BT-Drucksache 13/1619).
70 Laut einer Statistik der Berliner Staatsanwaltschaft II vom März 1998 gab es bis dahin 56 Anklagen gegen insgesamt 78 ehemalige hauptamtliche MfS-Mitarbeiter, davon endeten 14 Verfahren mit einer rechtskräftigen Verurteilung.
71 Horst Luther, Denunziation als soziales und strafrechtliches Problem in Deutschland in den Jahren 1945-1990, in: Günter Jerouschek u.a. (Hrsg.), Denunziation. Historische, juristische und psychologische Aspekte, Tübingen 1997, S. 258 ff.
72 In einem brillant geschriebenen und zudem auch für Nichtjuristen gut verständlichen Fachaufsatz hat Everhardt Franßen die wechselvolle und widersprüchliche strafrechtliche Behandlung von NS/DDR-Denunziation beschrieben: Der Denunziant und sein Richter, in: NJ 4 (1996), S. 169.

„Dritten Reich" auf eine knappe Formel gebracht.[73] Dieses Bild ging zunächst einmal von der Vorstellung aus, daß die Richter im „Dritten Reich", die die Opfer der Denunzianten reihenweise auf das Schafott schickten, wegen ihres rechtspositivistischen Hintergrunds den Unrechtscharakter der NS-Gesetze nicht erkennen und zudem aufgrund ideologischer Verblendung auch keinen vorsätzlichen Justizmord begehen konnten. Dem Denunzianten aber wurde von der Rechtsprechung zu seinen Ungunsten beides zuerkannt. Im Gegensatz zum juristisch geschulten Richter konnte also ein Denunziant im NS-Staat laut herrschender Meinung der Nachkriegsrechtsprechung nicht nur über Erkenntnisvermögen zum rechtsstaatswidrigen Charakter der NS-Rassengesetze verfügen, sondern ihm wurde darüber hinaus sogar in den Fällen, in denen es sich nachgewiesenermaßen um fanatische Volksgenossen handelte, der Vorsatz zur Beihilfe zu Mord oder Freiheitsberaubung nachgewiesen, während der Richter selbst straflos blieb.[74]

Aufgrund dieser Rechtskonstruktionen waren die Goerdeler-Denunziantin Helene Schwärzel und eine Buchhalterin, die ihren Vorgesetzten angezeigt hatte, die einzigen Personen in der bundesdeutschen Justizgeschichte, die für die Todesurteile des Volksgerichtshofes als mittelbarer Täter bzw. als Täter strafrechtlich zur Verantwortung gezogen wurden. In den Urteilsbegründungen, die unübersehbar die bereits vor 1945 weit verbreitete Verachtung gegenüber dem als moralisch minderwertig empfundenen Denunzianten widerspiegeln, schlägt sich also im eigentlichen Sinne die Delegitimierung des untergegangenen Rechtssystems nieder, die man in den meisten anderen bundesdeutschen NS-Strafprozessen so sehr vermißte. Franßen kommentiert dieses Phänomen folgendermaßen: „Staatliches Unrecht wird fokussiert auf die Sichtweise individueller Moral und persönlicher Verantwortung. Der Denunziant wird zum Stellvertreter und Sündenbock. Er büßt mit für das Milieu, in dem er gelebt hat, weil er mehr getan hat, als von ihm verlangt wurde, oder weil er das in der Regel geringe Risiko gescheut hat, das mit einer Verletzung einer etwaigen Pflicht zur Anzeige für ihn verbunden war. Der Denunziant steht außerhalb des staatlichen Vollzugsapparats und kann sich damit nicht auf die Sätze 'Gesetz ist Gesetz' und 'Befehl ist Befehl' berufen. Er ist nur ein kleines Rädchen, aber er gehört nicht zur großen undurchdringlichen und mit individuellen Kategorien schwer zu erfassenden Maschinerie des Leviathan. Er hat diese Maschinerie, den staatlichen Machtapparat, nur in Bewegung versetzt, indem er einen anderen in ihre Fänge brachte. Der Leviathan ist undurchschaubar und anonym; der Denunziant hat einen Namen, und das Ergebnis

---

73 Laut Franßen geistert dieses Bild seit nunmehr fast fünf Jahrzehnten durch die deutsch-deutsche Rechtsprechung und hat zuletzt in einer Entscheidung des OLG Dresden vom 31. August 1993 seinen Niederschlag gefunden.
74 Im Jahre 1952 hat der BGH in einem Grundsatzurteil diese Rechtsprechung zwar eingeschränkt, indem er feststellte, daß Richter und Denunziant bei zutreffenden Anzeigen einheitlich behandelt werden müßten; gleichzeitig entwickelte er jedoch in einem Denunziationsfall zwischen Eheleuten die Möglichkeit, das moralisch verwerfliche Verhalten eines Ehepartners, hier der Ehebruch, als Indiz für den Tatvorsatz zu werten (BGHSt. 3, 110).

Der Umgang mit der Stasi und ihren Mitarbeitern 187

seines Tuns ist nachweisbar."[75] Im Ergebnis gelang den Gerichten somit der Kunstgriff, den NS-Denunzianten stellvertretend für den NS-Richter zu verurteilen und dabei letzteren in historischer, politischer, moralischer und rechtlicher Hinsicht noch zu entlasten.

Wie verhält es sich aber nun mit der strafrechtlichen Bewertung von spontaner Denunziation und langjähriger Spitzelei im Dienste des MfS? In diesem Zusammenhang ist zunächst eine aufsehenerregende zivilrechtliche Entscheidung des OLG Dresden aus dem Jahre 1993 zu erwähnen. Hintergrund der Entscheidung war, daß ein in der DDR lebender junger Mann die Fluchtpläne seines Onkels bei der Stasi angezeigt hatte, worauf der Onkel zu 46 Monaten Haft in Bautzen verurteilt wurde. Nach der Wende verlangte das Justizopfer von seinem Neffen vor Gericht, für den Schaden der Inhaftierung persönlich einzustehen. Bemerkenswert ist nun, daß das Gericht dem Opfer seinerzeit Recht gab und zwar mit der Begründung, die nach DDR-Recht vorgeschriebene Anzeigepflicht stehe in diesem Fall zurück, da es sich bei einer Denunziation um eine „nach allgemeinen Wertvorstellungen" besonders „verwerfliche" Tat handele.[76] Mit dieser Entscheidung bahnte sich also, ähnlich wie nach 1945, eine auf diffus umschriebenen Moralvorstellungen beruhende rechtliche Sonderbehandlung des Denunzianten im Gegensatz zum staatlichen Funktionsträger an.

Die höchstrichterliche Strafrechtsprechung hat allerdings an diese Generallinie der unteren Instanz nicht angeknüpft, sondern hat statt dessen bei der Beurteilung von Ost-Denunzianten nach 1990 in zwei entscheidenden Punkten eine Kehrtwende vollzogen. So hat der BGH in dem Grundsatzurteil vom 29. April 1994[77] dargelegt, daß die vor 1989 herrschende Rechtsmeinung, nach der auch DDR-Bürger wegen Denunziation ihrer Mitbürger nach bundesdeutschem Recht belangt werden konnten, nicht mehr aufrechtzuerhalten sei. Außerdem hat der BGH auch seine Sichtweise aufgegeben, daß die bloße Anwendung materiell rechtsstaatswidriger Vorschriften, wie etwa dem Republikfluchtgesetz, schon eine „Gewalt- und Willkürmaßnahme" im Sinne des § 241a StGB sei.[78] Zur Begründung dieser einschränkenden Sichtweise wird jetzt sogar explizit ausgeführt, daß sich eine Ungleichbehandlung von DDR-Denunziant und -Richter verbiete. Man fragt sich, wodurch dieser Sinneswandel im einzelnen verursacht wurde. Hat sich möglicherweise die Kritik am Umgang mit NS-Denunzianten mildernd auf die Bewertung von informellen Mitarbeitern ausgewirkt? Man kann darüber nur spekulieren, denn aus irgendeinem Grunde hat sich das Gericht, anders als in seinem aufsehenerregenden Rechtsbeugungsurteil vom 16. November 1995, hier nicht selbst-

---

75 Franßen (s. Anm. 72), Denunziant, S. 171.
76 „Denunziation hat finanzielle Folgen. Auseinandersetzung zwischen Tätern und Opfern könnte sich zu den Zivilgerichten verlagern", in: BZ vom 26. Juli 1993.
77 BGHSt. 40, 125.
78 Diese Sichtweise orientiert sich an den Bewertungsmaßstäben, die der BGH am 13.12.1993 in seinem Grundsatzurteil zu DDR-Rechtsbeugung aufgestellt hat; vgl. dazu Friedrich-Christian Schroeder, Die Ahndung des SED-Unrechts durch den Rechtsstaat, in: APuZ B 38/95 vom 15. September 1995, S. 17 ff.

kritisch mit den eigenen Traditionen und Fehlperzeptionen der Vergangenheit auseinandergesetzt. Merkwürdigerweise fehlt aber auch jede inhaltliche Auseinandersetzung mit den systemtypischen strukturellen und gesellschaftlichen Ursachen von Denunziation in der DDR.[79] So ist es doch zumindest fragwürdig, wenn eine langjährige Informantin der Staatssicherheit rechtlich genauso behandelt wird wie ein Gelegenheitsdenunziant.[80] Tatsächlich fehlte doch wohl dem MfS-Informanten der weitgehende subjektive Ermessensspielraum, wie er etwa dem braven Volksgenossen im „Dritten Reich" zu eigen war.[81] Der Hinweis des Gerichts auf die nach DDR-Recht bestehende Anzeigepflicht geht also wiederum am eigentlichen Problem vorbei. Auch stellt sich angesichts der aktuellen Entscheidung die Frage, ob es wirklich gerechtfertigt ist, den Denunzianten-Ost von der Strafverfolgung auszunehmen, während der Denunziant-West – soweit die Tat nicht verjährt ist – weiterhin mit Strafverfolgung rechnen muß. Waren die Zustände vor 1989 nicht vielmehr so, daß der lange Arm der Stasi-Krake weit in das Bundesgebiet reichte und auch hier Personen zur Spitzeltätigkeit gezwungen wurden? Und wie ist überhaupt die laut freiheitlich-demokratischer Grundordnung angeblich legitimierte Denunziation zu beurteilen, die in den Übergangslagern mit der Befragung von Republikflüchtigen durch Mitarbeiter westlicher und östlicher Geheimdienste praktiziert wurde?

Im Grunde genommen hat sich das Gericht mit dem Hinweis auf die nach DDR-Recht rechtmäßige Anzeige der unangenehmen Aufgabe entledigt, sich mit den eigenen Kriterien auseinanderzusetzen und diese im Hinblick auf die Verhältnisse in der DDR zu überprüfen. Vor dem Hintergrund der außerordentlich milden Rechtsprechung gegen frühere DDR-Richter kann man natürlich auch nicht völlig ausschließen, daß hier eine zweifache Exkulpierungsstrategie betrieben wurde nach dem Motto, wo keine rechtswidrige Verurteilung, da auch keine Denunziation. Man kann es dem Gericht zwar nicht verdenken, daß es angesichts der 1994 allgemein verbreiteten Stasi-Hysterie einer umfassenden Bewertung des Problems ausgewichen ist, unbefriedigend bleibt dieses Urteil aber dennoch. Möglich ist auch, daß sich die Zurückhaltung aus der noch bis weit in die neunziger Jahre populären These erklärt, die DDR-Bevölkerung sei insgesamt ein „Volk von Spitzeln" gewesen. In diesem Fall können pragmatische rechtspolitische Erwägungen und das Motiv, einer durch Denunziationsopfer verursachten Prozeßlawine vorzubeugen, den Ausschlag gegeben haben. Eventuell ist man aber auch davor zurückgeschreckt, im Falle dieses in die tiefste Privatsphäre reichenden Delikts die eigenen westlichen Moralvorstellungen auf den realsozialistischen

---

79 Instruktiv dazu Hans-Joachim Maaz, Das verhängnisvolle Zusammenspiel intrapsychischer, interpersoneller und gesellschaftlicher Dynamik – am Beispiel der Denunziation in der DDR, in: Jerouschek (s. Anm. 71), Denunziation, S. 241 ff.
80 Im vorliegenden Fall ging es um einen weiblichen IM, die die Fluchtpläne ihres Freundes bei der Staatssicherheit angezeigt hatte.
81 Vgl. dazu Gisela Diewald-Kerkmann, Denunziantentum und Gestapo, in: Klaus Michael Mallmann und Gerhard Paul (Hrsg.), Gestapo – Mythos und Realität, Darmstadt 1995, S. 288 ff., hier: S. 298.

Der Umgang mit der Stasi und ihren Mitarbeitern

Alltag zu stülpen. Dabei hat es, wie Stefan Wolle glaubwürdig darlegt, auch schon zu DDR-Zeiten einen gesamtgesellschaftlichen Konsens gegen die Stasi-Spitzel gegeben.[82] In jedem Fall hat der BGH aber 1994 eine entscheidende Gelegenheit verpaßt, sich zu Lust und Last an der politischen Denunziation unter verschiedenen politischen Systemen zu äußern.

III.3 Historische Aufarbeitung

Erst als nach langem parlamentarischen Tauziehen im Januar 1992 das StUG in Kraft trat, konnte eine systematische historische Aufarbeitung der DDR-Geschichte unter Einbeziehung dieser wichtigen Repressionsakten beginnen. Die historische Aufarbeitung des Stasi-Erbes wurde seitdem vor allem durch zwei Hauptfaktoren bestimmt: Einmal fand die massenweise Akteneinsicht von Bespitzelten und Opfern der Zersetzungsmaßnahmen sowie hauptamtlichen und inoffiziellen Mitarbeitern statt.[83] Diese Ebene der persönlichen Aufarbeitung setzte sich in manchen Fällen in einer publizistischen Verarbeitung des eigenen Aktenstudiums oder in öffentlichen Opfer-Täter-Gesprächen fort, die eine Verständigung unter den Akteuren des alten Herrschaftsapparates und den Betroffenen zu erreichen suchten. Zum zweiten setzte eine Institutionalisierung der geschichtlichen Aufarbeitung ein, wie sie vor allem in den zahlreichen Aufarbeitungsinitiativen, der Einrichtung der BStU-eigenen Forschungsabteilung und der offiziellen und alternativen Enquete-Kommission ihren Niederschlag gefunden hat. Die historische Diskussion um die Hinterlassenschaften der Stasi hat seitdem mehrere Phasen mit verschiedenen thematischen Schwerpunkten durchlaufen, die die Heterogenität der bundesdeutschen Forschungslandschaft widerspiegeln.[84] Grundsätzlich läßt sich anhand dieser Akten nicht nur der Grad der Durchherrschung in der SED-Diktatur ermitteln, sondern sie erlauben auch Rückschlüsse auf die „Grenzen der Diktatur".[85]

Die öffentliche Fokussierung auf die IM-Problematik hat sich teilweise auch in der Forschung niedergeschlagen, denn das Gros der seit 1992 entstandenen Forschungsarbeiten konzentriert sich auf die Überwachungs- und Ausspähungsfunktionen des MfS in und außerhalb der DDR. Bemerkenswerterweise hat die Aufregung um die Stasi-Enthüllungen zeitweise sogar zu der merkwürdigen Entwicklung geführt, daß bestimmte Bereiche des DDR-Maßnahmestaates, z.B. die Tätigkeit der für politische Strafverfahren zuständigen HA IX, von der Wissenschaft zunächst bewußt ausgeblendet wurden. So enthält beispielsweise eine 1994 erschienene umfangreiche Studie zur Rolle der Justiz im SED-Staat mit Verweis

---

82 Wolle (s. Anm. 53), Kampf um die Erinnerung, S. 118.
83 Bis 1995 gingen etwa 300.000 Anträge auf Akteneinsicht bei der „Gauck-Behörde" ein.
84 Einen Überblick geben Christoph Kleßmann und Martin Sabrow, Zeitgeschichte in Deutschland nach 1989, in: APuZ B 39/96 vom 20. September 1996, S. 3 ff.
85 Richard Bessel und Ralph Jessen (Hrsg.), Grenzen der Diktatur. Staat und Gesellschaft in der DDR, Göttingen 1996.

auf die „medienwirksame Aufbereitung der Stasi-Problematik" nur einige wenige nichtssagende Bemerkungen zur Doppelrolle des MfS als Geheimpolizei und Untersuchungsorgan und betont sogar noch dessen rechtsförmigen Charakter.[86] Selbst die „Gauck-Behörde" hat sich bei der Bearbeitung dieses Themas lange in Zurückhaltung geübt, und es ist im Grunde erst im Zuge des Frankfurter Strafprozesses gegen die Staatsanwälte und Richter von Robert Havemann zu einer gründlichen wissenschaftlichen Analyse der Beziehungen zwischen MfS und Justiz gekommen, ohne daß dies jedoch Auswirkungen auf das Prozeßergebnis gehabt hätte.[87] Anläßlich der Amnestie-Diskussion von 1994/1995 warnte der Historiker Norbert Frei ausdrücklich vor einem voreiligen Straffreiheitsgesetz und kam damals zu dem Befund, daß die „Verbrechensgeschichte der SED noch längst nicht ausgeleuchtet" sei und die aktengestützte Forschung dazu gerade erst begonnen habe.[88]

Im Zeichen der wiederaufgeflammten Diskusion um die Totalitarismustheorie wurden auch schon frühzeitig Vergleiche zwischen den Geheimdiensten im NS- und SED-Staat einerseits und denen der „sozialistischen Bruderstaaten" andererseits gezogen. Es läßt sich insgesamt feststellen, daß sowohl die Geheimdienstforschung wie auch die Beschäftigung mit Denunziation und Verrat seit dem Zusammenbruch der DDR einen starken Aufschwung erfahren haben. Die Aufarbeitung der Stasi-Vergangenheit führte dazu, daß langjährige, liebgewordene Geschichtslegenden der altbundesrepublikanischen Gesellschaft, wie die von der „allmächtigen, allwissenden Gestapo" (Robert Gellately), abbröckelten. Kurz gesagt, fiel im Laufe der neunziger Jahre mit dem „Mythos Stasi" auch der „Mythos Gestapo". Gleichzeitig trat ein Phänomen in den Blick, das die Mythologisierung der Geheimdienste erst ermöglicht hatte und dann verdrängt worden war, nämlich die systemüberspannende „Lust an der Denunziation".[89]

Die Unterschiede zwischen Nationalsozialismus und Realsozialismus sind unübersehbar, sie liegen vor allem darin, daß bereits der Bolschewismus mit dem bis dato vorherrschenden System der spontanen Denunziation gebrochen hatte und statt dessen auf angeworbene V-Leute setzte.[90] Während Robert Gellately den passiven und reaktiven Charakter der Gestapo betont hat, wird man bezüglich der Stasi vom Gegenteil sprechen können. Mit regelmäßig durchgeführten „Wälzungen" des IM-Bestands versuchte die Staatssicherheit, möglichst viele Personen

---

86 Hubert Rottleuthner, Zur Steuerung der Justiz in der DDR, in: ders. (Hrsg.), Steuerung der Justiz in der DDR. Einflußnahme der Politik auf Richter, Staatsanwälte und Rechtsanwälte, Köln 1994, S. 9 ff.; hier: S. 37.
87 Vor allem das Gutachten von Clemens Vollnhals/BStU hat eine Vielzahl neuer Erkenntisse zu dem Thema zutage gefördert; siehe dazu auch Vollnhals, „Partner des politisch-operativen Zusammenwirkens" – ein trübes Paar, in: Das Parlament Nr. 25-26 vom 12./19. Juni 1998, S. 16.
88 Frei (s. Anm. 18), Falsche Analogien.
89 Karol Sauerland, Die Lust an der Denunziation. Fallstudien in zwei Diktaturen, in: Universitas 11/1994, S. 1021 ff.
90 Gerhard Paul, Deutschland, deine Denunzianten, in: „Die ZEIT" vom 10. September 1993.

mit dem Makel der Spitzelei zu beschmutzen.[91] Anderseits gab es aber auch Gemeinsamkeiten wie die, daß die Mehrzahl der Denunzianten ihrer Aufgabe offenbar in der Vorstellung nachkam, nicht etwa von persönlichen Motiven, sondern von der Sorge um das sogenannte Volkswohl geleitet zu sein. Die Debatte um die Verbrechen und grenzenlosen Schnüffeleien der Stasi hat aber, für einige skeptische westdeutsche Politiker offenbar nicht ganz unerwartet, auch dazu geführt, daß der westdeutsche Staatsschutz und seine Überwachungspraktiken nach 1990 vermehrt in das Rampenlicht der Öffentlichkeit getreten sind. So hat der Polizeiforscher Falco Werkentin bereits 1991/92 darauf aufmerksam gemacht, daß auch die „streitbare Demokratie" auf eine ausgeprägte Denunziationsbereitschaft ihrer Bevölkerung angewiesen ist.[92] Hier läge sicherlich ein wichtiges Feld gesamtdeutscher Vergangenheitsaufarbeitung, die aufgrund der Unbeweglichkeit der Behörden bei der Offenlegung der westdeutschen Geheimdienstakten in den Anfängen versandet ist.

Im August 1990 schrieb der Journalist Robert Leicht zu der Frage der Aktenöffnung: „Die Stasi-Agenten sind von einem Fach, das im geeinten Deutschland so schnell nicht wieder gefragt sein dürfte, und die Fertigkeit des Denunzierens ist in Demokratien eine unrentable humane Ressource."[93] Knapp acht Jahre nach der Erstürmung der Stasi-Zentrale hat die historische Erforschung des MfS-Erbes, ihre Einbettung in die langen Linien der deutschen Geschichte und die daraus gewonnene Kenntnis über Kontinuitäten in der Herrschafts- und Mentalitätsgeschichte dazu geführt, daß die damalige, geschichtsoptimistische Einschätzung heute zumindest mit einem Fragezeichen versehen werden muß. Neben der Erkenntnis, daß die individuelle und öffentliche Auseinandersetzung mit Geheimdienstinformationen nicht notwendigerweise zu Selbstjustiz und Vergiftung der politischen Atmosphäre führen muß, sind daher Wachsamkeit und Skepsis gegenüber den politischen und strukturellen Grundbedingungen von organisierter Spitzelei und spontaner Denunziation wohl eine der wichtigsten Geschichtslektionen, die aus der Stasi-Aufarbeitung zu ziehen ist.[94] Vor der „totalitären Versuchung" (Francois Revel) ist letztlich auch eine weitgehend stabile Demokratie wie die Bundesrepublik nicht gefeit: Auch hier könnte eines Tages ein politisch-soziales Klima entstehen, daß eine „allumfassende Hermeneutik des Verdachts" gedeihen und Überwachungsphantasien wie Verfolgungsneurosen ins Kraut schießen läßt.[95]

---

91 Siehe dazu vor allem Helmut Müller-Engbergs (Hrsg.), Inoffizielle Mitarbeiter des Ministeriums für Staatssicherheit. Richtlinien und Durchführungsbestimmungen, Berlin 1996.
92 Werkentin (s. Anm. 29), Politische Moral.
93 „Die ZEIT" vom 21. September 1990.
94 Faktisch haben die fortlaufenden Verschärfungen im Ausländergesetz dazu geführt, die Denunziationsbereitschaft der Bevölkerung zu erhöhen; vgl. dazu auch Till Müller-Heidelberg u.a. (Hrsg.), Grundrechte-Report 1998. Zur Lage der Bürger- und Menschenrechte in Deutschland, Reinbek bei Hamburg 1998.
95 In diesem Sinne charakterisierte Wolfgang Engler die späte DDR (Engler, Die kleine Freiheit. Leben und Überleben in Ostdeutschland, in: Kursbuch 115: Kollaboration, März 1994, S. 22 ff., hier: S. 25).

III. Osteuropa

Christiane Brenner

Vergangenheitspolitik und Vergangenheitsdiskurs in Tschechien 1989-1998

Noch im Sommer 1989 schien die Tschechoslowakei eine unerschütterliche Festung des Sozialismus sowjetischen Typs zu sein: unbeeindruckt von den Ereignissen in den Nachbarländern, unbeirrbar durch Demonstrationen im eigenen Land. Heute kann man bisweilen hören, die Tschechische Republik sei kein postkommunistischer Staat mehr, sondern eine „normale Demokratie" (Vodička 1996, S. 411). Fast zehn Jahre sind seit dem 17. November 1989 vergangen, als mit der Demonstration auf der Národní třída (Nationalstraße) der rasante Untergang des sog. „Normalisierungsregimes" in der Tschechoslowakei eingeläutet wurde.[1] Der Alltag von damals – die Jagd nach knappen Waren, die sorgfältig mit den Portraits der politischen Führer dekorierten Auslagen von Wurst- und Friseurläden, aber auch die Metrobillets zu einer Krone – das alles scheint schon längst ein „fernes Land" zu sein (Judt 1993). Tschechien, der westliche Teil der 1993 auseinandergebrochenen Tschechoslowakischen Republik, hat sein Gesicht rasch verändert. Zumindest in den Städten erinnern nur noch die monströsen architektonischen Überbleibsel an die Jahre des Sozialismus. Aber nicht nur äußerlich hat man sich in Tschechien darum bemüht, die Vergangenheit so schnell wie möglich abzuschütteln. Abgesehen von der Bundesrepublik Deutschland hat kein anderer Staat so weitreichende gesetzliche Bestimmungen mit dem Ziel der „Vergangenheitsbewältigung" erlassen wie die Tschechische Republik. Und nirgendwo sonst sind die Sehnsucht nach der „alten Zeit" und postkommunistische Strömungen so schwach ausgeprägt wie hier.

Doch in den letzten beiden Jahren läßt sich auch in der tschechischen Gesellschaft zunehmend Skepsis gegenüber der Reformpolitik beobachten (Berichte 4/1996, S. 1 f. - 2/1997, S. 23 f.). Aus ganz unterschiedlichen Gründen sind Teile der Bevölkerung nicht von der erfolgreichen Beseitigung des kommunistischen Erbes durch die neue Demokratie überzeugt. Während viele Menschen darüber klagen, daß die Nomenklatur von gestern aufgrund ihrer Verbindungen und ihres Vermögens auch gegenwärtig wieder besser gestellt sei als der „Normalbürger", kritisieren oftmals gerade die Opfer des „Normalisierungsregimes" die Maßnah-

---

[1] Der nach der Niederschlagung des Prager Frühlings mit sowjetischer Unterstützung verfolgte politische Kurs wurde in der offiziellen Sprache als „Normalisierung der Verhältnisse" bezeichnet.

men der Regierung als Rückkehr zu den Methoden und Denkmustern der alten Herrscher. Werden die ersten großen politischen Skandale gern als Beweis dafür gesehen, daß „die da oben" ohnehin immer gleich seien, demonstriert für manchen kritischen Beobachter der Gegenwart gerade diese Haltung die noch ausstehende mentale Überwindung der jüngsten Vergangenheit.

Nach zehn Jahren ist eine erste Bilanz der Vergangenheits*politik* und damit der Maßnahmen sinnvoll, die der Überwindung der Folgen des vorherigen Systems dienen. Dabei handelt es sich im weiteren Sinne um die Systemtransformation, den Elitenwechsel und den Aufbau rechtsstaatlicher Strukturen. Im engeren Sinne umfaßt der Ausgleich mit der Vergangenheit vor allem Amnestie, Rehabilitation und Entschädigung der Opfer, sowie die Entscheidung, wie mit den ehemals Verantwortlichen verfahren werden soll. In meinem Beitrag werde ich die rechtliche Basis und die Praxis solcher Maßnahmen in der Tschechoslowakei, der Tschechischen und Slowakischen Föderativen Republik (ČSFR) und der Tschechischen Republik darstellen. Auf dieser Grundlage möchte ich die Entwicklung des Vergangenheits*diskurses* der tschechischen Gesellschaft seit Ende 1989 resümieren und eine Momentaufnahme des gegenwärtigen Diskussionsstandes geben. Ich folge dabei in erster Linie den unterschiedlichen Meinungen, Erwartungen und Kritiken, die die tschechische Debatte seit 1989 bestimmten.

Eine Bemerkung noch zu der Beschränkung auf den tschechischen Teil der ehemaligen Tschechoslowakischen Republik. Dies hat nicht nur pragmatische Gründe. Auch wenn die vier Jahrzehnte Staatssozialismus tschechoslowakische Geschichte waren, Tschechen und Slowaken also die meisten historischen Erfahrungen dieses Zeitraums teilen, so haben sie diese *nicht gleich* erlebt. Daher wurde der Umgang mit der Vergangenheit schon bald nach dem November 1989 zu einem zentralen Streitpunkt zwischen den politischen Repräsentanten beider Republiken. Seit dem Auseinanderbrechen der ČSFR schlägt sich dies direkt in der Vergangenheitspolitik der beiden neugegründeten Staaten nieder. Diese Zeit der Eigenstaatlichkeit bildet inzwischen bereits den größeren Teil der Nachwendezeit.

I. Umbruch und Systemwechsel

Jede Revolution, auch wenn sie so sanft vonstatten geht wie die tschechoslowakische des Jahres 1989, wirft die Frage nach der Abrechnung mit dem vorhergegangenen Regime auf. Der Wunsch nach einer möglichst radikalen Beseitigung des Alten mag in der Euphorie des Sieges alles dominieren. Konsequent umsetzen lassen wird er sich unter demokratischen Vorzeichen nicht. Wie Norbert Frei am Beispiel der deutschen Nachkriegsgeschichte gezeigt hat, spielt sich die Auseinandersetzung mit dem Gewesenen im Spannungsfeld zwischen dem Bemühen um Gerechtigkeit auf der einen Seite und um gesellschaftliche Stabilität auf der anderen Seite ab (Frei 1996). Während im deutschen Fall letzten Endes dem sozialen Frieden der Vorzug gegenüber Aufarbeitung und Elitenwechsel gegeben wurde, schien in der Tschechoslowakei 1989/90 eine Vereinbarung dieser beiden oft divergierenden politischen Ziele nicht allzu schwer.

Die Verteidiger des alten Systems stellten eine verschwindende Minderheit dar. Nach der gewaltsamen Niederschlagung des „Prager Frühlings" hatte der Sozialismus seinen einst starken Rückhalt in der tschechischen Gesellschaft verloren. Die neue Staats- und Parteiführung unter Gustav Husák sollte mit sowjetischer Unterstützung für die „Normalisierung" der Verhältnisse sorgen. Die „Normalität", die sie schuf, war keineswegs gleichbedeutend mit einer Rückkehr zum Stalinismus. Zwar wurde die Herrschaft der von allen Reformideen „gereinigten" Partei über das öffentliche Lebe wiederhergestellt, doch war das „Normalisierungsregime" ohne Vision, ohne Utopie. Seine Ziele beschränkten sich im wesentlichen auf den Erhalt des Erreichten. Auch die Methoden der Repression unterschieden sich von denen der fünfziger Jahre: Statt durch offenen Terror wurde die Bevölkerung durch ein differenziertes System von Bevorzugung bzw. Benachteiligung in Schach gehalten, das die Gewährung von Bildung und angemessenen Arbeitsplätzen ebenso umfaßte, wie die Zuteilung von Wohnungen und Reisen. Nichtanpassung, Verweigerung und Kritik waren nicht mehr lebensgefährlich, zogen aber auf jeden Fall soziale Isolation und Degradierung, oft auch lange Gefängnisstrafen nach sich. Die neue Regierung war sich ihrer geringen Beliebtheit in der Bevölkerung wohl selbst bewußt: Sie bot den Menschen bescheidenen Wohlstand und forderte dafür ruhiges Wohlverhalten, nicht mehr Überzeugung und Begeisterung ein (Otáhal 1994, S. 121). Seit Mitte der 1980er Jahre delegitimierte sich die regierende Kommunistische Partei der Tschechoslowakei (Komunistická Strana Československa, KSČ) zusätzlich durch die auftretenden Versorgungsmängel, die fortschreitende Umweltzerstörung im Land und ihre völlige Resistenz gegen den Geist der von Gorbatschow initiierten Reformen. Während man in Polen und Ungarn den wachsenden Gestaltungsraum in der Politik nutzte, den die Perestrojka den ostmitteleuropäischen Staaten bot, konnte sich die sonst so moskautreue politische Führung in Prag kaum zu verbalen Bekenntnissen zum neuen sowjetischen Kurs überwinden. Gelang in den beiden Nachbarstaaten auf dem Verhandlungsweg zwischen den alten Machthabern und der Opposition ein schrittweiser Übergang zur Demokratie, wich die tschechoslowakische Führung bis zum Schluß nicht einen Millimeter von ihrem Anspruch auf absolute Herrschaft ab. Doch unter dem Druck der Demonstrationen zerfiel diese Herrschaft (Sládek 1993, S. 120). Die Erleichterung und der Jubel über die gewaltfreie Revolution waren grenzenlos. Die Fronten schienen klar: das *Volk* hatte das *kommunistische System* besiegt.

Die faszinierende Leichtigkeit des Übergangs weckte Hoffnungen auf einen Neuanfang ohne größere gesellschaftliche Konflikte. In der Tat wurden die Voraussetzungen für die Beseitigung der alten und die Entstehung einer neuen, legitimen Ordnung in beachtlich kurzer Zeit geschaffen. Bereits am 29. November 1989 hob die Bundesversammlung die bisher durch Art. 4 der Verfassung festgelegte „führende Rolle der Kommunistischen Partei" auf (Sbírka Zákonů (Gesetzessammlung, Sb.z.) 135/1989). Es folgten Verfassungsgesetze, die die Entlassung kommunistischer Funktionäre aus den höchsten Organen des Staates möglich machten und damit den Auftakt zum Elitenwechsel gaben. Nachdem am 10. Dezember die „Regierung der nationalen Verständigung" gebildet worden war, in der die Kommunisten bereits in der Minderheit waren, trat am 19. Dezember Präsident Husák zurück. Václav Havel, wenige Wochen zuvor noch Staatsfeind Nummer eins, wurde am 29. Dezember 1989 in das Amt des Staatspräsidenten gewählt. Unter dem Druck des oppositionellen Bürgerforums (Občanské Forum, OF) mußte auch ein Teil der kommunistischen Abgeordneten zurücktreten. Die dadurch freigewordenen Parlamentssitze besetzte man auf der Grundlage der Verfassungsgesetze vom 28.12.1989 (Sb.z. 183/1989) und vom 23.1.1990 (Sb.z. 14/1990) durch Kooptierung neu. Das Parteiengesetz vom selben Tag (Sb.z. 15/1990) legte schließlich den Rahmen für die Arbeit der politischen Parteien und Bewegungen fest.[2] Im Februar folgten Bestimmungen zur geplanten ersten Wahl, die am 9. Juni 1990 stattfand und in erster Linie ein überwältigendes Plebiszit gegen das alte System war. Sie brachte mit gut 53% der Wählerstimmen den deutlichen Sieg des Bürgerforums (Berichte 2/1990, S. 4). Diese Bewegung, die in den Novembertagen aus den verschiedenen oppositionellen Gruppen entstanden und zur treibenden Kraft des Umbruchs geworden war, wurde primär durch die Ablehnung des Kommunismus geeint. Die Ausdifferenzierung des politischen Spektrums, deren Folge unter anderem der Zerfall des Bürgerforums und die Entstehung „normaler Parteien" war, setzte erst später ein. Mit der Einberufung der demokratisch gewählten Regierung, in der eine ganze Reihe ehemaliger Dissidenten vertreten war, endete die erste Phase des demokratischen Umbruchs in der Tschechoslowakei.

Als Zeit des Übergangs wollte man jedoch auch noch die erste Legislaturperiode verstanden wissen, die auf zwei Jahre verkürzt wurde (Kronika 1992, S. 12 f.). Nach diesen beiden Jahren sollten rechtsstaatliche Verhältnisse geschaffen sein, die „alten Strukturen" zerschlagen und die einstige Nomenklatur aus der Bürokratie entfernt sein. In seiner Rede anläßlich des 22. Jahrestages der Niederschlagung des „Prager Frühlings" durch die Truppen des Warschauer Paktes rief Präsident Václav Havel zu Konsequenz und Eile in dieser zweiten Phase der Revolution auf:

„Die zwanzig Jahre, die wir verloren haben, zeigen tragische Konsequenzen. Durch das totalitäre System sind in unserem Land die menschliche Schöpfungskraft, Unternehmerlust, Erfindungsgeist und Können verkümmert, weil sie vom vorigen Regime systematisch unterdrückt wurden. Unsere landeseigenen Verschwörer können sich nicht mehr auf ausländische Armeen stützen. Wenn wir uns von ihnen überlisten lassen, dann können wir uns nur selbst die Schuld geben. Wir haben zwanzig Jahre verloren, jetzt können wir uns nicht mehr erlauben, einen einzigen weiteren Tag zu verlieren." (Archiv der Gegenwart (AdG) 15.8.1990)

---

2 Eine deutsche Übersetzung dieses Gesetzes und aller seiner Ergänzungen findet sich in: Berichte zu Staat und Gesellschaft 3/1994, S. 30-44.

II. Rehabilitierung und Entschädigung

Vor allem in der Frage der Rehabilitierung und der Entschädigung der Opfer politisch motivierter Justiz zeigte die neue Regierung Entschlossenheit zu raschem Handeln.

Ein großer Teil der Gerichtsurteile, deren Annullierung bzw. Korrektur nun auf der Tagesordnung stand, stammte aus der stalinistischen Zeit. Bereits in den 1950er und 1960er Jahren hatten sich Untersuchungskommissionen mit der stalinistischen Justiz befaßt. Die personelle Zusammensetzung dieser Kommissionen, die Kompetenzen, die man ihnen zumaß und die Ergebnisse, die sie zutage förderten, waren gewissermaßen ein Gradmesser für den Reformwillen in der Führung der KSČ. Während die erste Untersuchungskommission (1955-1957) unter dem damaligen Innenminister Barák die Ergebnisse der stalinistischen Schauprozesse nicht nur im wesentlichen bestätigte, sondern sogar neue Anschuldigungen gegen die 1952 hingerichteten führenden Kommunisten konstruierte (Pelikán 1970, S. 217), kam es aufgrund der Ergebnisse der zweiten Kommission unter Drahomír Kolder (1962-1963) bereits zu zahlreichen Rehabilitierungen, allerdings noch nicht zu einer umfassenden Revision der Urteile. Mitte der 1960er Jahre wurden auch einige an den Prozessen beteiligte Sicherheits- und Justizbeamte gemaßregelt (Pelikán 1970, S. 256). Die Frage nach der politischen Verantwortung für die Prozesse und ihrer Funktion innerhalb des stalinistischen Systems stellte jedoch erst die dritte Kommission Ende der 1960er Jahre. Ihr Dossier, der sogenannte Piller-Bericht, konnte nach dem gewaltsamen Ende des „Prager Frühlings" nicht mehr veröffentlicht werden. 1970 wurden die Rehabilitierungen schließlich per Gesetz gestoppt (Sb.z. 70/1970), an eine öffentliche Auseinandersetzung mit der Vergangenheit war unter den politischen Bedingungen der Normalisierungszeit ohnehin nicht mehr zu denken.

Die Debatten über den Stalinismus waren zweifellos eine wichtige Triebkraft für den Reformprozeß. Der Historiker Karel Kaplan, 1968/69 Mitglied der Rehabilitierungskommission, hat allerdings mit Recht zu bedenken gegeben, daß sich die Distanzierung von den Verbrechen des Stalinismus in der Tschechoslowakei der 1960er Jahre primär auf die Verbrechen an Kommunisten bezog (Kaplan 1986, S. 10). Die zahllosen nicht-kommunistischen Opfer fanden damals die Aufmerksamkeit der Parteikommissionen ebensowenig wie die der Gerichte.

Das tschechoslowakische Rehabilitierungsgesetz vom 23.4.1990 (Sb.z. 119/1990) kam nun einer wesentlich größeren Gruppe von Menschen zugute. Es sah eine Aufhebung aller Verurteilungen vor, die im „Widerspruch zu den Prinzipien einer demokratischen Gesellschaft, die die politischen Rechte und die Freiheit der Bürger respektiert" gefällt worden waren. Bereits im ersten Jahr nach dem Inkrafttreten dieses Gesetzes wurden 205.912 Personen rehabilitiert (Berichte 3/1993, S. 10), darunter sehr viele, die während der ersten Jahre nach dem Februarumsturz von 1948 verurteilt worden waren. Ihre „Vergehen" waren oft schlichtweg erfunden worden. Während des „verschärften Klassenkampfes" wurden aber auch kleinere Straftaten, z.B. Eigentumsdelikte, häufig zu „Verschwörungen" und „Hochverrat" aufgebauscht und dementsprechend streng geahndet. Obgleich die strafrechtliche Praxis der 1970er und 1980er Jahre mit der stalinistischen nicht mehr zu vergleichen war, läßt sich auch für diesen Zeitraum die massenhafte „Kriminalisierung unerwünschter Verhaltensweisen" konstatieren (Lammich 1992, S. 235). Das bezog sich in besonderem Maße auf die Jugendkultur, aber auch andere unangepaßte Lebensformen wurden vom Staat mit negativen Sanktionen belegt.

Den unterschiedlichen Formen von Unrechtsjustiz sollte das Gesetz vom April 1990 durch zwei Verfahren der Rehabilitation gerecht werden. Urteile, die auf Straftaten eindeutig politischen Charakters basierten, wurden durch das Gesetz selbst automatisch aufgehoben. Anders gelagerte Fälle – etwa wenn der Verdacht bestand, daß das geltende Strafrecht aus politischen Gründen repressiv ausgelegt worden war – mußten einzeln überprüft werden (AdG 1990, 34373).

Gewaltfreier Widerstand gegen das Regime wurde durch das Gesetz von 1990 als rechtmäßig charakterisiert und somit in den Prozeß der Rehabilitation miteinbezogen. Über die Beschränkung auf Widerstand mit „friedlichen Mitteln" gab es im tschechoslowakischen Parlament heftige Diskussionen, die eine schrittweise Ausdehnung des als legitim anerkannten Widerstandes zur Folge hatten (Sb.z. 47/1991, § 3c). Im sogenannten „Kommunistengesetz" vom Juli 1993 (vgl. unten) wurde schließlich festgelegt, daß eine Rehabilitierung auch dann möglich ist, wenn sich die Verurteilung auf einen Akt des Widerstandes bezog, der den Tod eines Menschen, große gesundheitliche oder Sachschäden zur Folge hatten, sofern die Widerstandshandlung nicht auf völlig unangemessenen Mitteln beruhte (Sb.z. 198/1993). Bis Ende des Jahres 1996 wurde in mehr als 200.000 Fällen dem Antrag auf Rehabilitierung stattgegeben (Berichte 4/1996, S. 28). Eingegangen waren, wohl aufgrund der finanziellen Anreize, allerdings deutlich mehr Gesuche.

Für die Opfer politisch motivierter Justiz sah das Rehabilitierungsgesetz Entschädigungsleistungen in beachtlichem Umfang vor. Diese umfaßten Schadensersatz für den Verdienstausfall während der Inhaftierung wie eine Entschädigung für in dieser Zeit erlittenen Gesundheitsschäden und nicht zuletzt den Ersatz von Kosten für die Strafverfahren und gezahlte Geldstrafen. Die in Haft verbrachte Zeit wird auf die Rentenansprüche angerechnet, wobei der vor der Verurteilung ausgeübte Beruf als Bemessungsmaßstab für die Bezüge zugrunde gelegt wird. Lebt der Berechtigte nicht mehr, gehen seine Ansprüche auf die Erben über. Ist er durch die Todesstrafe umgekommen bzw. in Gefangenschaft verstorben, steht den Erben eine einmalige Entschädigung in Höhe von 100.000 Kronen zu, wovon bis zu 30.000 Kronen direkt ausgezahlt werden konnten.[3]

Das Rehabilitierungsgesetz schuf zudem die rechtlichen Grundlagen für Ermittlungen gegen Personen, die als Angehörige des Rechts- und Polizeiapparates zwischen dem Februar 1948 und dem November 1989 damals geltendes Recht bewußt oder besonders grob verletzt hatten und verlängerte die Verjährungsfrist für solche Taten zunächst bis Anfang 1995. Durch spätere Gesetze wurde festgelegt, daß die Verjährungsfrist überhaupt erst mit dem Zeitpunkt beginnen sollte, zu dem das sozialistische Regime endete (vgl. unten). Wie erwartet, erwies sich die

---

3 30.000 Kronen sind umgerechnet etwa 1.764 DM, gemessen an Löhnen und Preisen in der Tschechischen Republik, ist diese Summe jedoch deutlich mehr wert. Zum Vergleich: Im Jahr 1996 belief sich der durchschnittliche Monatslohn in Tschechien auf 9.600 Kronen.

Strafverfolgung von Gefängnis- und Lagerwärtern, Polizeibeamten und Richtern als extrem schwierig. Allerdings scheint angesichts des herrschenden Richtermangels die Motivation des Staates, belastete Richter konsequent aus dem Justizapparat zu entfernen, nicht gerade groß. So wurde 1992 eine Richterin verbeamtet, die 1988 den schwerkranken Dissidenten Pavel Wonka zu einer langen Haftstrafe verurteilt hatte, deren Antritt dieser nur um kurze Zeit überlebte (LN 29.4.1998, S. 9).

Während Skandale wie dieser die Öffentlichkeit noch lange beschäftigen werden, wurde der Prozeß der Rehabilitierung zügig durchgeführt und kann inzwischen als abgeschlossen gelten, obwohl durch weitere Gesetze und Präzedenzurteile der Kreis der Personen, die für die Rehabilitierung in Frage kommen, mehrfach erweitert wurde.[4] Maßgeblich war der politische Wille, den Justizopfern des alten Regimes Gerechtigkeit widerfahren zu lassen und sie – sofern das möglich ist – für das erlittene Unrecht zu entschädigen. Dabei scheute der tschechische Staat auch große finanzielle Aufwendungen nicht.[5] Bemerkenswert am Rehabilitierungsprozeß in der Tschechoslowakei war aber vor allem, wie ruhig er ablief. Während in den 1960er Jahren die Enthüllungen über die stalinistischen Verbrechen die Bevölkerung zutiefst aufwühlten, war der Stalinismus nach 1989 für die Öffentlichkeit kaum noch ein Thema. Das zeigt sich nicht zuletzt auch am Desinteresse, auf das die Forderungen der „Konföderation der politischen Gefangenen der ČR", ehemalige Zwangsarbeiterlager und Gefängnisse zu Gedenkstätten zu machen, heute stößt (Majer 1998, S. 326 ff.).

III. Restitution

Heftige, zum Teil äußerst emotionale Debatten riefen indessen die vermögensrechtlichen Probleme hervor, für die die Politik im Prozeß der Aufarbeitung der Vergangenheit Lösungen finden mußte. Bis heute ist die Restitution des enteigneten Besitzes in der Tschechischen Republik nicht völlig abgeschlossen, die Diskussionen zu diesem Thema halten an. Das liegt in erster Linie daran, daß die Frage, welcher Zeitraum und welcher Personenkreis für die Rückgabe enteigneter Vermögenswerte bzw. für Entschädigungsleistungen festgelegt werden soll, strittige Kapitel der tschechischen Zeitgeschichte berührt.

Im Lauf der Jahre 1990 und 1991 verabschiedete das Prager Bundesparlament mehrere Restitutionsgesetze, die eine Rückgabe verstaatlichter Güter, Fabriken,

---

4 So wurde z.B. ein Urteil gegen eine Jazzgruppe aufgehoben, deren Mitglieder 1968 und 1974 wegen „Schmarotzertum" verurteilt worden waren. Im April 1996 befand das Oberste Gericht, daß dies kein Straftatbestand sei. Dieser Spruch könnte ein Präzedenzurteil für viele andere Verfahren sein, den gerade in den 1980er Jahren wurden viele Jugendliche aus der Musik- und der alternativen Szene als „Schmarotzer" verurteilt (MFD 26.4.1996).
5 Allein für die Entschädigung der Bürger, die wegen abweichender Meinungen in ein Gefängnis oder Arbeitslager gesteckt wurden, veranschlagte die Regierung 400 Millionen Kronen. Jedes Opfer soll pro Haftmonat 625 Kronen Entschädigungsleistung erhalten. Nach: Berichte 2/1997, S. 21.

Geschäfte und Gebäude an Personen oder deren Erben möglich machen, die nach der Machtübernahme der Kommunisten am 25. Februar 1948 enteignet wurden und die als tschechoslowakische Bürger im Land leben (Sb.z. 403/1990; 229/1991).⁶ Damit war nicht nur das Eigentum der nach 1945 größtenteils aus dem Land vertriebenen Deutschen von der Restitution ausgenommen. Nicht berücksichtigt wurden auch die Besitztümer jüdischer Bürger, die zunächst von den deutschen Besatzern „arisiert" und nach Kriegsende vom tschechoslowakischen Staat nicht zurückgegeben worden waren. Für die Rückgabe dieses Besitzes fand der Gesetzgeber erst nach mehrjährigen Verhandlungen und mehreren gescheiterten Anläufen einen Weg. Im April 1994 einigte sich das Parlament auf eine Regelung, die die Rückgabe enteigneter Güter an „rassisch Verfolgte" und deren rechtmäßige Erben – nicht aber an juristische Personen – vorsieht (Sb.z. 87/1991).⁷

Vertreter der jüdischen Gemeinden haben sich überwiegend enttäuscht über diese Kompromißlösung gezeigt, weil sie zahlreiche einschränkende Einzelbestimmungen enthält, die die Zahl der Objekte, die tatsächlich restituiert werden, beträchtlich reduziert (Michaels 1996, S. 47). Vor allem aber fühlten sie sich durch das jahrelange Tauziehen vor den Kopf gestoßen, das deutlich machte, daß die Rückgabe des jüdischen Eigentums nicht zu den vordringlichen politischen Zielen der neuen Demokratie gehörte (LN 10.3.1994, S. 1, 3). Diese Frage wurde vielmehr fast ausschließlich mit dem Blick auf ein anderes, von der tschechischen Gesellschaft als bedrohlich empfundenes Problem debattiert. Man fürchtete, die Rückverlegung des Datums für die Restitution jüdischen Eigentums auf einen Zeitpunkt vor dem 25. Februar 1948 werde von der sudetendeutschen Landsmannschaft und der katholischen Kirche genutzt, um deren Rückgabeforderungen rechtlich zu untermauern. Das hat der Gesetzgeber durch die Beschränkung der Antragsberechtigten auf die „rassisch Verfolgten" eindeutig ausgeschlossen. Weitgehend undiskutiert bleibt indessen die Frage, wie sich Tschechen und Slowaken in den 1940er und 1950er Jahren ihren jüdischen Mitbürgern gegenüber verhalten hatten. Wie konnte es geschehen, daß viele Überlebenden des Holocaust nach dem Krieg ihren von den Nationalsozialisten geraubten Besitz nicht wiedererhielten? Diese Fragen rühren an zwei Themen, mit denen eine offene Auseinandersetzung bis heute noch kaum begonnen hat – dem tschechischen Antisemitismus einerseits (LN 2.8.1997, S. 5) und den bis heute meist idealisierten politischen Verhältnissen der Jahre 1945 bis 1948 andererseits.

---

6 Emigranten ohne dauerhaften Wohnsitz in der Tschechischen Republik sprach das Verfassungsgericht am 12.7.1994 einen gesetzlichen Anspruch auf Restitution ihres Besitzes zu. Gleichzeitig wurden die Fristen für die Antragstellung für unbewegliche Besitztümer bis August 1996, für bewegliches Gut bis Ende 1998 verlängert.

7 Die deutsche Übersetzung dieses Gesetzes ist abgedruckt in: Berichte 4/1994, S. 42-44.

III.1 Die Auseinandersetzung um die Enteignung der Deutschen nach 1945

Mit den konfiszierten Gütern der nach dem Ende des Zweiten Weltkrieges größtenteils aus der Tschechoslowakei vertriebenen Deutschen mußten sich die tschechischen Gerichte dennoch intensiv befassen. Dabei wurde der sogenannte Fall Dreithaler von der tschechischen wie der deutschen Öffentlichkeit besonders aufmerksam verfolgt. Im Sommer 1994 klagte Rudolf Dreithaler, ein tschechischer Staatsbürger deutscher Nationalität, vor dem Verfassungsgericht in Brünn auf Rückgabe seines nach 1948 enteigneten Elternhauses. Bei dem Kläger handelte es sich also um einen Deutschen, der nach 1945 nicht vertrieben worden war, als Deutscher jedoch seine Bürgerrechte und seinen Besitz verloren hatte. Er beantragte die Aufhebung von vier Dekreten, die der damalige Präsident Beneš erlassen hatte, darunter das Dekret Nummer 108/1945 „Über die Konfiszierung feindlichen Eigentums".[8] Auf der Grundlage dieses Dekrets war nach dem Mai 1945 der überwiegende Teil des deutschen Eigentums eingezogen worden. Der Kläger bezweifelte, daß Edvard Beneš zu dem Zeitpunkt, zu dem er die fraglichen Dekrete erließ, überhaupt rechtmäßiger Präsident der Tschechoslowakei war.

Von den Medien wurde diese Klage im allgemeinen auf die Frage reduziert, ob die vertriebenen Sudetendeutschen ihr einstiges Eigentum zurückerhalten sollten oder nicht. Über die Ablehnung solcher Forderungen herrscht in Tschechien Einigkeit (Götze 1995, S. 104). Tatsächlich mußte sich das Verfassungsgericht in seiner Urteilsfindung jedoch mit drei eng verwobenen Problemfeldern befassen. Erstens ging es um die Behandlung der in der Tschechoslowakei verbliebenen Deutschen. Sollten sie wie ihre tschechischen Mitbürger Eigentumswerte zurückerhalten, die nach dem Februar 1948 konfisziert worden waren? Wäre der Klage in diesem Punkt stattgegeben worden, hätte sich damit für die in der Tschechoslowakei verbliebenen Deutschen Hoffnung auf Entschädigung verbunden, nicht aber für die Masse der Vertriebenen. Erst an zweiter Stelle stand die Frage nach der Rechtmäßigkeit der Enteignung auf der Basis der Kollektivschuldthese. Drittens zog die Klage die Legalität der nach dem Mai 1945 installierten Regierung unter Edvard Beneš – und damit der von dieser geschaffenen politischen Ordnung – in Zweifel.

Das Verfassungsgericht wies die Klage in seinem Spruch vom 8. März 1995 in allen Punkten ab und legte fest, daß die fraglichen Dekrete auch weiterhin als Bestandteil der geltenden tschechischen Rechtsordnung zu gelten haben. In der Begründung des Urteils hieß es, die Beneš-Dekrete hätten der „Wiederherstellung der Verfassungsordnung im Land nach der Okkupation durch das nationalsozialistische Deutschland gedient". An der Rechtmäßigkeit der Präsidentschaft Edvard Beneš könne ebensowenig Zweifel herrschen wie an der Legalität der von ihm erlassenen Dekrete, die überdies von dem wiedereröffneten Parlament Ende 1945 bestätigt worden seien. Sie seien keine explizit anti-deutsche Maßnahme gewesen, da ausgewiesene deutsche Antifaschisten von ihnen nicht betroffen gewesen seien und auch tschechische Kollaborateure enteignet wurden. Obgleich man also nicht von einer systematischen Diskriminierung einer ethnischen Gruppe durch die Beneš-Dekrete sprechen könne, seien diese als Reaktion auf die negative Haltung eines großen Teils der Sudetendeutschen zum tschechoslowakischen Staat und auf die Greueltaten der nationalsozialistischen Okkupationspolitik zu interpretieren (AdG 1995, 38900).

Das Urteil, gegen das keine Berufungsmöglichkeit besteht, war keine Überraschung. Mit ihm gaben die Brünner Richter der Argumentation der tschechischen Politik eine feste

---

[8] Die deutsche Übersetzung der in erster Linie die Deutschen und Magyaren betreffenden Dekrete findet sich in: Die Vertreibung der deutschen Bevölkerung aus der Tschechoslowakei. Dokumentation der Vertreibung der Deutschen aus Ost-Mitteleuropa. Hrsg. vom ehemaligen Bundesministerium für Vertriebene, Flüchtlinge und Kriegsgeschädigte. (Reprint) Augsburg 1994, Bd. 1.

rechtliche Basis. Bereits im Jahr zuvor – anläßlich einer Rede zum 110. Geburtstag des ehemaligen Präsidenten Edvard Beneš – hatte Präsident Václav Havel alle Forderungen nach einer Korrektur der Dekrete zurückgewiesen: Die Aufhebung dieser Dekrete würde nicht nur die Tschechische Republik in ihren Grundfesten erschüttern und die Rechtssicherheit im Land untergraben, sondern die gesamte Nachkriegsordnung in Gefahr bringen (AdG 1995, 39194). Daß diese Ansicht vom Gros der politischen Führung geteilt wurde, zeigten die Reaktionen auf das Verfassungsurteil. Auch in den großen Tageszeitungen gab es keine grundsätzliche Kritik an diesem Urteil, das als Schlußstrich unter eine ohnehin als überflüssig empfundene Debatte gewertet wurde (hn 9.3.1995). Allein in der Tageszeitung „Mlada fronta Dnes" (MFD) bezeichnete Jana Bendová die Bestätigung der eigentumsrechtlichen Verhältnisse durch das Gericht als geeignete Basis für eine moralische Distanzierung vom Geist der Dekrete:

„Das Versagen des Staates nach dem Krieg läßt sich nun zumindest zum Teil korrigieren. Was die Dekrete betrifft, sollten wir über eine offizielle Distanzierung – ohne rechtliche Folgen – von ihnen durch die tschechische Repräsentanz nachdenken. Für unseren heutigen Staat kann das nicht nur von Vorteil sein, es wäre auch anständig gegenüber denen, die hier jahrhundertelang ihre Heimat hatten und von denen viele die Verbrechen des Nazismus bedauern." (MFD 9.3.1995, S. 12)

Die Weigerung, sich mit den Beneš-Dekreten auseinanderzusetzen, rührt freilich an Ängste, die sich nicht allein auf materielle Forderungen der Vertriebenen beziehen.[9] Die tschechisch-deutschen Debatten seit 1989 haben den Tschechen – so der Vorsitzende des tschechischen Penclubs, Jiří Stránský – weniger die Traumata der Kriegsjahre als die der Nachkriegszeit ins Bewußtsein zurückgerufen (Stránský 1997, S. 65). Das Unrecht, das in den Jahren der deutschen Besatzung geschah, steht außer Zweifel. Zu allen Fragen, die diese Zeit betreffen, bezieht die tschechische Politik eindeutig Stellung. Der tschechische Staat vertritt gegenüber Deutschland die Interessen der jüdischen Opfer aus der Tschechoslowakei, darüber hinaus hat er mit der Zahlung von Entschädigungsleistungen an alle noch lebenden Opfer der NS-Herrschaft in Böhmen und Mähren Pflichten übernommen (Sb.z. 217/1994),[10] denen sich die Bundesregierung bisher weitgehend entzogen hat.[11] Ungleich schwerer tut man sich in Tschechien indessen mit der kurzen Phase zwischen dem Ende des Zweiten Weltkrieges und dem Beginn der kommunistischen Alleinherrschaft. Eine Konfrontation mit den Demokratiedefiziten des damaligen Systems und den Verbrechen, die in dieser Zeit

9 Zur tschechisch-deutschen Geschichtsdebatte siehe das entsprechende Kapitel in: Seibt (1993).
10 Nachdem 1994 ein Gesetz erlassen worden war, in dem festgelegt wurde, daß die tschechische Sozialversicherung den Opfern der nationalsozialistischen Verfolgung Entschädigungsleistungen auszahlt, gingen bis Mitte April etwa 35.000 Anträge von Opfern bzw. deren Verwandten ein. Der allergrößte Teil wurde positiv beschieden. Die tschechische Regierung rechnet damit, daß die ausbezahlten Gelder von der Bundesrepublik erstattet werden. Nach: Berichte 2/1996, S. 24 f.
11 In der gemeinsamen Deklaration zur Geschichte, die Anfang 1997 von der Tschechischen Republik und der Bundesrepublik angenommen wurde, wurde die Einrichtung eines „Zukunftsfonds" beschlossen. Der Fond finanziert ein tschechisch-deutsches Gesprächsforum und soll Einzelprojekte mit sozialer, wissenschaftlicher, ökologischer oder denkmalschützender Zielsetzung unterstützen, die mit der tschechisch-deutschen Geschichte in Verbindung stehen. Bis zum Jahr 2001 werden in diesen Fonds aus der bundesdeutschen Staatskasse 140 Mio. DM, aus der tschechischen 25 Mio. DM eingezahlt. Bereits im März 1998 wurden 12 Mio. DM an die etwa 7.000 noch lebenden NS-Opfer in Tschechien ausgezahlt. Im Juni 1998 wurden 600 Anträge von Opfern nachgereicht, für die noch einmal 1,5 Mio. DM bereitgestellt wurden. Die Höhe der gezahlten Beträge wird nach Haftmonaten berechnet. Sie gelten nicht als volle „Entschädigung", sondern als „soziale Hilfe".

durchaus nicht nur an Deutschen und Ungarn begangen wurden, könnten vor allem eine neue Dimension in die Diskussion über die Durchsetzung des Stalinismus in der Tschechoslowakei bringen. Indessen wird das „Experiment einer Volksdemokratie nach tschechoslowakischem Zuschnitt" nach 1945 weiterhin gerne als „Wiederaufnahme der demokratischen Traditionen des Landes" interpretiert. Die Ursachen für sein Ende im Februar 1948 sucht man primär in der von den Sowjets unterstützten und gelenkten „kommunistischen Unterwanderung" des Staates (Heumos 1994, S. 237 f.). Nun ist es unbestritten, daß der sowjetischen Führung Rücksicht im Umgang mit den kleinen ostmitteleuropäischen Staaten fremd war und die KSČ das System der frühen Nachkriegszeit geschickt für ihre Zwecke zu nutzen wußte. Doch läßt sich der leichte Sieg der tschechoslowakischen Kommunisten nicht ohne die Rolle der Nicht-Kommunisten verstehen. Sie wirkten an der Schaffung eines Systems mit, das die totalitäre Tendenz schon in sich trug (Prečan 1979, S. 549) und große Bevölkerungsgruppen außerhalb des geltenden Rechts stellte. Dieser Verfall des Rechtsverständnisses läßt sich nicht ohne die direkte Vorgeschichte verstehen, ohne die Traumata, die die Zerstörung der Vorkriegsdemokratie und der massenhafte Mord durch die nationalsozialistischen Okkupanten im tschechischen Volk hinterlassen hatten. Fraglich ist allerdings, ob die erstaunliche Tatsache, daß gerade die mitteleuropäische *Musterdemokratie* der Zwischenkriegszeit so leicht in die kommunistische Alleinherrschaft hinüberglitt, ohne die Vorgeschichte der Jahre 1945 bis 1948 zu begreifen ist. Schon in den Samizdat-Debatten der 1980er Jahre forderten einige Dissidenten eine Auseinandersetzung mit den landesspezifischen Faktoren, die die Durchsetzung des Stalinismus in der Tschechoslowakei erleichtert hatten. Die Vertreibung der Deutschen aus der Tschechoslowakei erschien ihnen als „erster Sündenfall", der nur den Auftakt für die folgenden massenhaften Rechtsverstöße bildete und sich letzten Endes gegen die Täter selbst wandte.[12] Man mag solch einer moralisierenden Geschichtsbetrachtung gegenüber kritisch sein, Tatsache ist, daß es nach wie vor im wesentlichen die einstigen Dissidenten und Emigranten sind, die an der Weichzeichnung der Jahre 1945 bis 1948 Anstoß nehmen und nach einer kritischen Korrektur dieses Bildes verlangen (Pithart 1997, S. 71).

III.2 Die Restitution kirchlichen Eigentums

Anders als in der Frage des enteigneten deutschen Besitzes herrscht hinsichtlich der Restitutionsforderungen der Kirchen in der tschechischen Gesellschaft Uneinigkeit und Unentschiedenheit (MFD 4.10.1996, S. 4). Daß sich die Debatten über den Umfang der Rückgabe enteigneter Güter an die Kirchen mit den Diskussionen um deren künftige Stellung im Staat verbinden, macht die Lösung des Problems nicht eben leichter. Im Prinzip vertritt ein großer Teil der Tschechen heute den Grundsatz der Trennung von Staat und Kirche. Zu der Frage, wie sich die Kirchen finanzieren sollen und in welchem Umfang sie ihren enteigneten Besitz zurückerhalten sollten, haben die meisten Bürger keine klaren Vorstellungen. Die Forderungen der katholischen Kirche stoßen meist jedoch auf wenig Sympathie. Als 1996 der Konflikt um die Besitzansprüche an mehreren Gebäuden auf der Prager Burg, darunter auch dem Veitsdom, vor Gericht ausgetragen wurde, schlugen der Kirche sogar heftige Aggressionen entgegen (Hampl 1996, S. 4).[13] Diese eigentümliche Mischung von

---

12 Die Debatte über die Vertreibung der Deutschen aus der Tschechoslowakei wurde in den 1980er Jahren in Exilzeitschriften und im Samizdat geführt. Die wichtigsten Beiträge finden sich in Černý u.a. 1990. Einen deutschsprachigen Überblick über die Debatte bietet Kučera (1992).

13 In der gerichtlichen Auseinandersetzung mit der Präsidentenkanzlei sprach der oberste Gerichtshof der katholischen Kirche die Eigentumsrechte am Veitsdom zu. Diese ent-

Desinteresse und Abwehr gegenüber der katholischen Kirche – die anderen anerkannten Glaubensgemeinschaften spielen in den öffentlichen Debatten eigentlich keine Rolle, obwohl ihre Situation alles andere als rosig ist – läßt sich nicht ohne den historischen Hintergrund verstehen. Eine kritische Haltung gegenüber der Kirche hat in der jüngeren tschechischen Geschichte nicht nur Tradition, sie ist vielmehr ein untrennbarer Bestandteil des nationalen Selbstverständnisses. Ungeachtet der Tatsache, daß die katholische Kirche noch heute die mitgliederstärkste Glaubensgemeinschaft in den böhmischen Ländern ist, verstehen sich die Tschechen eher als protestantische bzw. als weltliche Nation. So gehörte in der ersten Tschechoslowakischen Republik (1918-1938) die Distanzierung von der katholischen Kirche sozusagen zum guten Ton des politischen Establishments. Obwohl nach 1948 katholische Geistliche in großer Zahl Opfer staatlicher Verfolgung wurden, haben die sozialistischen Jahre das Ansehen der Kirche in der tschechischen Bevölkerung nicht verbessert. Der Staat hatte die Kirche finanziell völlig von sich abhängig gemacht und damit auch in Personalfragen ihrer Selbständigkeit beraubt. Kontrolle übte er auch über die Priester-Vereinigung „Pacem in terris" (lat.: Friede auf Erden) – im Volksmund böse „Pax-Terrier" genannt – aus. Wie erfolgreich er dabei war, zeigte sich nach der Öffnung der Akten des Staatssicherheitsdienstes, unter dessen Mitarbeitern katholische Geistliche überproportional vertreten waren (Spurný 1996, S. 5). So wartet auch auf die Kirche eine Auseinandersetzung mit ihrer jüngsten Vergangenheit. Doch es steht nicht allein die offene Konfrontation mit den Beziehungen zwischen Kirche und sozialistischem Staat aus (Hlavatý 1997, S. 23). Schwer tut man sich auch mit der „verborgenen Kirche", die bis 1989 im Untergrund wirkte, und deren spezifische Geschichte und Traditionen auf seiten der Amtskirche nur wenig Sympathien hervorrufen (Hanuš/Fiala 1997, S. 7).

Vor dem Hintergrund der Geschichte der letzten vier Jahrzehnte läßt es sich gut nachvollziehen, daß die katholische Kirche einer weitgehenden Trennung vom Staat, die auch finanzielle Eigenständigkeit bedeuten würde, gar nicht abgeneigt ist. Sie präferiert ein Finanzierungsmodell, das zwar über die Steuer läuft, aber darauf basiert, daß die Bürger sich bewußt für die Zahlung von Kirchensteuern entscheiden (LN 12.4.1995). Um finanziell auf eigenen Beinen stehen und ihren seelsorgerischen und sozialen Aufgaben nachkommen zu können, argumentiert die Kirche, müsse sie aber einen Teil ihrer Besitztümer zurückerhalten. In einer Rückerstattung der 1949 auf der Basis des „Gesetzes über die wirtschaftliche Absicherung der Kirchen" enteigneten Besitzes sieht sie zudem auch eine Wiedergutmachung des Unrechts, das ihr nach 1948 durch den kommunistischen Staat zugefügt wurde. Im Januar 1993 sprach der Prager Erzbischof Miloslav Vlk von 200.000 Hektar Boden und 2.250 Gebäuden, die die katholische Kirche zurückfordere (LN 22.1.1993). Diese Forderungen lägen deutlich unter den tatsächlich enteigneten Werten, die die katholische Kirche 1994 mit über 3.000 Gebäuden, 46.000 Hektar Land und 169.000 Hektar Wald bezifferte (LN 29.8.1994).

Die Verhandlungen zwischen Regierung und Kirchenvertretern gestalteten sich extrem zäh. Das lag nicht zuletzt daran, daß es auch innerhalb der Regierungskoalition Konflikte über den Kurs der Kirchenpolitik gab. Während die Partei des damaligen Premierministers Václav Klaus – die bürgerlich-demokratische Partei (ODS) – den Kirchen nur einen kleinen Teil ihres Eigentums zurückgeben wollte, forderten die kleineren Koalitionspartner – ODA (Bürgerlich-Demokratische Allianz), KDU (Christlich-Demokratische-Union) und KDS (Christlich-Demokratische Partei) – eine möglichst weitgehende Restitution des Kircheneigentums. Erst im Sommer 1996 – nach acht gescheiterten Anläufen – kam es zu einer ersten Einigung, bei der die Regierung die Rückgabe von ungefähr 500 Gebäuden an die katholische

> schied sich aber, nur die Nutzungsrechte am Dom zu behalten. Sie befand, das Bauwerk selbst gehöre der ganzen Nation. Bei dieser Geste, die von allen politischen Parteien als großzügig gelobt wurde, spielte die Angst vor negativen Reaktionen der Bevölkerung eine nicht unwesentliche Rolle. Siehe: LN 1.4.1994; LN 20.12.1994; MFD 28.11.1996; Respekt 48/1996.

Kirche zusicherte (MFD 18.7.1996). Dabei handelt es sich ausschließlich um Gebäude, die geistlichen Zwecken dienten und im Besitz des Staates waren (MFD 26.9.1996). Kurz darauf forderte das Parlament die Regierung auf, endlich einen Gesetzesentwurf zur Stellung der Kirchen im Staat und zu ihrer Finanzierung vorzulegen. Nach den Vorstellungen der Sozialdemokratie sollte bis zur Ratifizierung dieses Gesetzes und bis zur rechtlichen Festlegung des künftigen Umganges mit dem Staatseigentum die Restitution des Kircheneigentums überhaupt eingestellt werden (hn 14.10.1996, S. 3). Zwar konnte sich das Parlament auch auf diesen Vorschlag nicht einigen, doch kam die Restitution des Kircheneigentums danach völlig zum Erliegen (hn 15.10.1997, S. 3). An diesem unbefriedigenden Zustand hat sich bisher nicht viel geändert. Nachdem die kleinen Parteien ODA und KDU seit dem Herbst 1997 nicht mehr in der Regierung vertreten sind, ist die Position der Kirche noch schwächer geworden. Nach wie vor steht das Kirchengesetz aus. Und nach dem Regierungswechsel im Sommer 1998 ist eine Diskussion darüber entbrannt, welchem Ministerium die Kirchen künftig unterstellt sein werden, die nicht eben Hoffnung auf schnelle Entscheidungen weckt (SZ 15.7.1998, S. 8).

IV. Der Umgang mit den politisch Verantwortlichen

Trotz der zum Teil stark politisierten Auseinandersetzungen über die konkreten Bestimmungen der Rehabilitations- und der Restitutionsverfahren stellten diese den vergleichsweise einfachen Teil der Bemühungen dar, das Unrecht des überwundenen Systems abzumildern. Als viel komplizierter erwies es sich, einen Weg für den Umgang mit den einst Verantwortlichen und deren Befehlsempfängern zu finden. Dies war und ist nach wie vor der problematischste Aspekt der Vergangenheitsbewältigung in der Tschechoslowakei bzw. in Tschechien. Zwar herrschte von Anfang an ein breiter gesellschaftlicher Konsens darüber, daß den Opfern der KSČ-Herrschaft auch durch die Belangung der einstigen Täter Gerechtigkeit widerfahren müsse. Doch zeigte sich rasch, daß die „großen Fische" strafrechtlich kaum greifbar waren, gerade weil man sich an die Spielregeln des Rechtsstaats hielt. Die „kleinen Fische" ließen sich viel leichter fangen. Allerdings bewiesen deren Lebensgeschichten nicht selten, wie zweifelhaft die Kategorie der Schuld ist. Denn während die schweigende Mehrheit der Bevölkerung durch Nichtstun „unschuldig" geblieben ist, fallen viele der politisch Engagierten nun in die Kategorie der „Schuldigen". Davon einmal abgesehen, daß es ungeheuer schwer ist, den verschiedenen Lebensgeschichten, die unter den Bedingungen politischer Unfreiheit und Repression entstanden sind, durch gesetzliche Verordnungen gerecht zu werden, sind diese Gesetze Ausdruck und Folge *politischer* Entscheidungen. Dadurch werden sie auch zwangsläufig zum Thema politischer Auseinandersetzungen. So verknüpfte sich der Prozeß der Überprüfung der politischen Eliten in der Tschechoslowakei nach einer kurzen Anfangsphase, in der der Rückzug belasteter Personen aus dem öffentlichen Leben noch ganz im Stil der „unpolitischen Politik" diskutiert und als rein moralische Forderung verstanden wurde, mit machtpolitischen Interessen und Konkurrenzen.

IV.1 Lustration

Nicht anders als in der ehemaligen DDR war der Staatssicherheitsdienst (Státní Bezpečnost – StB) auch in der Tschechoslowakei in allen Bereichen der Gesellschaft präsent. Bereits im Februar 1990 wurde er von Innenminister Sacher aufgelöst und durch das „Amt für den Schutz der Verfassung und der Demokratie" (Úřad na ochranu ústavy a demokracie) ersetzt, in das überprüfte Mitarbeiter der StB übernommen wurden.[14] Diese Umwandlung wurde allgemein als unzureichender Schritt beurteilt. Gegen die politischen Eliten von gestern konnte man mit offenem Visier kämpfen – nicht so gegen die geheimen Agenten. Die Vorstellung, daß Zehntausende unerkannte StB-Mitarbeiter unbehelligt bleiben würden, wirkte nicht nur beunruhigend. Die Entfernung der ehemaligen Staatssicherheitsmitglieder aus dem Staatsapparat stellte sich auch als Frage der Glaubwürdigkeit der neuen Demokratie (Příhoda 1991, S. 3).

Aus diesem Grund hatte das Bürgerforum schon vor den ersten demokratischen Wahlen im Frühjahr 1990 zur Selbstkontrolle der Parteien aufgerufen. Jede Partei konnte im Innenministerium die Überprüfung ihrer Kandidaten beantragen. Außer den Kommunisten machten sämtliche Parteien von dieser Möglichkeit Gebrauch. Tatsächlich mußte eine Reihe positiv „Durchleuchteter" daraufhin die Kandidatur zurückziehen, allein im Bürgerforum handelte es sich um 15 Personen. Diese Überprüfung war ein freiwilliger Akt der „Selbstreinigung". Er hatte noch keine rechtliche Basis, die Nachprüfungen waren nicht besonders intensiv, und eine Pflicht zur Rücknahme der Kandidatur im Falle eines positiven Bescheids bestand noch nicht.

Als kurz darauf ein Skandal um StB-Mitarbeiter in Führungspositionen der Volkspartei (ČSL) die Öffentlichkeit erregte, wuchs der Druck auf die tschechische Politik, wirksame Mechanismen zur Zerstörung der „alten Strukturen" zu schaffen. Ein Ausschuß zur Untersuchung der Ereignisse vom 17. November 1989 wurde eingerichtet, der unter anderem auch eine Überprüfung der Parlamentsabgeordneten und hoher Regierungsbeamter auf eine frühere Zusammenarbeit mit der Staatssicherheit initiierte. Wieder gab es positive Bescheide und Demissionen, diesmal allerdings nicht ohne heftige Kontroversen. Denn der Mitarbeit überführt wurden auch einstige Oppositionelle, deren Dienste für die Staatssicherheit das Ergebnis von Erpressung waren. Ihren erzwungenen Rücktritt lehnten die einen als Verlängerung der Macht der StB in die nachrevolutionäre Zeit ab, den anderen erschien er aus moralischen Erwägungen wie Sicherheitsgründen als unabdingbar (Pinc 1991, S. 3): Wer sich einmal als erpreßbar erwiesen hatte, würde dies auch weiterhin sein (SE 7/1991, S. 1).

---

14 Das „Amt für den Schutz der Verfassung und der Demokratie" wurde, nachdem es innerhalb von drei Jahren fünf Leiter „verbraucht" hatte, in den „Föderalen Informationsdienst" umgewandelt. Nach der Trennung der ČSFR wurde daraus der tschechische „Sicherheits- und Informationsdienst" (BIS).

Inzwischen arbeitete das Parlament unter starkem Druck – im August 1991 beunruhigten die Nachrichten über den Putschversuch in der Sowjetunion die Öffentlichkeit in der Tschechoslowakei – an der Institutionalisierung der Überprüfungsverfahren für Inhaber und Anwärter politischer Ämter. Über ein sogenanntes „Lustrationsgesetz" (lustrace: Durchleuchtung) sollte den Entscheidungsträgern des alten Systems und deren Helfershelfern im Sicherheitsdienst die Möglichkeit zur Einflußnahme auf die Entstehung und Gestaltung der neuen Demokratie genommen werden.

Es erwies sich jedoch als extrem schwierig, den Personenkreis zu definieren, der für einen bestimmten Zeitraum keinen Zutritt zu politischen Ämtern und führenden Positionen im Staat haben sollte, und dies juristisch sauber zu begründen (Příhoda 1991, S. 3). So ist es kein Wunder, daß das „Lustrationsgesetz" von Anfang an sehr umstritten war und nur mit knapper Mehrheit verabschiedet wurde. Gegen die Gesetzesvorlage stimmten nicht nur die Kommunisten (LN 5.10.1991, S. 11), auch viele Dissidenten, die selbst Opfer der StB gewesen waren, sahen die „Lustration" sehr kritisch. Und selbst der damalige Justizminister der Tschechischen Republik, Leon Richter, kritisierte das Gesetz als Verstoß gegen internationale Menschenrechtskonventionen (AdG 1991, 36320). Václav Havel verteidigte die Lustration als notwendigen Bestandteil der Revolution, obwohl er das Gesetz nicht in allen Punkten für ausgereift hielt. Jeder Mensch müsse für sich allein entscheiden, ob er verzeihen könne, meinte er. Im Interesse der Opfer habe der Staat jedoch die Pflicht, aus der Vergangenheit Konsequenzen ziehen:

„Kurz nach meiner Wahl zum Präsidenten bekam ich eine Liste mit den Namen all meiner Freunde, die mich denunziert hatten. An diesem Tag verlor ich nicht nur jenes Stück Papier, sondern ich vergaß auch gleich, welche Namen darauf standen (...) Allerdings muß ich mir als Staatspräsident stets dessen bewußt sein, daß die Gesellschaft irgendwelche staatlichen Maßnahmen erwartet. Sonst entstünde der Eindruck einer unvollendeten Revolution. Es gibt Menschen, deren Leben und Familien durch das Regime zerstört wurden (...) sie können sich nicht leicht damit abfinden, insbesondere wenn es heute vielen Tätern besser geht als ihren Opfern." (Michnik/Havel 1993, S. 22)

Das sogenannte „Lustrationsgesetz", eigentlich *„Gesetz über die Voraussetzung für die Ausübung einiger Funktionen in den staatlichen Organen und Organisationen"* (Sb.z. 451/1991), wurde nach zahlreichen Änderungen am 4. Oktober 1991 im Parlament verabschiedet. Es besagt, daß für die Besetzung verantwortungsvoller und repräsentativer Ämter in den Staatsorganen, an den Universitäten, in der Armee, beim Informationsdienst, Rundfunk, Fernsehen und in Staatsunternehmen ein relativ großer Personenkreis vorerst nicht in Frage kommt (§ 1). Für zunächst fünf Jahre, das heißt bis Ende 1996, wurden StB-Mitarbeiter und -Informanten, Funktionäre der KSČ von der Kreisebene aufwärts, Angehörige der „Volksmilizen", der Untersuchungskommissionen nach 1948 und 1968 und Absolventen tschechischer wie sowjetischer Parteihochschulen für solche Positionen gesperrt (§ 3-4).

Als Mitarbeiter der StB galten nach der ersten Fassung des Gesetzes alle Personen, die in den Personalverzeichnissen des Innenministeriums als solche ausgewiesen sind (§ 2,2). Jedem volljährigen tschechischen und slowakischen Bürger steht das Recht zu, gegen Gebühr Auskunft darüber einzuholen, ob er selbst oder ein anderer in den Akten des Ministeriums als Mitarbeiter geführt wurde (§ 8). Für den Fall eines positiven Befunds sah das Gesetz eine – allerdings auf einen bestimmten Personenkreis begrenzte – Widerspruchsmöglichkeit vor (§ 13). Alle endgültig positiv „Lustrierten" mußten jedoch binnen einer Frist von 15 Tagen nach Erhalt des Bescheids ihre Stellen in Staat und Verwaltung räumen.

Im ostmitteleuropäischen Vergleich hat die Tschechoslowakei sich mit diesem Gesetz für eine ziemlich radikale Form der „Elitenreinigung" entschieden, die auch rasch Folgen zeigte. Nicht nur die Inhaber der Stellen, auf die sich das Lustrationsgesetz bezog, wurden in der kommenden Zeit in großem Umfang überprüft. Auch bei der Neubesetzung von Ämtern bürgerte es sich ein, einen negativen Lustrationsbescheid als Einstellungsvoraussetzung zu fordern. Schon Ende 1992 waren 260.000 Anträge auf Überprüfung eingegangen, von denen 8.000 positiv waren (Brabec 1992, S. 7), bis Ende 1995 gingen noch einmal soviele Anfragen ein.

Diese konsequente Aussperrung ehemaliger politischer Funktionäre und Mitarbeiter des Staatssicherheitsdienstes aus dem staatlichen Sektor galt in Tschechien anfänglich vor allem als Frage der Gerechtigkeit. Warum sollten die Privilegierten von gestern auch nach der Wende wieder optimale Startchancen haben, während die Opfer von damals mit ihren komplizierten Biographien – ihren abgebrochenen Bildungswegen und langen Jahren unqualifizierter Arbeit – das Versäumte nie nachholen können würden? Im Ausland hat die Lustration primär als effektive Maßnahme zur Verhinderung eines politischen Come-backs der Kommunisten positive Würdigung erfahren (Schneider 1995, S. 139). Insgesamt hat das Lustrationsgesetz der Tschechoslowakei in der ausländischen Presse jedoch überwiegend negative Schlagzeilen beschert.

Internationale Menschenrechtsorganisationen kritisierten das Lustrationsgesetz vor allem aufgrund seiner juristischen Defizite. Helsinki Watch etwa bezeichnete zwar den Wunsch, belastete Personen von sensiblen Stellen im Staat zu entfernen, als legitim, das Gesetz selbst jedoch als „mit heißer Nadel gestrickt" und in mehreren Punkten im Widerspruch zu international gültigen Menschenrechtsbestimmungen (Štern/Trojan 1993, S. 16). Erstens verstoße das Lustrationsgesetz gegen das Rückwirkungsverbot, denn es sanktioniere Taten, die vor dem November 1989 geltendem Gesetz entsprachen. Zweitens berücksichtige die Lustration das Moment individueller Verantwortung nicht, sondern urteile ganze Bevölkerungsgruppen kollektiv ab. Drittens widerspreche das Lustrationsgesetz dem Grundsatz der Unschuldsvermutung, da der Staat dem als Agenten Bezeichneten nicht sein konkretes Verfehlen nachweisen müsse, sondern dieser ein Gericht gegen den positiven Lustrationsbescheid anrufen oder selbst seine Unschuld beweisen müsse (Jičinský 1994, S. 4). Diese drei Punkte bildeten auch den Kern der Argumente, mit denen eine Gruppe von 99 Abgeordneten Verfassungsklage gegen das Gesetz einlegte, der allerdings kein großer Erfolg beschieden war. Das Verfassungsgericht bekräftigte das Recht des neuen demokratischen Staates, „Maßnahmen zu treffen, die notwendig sind, um dem Risiko der Subversion oder der Rückfälle in die Totalität vorzubeugen oder diese wenigstens zu verringern", und konstatierte, daß dieser sich hierbei nicht neutral verhalten könne (Holländer 1995, S. 90). Allein hinsichtlich der Feststellung „wissentlicher Zusammenarbeit" mit der StB allein auf der Grundlage der StB-Akten gab das Verfassungsgericht den Klägern recht. Die Frage, ob jemand „vertraulichen Kontakt" mit der Staatssicherheit gepflegt habe, gehe aus deren Aufzeichnungen nicht in jedem Fall zweifelsfrei hervor. Eine generelle arbeitsrechtliche Benachteiligung der Menschen, die von der StB als „Kandidaten" oder „Konfidenten" geführt wurden, bezeichnete das Gericht daher als Verstoß gegen die Charta der Grundrechte und -freiheiten (Holländer 1995, S. 92).

Die Frage der Glaubwürdigkeit der Mitarbeiterverzeichnisse stellte denn auch den problematischsten Aspekt der Lustrationspraxis dar. Wie konnte man davon ausgehen, daß die Aufzeichnungen der Staatssicherheit über jeden Zweifel erhaben waren? Die Staatssicherheit verfügte bekanntermaßen über viele Tausende von Mitarbeitern. Auch diese Leute hatten ein Plansoll zu erfüllen – notfalls indem sie Agenten erfanden, dürre Berichte ausschmückten oder stummen Gesprächspartnern interessante Äußerungen in dem Mund legten. So ist davon auszugehen – und in zahlreichen Fällen ist dies auch nachgewiesen worden (Kabele 1992, S. 6) – daß viele, die als Mitarbeiter geführt wurden, de facto keine waren. Gleichzeitig enthielten die Akten des Innenministeriums nicht alle tatsächlichen Mitarbeiter. Einerseits wurden manche Mitarbeiter-Gruppen in den Akten generell nicht erfaßt, andererseits hatte die StB nach dem November 1989 ausreichend Zeit, kompromittierendes Material zu vernichten. Von dieser Möglichkeit wurde offensichtlich auch reichlich Gebrauch gemacht. In Schätzungen über den Umfang der vernichteten Staatssicherheitsakten ist von einem Drittel bis zu einer Hälfte des ursprünglichen Bestandes die Rede (LN 14.12.1995), unter den zerstörten oder entwendeten Akten befanden sich auch Materialien über exponierte Persönlichkeiten des öffentlichen Lebens.

Welche Auswirkungen der blinde Glaube in die Unfehlbarkeit der StB-Akten haben konnte, zeigte sich, als die Zeitung „Rudé Krávo" („Rote Kuh", Anspielung auf die KSČ-Zeitung „Rudé Právo" – „Rotes Recht") unautorisierte Verzeichnisse aller angeblichen Informanten der StB abdruckte (Spurný 1992b, S. 4). Die Verzeichnisse lasen sich abschnittsweise wie ein Adreßbuch der tschechischen Intelligenz und einstigen Dissidentenszene. Offensichtlich war jeder, den die Staatssicherheit irgendwann einmal als potentiellen Mitarbeiter ins Auge gefaßt und umworben hatte, hier zum „Informanten" avanciert. Zwar wurde die „wilde Veröffentlichung" von Daten aus dem Innenministerium auch von den meisten Anhängern der Lustration nicht gebilligt, doch was da Schwarz auf Weiß stand, hatte seine eigene Faktizität, verletzte Menschen, schadete ihrem Ruf und zerstörte Beziehungen. Und bis im Zweifelsfall die Unschuld eines fälschlicherweise als Agenten Bezeichneten aktenkundig war, verging einige Zeit. In der Zeitschrift Listy beschrieb Jaromír Juna, ein Brünner Physiker, wie sich in den langen Monaten, bis er nach der Veröffentlichung seines Namens in der

„Rudé Krávo" den negativen Lustrationsbescheid in der Hand hielt, die Einschätzung seiner Person durch seine Umwelt veränderte: Sein Engagement 1968 – eine Provokation. Der Entschluß, 1970 die Möglichkeit zur Emigration nicht zu nutzen – ein Beweis dafür, daß in der Heimat auf ihn „weitere Aufgaben" warteten; sein späteres Engagement gegen das System – wiederum Provokation, die Studienplätze seiner Kinder – die Belohnung für „treue Dienste" (Juna 1993, S. 31).

Die Befürworter der Lustration räumten im allgemeinen ein, daß während des Lustrationsprozesses – zumindest vorübergehend – Unschuldige in der Öffentlichkeit als Agenten gehandelt wurden. Die Radikalen unter ihnen wie die Redakteure der „Rudé Krávo" argumentierten, daß es besser sei, ein paar Unbeteiligten zu schaden, als allzu viele Kommunisten ungeschoren zu lassen. Eine möglichst umfangreiche öffentliche Abrechnung mit den alten Herrschern und denen, die diesen zuarbeiteten, verstanden sie als „Katharsis", als Wechsel auf eine bessere Zukunft (Bartošek 1997, S. 503). Die einstigen KP-Aktivisten rücksichtsvoll zu behandeln, hielten sie für Sentimentalität. So polemisierte Alena Hromádková, eine einstige Sprecherin der Charta 77, gegen die Einwände der Lustrationsgegner:

„Auch die Gefühle Alexander Dubčeks könnten verletzt werden, ähnlich wie die vieler anderer, die nach 20 Jahren gegen das sich totalitär präsentierende Problem kämpften, da müssen wir uns doch gleichzeitig fragen, was mit den verletzten Gefühlen (den Rückgraten, Lungen, Nieren, verkrüppelten Gelenken und Gliedmaßen) derer ist, die durch die ersten 20 Jahre des totalitären Regimes, das sie nicht aufgebaut haben, so zermürbt wurden, daß sie diese zweiten 20 Jahre vor allem damit verbrachten, sich zu kurieren und sich unter Schwierigkeiten mit den schlimmsten Tagelöhnerjobs am Leben hielten, und sich heute anhören müssen, daß sie nicht aktiv gegen das totalitäre System gekämpft haben, zumindest nicht auf die Art, die öffentlich mehr anerkannt wurde und sich lohnte: auf die reformkommunistische, links-alternative oder sozialistisch-liberale Art. Das nenne ich einen selektiven Humanismus spezifisch linker dissidentischer Provenienz, der unser Bürger schon lange überhaupt nicht mehr anspricht – ja eher im Gegenteil." (SE 22.10.1991, S. 4)

Moderatere Anhänger des Lustrationsgesetzes wiesen vor allem darauf hin, daß die Lustration kein strafrechtlicher Vorgang war, daß also niemand aufgrund eines positiven Lustrationsbescheides hinter Gitter wanderte oder eine Geldstrafe zahlen mußte. Zudem schließe er die positiv Lustrierten nicht generell vom öffentlichen Leben aus. Vielmehr handle es sich um eine zeitlich begrenzte Ausnahmeregelung, die nur einige Bereiche des staatlichen Sektors betreffe (Klaus 1992, S. 43). Im privaten Sektor könnten sich die von der Lustration Betroffenen ungehindert entfalten, was sie zum Mißfallen ihrer Mitbürger auch mit großem Erfolg täten.

Allgemein war indessen die Klage über das langsame Tempo der Verfahren. Das lag einerseits an der eher bescheidenen Ausstattung des Archiv-Komitees (archivní odbor), dem die Aufgabe zukommt, anhand der StB-Akten die Tätigkeit der ehemaligen Staatssicherheit zu rekonstruieren. Gerade in der Anfangszeit waren die ohnehin nicht zahlreichen Mitarbeiter dieses Komitees mit den Materialien des Innenministeriums hoffnungslos überfordert. Um diese verstehen zu lernen, bedurften sie der Hilfe ehemaliger Mitarbeiter der StB. Andererseits ziehen sich aber auch die Verfahren gegen die Einstufungen, die dieses Komitee vornimmt, meist sehr in die Länge. Auch hierfür ist Personalmangel ein wesentlicher Grund. Die vakanten Richterstellen können erst nach und nach besetzt werden, der Aufbau eines effektiven Justizwesens steht noch am Anfang (LN 24.4.1998, S. 10).

Davon abgesehen, daß die Aufklärung fraglicher Fälle oft allzu lange dauert, hat das „Lustrationssystem" einige grundsätzliche Mängel, die sich ungünstig auf das gesamte Projekt der Überprüfung auswirken. Im Unterschied zur deutschen „Gauck-Behörde" etwa ist das Archiv-Komitee keine unabhängige Institution. Die Bescheide des Archiv-Komitees bestehen im wesentlichen aus einigen Zahlen und Paragraphen, die die Einstufung des Überprüften enthalten. Ein Außenstehender kann sich daher gar kein eigenes Bild von der Lebensgeschichte machen, die sich hinter diesen Kürzeln verbirgt. Diese Schwäche ist bereits dem Lustrationsgesetz immanent, und sie betrifft die KSČ-Funktionäre ebenso wie die StB-Mitarbeiter. Nur ein Beispiel: Wer nur während des „Prager Frühlings" eine wichtige Position in der Partei bekleidet hatte, fiel zwar nicht unter das Lustrations-Gesetz, doch was war mit denen, die etwas später – aber aus dem gleichen Grund und mit den gleichen Konsequenzen – aus ihrem bürgerlichen Leben gestoßen worden waren? Unzählige Biographien wurden hier nach einem einzigen Schema beurteilt, unabhängig davon, welche unterschiedlichen Phasen ein politisches Leben aufwies, welche Gründe einen Menschen zu einem bestimmten Schritt geführt hatten. Ob sich jemand in der Folge brutaler Gewalt, möglicherweise nach Jahren der Haft, oder aus purem Karrierismus zur Zusammenarbeit mit der StB bereiterklärt hatte, spielte bei der Einstufung keine Rolle. Ebensowenig, ob dies in den 1950er oder in den 1970er Jahren geschehen war, ob die Zusammenarbeit Monate oder Jahrzehnte gedauert hatte, ob der „Informant" auch tatsächlich Informationen geliefert hatte, und ob diese ggf. zu irgendetwas nütze gewesen waren.

Selbstverständlich kann kein Gesetz allen Biographien gleichermaßen gerecht werden. Insgesamt kann man aber konstatieren, daß die Defizite des Lustrationsgesetzes wie der Lustrationspraxis dem Ansehen des ganzen Unternehmens geschadet haben. Das betrifft nicht nur das lädierte Image der Tschechischen Republik im Ausland, das in der tschechischen Presse in diesem Zusammenhang häufig beklagt wurde. Auch in der öffentlichen Debatte herrschten auf dem Höhepunkt der Auseinandersetzungen über die Lustration völlig übertriebene Sichtweisen: Ein Teil der Gesellschaft zog – überzeugt davon, daß mindestens 85% der positiven Lustrationsbescheide falsch waren (Kabele 1992, S. 6) – jede Form der Überprüfung in Zweifel, bezeichnete diese als „Hexenjagd" und solidarisierte sich generell mit deren „Opfern". Für diese Ansicht wurde die Tatsache ins Feld geführt, daß der allergrößte Teil derer, die gegen ihre Einstufung als „Mitarbeiter" prozessiert hatten, damit erfolgreich gewesen war. Ein anderer Teil der Gesellschaft verteidigte die Art und die Ergebnisse der Überprüfung blind und lehnte jede Kritik daran als Versuch ab, „das Rad der Geschichte zurückzudrehen" (Klaus 1992, S. 43 f.). Und ein ebenfalls nicht unwesentlicher Teil der Öffentlichkeit beharrte auf der

Ansicht, daß sich überhaupt nichts getan habe, die Überprüfung des staatlichen Sektors gescheitert, ja gar nie ernsthaft versucht worden sei (SE 17/1991, S. 4).
Diese Zuspitzung der Positionen erklärt wohl auch, warum es nicht zu einer Novellierung des Gesetzes kam, als sich dessen problematische Seiten zeigten. An Verbesserungsvorschlägen herrschte kein Mangel. Dennoch wurde das Lustrationsgesetz 1995 unverändert um zwei Jahre verlängert (Berichte 4/1995, S. 1). Daß sich Gegner und Befürworter der Lustration so unerbittlich gegenüberstanden, lag wohl vor allem daran, daß diese rasch zu einem Bestandteil der politischen Machtkämpfe geworden war und sich dabei mit Themen verband, mit denen sie auf den ersten Blick wenig zu tun hatte.

1991 und 1992 war das primär der tschechisch-slowakische Konflikt. Während in der slowakischen Öffentlichkeit die Lustration oft als tschechischer Angriff auf die slowakische politische Elite interpretiert und als solcher abgelehnt wurde (Cramer-Langer 1998, S. 18 f.), verstand man tschechischerseits diese Ablehnung als Verweigerungshaltung gegenüber dem notwendigen gesellschaftlichem Wandel. Die Auseinandersetzungen über Form und Umfang der Lustration paßten so perfekt in das tschechisch-slowakische Tauziehen um die Reformpolitik.[15]

Aber auch in der Auseinandersetzung zwischen den verschiedenen tschechischen politischen Parteien entwickelte sich das Thema Lustration rasch zu einem Feld, auf dem Kämpfe um die politische Macht ausgetragen wurden. Daß es sich dabei nicht mehr in erster Linie um einen glaubwürdigen Bruch mit dem Kommunismus, sondern um die Begründung und Durchsetzung des eigenen Führungsanspruches ging, zeigt das folgende Zitat von Václav Klaus. Der damalige Premierminister bezeichnete das Lustrationsgesetz als eine Reaktion auf die gescheiterten Hoffnungen, nach der „samtenen Revolution" einen „dicken Strich" unter die Vergangenheit ziehen zu können:

„Je länger wir es beobachten, desto offenkundiger wird, daß sich ein Teil der neuen Machtelite mit der ehemaligen Elite der kommunistischen Macht verbündet und mit ihr einen mächtigen politisch-wirtschaftlichen Komplex bildet. (...) Machen Sie sich klar, daß dieselben Leute, die sich bereits vor 20 Monaten gegen unsere ökonomische Reform und gegen die Privatisierung gestellt haben, sich jetzt gegen das Lustrationsgesetz stellen. Das ist kein Zufall. (...) Die ganze heutige pharisäerhafte Diskussion über das Lustrationsgesetz hat dennoch einen Vorteil. Sie macht es uns möglich, Klarheit darüber zu erlangen, wer wo steht, wer wirklich einen tiefgreifenden Wandel unserer Gesellschaft und unserer Wirtschaft will, wer eine rasche Anbindung der Tschechoslowakei an die zivilisierten europäischen Länder will, und wer uns im Gegenteil in neue Experimente ziehen will, die von den alten, uns gut bekannten Experimentierern durchgeführt werden" (Klaus 1992, S. 44 f.).

Die Dichotomie, die Klaus hier aufbaut, ist ebenso einfach wie wirkungsvoll: Jede Kritik an der Lustration wird – ungeachtet der Argumente, auf der sie beruht – mit Kommunismus bzw. Reformkommunismus gleichgesetzt und diese wiederum aus der europäischen Zivilisation ausgegliedert. Nur ein Weg führt aus der Gefahr

---

15 Zur Slowakei vgl. Schmid (1995).

erneuter „unheilvoller Experimente", mit denen Klaus zufolge auch ein Teil der alten Dissidenz liebäugelt. Dem Lustrationsgesetz weist er in diesem Szenario die Aufgabe zu, zu klären, „wer wo steht", und zwar nicht in erster Linie über den Prozeß der Überprüfung selbst, sondern über die „Haltung", die der Einzelne zu ihr einnimmt. Diese Argumentation hat von einer „neuen Zeit" wahrlich wenig an sich.

Inzwischen haben sich die Wogen geglättet. Mit dem nahenden Abschluß der Lustration hat sich die Diskussion über den Elitenwechsel auf andere Gebiete verlagert. Zudem hat die Öffnung der StB-Akten eine deutliche Entspannung gebracht. Denn dieser Schritt trägt ganz entscheidend dazu bei, den Black-Box-Effekt der Lustration auszugleichen. Seit dem 1. September 1997 und bis zum 30. Juni 2000 haben die Bürger der ehemaligen Tschechoslowakei – das heißt auch Slowaken und Emigranten – das Recht, die sie betreffenden Unterlagen im Innenministerium einzusehen und sich kopieren zu lassen (Sb.z. 140/1996). Personen, die von der StB beobachtet oder verfolgt wurden, können auch in Erfahrung bringen, wer sie einst bespitzelt oder verraten hat (MFD 27. und 29.4.1994). Etwas schwammig erscheinen allerdings die Bestimmungen, welche Angaben in den Akten aus Gründen der gegenwärtigen Staatssicherheit oder des Personen- und Eigentumsschutzes zu schwärzen sind (Bohata 1997, S. 113). Auch werden viele Menschen im Innenministerium nicht viel mehr als ihren Namen finden, also den Beweis dafür, daß einst eine Akte existierte, die jedoch irgendwann nach 1989 verschwunden ist (LN 14.12.1995).

IV.2 Strafrecht und Aufarbeitung der Vergangenheit

Schon bald nach 1989 entstand in der tschechischen Gesellschaft der Eindruck einer unbefriedigenden Ahndung des früheren Unrechts. Diese Klage ist durchaus nicht unberechtigt, gestaltet sich doch die Einleitung und Durchführung von Verfahren gegen die einstigen Verantwortlichen in Politik, Justiz und Polizei sehr mühevoll. Ihre Ergebnisse sind – verglichen mit denen der Lustration – bisher minimal. Obwohl eine gewisse Unentschlossenheit und Verzögerung am Beginn der strafrechtlichen Aufarbeitung der Vergangenheit stand (Spurný 1991b, S. 4), fehlte es nicht grundsätzlich am politischen Willen dazu. Die Umstände, die in der Tschechischen Republik den Prozeß der juristischen Abrechnung lähmen, sind auch aus anderen „Nachwende"-Gesellschaften hinlänglich bekannt.[16] Das Hauptproblem liegt dabei in der Sache selbst. Das Strafrecht scheint als Instrument zur politischen Aufarbeitung der Vergangenheit nur in sehr beschränktem Umfang geeignet (Lammich 1994b, S. A 29).

Zwar wurde in der Tschechischen Republik die Verjährung von Straftaten aufgehoben, die von den kommunistischen Behörden aus politischen Gründen nicht

---

16 Vgl. Henke/Woller (1997, S. 17-20).

verfolgt wurden, von einer Schaffung rückwirkender Straftatbestände durch Sondergesetze wurde aber abgesehen. So kann – den Grundsätzen der Rechtsstaatlichkeit und Rechtssicherheit entsprechend – niemand für etwas verurteilt werden, das zum Zeitpunkt der Tat geltendem Recht entsprach. Eine Strafe für ein Vergehen, das vor dem November 1989 verübt wurde, kann daher nur verhängt werden, wenn dieses auch einen Verstoß gegen das damals gültige Recht und Rechtsverständnis darstellte. Der belasteten Person muß also nachgewiesen werden, daß sie das Recht der kommunistischen Tschechoslowakei bewußt gebeugt oder extrem repressiv ausgelegt hat, Kompetenzen überschritten oder sich sozusagen nebenbei noch „gewöhnliche Straftaten" zuschulden kommen ließ. Letzteres erweist sich oft noch als am einfachsten – weshalb sich ein großer Teil der bisher durch tschechische Gerichte ergangenen Urteile auf Bereicherungsdelikte bezieht.

Das neu eingerichtete „Amt für die Dokumentation und Untersuchung der Verbrechen des Kommunismus" (Úřad dokumentace a vyšetřování zločinů komunismu, UVD) bereitet die Verfahren gegen die einstigen Verantwortlichen und deren Handlanger vor. In dieser Forschungsstelle, die knapp hundert Mitarbeiter beschäftigt, werden nicht nur die Verbrechen der politischen Führer der Jahre 1948-1989 untersucht, sondern auch die Behandlung der politischen Gefangenen in Arbeitslagern und Gefängnissen, der Mißbrauch der Psychiatrie bei der Ausschaltung „unerwünschter Personen" (MFD 22.6.1996) und die Todesfälle an der Staatsgrenze. Über die strafrechtliche Dimension hinaus dient diese Arbeit dem Ziel, die Funktionsweise des einstigen Unterdrückungsapparates genau zu rekonstruieren. Dies erweist sich aber gerade dort, wo es um individuelle Verantwortung geht und damit um die lückenlose Dokumentation einzelner Vorfälle, als sehr schwierig. Da die fraglichen Taten oft Jahrzehnte zurückliegen, entscheidende Befehle bisweilen nie aktenkundig wurden und viele Dokumente verschwunden sind, kommt es auch dann meist nicht zu einer Verurteilung, wenn davon ausgegangen werden kann, daß es sich bei dem untersuchten Vorgang um einen Verstoß gegen die zur Tatzeit gültige Rechtsordnung handelte.

Zur Verdeutlichung nur ein paar Zahlen und Beispiele: Bis Anfang 1993 wurden aufgrund von insgesamt 197 Anklagen 28 Personen, darunter vor allem StB-Mitarbeiter, Richter und Gefängnisaufseher, rechtskräftig verurteilt (LN 31.3.1993). Mehrheitlich wurden die Verurteilten nicht wegen der Mitwirkung an der staatlichen Repression, sondern aufgrund der Annahme von Bestechungsgeldern oder -geschenken und anderer „sekundärer Verbrechen" belangt (Lammich 1994b, S. A 43). 1997 reichte das UVD 98 Fälle an die Staatsanwaltschaft weiter. Diese erhob schließlich Anklage gegen 20 Personen, von denen fünf tatsächlich vor Gericht zitiert wurden und einer zu einer Gefängnisstrafe von fünf Jahren verurteilt wurde (Bartosek 1997, S. 502). Anklage wurde inzwischen auch gegen vier Grenzbeamte erhoben, denen vorgeworfen wird, ohne Vorwarnung gezielt Todesschüsse abgegeben zu haben (LN 5.2.1996). Mit rechtskräftiger Verurteilung ist allerdings auch hier nicht zu rechnen.

Insgesamt kaum erfolgreicher waren die Verfahren gegen ehemals hochrangige Politiker: Der erste Prozeß, der hier großes Aufsehen erregte, weil der Angeklagte zu den verhaßtesten Personen der Parteispitze zählte, war das Verfahren gegen Miroslav Štěpán. Dem ehemaligen Prager Parteichef wurde die brutale Niederschlagung der Demonstration am 17. November 1989 zur Last gelegt. Er wurde zu 30 Monaten Haft verurteilt, von denen er die Hälfte verbüßte (Karpinski 1996, S. 38). Immerhin wurde Štěpan, der sich in seinen Memoiren zum „Gefangenen der samtenen Revolution" stilisierte, für eine seiner *politischen* Entscheidungen belangt. Anders zwei ehemalige Finanzminister, die wegen Devisenvergehen verurteilt wurden (LN 1.6.1993). Einem ehemaligen Innenminister konnte man zusätzlich zu seinen illegalen Geldgeschäften auch noch Amtsmißbrauch nachweisen (Berichte 1/1995, S. 15). Weniger Erfolg war dem Bemühen beschieden, die Spitze des ehemaligen Staatssicherheitsdienstes ins Gefängnis zu bringen. Im Zusammenhang mit den massenhaften Festnahmen bei Demonstrationen zwischen Oktober 1988 und November 1989 wurde gegen den ehemaligen Innenminister František Kincl, dessen Stellvertreter und den Geheimdienstchef von 1985 bis 1989, Alojz Lorenc, und Karel Vykypel, den einstigen Leiter des Abwehrdienstes, ermittelt (Spurný 1991a, S. 2): Nach mehr als dreijährigen Verhandlungen wurden im April 1993 Haftbefehle erlassen. Doch Kincl entzog sich dem Gefängnis mit einem Attest. Auch Lorenc hatte anfänglich auf Haftverschonung wegen seines schlechten Gesundheitszustandes gehofft, setzte sich dann aber in die heimatliche Slowakei ab (Karpinski 1996, S. 38). Allein Vykypel trat seine Strafe von viereinhalb Jahren Gefängnis an.

Mit der Aussetzung der Verjährung für Taten, die aus politischen Gründen verübt oder nicht geahndet worden waren, hatte sich unter anderem die Hoffnung verbunden, die noch lebenden Mitglieder der KSČ-Führung vor Gericht zu bringen, die im Vorfeld der Niederschlagung des „Prager Frühlings" mit den Sowjets kooperiert hatten. Ihnen, die zum Teil bis zum November 1989 führende Positionen in Staat und Gesellschaft innehatten, sollte der Prozeß gemacht werden, nicht mit dem Ziel, sie noch für lange Jahre ins Gefängnis zu bringen, sondern – so Pavel Kohout – um ihr Handeln wirkungsvoll öffentlich zu verurteilen (TSP 28.8.1997, S. 5).

Auch dieser Wunsch hat sich letzten Endes nicht erfüllt (Spurný 1992a, S. 2 f.). Im Oktober 1997 wies das Oberste Gericht in Prag die Anklage gegen Milos Jakeš und Jozef Lenart zurück. Den beiden ehemals hohen KSČ-Funktionären war zur Last gelegt worden, 1968 „in Verbindung mit einer fremden Macht eine für die Gesellschaft gefährliche Tätigkeit ausgeübt zu haben", konspirativ an der Vorbereitung von „gewalttätigen Aktionen gegen die Republik und ihre Organe" und damit an der Zersetzung der „gesellschaftlichen und staatlichen Ordnung der Republik" mitgewirkt zu haben (Berichte 4/1997, S. 33). In geheimer Zusammenarbeit mit sowjetischen Kräften hätten sie die Intervention der Warschauer-Pakt-Staaten mit ermöglicht und sich so des Landesverrats schuldig gemacht. Dieser Ansicht folgte das Gericht nicht. Es widersprach nicht nur der Auffassung der Kläger, Jakeš und Lenart hätten durch die Kontaktaufnahme zu den Sowjets auch gegen damals geltendes Recht verstoßen. Vielmehr befand das Gericht auch, die Taten der beiden Angeklagten seien inzwischen verjährt. Diese Begründung, die in deutlichem Widerspruch zum Urteil des Verfassungsgerichtes über das sogenannte „Kommunistengesetz" steht, rief in der Tschechischen Republik große Empörung hervor (LN 16.10.1997, S. 11). Zwar sei die Tschechoslowakei 1968 ein sozialistischer Staat mit festgeschriebener Führung der Kommunistischen Partei gewesen, die Verfassung von 1960 habe aber keinen Passus enthalten, der das Land einem Sozialismus nach sowjetischen Vorstellungen verpflichtet habe, argumentierten die Kritiker. Daher hätten die Kommunisten, die den Sowjets damals ihre Bereitschaft zur Zusammenarbeit signalisierten, nicht nur ihre zentrale Aufgabe, den Staat zu schützen, verletzt, sondern auch die „sozialistische Ordnung", die damals in der Tschechoslowakei herrschte (Šídlo 1997, S. 5). Daß sich die Justiz nicht zu einer symbolischen Mißbilligung derer durchringen konnte, die der „Normalisierung" den Weg gebahnt hatten, stieß in der Öffentlichkeit auf Unverständnis. In diesem Zusammenhang wurde häufig auf das Beispiel der Prozesse gegen Mitglieder der einstigen Staats- und Parteiführung der DDR in der Bundesrepublik hingewiesen (PZ 4.-11.9.1997, S. 1). Hier dokumentiere sich immerhin der Wille, *Recht* zu sprechen und damit die eigene Vorstellung von *Unrecht* klarzustellen, argumentierten die Befürworter der Prozesse. Während sie in einer öffentlichen Aburteilung der ehemaligen politischen Elite einen wichtigen Beitrag zur Entstehung eines neuen Rechtsverständnisses sahen, verurteilten die Prozeßgegner solche Verfahren als Verstoß gegen eine demokratische Rechtskultur. „Politische Prozesse" könnten nicht am Anfang einer Demokratie stehen – so der Verteidiger von Jakeš und Lenart, selbst ein Opfer der „Normalisierungszeit" – auch wenn es schmerzhaft sei zu sehen, daß die Täter von damals unbehelligt blieben (Šídlo 1997, S. 5; AdG 1995/40342).

V. Umgang mit dem Kommunismus als Bewegung und Epoche

Während der strafrechtlichen Verfolgung der einstigen kommunistischen Führung des Landes nicht viel Erfolg beschieden war, fehlte es von Anfang an nicht an Gesten, die ihrer moralischen Verurteilung dienten. Durch eine ganze Reihe von Verlautbarungen und Gesetzen hat die Politik in Tschechien eine deutliche Distanzierung und Aburteilung des Kommunismus als *Ideologie, Bewegung* und *Epoche* vorgenommen.

Direkt nach dem November 1989 stellte sich der Umgang mit der kommunistischen Partei als eine der ersten Fragen der Reform. Die Streichung ihrer „führenden Rolle" aus der Verfassung allein genügte nicht, um sie ihrer privilegierten Stellung zu berauben. Schließlich bildete die KSČ zusammen mit den ihr verbundenen Massenorganisationen einen Staat im Staat. Und sie verfügte über ein gewaltiges wirtschaftliches Potential. Im Mai 1990 wurde daher festgelegt, daß die politischen Parteien, Bewegungen und gesellschaftlichen Organisationen ihr Vermögen offenzulegen hatten (Sb.z. 177/1990). Ende des Jahres 1990 folgten schließlich zwei Gesetze, die die kommunistische Partei und den Jugendverband (SSM) zwangen, ihr gesamtes Vermögen abzugeben (496/1990, 497/1990). Kritiker bemängelten schon vor der Verabschiedung dieses Gesetzes, daß der KSČ und dem SSM viel zu viel Zeit gelassen wurden beträchtliche Summen zur Seite zu schaffen und deren Spuren für immer zu verwischen (LN 2.6.1990, S. 1). Die Anklage der Partei wegen veruntreuten Vermögen konnte deswegen auch nicht mehr als den Wert einer Geste haben (LN 21.5.1990, S. 1). Enthüllungen über die Geld- und

Waffengeschäfte der KSČ und des StB und nicht zuletzt auch die politische Entwicklung in der UdSSR ließen 1990/1991 in der damals noch existierenden Tschechoslowakei Ängste vor „kommunistischen Verschwörungen" und vor einer „Unterwanderung" der neuen Demokratie durch die alten Kader aufkommen. Vor diesem Hintergrund ist der Versuch zu verstehen, die kommunistische Partei ganz zu verbieten. Im Rahmen einer umfassenden Erweiterung des Strafgesetzbuches vom 11.12.1991 wurde unter anderem festgelegt:

„Wer Bewegungen unterstützt oder propagiert, die nachweislich auf die Unterdrückung der Rechte und Freiheiten der Bürger zielen oder nationalen, Rassen-, Klassen- oder Religionshaß verbreiten (wie zum Beispiel Faschismus oder Kommunismus), wird mit Freiheitsentzug zwischen einem und fünf Jahren bestraft." (Sb.z. 557/1991)

Gegen die in dieser Gesetzesnovelle vorgenommene Gleichstellung von Kommunismus und Faschismus erhob sich von vielen Seiten Protest. Die Verfolgung politischer Überzeugungen mit den Mitteln des Strafgesetzes wurde als Rückkehr zu den Methoden der Vergangenheit scharf kritisiert (AdG 1991/36322). Auch das Verfassungsgericht befand das generelle Verbot der Verbreitung kommunistischer Ideen als verfassungswidrig und bestimmte die Streichung der in Klammern aufgeführten Bewegungen aus dem Gesetz. Bevor das Verbot oder die Auflösung einer Partei angeordnet werden kann, muß demnach detailliert überprüft werden, ob diese tatsächlich Gewalt gegen bestimmte Gruppen der Gesellschaft oder den Staat propagiert und damit das demokratische System verletzt (Holländer 1995, S. 86).

Die Angst vor einem Come-back der Kommunisten hat sich in Tschechien ohnehin als unbegründet erwiesen. Anders als in Ungarn und Polen konnten die tschechischen Kommunisten bisher nicht von den Schattenseiten der Reform profitieren. Allerdings haben sie sich – im markanten Unterschied zu den ungarischen und polnischen Sozialisten – auch selbst keiner Reform unterzogen. Nach einer Mitgliederbefragung hat man sich dafür entschieden, den alten Namen beizubehalten – nur ein „M", das für Mähren steht, kam hinzu. Das Festhalten am traditionellen Namen entspricht auch dem Wesen und dem Kurs der heutigen tschechischen KP. Diese hält im großen und ganzen an ihrer Vergangenheit fest und sieht wenig Grund, Althergebrachtes zu überdenken. Nach dem „Prager Frühling", so Milan Otáhal, wurde der Partei die Fähigkeit zur Veränderung so konsequent genommen (Otáhal 1994, S. 19, 121), daß ihre Versteinerung auch das Ende ihrer Herrschaft überdauert hat. Das ist wohl auch der Hauptgrund dafür, daß die Kommunisten auch angesichts wachsender Unzufriedenheit nicht mehr als die etwa 10% Stammwähler für sich gewinnen kann, die sich im wesentlichen aus der „Aufbaugeneration" rekrutieren.[17] Da ihr das Image einer „Rentnertruppe"

---

17 Die KSČM hat in den vergangenen Jahren einen ständigen Mitgliederschwund erlebt. 1992 hatte sie etwa 317.000 Mitglieder (Vodička 1996, S. 302). Umfrageergebnissen zufolge werden die Kommunisten vor allem von Soldaten, Polizisten, Landarbeitern und anderen Menschen mit geringer Bildung und relativ geringem Einkommen gewählt (Oschlies

anhaftet (PZ 1.7.1993, S. 1), scheint sie selbst als Protestpartei für Jüngere kaum geeignet.

Hinzu kommt, daß die kommunistische Partei von den anderen Parteien weitgehend kaltgestellt wird. Es gilt das ungeschriebene Gesetz, sie aus den politischen Entscheidungsprozessen so weit wie möglich herauszuhalten. An dieser Taktik, die Kommunisten und ihre Wähler konsequent an den Rand der Gesellschaft zu stellen, hat sich in letzter Zeit vermehrt Kritik geregt (LN 23.4.1998, S. 11). Doch der Antikommunismus erweist sich als ein zu wichtiges Instrument der politischen Auseinandersetzung und Integration, als daß ihn die großen politischen Parteien leicht aufgeben könnten.

V.1 Das „Kommunistengesetz"

Das Parlament verlieh diesem antikommunistischem Konsens – der als kleinster gemeinsamer Nenner das Auseinanderbrechen des Bürgerforums überlebt hat – durch mehrere Gesetze Ausdruck. Der Deklaration über „Die Zeit der Unfreiheit", deren Kernsatz die Feststellung bildete, in den Jahren 1948 bis 1989 habe „das kommunistische Regime die Menschenrechte und seine eigenen Gesetze verletzt" (Sb.z. 480/1991), folgte im Sommer 1992 das „Gesetz über die Illegalität des kommunistischen Regimes und über den Widerstand gegen dieses", umgangssprachlich meist „Kommunistengesetz" genannt (Sb.z. 198/1993). Ungewöhnlich erscheint dieses Gesetz vor allem deswegen, weil es keine eigentliche „normative Kraft" besitzt, d.h. keine Rechte und Pflichten für den Staat und seine Bürger begründet (Lammich 1994a, S. 183). Die Bedeutung dieses Gesetzes ist also in erster Linie auf dem Feld der symbolischen Politik zu suchen. Darüber hinaus wollte der Gesetzgeber mit der Interpretation der Jahre 1948 bis 1989 den Gerichten in der Auseinandersetzung mit der jüngsten Vergangenheit eine „Auslegungshilfe" geben. Direkte Auswirkung auf diesen Prozeß kann das Gesetz selbst nur in zweierlei Hinsicht haben: Erstens hebt es die Verjährung für Straftaten auf, die aus politischen Gründen nicht verfolgt und geahndet wurden – was allerdings nur dann zum Tragen kommt, wenn von seiten des Staates die Absicht besteht, diese Fälle vor Gericht zu bringen. Zweitens charakterisiert es den Widerstand gegen das als Unrecht definierte kommunistische Regime in sehr weitem Umfang als legitim. Damit beendet es die Diskussion um die Rechtmäßigkeit von Widerstandshandlungen gegen das kommunistische System, die mit der ersten Fassung des Rehabilitationsgesetzes begonnen hatte.

1997, S. 147). Ein gewisses Mißtrauen gegen dieses allzu eindeutige Bild von den minderprivilegierten und autoritätsgläubigen KSČM-Wählern scheint meiner Meinung nach allerdings angebracht, denn diese Partei erhält regelmäßig mehr Stimmen, als es die Prognostiker voraussagen. Das läßt sich wohl auch darauf zurückführen, daß es in Tschechien heute nicht opportun ist, sich öffentlich zu den Kommunisten zu bekennen.

Das „Gesetz über die Rechtswidrigkeit des kommunistischen Regimes" setzt sich aus mehreren Teilen zusammen. In der Präambel bekräftigt das Parlament seinen Willen, „sich mit dem kommunistischen Regime auseinanderzusetzen (vyrovnat)", und konstatiert,

„daß die Kommunistische Partei der Tschechoslowakei, deren Führung und Mitglieder dafür verantwortlich sind, wie in unserem Land in den Jahren 1948-1989 regiert wurde, vor allem aber für die programmatische Vernichtung der traditionellen Werte europäischer Zivilisation, für die bewußte Verletzung der Menschenrechte und -freiheiten, für den moralischen und wirtschaftlichen Verfall, der begleitet wurde von Justizunrecht und Terror gegen Andersdenkende, für die Ersetzung der funktionierenden Marktwirtschaft durch eine Wirtschaft unter direktiver Leitung, für die Zerstörung der traditionellen Prinzipien des Eigentumsrechts, für den Mißbrauch der Erziehung, Bildung, Wissenschaft und Kultur zu politischen und ideologischen Zwecken, sowie für die rücksichtslose Zerstörung der Natur." (Sb.z. 198/1993)

Diese generelle Charakterisierung der kommunistischen Herrschaft wird im ersten Paragraphen des Gesetzes noch einmal detailliert ausgeführt, woraus der Gesetzgeber den Schluß zieht, daß das Regime, das bis zum 17. November 1989 in der Tschechoslowakei herrschte, „verbrecherisch und illegitim" gewesen sei, wofür die kommunistische Partei, eine „verbrecherische und verwerfliche Organisation", verantwortlich sei (§ 2). Vor diesem Hintergrund wird politisch, religiös und moralisch motivierter Widerstand gegen das System als berechtigt eingestuft (§ 3). Wer wegen Widerstandes verurteilt wurde, dem wird Rehabilitierung, Anerkennung und (moralische) Wiedergutmachung garantiert (§ 4), denen, die im Dienst des Systems geltendes Recht gebrochen haben, die Verjährung ihrer Taten versagt (§ 5).

Als Gesamturteil über eine Epoche der tschechischen Geschichte rief das „Kommunistengesetz" schon im Vorfeld seiner Verabschiedung heftige Kontroversen hervor. Nicht nur die Kommunisten und der linke Block opponierten im Parlament gegen das Gesetz, auch ein Teil der sozialdemokratischen Abgeordneten stimmte dagegen. Im September 1993 legte eine Gruppe von Abgeordneten schließlich Verfassungsklage ein (RP 22.12.1993, S. 1 f.). Ihre Ansicht, das Gesetz verstoße sowohl gegen die Verfassung als auch gegen eine ganze Reihe internationaler Abkommen über die Menschenrechte, beruhte im wesentlichen auf folgenden Punkten: Erstens lehnten die Kläger die Festlegung der Schuld bzw. Mitschuld der KSČ und deren Mitglieder an den Verhältnissen der Jahre 1948 bis 1989 als Annahme einer Kollektivschuld ab. Zweitens sahen sie einen Verstoß gegen das Rückwirkungsverbot in der Beurteilung der kommunistischen Herrschaft als „illegitim". Die Festschreibung dieser Sichtweise der Geschichte durch den Gesetzgeber mit verbindlicher Wirkung für die Gerichte und die öffentliche Meinung lehnten sie als einer pluralistischen, demokratischen Gesellschaft unwürdig ab. Und drittens werteten sie die Aussetzung der Verjährung für bestimmte Taten als Verstoß gegen den Grundsatz der Gleichheit aller Bürger vor dem Gesetz (Berichte 4/1994, S. 28).

Der Verfassungsgerichtshof wies die Klage in seinem Spruch vom 21. Dezember 1993 ab. Die ausführliche Begründung dieses Urteils durch die Brünner Richter ist für unsere Fragestellung ein in mehrerer Hinsicht äußerst interessantes Dokument.[18] Hier zeigt sich einerseits ein entschiedener Wille zur Distanzierung von der kommunistischen Vergangenheit. Andererseits äußert sich bereits in der besonderen Qualität des Gesetzes das Bestreben, diese Distanzierung mit *sanften Mitteln* durchzuführen. Ein Gesetz, das primär als „Denkanstoß" verstanden werden soll, ist in seiner Art in Europa wohl einzigartig.

Auf den spezifischen Charakter des „Gesetzes über die Rechtswidrigkeit des kommunistischen Regimes" bezog sich denn auch ein großer Teil der Argumente, mit denen die Richter die Verfassungsklage zurückwiesen. Die Abschnitte des Gesetzes, die sich auf die Frage der Verantwortung für das Gewesene und dessen Interpretation beziehen, seien moralischer und keinesfalls juristischer Natur, es gehe also um eine „politische Willensbekundung programmatischer Natur", stellte das Gericht klar (Berichte 4/1997, S. 30). Diese Interpretation sei keineswegs verbindlich, sondern vielmehr Ausdruck der zum Zeitpunkt der Verabschiedung des Gesetzes im Parlament herrschenden Mehrheitsmeinung. Diese sei selbstverständlich nicht neutral, wie auch die neue Verfassung nicht auf Wertneutralität, sondern auf einer klaren Vorstellung von Demokratie und Volkssouveränität gründe. Eben diese Vorstellung verbiete es auch, der kommunistischen Herrschaft Legitimität zuzubilligen, nur weil sie sich auf eine Verfassung stützen konnte und ihr Handeln auf Gesetzen beruhte.

Was die ausgesetzte Verjährung anbelangt, die die Kläger als Verstoß gegen den Gleichheitsgrundsatz bezeichnet hatten, befanden die Richter, daß die Kriminalität, die vom sozialistischen Staat initiiert oder gebilligt wurde, insgesamt nicht härter, sondern günstiger behandelt würde, da sie zum Teil nicht mehr nachweisbar seien, zum Teil sehr milde bestraft werde. Die Verjährung solcher Taten müsse aber ausgesetzt werden, weil bisher keinerlei Wille bestanden habe, diese Straftaten zu ahnden, also die reale Verjährungsfrist noch überhaupt nicht begonnen habe. Dem Staat jetzt die Möglichkeit zu geben, die Täter vor Gericht zu bringen, bezeichnete das Gericht als einen wesentlichen Schritt zum Aufbau zuverlässiger Rechtsstaatlichkeit, denn:

„Der Zustand massenhafter und vom Staat gedeckter Gesetzesverstöße war nicht Folge individueller Irrtümer, Übergriffe, Nachlässigkeiten und Fehltritte von Einzelpersonen, was noch eine gewisse Chance einer individuellen Strafverfolgung geboten hätte, sondern die Folge zielbewußten und kollektiven Handelns der politischen und staatlichen Machtapparate insgesamt, das eine Strafverfolgung a priori ausschloß. Der Schutz für die Täter nahm auf diese Weise einen genauso umfassenden Charakter an, wie das Machtsystem umfassender Natur war." (Berichte 4/1997, S. 36)

Dennoch schloß sich das Gericht nicht der Sicht der Kläger an, die ausgebliebene Strafverfolgung dürfe dem Täter nicht zum Nachteil gereichen, da sie unabhängig

---

18 Die deutsche Übersetzung der Urteilsbegründung findet sich in: Berichte 4/1997, S. 28–41.

von dessen Willen entstanden sei. Auf die Frage der Schuld und Mitschuld am kommunistischen System und dessen Unterdrückungsapparat ging die Urteilsbegründung detailliert ein. Die Richter differenzierten hier zwischen denen, „die das kommunistische Regime aktiv durchsetzten", und den „einfachen" Mitgliedern der Partei sowie dieser nahestehender Organisationen. Damit wiesen sie einem nicht unwesentlichen Teil der Gesellschaft „Mitverantwortung" an den kleinen und großen Verbrechen der Jahre 1948 bis 1989 zu. Ob dieser „Denkanstoß" bei den Adressaten angekommen ist, darf allerdings angezweifelt werden, wie ein Blick auf den Verlauf der Debatten über die Beteiligung der Gesellschaft an der Geschichte der letzten vier Jahrzehnte deutlich macht.

V.2 Sie oder wir?

Alle Revolutionen haben ihre Helden. Die sogenannte „samtene" Revolution stellte mit Václav Havel – dem Dissidenten, der niemals Mitglied der KSČ gewesen war – und Alexander Dubček – der Symbolfigur des reformkommunistischen Experiments von 1968 – zwei sehr unterschiedliche Männer in den Mittelpunkt des Geschehens. Doch der größte Held war das Volk selbst. Tschechen und Slowaken feierten ihren Sieg mit den gleichen friedlichen Mitteln, mit denen sie ihn errungen hatten. Studentische Happenings, dekorierte Denkmäler, umbenannte Straßen und Plätze – Aktionen voller ironischer Anspielungen und pathetischer Symbole vermittelten ein starkes Bewußtsein der Zusammengehörigkeit. Vor allem aber ließen sie die Apathie vergessen, die noch kurz zuvor in der Tschechoslowakei geherrscht hatte.

Nach dem Einmarsch der fünf Warschauer-Pakt-Staaten am 21. August 1968 hatten viele Tschechen und Slowaken ihre Hoffnungen auf passiven Widerstand gesetzt. Sie hatten geglaubt, daß die Invasoren nicht viel ausrichten könnten, solange sich die gesamte Bevölkerung verweigerte. Diese Sicherheit verwandelte sich in den folgenden beiden Jahren in tiefe Resignation. Das Zurückweichen der politischen Führung, aus deren Reihen die Sympathieträger nach und nach verschwanden, umfassende „Säuberungen", infolge derer Zehntausende ihre Stellung und damit auch ihren sozialen Status verloren, dann die ersten Auftritte, in denen sich Künstler und Intellektuelle öffentlich von der Reformbewegung distanzierten, bereiteten einem allgemeinen Gefühl der Machtlosigkeit den Weg. Ein kollektiver Rückzug ins Private, Lethargie und Zynismus machten sich breit. Die Dissidenten, die diesem Leben ein „Leben in Wahrheit" (Václav Havel) entgegensetzen wollten, fanden sich vom Rest der Bevölkerung weitgehend isoliert. Einen breiten gesellschaftlichen Widerstand gegen das System gab es in der Tschechoslowakei bis Ende der 1980er Jahre nicht.

Mit diesem Teil ihrer Geschichte wird die tschechische Gesellschaft heute verständlicherweise nicht gern konfrontiert. Und so kommt es zu einem paradoxen Phänomen: Während in Umfragen ein wachsender Teil der Bevölkerung sein Leben vor dem Jahr 1989 als besser bezeichnet als das heutige (LN 17.6.1998, S. 2), bildete sich gleichzeitig der Mythos einer ganzen Nation im Kampf gegen das System (Švehla 1998, S. 9). Beinahe jeder war ein Opfer (Zeman 1991, S. 31), das System hielten nur einige wenige am Laufen – die Kommunisten. Als wären diese nur eine verschwindend kleine Randgruppe gewesen und nicht ein Teil der Bevölkerung, wird „der Kommunismus" zu einem Phänomen erklärt, das keine heimischen Wurzeln hatte und daher ohne massive Mitwirkung von außen auch nicht einen einzigen Tag funktioniert hätte. Dieses Deutungsmuster delegiert die Verantwortung nicht allein für die „Normalisierungszeit", sondern für die gesamte Geschichte seit 1948 an Kräfte, deren Zugehörigkeit zur eigenen Gesellschaft zumindest als umstritten gelten darf.

So wird der tschechoslowakische Stalinismus häufig als Import interpretiert, an dessen Implantierung bestenfalls noch die der eigenen Kultur entfremdeten Emigranten mitgewirkt hätten. Vom Glauben an eine „bessere Demokratie" an der Seite der Sowjetunion waren nach der Erfahrung der Jahre 1938 bis 1945 neben den Kommunisten auch ein guter Teil der nicht-kommunistischen Eliten beherrscht. Trotz des politischen Drucks und der Rechtsunsicherheit, unter der nicht nur die zur „Ausweisung" bestimmten Deutschen und Ungarn zu leiden hatten, wurde die Nachkriegs- und Aufbauzeit von vielen Menschen als Zeit großer Hoffnungen erlebt. Die Entwicklung eines tschechoslowakischen Sozialismus, der die Vorzüge des Sowjetkommunismus mit den Traditionen europäischer Demokratie verbinden würde, schien ihnen einen zeitweiligen Demokratieverzicht durchaus zu rechtfertigen. Die Euphorie und die Glückserwartung, die sich mit dem sozialistischen Projekt damals für viele verband (Macura 1992, S. 8 f.), ist heute freilich eine peinliche Erinnerung.

Fast ebenso unverständlich scheint einem großen Teil der Gesellschaft im Rückblick die Begeisterung, von der der Reformsozialismus in den späten 1960er Jahren getragen wurde (Pithart, in: LN 25.7.1998, S. 29). Während einige der Protagonisten der Reformbewegung dem „Prager Frühling" als Vorgeschichte zu den Ereignissen des Jahres 1989 einen Ehrenplatz in der Geschichtserinnerung einräumen wollen (Dubček 1993, S. 388), beurteilt die liberal-konservative Mehrheit der politischen Elite diesen nur als einen Versuch der KSČ, ihre Herrschaft mit neuen Mitteln zu festigen. Nachdem sich die KSČ Ende November 1989 zu einer „Neubewertung der Ereignisse von 1968" durchgerungen hatte (Berichte 1/1990, S. 4) und die Bundesversammlung der damals noch existierenden ČSSR Mitte Dezember 1989 den Einmarsch der fünf Warschauer-Pakt-Truppen in einer Deklaration offiziell verurteilt hatte, schwand das Interesse am Jahr 1968 und seiner Vorgeschichte weitgehend. Die Hoffnungen, die sich 1968 an einen „Sozialismus mit menschlichem Antlitz" knüpften, wurden in der Zeit nach 1968 nicht nur für dieses Mal zunichte gemacht. Am liebsten, so scheint es, würde die tschechische Gesellschaft die starke linke Tradition ihrer Geschichte völlig vergessen. So wird der kommunistische Widerstand gegen die nationalsozialistischen Okkupanten abgewertet, als hätten die Widerständler von damals nur das Ziel gehabt, einem anderen Totalitarismus den Weg zu bahnen.[19] Dem Bild von der Allmacht der vormals Herrschenden entsprechend, wird der gesellschaftliche Rückhalt marginalisiert, den der Sozialismus zumindest phasenweise in der tschechischen Gesellschaft hatte. Vor diesem Hintergrund erscheinen – gerade was die 1970er Jahre betrifft – die eigenen Handlungsspielräume im Rückblick noch geringer, als sie es tatsächlich waren (Žák 1992, S. 15 f.). Ein bisweilen durchaus erwünschter Nebeneffekt dieser Sichtweise ist die Abwertung der Dissidentenbewegung. Daß sie der Macht die Stirn geboten hätten, sei ehrenhaft, doch wirkungslos gewesen, argumentiert etwa Václav Boštík in der Zeitschrift Listy, am Lauf der Dinge hätten Verweigerung und Protest nichts ändern können:

„Sie (die Zeit der Normalisierung/C.B.) hätte sich vielleicht verkürzen können, hätte hier nur unser, und nicht in erster Linie der sowjetische Kommunismus geherrscht. Wir wissen, wie die Bemühungen der mitteleuropäischen Nationen seit den fünfziger Jahren ausgingen – alle wurden sie mit kleinerer oder größerer Brutalität unterdrückt – in Deutschland, Polen, Ungarn, der Tschechoslowakei und dann wieder in Polen. Niemand sollte sich einbilden, daß der Kommunismus bei uns früher besiegt werden konnte, als es die gesamte Lage in der Sowjetunion zuließ. Solange sich der Berg nicht bewegte, konnte sich nicht einmal eine Maus bewegen. Der Kommunismus fiel in den Ländern Mitteleuropas in einem Zeitabstand von nur wenigen Monaten, auch wenn zum Beispiel in Polen der Widerstand unzweifelhaft stärker war." (Boštík 1992, S. 14)

Die historischen Fakten stützen diese These nur zum Teil – denn immerhin unterschieden sich die ostmitteleuropäischen Länder in den 1970er und 1980er Jahren deutlich voneinander, was sich durchaus mit dem Maß und der Art des Widerstandes in Verbindung bringen läßt, den die jeweilige Bevölkerung leistete. Aber auch der Umbruch und der darauf folgende Übergang zur Demokratie scheinen in nicht geringem Maß von der Vorgeschichte beeinflußt. Das überstürzte Ende des Staatssozialismus in der Tschechoslowakei hatte für den Prozeß der Transformation nicht nur Vorteile. Statt gleitender Übergänge, die am runden Tisch ausgehandelt wurden, brachte die „samtene Revolution" völlig unvorbereitete Dissidenten an die Macht, die sich mit der politischen Führung nicht leicht taten (Pithart 1992). Und auch für die Gesellschaft kam der Wandel abrupt. Das System brach sozusagen über Nacht zusammen – die Verhaltensweisen und das Denken, die es stützten, erwiesen sich als weitaus dauerhafter. Gerade der Topos des „kommunistischen Sündenbocks" zeige, so schrieb der Vorsitzende der sozialdemokratischen Partei, Miloš Zeman, wie wenig das totalitäre Denken in der Gesellschaft bisher überwunden sei:

---

19 Dies kam zum Beispiel im ersten Gesetzesentwurf zur finanziellen Entschädigung der Widerstandskämpfer gegen den NS zum Ausdruck. Der Entwurf sah vor, Mitglieder der KSČ generell von solchen Zahlungen auszuschließen (Berichte 1/1995, S. 14). In dieser Form ging das Gesetz zwar nicht durch, doch auch die im April 1995 beschlossene Fassung verweigert einer großen Gruppe von KSČ-verbundenen Funktionären jede Anerkennung ihrer Widerstandshandlungen in den Jahren der Besatzung und damit auch die Zahlung von Entschädigungsleistungen (Berichte 2/1995, S. 20).

„Als System ist der Kommunismus ein Verbrechen, als Ideologie eine Dummheit. Wir wollen jedoch weder vom System, noch von der Ideologie lassen, wir wollen sie bloß umbenennen, denn das totalitäre Paradigma ist uns so in Fleisch und Blut übergegangen, daß wir nur zähneknirschend von den Verhaltensstereotypen lassen, die aus ihm kommen. Und so bauen wir am Mythos einer Kollektivschuld der Kommunisten, um unsere eigene Kollektivschuld zu verstecken." (Zeman 1991, S. 34)

In seiner Analyse „unserer politischen Krise" im Jahre drei nach dem Umbruch prophezeite Zeman, daß sich der Wertewandel in seinem Land gerade deswegen besonders langsam vollziehen werde, weil der Sieg im November 1989 so schnell und schmerzlos errungen wurde. Die brüske Abkehr vom Kommunismus dürfe niemanden darüber hinwegtäuschen, daß die „Tugenden", die das alte System gefördert und gepflegt habe, den Systemwandel im wesentlichen unbeschädigt überstanden hätten (Krejza 1992, S. 40 f.). Während die liberale Rechte vor allem auf systemische Veränderungen setzt und davon ausgeht, daß die Etablierung demokratischer und marktwirtschaftlicher Strukturen die Garantie für die Demokratisierung der Gesellschaft bilde (Klaus, in: LN 18.4.1994, S. 3), äußert sich hier Mißtrauen gegen die Vorstellung von einer schnellen „Verwandlung" – oder gar „Rückverwandlung" der tschechischen Gesellschaft in eine Demokratie nach westlichem Muster. Der Systemwandel, so die Kritiker der eher technischen Auffassung von Demokratisierung, bilde nur den notwendigen Rahmen für den eigentlichen Prozeß der Ablösung von der Vergangenheit. Ähnlich wie im benachbarten Deutschland, wo die Auseinandersetzungen mit dem Nationalsozialismus bis heute anhalte, werde auch in Tschechien der Wertewandel Generationen dauern. In dieselbe Richtung argumentierten die Autoren der Zeitschrift Prostor in ihrem 1997 erschienen Themenheft über die „Abrechnung mit der Geschichte" (Prostor 33). Sie identifizierten Xenophobie und Differenzfeindlichkeit, Autoritätsgläubigkeit und Anpasslertum, Kleinmut und sozialen Neid, vor allem aber die Unfähigkeit, ehrlich mit der eigenen Geschichte umzugehen, als Erblast der letzten vier Jahrzehnte. Und nach Antonín Liehm, dem Herausgeber der Lettre Internationale, ist der heutige tschechische Antikommunismus das, was für andere postsozialistische Gesellschaften der Nationalismus ist. Er dient als Bindemittel für eine erschütterte Gesellschaft und funktioniert gerade deshalb so gut, weil das Gespenst, vor dem gewarnt wird, schon lange nicht mehr existiert (LN 23.4.1998, S. 11). Der Antikommunismus erscheint so als ein Teil der heutigen „postkommunistischen Mentalität". Daß diese sich in Tschechien nicht in einer Wiederkehr der alten oder neuen Kommunisten äußert, liegt nicht allein an der Diskreditierung des Sozialismus infolge der Niederschlagung des „Prager Frühlings" und der daraus resultierenden Reformunfähigkeit der kommunistischen Partei. Diese Tatsache ist vor allem darauf zurückzuführen, daß andere Parteien postsozialistische Sehnsüchte – wie die nach dem starken Mann und nach einfachen Rezepten für komplexe Probleme – ausreichend befriedigen (Janata 1997, S. 12).

V.3 Vorwärts, und alles vergessen?

Zehn Jahre nach dem 17. November 1989 zeigt die tschechische Gesellschaft wenig Interesse, sich mit ihrer jüngsten Vergangenheit zu beschäftigen (Reinprecht 1996, S. 166 f.). Die Zeit vor dem Umbruch scheint weiter entfernt und irrealer als die Jahre der idealisierten Ersten Republik, deren Gründervater und erster Präsident T.G. Masaryk heute mediale Omnipräsenz genießt. Sie scheint so weit zurückzuliegen, daß ein tschechischer Journalist vorschlug, im Fernsehen täglich ein paar Minuten lang Beiträge aus den 1970er und 1980er Jahren zu senden, um den Menschen vorzuführen, daß *sie* es waren, die zum 1. Mai demonstrierten, die Fenster mit Fahnen dekorierten und all die anderen kleinen täglichen Loyalitätsbeweise leisteten, die ihnen abverlangt wurden (Sládek 1994, S. 12). Die Debatte über den Umgang mit den sozialistischen Jahren ist – wenn sie sich nicht gerade auf ganz konkrete Probleme bezieht – eine Angelegenheit einiger weniger Nachdenklicher, denen die Tendenz zum kollektiven Vergessen Unbehagen bereitet. Mehrheitlich wird das Fehlen solcher Debatten nicht als ein Mangel begriffen – teilweise sogar eher als ein Vorzug. Man argumentiert, die Tschechen seien pragmatisch, zukunftsgerichtet und unsentimental. Lernen könne man aus den vierzig Jahren Sozialismus ohnehin wenig. So fordert etwa Alena Hromádková eine konsequente Hinwendung zu den *wertvollen Traditionen* der eigenen Geschichte – der Demokratie der Zwischenkriegszeit – und eine ebenso konsequente Abtrennung all des *Wertlosen* (Hromádková 1997, S. 74, 76).

Problematisch ist diese Sicht insofern, als sie eine radikale Externalisierung des Kommunismus vollzieht. Wenn für die Tschechen Demokratie der historische Normalzustand ist, muß alles andere als Abkehr von der *eigentlichen Geschichte* gelten. Verbunden mit der populären Metapher von der „Rückkehr nach Europa" impliziert diese Vorstellung, daß die Tschechen heute wieder das seien, was sie im Grunde genommen stets gewesen sein wollten: eine westlich-demokratische Wirtschaftsgesellschaft. Der Topos vom westlichen Charakter und der demokratischen Tradition der eigenen Nation mag beim Aufbau der neuen Demokratie bestärkend und unterstützend wirken, für die Auseinandersetzung mit der Vergangenheit erweist er sich jedoch bisweilen als hinderlich.

Man muß sich vergegenwärtigen, daß die tschechische Gesellschaft seit dem Jahr 1938, in dem die Zerstörung der Vorkriegsdemokratie durch das nationalsozialistische Deutschland begann, mehrere tiefgreifende Wandlungsprozesse erlebt hat (Hanák 1992, S. 40). Die seither aufeinander folgenden Diktaturen und Halbdiktaturen haben die traditionellen Eliten verfolgt und dezimiert, zielbewußt auf die Veränderung der Sozialstruktur hingewirkt und die ethnische Vielfalt des Landes zerstört. Geprägt wurde die Gesellschaft aber auch durch die seither initiierten Industrialisierungs- und Modernisierungsprozesse sowie durch internationale Entwicklungstendenzen, die selbst vor der sozialistischen Tschechoslowakei nicht halt machten. Der Griff in die Zauberkiste der Nationalpsychologie, mit der die tschechische Nation im Rückgriff auf ältere Deutungsmuster mal tadelnd als egalitär, wenig wagemutig und autoritätsgläubig (Fibich 1996, S. 255 ff.), mal lobend als demokratisch, nüchtern und vernünftig charakterisiert wird (Klaus 1997, S. 70) trägt wenig zur Erklärung der jüngsten Vergangenheit und der Gegenwart bei. Ebensowenig dient die Dämonisierung des überwundenen Systems, die etwa in der populären Gleichsetzung von Faschismus und Kommunismus zum Ausdruck kommt,[20] der Erkenntnis. Statt den Kommunismus als Fremdkörper in der europäischen Zivilisation zu deklarieren, wie es z.B. im „Kommunistengesetz" geschieht, gälte es, das Vergangene als Teil der eigenen Geschichte und des europäischen Diktatursystems im 20. Jahrhundert zu akzeptieren. Das würde auch den Blick freimachen für Kontinuitäten zwischen dem Alten und dem Neuen, die selbstverständlich alle Bereiche der Gesellschaft durchziehen (Sládek 1994, S. 9).

Das Schweigen der Tschechen über ihre jüngste Vergangenheit führt der Soziologe Petr Matějů auf deren tiefe Traumatisierung zurück. Erst wenn die Gesellschaft ihre „kommunistischen Gene" abgelegt habe, könne die Auseinandersetzung mit der Geschichte beginnen. Das Trauma sei aber vor allem das der eigenen Schuld und Verstrickung. Wir glauben, schreibt Adam Drda, „wenn über die schlechten Dinge nicht gesprochen wird, dann ist das das Gleiche, als wenn sie niemals passiert wären" (LN 7.5.1998, S. 10). Solange wir an diese Dinge nicht rühren, können wir nicht verhindern, daß sie auch unsere Gegenwart bestimmen. Aus diesem Dilemma, so Petr Pithart, führt nur eine offene Konfrontation – notfalls ausgelöst durch die mitleidslosen Fragen einer kommenden Generation (Pithart 1997, S. 73). Diese werde sich kaum weniger über den Kommunismus wundern, mutmaßt Marian Kiss jun. in den Lidové Noviny, als über dessen nur symbolische Ablösung:

„Vielleicht erscheint in dreißig oder vierzig Jahren irgendein tschechischer 'Kommunistenjäger' und wird den kommunistischen Verbrechen der 80er Jahre des 20. Jahrhunderts nachgehen. Und er wird sich den Kopf darüber zerbrechen, was damals mit der tschechischen Nation los war, daß sie nicht die Selbstachtung hatte, sich mit der kommunistischen Vergangenheit anders auseinanderzusetzen, als durch Schlüsselklingeln." (LN 4.5.1998, S. 11)[21]

Vielleicht wird es auch anders kommen, und der künftige „Kommunistenjäger" wird mit allem Respekt für die „sanfte Revolution" feststellen, daß er es mit einem europäischen Normalfall zu tun hat. Mit einer zunächst aufgeschobenen, dann langwierigen und von der Gesellschaft überwiegend als lästig und unangenehm empfundenen Aufarbeitung der Vergangenheit.

20 Es hat mehrere Vorstöße im Parlament gegeben, per Gesetz die Entschädigung der jüdischen NS-Opfer aus dem Vermögen der KSČ zu finanzieren. Diese Vorschläge sind zwar abgelehnt worden, doch allein die Tatsache, daß sie mehrfach diskutiert wurden zeigt, wie naheliegend die Gleichsetzung von NS-Herrschaft und Kommunismus heute vielen Tschechen erscheint.
21 Gemeint ist damit das tausendfache Klingeln mit Schlüsseln, mit dem die demonstrierenden Bürger im November 1989 die Parteispitze zur Abgabe der Macht – also der Schlüssel zur Burg – aufforderten.

Quellensammlungen

Archiv der Gegenwart (AdG), Bonn/Wien/Zürich, 1989-1996.
Berichte zur Staat und Gesellschaft in der Tschechischen und in der Slowakischen Republik: Bearbeitet von Peter Heumos, Pavel Jerabek, Petr Jerabek und Norbert Vierbücher. Herausgegeben vom Vorstand des Collegium Carolinum, München 1989-1998.
Dekrety Prezidenta Republiky 1940-1945. Dokumenty. Karel Jech und Karel Kaplan (Hrsg.), 2 Bände, Brno 1995.
Deset pražských dnů (17.-27 listopad 1989) Dokumentace (Zehn Prager Tage (17.-27. November 1989) Dokumentation), Praha 1990.
Kronika demokratického parlamentu 1989-1992 (Chronik des demokratischen Parlaments 1989-1992). Bearbeitet von einem Team unter der Leitung von Dr. František Cigánek, Prag 1992.

Sbírka zákonů (Gesetzessammlung) 1989-1997
- Bis März 1990: Československé socialistické Republiky (der Tschechoslowakischen Sozialistischen Republik)
- Bis Dezember 1992: České a Slovenské Federativní Republiky (der Tschechischen und Slowakischen Föderativen Republik)
- Seit Januar 1993: České Republiky (der Tschechischen Republik)

Zeitungen

hn	–	hospodářské noviny
LN	–	Lidové Noviny
MFD	–	Mlada Fronta Dnes
PZ	–	Prager Zeitung
RP	–	Rudé Právo
SE	–	Studenské Listy
SZ	–	Süddeutsche Zeitung
TSP	–	Der Tagesspiegel

Literatur

Bartosek, Karel, 1997: Mittel- und Südosteuropa, in: Stéphane Courtois, Nicolas Werth, Jean-Louis Panné, Andrzej Paczkowski, Karel Barosek und Jean-Louis Margolin (Hrsg.), Das Schwarzbuch des Kommunismus. Unterdrückung, Verbrechen und Terror, München/ Zürich.
Bayer, Ivo und Jiří Kabele, 1996: Politische Kultur in der Tschechischen Republik und ihre Transformation. Berichte des Bundesinstituts für ostwissenschaftliche und internationale Studien 40.
Bohata, Petr, 1997: Tschechische Republik, in: Jahrbuch für Ostrecht, S. 11-117.
Boštík, Václav, 1992: Dopis poslanci ČNR V. Žákovi (Brief an den Abgeordneten des Tschechischen Nationalrates V. Žák). O vyrovnání s obdobím totality (Über die Aufarbeitung der totalitären Phase), in: Prostor 2, S. 14-17.
Brabec, Jan, 1992: Buldozer lidských osudů (Der Bulldozer menschlicher Schicksale, in: Respekt vom 30.11.-6.12., S. 7.
Brokl, Lubomír und Zdenka Mansfeldová, 1995: Bilanz der tschechischen Innenpolitik im Jahre 1993. Berichte des Instituts für ostwissenschaftliche und internationale Studien 8.

Černý, Bohumil, Jan Křen, Václav Kural und Milan Otáhal (Hrsg.), 1990: Češi, Němci, odsun. Diskuse nezávislých historiků (Tschechen, Deutsche, Abschub. Die Diskussion der unabhängigen Historiker), Praha.

Cramer-Langer, Katrin, 1998: Demokratisierung in der Slowakischen Republik. Entstehung und Entwicklung des Parteiensystems seit 1989. Bundesinstitut für ostwissenschaftliche und internationale Studien. Sonderveröffentlichung.

Dubček, Alexander, 1993: Leben für die Freiheit, München.

Fibich, Jindřich, 1996: Problémy transformace a demokratisace mentality člověka (Probleme der Transformation und der Demokratisierung der Mentalität des Menschen), in: Transformace české společnosti 1989-1995 (Die Transformation der tschechischen Gesellschaft 1989-1995). Vlasta Šafaříková a kol., Brno, S. 249-289.

Frei, Norbert, 1996: Vergangenheitspolitik. Die Anfänge der Bundesrepublik und die NS-Vergangenheit, München.

Götze, Andreas, 1995: Verständnisprobleme auf dem Weg zur Partnerschaft nach 1989, in: Bundeszentrale für politische Bildung (Hrsg.), Tschechen, Slowaken und Deutsche. Nachbarn in Europa, Bonn, S. 85-117.

Hampl, Momír, 1996: Ze skládky na Hrad (Von der Abraumhalde auf die Burg), in: Respekt 48 vom 25.11., S. 4.

Hanák, Jiří: Úskalí přechodu k demokracii (Klippen beim Übergang zur Demokratie), in: Prostor 19, S. 40-42.

Hanuš, Jiří und Petr Fiala, 1997: Skrytá církev po listopadu 1989 (Die verborgene Kirche nach dem November 1989), in: Proglas 7, S. 3-8.

Henke, Klaus-Dietmar und Hans Woller (Hrsg.), 1991: Politische Säuberung in Europa. Die Abrechnung mit Faschismus und Kollaboration nach dem Zweiten Weltkrieg, München.

Heumos, Peter, 1994: Die große Camouflage? Überlegungen zu Interpretationsmustern der kommunistischen Machtübernahme in der Tschechoslowakei im Februar 1948, in: Eva Schmidt-Hartmann (Hrsg.), Kommunismus und Osteuropa. Konzepte, Perspektiven und Interpretationen im Wandel, München, S. 221-241.

Hlavatý, Pavel, 1997: Církve a nedávná minulost (Die Kirche und die jüngste Vergangenheit), in: Prostor 33, S. 20-24.

Holländer, Pavel, 1995: Die juristische Bewältigung des kommunistischen Unrechts in der Tschechischen und in der Slowakischen Republik, in: Georg Brunner (Hrsg.), Juristische Bewältigung des kommunistischen Unrechts in Osteuropa und Deutschland, Berlin, S. 85-103.

Hromádková, Alena, 1997: Účtování s minulostí – výzva ke spravedlnosti (Abrechnung mit der Vergangenheit – Aufforderung zur Gerechtigkeit), in: Prostor 33, S. 73-76.

Janata, Michal, 1997: Zhrzená minulost (Verschmähte Vergangenheit), in: Prostor 33, S. 11-13.

Jičínský, Zdeněk, 1994: Zu einigen Problemen der Vergangenheitsbewältigung in der ČSFR und der ČR seit dem 17. November 1989. Bundesinstitut für ostwissenschaftliche und internationale Studien, Nr. 54.

Judt, Tony, 1993: Die Vergangenheit ist ein anderes Land. Politische Mythen im Nachkriegseuropa, in: Transit 6, S. 87-120.

Juna, Jaromír, 1993: Popliván a pokořen (Bespuckt und erniedrigt), in: Listy 1, S. 30-31.

Kabele, Jiří, 1992: Jste evidován, odejděte. Očima kandidáta tajné spolupráce (Sie sind entlarvt, treten Sie ab. Mit den Augen eines Kandidaten der geheimen Zusammenarbeit), in: Respekt vom 10.-16.2., S. 6.

Kaplan, Karel, 1986: Die politischen Prozesse in der Tschechoslowakei 1948-1954, München.

Karpinski, Jakub, 1996: Former Communists: Where are they now? Part 1: The Visegrad Countries & the Baltic States, in: Transition 3, S. 36-39.

Klaus, Václav, 1997: Účtování s minulostí – výzva ke spravedlnosti (Abrechnung mit der Vergangenheit – Aufruf zur Gerechtigkeit), in: Prostor 33, S. 69 f.

Klaus, Václav, 1992: Proč jsem konzervaticem? (Warum bin ich ein Konservativer?), Praha.

Krejza, Karel: Úskalí přechodu k demokracii (Klippen beim Übergang zur Demokratie), in: Prostor 19, S. 42-43.

Kučera, Jaroslav, 1992: Die Vertreibung. Die Debatte um die Aussiedlung der deutschen Bevölkerung aus der Tschechoslowakei und ihre politische Bedeutung, in: Österreichische Zeitschrift für Geschichtswissenschaften 2, S. 238-248.
Lammich, Siegfried, 1992: Strafrechtliche Rehabilitation in der Tschechoslowakei. Grundzüge des Rehabilitierungsgesetzes von 1990 in der Fassung von 1991, in: Osteuropa Recht 2-3, S. 234-241.
Lammich, Siegfried, 1994a: Gesetz über den illegalen Charakter des Kommunistischen Regimes in der Rechtsprechung des Verfassungsgerichts, in: Jahrbuch für Ostrecht, Bd. XXXV, S. 183-196.
Lammich, Siegfried, 1994b: Strafrechtliche Vergangenheitsbewältigung in der Tschechischen Republik, in: Osteuropa, Archiv, S. A 28-A 37.
Majer, Jiří, 1998: Koncentrační tábor Vojna na Příbramsku, budoucí památník komunistické represe? (Wird das Konzentrationslager Vojna bei Příbram zur Gedenkstätte der kommunistischen Unterdrückung?), in: Právní Praxe 5, S. 326-329.
Macura, Vladimír, 1992: Šťastný věk. Symboly, emblémy a mýty 1948-89 (Das glückliche Zeitalter. Symbole, Embleme und Mythen 1948-89), Praha.
Michaels, Deborah, 1996: Bridging the „Gap" between the Czech State and the Jewish Community, in: Transition vom 5.4., S. 46-48.
Michnik, Adam und Václav Havel, 1993: Justice or Revenge?, in: Journal of Democracy 4/1 (Jan.), S. 20-27.
Oschlies, Wolf, 1997: Tschechische Republik: Erster unter Ungleichen, in: Der Osten Europas im Prozeß der Differenzierung. Fortschritte und Mißerfolge der Transformation. Bundesinstitut für ostwissenschaftliche und internationale Studien. Jahrbuch 1996/97, München/Wien.
Otáhal, Milan, 1994: Opozice, moc, společnost 1969/1989. Příspěvek k dějinám „normalisace" (Opposition, Macht, Gesellschaft 1969/1989. Ein Beitrag zur Geschichte der „Normalisierung"), Praha.
Pithart, Petr, 1992: Nebyli jsme týmem na převzetí moci (Wir waren kein Team zur Machtübernahme), in: Rudé Právo vom 17.11., S. 1 und 9.
Pithart, Petr, 1997: Účtování s minulostí – výzva ke spravedlnosti (Abrechnung mit der Vergangenheit – Aufforderung zur Gerechtigkeit), in: Prostor 33, S. 71-73.
Palouš, Martin, 1993: Bez paměti a svědomí (Ohne Gedächtnis und Gewissen), in: Listy 1, S. 23-24.
Pelikán, Jiří, 1970: Das unterdrückte Dossier. Bericht der Kommission des ZK der KPTsch über politische Prozesse und 'Rehabilitierungen' in der Tschechoslowakei, Wien/Frankfurt a.M./Zürich.
Pinc, Zdeněk, 1991: Perspektivy lustrací (Perspektiven der Lustration), in: Přítomnost 4, S. 3.
Prečan, Vilém, 1979: Probleme des tschechischen Parteiensystems zwischen München 1938 und dem Mai 1945, in: Karl Bosl (Hrsg.), Die Erste Tschechoslowakische Republik als multinationaler Parteienstaat, München/Wien, S. 529-552.
Příhoda, Petr, 1991: Je n'accuse pas – aneb o lustracích (– oder über die Lustrationen), in: Přítomnost 11, S. 3.
Reinprecht, Christoph, 1996: Nostalgie und Amnesie. Bewertungen von Vergangenheit in der tschechischen Republik und in Ungarn, Wien.
Schmid, Karin: Zur juristischen Bewältigung des kommunistischen Unrechts in der Tschechischen und in der Slowakischen Republik, in: Georg Brunner (Hrsg.), Juristische Bewältigung des kommunistischen Unrechts in Osteuropa und Deutschland, Berlin (Osteuropa-Forschung, Bd. 34).
Schneider, Eleonora, 1995: Tschechische Republik: Der große Optimist. In: Zwischen Krise und Konsolidierung. Gefährdeter Systemwechsel im Osten Europas. Bundesinstitut für ostwissenschaftliche und internationale Studien. Jahrbuch 1994/95, München/Wien, S. 133-144.
Seibt, Ferdinand, 1993: Deutschland und die Tschechen. Geschichte einer Nachbarschaft in der Mitte Europas, München/Zürich.
Sídlo, Jindřich, 1997: Jaká zrada a jaká vlast? (Welcher Verrat und welches Vaterland?), in: Respekt vom 13.-19.10., S. 5.

Sládek, Zdeněk, 1994: Das Erbe des totalitären Regimes. In: The legacy of the past as a factor of the transformation process in postcommunist countries of Central Europe, Prague, S. 9-19.

Sládek, Zdeněk, 1993: Der tschechoslowakische Realsozialismus – seine Destabilisierung und sein Zusammenbruch, in: Jürgen Elwert und Michael Salewski (Hrsg.), Der Umbruch in Osteuropa. Mitteilungen der Ranke-Gesellschaft (HMRG) Beiheft 4, Stuttgart, S. 109-120.

Spurný, Jaroslav, 1991b: Zpŕava o něčem jiném. Stíhání prominentů komunismu (Nachricht über etwas anderes. Die Verfolgung der Prominenten des Kommunismus), in: Respekt vom 25.11.-1.12., S. 4.

Spurný, Jaroslav, 1991a: Případ Lorenc (Der Fall Lorenc), in: Respekt vom 22.-28.4., S. 2.

Spurný, Jaroslav, 1992a: Bez zájmu veřejnosti. Sodu s prominenty StB (Ohne Interesse der Öffentlichkeit. Prominente der StB vor Gericht), in: Respekt vom 27.1.-2.2., S. 2 und 3.

Spurný, Jaroslav, 1992b: Informace unikly z FBIS. Seznam agentů Státní bezpečnosti (Informationen entwichen aus dem FBBIS. Das Verzeichnis der Agenten der Staatssicherheit), in: Respekt vom 10.-16.2.

Spurný, Jaroslav, 1996: Katolická církev a její agentí (Die katholische Kirche und ihre Agenten), in: Respekt vom 7.-13.10., S. 5.

Stránský, Jiří, 1997: Dluhy, účty, splátky (Schulden, Rechnungen, Abzahlungen), in: Prostor 33, S. 65-67.

Štern, Jan und Václav Trojan, 1993: Co se s námi stalo? (Was ist mit uns geschehen?), in: Listy 1, S. 15-19.

Švehla, Marek, 1998: Boží bojovníci (Die Kämpfer Gottes), in: Respekt vom 9.-15.2., S. 9-11.

Vladislav, Jan, 1998: Bez paměti se stáváme neforemnou masou, v níž nezůstane žádný ostisk toho, co bylo (Ohne Erinnerung werden wir zu einer amorphen Masse, in der keine Spur von dem bleibt, was war), in: Proglas 2, S. 19-22.

Vodička, Karel, 1996: Politisches System Tschechiens. Vom kommunistischen Einparteiensystem zum demokratischen Verfassungsstaat, Münster.

Žák, Václav, 1992: O vyrovnání s obdobím totality (Über die Aufarbeitung der totalitären Zeit), in: Listy 2, S. 14-17.

Zeman, Miloš, 1991: Naše posttotalitní krize a její možná vychodiska (Unsere posttotalitäre Krise und ihre möglichen Auswege), Praha.

Attila Schauschitz

Vergangenheitsbewältigung in Ungarn

Dossier und Analyse

I. Dossier

Unter Vergangenheitsbewältigung versteht man in den ehemaligen staatssozialistischen Ländern etwa folgende Aufgaben: 1. Rehabilitierung und Entschädigung der politisch Verfolgten; 2. Wiedergutmachung für die in der kommunistischen Ära erfolgten Enteignungen; 3. Diskriminierende Maßnahmen gegen die Mitglieder des früheren Herrschaftsapparates, wie z.b. die Funktionsträger der kommunistischen Partei oder die Mitarbeiter der Geheimdienste; 4. Juristische Verfolgung der für das begangene Unrecht Verantwortlichen; 5. Überprüfung (Durchleuchtung) der Amtsträger im öffentlichen Leben; 6. Veröffentlichung geheimer Akten und Dokumente des Staatssicherheitsdienstes im Interesse der verfolgten Personen und der historischen Forschung; 7. Öffentliche Klärung der Fakten, der Zusammenhänge und der Funktionsweise der Diktatur z.B. durch eine parlamentarische Untersuchungskommission; 8. Aufarbeitung der Vergangenheit durch öffentliche Debatten und die historische Forschung.

Die unterschiedliche Entwicklung der kommunistischen Diktatur stellt die einzelnen Länder vor verschiedene Anforderungen bei der Aufarbeitung der Vergangenheit. Es ist sinnvoll, die ungarische Geschichte nach 1945 in dieser Hinsicht in vier Perioden zu gliedern:

1. Die Periode der „doppelten Macht" (1945-1948). Die politische Macht wurde formell von einer aus Rechts- und Linksparteien bestehenden Koalition ausgeübt, die Regierung arbeitete jedoch unter dem wachsenden Druck der Kommunistischen Partei. Als Instrumente der einsetzenden politischen Verfolgung standen die Sicherheitsorgane zur Verfügung, die die aus Moskau gesteuerten und durch die sowjetische Besatzungsmacht unterstützten ungarischen Kommunisten beherrschten.[1]
2. Die Zeit der „harten", stalinistischen, Diktatur (1949-1953). Schauprozesse, Internierungs- und Arbeitslager sowie Folter und Mord (vgl. Hodos 1990)

---

[1] Eine Zusammenfassung der Unrechtstaten der kommunistischen Diktatur in Ungarn bei Kahler (1993).

kennzeichneten einen Prozess, den man treffend als die „Kriegsführung der Macht gegen die Gesellschaft" charakterisierte (Kahler 1993, S. 735). In dieser Periode erfolgte auch die Enteignung von Privatbesitz und die Verstaatlichung der Wirtschaft. Auf eine Übergangsphase der inneren Machtkämpfe infolge des 20. Parteitages und der beginnenden Entstalinisierung in der Sowjetunion zwischen 1953 und 1956 folgten

3. Der Abschnitt der Revolution von 1956 und die Phase der anschließenden Repressalien (1956-1963).[2] Heute geht man davon aus, daß in dieser ersten Periode des neuen Kádár-Regimes wegen der Teilnahme an den revolutionären Ereignissen 229 Menschen hingerichtet und etwa 21.000 Menschen verurteilt worden sind. Weitere 500 Todesopfer forderten die Schüsse, die sog. Salvenfeuer, die von den ungarischen Sicherheitsorganen während und nach der Revolution auf unbewaffnete Demonstranten abgegeben wurden.

4. Die Ära der „weichen" Diktatur, nach dem Ersten Sekretär der Ungarischen Sozialistischen Arbeiterpartei (MSZMP), János Kádár, auch „Kádárismus" genannt, die von der allgemeinen Amnestie 1963 bis Ende der 80er Jahre dauerte. In dieser Periode hörte der systematische staatliche Terror auf, wurden jedoch immerhin etwa 6.600 Personen aus politischen Gründen, (so z.B. wegen „verbotenen Grenzübertritts") verurteilt (Kahler 1993, S. 737) und die Menschenrechte weiterhin regelmäßig verletzt.[3]

Rehabilitierung und Entschädigung der Verfolgten

Im Rückblick ist es nicht schwer festzustellen, daß in Ungarn bereits 1988 das entscheidende Jahr für den Übergang von der Diktatur zur Demokratie war. In diesem Jahr wurden zahlreiche oppositionelle Organisationen gegründet, und dem reformkommunistischen Flügel der MSZMP gelang es, die Ablösung des alten Generalsekretärs János Kádár durchzusetzen. Unter der Voraussetzung, daß die Politik der Perestroika sich in der Sowjetunion halten konnte, blieb den konservativen kommunistischen Kräften in Ungarn keine andere Wahl als dem Druck

---

2 Diese Jahre wurden gründlich vom „1956-os Intézet" (Institut für 1956) erforscht. In den Jahrbüchern des Institutes findet man weitere ausführliche Literatur zu diesem Thema.
3 Es besteht ohne Zweifel ein großer Unterschied in der Machtausübung zwischen dieser Ära und der vorangegangenen Periode; man dürfte allerdings nicht solche Formulierungen wie die folgende verwenden: „Politische Verfolgungen mit strafrechtlichen Mitteln hat es in Ungarn seit der Generalamnestie vom April 1963 eigentlich (sic!) nicht mehr gegeben (...)" (Brunner/Halmai 1995, S. 26). Besonders nicht, wenn man die Anmerkung von Tibor Zinner auf einem Historikerkongreß im Jahre 1994 beachtet: „In den Jahren 1964-65-66 gelang es, die Gefängnisse mit solchem Schwung aufzufüllen (...), daß die Gesamtzahl der Gefangenen praktisch gleich mit den Daten von 1959 ist. Zwischen 1963 und 1966 laufen die politischen Prozesse genauso wie früher (...)" (Ólmosi 1994, S. 293).

der Reformer innerhalb der Partei und den Forderungen der außerparlamentarischen Opposition Schritt für Schritt nachzugeben.[4]

In den Programmen der oppositionellen Organisationen, die am 29.01.1989 mit der Verabschiedung des Gesetzes über die Vereinigungsfreiheit (Nr. II/1989, Magyar Közlöny (MK) – Ungarischer Staatsanzeiger Nr. 5/1989) legalisiert wurden, stand die Zukunft, nämlich die Umgestaltung des Staatssozialismus in eine parlamentarische Demokratie, im Vordergrund. Ausschließlich mit der Vergangenheit und der Wiedergutmachung beschäftigte sich dagegen das am 6. Juni 1988 gegründete Komitee für Historische Gerechtigkeit („Törénelmi Igazságtételi Bizottság", TIB). Das Komitee stellte die *Rehabilitierung* der Opfer der ungarischen Revolution von 1956 bzw. die der darauffolgenden Vergeltung in den Mittelpunkt seiner Forderungen. Der Aufruf des Komitees bemängelte zwar, daß die Schuldigen nicht zur Verantwortung gezogen und strafrechtlich verfolgt wurden, verlangte jedoch ausdrücklich nur nach der moralischen, politischen und juristischen Rehabilitierung der Opfer.[5]

Seit August 1988 kam auch im Zentralkomitee der MSZMP und im Justizministerium unter dem neuen Minister Kálmán Kulcsár der Gedanke auf, die gesetzwidrigen Prozesse der 50er Jahre zu überprüfen, um dadurch die Rehabilitierung der Opfer vorzubereiten. Infolge des Widerstandes in der Parteiführung dauerte es jedoch bis zum Frühling 1989, bis die mit der Überprüfung beauftragten Kommissionen, eine juristische und eine historische, aufgestellt worden waren (vgl. Kulcsár 1997, S. 287-338).

Das erste Rehabilitierungsgesetz (Nr. XXXVI/1989, MK Nr. 78/1989) wurde schließlich als Annullierungsgesetz (Nichtigkeitsgesetz) am 20.10.1989 noch vom letzten kommunistischen Parlament verabschiedet. In der Präambel wurde im Zusammenhang mit 1956 über „politische Vergeltung" gesprochen und festgestellt, daß die Aufständischen „im Interesse der gesellschaftlichen Umgestaltung und der Unabhängigkeit unserer Heimat" aufgetreten waren. Das Gesetz erklärte „die Urteile, die zwischen dem 23. Oktober 1956 und dem 4. April 1963 im Zusammenhang mit dem Volksaufstand wegen politischer Straftaten, sowie wegen der damit in Tateinheit – während der Kampfhandlungen – begangenen Tötung sowie Raub und Gewaltanwendung" erfolgt waren, „für nichtig". Die Urteile bedurften

---

4 Einen Überblick und eine Dokumentation über die Ereignisse dieses Jahres findet man in: Magyarország politikai évkönyve 1988 (Politisches Jahrbuch Ungarns 1988), Debrecen 1989.

5 Mitglieder des Komitees waren Verfolgte von 1956 sowie Angehörige namhafter Opfer der Revolution. Die Vertretung des Komitees übernahm in Budapest der Schriftsteller Árpád Göncz, der zwei Jahre später zum Präsidenten der demokratischen Ungarischen Republik gewählt worden ist. Die Geschichte des TIB nach der Wende spiegelte die allgemeine politische Rollenverteilung im Zusammenhang mit der Vergangenheitsbewältigung wider. Nach inneren Auseinandersetzungen haben mehrere liberale Politiker und Wissenschaftler das Komitee verlassen; die Führung übernahmen solche Persönlichkeiten, die nach radikaler Abrechnung mit den Verantwortlichen für das kommunistische Unrecht verlangten. Sie standen nicht selten und in zunehmendem Maß den rechtsextremistischen Kräften nahe.

keiner individuellen Überprüfung. Die Annullierung wurde einfach gerichtlich bestätigt und bedeutete „die rechtliche, moralische und politische Rehabilitierung". Es bestand außerdem die Möglichkeit, bestimmte Urteile, sofern die Handlungen im Zusammenhang mit dem Volksaufstand standen, nach einer Überprüfung aufzuheben – nämlich solche, die in dieser Periode (zwischen dem Ausbruch der Revolution und der Generalamnestie von 1963) nur wegen gewöhnlicher Straftaten sowie nach 1963 aus politischen Gründen erfolgt waren. Zugleich wurde die Regierung aufgefordert, die Nachteile, die die Betroffenen in der Sozialversicherung erlitten hatten, wiedergutzumachen.

Das zweite Annullierungsgesetz vom 14. März 1990 (Nr. XXVI/1990, MK Nr. 29/1990) war auch noch ein Werk des alten Parlaments, in dem allerdings schon mehrere unabhängige Abgeordnete in Erscheinung getreten waren. Dieses Gesetz ging weiter als das erste: Diesmal wurden alle rehabilitiert, die zwischen dem 1. Januar 1945 und dem 4. April 1963 aus politischen Gründen oder aufgrund politisch motivierter Gesetze verurteilt worden waren. Für nichtig erklärt wurden u.a. die Urteile wegen sog. staatsfeindlicher Straftaten, und auch solche, die aufgrund von Wirtschaftsdelikten – z.B. sog. Straftaten gegen die Planwirtschaft –, erfolgten. Das Gesetz rehabilitierte zwar die Opfer des Stalinismus und der kommunistischen Willkür bereits ab 1945, blieb jedoch bei der Zäsur von 1963. Die Begründung war dieselbe wie im ersten Rehabilitierungsgesetz: Die Amnestie vom 4. April 1963 „bedeutete den Anfang der politischen Konsolidierung".

Der Anfang der Konsolidierung bedeutete jedoch nicht das Ende der politischen Verfolgung. Die Verfolgten der „weichen" Diktatur zu rehabilitieren, blieb einem demokratisch gewählten Abgeordnetenhaus vorbehalten. Das allerdings erst im Februar 1992 verabschiedete dritte Annullierungsgesetz (Nr. XII/1992) erklärte die Urteile, die zwischen 1963 und 1989 wegen „staatsfeindlicher" oder „gegen die öffentliche Ordnung" begangener Straftaten ergangen waren, für nichtig. Dies geschah aber nicht – wie in den früheren Gesetzen – pauschal; es blieb die Aufgabe der Gerichte, einzeln zu klären, ob solche Handlungen bestraft worden waren, die den Schutz der internationalen Menschenrechtskonventionen genießen.

Der erste Schritt zur finanziellen *Entschädigung* der politisch Verfolgten war eine Verordnung der reformkommunistischen Regierung unter Ministerpräsident Miklós Németh vom 01.11.1989 (Verordnung des Ministerrats Nr. 108/1989). Die Zeit der Verfolgung wurde auf die arbeitsrechtlich relevante Beschäftigungszeit angerechnet und die Rente um einen bestimmten Betrag erhöht. Man hat zugleich den Kreis der Opfer über die Verfolgten von 1956 auch auf die Opfer verschiedener Gewaltmaßnahmen nach dem Weltkrieg und in der stalinistischen Ära ausgedehnt.

Die sozialen Ausgleichsleistungen wurden im Juli 1992 erweitert. Das Gesetz über die nationale Versorgung (Nr. LII/1992) gewährte den Teilnehmern der nationalen Widerstandsbewegung von 1944/45 und Geschädigten der revolutionären Ereignisse von 1956 wegen Gesundheitsschäden bzw. Erwerbsminderung eine monatliche Ergänzung der Rente in Höhe von umgerechnet 59 bis 114 DM.

In diesem Jahr wurde auch die finanzielle Entschädigung der Opfer von politischen Verfolgungen umfassend geregelt (Gesetz Nr. XXXII/92, MK Nr. 56/1992). Sie betraf die zwischen 1939 und 1989 aus politischen Gründen verurteilten oder hingerichteten Personen (bzw. deren Angehörigen), erstreckte sich also auch auf die Opfer der nationalsozialistischen Verfolgung. Für eine Freiheitsentziehung bis zu 6 Monaten erhielten die Opfer eine einmalige Entschädigung zwischen 11.000 und 33.000 Forint (damals 180 bis 550 DM). Bei längeren Strafen konnte man zwischen einer Monatsrente und einer einmaligen Entschädigung in Form von sog. Entschädigungsscheinen (vgl. unten) wählen. Die Höhe der Entschädigung belief sich für jeden Monat der Freiheitsentziehung auf 11.000 Forint. Die Entschädigung der Todesopfer des Unrechts setzte man mit einem Betrag in Höhe von einer Million Forint (damals etwa 17.000 DM) fest.

Wiedergutmachung für staatliche Enteignungen

Nach der Wende stand zunächst die mit der Privatisierung zusammenhängende aktuelle Frage der Wiedergutmachung, Rückgabe oder Entschädigung im Mittelpunkt. Die einzige politische Kraft, die für eine völlige Rückgabe insbesondere von Grund und Boden, eintrat, war die Unabhängige Kleinlandwirtepartei (FKGP). Alle andere Parteien waren der Auffassung, daß die Rückgabe des enteigneten Vermögens, besonders aus wirtschaftlichen Erwägungen, nicht möglich und sinnvoll sei. Die Forderung der Kleinlandwirte wurde allerdings bereits durch den bald beginnenden Verkauf von kleinen Läden der staatlichen Handelsketten und die Übergabe der staatlichen Mietwohnungen an die Kommunen, d.h. durch die Privatisierung eventueller Objekte der Vermögensrückgabe, praktisch zunichte gemacht. Wie es dann auch das Verfassungsgericht bestätigte (Nr. 21/1990, MK Nr. 98/1990) würde eine unterschiedliche Regelung hinsichtlich der Vermögensobjekte (teils Rückgabe, teils Entschädigung) gegen den Gleichheitsgrundsatz verstoßen.

Entsprechend dem Vorschlag der größten Regierungspartei, des Ungarischen Demokratischen Forums (MDF), der auch bei der Opposition aus Freidemokraten und Sozialisten im wesentlichen Unterstützung fand, sollte es – angesichts der schlechten finanziellen Lage des Staatshaushaltes – keine vollständige, sondern nur eine partielle, durch die Ausgabe von Entschädigungsscheinen mit der Privatisierung verbundene, Entschädigung geben.

In der Parlamentsdebatte über das im April 1991 verabschiedete Entschädigungsgesetz (Nr. XXV/1991, MK Nr. 77/1991) argumentierte neben den Kleinlandwirten auch die kleine Oppositionspartei der Jungen Demokraten (FIDESZ) gegen die mit der Privatisierung gekoppelte Teilentschädigung. Die Jungdemokraten waren der Ansicht, daß keine „gerechte" Entschädigung möglich sei; man sollte die Wiedergutmachung von der Privatisierung getrennt regeln und deren Höhe sollte nicht am enteigneten Vermögen, sondern an der damaligen Lebenslage der Enteigneten gemessen werden.

Nach dem erwähnten Gesetz sind die Entschädigungsscheine übertragbare, verzinsliche Wertpapiere, die zum Kauf von Beteiligungen an privatisierten staatlichen Unternehmen, von kommunalen Wohnungen sowie von Grund und Boden verwendet werden können. Vollständige Entschädigung wurde bis zu 200.000 Forint (etwa 3.300 DM) gewährleistet, darüber hinaus erfolgte eine degressive Teilentschädigung bis zu höchstens 5 Millionen Forint (ca. 85.000 DM).[6]

Strafverfolgung

Das Problem der strafrechtlichen Verfolgung des Unrechts, das während der kommunistischen Diktatur begangen wurde, führte zu einem langjährigen Tauziehen zwischen der Regierung, dem Parlament, dem Staatspräsidenten und dem Verfassungsgericht. Das Ergebnis ist eine etwas paradoxe Situation: Es gibt zwar Gerichtsverfahren wegen schwerster Straftaten, es existiert jedoch kein entsprechendes Gesetz der ungarischen Gesetzgebung. Das letzte, vom Parlament im Herbst 1993 verabschiedete Gesetz in dieser Sache (Nr. XC/1993, MK Nr. 152/1993), wurde nämlich drei Jahre später vom Verfassungsgericht aufgehoben (Entscheidung Nr. 36/1996, MK Nr. 75/1996). Die Kluft zwischen der fehlenden gesetzlichen Regelung und der laufenden Strafverfolgung wird durch die internationalen Verträge überbrückt, die die Verfolgung von Kriegsverbrechen vorschreiben und in Ungarn, nach der Entscheidung des Verfassungsgerichts, ohne weiteres anzuwenden sind.

Das grundsätzliche Problem der Strafverfolgung und der entsprechenden Gesetzgebung war zunächst von juristischer Natur. Die schwersten Verbrechen wie Mord und Totschlag wurden nämlich in den 50er Jahren, spätestens zu Beginn der 60er, verübt und waren zu Beginn der 90er Jahre nach dem ungarischen Strafrecht bereits verjährt. Die konservative Regierungskoalition hoffte, dafür eine juristische Lösung, nämlich das Ruhen der Verjährung von nicht verfolgten Straftaten in den Jahrzehnten der Diktatur, gefunden zu haben. Das Verfassungsgericht wies jedoch die Gesetze und Gesetzesvorschläge der Regierung – auf Initiative des Staatspräsidenten und mit Einverständnis der Opposition – mehrmals zurück. In den folgenden Gesetzesentwürfen mußte die Regierung ihre Vorstellung zeitlich und inhaltlich ständig reduzieren und sich schließlich auf die Verfolgung solcher „Kriegsverbrechen" von 1956 beschränken, die nach den in Ungarn anerkannten völkerrechtlichen Verträgen nicht verjähren.

Gleichsam in der Vorgeschichte der späteren Strafverfolgung[7] forderten die neuen konservativen und liberalen Parteien, die im Jahre 1989 – um den friedlichen Übergang nicht zu gefährden – nur verlangt hatten, die Verantwortlichen für die Unterdrückung und Verfolgung zu benennen, in der Wahlkampagne im Frühling 1990 bereits die „Abrechnung" mit den Tätern der kommunistischen Diktatur.

6 Eine Zusammenfassung bei Fertő/Mohácsi (1996).
7 Die Zusammenfassung dieses Prozesses bis Februar 1993 bei Juhász (1993).

Nach dem Wahlsieg und der Regierungsübernahme der konservativen Koalition im Sommer 1990 stellte die parlamentarische Fraktion der größten Regierungspartei, das Ungarische Demokratische Forum (Magyar Demokrata Fórum, MDF), den sog. Iustitia-Plan vor. Er sah Strafverfahren u.a. auch für die Personen vor, „die für die katastrophale Lage des Landes verantwortlich sind" (Népszabadság 06.09.1990).

Der erste Gesetzentwurf, vorgestellt am 1. September 1991 von zwei konservativen Abgeordneten, Zsolt Zétényi und Péter Takács, richtete sich gegen die Verantwortlichen für Totschlag, Landesverrat und Untreue zwischen 1944 und 1990. Durch den Entwurf wollte man zunächst das beseitigen, was die juristischen Verfahren bislang verhindert hatten, nämlich die Verjährung der erwähnten Straftaten. Nach der Argumentation von Zétényi, dessen Name in der Öffentlichkeit schließlich für das Gesetz stand, hat die Verjährung in dieser Periode geruht, da der Staat die Verbrechen aus politischen Gründen nicht verfolgte.

Daraus entwickelte sich sowohl im Parlament als auch in der Öffentlichkeit unter Rechtsgelehrten eine Debatte darüber, ob es unter Umständen möglich sei, die Verjährung zu verlängern oder neu anzusetzen.[8]

Auch Zétényi selbst betrachtete die Wiedereinführung der Verjährung juristisch als nicht unproblematisch, war jedoch der Meinung, daß der Gesetzgeber in diesem Falle das Recht hat, die Verjährungsregelungen nachträglich zu ändern. Er schloß seine Erörterung am Ende der parlamentarischen Debatte mit den Worten von Hugo Grotius: „Crimen grave non potest non esse punibile, das heißt, es kann nicht sein, daß schweres Verbrechen nicht strafbar sei" (Országgyűlési jegyzőkönyvek, OJ (Parlamentarische Protokolle) 04.11.1991).[9]

Das Gesetz, durch manche Vorschläge geändert, wurde schließlich am 4. November 1991, dem 35. Jahrestag des Einmarsches der sowjetischen Truppen in Ungarn, mit den Stimmen der Regierungskoalition verabschiedet. Während die Jungdemokraten und die Sozialisten dagegen stimmten, waren die Freidemokraten vorsichtiger und enthielten sich mit einigen Ausnahmen der Stimme. Wie der Fraktionsvorsitzende Iván Pető sagte, unterstütze die Fraktion zwar weitgehend die Absicht, die aus politischen Gründen nicht verfolgten Schulden der Vergangenheit juristisch abzuwägen, sie sei jedoch der Meinung, daß das Gesetz mindestens so viele Probleme mache, wie es löse.[10]

Das „Lex Zétényi" ist jedoch nicht in Kraft getreten: Der Staatspräsident Árpád Göncz verweigerte die Unterschrift und bat das Verfassungsgericht um Überprüfung des umstrittenen Gesetzes. Dieses urteilte, daß aus Gründen der Rechtssi-

---

8 Dazu u.a.: Szakértői vélemények az „igazságtételről" (Expertisen über die „Wiedergutmachung") in: Társadalmi Szemle Nr. 1/1992 (Das Schlüsselwort für Rehabilitierung, Entschädigung und Strafverfolgung ist in Ungarn „igazságtétel". Diese Zusammensetzung bedeutet, wörtlich übersetzt, „Rechtmachung"); Morvai (1992); Szilágyi (1992); Nagy (1995).
9 Ausführlich über die Ansichten von Zétényi s. Zétényi (1993).
10 Die Parlamentsdebatten stelle ich ausführlicher in der „Analyse" vor, um das politische Umfeld für diesen Bereich der Vergangenheitsbewältigung zu zeigen.

cherheit und aufgrund der Verfassung verjährte Straftaten nicht erneut geahndet werden dürfen und auch die Verzögerung der Verjährung nicht gestattet sei. Dementsprechend sei es auch verfassungswidrig, das Ruhen der Verjährung festzulegen. Zudem war man am höchsten Gericht Ungarns der Meinung, daß man verfassungsmäßig nicht unterscheiden könnte, ob der Staat aus politischen oder anderen Gründen bestimmte Straftaten nicht verfolgt hatte (Entscheidung Nr. 11/ 1992, MK Nr. 23/1992).[11] Nach diesem Urteil sah sich das Verfassungsgericht sowohl juristischen Einwänden (vgl. Kutrucz 1992) als auch politischen Angriffen[12] ausgesetzt.

Die Koalition, die es weiterhin unerträglich fand, die „Mörder" und „Landesverräter" der Vergangenheit ungeschoren laufen zu lassen, beharrte jedoch auf einer juristischen Lösung. Um das Problem der Verjährung zu lösen, gab es allerdings keinen anderen Weg als den Rückzug anzuordnen, d.h. den Kreis der Straftaten enger zu ziehen und auf die schwersten Verbrechen, also auf die Kriegsverbrechen, zu begrenzen, die aufgrund völkerrechtlicher Vereinbarungen nicht verjähren. Die nicht ganz selbstverständliche Feststellung, daß 1956 in Ungarn (Bürger)Krieg herrschte, hatte jedoch zwei Konsequenzen: Nun konnte man zwar wenigstens gegen die Verantwortlichen für die „Salvenfeuer" von 1956 strafrechtlich vorgehen, mußte jedoch gleichzeitig den Plan, alle schweren Verbrechen zwischen 1945 und 1989 zu verfolgen, aufgeben.

Nach mehreren Runden, in denen Regierung und Verfassungsgericht 1993 ihre Kraft und Argumente an den verschiedenen Gesetzen gemessen hatten (vgl. Brunner/Halmai 1995, S. 28-30), erkannten die Hüter der Verfassung schließlich die unmittelbare Gültigkeit der völkerrechtlichen Vereinbarungen über die Verfolgung der Kriegsverbrechen an (Entscheidung Nr. 53/1993, MK Nr. 147/1993) und ließen das entsprechende Gesetz (Nr. XC/1993, MK Nr. 152/1993) im wesentlichen passieren.

Nach einer vom Generalstaatsanwalt und vom Vorsitzenden des „Obersten Gerichts" 1995 eingereichten neuen Verfassungsklage wurde jedoch auch dieses Gesetz, aufgrund dessen bereits sieben Anklagen gegen 28 Angeklagte erhoben worden waren, 1996 für verfassungswidrig erklärt und aufgehoben (Entscheidung Nr. 36/1996, MK Nr. 75/1996), weil es nach der Entscheidung des Verfassungs-

11 Bei der Entscheidung, sagte der Vorsitzende des Gerichts, László Sólyom, handelte es sich eigentlich um einen Wertkonflikt: „Es gibt keinen Schurken, um dessen Bestrafung sich die Schmälerung des Rechtsstaates lohnen würde" (Alkotmányellenes a Lex Zétényi (Das Lex Zétényi ist verfassungswidrig), Heti Világgazdaság (HVG) 07.03.1992.
12 „Es wäre Zeit, die ausführlichen Biographien der Mitglieder des Verfassungsgerichts zu veröffentlichen", schrieb z.B. Attila Szalai in der einzigen regierungstreuen Tageszeitung, in Új Magyarország, unter dem Titel „Légy a tejben" (Fliege auf der Milch), und der Führer des rechten Flügels der Regierungspartei MDF (z.Zt. Vorsitzende der rechtsradikalen Partei der ungarischen Wahrheit und des Lebens (MIÉP)), István Csurka, meinte, der Geburtsort des Verfassungsgerichts befinde sich auf der Landkarte des alten Regimes (beide zitiert nach Juhász 1993). Vgl. auch: Emlékezetirányítás (Erinnerungsteuerung) in: HVG, 21.03.1992.

gerichts nicht richtig modifiziert worden sei. Gerade dadurch ist aber die Rechtslage eindeutig geworden, da – wie bereits erwähnt – das Verfassungsgericht die unmittelbare Gültigkeit des Genfer Abkommens, also die Überflüssigkeit von weiteren gesetzlichen Regelungen in Ungarn bereits 1993 feststellte. Dies bedeutete zugleich, daß es die Aufgabe der Gerichte geworden ist, diese Gültigkeit in jedem einzelnen Fall anzuerkennen und zu klären, ob das jeweilige Salvenfeuer dementsprechend „in einer bewaffneten Auseinandersetzung mit nicht internationalem Charakter" abgegeben wurde.[13]

Durchleuchtung und Aktenveröffentlichung

Entgegen der Prognose, die ich vor zwei Jahren aufstellte (vgl. Schauschitz 1996), konnte das Gesetz über die „Durchleuchtung" der Parlamentsabgeordneten und anderer wichtiger Amtsträger sowie über die Aktenveröffentlichung bzw. die Aufstellung des sog. Historischen Amtes für die Verwaltung der Dokumente des ehemaligen Staatssicherheitsdienstes (Nr. LXVII/1996, MK Nr. 61/1996) noch vor dem Ende der vergangenen Legislaturperiode, d.h. bis zu den Wahlen im Mai 1998, umgesetzt werden. Die beauftragten richterlichen Untersuchungskommissionen stellten zu 13 Abgeordneten bzw. Regierungsmitgliedern fest, daß sie belastet seien, d.h. für den früheren Staatssicherheitsdienst informell oder hauptberuflich gearbeitet oder aber – als damalige Amtsträger z.B. im Zentralkomitee der Kommunistischen Partei – von ihm Berichte erhalten hätten.

---

13 Das Genfer Abkommen von 1949 schützt die Opfer kriegerischer (bewaffneter) Zusammenstöße auch dann, wenn es sich um einen inneren Konflikt handelt. Was unter „nicht internationaler bewaffneter Konflikt" zu verstehen ist, wurde in der Ergänzung dieses Abkommens 1977 beschrieben. Danach müßten die regierungsfeindlichen Truppen unter verantwortlicher Führung stehen und einen Teil des Landes kontrollieren, was es ihnen ermöglicht, kontinuierlich und koordiniert vorgehen zu können. Wie die Ergänzung weiter ausführt, bezieht sich das Abkommen nicht auf begrenzte und vereinzelte, gewalttätige Auseinandersetzungen. Was in Ungarn 1956 geschehen ist, war sicher mehr als eine begrenzte und vereinzelte Auseinandersetzung; die Aufständischen standen jedoch zu keinem Zeitpunkt der inneren Konflikte unter einer gemeinsamen und koordinierten Führung.
Wie es dann in ihrem Urteil über ein „Salvenfeuer" am 27. Oktober 1956 die Militärkammer des Budapester Gerichts am 25. Januar 1995 resümierte, sei zu diesem Zeitpunkt in Ungarn zwar „Revolution und Freiheitskampf", nicht aber – im Sinne des Genfer Abkommens – „ein bewaffneter Zusammenstoß mit nicht internationalem Charakter" im Gange gewesen. Nur eine Woche später verurteilte jedoch eine Zivilkammer desselben Gerichts in einem ähnlichen Fall zwei Angeklagte zu je fünf Jahre wegen Abgabe tödlicher Schüsse auf unbewaffnete Demonstranten im Dezember 1956. Zu diesem Zeitpunkt (lange nach dem Einmarsch der sowjetischen Truppen am 4. November), konnte man nicht einmal von sporadischen bewaffneten Auseinandersetzungen sprechen. Der Vorsitzende des Gerichts ging – Verfassungsgericht hin, Genfer Abkommen her – in der mündlichen Begründung tatsächlich viel weiter: „Wenn vollkommener Frieden herrscht, wenn es keine sowjetische Aggression und keine Sicherheitstruppen (...) gibt, ist auch die massenhafte Erschießung der zivilen Bevölkerung verboten" (Sortűzsorsok (Salvenfeuerschicksale), HVG 11.02.1995).

Nach dem Gesetz sollten jene Amtsträger, insgesamt etwa 600 Personen überprüft werden, die vor dem Parlament oder dem Staatspräsidenten einen Eid leisten müssen bzw. vom Parlament gewählt werden. Dazu gehören z.B. die Parlamentsabgeordneten, die Regierungsmitglieder, der Staatspräsident, die Verfassungsrichter, der Generalstaatsanwalt, die Vorsitzenden des Landesgerichtshofs, der Ungarischen Nationalbank sowie der öffentlich-rechtlichen Rundfunk- und Fernsehanstalt.

Als belastet hatten diejenigen zu gelten, die – ohne oder mit einer schriftlichen Verpflichtungserklärung – Berichte geliefert oder empfangen und für die Informationen Geld bzw. sonstige Begünstigungen entgegengenommen hatten. Eine Besonderheit des Gesetzes ist, daß mit der Überprüfung nicht nur die früheren Mitarbeiter des Staatssicherheitsdienstes bzw. die Empfänger seiner Berichte, sondern auch die Mitglieder der ehemaligen Sicherheitstruppen von 1956-57, die nach der Revolution nach Aufständischen jagten und das Land terrorisierten, und sogar die Mitglieder der ehemaligen Nationalsozialistischen Partei Ungarns vor 1945, die sog. „Pfeilkreuzler", ermittelt werden sollten.

Die Überprüfung führen unabhängige richterliche Kommissionen streng vertraulich durch, deren Mitglieder vom Parlament bestimmt werden. Im Falle eines positiven Befunds wird der Betroffene aufgefordert, seinen Posten innerhalb von 30 Tagen zur Verfügung zu stellen. Andernfalls wird die Entscheidung der Kommission nach weiteren 15 Tagen veröffentlicht. Es besteht jedoch die Möglichkeit, vor einem ordentlichen Gericht Einspruch zu erheben, wodurch sich die erwähnten Fristen entsprechend verlängern. Mit der Verhandlung soll spätestens 30 Tage nach dem Einspruch begonnen werden. Die Überprüfung der betreffenden Personen ist durch die Untersuchungskommissionen innerhalb eines Jahres zu beenden und für die neuen Fälle bis zum Jahr 2000 fortzuführen. Das Gesetz ist also auch auf die neuen, in diesem Jahr gewählten Parlamentsabgeordneten und verschiedenen Amtsträger anzuwenden.

Das Gesetz verfügt auch über die Aufstellung des sog. Historisches Amtes, das die Dokumente des ehemaligen Staatssicherheitsdienstes aufbewahren und verwalten soll, „sofern diese (...) zur Erfüllung der gesetzlich bestimmten Aufgaben des Innenministeriums, des Verteidigungsministeriums oder der Dienste für die nationale Sicherheit nicht nötig sind" (§ 25/A(1)). Das Historische Amt hat den Betroffenen die Informationen zur Verfügung zu stellen, die die Staatssicherheit über sie gesammelt hat, und die Forschungstätigkeit in den Dokumenten zu ermöglichen. In den Akten, die den Opfern vorgestellt werden, sollen allerdings alle Angaben unkenntlich gemacht werden, die zur Identifizierung von anderen Personen, darunter auch von informellen oder hauptberuflichen Mitarbeitern der Stasi, geeignet sind.

Der erste Gesetzesentwurf zur Durchleuchtung des öffentlichen Lebens (HVG 18.05.1991) wurde im Herbst 1990 von zwei Abgeordneten der Freidemokraten eingereicht. Das Parlament fand jedoch mit seiner konservativen Mehrheit den Vorschlag nicht wichtig genug, um ihn mit Dringlichkeit auf die Tagesordnung zu setzen. Angesichts der Fülle der Aufgaben bedeutete das, seine Behandlung auf unbestimmte Zeit zu verschieben.

Das Vorgehen der Koalition war nicht überraschend. Der damalige konservative Innenminister vom MDF teilte mit, die Beschäftigung mit den Stasi-Akten erfülle ihn „persönlich mit Abscheu". Sein Nachfolger Péter Boross (der spätere Ministerpräsident nach dem Tode vom József Antall), war am Anfang auch gegen eine gesetzliche Regelung und berief sich auf den lückenhaften Zustand der Akten. Im Zusammenhang mit den damaligen Bestrebungen der Koalition, die Vergangenheit auch mit juristischen Mitteln aufzuarbeiten, änderte er allerdings bald seine Auffassung: Im Mai 1991 brachte die Regierung im Parlament eine eigene Gesetzesvorlage ein. Während der Parlamentsdebatte, in der mehr als 100 Änderungsvorschläge, nicht nur von der Opposition, eingereicht wurden, stellte sich jedoch heraus, daß der Entwurf zur Durchleuchtung des öffentlichen Lebens offensichtlich ungeeignet war und er wurde ein Jahr später zurückgezogen.

Beiden erwähnten Vorschlägen war gemein, daß sie mehrere tausend Personen des Landes: Politiker, Richter, Staatsanwälte, Bürgermeister usw. überprüfen lassen wollten. Während jedoch der liberale Entwurf nur die Mitarbeiter der letzten Staatssicherheitsorganisation seit 1971 aufs Korn genommen hätte, hätte sich die konservative Vorlage auch auf dessen Vorgänger und auf die sog. Sicherheitstruppen von 1956 sowie auf die wirtschaftliche Elite erstreckt.[14]

Der neue Gesetzesentwurf der Regierung folgte im Februar 1993 der eingeschlagenen Richtung. Der Kreis derer, die überprüft werden sollten, wurde auf 10.000 bis 12.000 Personen erweitert. Im wesentlichen war die Durchleuchtung der Führungsränge des Staates und der Wirtschaft, die der gewählten Volksvertreter, aber auch die der Medien vorgesehen. Dazu gehörten: die Regierungsmitglieder bis hin zu den Abteilungsleitern der Ministerien, die Richter und die Staatsanwälte, die Botschafter, die Militär- und Polizeiführung, die Abgeordneten des Parlaments, die Vorsitzenden der Landkreise und die Bürgermeister der Städte, die Leiter der Staatsbanken und staatlichen Unternehmen, die öffentlich-rechtlichen Medien, aber auch die wichtigsten Privatzeitungen einschließlich ihrer Redakteure (dies drückte wahrscheinlich den Wunsch nach Säuberung der nicht gerade regierungsfreundlichen Medien aus), sowie die Professoren an den Universitäten. Eine wichtige Ergänzung war, daß die Überprüfung sich auch gegen solche Personen richtete, die früher als Amtsinhaber die Berichte der Stasi erhalten hatten. Außerdem sollten Mitgliederlisten der Partei der „Pfeilkreuzler" veröffentlicht werden. Das Verfahren der Durchleuchtung und die Sanktionen entsprachen im wesentlichen den Vorschriften des z.Zt. gültigen, oben geschilderten Gesetzes. Die Veröffentlichung der Stasi-Akten im Interesse der Opfer und der Forschung war nicht vorgesehen. Das Gesetz wurde in den letzten Tagen der

---

14 Trotz seiner Folgenlosigkeit ist der Vorschlag vom Herbst 1991 erwähnenswert, die Offiziers- und IM-Listen der Stasi für 90 Jahre zu sperren. Er wurde eingebracht von drei den Sozialisten nahestehenden unabhängigen Abgeordneten (unter ihnen Imre Pozsgay, der vor der Wende als Reformkommunist eine bedeutende Rolle spielte).

ersten Legislaturperiode verabschiedet. Die Konsequenz war, daß keiner der Abgeordneten des ersten frei gewählten Parlaments überprüft werden konnte.

Gegen das Gesetz gingen mehrere *Klagen beim Verfassungsgericht* ein. Das Gericht stellte dann tatsächlich fest (Entscheidung Nr. 60/1994, MK Nr. 124/1994), daß das Gesetz in zwei Punkten nicht verfassungskonform sei. Zum einen sei bei der Bestimmung der zu überprüfenden Personen kein einheitliches und der Verfassung entsprechendes Kriterium zu erkennen. Die Durchleuchtung bestimmter Personenkreise, etwa bei den Medien, an den Universitäten und bei den staatlichen Banken, wurde vom Verfassungsgericht als diskriminierend betrachtet und verworfen, während das Gericht in anderen Fällen, z.B. bei den Kirchen und Gewerkschaften, für deren Führung keine Durchleuchtung vorgesehen war, eine Erweiterung der Überprüfung anregte. Der Gesetzgeber wurde verpflichtet, einheitliche Kriterien zu verwenden.

Zweitens entschied das Verfassungsgericht, daß die von der Staatssicherheit früher rechtswidrig gesammelten Informationen nicht geheim bleiben durften. Sowohl die persönlich Betroffenen als auch die historische Forschung hätten grundsätzlich ein Recht darauf, die gesammelten Informationen und die Tätigkeit der früheren Staatssicherheit kennenzulernen. In seinem Urteil vom Dezember 1994 verpflichtete das Gericht das Parlament, bis zum 30. September 1995 das überarbeitete Gesetz zu verabschieden.

Nicht einmal der neue Entwurf wurde jedoch bis zu diesem Zeitpunkt vom freidemokratisch geführten Innenministerium ausgearbeitet. Zwölf Tage nach Ablauf des Termins lag dann doch ein Gesetzesentwurf vor; allerdings war er nicht von der Regierung formuliert, sondern von einem oppositionellen Abgeordneten, dem früheren konservativen Justizminister. Der Entwurf halbierte die Zahl der zu überprüfenden Personen auf 6.000 und entsprach nach Meinung von Rechtsexperten dem Urteil und den Intentionen des Verfassungsgerichts. Dennoch wurde er gut zwei Monate später vom Parlament verworfen.

Zu dieser Zeit – seit Anfang Dezember 1995 – lag bereits der neue Regierungsentwurf vor. Dieser erlangte, wie oben geschildert, schließlich im Juli 1996, zehn Monate nach dem vom Verfassungsgericht vorgeschriebenen Termin Gesetzeskraft. Es steht noch allerdings die Entscheidung des Verfassungsgerichts über die Klage eines konservativen und einiger liberalen Abgeordneten aus. Sie verlangen zum einen, die Überprüfung auf die Justiz und die Bürgermeister auszudehnen, zum anderen die Dokumente aller früheren Geheimdienstabteilungen und nicht nur die von der „inneren Abwehr", den Untersuchungsrichtern, den Opfern und der Forschung zugänglich zu machen.

Weitere Bereiche der Vergangenheitsbewältigung

Es gab in Ungarn keinen ernsthaften Vorschlag, die Mitglieder des ehemaligen Herrschaftsapparates zu diskriminieren, etwa durch ein Verbot für die früheren kommunistischen Funktionsträger, im öffentlichen Dienst und im politischen Leben führende Positionen zu bekleiden. Auch das Verbot der kommunistischen Partei wurde nicht in Erwägung gezogen. Die Bemühungen der neuen Parteien, insbesondere der Freien Demokraten (SZDSZ), haben sich darauf konzentriert, die MSZMP zu verpflichten, über ihr Vermögen Rechenschaft abzulegen. Dies geschah zunächst durch eine Volksabstimmung bereits am 26. November 1989, deren Ergebnis dann das demokratisch gewählte Parlament am 10. September 1990 durch ein Gesetz (Nr. LXXIII/1990) bekräftigte.

Was die öffentliche Klärung der Fakten und der Funktionsweise der kommunistischen Diktatur betrifft, kam es in Ungarn nicht dazu, eine entsprechende parlamentarische Kommission aufzustellen – obwohl dies mehrmals, so z.B. von der Regierung, vom Staatspräsidenten, von Abgeordneten der Regierungsparteien und der Opposition, vorgeschlagen worden ist. Dafür wurden mehrere historische und juristische Fachkommissionen (etwa die – nach ihren jeweiligen Vorsitzenden benannte – Zinner-, Vékás- und Kahler-Kommission) zur Klärung der Fakten im Zusammenhang mit den Vorbereitungen der geschilderten Gesetze zunächst von der MSZMP und später von der konservativen Regierungskoalition eingesetzt. Die Berichte dieser Kommissionen wurden zwar teilweise veröffentlicht, konnten jedoch ein öffentliches Forum zur Aufarbeitung der Vergangenheit nicht ersetzen.

II. Analyse

Nach der Darstellung der gesetzlichen Regelungen bzw. deren Vorgeschichte im „Dossier" werden hier die einzelnen Gebiete der Vergangenheitsbewältigung wieder ins Auge gefaßt – diesmal, um die praktischen Konsequenzen und die Schwachpunkte der Gesetze aufzuzeigen. Anhand der Strafverfolgungsproblematik beschreibe ich dann das politische Umfeld, welches teilweise Ansätze zur Erklärung des Prozesses der Aufarbeitung der Vergangenheit in Ungarn bietet. Zum Schluß folgen Bemerkungen zu den historischen und gesellschaftlichen Voraussetzungen, ohne die der Verlauf der Vergangenheitsbewältigung in Ungarn nicht gut verstanden werden kann.

Rehabilitierung und Entschädigung

Es war ein grundlegender und wichtiger Schritt, daß man die Opfer politischer Verfolgungen zwischen 1944 und 1989 durch mehrere Gesetze rehabilitiert hat. Es stellt sich dabei allerdings die Frage, ob es berechtigt war, die politisch motivierten Urteile nur bis 1963 pauschal aufzuheben und danach nur noch eine

Überprüfung der Einzelfälle nach Antragstellung zu ermöglichen. Diese Zäsur ist noch fragwürdiger im Lichte der Forschungsergebnisse, wonach die systematische politische Verfolgung noch Jahre nach der sogenannten Generalamnestie von 1963 weiterging. Ein weiteres Problem besteht darin, daß die Höhe der sozialen Ausgleichsleistungen und Haftentschädigungen, die die Rehabilitierung begleiteten, die Betroffenen kaum zufriedenstellen konnte.

In der Frage der Entschädigungen für die kommunistischen Enteignungen war es wohl aus finanziellen und wirtschaftlichen Erwägungen richtig, in Ungarn von der Eigentumsrückgabe abzusehen; aber der eingeschlagene Weg, die Entschädigung durch Wertscheine mit der Privatisierung zu verbinden, führte schließlich zu Ungerechtigkeiten und zu allgemeiner Unzufriedenheit. Erstens ist es nicht gelungen, das Gesamtvolumen der Entschädigungsansprüche und die Zahl der Geschädigten auch nur annähernd abzuschätzen. Am Anfang erwartete man Ansprüche von insgesamt etwa 100 Milliarden Forint (ca. 1,7 Mrd. DM); der tatsächliche Betrag ging aber weit über 200 Milliarden Forint (ca. 3,4 Mrd. DM) hinaus. Man rechnete außerdem mit wesentlich weniger als den tatsächlich abgegebenen 1,8 Millionen Anträgen. Dementsprechend hat die starke Nachfrage in Form von Entschädigungsscheinen das Angebot an Beteiligungen an staatlichen Betrieben sowie an Grund und Boden meistens übertroffen, obwohl die Anträge nur sehr langsam und bürokratisch erledigt worden sind. Der Kurs der auf dem Finanzmarkt eingeführten Entschädigungsscheine entwickelte sich folglich ungünstig. Die großen Wertverluste veranlaßten die Inhaber zum Verkauf ihrer Scheine. Während die konservative Regierung, die sich von diesem Prozeß die Herausbildung eines neuen Mittelstandes erhoffte, von Zeit zu Zeit versuchte, das Angebot zu erhöhen, kümmerte sich die sozialliberale Regierung ab 1994 kaum noch um die Lösung dieses Problems. Die von Anlegern und Spekulanten unter Wert aufgekauften Scheine ermöglichten allerdings in vielen Fällen gute Geschäfte beim Kauf von staatlichen Unternehmen oder von Grund und Boden. Schließlich wurden sie, und nicht die ursprünglichen Inhaber der Scheine, Nutznießer der Entschädigung (vgl. Fertő/Mohácsi 1996). Der Historiker András B. Hegedűs urteilte folgendermaßen: „Die ganze Entschädigung mündete in einen bürokratisierten und menschenverachtenden Prozeß (...). Dem Parlament gelang es, ein Gesetz zu verabschieden, das niemanden entschädigt, das jedoch allen Unbehagen bereitet" (Ólmosi 1994, S. 296).

Diskriminierung

Wie bereits erwähnt, wurden diskriminierende Maßnahmen gegen die Mitglieder des kommunistischen Herrschaftsapparates, wie z.B. die Funktionäre der Staatspartei oder die Mitarbeiter des Staatssicherheitsdienstes, in Ungarn nie ernsthaft erwogen, auch wenn dies manche, meistens rechtsradikale, politische Kräfte lautstark verlangten. Ohne der antisemitisch begründeten Forderung von den Rechtsextremisten zu folgen, muß man jedoch die Frage stellen, ob man sich mit dem Systemwechsel im strukturellen Sinne zufrieden geben oder auch nach einer personenbezogenen „Säuberung" der Führungspositionen im Staat, in der Politik und sogar in der Wirtschaft verlangen soll? Pragmatisch könnte man diese Frage folgendermaßen formulieren: Welche Vorteile sind von einer solchen Säuberung zu erwarten und welchen Preis müßte man für eine radikale personelle Abrechnung bezahlen?

Die elementare Gerechtigkeit spricht zweifellos dafür, daß die Mitglieder der kommunistischen Nomenklatur, die Nutznießer des alten Regimes, über keine politische oder wirtschaftliche Macht in der neuen Demokratie verfügen dürfen: Nicht nur, weil sie es nicht „verdient" hätten, sondern auch weil dadurch die gesellschaftliche Chancengleichheit von Anfang an beeinträchtigt werden würde. Auf der anderen Seite steht das Argument einer Gefährdung des sozialen Friedens, und – gerade in einem Rechtsstaat – noch mehr die Frage nach der Legitimation der Diskriminierung einer bestimmten Gruppe von Menschen. Man könnte höchstens, wie es in manchen osteuropäischen Ländern passierte, genau definierte und zeitlich begrenzte Maßnahmen ergreifen, würde aber dadurch das gewünschte Ziel einer umfassenden personellen Säuberung kaum erreichen.

Strafverfolgung

Ursprünglich hat man im Zusammenhang mit den „Salvenfeuern" während und nach dem Herbst 1956 in 38 Fällen Untersuchungen eingeleitet; davon jedoch nur in sieben Fällen gegen 28 Angeklagte Anklage erhoben (Juhász 1996). Bis heute wurden in erst einem Prozeß die Angeklagten rechtskräftig verurteilt,[15] die weiteren Verfahren laufen noch oder sind mit einem außergerichtlichem Vergleich oder mit der Aufhebung des Urteils abgeschlossen worden.[16]

Die Möglichkeiten der Strafverfolgung waren zum einen durch die Rechtslage, die Verjährungsregelung und zum anderen durch die Entscheidung des Verfassungsgerichts über das Verbot der nachträglichen Änderung dieser Regelung begrenzt. Auch wenn man annimmt, daß in diesem Urteil persönliche bzw. politische Auffassungen der Richter und der Druck der Opposition bzw. der Medien mitgewirkt haben, scheint die Entscheidung verfassungsrechtlich gesehen unanfechtbar zu sein. Die Parlamentsabgeordnete Katalin Kutrucz hat aufgrund internationaler Beispiele über die rückwirkende Veränderung der Verjährung nach dem Zweiten Weltkrieg allerdings zu Recht darauf hingewiesen, daß „es nicht eine

15 Am 8. Dezember 1956 eröffneten sowjetische und ungarische Truppen in Salgótarján das Feuer auf etwa 4.000 unbewaffnete Demonstranten, die die Freilassung von verhafteten Personen forderten. Es gab 46 Tote und 89 Verletzte. Im Prozeß gegen die Täter wurde ein Angeklagter zu fünf Jahren, zwei weitere zu jeweils zwei Jahren Gefängnis verurteilt, mehrere Angeklagte wurden freigesprochen (MH 17.01.1997).
16 Soweit die letzte – überaus spärliche – persönliche Auskunft des Obersten Gerichts in Budapest.

einzige, durch jedermann anerkannte Auffassung darüber gibt, was ein Rechtsstaat, der eine Diktatur ablöst, tun darf" (Kutrucz 1992). Sie hat zudem darauf aufmerksam gemacht, daß das ungarische Strafrecht zugleich solche internationalen Abkommen hinsichtlich der Kriegsverbrechen anerkennt, die die Verjährung dieser Taten nachträglich ausgeschlossen haben. „Folglich muß entweder das Verfassungsgericht seine Auffassung über den Rechtsstaat ändern, oder das Parlament die Regelung über die Nichtverjährung der Kriegsverbrechen außer Kraft setzen" (ebd.). Wie erwähnt hat das Verfassungsgericht seine Auffassung zwar nicht geändert, aber die Gültigkeit der entsprechenden internationalen Abkommen schließlich doch anerkannt.

Aber nicht nur die Rechtslage, auch die *politische Atmosphäre* entwickelte sich ungünstig für die strafrechtliche Verfolgung des kommunistischen Unrechts. Die Opposition, bestehend aus den zwei liberalen Parteien und den Sozialisten, hatte bereits auf den „Justitia-Plan" der Regierung mit scharfer Kritik reagiert. Strafverfahren würden nur „Schauprozesse" ermöglichen, die neue Demokratie dürfe nicht „durch Ungerechtigkeiten befleckt" werden, behaupteten namhafte oppositionelle Abgeordnete wie Ferenc Kőszeg und Gábor Fodor (Juhász 1993, S. 27). Die Ablehnung war noch heftiger in den Kommentaren der Medien, die überwiegend mit der Opposition sympathisierten. Man befürchtete eine „Hexenjagd", eine Lawine von Anzeigen und eine immer breitere Abrechnung letztlich nicht nur mit den ehemaligen politischen Gegnern.

Die Parlamentsdebatte über das „Lex Zétényi", das Gesetz, mit dessen Hilfe allerdings nur solche Schwerstverbrechen wie Totschlag und Hochverrat verfolgt werden sollten, zeigte die – teilweise unterschiedlichen – Argumentationslinien der oppositionellen Parteien. Ausschließlich rechtlich argumentierte gegen den Gesetzesentwurf z.B. der Hauptredner der Jungdemokraten (FIDESZ) Gábor Fodor, der im Zusammenhang mit der Verjährungsproblematik sagte: „Die Grundsätze der Rechtsstaatlichkeit dürfen aus Gründen irgendwelchen politischen Willens (...) nicht überschritten werden" (OJ, Parlamentarische Protokolle 08.10.1991). Er fragte auch danach, ob die Regierung alles getan habe, die Vergangenheitsbewältigung z.B. durch außer-juristische Mittel, durch die historische Forschung oder durch rechtsstaatlich unproblematische juristische Lösungen voranzutreiben, und schlug für diesen Zweck die Aufstellung einer parlamentarischen Kommission vor.

Die Redner der beiden anderen Oppositionsparteien formulierten jene nicht juristischen Argumente, die auch in der öffentlichen Debatte eine Rolle spielten. Sowohl die Freidemokraten (SZDSZ) als auch die Sozialisten (MSZP) bestimmten solche Abgeordnete als Hauptredner, die zu den Verfolgten von 1956 gehörten. Die Nation habe jetzt keine Kraft, 35 bis 40 Jahre alte Schulden zu verfolgen, sie müsse sich auf die Verbesserung ihres gegenwärtigen Lebens konzentrieren, behauptete der Freidemokrat Imre Mécs. Wie er sagte, sei die Aufgabe der Vergangenheitsbewältigung nicht von juristischer, sondern von historischer Natur. Mécs machte für die Diktatur nicht nur die kommunistischen Führer, sondern „das ganze System" und „die Hunderttausende", die mit dem Unrechtsregime zusammenarbeiteten, verantwortlich (OJ 08.10.1991).

Der sozialistische Abgeordnete Attila Nagy befürchtete, daß der Gesetzesentwurf, der die Vergangenheit umbewerten wolle, die Gefahr der politischen Abrechnung und der Willkür auch in der Demokratie heraufbeschwören würde. Daß die sozialistische Partei nicht zuletzt um sich selbst und ihre Anhänger sowie das Schicksal der früheren Nomenklatur besorgt war, verriet die Rede von József Géczi, der „vor einer Welle von Anzeigen, Ermittlungen und anderen Maßnahmen" (OJ 04.11.1991) warnte, falls die Wirkung des Gesetzes sich auch auf die Zeit nach 1963 erstrecken würde. Anstatt der individuellen Schuld und der historischen Verantwortung stand in seiner Rede die „Verantwortung der Geschichte" in Gestalt der Großmächte im Mittelpunkt: Für das Herbeirufen der sowjetischen Truppen im Jahre 1956 durch die ungarische Parteiführung, worauf sich ja u.a. die Anklage des Hochverrats im Gesetzentwurf bezog, wurden in der Darstellung von Géczi nicht nur die sowjetische Führung, sondern auch die USA verantwortlich gemacht, da sie der Sowjetunion ihre Absicht von der Nichteinmischung in die ungarischen Angelegenheiten mitteilte.

Welche Absichten konnten hinter dem – am Anfang breit angelegten – Plan der konservativen Regierungskoalition stehen, die Schuldigen der Vergangenheit strafrechtlich zu verfolgen? Unter den Motiven hat sicherlich der Wunsch, mit strafrechtlichen Mitteln Gerechtigkeit zu üben, eine grundlegende Rolle gespielt. Eine weitere Überlegung hätte darin bestehen können, die Vertreter des alten Regimes aus dem Staatsapparat, der Wirtschaft und der Kultur zu entfernen, denn der Wechsel des politischen Systems war im Frühling 1990 zwar vollzogen, aber die neue Regierung fand die alten Kräfte und ihren Einfluß noch überall vor. Die beabsichtigten Prozesse hätten jedoch diesen Personenkreis nur teilweise treffen können, nachdem in der politischen und wirtschaftlichen Elite des Staatssozialismus bereits in den 80er Jahren ein Wechsel stattfand, und die wirklich „Schuldigen" der „Kádár-Diktatur" kaum mehr in führenden Positionen saßen.

Die auch strafrechtliche Kampfansage an die real existierende Macht der früheren Nomenklatur konnte allerdings als ideologisches Mittel zum Aufbau eines aktuellen und allgemeinen Feindbildes der „Kommunisten" dienen (vgl. Fodor 1991). Nachdem die oppositionellen Parteien diese Funktionalisierung als gegen sie und den Rechtsstaat gerichtete Gefahr wahrgenommen hatten, begnügten sie sich mit dem politischen und wirtschaftlichen Wechsel im strukturellen Sinne und nahmen die personelle Kontinuität mit dem früheren Regime in Kauf (vgl. Tamás 1991).

In einer mißtrauischen und sogar hysterischen Atmosphäre warf die Opposition der Regierung vor, eine Neuauflage des autoritären Horthy-Regimes zwischen den beiden Weltkriegen in Ungarn vorzubereiten, während die konservative Koalition die liberalen Parteien verdächtigte, die Interessen der früheren Machthaber verteidigen und die Demokratie untergraben zu wollen. Zu den Geburtswehen oder eher noch zu den Kinderkrankheiten der ungarischen Demokratie gehörte, daß die politischen Gegner die demokratische Gesinnung der jeweils anderen anzweifelten. Während die Opposition z.B. den „Justitia-Plan" im August 1990 als konkrete Bedrohung für die Demokratie interpretierte, war für die Regierung die Gründung der sogenannten Demokratischen Charta (als außerparlamentarische Bewegung „zur Verteidigung der Demokratie") im Oktober 1990, in deren Reihen linksliberale Intellektuelle u.a. aus der Partei der Freien Demokraten und der Sozialisten miteinander kooperierten, ein Beweis dafür, daß die Opposition das Parlament als demokratische Institution in Frage stellte.

Die Frage nach der Vergangenheitsbewältigung u.a. mit strafrechtlichen Mitteln war damit in einen neuen *politischen Kontext* gestellt und stand mit der Neuverteilung der Machtpositionen im Zusammenhang. Die liberalen Parteien, ursprünglich keine Freunde der Reformkommunisten, konnten als Opposition das Vorgehen der Regierung gegen die frühere Nomenklatur schwerlich unterstützen. Einen ausgewogenen Standpunkt zu beziehen war noch schwieriger, nachdem die vom Schriftsteller István Csurka angeführte rechtsradikale Bewegung, deren Angriffe antisemitisch begründet waren, bis 1993 innerhalb der größten Regierungspartei agierte. In der Darstellung von Csurka erschienen die Mitglieder der früheren kommunistischen Nomenklatur und die damaligen liberalen Oppositionellen, nunmehr in Form der sozialistischen und der freidemokratischen Partei, als natürliche, nämlich durch ihre jüdische Abstammung definierte Verbündete, als eine Gruppe, die gegenüber dem „ungarischen Volk" „fremde" Interessen vertritt. Der gemäßigte konservative Ministerpräsident József Antall stand in seiner Partei einerseits unter dem Druck der Rechtsradikalen, wurde andererseits von außen, durch die Darstellung der Opposition und der Medien, in die Nähe dieser Kräfte gerückt. Je radikaler die Abrechnung mit den Schuldigen der kommunistischen Diktatur von rechts gefordert wurde, desto vorsichtiger wurden auf der anderen Seite auch diejenigen, so z.B. frühere Oppositionelle, die ansonsten auch ein strafrechtliches Vorgehen für selbstverständlich hätten halten können.

Hinter den politischen Auseinandersetzungen standen bestimmte *kulturelle Traditionen* mit politischen Konsequenzen, die die Gegensätze, besonders zwischen den Freien Demokraten und den Ungarischen Demokraten (MDF), also zwischen der größten oppositionellen und der größten Regierungspartei, noch mehr vertieften. Es hat sich eine Art Kulturkampf in mehreren Dimensionen entwickelt.[17]

17 Der Kulturkampf wurde besonders stark über die Medien ausgetragen. Die Printmedien waren zur Zeit der Machtübernahme der konservativen Koalition bereits fast ausnahmslos von der reformkommunistischen Regierung privatisiert. Dadurch wurde die Position einer Schicht von Journalisten gesichert, die den Systemwechsel vorangetrieben hatten und überwiegend Sympathisanten der Sozialisten und der Freidemokraten waren. Was für die Journalisten als selbstverständlich galt, nämlich ihre Meinungen und Sympathien frei zu äußern, erlebte die Koalition als unberechtigte Angriffe gegen die demokratisch legitimierte Regierung. Auf dem bereits aufgeteilten Medienmarkt blieb die Bestrebung der Regierung, eine eigene einflußreiche Zeitung zu etablieren, erfolglos. Es entwickelte sich eine langwierige Auseinandersetzung um die öffentlich-rechtlichen Medien, das Fernsehen und den Rundfunk. Unzufrieden mit dem ersten, noch parteiübergreifenden, Kompromiß, versuchte die Regierung die

Zunächst ging es um verschiedene, in die erste Hälfte des Jahrhunderts zurückreichende literarische Traditionen in Ungarn (um die Wende engagierten sich in beiden Parteien viele Schriftsteller), die aber gleichzeitig auch bestimmte Ideologien verkörperten. Während die Ungarischen Demokraten das sogenannte völkisch-nationale Erbe hochhielt, erschien das SZDSZ als Nachfolger der sogenannten urbanen Intelligenz jüdisch-bürgerlichen Ursprungs. Die Frage war in diesem Zusammenhang, ob man auf dem Weg zur europäischen Integration ein spezifisches „ungarisches" Kulturerbe betonen oder sich eher den universellen „kosmopolitischen" Werten anpassen sollte. In sozialer Hinsicht versuchten die Konservativen den zwischen den beiden Weltkriegen starken „ungarisch-christlichen Mittelstand" zu rehabilitieren und ihn als Vorbild für einen neuen Mittelstand hinzustellen. Von liberaler Seite begriff man die erwünschte demokratische Gesellschaft als den Zusammenschluß gleichberechtigter Bürger.

Die Jungen Demokraten hielten sich aus den intellektuellen „Stammeskämpfen" heraus und versuchten die oppositionelle Kritik im sachlichen Rahmen zu halten. Dies und die darauffolgende Kritik des FIDESZ durch die linksliberalen Medien führten zur Entfremdung der beiden liberalen Parteien. Im Rückblick war es nur konsequent, daß der Weg der Freidemokraten in die Koalition mit den Sozialisten führte, während sich die Jungdemokraten in Richtung Rechtsliberalismus und Konservativismus bewegten, um das Vakuum, das die Niederlage der Ungarischen Demokraten hinterlassen hat, erfolgreich auszufüllen.

Durchleuchtung

Die mit der Durchleuchtung beauftragten, aus Richtern bestehenden Kommissionen stellten bis Anfang 1998 fest, daß unter den etwa 600 Amts- und Würdenträgern, die nach dem Gesetz überprüft werden sollten, 13 Personen, allesamt Mitglieder des Parlaments, belastet waren (MH 16.01.1998). Von ihnen haben sechs Personen die Möglichkeit gewählt, vor einem ordentlichen Gericht Einspruch gegen die Ergebnisse der Lustrations-Kommission zu erheben. Während die meisten Fälle bisher geheim behandelt worden sind, erfuhr die Öffentlichkeit von jenen Abgeordneten der Sozialistischen Partei, die als frühere kommunistische Funktionäre Stasi-Berichte empfangen haben oder – wie Ministerpräsident Gyula Horn – Mitglied der Sicherheitstruppen von 1956 (vgl. Fußnote 18) und damit belastet waren.

führenden Posten mit ihr ergebenen Leuten zu besetzen. Nachdem der Staatspräsident seine Unterschrift zur Ernennung der Intendanten wiederholt verweigerte, kam die Angelegenheit schließlich vor das Verfassungsgericht. Die Entscheidung, derzufolge der Staatspräsident seine Unterschrift nur dann verweigern könne, wenn die Demokratie in Gefahr sei, wurde bezüglich der konkreten Angelegenheit von den politischen Gegnern unterschiedlich interpretiert. Die schließlich erfolgreiche Machtübernahme der Regierung in den öffentlich-rechtlichen Medien wirkte allerdings auf die Öffentlichkeit eher kontraproduktiv.

Die Bemühungen der konservativen Regierung zwischen 1990 und 1994 um die Durchleuchtung des öffentlichen Lebens waren viel weniger überzeugend als bei der Strafverfolgung. Auf den ersten, offensichtlich unzureichenden Gesetzesentwurf vom Mai 1991 folgte erst im Februar 1993 der nächste Vorschlag. Dieser Entwurf wurde im Oktober 1993, gleichzeitig mit der überaus schwierigen Haushaltsdebatte, auf die Tagesordnung gesetzt. In der Parlamentsdebatte vermuteten die oppositionellen Abgeordneten Vilmos Horváth und Ferenc Kőszeg (OJ 27.10.1993) zwei Absichten hinter diesem Entwurf. Erstens, daß die Regierung weiterhin auf Zeit spielen würde, d.h. kein Interesse an der Verabschiedung und Durchführung des Gesetzes in der laufenden Legislaturperiode hätte, und vor allem, daß angesichts der langwierigen parlamentarischen Prozedur und der Parlamentswahlen im Mai nächsten Jahres dieses Thema dem Wahlkampf dienen sollte.[18]

In der Parlamentsdebatte zu diesem Entwurf nahmen die Freidemokraten eine konsequentere Haltung als die Regierung ein: Sie wollten nicht nur die Überprüfung, sondern auch das Recht auf Informationsfreiheit sichern. Vom Abgeordneten der Freidemokraten Imre Mécs wurde bereits damals die Forderung nach der Veröffentlichung der Stasi-Akten erhoben. Er verlangte auch, die Überprüfung nicht auf die Dokumente jener Abteilung des Innenministeriums zu beschränken, welche für die innere Sicherheit verantwortlich war (OJ 16.11.1993).

Die Sozialisten lehnten das Gesetz schon damals ab. Ihr Hauptredner Béla Katona war der Meinung, das Parlament hätte die Chance, die Frage der Durchleuchtung gesetzlich zu regeln, im Herbst 1990 endgültig vertan. Die Akten seien außerdem unvollständig und manipuliert. Die Durchleuchtung würde die Atmosphäre des Mißtrauens in Ungarn für weitere sechs Jahre konservieren. Er kündigte an, daß die Fraktion der Sozialistischen Partei an der Ausarbeitung des Gesetzes nicht teilnehmen würde (OJ 27.10.1993).[19]

---

18 Beide Verdächtigungen schienen nicht unbegründet zu sein. Zum einen konnte es für den konservativen Ministerpräsidenten bequemer und nützlicher sein, die Geheiminformationen gegen seine Gegner innerhalb der Partei und der Koalition auszuspielen, als die Durchleuchtung zu riskieren, nachdem zu vermuten war, daß davon alle Fraktionen (vielleicht mit Ausnahme der Jungdemokraten) gleichermaßen betroffen sein würden. Zweitens bot die Debatte über die Durchleuchtung eine ausgezeichnete Gelegenheit, in der Wahlkampagne den inzwischen sehr populär gewordenen Vorsitzenden der Sozialisten Gyula Horn anzugreifen. Als ehemaliges Mitglied der Sicherheitstruppen von 1956/57 war er doch vom Gesetz persönlich betroffen. Die sehr späte, erst kurz vor den Wahlen erfolgte Aufstellung Horns als Kandidat für das Amt des Ministerpräsidenten wies darauf hin, daß auch die Sozialisten das für eine Gefahr hielten. Die Koalition hat jedoch, wenn überhaupt, schlecht kalkuliert. Auch wenn man sogar ein angebliches Opfer der persönlichen Brutalität von Horn vorführte, waren die Zeiten – angesichts der aktuellen wirtschaftlichen Schwierigkeiten – vorbei, als sich noch breite Wählerschichten über die Vergangenheit aufzuregen vermochten. Horn wurde trotzdem gewählt, und vier Jahre später, als diese Angelegenheit bei seiner Überprüfung wieder hochkam, aber noch weniger Menschen interessierte, bestimmt nicht deshalb abgewählt.

19 Wie das folgende Beispiel zeigt, standen auch die Medien der Durchleuchtung feind-

Der Abgeordnete der Jungdemokraten László Kövér hingegen bezweifelte zwar, daß das vorliegende Problem zufriedenstellend gelöst werden könnte; wie er jedoch betonte, sei es unmoralisch und wegen der Gefahr der Erpressung auch gefährlich, daß ehemalige Mitarbeiter der Geheimdienste in verantwortlichen Positionen verblieben (OJ 16.11.1993). Der Redner der vom MDF abgespaltenen rechtsradikalen „Partei der Ungarischen Wahrheit und des Lebens" meinte, manche Abgeordnete seien bereits von 1987 an in die damaligen oppositionellen Parteien eingeschleust worden, um sich dort im Interesse der damaligen Kommunistischen und der jetzigen Sozialistischen Partei zu betätigen. Das frei gewählte Parlament werde folglich immer noch von der MSZP „ferngesteuert" (OJ 16.11.1993).

Die Ausarbeitung und Verabschiedung des neuen Gesetzes durch die sozialliberale Regierung waren dann wohl lediglich dem Umstand zu verdanken, daß die Entscheidung des Verfassungsgerichts vom Dezember 1994 die Regierung dazu verpflichtet hatte. Der damalige sozialistische Ministerpräsident Gyula Horn zeigte sich über die Durchleuchtung und die Aktenveröffentlichung bereits im Vorfeld nicht besonders erfreut und nannte später das Gesetz einfach „falsch" (Kovács, Z. 1997). Die Ergebnisse der Überprüfung veranlaßten sozialistische Abgeordnete zu weiteren Angriffen gegen die Durchleuchtung (Géczi 1998a, 1998b).

Die Partei der Freidemokraten, die in der Parlamentsdebatte von 1993 noch eine weitgehende Öffnung der Akten forderte, hat inzwischen, diesmal an der Regierung, den Vorstellungen der Sozialisten, teilweise mit schlechtem Gewissen, zugestimmt (vgl. Kovách 1996). Dem freidemokratisch geführten Innenministerium fiel die Aufgabe zu, den Gesetzesentwurf zu erarbeiten.

Das verfassungsgerichtlich bestätigte Ziel des Durchleuchtungsgesetzes war es, die Durchschaubarkeit der Biographien von Amts- und Mandatsträgern zu ermöglichen. Es ist allerdings zu bezweifeln, ob das öffentliche Leben auf die Zahl der 600 Personen, die in etwa unter das diesbezügliche Gesetz fallen, zu reduzieren ist. Zudem beanstandete das Verfassungsgericht im Zusammenhang mit dem Durchleuchtungsgesetz der konservativen Regierung das Fehlen eines einheitlichen Kriteriums bei der Bestimmung dieses Personenkreises. Dieses Problem wur-

---

selig gegenüber. Als nach den Wahlen von 1994 im Sinne des verabschiedeten, vom Verfassungsgericht später allerdings abgelehnten Gesetzes der erste Ausschuß zur Durchleuchtung gebildet wurde und einer der beauftragten Richter – ungeschickt genug, jedoch ohne den Namen der betroffenen Person zu nennen – nach einer ersten Akteneinsicht erklärte, daß sich unter den neugewählten Abgeordneten ein ehemaliger IM befände, brach in den Medien ein Sturm der Entrüstung los. Es dauerte nicht lange, bis man in der Vergangenheit dieses Richters dunkle Flecken gefunden hatte. Er hatte nach 1956 nämlich solche Urteile gefällt, die nach der Wende annulliert wurden. Aber abgesehen davon, daß die Urteile damals auffallend milde ausfielen und nicht rechtskräftig waren, war diese Tatsache bereits bei seiner Berufung in die Überprüfungskommission bekannt. Gleichwohl wurde er zum Rücktritt gezwungen, genauso wie später einer seiner Kollegen. Wie einige Beobachter bitter feststellten, jagte man statt der ehemaligen Spitzel zunächst also die mit der Überprüfung beauftragten Richter (vgl. Somos 1995).

de zwar mit dem Gesetz der sozialliberalen Regierung gelöst, das einen Eid vor dem Parlament vorsah. Allerdings hätte man auch ein anderes, einheitliches Kriterium vorsehen können, durch das der Kreis der zu überprüfenden Personen nicht derart stark eingeengt und das öffentliche Leben besser repräsentiert worden wäre.

Die gegen das Gesetz seitens eines konservativen und – immerhin – mehrerer freidemokratischer Abgeordneten erhobenen Verfassungsklagen bemängeln außerdem, daß zum Zwecke der Überprüfung, wie für die Opfer und die Forschung nur ein unzureichender Teil der Stasi-Akten zur Verfügung gestellt würde. Während nämlich die verschiedenen Abteilungen des Staatssicherheitsdienstes, d.h. der Nachrichtendienst, die Spionageabwehr, der innere Sicherheitsdienst und der militärische Abwehrdienst sowie die Abhör- und Briefzensurabteilung im Kampf gegen „die innere Reaktion" eng zusammengearbeitet und sowohl ihre Informationen als auch ihre informellen Mitarbeiter untereinander ausgetauscht haben,[20] betrachtet das entsprechende Gesetz nur die Dokumente des eigentlichen inneren Sicherheitsdienstes (Nr. III/III) als relevant für die Aktenveröffentlichung. Dies ist zugleich die einzige Abteilung ohne Rechtsnachfolger. Die Nachfolger der anderen Abteilungen wie das Verteidigungsministerium und das Amt für Nationale Sicherheit sind nach dem Gesetz nur dann verpflichtet, die vor 1990 entstandenen und dann hinterlassenen Akten dem Historischen Amt (der ungarischen „Gauck-Behörde") zur Verfügung zu stellen, wenn diese Dokumente für die Erfüllung der heutigen Aufgaben der Geheimdienste „nicht benötigt werden". Was hier „nötig" bedeutet, wird allerdings nicht näher definiert.

Die Bestrebung der Geheimdienste bzw. die Auffassung der für sie jeweils verantwortlichen Staatsminister, von ihren Akten der Öffentlichkeit so wenig wie möglich preiszugeben, blieb sowohl unter der konservativen als auch unter der sozialliberalen Regierung unverändert. Nach der offiziellen Argumentation würde eine weitergehende Öffnung der Dokumente die Arbeit der Geheimdienste gefährden.

Die Übergabe der Akten an das Historische Amt geht langsam voran, und die dort aufbewahrten Dokumente sind offensichtlich unvollständig. János Kenedi, ein ehemaliger Oppositioneller und gegenwärtig einer der besten Kenner dieser Thematik, ist der Meinung, daß dahinter zunächst das Problem der Geheimdienste stecke, die Dokumente und die IMs des ehemaligen inneren Sicherheitsdienstes von denen der anderen Abteilungen zu trennen (Kenedi 1997). „Das Interesse der Geheimdienste hat sich als stärker erwiesen als das Interesse an der Informationsfreiheit", schreibt Kenedi in einem anderen Artikel (Kenedi 1998). Anhand verschiedener Beispiele zeigt er, daß die Opfer überwiegend nicht ihre eigentlichen Akten, d.h. die über sie ursprünglich angefertigten Berichte, sondern nur dieje-

---

20 IMs wurden z.B. öfters von der militärischen Abwehr während des Militärdienstes angeworben und dann dem inneren Sicherheitsdienst zur Verfügung gestellt. Oppositionelle und IMs in der Emigration wurden vom Nachrichtendienst beobachtet bzw. angeleitet.

nigen „Täglichen Berichte" ansehen können, in denen die Abteilung Nr. III/III die erhaltenen Informationen für höhere Instanzen bearbeitet und zusammengefaßt hat. In den Berichten werden die Namen – unter Berufung auf den Schutz der Persönlichkeitsrechte und auf die entsprechenden Gesetze – fast ausnahmslos geschwärzt. Dadurch ist der Informationsgehalt dieser Berichte aus der Sicht der Opfer minimal. Aus den Erörterungen von Kenedi wird ersichtlich, daß das Historische Amt, anstatt die Interessen der Opfer zu vertreten, mit den Geheimdiensten kooperiert und sich ihren Wünschen anpaßt.[21] „Wann findet endlich Systemwechsel bei den Nachfolgeorganisationen der Geheimdienste statt, und wann werden endlich unsere Akten amnestiert?", fragte auch der freidemokratische Oberbürgermeister von Budapest Gábor Demszky (Demszky 1997).

Was die historische Forschung betrifft, ließen die Behörden nach anfänglicher Verunsicherung die Tore der früheren Geheimarchive allmählich wieder zufallen. „1989 hatte die Forschung in diesem Land Möglichkeiten, die ich auch im Jahre 1998 gern haben würde", stellte der Historiker Sándor Balogh fest (Ólmosi 1994, S. 292), und Kenedi beantwortet die Frage der Wendezeit, ob die Vergangenheit erschlossen werden würde, folgendermaßen: „1989 schien es so: Ja, bereits morgen! 1997 scheint so: Nein, sie wird vielleicht nicht einmal übermorgen durchschaubar!" (Kenedi 1997).

Historische und gesellschaftliche Voraussetzungen

Es ist zweifellos als Erfolg zu verbuchen, daß in Ungarn die Aufgaben der Vergangenheitsbewältigung, die in die Kompetenz der Gesetzgebung fallen, mit Ausnahme der Aufstellung einer öffentlichen parlamentarischen Untersuchungskommission, geregelt sind. Wie ich es darzulegen versuchte, sind aber der Inhalt und die praktischen Folgen dieser Gesetze wenig ausreichend. Zur Erklärung dienten bisher die jeweiligen politischen Auseinandersetzungen vor dem Hintergrund der unterschiedlichen Interessenlage und der ideologischen Konflikte der politischen Parteien, wobei es eine nicht unwesentliche Rolle spielte, wie die Medien die Inhalte dieser Auseinandersetzungen vermittelten und an der Gestaltung der öffentlichen Meinung aktiv teilnahmen. Im folgenden möchte ich die historischen und gesellschaftlichen Voraussetzungen für die Vergangenheitsbewältigung in Ungarn zur weiteren Erklärung heranziehen.

„Hätten Sie doch Revolution gemacht!", soll der konservative Ministerpräsident József Antall seinen radikalen Anhängern geantwortet haben, die nach einem härteren Umgang mit den früheren kommunistischen Machthabern verlangten. Die Mobilisierung der ungarischen Gesellschaft in den Jahren der Wende erreichte

---

21 In welchem Maße sich die ungarischen Geheimdienste als Nachfolger und Erben der früheren Dienste betrachten, mußten vor einigen Jahren auch die deutschen Behörden erfahren, als das ungarische Amt für Nationale Sicherheit sich beharrlich weigerte, für den Weinrich-Prozeß in Berlin die sog. Carlos-Akten zur Verfügung zu stellen.

trotz mancher Großdemonstrationen tatsächlich nicht den Grad wie in anderen ehemals staatssozialistischen Ländern (die neuen politischen Parteien waren ja auch keine Massenorganisationen). Der Systemwechsel wurde „oben", am „Nationalen Runden Tisch", zwischen den Reformkommunisten und den neuen politischen Organisationen, ausgehandelt, nicht aber durch den Druck der Gesellschaft von unten erzwungen. Während bestimmte Gruppen der Intelligenz die historische Chance, die sich durch die Veränderungen in der Sowjetunion ergab, erkannt und genutzt haben, begleitete ein großer Teil der ungarischen Gesellschaft den Übergang offensichtlich mit einer Haltung, die vom Mißtrauen über Neutralität bis hin zum Wohlwollen, aber weniger zur aktiven Unterstützung reichte.

Eine konsequente Aufarbeitung der Vergangenheit setzt zunächst eine allgemeine und ausgeprägte Unzufriedenheit der Gesellschaft mit dem früheren Herrschaftssystem voraus. Diese Einstellung, die beispielsweise von Beobachtern aus demokratischen Ländern für die Untertanen in einer Diktatur als typisch angenommen wird, war in Ungarn alles andere als selbstverständlich. Es gab zwar Unzufriedenheit, die jedoch eher wirtschaftlicher als politischer Natur war, und keinesfalls solche, die die Aufgaben der Vergangenheitsbewältigung sofort auf die Tagesordnung gesetzt hätte. Die Regelung dieser Frage wurde stillschweigend der neuen politischen Klasse überlassen.

Ohne empirische Untersuchungen aus jener Zeit ist es wohl kaum möglich, die für die verschiedenen sozialen Schichten und Gruppen jeweils typischen Auffassungen und Haltungen konkret zu rekonstruieren. Über das Ausmaß und die Formen der Kritik könnten die – in Ungarn im wesentlichen immer noch unter Verschluß gehaltenen – Dokumente der Staatssicherheit Aufschluß geben. Schwieriger ist es zum anderen, festzustellen, wie weit die alltägliche Anpassung, die ja der überwiegende Teil der Bevölkerung praktizierte, mit einem unkritischen Bewußtsein oder sogar mit Loyalität gegenüber dem bestehenden politischen System verbunden war.

Dies ist jedoch durch mehrere Annahmen plausibel zu machen. Erstens mußte der Mißerfolg der Revolution von 1956 als grundlegende Erfahrung für die Überzeugung in der ungarischen Gesellschaft dienen, daß das aufgezwungene Gesellschaftssystem von unten her nicht zu ändern sei. Andererseits zog die führende Fraktion der Ungarischen Sozialistischen Arbeiterpartei (MSZMP) aus den für die kommunistische Nomenklatur erschreckenden Tagen vom Herbst 1956 offensichtlich die Lehre, daß ihre Macht mit rein repressiven Methoden dauerhaft nicht zu sichern sei. „Wer nicht gegen uns ist, ist mit uns", kehrte in den sechziger Jahren der ungarische Parteichef János Kádár die klassenkämpferische Losung der fünfziger Jahre um und bereitete damit das Ende der systematischen politischen Verfolgung vor. Die Grundstruktur des Herrschaftssystems hat sich danach kaum geändert; sehr wohl veränderten sich jedoch die Formen der Machtausübung. Die ungarische Staatssicherheit strebte auch in der „lustigsten Baracke" des Ostblocks danach, allgegenwärtig zu sein;[22] das Netz der Überwachung wurde jedoch seit

22 Es ist in Ungarn eine ziemlich verbreitete Annahme, daß die Organisation und die

den sechziger Jahren durchlässiger, und diejenigen, die darin trotzdem hängengeblieben sind, waren weniger groben Repressalien ausgesetzt.

Parallel zur abnehmenden Politisierung des täglichen Lebens konnten die Menschen im ungarischen „Gulaschkommunismus" die ständige Verbesserung ihrer materiellen Lebensumstände erfahren. Außerdem mußte jeder flüchtige Blick, den man aus Ungarn in den sechziger und siebziger Jahren auf die anderen staatssozialistischen Länder geworfen hat, die „Richtigkeit" und „Vernünftigkeit" des Kádárschen Weges der kommunistischen Diktatur bestätigen. Zur relativen Zufriedenheit haben freilich nicht nur die tatsächlichen Erfahrungen, sondern auch die Lügen der kommunistischen Propaganda beigetragen.

Die in den achtziger Jahren zweifellos wachsende Unzufriedenheit richtete sich zunächst gerade gegen die einsetzenden Veränderungen, nämlich die wirtschaftlichen Konsequenzen der vorsichtigen Liberalisierung, wobei man zwischen der Auswirkung der Ursachen (Krise der staatssozialistischen Wirtschaft) und der Auswirkung der Folgen (Wirtschaftsreformen und Sparmaßnahmen) nicht unbedingt unterschied. Daß die desinteressierte oder wohlwollende Haltung gegenüber der kommunistischen Diktatur ungarischer Art weit verbreitet war, konnte man damals in Ungarn als Evidenz erfahren; es läßt sich aber darauf auch aus den im folgenden zitierten Meinungsumfragen schließen.

Bereits eine Umfrage aus dem Jahre 1989 über die Ereignisse 1956 zeigte einerseits, daß die Ungarn über eine entscheidende Frage ihrer Vergangenheit sehr geteilter Meinung waren, und andererseits, daß ihre Auffassungen den Ereignissen eher folgten als diese bestimmten.[23] Nach dem Parteitag der MSZMP im Februar

---

Tätigkeit der früheren ungarischen Staatssicherheit weit entfernt von der Perfektion der Stasi in der DDR war. Nach der Wende sind jedenfalls u.a. folgende Zahlen bekannt geworden: Bis 1954 erfaßte der damals noch selbständige Staatssicherheitsdienst bei einer Einwohnerzahl von 10 Millionen über nahezu 1,5 Millionen, 1960 über 600.000 und 1966 über 186.000 Personen Informationen. Danach, im wesentlichen in der Periode der „weichen" Diktatur, stabilisierte sich diese Zahl, und im Juni 1989 waren immerhin noch 164.900 Personen in der gemeinsamen Liste der verschiedenen Abteilungen des Staatssicherheitsdienstes registriert (Kenedi 1997).

23 Zur Fragestellung und Bedeutung der Meinungsumfrage müßte man folgendes beachten. Das Kádár-Regime hat sich durch die Niederschlagung der „Konterrevolution" von 1956 konstituiert und „legitimiert". Die Opposition der Diktatur betrachtete sich andererseits als Erbe der Volksbewegung von 1956. Deshalb war jede Abweichung vom offiziellen Standpunkt, demzufolge 1956 eine „Konterrevolution" stattfand, verboten, und deshalb sollte eine Revision dieser Auffassung ein klares Zeichen für das Ende des Regimes sein. Nach dem inoffiziellen Vorstoß eines prominenten Vertreters des Reformflügels der MSZMP, Imre Pozsgay, im amerikanischen Sender Radio Free Europe, revidierte auch der Parteitag der MSZMP im Februar 1989 den bisherigen Standpunkt und bezeichnete nunmehr 1956 als „Volksaufstand", der nur in seiner Endphase in eine „Konterrevolution ausartete". Dies war ein partielles, aber wichtiges Zugeständnis. Für die ungarische Opposition konnte jedoch die uneingeschränkte Rehabilitierung der Volksbewegung von 1956 gegenüber einem neutral und in seinen Zielen unbestimmt erscheinenden „Volksaufstand" (der sich ja im westlichen auch im Sprachgebrauch durchgesetzt hat), nur durch die Bezeichnung „Freiheitskampf und Revolution" ausgedrückt werden.

1989 teilten 32% der Befragten den revidierten offiziellen Standpunkt über 1956 als „zuerst Volksaufstand, später Konterrevolution". 20% waren der Meinung, daß es nur „Volksaufstand" war, und 21% meinten, daß es sich um eine „Revolution" handelte. Nach dem Juni 1989, als der hingerichtete und in einem Massengrab verscharrte Ministerpräsident der Regierung von 1956, Imre Nagy, im Rahmen einer Massendemonstration beigesetzt wurde, blieben immerhin 22% bei dem Standpunkt „Volksaufstand und Konterrevolution", während 26% über einen „Volksaufstand" und 24% über eine „Revolution" sprachen (Politisches Jahrbuch Ungarns 1990, S. 455).

Die Beurteilung des am 6. Juli 1989 verstorbenen früheren Parteichefs János Kádár, der für die Niederschlagung der Revolution verantwortlich war und dessen Name die vergangenen Jahrzehnte in Ungarn prägte, war auch noch um diese Zeit eher positiv. Nach einer Umfrage fanden die Befragten seine Politik zu 49% als „eher nützlich", 35% als „widersprüchlich" und nur 15% als „eher schädlich" (ebd., S. 454 f.).

Ein kritisches Bewußtsein der Vergangenheit hätte sich mit Sicherheit nachträglich entwickeln können. Dafür wäre jedoch eine wichtige, wenn auch nicht unentbehrliche Voraussetzung gewesen, daß die neue Ära im Vergleich eindeutig positiver als die Vergangenheit hätte erscheinen und bewertet werden müssen. Mit der Marktwirtschaft und der Demokratie hatte man jedoch auch in Ungarn widersprüchliche Erfahrungen gemacht. Mochten die politischen Freiheiten, z.B. die Redefreiheit für Intellektuelle oder die uneingeschränkte Reisefreiheit für Besserverdienende, noch so wichtig erscheinen, bedeutete doch die neue Zeit für breite Schichten der Bevölkerung zunächst Verunsicherung in mehreren Richtungen: Angst um die Arbeitsplätze, sinkendes Realeinkommen und rapid wachsende Kriminalität. Die Beurteilung der „Kádár-Ära" änderte sich dementsprechend in den darauffolgenden Jahren eher in positiver Richtung. Während im November 1989 noch 60% der Befragten damit einverstanden waren, daß Ungarn sich in der „Kádár-Ära" „wirtschaftlich entwickelt hat", waren es im Dezember 1991 bereits 68%. Daß „die Freiheit" damals „fehlte", meinten 1989 63%, zwei Jahre später allerdings nur noch 54%. Während 1989 41% meinten, daß „die Unterdrückung" in jener Zeit „groß war", ging diese Zahl 1991 auf 39% zurück. Außerdem verringerte sich zwischen 1991 und 1993 die Akzeptanz des Mehrparteiensystems von 77% auf 67% und die Zustimmung zur Marktwirtschaft von 82% auf 75% (Politisches Jahrbuch Ungarns 1994, S. 720 f.). Die ungarische Gesellschaft war stark geteilt auch hinsichtlich der juristischen Vergangenheitsbewältigung. Was das in den 50er Jahren und 1956 begangene Unrecht betraf, meinten im Jahre 1994 44% der Befragten: „Das ist so lange her, daß man keine Gerichtsverfahren mehr anstrengen sollte", während genauso viele damit einverstanden waren, daß „auch solche Verbrechen passierten, deren Täter man unbedingt vor Gericht stellen sollte".[24]

---

24 Mitteilung von MTA ELTE Kommunikációelméleti Kutatócsoport.

So geschah es, daß in Ungarn auf die weiche Diktatur und den sanften Übergang eine milde Vergangenheitsbewältigung folgte. Die Enthüllungen in der ersten Legislaturperiode über die Vergangenheit führender Politiker, so z.B. das öffentliche Geständnis von István Csurka, dem Vorsitzenden der rechtsradikalen „Partei der Ungarischen Wahrheit und des Lebens", nach 1956 eine IM-Erklärung unterschrieben zu haben, ein ähnlicher Verdacht, der allerdings neulich von der Durchleuchtungskommission nicht bestätigt wurde, im Zusammenhang mit József Torgyán, dem Vorsitzenden der Kleinlandwirtepartei, oder die Tatsache, daß der 1998 abgewählte sozialistische Ministerpräsident Gyula Horn nach 1956 Mitglied der Sicherheitstruppen war, vermochten die Position dieser Politiker nicht zu erschüttern. Wie der ehemalige konservative Geheimdienstkoordinator András Gálszécsi vor einigen Jahren resigniert feststellte: „Einmal wurde jemand verdächtigt, ein Spitzel gewesen zu sein. Jetzt ist er Parteivorsitzender. Dann stellte es sich von einem anderen heraus, daß er Spitzel war. Er ist jetzt auch Parteivorsitzender. Ein dritter hat gestanden, Mitglied der Sicherheitstruppen gewesen zu sein. Er ist Ministerpräsident geworden."

Literatur

1956-os Intézet, 1997: Évkönyv 1996/1997 (1956er Institut: Jahrbuch 1996/1997), Budapest.
Alkotmányellenes a Lex Zétényi (Das Lex Zétényi ist verfassungswidrig), HVG 07.03.1992.
Bárd, Károly, 1992: Visszamenő igazságszolgáltatás, alkotmányosság, emberi jogok (Rückwirkende Rechtsprechung, Verfassungsmäßigkeit, Menschenrechte), in: Társadalmi Szemle, Nr. 3.
Bence, György, 1992: Az igazságtételről Burke és Lassale nyomán (Über die Wiedergutmachung nach Burke und Lassale), in: Kritika, Nr. 1.
Brunner, Georg und Gábor Halmai, 1995: Die juristische Bewältigung des kommunistischen Unrechts in Ungarn, in: Georg Brunner (Hrsg.), Juristische Bewältigung des kommunistischen Unrechts in Osteuropa und Deutschland, Berlin.
Demszky, Gábor, 1997: Párhuzamos archívum (Paralleles Archiv), in: HVG, 22.11.
Emlékezetirányítás (Erinnerungssteuerung), in: HVG, 21.03.1992.
Fertő, Imre und Kálmán Mohácsi, 1996: A politikai kárpótlás folyamata és következményei (Der Prozeß und die Folgen der politischen Entschädigung), in: Európa Fórum, Nr. 2.
Fodor, Gábor, 1991: Merre van a jogállam? (Wo befindet sich der Rechtsstaat?), in: HVG, 16.11.
Géczi, József Alajos, 1998: Két suhintás (Zwei Hiebe), in: Délmagyarország, 29.01.
Géczi, József Alajos, 1998: Elfuserált katarzis (Die verpfuschte Katharsis), in: Népszabadság, 20.02.
Hodos, Georg Hermann, 1990: Schauprozesse (Stalinistische Säuberungen in Osteuropa), Berlin.
Juhász, Gábor, 1993: A megnevezéstől a háborús bűnösségig (Von der Benennung zum Kriegsverbrechen), in: Mozgó Világ, Nr. 4.
Juhász, Gábor, 1996: Kezdet vagy vég? (Anfang oder Ende?), in: HVG, 14.09.
Kahler, Frigyes, 1993: Bűn és kiengesztelődés (Schuld und Versöhnung), Magyar Szemle, Nr. 7-9.
Kenedi, János, 1996: Kis állambiztonsági olvasókönyv 1-2 (Kleines Lesebuch der Staatssicherheit, Teil 1-2), Budapest.
Kenedi, János, 1997: Stasi-operett Magyarországon (Stasi-Operette in Ungarn), in: Élet és irodalom, 18(?).10.
Kenedi, János, 1998: A (Történeti) Hivatal áldozatai (Die Opfer des (Historischen) Amtes), in: Élet és Irodalom, 12.06.

Kísér a múlt (Von der Vergangenheit begleitet), in: HVG, 19.03.1994.
Kovách, Attila, 1996: Holt tekercsek – koalíciós vita az ügynöktörvényről (Die toten Schriftrollen – Koalitionsstreit über das Agentengesetz), in: Magyar Narancs, 14.03.
Kovács, Éva, 1995: „Itt a piros, hol a piros" – Kizáró eljárások a magyar igazságtételi vitában 1991-1992, in: Politikatudományi Szemle, Nr. 3; *deutsche Version:* „Hütchenspiel" – Ausschlußverfahren bei den Mediendiskursen über die „Restitution der Gerechtigkeit" in Ungarn 1990-1992, Berlin 1994.
Kovács, Zoltán, 1997: A kormányfő és a jogminőség (Der Regierungschef und die Rechtsqualität), in: Élet és irodalom, 16.05.
Könczöl, Csaba, 1992: Az ördög patája (Der Huf des Teufels), in: Hiány, Nr. 1.
Kőszeg, Ferenc, 1993: Háború és bűnhődés (Krieg und Sühne), in: Beszélő, 23.10.
Kulcsár, Kálmán, 1997: Systemwechsel in Ungarn 1988-1990, Frankfurt a.M.
Kurcz, Béla, 1990: Justitita színre lép (Justitia betritt die Szene), in: Magyar Nemzet, 11.08.
Kutrucz, Katalin, 1992: Az alkotmánybíróság döntése után, avagy mi lesz a háborús bűnösökkel? (Nach der Entscheidung des Verfassungsgerichts oder was geschieht mit den Kriegsverbrechern?, in: Új Magyarország, 17.03.
Magyarország politikai évkönyvei (Politische Jahrbücher Ungarns) 1989-1997, Debrecen.
Mink, András, 1993: A vitatott elévülés (Die umstrittene Verjährung), in: Beszélő, 23.10.
Morvai, Krisztina, 1992: Emberi jogok, jogállamiság és a „visszamenőleges" igazságszolgáltatás (Menschenrechte, Rechtsstaatlichkeit und die „rückwirkende" Rechtsprechung), in: Jogtudományi Közlöny, Nr. 2.
Nagy, Ferenc, 1995: A nullum crimen/nulla poena sine lege alapelvéről (Über den Grundsatz von nullum crimen/nulla poena sine lege), in: Magyar Jog, Nr. 5.
Ólmosi, Zoltán, 1994: Történettudomány és igazságtétel (Geschichtswissenschaft und Gerechtigkeit), in: Múltunk, Nr. 1-2.
Schauschitz, Attila, 1996: Ungarn – ein Land ohne Vergangenheit – zur Geschichte der „Durchleuchtung" und der Aktenveröffentlichung in Ungarn, in: Halbjahresschrift für südosteuropäische Geschichte, Literatur und Politik, Nr. 8.
Somos, András, 1995: Átvilágítás koalíciós kontrasztanyaggal (Durchleuchtung mit Kontrastmittel in der Koalition), in: Magyar Narancs, 20.06.
Sortűzsorsok (Salvenfeuerschicksale), HVG, 11.02.1995.
Szabó, Miklós, 1992: A megbukott „lex" utóélete (Das Nachleben vom durchgefallenen „lex"), in: Magyar Nemzet, 01.04.
Szakértői vélemények az „igazságtételről" (Expertisen über die „Wiedergutmachung"), in: Társadalmi Szemle, Nr. 1/1992
Szilágyi, Péter, 1992: Elévülés, visszaható hatály, alkotmányosság (Verjährung, rückwirkende Gültigkeit, Verfassungsmäßigkeit), in: Magyar Jog, Nr. 6.
Tamás, Gáspár Miklós, 1991: Igazság tétessék (Es soll Recht zugefügt werden), in: HVG, 26.10.
Ügynökök pedig nincsenek? (Und Spitzel gibt wohl es keine?), in: HVG, 03.02.1996.
Vergangenheitsbewältigung und Wende, in: Pester Lloyd 10.04.1996.
Zétényi, Zsolt, 1993: Mi a teendő a múlttal? (Was ist zu tun mit der Vergangenheit?), in: Magyarság és Európa, Nr. 1-3.

Abkürzungen

FIDESZ (Fiatal Demokraták Szövetsége) = Bund Junger Demokraten
HVG (Heti Világgazdaság) = Wöchentliche Weltwirtschaft
MDF (Magyar Demokrata Fórum) = Ungarisches Demokratisches Forum
MH (Magyar Hirlap) = Ungarisches Nachrichtenblatt
MK (Magyar Közlöny) = Ungarischer Staatsanzeiger
MSZP (Magyar Szocialista Párt) = Ungarische Sozialistische Partei
OJ (Országgyűlési jegyzőkönyvek) = Parlamentarische Protokolle
SZDSZ (Szabad Demokraták Szövetsége) = Bund Freier Demokraten

Sabine Grabowski

Vergangenheitsbewältigung in Polen

Dossier und Analyse

I. Dossier

Februar 1989 Nach einer Welle von Streiks 1988, die sich gegen den wirtschaftlichen Niedergang in der Volksrepublik Polen (Polska Rzeczpospolita Ludowa, PRL) wenden, kommt es Anfang 1989 zu Gesprächen am „Runden Tisch" zwischen der kommunistischen Regierung und Vertretern der Gewerkschaftsbewegung „Solidarność", um die Krise zu beheben. Es werden u.a. „halbfreie" Wahlen zum Parlament, dem Sejm, vereinbart, bei denen die oppositionellen Kräfte um 35% der Stimmen kämpfen dürfen, 65% bleiben den Systemparteien vorbehalten. Ein neugeschaffener Senat soll ganz frei gewählt werden.

4.6.1989 Bei den Parlamentswahlen erfährt die kommunistische Polnische Vereinigte Arbeiterpartei (Polska Zjednoczona Partia Robotnicza, PZPR) eine vernichtende Niederlage, die Opposition, die sich mit „Bürger-Komitees" zur Wahl stellt, kann alle ihre Kandidaten im Sejm durchsetzen. Im Senat gewinnt die Opposition 99 von 100 Sitzen.

19.7.1989 Mit einer Mehrheit von nur einer Stimme wird General Wojciech Jaruzelski von der aus Sejm und Senat bestehenden Nationalversammlung zum Staatspräsidenten gewählt.

4.8.1989 Nachdem der Versuch einer Regierungsbildung aus den Reihen der PZPR scheitert, bahnt sich ein Kompromiß in der Formel „Euer Präsident, unser Premier" an: Die Regierung soll von den Bürger-Komitees und den bisherigen Blockparteien ZSL (Zjednoczone Stronnictwo Ludowe, Vereinigte Bauernpartei) und SD (Stronnictwo Demokratyczne, Demokratische Partei) gestellt, ein Vertreter der „Solidarność"-Gruppierungen zum Ministerpräsidenten gewählt werden.

24.8.1989 In seiner Regierungserklärung kündigt der erste nichtkommunistische Ministerpräsident Polens, Tadeusz Mazowiecki, die Politik des „dicken Strichs" an: „Die Regierung, die von mir gebildet wird, übernimmt keine Verantwortung für die Hypothek, die sie erbt. [...] Unter die Vergangenheit ziehen wir einen dicken Strich. Wir werden uns nur für das verantworten, was wir tun, um Polen aus dem gegenwärtigen Zustand des Zusammenbruchs herauszuführen." Während einer Pressekonferenz erklärt Mazowiecki, daß er von der alten Nomenklatura Loyalität erwarte und daß keine weitreichenden Entlassungen bei den Beamten geplant seien. Innen- und Verteidigungsministerium bleiben in der Hand der Kommunisten.

4.9.1989 Im Innenministerium wird angeordnet, die Akten des Sicherheitsdienstes zu vernichten. Nach späterer Auskunft des Innenministers Kiszczak werden in erster Linie Unterlagen, die die katholische Kirche und die Überwachung der „Solidarność" betreffen, verbrannt. Die Beseitigung der Akten dauert bis Februar 1990, zum Teil sogar bis Ende 1990 an.

29.1.1990 Die PZPR löst sich auf ihrem XI. Parteitag in Warschau auf. In einer Sitzungspause entsteht als Nachfolgepartei die „Sozialdemokratie der Republik Polen" (Socjaldemokracja Rzeczypospolitej Polskiej, SdRP). Zu ihrem Vorsitzenden wird Aleksander Kwaśniewski gewählt.

30.1.1990 Innenminister Czesław Kiszczak verbietet die weitere Vernichtung der Geheim- und Sicherheitsdienstakten.

17.3.1990 Lech Wałęsa erklärt, eine Abrechnung mit den Machthabern der Volksrepublik Polen müsse vorsichtig durchgeführt werden, man dürfe niemanden gegen sich aufbringen und müsse zunächst selbst Anhänger gewinnen. Zudem hätten bis zu zwei Drittel der Polen „etwas auf dem Gewissen".

6.4.1990 Der Sejm beschließt die Abschaffung der Zensur und des Sicherheitsdienstes (Służba Bezpieczeństwa, SB). An die Stelle der SB tritt ein neues „Staatsschutzamt" (Urząd Ochrony Państwa, UOP), dessen Leiter Krzysztof Kozłowski wird.

19.9.1990 Wojciech Jaruzelski tritt als Staatspräsident zurück. Zwischen den aus der „Solidarność"-Bewegung hervorgegangenen Politikern Lech Wałęsa und Tadeusz Mazowiecki herrscht der sogenannte „Krieg an der Spitze": Wałęsa greift zunehmend die auf Ausgleich bedachte Regierungspolitik Mazowieckis an und spricht sich für ein hartes Durchgreifen gegenüber der ehemaligen Nomenklatura aus.

9.12.1990 Lech Wałęsa wird im zweiten Wahlgang zum Präsidenten der Republik Polen gewählt. Tadeusz Mazowiecki, der auch für das Amt des Präsidenten kandidiert hat, tritt als Ministerpräsident zurück.

Vergangenheitsbewältigung in Polen 263

22.12.1990 Bei seiner Vereidigung zum Präsidenten ruft Lech Wałęsa die III. Republik aus. Im Warschauer Königsschloß erhält er aus den Händen des letzten Präsidenten im Londoner Exil, Ryszard Kaczorowski, die Insignien der II. Republik (1918-1939). General Jaruzelski ist zu den Feierlichkeiten nicht eingeladen.

4.1.1991 Der Sejm wählt Jan Krzysztof Bielecki zum Ministerpräsidenten. Bielecki führt im wesentlichen den Kurs der Regierung Mazowiecki weiter.

23.2.1991 Der Sejm beschließt ein Rehabilitationsgesetz, das strafrechtliche Entscheidungen aus den Jahren 1944 bis 1956 gegen Personen, die für die Unabhängigkeit Polens tätig waren, für nichtig erklärt.

23.3.1991 Die Wałęsa nahestehende Partei „Verständigungszentrum" (Porozumienie Centrum, PC) bezeichnet „Entkommunisierung" als wichtigste politische Aufgabe für Polen. Sie schlägt ein zehnjähriges Amtsverbot für ehemalige Mitglieder der PZPR vor.

4.4.1991 Der Sejm beschließt, das aus dem Jahr 1984 stammende Gesetz über die „Kommission zur Erforschung der Verbrechen gegen das polnische Volk" zu erweitern. Die Kommission soll nicht nur die Zeit der deutschen Besatzung zwischen 1939 und 1945 untersuchen, sondern künftig auch „stalinistische Verbrechen" erforschen. Dazu gehören „Übergriffe auf Personen oder Gruppen", die von kommunistischen Funktionsträgern in der Zeit bis 1956 verübt oder veranlaßt wurden.

7.4.1991 Auf einer Sitzung des Landes-Bürgerkomitees spricht sich Jan Olszewski (PC) gegen die Politik des „dicken Strichs" aus. Die postkommunistische Nomenklatura sei eine tödliche Bedrohung für den Aufbau der Demokratie.

27.6.1991 Außenminister Krzysztof Skubiszewski informiert über die „Säuberung" des Außenministeriums, die zwischen dem 1. Oktober 1989 und dem 10. April 1991 durchgeführt wurde: 249 Personen wurden entlassen, 85% der Botschafter und die Hälfte der Mitarbeiter des diplomatisch-konsularischen Dienstes ausgetauscht.

19.7.1991 Senator Zbigniew Romaszewski bringt eine Gesetzesvorlage ein, die die Regierung auffordert, im Archiv des Innenministeriums zu überprüfen, ob sich unter den Kandidaten für die kommenden Parlamentswahlen ehemalige Agenten des Sicherheitsdienstes oder der militärischen Spezialdienste befinden. Eine Woche später informiert Innenminister Henryk Majewski die Gesetzesinitiativkommission des Senats, daß nach herrschendem Recht keine Informationen über geheime Zusammenarbeit mit dem Sicherheitsamt (Urząd Bezpieczeństwa, UB) und dem Sicherheitsdienst gegeben werden dürfen.

30.7.1991 Auf einer gemeinsamen Konferenz des Landes-Bürgerkomitees und des PC spricht sich Jarosław Kaczyński für eine Entfernung der kommunistischen Funktionäre aus dem Innen- und Verteidigungsministerium aus. Die Teilnehmer der Konferenz verlangen eine Reinigung des Staatsapparates von „kommunistischen Elementen".

27.10.1991 Bei den Parlamentswahlen wird erneut die Zersplitterung der aus der „Solidarność"-Bewegung hervorgegangenen politischen Gruppierungen deutlich. 18 Parteien und Wahlbündnisse kommen in den Sejm.

21.12.1991 Der zum neuen Ministerpräsidenten gewählte Jan Olszewski spricht sich in seiner Regierungserklärung gegen die Politik des „dicken Strichs" aus: „Ich möchte, daß die von mir vorgeschlagene und vom Hohen Sejm berufene Regierung den Anfang vom Ende des Kommunismus in unserem Vaterland bedeutet. [...] Es gibt keine gesunde Gesellschaft ohne das Empfinden, daß im öffentlichen Leben die Grundlagen der Gerechtigkeit gelten. Verantwortung und Gerechtigkeit haben ihre Gültigkeit aber nicht erst seit gestern. Und daher ergibt sich nicht aus Rache, sondern aus moralischer Notwendigkeit, aus dem Bedürfnis, die Nation im Geiste der Redlichkeit zu erziehen, das Postulat der Abrechnung mit der vergangenen Schuld. Wir wollen keine kollektive Verantwortlichkeit, sondern eine Verantwortung für konkrete Entscheidungen. Menschen, die für ihre Karriere Taten gegen das nationale Interesse begangen haben, diese Menschen sollen sich nicht wundern, wenn sie dafür bestraft werden. Und wenn wir vergeben sollen, so wollen wir wissen, welche Schuld und wem wir vergeben."

6.1.1992 Der Fraktionsvorsitzende des „Bündnis der demokratischen Linken" (Sojusz Lewicy Demokratycznej, SLD), Aleksander Kwaśniewski, warnt vor der Entkommunisierung: Sie würde zur Auszehrung der Elite führen.

20.1.1992 Auf einer Pressekonferenz erklärt Innenminister Antoni Macierewicz, daß sein Ministerium in der Lage sei, Auskunft über die Mitarbeiter des SB und des UB zu geben, wenn der Sejm dies wünsche. Macierewicz plädiert dafür, daß sich Personen, die mit den Sicherheitsdiensten zusammengearbeitet haben und weiterhin öffentliche Funktionen bekleiden, freiwillig aus dem öffentlichen Leben zurückziehen, andernfalls werde das Innenministerium ihre kompromittierende Vergangenheit enthüllen. Macierewicz kündigt an, daß er bis Ende März dem Sejm ein Gesetzesprojekt zur Säuberung der staatlichen Stellen von ehemaligen Mitarbeitern des SB vorlegen wird.

1.2.1992 Nach zehnstündiger stürmischer Diskussion beschließt der Sejm auf Antrag der „Solidarność", daß die Verhängung des Kriegsrechts am 13. Dezember 1981 illegal gewesen sei. Eine Kommission soll das während des Kriegsrechts geschehene Unrecht untersuchen und die für die Verbrechen Verantwortlichen benennen.

24.4.1992   In Warschau findet die größte Demonstration der „Solidarność" seit vielen Jahren statt. Es werden Transparente mit Parolen wie „Nieder mit den Kommunisten" getragen.

29.4.1992   Justizminister Zbigniew Dyka übermittelt dem Staatstribunal den Antrag, ein Verfahren gegen Wojciech Jaruzelski und Czesław Kiszczak wegen des Auftrags zur Vernichtung der Sitzungsprotokolle des Politbüros der PZPR in den Jahren 1982 bis 1989 einzuleiten. Vor dem Tribunal können Amtsträger sowohl strafrechtlich als auch staatsrechtlich belangt werden.

28.5.1992   Auf Antrag des Abgeordneten Janusz Korwin-Mikke von der mit nur vier Abgeordneten im Sejm vertretenen Partei „Union für Realpolitik" (Unia Polityki Realnej, UPR) beschließt der Sejm mit einer Mehrheit von 233 Stimmen: Der Innenminister soll binnen neun Tagen die Namen aller höheren Staatsbeamten, die zwischen 1945 und 1990 mit dem polnischen Sicherheitsdienst zusammengearbeitet haben, offenlegen. Innerhalb von zwei Monaten soll er Auskunft über die Mitarbeit von Abgeordneten, Senatoren, Richtern, Staatsanwälten, Rechtsanwälten und Wojewoden geben, innerhalb eines halben Jahres die Gemeinderäte und -verwaltungen überprüfen.

29.5.1992   Präsident Lech Wałęsa äußert in einem Brief an Innenminister Antoni Macierewicz die Befürchtung, daß nicht jeder, der der Zusammenarbeit mit UB und SB verdächtigt werde, die Möglichkeit zur Verteidigung haben werde. Nach Ansicht des Präsidenten sollten alle Angaben erst nach genauer Überprüfung offengelegt werden. Der ehemalige Innenminister Krzysztof Kozłowski kritisiert, daß der Sejm mit der Beauftragung Macierewiczs einer bestimmten Partei, der „Christlich-Nationalen Vereinigung" (Zjednoczenie Chrześciaństwo-Narodowe, ZChN), die Gewalt über das politische Leben Polens gegeben habe.

4.6.1992   Innenminister Antoni Macierewicz übergibt den obersten Staatsorganen eine Liste mit den Namen der Abgeordneten, Senatoren und obersten Staatsbeamten, die laut Innenministerium Agenten des UB und der SB waren. Auf der Liste befinden sich 64 Namen, davon 44 von gegenwärtigen Senatoren und Abgeordneten.
    Präsident Lech Wałęsa kritisiert diesen Versuch, das Leben der Politiker zu durchleuchten: „Es wird ein plötzliches Verfahren der sogenannten Lustration in Gang gesetzt. [...] Die Anwendung dieser Prozedur ist ein ungesetzliches Verfahren. Eine unmögliche politische Erpressung. Es destabilisiert vollkommen die Strukturen des Staates und der politischen Parteien. Die ethischen Fragen, die mit dieser ganzen Operation verbunden sind, die schon in der Entstehung einen manipu-

lativen Charakter hat, lasse ich ohne Kommentar." Adam Michnik nennt die Liste des Innenministers „den Weg, um das Leben der Polen in einen Hexenkessel zu verwandeln". Jarosław Kaczyński (PC) verlangt im Sejm, daß die „Macierewicz-Liste" zur öffentlichen Kenntnis gegeben wird. Alojzy Pietrzyk von der „Solidarność" fordert, daß der Innenminister die Liste im Sejm vorlesen möge: „Seit drei Jahren warte ich auf diese Namen". Kazimierz Świtoń (parteilos): „Präsident Wałęsa ist auf der Liste als SB-Agent." Adam Słomka von der „Konföderation unabhängiges Polen" (Konfederacja Polski Niepodległej, KPN): „Die Tätigkeit dieser Regierung verursacht uns Ekel. Sogar die Kommunisten haben während des Kriegszustands nicht solche Mittel angewandt." Bei einer Sejmdebatte zur „sofortigen Abberufung der Regierung" stimmen 273 Abgeordnete für ihre Absetzung, 119 dagegen, 33 enthalten sich. In seiner letzten Rede klagt Olszewski seine Gegner an, daß sie die Regierung loswerden wollten, damit diese nicht die „Macierewicz-Liste" veröffentlichen könne. Am nächsten Tag designiert Wałęsa Waldemar Pawlak von der Bauernpartei (Polska Stronnictwo Ludowe, PSL) als neuen Premier.

8.6.1992 Wałęsa erklärt in der Zeitung „Gazeta Wyborcza" [Wahlzeitung] zu dem Vorwurf, er habe als „Agent Bolek" mit der SB zusammengearbeitet, daß es möglich sei, daß er in den 70er Jahren bei Verhören im Gefängnis einige Dokumente unterzeichnet habe, um möglichst schnell aus dem Gefängnis zu kommen und weiter kämpfen zu können. Er habe aber weder Gott, noch das Vaterland oder seine Mitstreiter verraten.

12.6.1992 Edward Gierek, Erster Sekretär der PZPR von 1970 bis 1980, erklärt, daß die Nachweise über eine Zusammenarbeit Wałęsas mit dem Sicherheitsdienst absurd seien.

18.6.1992 Primas Glemp kritisiert auf der Fronleichnamsprozession scharf die „Macierewicz-Liste". In Warschau treffen sich die Führer einiger rechter und unabhängiger Parteien. Es werden der Rücktritt Wałęsas, sofortige Neuwahlen sowie Entkommunisierung und Lustration gefordert.

19.6.1992 Das Verfassungstribunal erklärt den Lustrationsbeschluß des Sejm vom 28. Mai für verfassungswidrig. Der Beschluß verletze die bürgerlichen Ehren- und Freiheitsrechte.

25.6.1992 Die Zeitschrift „Nie" veröffentlicht die Fotokopie von Dokumenten, die beweisen sollen, daß der Chef des Ratgeberkollegiums von Ministerpräsident Olszewski und langjährige Leiter der polnischen Sektion von „Radio Free Europe", Zdzisław Najder, ein Agent des Sicherheitsdienstes war und das Pseudonym „Feuerzeug" trug.

Vergangenheitsbewältigung in Polen 267

10.7.1992 Waldemar Pawlak scheitert mit dem Versuch, eine Regierung zu bilden. Der Sejm ernennt Hanna Suchocka von der liberalen „Demokratischen Union" (Unia Demokratyczna, UD) zur Ministerpräsidentin und akzeptiert die von ihr gestellte Regierung, die aus mehreren aus der „Solidarność"-Bewegung hervorgegangenen Gruppierungen besteht, aber über keine parlamentarische Mehrheit verfügt.

14.7.1992 Am Sitz der KPN in Rzeszów hängt am Schwarzen Brett die „Macierewicz-Liste", auf der sich der Name des Parteivorsitzenden Leszek Moczulski als geheimer Agent des SB unter dem Pseudonym „Lech" befindet.

16.7.1992 Die Fraktion des ZChN verurteilt Antoni Macierewicz für die Art der Durchführung der Lustration und die Nennung des Vorsitzenden der Partei, Wiesław Chrzanowski, auf der „Macierewicz-Liste". Einen Monat später wird Macierewicz aus der Partei ausgeschlossen.

5.8.1992 In einem Interview mit Radio „Zet" erklärt Macierewicz, daß die wirtschaftlichen Sorgen Polens durch die geheimen Mitarbeiter von UB und SB hervorgerufen worden seien.

4.9.1992 Der Sejm lehnt eine Gesetzesvorlage der Abgeordneten der „Bewegung für die Republik" (Ruch dla Rzeczypospolitej, RdR) und des PC ab, die das Innenministerium verpflichten soll, allen Abgeordneten Zugang zu ihren Akten im Archiv des ehemaligen SB zu gewähren.

5.9.1992 Mit einer Mehrheit von 17 Stimmen überweist der Sejm sechs Vorlagen für ein Lustrationsgesetz an eine Parlamentskommission. Józef Oleksy (SLD) erklärt: „Lustration und Entkommunisierung sind eine brutale Aktion der Rechten, mit dem Ziel, die Linken aus dem Leben zu eliminieren. Das ist ein ewiges Ersatzthema. Die Autoren der Projekte versuchen die Leute zu überzeugen, daß die Lage nicht deshalb schlecht ist, weil sie schlecht regieren, sondern nur deshalb, weil nicht mit den Mitgliedern der ehemaligen PZPR abgerechnet wurde. Man kann Demokratie nicht aufbauen, indem man einseitig demokratische Freiheiten verdreht." Zbigniew Bujak von der „Arbeitsunion" (Unia Pracy, UP): „Ihr habt der Gesellschaft eingeredet, daß es besser würde, wenn man die Lustration durchführt. Um zu entkommunisieren, braucht man aber neue fachliche Kader. Die habt ihr nicht. Die personellen Veränderungen, die ihr durchführen wollt, werden ausgelacht werden. Deshalb wollt ihr sie mit der Kraft des Gesetzes durchführen."

15.9.1992 Vize-Verteidigungsminister Bronisław Komorowski erklärt auf einer Sitzung der Verteidigungskommission des Sejm: „Es ist nicht möglich, eine Entkommunisierung beim Heer durchzuführen." Die Mitglieder der Kommission werden informiert, daß alle Generäle (85) und Regimentsführer (101), die im gegenwärtigen polnischen Heer dienen, der PZPR angehörten. In den letzten zwei Jahren wurden 14.000 Offiziere entlassen.

25.9.1992 Die KPN schlägt der Sejmkommission für konstitutionelle Verantwortung vor, die für das Kriegsrecht Verantwortlichen wegen des „Verrats von Volk und Staat" anzuklagen und zum Tode zu verurteilen.

29.9.1992 Der Vorsitzende des PC, Jarosław Kaczyński, wendet sich in einem offenen Brief an den Präsidenten und fordert anzuerkennen, daß Oberst Ryszard Kukliński, der in den siebziger Jahren Informationen über das polnische Militär an die CIA weitergab und kurz vor der Verhängung des Kriegsrechts in die USA floh, kein Verräter war und keine Strafe verdient. Nach Ansicht Kaczyńskis ist Kukliński ein nationaler Held.

20.1.1993 Wałęsa erklärt, daß er nicht als „Agent Bolek" mit der SB zusammengearbeitet habe. Er beruft sich auf das Zeugnis von General Czesław Kiszczak.

24.1.1993 Programmatische Konferenz des RdR. Das Programm stellt Jan Olszewski vor: „Die größte Bedrohung für Polen ist der Rückfall in den Kommunismus. In den Archiven des Sicherheitsdienstes liegt Dynamit, das man entschärfen muß, denn es kann die Fundamente des Staates aus den Angeln heben." Der Vorsitzende des RdR ruft dazu auf, sich dem Einfluß der ehemaligen Nomenklatura in den staatlichen Strukturen entgegenzustellen.

25.1.1993 Jan Parys klagt die engsten Mitarbeiter des Präsidenten, Franciszek Cybula, Lech Falandysz, Minister Jerzy Milewski und Minister Mieczysław Wachowski, der Zusammenarbeit mit dem Sicherheitsdienst an. Nach Ansicht von Parys müsse der Präsident zurücktreten, wenn er „sich mit ehemaligen Mitarbeitern des SB umgebe."

28.1.1993 Wałęsa wendet sich an den Ersten Vorsitzenden des Obersten Gerichts Adam Strzembosz, er solle prüfen, ob Wałęsa ein Agent des SB war. Strzembosz kann die Bitte nicht ohne Verletzung des Rechts realisieren. Er schlägt dem Präsidenten vor, sich an den Sejm zu wenden, wegen eines Gesetzes, das die Nachforschung in diesem konkreten Fall möglich macht.

29.1.1993 Das PC organisiert einen Demonstrationszug zum Präsidentensitz, den „Marsch auf das Belweder". An der Spitze des einige tausend Leute umfassenden Aufmarsches gehen Jarosław Kaczyński, Jan Parys, Kazimierz Świtoń. Es wird gerufen: „Bolek nach Moskau", „Nieder mit Wałęsa", „Warschau will Wałęsa nicht", „Polen, die Zeiten haben sich geändert", „Olszewski ins Belweder". Vor dem Belweder wird eine Wałęsa-Puppe mit der Aufschrift „Bolek" verbrannt.

1.2.1993   Pressekonferenz von Jarosław Kaczyński: „In der gegenwärtigen Situation wäre es der ehrenvollste Abgang für den Präsidenten, wenn er zurückträte." Kaczyński spricht sich für die Schaffung eines Komitees aus, das die Vergangenheit Wałęsas untersuchen soll, und für die Vorbereitung schneller Neuwahlen des Präsidenten.
Innenminister Andrzej Milczanowski verweigert Wałęsa eine Überprüfung seiner Person und beruft sich auf die mangelnde gesetzliche Grundlage.

9.3.1993   Vor dem Kattowitzer Wojewodschaftsgericht beginnt der Prozeß gegen 24 Personen, die angeklagt sind, für den Tod von neun Bergleuten der Zechen „Wujek" und „Manifest Lipcowe" bei der Niederschlagung von Streiks nach der Verhängung des Kriegsrechts im Dezember 1981 verantwortlich zu sein. Einer der Angeklagten ist General Kiszczak.

28.5.1993   Der Sejm verabschiedet ein neues Wahlgesetz: Die Kandidaten müssen eine Erklärung abgeben, ob sie Agenten der Sicherheitsorgane oder der militärischen Spezialdienste waren. Unwahre Angaben ziehen keine Konsequenzen nach sich.
Die Regierung Suchocka wird durch ein Mißtrauensvotum der Gewerkschaft „Solidarność" gestürzt. Einen Tag später löst Präsident Wałęsa den Sejm auf.

19.9.1993   Bei den Wahlen zum Sejm wird das linke Bündnis SLD, in dem die postkommunistische SdRP die Mehrheit bildet, die stärkste Kraft mit 20,41% der Stimmen. Zweitstärkste Fraktion wird die Bauernpartei PSL mit 15,4%, an dritter Stelle kommt die liberale UD. Das rechte Spektrum ist stark zersplittert, die Gewerkschaft „Solidarność" schafft den Einzug ins Parlament nicht.

18.10.1993   Wałęsa ernennt Waldemar Pawlak (PSL) zum neuen Ministerpräsidenten, der eine Regierung aus SLD und PSL bildet. Die Koalition aus Postkommunisten und der Nachfolgepartei der ehemaligen Blockpartei ZSL verfügt im Sejm über eine Zweidrittelmehrheit. Allerdings entspricht diese Mehrheit nur 35,8% der Stimmen. Eine neueingeführte 5- bzw. 8%-Klausel (für Listenverbindungen) verhindert den Einzug vieler kleiner rechter, aus der „Solidarność"-Bewegung hervorgegangener Gruppierungen in den Sejm. Entsprechend den Bestimmungen der „Kleinen Verfassung" vom Oktober 1992 wählt Präsident Wałęsa den Außen-, Innen- und Verteidigungsminister aus. Alle drei gehören nicht der Regierungskoalition an.

9.11.1993   In der Debatte über die Regierungserklärung des neuen Premierministers Waldemar Pawlak erklärt Aleksander Kwaśniewski, der Vorsitzende des

Koalitionspartners SLD: „Wir bitten alle, die Unrecht und Unwürdigkeit durch den Staat und das System vor 1989 erlitten haben, um Verzeihung." Diese Geste Kwaśniewskis wird von der Opposition begrüßt. Einige Politiker kritisieren, daß die Entschuldigung zu spät komme, sie hätte bereits 1989 erfolgen müssen.

6.4.1994 In der Sitzung der Sejmkommission für Verfassungsfragen wird Wojciech Jaruzelski angehört, der erklärt, daß die Protokolle der Politbüro-Sitzungen vernichtet worden seien, weil sie kompromittierende Angaben über die katholische Kirche enthielten.

7.4.1994 Der Generalsekretär des Episkopats, Bischof Tadeusz Pieronek, spricht sich für eine Lustration aller Personen in Staatsämtern aus.

6.7.1994 Der Sejm debattiert über acht verschiedene Gesetzesvorlagen zu Lustration und Einsicht in die Akten des Innenministeriums. Lediglich das Projekt des SLD, das eine „Durchleuchtung" bestimmter Personen in staatlichen Ämtern allerdings ohne weitere Konsequenzen vorsieht, wird an eine Parlamentskommission weitergeleitet.

19.8.1994 Das Wojewodschaftsgericht in Warschau spricht die Generäle des SB Władysław Ciastoń und Zenon Płatek von dem Vorwurf frei, die Ermordung des der „Solidarność" nahestehenden Priesters Jerzy Popiełuszko im Jahre 1984 angestiftet und gelenkt zu haben.

1.3.1995 Präsident Wałęsa droht mit einer – verfassungsrechtlich nicht vorgesehenen – Regierungsauflösung und bringt so die Regierungskoalition zu einem Mißtrauensvotum gegen ihren eigenen Ministerpräsidenten. Mit 285 Stimmen von SLD und PSL wird die Regierung Pawlak gestürzt, und an seiner Stelle wird Józef Oleksy (SdRP) zum Ministerpräsidenten gewählt.

4.3.1995 Oleksy informiert den Sejm, alle Ministerkandidaten hätten ihm eine Erklärung abgegeben, daß ihnen „kein Straf- oder Rechtsverfahren gegen sie, kein Ereignis aus ihrem Leben bekannt sei, welches die Möglichkeit eines öffentlichen Vorwurfes bergen könne." Bei den sogenannten präsidentiellen Ministern setzt wiederum Wałęsa seine Kandidaten durch.

30.3.1995 Innenminister Andrzej Milczanowski unterzeichnet öffentlich eine Verfügung, die den Zugang zu den Archivalien des Innenministeriums aus den Jahren 1944 bis 1956 ermöglicht.

8.5.1995 Feierstunde der Nationalversammlung aus Anlaß des 50. Jahrestages des Kriegsendes. Präsident Wałęsa fordert eine Abrechnung mit der Vergangenheit der Volksrepublik Polen und kritisiert die regierende Koalition und das Parlament, sie würden den Willen des Volkes verfehlen. Er erklärt, 1945 habe nicht die Befreiung Polens, sondern seine Vergewaltigung bedeutet, die Rote Armee sei eine Besatzungsmacht gewesen.

25.5.1995 Die Militärkammer des Obersten Gerichtshofs hebt die Strafe von 25 Jahren Gefängnis für Ryszard Kukliński wegen militärischer Spionage für den amerikanischen Geheimdienst auf. Die Aufhebung des Urteils bedeutet, daß Kukliński seinen Rang als Oberst der polnischen Armee wiedererhält.

26.5.1995 Demonstration von Bergleuten in Warschau, organisiert von der „Solidarność": „SLD-KGB", „Weg mit den Kommunisten". Wałęsa unterstützt die Streikenden. Er äußert die Hoffnung, daß Oleksy als Ministerpräsident zurücktreten wird.

9.6.1995 Der Sejm beschließt mit einer Mehrheit von 181 gegen 108 Stimmen und 51 Enthaltungen, daß Verbrechen, die von Funktionären der Volksrepublik Polen zwischen dem 1. Januar 1944 und dem 31. Dezember 1989 begangen wurden, geahndet werden können. Das gilt auch für Straftaten, die bereits der Verjährung unterliegen. Die Verjährungsfrist für Straftaten in der PRL beginnt erst mit dem 1. Januar 1990 und beträgt 30 Jahre. Auch einige Abgeordnete des SLD stimmen für das Gesetz.

17.8.1995 Im Präsidentschaftswahlkampf erklärt Krzysztof Król (KPN), daß ein Kandidat der Rechten die Präsidentschaftswahlen gewinnen und dann die Politik des „dicken Strichs" beenden werde: „Oleksy, Kwaśniewski und Miller [Minister für Arbeit, SLD] werden vor ein unabhängiges Gericht kommen und sich für ihre Verbrechen verantworten müssen, sie werden um ihr Leben kämpfen, die Nomenklatura wird überprüft und die Vermögen werden konfisziert."

26.8.1995 Ein Brief der katholischen Bischöfe an die Gläubigen wird in Tschenstochau veröffentlicht: Bei den Präsidentschaftswahlen sollten Katholiken niemanden wählen, der im totalitären System eine Funktion innegehabt hat.

1.9.1995 Lech Wałęsa eröffnet seinen Wahlkampf mit einem Angriff auf seinen Konkurrenten Aleksander Kwaśniewski: Ein einzelnes Wort der Entschuldigung für die Zeit der Unterdrückung im volksdemokratischen Polen könne nicht ausreichend sein.

9.9.1995 Włodzimierz Cimoszewicz, führender Politiker des postkommunistischen SLD, und Adam Michnik, herausragender Vertreter der demokratischen Opposition während der Volksrepublik Polen, veröffentlichen in der „Gazeta Wyborcza" einen Aufruf „Für Wahrheit und Versöhnung". Zu Beginn des Präsidentschaftswahlkampfes fordern sie dazu auf, einen Dialog über die gemeinsame Geschichte zu beginnen und über die gemeinsame Suche nach Wahrheit zu einer gesellschaftlichen Versöhnung zu gelangen. Ihr Appell setzt eine heftige Diskussion in der Presse in Gang; der von ihnen vorgeschlagene Weg trifft mehrheitlich auf Ablehnung.

19.10.1995 Der Episkopat veröffentlicht einen „Aufruf der polnischen Bischöfe über die Notwendigkeit eines Dialoges und der Toleranz beim Aufbau der Demokratie". Bei einer Pressekonferenz fordert Bischof Życiński eine Verurteilung der Volksrepublik Polen, Offenlegung der geheimen Dokumente und Bestrafung aller am totalitären System Schuldigen. Alle, die diesem System gedient hätten, sollten Reue zeigen, Buße tun, erst dann solle ihnen vergeben werden.

19.11.1995 Aleksander Kwaśniewski gewinnt im zweiten Wahlgang die Präsidentschaftswahlen knapp vor Lech Wałęsa. In den nächsten Tagen treten Außenminister Władysław Bartoszewski, Innenminister Andrzej Milczanowski und Verteidigungsminister Zbigniew Okoński aus Protest gegen die Wahl eines Postkommunisten zum Präsidenten zurück.

19.12.1995 Nächtliche geheime Sitzung der obersten Staatsorgane im Palais des Präsidenten in Warschau. Innenminister Milczanowski wendet sich an die Oberste Heeresverwaltung wegen „einer gefährlichen Bedrohung des Staates". Eine Stunde später wird im Fernsehen darüber berichtet, daß auf der Zusammenkunft über eine geheime Zusammenarbeit des Ministerpräsidenten Oleksy mit dem sowjetischen und russischen Geheimdienst gesprochen worden sei.

20.12.1995 Ministerpräsident Oleksy weist die Beschuldigungen gegen ihn in einem Fernsehauftritt als „schmutzige Provokation" zurück. Oleksy erklärt, er sei von Mitarbeitern Wałęsas erpresst worden, sie würden Dokumente gegen ihn veröffentlichen, wenn er nicht bis zum 19. Dezember zurückgetreten sei.

21.12.1995 Wałęsa ernennt vier Oberste im Generalsrang, die den Fall Oleksy untersuchen sollen.
Die Zeitung „Życie Warszawy" [„Warschauer Leben"] schreibt, daß das Amt für Staatsschutz nicht nur Material gegen Oleksy, sondern auch gegen andere SLD-Leute besitze.

22.12.1995 „Życie Warszawy" teilt mit, die polnische Spionage habe Oleksy als den Agenten „Olin" enttarnt. Der Sejm benennt eine zwölfköpfige Kommission zur Untersuchung der Affäre Oleksy.

24.1.1996 Der Militärstaatsanwalt des Bezirks Warschau beginnt die Untersuchung gegen Józef Oleksy wegen angeblicher Zusammenarbeit mit einem fremden Geheimdienst. Oleksy tritt von seinem Amt als Ministerpräsident zurück.

27.1.1996 Auf dem V. Landesparteitag der SdRP wird Oleksy mit überwältigender Mehrheit zum Vorsitzenden gewählt.

8.3.1996 Oberst Adam Humer, bis 1954 stellvertretender Direktor der Abteilung für Ermittlungsverfahren im Ministerium für öffentliche Sicherheit, wird nach einem zweieinhalbjährigen Prozeß gegen ihn und elf Mitangeklagte wegen Verbrechen gegen die Menschlichkeit Ende der vierziger bis Anfang der fünfziger Jahre zu neun Jahren Gefängnis verurteilt. Auch die Mitangeklagten erhalten hohe Haftstrafen.

22.4.1996 Der Warschauer Militärstaatsanwalt stellt das Verfahren gegen Józef Oleksy ein. Oleksy kann keine Spionage nachgewiesen werden, er muß sich aber den Vorwurf gefallen lassen, daß er für einen Spitzenpolitiker zu leichtfertig ein freundschaftliches Verhältnis zu einem KGB-Offizier unterhalten habe. Die SdRP ist zufrieden über die Einstellung des Verfahrens und bezeichnet die Affäre als Kampagne des Wałęsa-Lagers, das sich nicht mit der Wahlniederlage habe abfinden wollen. Am nächsten Tag wird eine Untersuchungskommission gegen die vier mit der Oleksy-Affäre betrauten Offiziere eingesetzt. Ihnen wird vorgeworfen, sie hätten Fehler bei den Ermittlungen gemacht. Bei den folgenden Untersuchungen wird auch dem Militärstaatsanwalt mangelnde Objektivität vorgehalten.

29.7.1996 Das Wojewodschaftsgericht in Warschau spricht Czesław Kiszczak von dem Vorwurf frei, für den Tod von neun Bergleuten der Zechen „Wujek" und „Manifest Lipcowe" im Dezember 1981 verantwortlich zu sein.

9.10.1996 Nach der Affäre Oleksy herrscht relative Einigkeit unter den polnischen Parteien, daß es eine gesetzlich geregelte Lustration geben müsse, um ungerechtfertigten Anschuldigungen vorzubeugen. Eine neu zusammengesetzte Sejmkommission bereitet auf der Grundlage der Gesetzesvorlagen vom Juli 1994 einen Entwurf vor.

23.10.1996 Der Sejm lehnt den Antrag ab, Wojciech Jaruzelski und Czesław Kiszczak wegen ihrer Verantwortung für die Verhängung des Kriegsrechtes 1981 vor das Staatstribunal zu stellen.

11.4.1997 Nach heftigen Debatten im Parlament und in den Medien verabschiedet der Sejm gegen die Stimmen des SLD ein Lustrationsgesetz. Bewerber um staatliche Ämter und Mandate müssen künftig eine Erklärung über ihre Zusammenarbeit mit den polnischen Geheim- und Sicherheitsdiensten abgeben. Ein spezielles Lustrationsgericht soll diese überprüfen. Hat der Kandidat die Wahrheit gesagt, so liegt es in der Hand des Dienstherren oder Wählers, ob derjenige Amt oder Stimme erhält. Hat der Kandidat die Unwahrheit gesagt, so darf er zehn Jahre lang keine öffentliche Funktion übernehmen.

14.5.1997 Der Senat nimmt das Lustrationsgesetz ohne weitere Änderungen an. Nachbesserungen hatten das SLD und Präsident Kwaśniewski gefordert: Mitarbeiter der Spionage und Gegenspionage sollten ihrer Meinung nach von der Lustration ausgenommen werden, um deren Funktionsfähigkeit nicht zu gefährden. Einen Monat später unterzeichnet auch Kwaśniewski das Gesetz.

23.8.1997 Die Zeitung „Życie Warszawy" behauptet, Präsident Kwaśniewski habe enge Kontakte zu dem KGB-Agenten Alganow gehabt, Kwaśniewski weist dies zurück.

21.9.1997 Bei den Wahlen zum Parlament gewinnt das „Wahlbündnis 'Solidarność'" (Akcja Wyborcza „Solidarność", AWS), das sich aus den aus der „Solidarność"-Bewegung hervorgegangenen rechten Gruppierungen zusammensetzt, mit 33,8%. Das postkommunistische SLD kann zwar im Vergleich zu den letzten Wahlen noch Stimmen hinzugewinnen, unterliegt aber der vereinigten Rechten mit 27,1%.

26.9.1997 Das Warschauer Militärgericht spricht den CIA-Spion Ryszard Kukliński vom Vorwurf des Landesverrates frei. Kukliński habe „aus höheren Motiven gehandelt". Die Stadt Krakau will ihm die Ehrenbürgerwürde verleihen.

17.10.1997 Die AWS bildet mit der liberalen „Freiheitsunion" (Unia Wolności, UW) eine Koalition. Ministerpräsident wird der aus Schlesien stammende Chemiker und Protestant Jerzy Buzek. In seiner Regierungserklärung fordert Buzek eine Wiederaufnahme der Lustrationsdebatte und die Verschärfung des Gesetzes.

21.11.1997 Das Wojewodschaftsgericht in Kattowitz spricht die wegen tödlicher Schüsse im Dezember 1981 auf Demonstranten der Zechen „Wujek" und „Manifest Lipcowe" Angeklagten frei, es fehle eine eindeutige Beweislage. Vor dem Gerichtsgebäude finden Demonstrationen gegen das Urteil statt.

11.12.1997 Das Wojewodschaftsgericht in Warschau nimmt das Verfahren gegen die Generäle Władysław Ciastoń und Zenon Płatek wieder auf. Die beiden waren 1994 vom Vorwurf der Beihilfe zur Ermordung des Priesters Jerzy Popiełuszko im Jahre 1984 freigesprochen worden. 1996 hatte das Appellationsgericht das Urteil außer Kraft gesetzt und die Wiederaufnahme gefordert. Die jetzige Anklage lautet zusätzlich auf Provokation und Angriff des Priesters.

16.12.1997 Trotz eines eindringlichen Appells der Justizministerin Hanna Suchocka gelingt es nicht, die vorgeschriebenen 21 Richter für das Lustrationsgericht zusammenzubekommen.

17.12.1997 Als Konsequenz aus der Debatte über die Befähigung der polnischen Richter für ein Amt im Lustrationsgericht nimmt der Sejm ein Gesetz über Disziplinarverfahren gegen Richter an, die zwischen 1944 und 1989 gegen die Unabhängigkeit der Gerichte verstoßen haben. Diese Möglichkeit soll bis zum Jahr 2000 bestehen.

3.3.1998 Bei einer Konferenz des Senats wird über einen Beschlußvorschlag debattiert, der die rechtliche Kontinuität zwischen der II. (1918-1939) und der III. polnischen Republik (seit 1990) festlegen soll: Der polnische Staat sei zwischen 1939 und 1990 nicht souverän gewesen, die kommunistische Staatsmacht ab 1944 habe nicht im Namen des Volkes Recht setzen können.

18.3.1998 Im Sejm beginnt erneut die Debatte über das Lustrationsgesetz. Es liegen mehrere Änderungsanträge vor. Diskutiert wird auch die Vorlage von Präsident Kwaśniewski, ein Bürgerarchiv einzurichten, in dem Betroffene die Akten einsehen können, die die Geheimdienste in den Jahren 1944 bis 1990 über sie angelegt haben. Die Regierung möchte die fraglichen Akten einem speziellen Archiv im „Institut für nationales Gedenken" überstellen. Alle Vorlagen werden an spezielle Kommissionen weitergegeben.

18.6.1998 Der Sejm verabschiedet eine Neufassung des Lustrationsgesetzes. Personen, die eine öffentliche Funktion haben oder einnehmen wollen, müssen eine Erklärung über ihre Zusammenarbeit mit den polnischen Sicherheitsdiensten abgeben. Diese Erklärung wird auf Antrag eines „Sachwalters des öffentlichen Interesses" vom Warschauer Appellationsgericht auf ihren Wahrheitsgehalt überprüft. Sollte die Erklärung nicht der Wahrheit entsprechen, verliert die überprüfte Person ihr Amt. Kritiker des Gesetzes wenden ein, daß der für sechs Jahre zu benennende „Sachwalter des öffentlichen Interesses" die gerichtliche Überprüfung nach eigenem Gutdünken veranlassen könne und nicht kontrolliert werde.
Am selben Tag faßt der Sejm gegen die Stimmen des SLD einen Beschluß über „die Verurteilung des totalitären Kommunismus":
„Die kommunistische Diktatur wurde Polen mit Gewalt, gegen den Willen des Volkes, durch die Sowjetunion und Józef Stalin aufgezwungen. [...] Wir lehnen dieses System ab und verurteilen es. Wir halten die Polnische Vereinigte Arbeiterpartei für eine Organisation, die in höchstem Maße und bis zum Schluß verantwortlich war für die Dauer und die Gestalt des kommunistischen Systems in Polen, auf dem viele Verbrechen und Straftaten lasten. [...] Man kann keine kollektive Verantwortung für die Verbrechen einführen, aber wir wollen auch keine kollektive Verantwortungslosigkeit."

19.6.1998 Eine Gruppe von Abgeordneten des AWS stellt ein Gesetzesprojekt zur „Dekommunisierung" vor: Hohen Parteifunktionären, Regierungsmitgliedern, Mitarbeitern der Sicherheitsorgane und dem militärischen Führungspersonal aus der Zeit zwischen dem 21. Juli 1944 und dem 1. Juli 1989 soll für fünf bis zehn Jahre die Übernahme eines öffentlichen Amtes verwehrt werden. Alle Symbole des kommunistischen Systems in Polen sollen abgeschafft werden.

II. Analyse

„Was soll man, wenn man Demokratie und Rechtsstaatlichkeit aufbauen will, mit den abgesetzten Herrschern und ihren zahllosen Hilfschargen anfangen, mit dem allgegenwärtigen und vielgliedrigen Staatsapparat und der Partei, die ihn geführt hat?" (Bartosek 1998, S. 497) Der demokratische Umbruch im Jahr 1989 stellte die polnische Gesellschaft zu einem Zeitpunkt vor diese Frage, als die bisherigen oppositionellen Kräfte, die vor allem aus der Oppositionsbewegung um die unabhängige Gewerkschaft „Solidarność" kamen, die politische Macht noch mit den bisherigen kommunistischen Machthabern teilen mußten. Der Systemwechsel in Polen, der erste im gesamten osteuropäischen Raum, war nicht durch eine radikale revolutionäre Umwälzung zustande gekommen, sondern bildete das Ergebnis eines Dialogs zwischen den regierenden Kommunisten und Vertretern der zuvor im Untergrund tätigen Opposition. Die spezielle Form dieser „ausgehandelten Revolution" konnte nicht ohne Rückwirkungen auf die Auseinandersetzung der jungen Demokratie mit den früheren Machthabern und der diktatorischen Vergangenheit bleiben. In Polen wurden seit 1989 unterschiedliche Wege eingeschlagen, um mit den Schatten der Vergangenheit fertig zu werden. Auf eine Politik, die einen Schlußstrich unter die Vergangenheit ziehen wollte und für die Versöhnung der gesellschaftlichen Gruppen eintrat, folgte die Forderung nach radikaler Aufdeckung der Lebensläufe aller in der Öffentlichkeit stehenden Personen und der nachhaltigen Bestrafung des sogenannten Systemunrechts. Wir wollen im folgenden die verschiedenen Varianten der polnischen Art der Vergangenheitsbewältigung näher betrachten.

II.1 Die „ausgehandelte Revolution" und der „dicke Strich" unter die Vergangenheit

Angesichts der desolaten wirtschaftlichen Lage Ende der achtziger Jahre in Polen und veranlaßt durch zwei massive Streikwellen in mehreren Großbetrieben im Frühjahr und Sommer 1988 hatte sich die Parteiführung der kommunistischen

Polnischen Vereinigten Arbeiterpartei (PZPR) unter General Wojciech Jaruzelski im Herbst 1988 bereit gezeigt, mit der Oppositionsbewegung zu verhandeln. Grundlage der Gespräche, von denen sich die Staatsführung die Unterstützung der oppositionellen Kräfte bei grundlegenden Reformen des Wirtschaftssystems erhoffte, war die Akzeptanz des bestehenden politischen Systems und der führenden Rolle der PZPR. Die Partei fand ihre Gesprächspartner daher bei jenen Oppositionellen, die als Anhänger des Dialogs bereit waren, das System durch Diskurs zu reformieren und nicht die Reform zur Voraussetzung der Verhandlungen machten. Im Dezember 1988 entstand ein sogenanntes „Bürgerkomitee bei Lech Wałęsa" – benannt nach dem Vorsitzenden der Gewerkschaft „Solidarność" –, das die Gespräche mit der Regierung vorbereitete. Grundlegende Bedingungen für eine Unterstützung des politischen Reformprozesses gab es auch von der Seite der Opposition: Sie forderte ihre Einbindung in das politische System und eine Wiederzulassung der seit 1982 verbotenen Gewerkschaft „Solidarność". Im Februar 1989 schließlich begannen in Warschau die offiziellen Gespräche an einem eigens für diesen Zweck erbauten „Runden Tisch". In verschiedenen Arbeitsgruppen setzten sich die Vertreter des Bürgerkomitees und des Regierungslagers mit der Wirtschafts- und Sozialpolitik, mit politischen Reformen und Fragen des Gewerkschaftspluralismus auseinander; die katholische Kirche, die im Vorfeld oft vermittelnd eingegriffen hatte, entsandte zwei Beobachter zu den Gesprächen (vgl. Grabowski 1998a).

Das Ergebnis der Verhandlungen hatte systemverändernde Konsequenzen (Bingen 1989, S. 13), die allerdings so nicht intendiert gewesen waren. Die wesentlichsten Vereinbarungen waren neben einer Neuzulassung der „Solidarność",[1] Neuwahlen zum Parlament, dem Sejm, sowie die Schaffung einer zweiten Kammer, des Senats, der im Gesetzgebungsprozeß ein Vetorecht gegenüber dem Sejm haben sollte. Bei den Wahlen zum Sejm, die für Juni 1989 verabredet wurden, sollten die oppositionellen Kräfte um 35% der Sitze kämpfen dürfen, während der PZPR und den systemtreuen Gruppierungen 65% zur Verfügung standen. Diese Beschränkung galt nur für eine Legislaturperiode, der Zugang zu den Wahlen ab 1993 sollte völlig frei sein. Für die Wahlen zum Senat gab es hingegen von vornherein keine Einschränkung. Zugleich wurde das Amt eines von der aus Sejm und Senat bestehenden Nationalversammlung zu wählenden Präsidenten eingerichtet. Er sollte eine starke Position gegenüber Sejm und Senat haben und damit eine „Garantiefunktion für die Ordnung des politischen Systems übernehmen" (Gebert 1990, S. 12). Kein Zweifel herrschte bei den Gesprächen am Runden Tisch darüber, daß diese Position zunächst für General Jaruzelski gedacht war.

Hatte sich das Regierungslager bei den Gesprächen am Runden Tisch noch der Hoffnung hingegeben, daß der relativ früh angesetzte Wahltermin der Opposition nicht die nötige Mobilisierung ihrer Klientel ermöglichen würde, so wurde

---

1 Eine Wiederzulassung der Gewerkschaft bedeutete Kritik an ihrem Verbot und damit an der Verhängung des Kriegsrechtes im Jahre 1981. Dies gehörte jedoch zu den Tabuthemen.

schnell deutlich, daß diese Hoffnung getrogen hatte. Die Kandidaten der landesweit entstandenen Bürgerkomitees konnten bereits im ersten Wahlgang alle den freien gesellschaftlichen Gruppen zugedachten 161 Sitze im Sejm mit je 60 bis 70% der Stimmen erringen, während die Regierungsseite zunächst nur drei der für sie vorgesehenen 297 Sitze erhielt. Noch krasser zeigte sich das Ergebnis der Senatswahl: Von 100 Senatsmandaten erlangten die oppositionellen Kräfte auf Anhieb 92 und im zweiten Wahlgang noch weitere sieben. Wie dünn die Unterstützung für die bisherigen Machthaber geworden war, zeigte sich auch bei der Präsidentenwahl. Wojciech Jaruzelski wurde Mitte Juli 1989 mit nur einer Stimme Mehrheit gewählt, und dies gelang nur, weil etliche Mitglieder der Opposition erst gar nicht zur Wahl erschienen waren oder sich der Stimme enthalten hatten (vgl. Sanford 1992, S. 21).

Der erdrutschartige Wahlsieg der freien gesellschaftlichen Kräfte erschwerte nun die Regierungsbildung: Dem designierten Ministerpräsidenten und bisherigen Innenminister, General Czesław Kiszczak, gelang es nicht, eine Mehrheit für seine Regierung zu finden. Die bisherigen Blockparteien, die Vereinigte Bauernpartei (ZSL) und die Demokratische Partei (SD), die bislang mehr oder minder als Anhängsel der PZPR betrachtet worden waren, versuchten, sich aus dieser Rolle zu befreien und ein eigenständiges Profil zu erlangen, indem sie kein Bündnis mit der PZPR eingehen wollten. Zugleich bemängelte Lech Wałęsa, eine „Regierung Kiszczak" würde den Polen nicht das Gefühl vermitteln können, daß sich durch den Runden Tisch etwas entscheidendes in Polen geändert hätte. Eine Lösung des Dilemmas deutete sich an, als Adam Michnik in der Zeitung „Gazeta Wyborcza" [Wahlzeitung] vorschlug, einen Kompromiß mit den bisherigen Machthabern in der Formel „Euer Präsident – unser Premier" zu finden. Michnik begründete seine Initiative damit, daß revolutionäre Ausschreitungen in Polen nur durch einen Ausgleich zwischen der demokratischen Opposition und dem Reformflügel der kommunistischen Partei verhindert werden könnten („Gazeta Wyborcza", 4.8.1989). Wenige Tage später schlug Lech Wałęsa öffentlich eine Koalition der Bürgerkomitees mit den Blockparteien ohne die Beteiligung der PZPR vor. Nach weiteren Konsultationen beauftragte Jaruzelski den katholischen Publizisten und langjährigen Berater der „Solidarność" Tadeusz Mazowiecki mit der Regierungsbildung (vgl. Dudek 1997, S. 59 f.). Schneller als die Verhandlungen am Runden Tisch es vorgesehen hatten, mußten die Vertreter der Bürgerkomitees nun Regierungsverantwortung übernehmen. Auf diese Situation war die bisherige Opposition kaum vorbereitet, Konzepte und Programme mußten erst ausgearbeitet werden (vgl. Ziemer 1998, S. 30). Zudem sollte sich die Heterogenität der bisher durch den Antikommunismus geeinten Oppositionsbewegung um die „Solidarność" erst noch zeigen.

Mit der Ernennung Mazowieckis entstand die erste nichtkommunistische Regierung in einem Staat des Warschauer Paktes. Wenn auch die außenpolitischen Rahmenbedingungen für den polnischen Systemwandel durch die sowjetische Öffnungspolitik von Michail Gorbačev günstig waren, so galt es für die neue polnische

Regierung dennoch, außen- und innenpolitische Rücksichten zu nehmen, zumal die politische Entwicklung in den Nachbarstaaten zu diesem Zeitpunkt keineswegs absehbar war.[2] Entscheidende Ressorts, das Innen- und das Verteidigungsministerium, blieben im Kabinett Mazowiecki in der Hand der Kommunisten und bisherigen Amtsinhaber, General Czesław Kiszczak und General Florian Siwicki. Mazowiecki wollte Konflikte mit den ehemaligen Machthabern möglichst vermeiden: „Die PZPR in strikte Opposition und strikte Negation zu drängen, wäre ein Falle für uns und das Land. Nirgends auf der Welt gibt es eine Opposition, die über die Armee und den Geheimdienst gebietet und weiterhin Opposition bleibt." (zit. nach Dudek 1997, S. 61) Außerdem brauchte er die Loyalität der Regierungs- und Verwaltungsbeamten, um die administrative Infrastruktur in Polen nicht zu gefährden. Auf seiner ersten Pressekonferenz als Ministerpräsident forderte er die bisherige Nomenklatura auf, sich loyal zu der neuen Regierung zu stellen, und versprach, keine weitreichenden Entlassungen bei den Beamten zu planen, auch bei der Frage nach der Abschaffung der Zensur äußerte er sich zurückhaltend („Życie Warszawy" [Warschauer Leben], 25.8.1989). Zum Synonym für die Politik Mazowieckis gegenüber den bisherigen Machthabern und deren Verantwortung für die Geschichte der Volksrepublik Polen wurde aber sein Wort vom „dicken Strich": In seiner ersten Rede vor dem Sejm erklärte Mazowiecki: „Die Regierung, die von mir gebildet wird, übernimmt keine Verantwortung für die Hypothek, die sie erbt. [...] Unter die Vergangenheit ziehen wir einen dicken Strich. Wir werden uns nur für das verantworten, was wir tun, um Polen aus dem gegenwärtigen Zustand des Zusammenbruchs herauszuführen." („Życie Warszawy", 25.8.1989) Mazowiecki hatte mit diesem Ausspruch wohl kaum mehr bezweckt, als die Verantwortung für die Hinterlassenschaften der Kommunisten, insbesondere die zerrüttete Wirtschaft, abzulehnen (vgl. auch Jerzy Jedlicki in: „Gazeta Wyborcza", 26.-27.4.1997). Seine Äußerung aber wurde als Bekenntnis zu einer Politik aufgefaßt, die auf eine grundlegende Abrechnung mit den Kommunisten verzichten wollte. Die Maßnahmen, die seine Regierung ergriff, schienen dem Rechnung zu tragen.

Es dauerte fast ein Jahr, bis in Polen die Zensurbehörde abgeschafft wurde, erst nach einem dreiviertel Jahr wurde der staatliche Sicherheitsdienst, die Służba Bezpieczeństwa (SB), aufgelöst. Die Abschaffung der berüchtigten ORMO-Einheiten, Kampfgruppen einer freiwilligen Bürgermiliz, die unter anderem 1968 zur Niederschlagung der Studentenunruhen eingesetzt worden waren, kam nur auf Antrag einiger Parlamentsabgeordneter im November 1989 zustande, nicht auf Initiative der Regierung (vgl. Dudek 1997, S. 82). Die erste staatliche Institution, die hingegen von der Regierung aufgelöst wurde, war das 1989 nur noch unbedeutende „Amt für Bekenntnisangelegenheiten", das bislang für die Kontrolle der Geistlichkeit zuständig gewesen war (ebd.). In den ersten sechs Monaten der Re-

---

2 So weist Konstanty Gebert darauf hin, daß die Wahlen im Juni 1989 am selben Tag stattfanden wie das Massaker auf dem Platz des Himmlischen Friedens in Peking (Gebert 1998, S. 140).

gierung Mazowiecki fanden zudem keine gravierenden Änderungen der machtpolitischen Strukturen im Innen- und Verteidigungsministerium statt. Erst nachdem sich die PZPR auf ihrem XI. Parteitag im Januar 1990 selbst aufgelöst hatte und somit der Hauptverhandlungspartner des Runden Tisches nicht mehr existent war, kam Bewegung in die Frage der Umstrukturierung der bislang von den Kommunisten dominierten Ministerien. Mit Krzysztof Kozłowski wurde im März 1990 der erste nichtkommunistische Unterstaatssekretär im Innenministerium ernannt, im April kamen die ersten „Solidarność"-Vertreter in das Verteidigungsministerium. Der Sejm verabschiedete im April ein Gesetzespaket, das die Abschaffung der Zensur, die Umwandlung der Miliz in eine Polizeiorganisation und die Ersetzung des Sicherheitsdienstes durch ein Amt für Staatsschutz (Urząd Ochrony Państwa, UOP) vorsah (vgl. Dudek 1997, S. 83). Die Mitarbeiter der SB wurden entlassen, sie konnten allerdings neu in das UOP eingestellt werden, sofern sie sich einem Qualifizierungsverfahren, d.h. einer Überprüfung ihrer bisherigen Tätigkeit, unterzogen. Von 24.000 SB-Mitarbeitern ließen sich 14.000 überprüfen, nur etwa 4.000 wurden vom UOP übernommen (Bingen 1997, S. 19 f.). Im Juli 1990 schließlich traten Innenminister General Kiszczak und Verteidigungsminister General Siwicki auf Verlangen von Ministerpräsident Mazowiecki zurück. Erst jetzt war eigentlich der Weg frei für einen demokratischen Umbau der wichtigsten Ministerien.

Inzwischen hatte auch der Systemwechsel in den Nachbarstaaten Polens begonnen und war teilweise schon weiter fortgeschritten als in Polen selbst. Der kommunistische Staatspräsident Polens glich einem Anachronismus. In einem Gespräch Ende Juli 1990 gab Lech Wałęsa Präsident Jaruzelski zu verstehen, daß die Zeit seiner Präsidentschaft nun zu Ende gehen müsse (Dudek 1997, S. 111); im September trat Wojciech Jaruzelski, der eigentlich für sechs Jahre gewählt worden war, zurück und trug damit der veränderten gesellschaftspolitischen Lage Rechnung. Der neue polnische Präsident sollte nicht mehr von der demokratisch nur begrenzt legitimierten Nationalversammlung gewählt werden, sondern direkt vom Volk. Lech Wałęsa, der mit seiner bisherigen Rolle des Koordinators im Hintergrund nicht mehr zufrieden war, kritisierte zunehmend die Politik Mazowieckis. Er forderte jetzt eine Beschleunigung des wirtschaftlichen und politischen Umbaus und eine durchgreifende Abrechnung mit der kommunistischen Nomenklatura, obwohl er noch zu Beginn des Jahres vor einer solchen Maßnahme gewarnt hatte, weil zu viele Menschen in das alte Unrechtssystem verstrickt gewesen seien („Gazeta Wyborcza", 19.3.1990). Die Auseinandersetzung zwischen Wałęsa und Mazowiecki, von Wałęsa als „Krieg an der Spitze" [wojna na górу] bezeichnet („Gazeta Wyborcza", 14.5.1990), führte schließlich zu einer Spaltung des „Solidarność"-Lagers: Im Mai 1990 entstand die Wałęsa nahestehende Partei „Verständigungszentrum" (Porozumienie Centrum, PC), im Juli die Mazowiecki unterstützende „Bürgerbewegung-Demokratische Aktion" (Ruch Obywatelski – Akcja Demokratyczna, ROAD). Das Programm des PC gab sich vor allem „antikommunistisch". Es forderte eine deutliche „Beschleunigung" des Transformationsprozesses, was der Ablösung noch amtierender kommunistischer Funktionäre in öffentlichen Ämtern gleichkam (Hirsch 1994, S. 54 ff.; Juchler 1994, S. 253), und es sprach sich für einen starken Präsidenten (Wałęsa) aus, der quasi „mit der Axt" für Ordnung sorgen sollte (Dudek 1997, S. 107). Im Präsidentschaftswahlkampf des Herbstes 1990 traten schließlich Wałęsa und Mazowiecki gegeneinander an. Wałęsa instrumentalisierte dabei den „dicken Strich" für seinen Wahlkampf: Ein Wahlkampfspot zeigte eine sympathische Axt, die rote Spinnen hinter einem „dicken Strich" wegjagte (Dudek 1997, S. 124), ein anderer eine Axt, die einen „dicken Strich" zerhackte (Gebert 1998, S. 143). Sicherlich gelang es Wałęsa mit seiner Forderung nach Abrechnung mit der Vergangenheit, Wähler für sich zu mobilisieren, doch die Auseinandersetzungen zwischen den beiden aus der „Solidarność"-Bewegung hervorgegangenen Flügeln fielen auf die Kandidaten zurück. Wałęsa erreichte im ersten Wahlgang nicht die erforderliche und von ihm erwartete absolute Mehrheit, sondern mußte sich in einem zweiten Wahlgang gegen den mit recht kuriosem Programm auftretenden Auslandspolen Stanisław Tymiński behaupten. Tadeusz Mazowiecki erhielt nur 18% der Wählerstimmen und erklärte daraufhin seinen Rücktritt als Ministerpräsident (vgl. Ziemer 1992, S. 321 f.).

Acht Jahre später wurde Tadeusz Mazowiecki in einem Interview zu seiner jetzigen Einschätzung der Politik des „dicken Strichs" befragt. Seine Regierungszeit, erklärte Mazowiecki, habe nur 16 Monate gedauert, seine Gegner hätten danach alles das besser machen können, was ihm als Versäumnis vorgeworfen wurde. Sie hätten sogar den „dicken Strich" korrigieren können: „Ich meine nicht, daß der 'dicke Strich' ein Fehler war. Aber er wurde zum Vorwand für einen politischen Kampf innerhalb des 'Solidarność'-Lagers." („Gazeta Wyborcza", 14.-15.2.1998)

II.2 Durchleuchtung und Entkommunisierung

Im Oktober 1991 fanden die ersten völlig freien Wahlen zum polnischen Parlament statt. 29 Parteien konnten in den Sejm einziehen, elf davon mit nur einem Abgeordneten (vgl. Bingen 1998, S. 70). Die Zersplitterung war nicht nur auf das komplizierte Verhältniswahlrecht zurückzuführen, sie spiegelte auch das polnische Parteiensystem wider, vor allem die Auflösung der früheren Einheit des „Solidarność"-Lagers. Mit der Regierungsbildung wurde schließlich Jan Olszewski vom „Verständigungszentrum" beauftragt, der eine Koalition mit konservativen und christlich-nationalen Parteien bilden konnte.

Olszewskis Partei hatte nach dem Präsidentschaftswahlkampf ihre Forderung, daß die staatliche Verwaltung von den „kommunistischen Elementen" gesäubert werden müsse („Rzeczpospolita" [Republik], 8.4.1991), aufrechterhalten und verstärkt. Der Angriff ging vor allem gegen jene ehemaligen PZPR-Funktionäre, die immer noch wichtige Positionen bekleideten, weil in der Zeit des Umbruchs schlecht auf die in vielen Bereichen einzigen kompetenten Fachleute verzichtet werden konnte.³ Nachdem das PC im Parlamentswahlkampf mit dem Verlangen nach „Dekomunizacja" [Entkommunisierung] für sich geworben hatte, stellte die Abrechnung mit der Vergangenheit für die Regierung Olszewski nun die wichtigste Aufgabe dar. In der Politik gegenüber den früheren Machthabern sollte endlich ein Wechsel eintreten. In seiner Regierungserklärung kündigte Olszewski dieses Vorhaben an und wandte sich mit seiner Argumentation vor allem gegen die Anhänger des „dicken Strichs", die argumentiert hatten, das Land benötige jetzt in erster Linie Versöhnung und keine Aufrechnung: „Ich möchte, daß die von mir vorgeschlagene und vom Hohen Sejm berufene Regierung den Anfang vom Ende des Kommunismus in unserem Vaterland bedeutet. [...] Es gibt keine gesunde Gesellschaft ohne das Empfinden, daß im öffentlichen Leben die Grundlagen der Gerechtigkeit gelten. Verantwortung und Gerechtigkeit haben ihre Gültigkeit aber nicht erst seit gestern. Und daher ergibt sich nicht aus Rache, sondern aus moralischer Notwendigkeit, aus dem Bedürfnis, die Nation im Geiste der Redlichkeit zu erziehen, das Postulat der Abrechnung mit der vergangenen Schuld. Wir wollen keine kollektive Verantwortlichkeit, sondern eine Verantwortung für konkrete Entscheidungen. Menschen, die für ihre Karriere Taten gegen das nationale Interesse begangen haben, diese Menschen sollen sich nicht wundern, wenn sie dafür bestraft werden. Und wenn wir vergeben sollen, so wollen wir wissen, welche Schuld und wem wir vergeben." („Rzeczpospolita", 23.12.1991)

Keine vier Wochen später erklärte Innenminister Antoni Macierewicz, daß sein Ministerium jederzeit Informationen über die Mitarbeiter des Sicherheitsdienstes geben könne, wenn der Sejm dieses wünsche („Rzeczpospolita", 21.1.1992). Doch der Wunsch nach einer Öffnung der Geheimdienstakten war lebhaft umstritten (FAZ, 26.2.1992). In der polnischen Presse wurde intensiv über das Für und Wider einer Aktenöffnung debattiert. Die Bedenken, die Akten der SB analog zu den deutschen Stasi-Akten der Öffentlichkeit zugänglich zu machen, richteten sich gegen Quantität und Qualität der Akten. Es war allgemein bekannt, daß im Innenministerium zwischen 1989 und 1990 erhebliche Aktenbestände vernichtet worden oder verschwunden waren, darüber hatte die Presse mehrfach berichtet (vgl. Bingen 1997, S. 23 ff.). Auch die Qualität der SB-Akten konnte bezweifelt werden, da Führungsoffiziere des Sicherheitsdienstes die Verpflichtung gehabt hatten, eine bestimmte Anzahl geheimer Informanten zu führen, weswegen häufig Zuträger erfunden und mit einer Akte versehen worden waren (Milczanowski 1996, S. 35 f.).

Neben der Frage des Aktenzugangs stand aber jetzt vor allem die Frage im Mittelpunkt der Diskussion, wie Mitglieder der PZPR davon abgehalten werden könnten, weiterhin eine Funktion im politischen und gesellschaftlichen Leben in Polen zu spielen. Durch das PC waren verschiedene Gesetzesentwürfe angeregt worden, die vorsahen, Kommunisten die Ausübung eines öffentlichen Amtes zu

---

3 Antoni Dudek zitiert den damals unter den Anhängern der „Solidarność" gängigen Ausspruch „dobry fachowiec, ale partyjny" [ein guter Fachmann, aber Parteimitglied], der darauf hinwies, daß nach dem Machtwechsel eine eigene Elite erst entstehen mußte (Dudek 1997, S. 84).

verwehren („Rzeczpospolita", 22.-23.2.1992). Der weitestgehende Entwurf stammte aus dem Innenministerium: Ehemaligen Mitgliedern der PZPR oder parteinaher Organisationen sowie Mitarbeitern der verschiedenen Sicherheitsdienste und sogar „Kandidaten für eine Zusammenarbeit" sollte die Möglichkeit, ein Amt in einer staatlichen Organisation, in den Medien, den Schulen, staatlichen Betrieben und Banken sowie internationalen Handelsagenturen zu übernehmen, verweigert werden („Gazeta Wyborcza", 1.4.1992). Die Gesetzesvorlagen waren höchst umstritten, zumal sie sich auch gegen Anhänger der ehemaligen Opposition richten konnten, die vormals etwa in Jugendorganisationen der Partei oder der PZPR selbst tätig gewesen waren. Die Debatte über diese Dekommunisierungsinitiativen wurde kontrovers geführt, Einigkeit herrschte nur darüber, daß Verbrechen der kommunistischen Staats- und Parteiführung zu ahnden seien. Währenddessen stand die Regierung Olszewski, deren Hauptziel die Auseinandersetzung mit der kommunistischen Vergangenheit Polens war, fast vor dem politischen Aus. Seit Beginn ihrer Amtszeit hatten sich fortwährend Konflikte mit Präsident Wałęsa ergeben. Dieser fühlte sich bei personellen Entscheidungen im Innen-, Verteidigungs- und Außenministerium übergangen und forderte vom Ministerpräsidenten beispielsweise die Absetzung des Verteidigungsministers Jan Parys. Olszewski bemühte sich, die Position seiner Regierung gegenüber dem Präsidenten durch eine Ausdehnung ihrer parlamentarischen Basis zu stärken und verhandelte mit der Demokratischen Union (Unia Demokratyczna, UD), einer liberalen Partei, die sich aus dem Mazowiecki nahestehenden ROAD entwickelt hatte, über eine Erweiterung der Regierungskoalition (Dudek 1997, S. 205 ff.). Doch die Gespräche scheiterten an den Forderungen der UD nach einer Umbildung der Regierung. Zugleich nahm Olszewski auch zu der nationalistischen „Konföderation unabhängiges Polen" (Konfederacja Polski Niepodległej, KPN) Kontakte auf und gab hier zu verstehen, daß er sich auch eine Koalition mit ihr vorstellen könne. Währenddessen verschlechterte sich das Verhältnis zu Präsident Wałęsa rapide, die Regierung mußte mit einer Auflösung durch den Präsidenten rechnen.

In dieser Situation stellte der Abgeordnete der eher unbedeutenden „Union für Realpolitik" (Unia Polityki Realnej, UPR), Janusz Korwin-Mikke, am 28. Mai 1992 plötzlich im Parlament den Antrag, der Sejm möge beschließen, daß der Innenminister innerhalb von neun Tagen die Namen jener höheren Staatsbeamten nennen solle, die zwischen 1945 und 1990 mit dem polnischen Sicherheitsdienst zusammengearbeitet hätten. Innerhalb von zwei Monaten sollte er über Abgeordnete, Senatoren, Richter, Staatsanwälte und Wojewoden Auskunft geben und innerhalb eines halben Jahres die Gemeinderäte und -verwaltungen überprüfen. Mit 186 Stimmen, hauptsächlich vom PC, der KPN, der „Solidarność", der UPR und den christlich-konservativen Parteien „Christlich-Nationale Vereinigung" (Zjednoczenie Chrześcijańsko-Narodowe, ZChN) und „Partei der Christlichen Demokraten" (Partia Chrześcijańskich Demokratów, PChD) wurde der Antrag angenommen. Dagegen stimmten 15 Abgeordnete aus verschiedenen Gruppierungen, 32 Abgeordnete hauptsächlich aus den postkommunistischen Parteien enthielten sich der Stimme. Ein Teil der Abgeordneten der UD und des an der vorhergehenden Regierung beteiligten „Liberal-Demokratischen Kongreß" (Kongres Liberalno-Demokratyczny, KLD) boykottierten die Abstimmung. Sie hofften vergeblich, so das nötige Quorum im Sejm verhindern zu können („Gazeta Wyborcza", 29.5.1992).

Die Bedenken, die von den Kritikern dieses Beschlusses erhoben wurden, waren nicht nur rechtlicher Art, viele befürchteten ein politisches Kesseltreiben. Der erste aus dem „Solidarność"-Lager stammende polnische Innenminister Krzysztof Kozłowski, der im Juli 1990 die Führung des Ministeriums übernommen hatte, bezeichnete die Aktion als Öffnung der Büchse der Pandora. Die Qualität der Akten sei sehr fragwürdig, und es läge allein in der Hand des jetzigen Innenministers, welche Auswahl er aus dem Bestand treffen würde („Gazeta Wyborcza", 29.5.1992). Józef Oleksy, der Vorsitzende des „Bündnis der demokratischen Linken" (Sojusz Lewicy Demokratycznej, SLD), in dem insbesondere die „Sozialdemokratie der Republik Polen" (Socjaldemokracja Rzeczypospolitej Polskiej, SdRP), die Nachfolgepartei der PZPR, tonangebend ist, sah den Beschluß des Sejm hingegen eher gelassen: „Wir haben nichts zu befürchten von der Aufdeckung der Akten. Wenn es jemandem schadet, so nur der früheren Opposition." (Ebd.)

Am 4. Juni 1992 überreichte Innenminister Macierewicz Umschläge mit einer Namensliste der Personen, die entsprechend seinen Nachforschungen mit dem polnischen Sicherheitsdienst zusammengearbeitet hatten, dem Präsidenten, dem Ministerpräsidenten, den Marschällen des Sejm und des Senats, dem Vorsitzenden des Obersten Gerichtshofs sowie dem Vorsitzenden des Verfassungstribunals. Eine zweite Liste erhielt der Ältestenrat des Sejm, eine dritte, die allerdings keine Namen enthielt, sondern nur erklärte, aus welchen Quellen sich die Informationen des Innenministers zusammensetzten, bekam jeder Abgeordnete („Gazeta Wyborcza", 6.-7.6.1992). Alsbald sickerten die ersten Namen durch, und wie Józef Oleksy vorausgesehen hatte, betrafen sie kaum die sogenannten Postkommunisten, sondern vor allem Personen der früheren Opposition. Die Macierewicz-Liste nannte 64 Namen, unter diesen Präsident Lech Wałęsa, den Vorsitzenden der KPN, Leszek Moczulski, und den Parlamentspräsidenten Wiesław Chrzanowski. Einer Zusammenarbeit mit der SB wurden drei Minister, acht stellvertretende Minister, drei Mitarbeiter der Kanzlei des Präsidenten, 39 Abgeordnete und 11 Senatoren bezichtigt (Dudek 1997, S. 219).

Die Aufregung im Sejm über die Macierewicz-Liste war erheblich. Kritiker warfen Macierewicz vor, Akten, die über die Beobachtung bestimmter Personen angelegt worden waren, als Nachweis für eine Zusammenarbeit zu nehmen, Befürworter der Aktion verlangten die öffentliche Bekanntgabe der Namen. Noch am selben Tag wurde ein Mißtrauensantrag gegen die Regierung mit einer Mehrheit von 273 Stimmen angenommen, die Regierung Olszewski in den Nachtstunden des 4. Juni abgesetzt (vgl. Grabowski 1998b). Eine Parlamentskommission, die die Ausführung des Sejmbeschluß vom 28. Mai durch den Innenminister überprüfen sollte, kam einige Wochen später zu dem Ergebnis, daß sein Vorgehen der Destabilisierung des Staates gedient habe, und kritisierte es deutlich. Schließlich stellte das polnische Verfassungstribunal fest, daß der Überprüfungsbeschluß des Sejm in Form und Inhalt verfassungswidrig sei, und hob ihn auf (ebd.). Nachdem sich die erste Aufregung gelegt hatte, wurde deutlich, daß sich auf der Macierewicz-Liste einige jener Leute befanden, die zuvor in Konflikt mit der Regierung geraten waren, beispielsweise Präsident Wałęsa oder der KPN-Vorsitzende Leszek Moczulski, mit dem die Verhandlungen über eine Erweiterung der Regierungskoalition kurz vor der Veröffentlichung der Liste gescheitert waren. So soll Macierewicz zwei Tage vor der Überreichung der Liste Moczulski darüber informiert haben, daß sein Name auf der Liste zu finden sein werde, weswegen die Forderung Moczulskis, in einer Regierungskoalition das Amt des Vizepremiers und Verteidigungsministers zu übernehmen, schwerlich erfüllt werden könne (Dudek 1997, S. 218; Gebert 1998, S. 145). Der politische Schaden, der durch die Überprüfungsaktion von Macierewicz entstand, war gewaltig. Immer wieder tauchten nach diesem ersten mißglückten Lustrationsversuch Meldungen in der Presse auf, die den einen oder anderen Politiker als Sicherheitsdienstmitarbeiter denunzierten. Präsident Wałęsa, dem nachgesagt wurde, unter dem Kryptonym „Bolek" Berichte an die SB geliefert zu haben, konnte sich, nicht zuletzt wegen fehlender rechtlicher Möglichkeiten, nicht völlig von dem Vorwurf reinwaschen und wurde das Ziel von Demonstrationen der für eine radikale Entkommunisierung eintretenden Gewerkschaft „Solidarność" (vgl. Grabowski 1998b).

II.3 Das Lustrationsgesetz

Auf der einen Seite hatte der überstürzte Durchleuchtungsbeschluß des Sejm eine Auseinandersetzung mit den Hinterlassenschaften der Volksrepublik Polen diskreditiert, auf der anderen Seite war deutlich geworden, daß man eine gesetzliche Grundlage für eine Entkommunisierung oder zumindest Lustration der staatlichen Instanzen benötigte. Im September 1992 lagen dem Sejm sechs Gesetzesentwürfe verschiedener Parteien vor, doch eine Einigung konnte nicht erreicht werden. Das Problem wurde einer Kommission übergeben („Życie Warszawy", 7.9.1992). Auch im Laufe der nächsten fünf Jahre, in denen eine Reihe anderer, erweiterter oder überarbeiteter Entwürfe für ein Überprüfungs- oder Lustrationsgesetz im Sejm vorgelegt wurden, konnte keine Übereinkunft erzielt werden. Erschwert wurde die Situation in den Augen der Lustrations- und Dekommunisierungsbefürworter mit dem Wahlsieg des postkommunistischen SLD bei den Parlamentswahlen im Herbst 1993. Doch offenkundig lag die Schwierigkeit, ein entsprechendes Gesetz zu verabschieden, nicht nur darin, daß das SLD im Prinzip völlig gegen Lustration war, sondern auch darin, daß das Interesse vieler anderer Politiker an der Thematik schwand. Im Juli 1994 fand die Debatte über die verschiedenen Gesetzentwürfe vor merklich leeren Bänken im Sejm statt („Życie Warszawy", 8.7.1994). Erst die Präsidentenwahl im Spätherbst 1995, bei der anstelle von Lech Wałęsa, Aleksander

Kwaśniewski, der Vorsitzende der SdRP und seinerzeit Minister für Jugend und Sport der Volksrepublik Polen, gewählt wurde, brachte das Thema wieder zurück auf die Tagesordnung. Schon während des Wahlkampfes hatte Wałęsa mit Enthüllungen über die Postkommunisten gedroht (FAZ, 21.12.1995), drei Tage vor der Amtseinführung Kwaśniewskis berief nun der scheidende Innenminister Andrzej Milczanowski – die sogenannten präsidentiellen Minister, d.h. die vom Präsidenten ausgewählten Minister für Inneres, Äußeres und Verteidigung, traten aus Protest gegen die Wahl eines Postkommunisten zum Präsidenten zurück – eine dringende, geheime Sitzung der obersten Staatsorgane ein. Milczanowski erhob hier den Vorwurf, daß Ministerpräsident Józef Oleksy mit dem sowjetischen und später russischen Geheimdienst zusammengearbeitet habe, wofür der polnische Geheimdienst Beweise beibringen könne (vgl. Karpiński 1996a). Oleksy, seit dem Frühjahr 1995 Ministerpräsident, wehrte sich vehement gegen die Beschuldigungen, über die kurz nach der geheimen Sitzung im polnischen Fernsehen berichtet wurde. Als eine Untersuchungskommission gegen ihn eingesetzt wurde und der Militärstaatsanwalt mit Ermittlungen gegen ihn begann, trat er von seinem Amt zurück. Wenige Monate später allerdings mußte Oleksy rehabilitiert werden: Es gab keine Beweise dafür, daß er mit KGB-Agenten zusammengearbeitet hatte (Karpiński 1996b).

Der „Fall Oleksy" zeigt deutlich, wie erpreßbar polnische Politiker sind, solange der Zugang zu den Informationen des Sicherheits- und des Geheimdienstes nicht gesetzlich geklärt und keine Regelung für den Umgang mit einer belastenden Vergangenheit von Personen in öffentlichen Ämtern gefunden ist. Nachdem sowohl die Parteien des „Solidarność"-Lagers als auch der Postkommunisten quasi am eigenen Leib erfahren haben, welche Sprengkraft in den Geheim- und Sicherheitsdienstakten steckt, konnte im April 1997 schließlich eine Mehrheit für ein Lustrationsgesetz gefunden werden. In diesem Gesetz ging es nicht mehr um eine „Dekommunisierung" öffentlicher Einrichtungen, sondern nur noch um die Offenlegung der Lebensläufe von Personen, die für ein politisches Amt kandidieren oder sich um einen staatlichen Posten bewerben. Mit einer öffentlichen Erklärung, die ein eigenes Lustrationsgericht auf ihren Wahrheitsgehalt überprüfen sollte, mußten sie nun Auskunft über eine eventuelle frühere Zusammenarbeit mit den polnischen Sicherheitsdiensten geben. Den Wählern oder dem Dienstherrn sollte es überlassen bleiben, einem früheren SB-Mitarbeiter nach Kenntnis seiner Vergangenheit dennoch ihre Stimme zu geben oder ihn einzustellen. Im Falle einer unwahren Angabe hingegen sollten die Betroffenen zehn Jahre lang kein öffentliches Amt bekleiden dürfen (deutsche Übersetzung des Gesetzes: Transodra 16/1997, S. 93 ff.). So liberal und versöhnlich sich der Text des Lustrationsgesetzes anhört, so schwierig hat sich seine Umsetzung erwiesen. Trotz eindringlicher Appelle der Justizministerin gelang es nicht, genügend Richter für das Lustrationsgericht zu finden. Die Diskussion um die Besetzung dieser von einigen Juristen als „Sondergericht" kritisierten Einrichtung weitete sich sogar zu einer grundsätzlichen Debatte über das polnische Rechtssystem aus, die auch die Rolle der

Justiz in der Volksrepublik Polen kritisch zu hinterfragen begann (vgl. Grabowski/ Veser 1998).[4] Bevor das Lustrationsgesetz also überhaupt wirksam werden konnte, lag es dem Parlament mit einigen Änderungsanträgen bereits wieder zur Überarbeitung vor. Die Lösung, die schließlich Mitte Juni 1998 gefunden wurde, unterscheidet sich nur unwesentlich von der ersten Variante vom April 1997: An die Stelle eines Lustrationsgerichtes tritt jetzt das Warschauer Appellationsgericht, das auf Antrag eines sogenannten „Sachwalters des öffentlichen Interesses" die Erklärungen der Personen, die ein öffentliches Amt bekleiden oder einnehmen wollen, überprüft. Mit Verlust des Amtes oder des Zugangs dazu werden auch jetzt nur jene bestraft, deren Angaben nicht der Wahrheit entsprechen. Das Appellationsgericht soll zudem berücksichtigen, ob jemand zur Zusammenarbeit mit den Sicherheitsdiensten unter Bedrohung seines Lebens, seiner Gesundheit oder seiner Angehörigen gezwungen wurde. Problematisch erweist sich bei dem neuen Lustrationsgesetz die Position des „Sachwalters des öffentlichen Interesses", der jeweils für sechs Jahre berufen werden soll. Der Sachwalter unterliegt keiner Kontrollinstanz, außer daß sein Lebenslauf als erster überprüft werden soll, und er entscheidet selbständig darüber, welche Erklärungen er in welcher Reihenfolge dem Gericht zur Überprüfung vorlegt. Die Möglichkeit, das Gericht zur Kontrolle der Angaben einzelner Personen anzurufen, haben zudem auch die Parlamentsabgeordneten und Senatoren. Trotz der Bedenken einiger Politiker insbesondere aus dem SLD, dieses Recht könne womöglich in der politischen Auseinandersetzung mißbraucht werden, blieb dieser Passus in der letzten Fassung des Gesetzes erhalten („Rzeczpospolita", 19.6.1998).

II.4 Verurteilung der Vergangenheit

Die Diskussion über den Umgang mit der Vergangenheit, mit den Hinterlassenschaften der Volksrepublik und ihren Repräsentanten hat in Polen nach dem Wahlsieg der „Wahlaktion – 'Solidarność'" (Akcja Wyborcza „Solidarność", AWS), einem Zusammenschluß der meisten aus dem „Solidarność"-Lager stammenden konservativen, christlichen und nationalen Parteien, bei den Parlamentswahlen im September 1997 einen neuen Aufschwung bekommen. Die Forderung nach einer „Abrechnung mit der Vergangenheit" steht wieder im Vordergrund der politischen Diskussion. Der neugewählte Sejm beschäftigte sich während des ersten halben Jahres nicht nur mit der Neufassung des Lustrationsgesetzes und Anträgen des Präsidenten sowie der Regierung zur Öffnung der Sicherheitsdienstarchive, sondern auch mit einer Resolution zur Verurteilung der Volksrepublik und einem erneuten Vorstoß zur Dekommunisierung.

4 In diesem Zusammenhang wird in Polen auch über die diversen Prozesse diskutiert, die bisher wegen Verbrechen aus der Zeit zwischen 1944 und 1990 geführt wurden und zum Teil aus Mangel an Beweisen mit Freisprüchen endeten. Vgl. „Rzeczpospolita", 19.-20.4. 1997; „Wprost", 8.2.1998.

Im März 1998 legte die AWS einen Beschlußentwurf vor, der die PZPR als verbrecherische Organisation und die Volksrepublik Polen als verbrecherisches System kennzeichnen sollte („Gazeta Wyborcza", 4.3.1998). Eine eigene Vorlage des Koalitionspartners, der liberalen „Freiheitsunion" (Unia Wolności, UW), einer Nachfolgepartei der UD, beschränkte sich auf die Verurteilung des Systems, da die von der AWS gewählte Formulierung als eine pauschale Bezeichnung aller PZPR-Mitglieder als Verbrecher verstanden werden konnte („Rzeczpospolita", 17.3.1998). Die erste Debatte dieser Vorlagen im Sejm endete mit einem Eklat: Die Fraktion des SLD verließ unter Protest den Saal. Mit den Stimmen der Regierungskoalition wurde schließlich am 18. Juni 1998 der Parlamentsbeschluß zur „Verurteilung des kommunistischen Totalitarismus" in einer gemäßigteren Form gefaßt und die PZPR darin als verantwortlich bezeichnet „für die Dauer und die Gestalt des kommunistischen Systems in Polen, auf dem viele Verbrechen und Straftaten lasten" („Rzeczpospolita", 16.6.1998). Weiter heißt es in dem Text: „Die kommunistische Diktatur wurde Polen mit Gewalt, gegen den Willen des Volkes, durch die Sowjetunion und Józef Stalin aufgezwungen. [...] Wir lehnen dieses System ab und verurteilen es. [...] Nötig ist eine ehrliche Bewertung der Vergangenheit, die die Kompliziertheit der menschlichen Schicksale berücksichtigt und das Gute vom Bösen unterscheidet. [...] Der Sejm der Republik Polen faßt diesen Beschluß in der Überzeugung, daß der Aufbau der Demokratie von uns eine Abrechnung mit der Vergangenheit und die Stärkung jener Werte und Grundlagen fordert, dank derer Polen die Zeit der Unfreiheit überdauert hat. Gerechtigkeit, Wiedergutmachung des Unrechts und Bestrafung der Schuldigen sind die grundlegenden Pflichten und gleichzeitig die Bedingungen für das Funktionieren des Rechtsstaates." (Ebd.)

Kritik erfuhr dieser Beschluß nicht nur aus den Reihen des SLD, das in ihm den Versuch der Regierungskoalition sah, den politischen Gegner auszuschalten. Der Historiker Karol Modzelewski, der gemeinsam mit Jacek Kuroń seit 1968 in der demokratischen Opposition tätig war, kritisierte die Entschließung als geheime Sehnsucht nach dem Machtmonopol der Volksrepublik, nur diesmal in anderen Farben („Gazeta Wyborcza", 25.6.1998). Als einziger Abgeordneter der UW stimmte Jacek Kuroń gegen den Sejmbeschluß: „Ich möchte nicht sagen, daß wir jetzt in die Richtung eines totalitären Staates gehen, aber besser wäre es, diesen Schritt nicht zu tun." („Gazeta Wyborcza", 19.6.1998)

Für die AWS sollte die Verurteilung des politischen Systems der Volksrepublik Polen den Auftakt für ein neues Gesetz zur Dekommunisierung bilden. Eine entsprechende Vorlage einiger AWS-Abgeordneter will hohe Funktionäre der PZPR, damalige Regierungsmitglieder, Sicherheitsdienstmitarbeiter, Angehörige des Militärs, Verwaltungsmitarbeiter, Richter, Staatsanwälte und Anwälte sowie Redakteure der Parteizeitungen von einer ganzen Reihe öffentlicher Ämter für fünf bis zehn Jahre ausschließen. Ein solches Gesetz würde sich beispielsweise auch gegen Präsident Kwaśniewski richten, der in der Volksrepublik Minister für Sport und Jugend war. Der Entwurf sieht zudem die Abschaffung aller mit dem kommunistischen System verbundenen Straßennamen und Organisationsbezeichnungen sowie die Abschaffung aller mit ihm verbundenen Symbole, Denkmäler und Kunstwerke vor („Gazeta Wyborcza", 24.6.1998). Inwieweit diese Vorlage eine Mehrheit finden und dem Veto des Präsidenten standhalten kann, muß sich erst noch zeigen. Die Frage der Journalistin Ewa Milewicz an Regierungssprecher Jarosław Sellin, ob die Regierung denn bereit sei, bei einem Zustandekommen des Gesetzes in dieser Form beispielsweise den Abriß des seit den fünfziger Jahren das Stadtbild von Warschau prägenden Kulturpalastes zu finanzieren, ließ dieser unbeantwortet („Gazeta Wyborcza", 26.6.1998).

Die Diskussion über Sinn und Zweck der Abrechnung mit der Vergangenheit in der Form einer Dekommunisierung beginnt wieder die Spalten der polnischen Zeitungen zu füllen. Kritiker eines solchen Vorhabens sehen die Gefahr einer Polarisierung der polnischen Gesellschaft und befürchten, daß ein entsprechendes Gesetz eher kontraproduktiv für die gegenwärtige Regierung wirken und den postkommunistischen Parteien Wähler zutreiben könne (Aleksander Hall in: „Rzeczpospolita", 26.6.1998). Umfragen ergaben jüngst eine Zustimmung von 60% der erwachsenen Polen für Präsident Kwaśniewski, während die Regierung Buzek nur auf 41% kam („Rzeczpospolita", 29.6.1998). Die Befürworter der Entkommunisierung erhoffen sich von dieser Aktion eine wenn auch späte Korrektur der Politik des „dicken Strichs" und die endgültige Verdrängung der alten Parteikader aus den entscheidenden Positionen des polnischen Staates und der Gesellschaft.

Besonnene Stimmen warnen vor jeglichen Extremen: „Wir können nicht vor der Vergangenheit fliehen, weil wir von ihr immer mehr erben, als wir je haben wollten. Wir können mit ihr rechten, gegen sie ankämpfen und Genugtuung von ihr erwarten, aber von vornherein ist klar, daß wir uns Kompromissen nicht entziehen können. Gott sei Dank." (Jerzy Jedlicki, in: „Gazeta Wyborcza", 26.-27.4.1997).

Literatur

Andrusiewicz, Andrzej, 1997: Polska 1991-1995, Kalendarz wydarzeń [Polen 1991-1995, Kalender der Ereignisse], Rzeszów.
Banaszak, Bogusław, 1995: Die juristische Bewältigung des kommunistischen Unrechts in Polen, in: Juristische Bewältigung des kommunistischen Unrechts in Osteuropa und Deutschland, hrsg. v. Georg Brunner, Berlin (= Osteuropaforschung, Bd. 34), S. 41-52.
Bartosek, Karel, 1998: Mittel- und Südosteuropa, in: Stéphane Courtois u.a., Das Schwarzbuch des Kommunismus, Unterdrückung, Verbrechen und Terror, München/Zürich, S. 430-504.
Bingen, Dieter, 1997: Die Aufarbeitung der kommunistischen Vergangenheit in Polen, in: Berichte des Bundesinstituts für ostwissenschaftliche und internationale Studien 27.
Bingen, Dieter, 1998: Die Republik Polen. Eine kleine politische Landeskunde, Bonn.
Dudek, Antoni, 1997: Pierwsze lata III Rzeczypospolitej 1989-1995, Zarys historii politycznej Polski [Die ersten Jahre der III. Republik 1989-1995, Abriß der politischen Geschichte Polens], Kraków.

Działocha, Kazimierz, 1995: Probleme der Lustration der Staatsbeamten und der Beseitigung einiger Folgen der kommunistischen Gesetzgebung in der Rechtsprechung des polnischen Verfassungsgerichtshofes, in: Juristische Bewältigung des kommunistischen Unrechts in Osteuropa und Deutschland, hrsg. v. Georg Brunner, Berlin (= Osteuropaforschung, Bd. 34), S. 81-84.

Gebert, Konstanty, 1990: Mebel [Möbel], London.

Gebert, Konstanty, 1998: Wenn schlafende Akten lügen..., Das Für und Wider der Öffnung der Geheimdienstakten, in: Amnestie oder Die Politik der Erinnerung in der Demokratie, hrsg. v. Gary Smith und Avishai Margalit, Frankfurt a.M., S. 138-154.

Grabowski, Sabine und Reinhard Veser, 1998: Die Richter und ihre Richter, Zur Rolle der Justiz bei der Auseinandersetzung mit der kommunistischen Vergangenheit Polens, in: Osteuropa 10 (im Druck).

Grabowski, Sabine, 1998a: Der demokratische Umbruch in Polen, in: Formen der Demokratie, Heft 13, hrsg. von der Landeszentrale für politische Bildung Thüringen, Erfurt.

Grabowski, Sabine, 1998b: Vom „dicken Strich" zur „Durchleuchtung", Ansätze der Vergangenheitsbewältigung in Polen, in: Osteuropa 10 (im Druck).

Hirsch, Helga, 1994: Der problematische Rollenwechsel. Macht, Parteien und Politik in Polen 1989-1992, in: Parteienlandschaften in Osteuropa. Politik, Parteien und Transformation in Ungarn, Polen, der Tschecho-Slowakei und Bulgarien 1989-1992, hrsg. von Magarditsch A. Hatschikjan und Peter R. Weilemann, Paderborn u.a., S. 41-81.

Juchler, Jakob, 1994: Osteuropa im Umbruch. Politische, wirtschaftliche und gesellschaftliche Entwicklungen 1989-1993. Gesamtüberblick und Fallstudien, Zürich.

Karpiśnki, Jakub, 1996a: The Mystery of 'O', in: Transition, vol. 2, No. 12, 14.6., S. 36-38.

Karpiński, Jakub, 1996b: Polish Security Services and the Oleksy Case, in: Transition, vol. 2, No. 22, 1.11., S. 9-13.

Milczanowski, Andrzej, 1997: Die Sicherheit des Staates und der Bürger, in: Transodra 16, S. 32-36.

Mohlek, Peter, 1995: Die juristische Auseinandersetzung mit der kommunistischen Vergangenheit in Polen, in: Juristische Bewältigung des kommunistischen Unrechts in Osteuropa und Deutschland, hrsg. v. Georg Brunner, Berlin (= Osteuropaforschung, Bd. 34), S. 53-80.

Potocka-Hoser, Anna, 1996: Spór o lustrację – komunikacja bez porozumienia [Streit um die Lustration – Kommunikation ohne Verständigung], in: Kultura i Społeczeń stwo [Kultur und Gesellschaft] XL, Nr. 2, S. 163-182.

Sanford, George, 1992: The Polish Road to Democratisation: from Political Impasse to the 'Controled Abdication' of Communist Power, in: Democratisation in Poland, 1988-90, Polish Voices, hrsg. v. George Sanford, Houndmills u.a., S. 1-34.

Übersetzung des Gesetzes vom 11. April 1997 über die Offenlegung der Arbeit oder des Dienstes in den Staatssicherheitsorganen oder der Zusammenarbeit mit ihnen in den Jahren 1944-1990 von Personen, die öffentliche Funktionen ausüben, in: Transodra 16/1997, S. 93-99.

Ziemer, Klaus, 1992: Fehlstart in die Demokratie? Prämissen, Struktur und Defizite des neuen polnischen Parteiensystems, in: Geschichte und Gesellschaft 18, S. 311-333.

Ziemer, Klaus, 1998: Die Konsolidierung der polnischen Demokratie in den neunziger Jahren, in: Aus Politik und Zeitgeschichte B 6-7, S. 29-38.

Kazimierz Wóycicki

Opfer und Täter – Die polnische Abrechnung mit der Geschichte nach 1989

Die grundlegende Schwierigkeit der polnischen Auseinandersetzung mit der Geschichte des Zeitraums von 1945 bis 1989 ist mit der Frage verbunden, in welchem Ausmaß die polnische Politik in dieser Zeit von außen oder von innen bestimmt war. Anders gefragt: Gibt es eine kollektive Verantwortung der polnischen Gesellschaft für die Jahre von 1945 bis 1989 oder ist die PRL (Polska Rzeczpospolita Ludowa, Volksrepublik Polen) als ein aufgezwungenes „nicht polnisches" Machtsystem zu verstehen?

Eine eindeutige Antwort auf diese Frage gibt es nicht. Ihre Bearbeitung ist zudem mit einer Reihe von Schwierigkeiten verbunden. Bei der Abrechnung mit der Geschichte muß man sich notgedrungen auf ein Gebiet begeben, das normalerweise von professionellen Historikern untersucht wird. Ferner sind die angestoßenen Fragen sowohl mit der aktuellen Politik als auch mit Fragen der Ethik, des Rechts und der Philosophie verbunden. Schließlich kann man sich, wenn man über dieses Thema schreibt, nicht der wertenden Beurteilung entziehen, der man sich anderswo mit Rücksicht auf die Objektivität enthalten sollte. Darüber hinaus ist jede Aussage in der Abrechnungsdebatte gleichzeitig eine Teilnahme am Prozeß der Bürgerbildung. – In meinem Essay lasse ich alle rechtlichen Aspekte der Frage beiseite. Das Thema meines Essays ist der Wandel des Geschichtsbewußtseins im Kontext der polnischen Abrechnungsdebatte.

Politisierung

Der gegenwärtige Versuch, die neueste Geschichte Polens zu bewerten, ist mit heftigen politischen Konflikten verbunden. Am deutlichsten und lautesten sind die extremen Positionen. Auf der einen Seite wird die Leistung der PRL vorbehaltlos verteidigt. Dies kommt zum Beispiel in dem Versuch zum Ausdruck, den Jahrestag des 22. Juli 1944, das symbolische Datum für die Einführung der kommunistischen Herrschaft in Polen, als Gedenktag zu begehen. Am anderen Extrem wird versucht, auf dem Weg der „Abrechnung" mit der Geschichte die postkommunistische parteipolitische Formation zu schwächen, die immerhin stark genug war, in legalen und demokratischen Wahlen im Jahre 1993 einmal die Macht zu erringen.

Die in den Parteien stattfindende Diskussion über die Geschichte der PRL erschwert eine sinnvolle öffentliche Auseinandersetzung über die Vergangenheit. Und diese innerparteilichen Diskussionen, so scheint es, sind erheblich intensiver, als sie es je in Deutschland in bezug auf die NS-Vergangenheit gewesen sind. Über die grundsätzliche Verurteilung und Verdammung des Nationalsozialismus gab es in Deutschland nach dem Krieg keinen Dissens. Die Unterschiede lagen in der Stärke dieser Verurteilung oder in der Neigung zum Verschweigen – unmöglich war jedoch eine offene Verteidigung der Vergangenheit. Im polnischen Fall ist es anders. Wir haben es mit „Anklägern" und „Verteidigern" der PRL zu tun, was sich beinah mit dem polnischen Parteiensystem, mit der Trennung in „Rechte" und „Linke" deckt. Öffentliche Meinungsumfragen bestätigen, daß es eine ähnliche Aufteilung auch in der Bevölkerung gibt.

Beide Parteipositionen können mehr oder weniger gute Gründe für sich geltend machen. Die „Verteidiger" der PRL widersprechen schon der Behauptung, daß es an der polnischen Geschichte zwischen 1945 und 1989 überhaupt etwas gibt, mit dem man abrechnen müßte. Sie halten die vor 45 Jahren entstandene Ordnung für eine historische Notwendigkeit. So schreibt z.B. Mieczyslaw Rakowski, der letzte Ministerpräsident der volksrepublikanischen Regierung: „In den Jahren, in denen Polen seine neue Gestalt annahm, war ich keineswegs der einzige, den diese (kommunistischen, K.W.) Ideale faszinierten. Zehntausende, ja Hunderttausende junger Männer und Frauen in Polen handelten wie ich. Und nicht nur sie. Es war eine Zeit, in der viele große Persönlichkeiten und Intellektuelle aus aller Welt sich unmißverständlich auf die Seite des Sozialismus stellten. Das entsprach dem Zeitgeist. Wer das vergißt oder, schlimmer noch, diejenigen mit Verachtung straft, die an die Möglichkeiten glaubten, eine neue, bessere Welt errichten zu können, sind einfach intellektuelle Zwerge, die die verworrenen Wege der Generationen weder zu erkennen noch nachzuvollziehen imstande sind."

Das ist eine Bewertung des Typs „alle haben irgendwie an dem teilgenommen, was die PRL war". Das führt in der Konsequenz zu dem Zynismus, daß alle Taten gleichrangig sind. Viele, die diese Position vertreten, können in der Auseinandersetzung mit der Geschichte nur den Versuch persönlicher Abrechnungen sehen, den Versuch, Rache zu üben und politisch zu manipulieren.

Die Gegenposition der „Ankläger" der PRL nimmt nicht nur an, daß die kommunistische Herrschaft den Polen vor 44 Jahren aufgezwungen wurde und Okkupationscharakter hatte, sondern ebenso, daß die polnische Gesellschaft von Anfang bis Ende unbeugsam im Widerstand überdauert hat. Diese Bewertung der neuesten polnischen Geschichte findet z.B. ihren Ausdruck in der verbreiteten Interpretation der Bewegung „Solidarność" als einem weiteren und diesmal siegreichen nationalen Aufstand. So verkündet es der Titel eines Buches von Toranska: „Sie" – sie sind schuldig für den Kommunismus in Polen, aber nicht „wir".

Die Verteidiger und Ankläger der PRL stimmen jedoch in einem Punkt überein.

Ihrer Ansicht nach ist eine „innere" Bewältigungsdebatte unbegründet. Für eine solche Debatte können zwei Annahmen ins Feld geführt werden: Zum einen, daß die PRL als Herrschaftssystem eine unmißverständliche Verurteilung erfordert, zum anderen, daß der Gegenstand der Abrechnungsdebatte die Beteiligung der polnischen Gesellschaft an diesem System ist. Die Verteidiger der PRL verneinen die erste Annahme, die Ankläger die zweite.

Dieser Stand der Diskussion zeigt, daß es schon an der Terminologie fehlt, die man für eine angemessene Debatte über die neueste Geschichte Polens benötigt. Der geläufigste Begriff, mit dem die Problematik meist verbunden wird, ist „Lustration". Darunter wird sowohl der Bedarf einer entsprechenden Gesetzgebung verstanden wie allgemein die „Selbstreinigung" der Gesellschaft. Andere Begriffe, wie „Abrechnung" oder „Vergangenheitsbewältigung" werden sehr viel seltener benutzt.

Festzuhalten ist, daß es eine starke Tendenz gibt, das Problem der Auseinandersetzung mit der Geschichte auf die enge Frage nach der strafrechtlichen Verantwortung der schmalen Gruppe der Funktionäre des Systems zu beschränken, die von der Gesellschaft als ein fremdes Element behandelt werden kann. „Ihnen" stehen „wir" gegenüber.

Die Tragödie des Jahres 1944 und das romantische Selbstbild

Die Politisierung und der Streit der Parteien über die Vergangenheit sind bei weitem nicht die wichtigste Komplikation der Abrechnungsdebatte in Polen. Die Hauptursachen der Konflikte liegen wesentlich tiefer, nämlich in der Notwendigkeit einer Konfrontation der polnischen Selbstbilder mit den historischen Realitäten und der Angst davor, daß die Selbstbilder diese Konfrontation nicht unbeschadet überstehen werden.

Das Selbstbild des heldenhaften, patriotischen und fortwährend durch die Geschichte geprüften Polen – gestützt auf das Paradigma der romantischen Literatur des 19. Jahrhunderts – ist bis heute in Polen gegenwärtig. Der Gegenpol ist das Lager der „Spötter". Der Streit zwischen diesen Positionen ist in der polnischen Gedankenwelt mindestens seit dem Ende des 19. Jahrhunderts vorhanden. In den sechziger Jahren wurde er erneut belebt, vor allem durch die polnische Filmschule.[1] Nach 1989 scheinen die beiden traditionellen Haltungen eher noch gestärkt worden zu sein, und jeder Beitrag zur Abrechnungsdebatte muß sich in irgendeiner Art auf diese Kontroverse beziehen.

---

1 Der an Polen interessierte und nicht der polnischen Sprache mächtige deutsche Beobachter kann sich mit dieser Problematik durch die hervorragenden und auch in Deutschland gezeigten Filme der „polnischen Filmschule" vertraut machen. Hierzu gehören: „Kanał" [Der Kanal], 1956, Regisseur: Andrzej Wajda; „Eroica", 1957, Regisseur: Andrzej Munk; „Lotna" [Die Fliegende], 1959, Regisseur Andrzej Wajda; „Zezowate szczęście" [Das schielende Glück], Regisseur: Andrzej Munk.

Das romantische Selbstbild sieht sich durch die Situation bestätigt, in der sich die polnische Gesellschaft im Jahr 1944 befand. Ohne Verständnis der psycho-gesellschaftlichen Konsequenzen der Ereignisse des Jahres 1944 ist es schwer, die Komplikationen zu begreifen, die die gegenwärtige Abrechnungsdebatte betreffen.[2] Im Jahr 1944 gehörte Polen formal zum siegreichen Lager der Alliierten. Die polnische Armee, die der nach London emigrierten und weiterhin legalen, international anerkannten Regierung der Zweiten Republik in London unterstand, stellte nach den drei Großmächten die größte Armee der Verbündeten – sie war größer als das französische Heer. Im von den Nazis besetzten Polen existierte ein ausgebauter Untergrundstaat, der ebenfalls dieser Regierung unterstellt war und nicht nur militärische Strukturen, sondern auch ein geheimes Parlament, politische Parteien, ein Schulwesen, Hilfseinrichtungen für Juden, geheime Presse usw. unterhielt. Die Polen erwarteten zurecht, daß sie im Fall der Niederlage Hitlers einen eigenen Staat, Unabhängigkeit und Demokratie erlangen würden.[3]

Die Ereignisse des Jahres 1944 und die militärische Entwicklung an der Ostfront führten dazu, daß es nicht so kam. Nachdem die Front nacheinander die alte polnische Grenze aus dem Jahre 1939, den Flußlauf des Bug und später der Weichsel überschritten hatte, brachte das NKWD zehntausende polnischer Soldaten der gegen die Nazis kämpfenden Untergrundarmee nach Osten. Tausende Personen wurden ermordet oder in politischen Prozessen zum Tode verurteilt. Die neue Macht berief sich in einem hohen Grad auf das Lumpenproletariat, predigte soziale Phrasen und installierte sich in Polen mit Gewalt, die nur dank der Anwesenheit des sowjetischen Heeres sowie seiner aktiven und dauernden Hilfe existieren konnte. Im Jahr 1947 wurden in Polen gefälschte Wahlen durchgeführt, im darauffolgenden Jahr die oppositionellen politischen Parteien liquidiert, vor allem die Polskie Stronnictwo Ludowe [Polnische Volkspartei], die unter der Führung von Stanisław Mikołajczyk die wahre Siegerin dieser Wahlen gewesen war.[4] Natürlich entstanden aus dieser tragischen Geschichte in späteren Zeiten Dutzende propagandistischer Lügen und Verdrehungen.

Die Eliten des polnischen Untergrundstaates aus der Zeit der Nazi-Okkupation

---

2 Siehe: Polacy wobec przemocy 1944-1956 [Die Polen angesichts der Übermacht 1944-1956], Red. Barbara Otwinowska i Jan Żaryn, Warszawa 1966; Hanna Swida-Ziemba: Człowiek wewnętrznie zniewolony. Mechanizmy i konsekwencje minionej formacji – analiza psychosocjologiczna [Der innerlich gefangene Mensch. Mechanismen und Konsequenzen vergangener Formationen – psychosoziologische Analysen], Warszawa 1997.

3 Ich erlaube mir einige kurze Bemerkungen, die an die wichtigsten Fakten erinnern, weil es kaum deutsche Literatur gibt, die die neueste Geschichte Polens behandelt. Der deutsche Leser, der die polnische Sprache nicht kennt, hat leider nur begrenzte Möglichkeiten, die elementarsten Fakten kennenzulernen. Grundlegende Arbeiten polnischer Historiker, außer einigen wenigen Ausnahmen, sind nicht in die deutsche Sprache übersetzt worden. Siehe u.a. die Materialien der Konferenz „Bild der Vergangenheit – Bild der Zukunft" bei der Akademie Frankenwarte, Würzburg 23.-25.06.1998. Die Dokumentation ist im Besitz des Polnischen Instituts Düsseldorf.

4 Siehe u.a.: Andrzej Paczkowski: Stanisław Mikołajczyk czyli klęska realisty. Zarys biografii politycznej [Stanisław Mikołajczyk oder die Niederlage des Realisten. Abriß einer politischen Biographie], Warszawa 1991.

Die polnische Abrechnung mit der Geschichte nach 1989 295

gehörten auch zum politischen und militärischen Widerstand des Jahres 1947.[5] Das Jahr 1949 muß man als das Ende des politischen und bewaffneten Untergrundes in Polen sehen. In den vierziger und Anfang der fünfziger Jahre wurden Dutzende bedeutender Führer des antinazistischen Untergrundes in Polen zum Tode verurteilt und hingerichtet. In den Jahren 1947 bis 1955 wurden etwa 1.100 Todesurteile wegen politischer Verbrechen vollstreckt, die Opfer von Meuchelmorden nicht mitgezählt.[6] Zehntausende Menschen saßen fortwährend im Gefängnis. In den frühen fünfziger Jahren waren die polnischen Universitäten besonders empfindlichen Repressionen ausgesetzt, viele bedeutende Professoren wurden aus ihnen entfernt.[7]

Gleichzeitig waren der Aufbau des Landes aus den Trümmern des Krieges, die Integration der aus den früheren östlichen polnischen Gebieten vertriebenen Bevölkerung sowie die Besiedlung der früher deutschen Gebiete ein Imperativ höchsten Ranges. Es gelang den Kommunisten, einen gewissen Anteil der Gesellschaft für die „gesellschaftliche Reform" zu mobilisieren. Mit der Zeit wuchs die Zahl an. Die vollkommene Abhängigkeit Polens von der Gnade oder Ungnade Stalins führte zur Suche nach „konstruktiven" Veränderungen, die nur in Zusammenarbeit mit den Kommunisten möglich waren und auf die sich mit der Zeit ein Teil der gebildeten Schichten einließ. Gleichzeitig gingen viele Vertreter des kulturellen polnischen Lebens in die Emigration.

Zwischen der Aussichtslosigkeit weiteren Widerstands und dem erzwungenen und erniedrigenden Kompromiß gab es kaum einen mittleren Weg. Wegen dieser tragischen Situation ist es schwierig, das Verhalten einzelner Personen einzuschätzen. Diejenigen, die verurteilt waren und in den Gefängnissen saßen, kann man mit Sicherheit nicht für die Etablierung der kommunistischen Herrschaft in Polen verantwortlich machen. Andererseits wäre die vorbehaltlose „Heroisierung" des Nachkriegsuntergrundes einseitig, denn viele von ihnen wurden durch die tragischen Bedingungen völlig demoralisiert, und nur wenigen gelang es, sich durch diese Bedingungen nicht das Gesetz ihres Handelns diktieren zu lassen.

Diejenigen hingegen, die zur Zusammenarbeit bereit waren, taten dies aus sehr verschiedenen Gründen. Es gab unter ihnen Leute guten Willens, die sich ihr moralisches Rückgrat bewahrten, es gab schwache Personen, die unter dem Einfluß der Angst immer größere Kompromisse eingingen, es gab aber auch einfache Karrieristen und Verbrecher unter ihnen. Eine spezielle Gruppe waren jene

---

5 Siehe u.a.: Zygmunt Woźnicki: Zrzeszenie „Wolność i Niezawisło 56ć" 1945-1952 [Die Vereinigung „Freiheit und Unabhängigkeit" 1945-1952], Warszawa 1992.
6 Siehe u.a. Andrzej Werblan: Stalinizm w Polsce [Der Stalinismus in Polen], Warszawa 1991; Maria Turlejska: Te pokolenia żałobami czarne ... Skazani na śmierć i ich sędziowie [Die schwarzen, mit Trauer bedeckten Generationen ... Die zum Tode Verurteilten und ihre Richter], Warszawa 1990; Małgorzata Szajnert: Śród żywych duchów [Inmitten lebender Geister], London 1990.
7 Siehe u.a. Piotr Huebner: Polityka naukowa w Polsce w latach 1944-1953. Geneza systemu [Die Bildungspolitik in Polen in den Jahren 1944-1953. Die Genese des Systems], Wrocław 1992.

jungen Leute, deren Naivität das System ausnutzte und nach einer gewissen Zeit zu „engagierten" Kommunisten machte. Viele von ihnen wandten sich später von dem System ab und wurden aktive Oppositionelle.[8]

Der romantische polnische Mythos erhält durch die Tragödie des Jahres 1944 eine eindrucksvolle Bestätigung. Dennoch, die erzwungene Vereinheitlichung der Gesellschaft, die Notwendigkeit der Anpassung, und das langjährige Zusammenleben mit dem System widersprechen diesem Mythos vollständig. Wenn wir hinzufügen, daß diese Tragödie mit dem Wiederaufbau der gesellschaftlichen Strukturen, mit einer gigantischen Migration sowie mit der physischen Vernichtung eines bedeutenden Teils der gebildeten Schichten verbunden war, dann können wir den ganzen Hintergrund der polnischen Abrechnungsdebatte erfassen.

Ein halbes Jahrhundert zur Aufarbeitung

Eine weitere Komplikation der polnischen Abrechnungsdebatte ist mit der Länge des Zeitraums verbunden, den sie betreffen soll. Bedenken wir, daß die „klassischen" Bewältigungsdebatten sich auf einen vergleichsweise kurzen und einheitlichen Zeitraum beziehen. In Deutschland beschäftigt sich die Debatte mit der Phase von 1933 bis 1945 (unabhängig davon, um wieviel tiefer die Diskussion in der Geschichte verankert ist), in Frankreich dagegen nur mit den paar Jahren des Vichy-Regimes. Der italienische Faschismus dauerte nicht viel länger als zwanzig Jahre.

Nach 1989 wurde eine globale Einschätzung der ganzen PRL-Zeit unternommen, die unaufhörlich Emotionen und Gegner im einen wie im anderen Lager hervorrief. Diese Diskussion hat weder die in sie gesetzten Hoffnungen erfüllt, noch hat sie eine gemeinsame Diskussionsplattform geschaffen. Sie trug eher zur Vertiefung einer Reihe von Mißverständnissen bei. Das ist nicht verwunderlich. Eine allgemeine Abrechnung mit einem Zeitraum von mehr als vierzig Jahren ist nicht möglich.[9]

Im polnischen Fall (so wie im Fall der anderen Staaten des früheren Ostblocks) steht fast ein halbes Jahrhundert zur Debatte. Es ist zudem keine einheitliche Epoche, sondern eine Epoche, die in mehrere Abschnitte unterteilt werden muß. Jeder Abschnitt erfordert eine besondere Analyse. Die politisch, ökonomisch und kulturell veränderte Situation schuf einen völlig neuen Kontext für die Bewertung der menschlichen Handlungen und Verfahren.

Schlüsseldaten der neuesten Geschichte Polens sind, der Reihe nach, die Jahre 1956, 1968, 1970, 1976, 1980 und 1981: Das Tauwetter des Jahres 1956 mit dem „Polnischen Oktober"; die antisemitischen Übergriffe innerhalb der Polnischen

---

8 Ein vorzügliches Beispiel biographisch-bewältigender Literatur ist Jacek Kuroń: Glaube und Schuld. Einmal Kommunismus und zurück, Berlin 1991.
9 Siehe Spór o PRL. Wstęp Piotr S. Wandycz [Streit um die PRL. Vorwort von Piotr S. Wandycz], Kraków 1996.

Vereinigten Arbeiterpartei (PZPR) und die Studentenbewegung des Jahres 1968; die Arbeiterrevolten an der Küste und später in Radom und Ursus 1970 und 1976. 1976 ist zugleich das Datum der Entstehung einer neuen wichtigen Oppositionsinitiative; 1980 wird „Solidarność" gegründet und 1981 das Kriegsrecht verhängt. Wenn man über die neueste Geschichte Polens redet, richtet sich die Aufmerksamkeit beinahe automatisch auf diese Jahre des Umbruchs. Das fand sogar Ausdruck in der symbolischen Benennung der „polnischen Monate": „Oktober" für die Ereignisse des Jahres 1956, „März" für die Unruhen 1968, „Juni" für die Arbeiterunruhen 1976 und „August" für die Entstehungszeit der „Solidarność" im Sommer 1980. In der polnischen Historiographie nach 1989 haben gerade diese speziellen Umbruchsjahre besonderes Forschungsinteresse hervorgerufen.[10]

Es ist leicht festzustellen, daß es in gewissem Sinne zu viele Umbruchsjahre gibt. Zwischen 1968 und 1970 vergingen kaum zwei Jahre, zwischen den beiden wichtigen Daten 1976 und 1980 lagen nur vier Jahre. Die Periodisierung ist in der Historiographie sicher nicht das wichtigste, gleichzeitig ist sie jedoch brauchbar und hilfreich für das Verständnis der Geschichte. Die Einteilung in Perioden bestimmt oft auch ihre Interpretation.

Legt man Nachdruck auf die „polnischen Monate", weicht man bewußt oder unbewußt den mit der Abrechnung verbundenen Problemen aus. Wichtig ist die kurze Zeit der Umbrüche, nicht die lange Zeit dazwischen. Es ist in der Tat schwierig, die Geschichte der Jahre 1944 bis 1989 einer vernünftigen Periodisierung zu unterziehen. Aber sie ist unerläßlich, wenn man eine Diskussion über die verhältnismäßig langen Jahre des gesellschaftlichen Friedens ermöglichen will, die zwangsläufig Zeiten der Anpassung, des Konformismus und der Anlehnung an das System waren. Die Unterteilung in zwei zeitliche Abschnitte – bis zum „Polnischen Oktober" und die Zeit danach – erscheint einleuchtend. Es ist nicht schwer zuzustimmen, daß das Jahr 1956 ein zentrales Datum darstellt, das in symbolischer Weise den seit 1944 andauernden Terror beendete. Die Gesellschaft konnte endlich aufatmen. Es folgte eine Liberalisierung, die mit dem XX. Parteitag der KPdSU verbunden war, und die Atmosphäre des gesellschaftlichen Lebens veränderte sich vollkommen. Aber die weiteren Versuche der Periodisierung der Zeit zwischen 1944 und 1956 rufen Kontroversen hervor und sind unvermeidlich in die Abrechnungsdebatte verwickelt.

Für die einen ist dieser Abschnitt deutlich in die Zeit zwischen 1944 und 1948 und 1948 bis 1956 zu unterteilen. Der erste Zeitraum soll die Zeit allgemeiner Freiheit und gewisser Hoffnungen sein, eine relativ positive Zeitspanne. Erst die Phase danach, die Vereinigung der Polnischen Sozialistischen Partei (PPS) und

---

10 Eine noch stärkere Periodisierung schlägt der in den Vereinigten Staaten lebende Soziologe und Historiker Aleksander Gella vor. Er meint, daß erst nach der Verhaftung der Führer des polnischen Untergrunds am 25. März 1945 und des beinahe gleichzeitigen Entzugs der Anerkennung durch die westlichen alliierten Regierungen in London in den Monaten März bis September 1945 die Geschichte der II. Republik endet. Siehe Aleksander Gella: Zagłada drugiej Rzeczypospolitej 1945-1947 [Der Untergang der Zweiten Republik 1945-1947], Warszawa 1988.

der Polnischen Arbeiterpartei (PPR), die Verdrängung Gomułkas und die Herrschaft Bieruts sollen alle Umformungen und Deformationen des Sozialismus gebracht haben. Wer die Geschichte so einteilt, betreibt eine Apologie der PRL. Ihr Ursprung wird aufgewertet, nur die spätere Entwicklung steht zur Kritik. Zu dieser Interpretation neigte man oft nach 1956. Dahinter stand die Hoffnung auf die Rückkehr zu den guten Anfängen, zum guten Gomułka nach dem bösen Bierut. Entschiedene Antikommunisten sehen dagegen in dem Abschnitt von 1948 bis 1956 einen einheitlichen Zeitraum und unterstreichen, daß der Terror von Anfang an herrschte und daß Gomułka ebenso grimmig war wie Bierut. Erst im Jahr 1956 soll sich daran etwas geändert haben.[11]

Sowohl die „Verteidiger" wie die „Ankläger" der PRL versuchen, die stalinistische Epoche aus dem gesellschaftlichen Gedächtnis zu verdrängen. Die „Verteidiger" wollen den Gründungszeitraum der PRL weißwaschen, trotz des schrecklichen Terrors, der zu dieser Zeit herrschte. Die „Ankläger" vergessen gern, daß die Gesellschaft sich im zweiten Zeitraum praktisch nicht mehr verteidigte und grundsätzlich Anpassung an die Verhältnisse und Ansteckung mit der Ideologie dominierten.

Erst recht jedoch bereitet der Abschnitt nach 1956 der Interpretation große Schwierigkeiten. Es drängt sich die Unterteilung 1956 bis 1968, 1968 bis 1980 (oder 1970 bis 1980) und 1980 bis 1989 auf. Das Jahr 1968 markiert entschieden das Ende der Atmosphäre des polnischen Oktobers und deutlich den Anfang von etwas Neuem. 1970 ist das Jahr der Revolte an der Küste. Das Jahr 1980 mit der Entstehung der „Solidarność" drängt sich fast unvermeidlich als Datum eines Umbruchs von grundlegender Bedeutung auf. Es ist jedoch fraglich, ob diese Periodisierungen wirklich die tiefliegenden Prozesse in der polnischen Gesellschaft angemessen ausdrücken. Manchmal stehen große Ereignisse nur am Ende von Prozessen, die schon früher begonnen haben. Überdies stellt sich die Frage, warum die Periode von 1956 bis 1968 dauern soll und nicht von 1956 bis 1970. Zur Verfügung stünden auch andere wichtige Daten, z.B.: das Jahr 1976, die Arbeiterrevolte in Ursus und Radom sowie die Entstehung der ersten öffentlichen oppositionellen Gruppe, des Komitet Obrony Robotników [Komitee zur Verteidigung der Arbeiter].

Meiner Ansicht nach ist es am sinnvollsten, die Epoche zwischen 1944 und 1989 in drei grundlegend verschiedene Zeitspannen einzuteilen. Die erste Zeitspanne von 1944 bis 1956, die man als Zeitraum der Unfreiheit bezeichnen sollte, umfaßt die stalinistische Herrschaft in Polen und die unmittelbar darauffolgende Zeit. Der zweite Abschnitt ist die Zeit der „kleinen Stabilisierung" und der Anpassung der Gesellschaft an das System auf der Grundlage von Kompromissen (die Jahre 1956 bis 1976 oder 1980). Dieser Abschnitt umfaßt, nicht anders als der erste, Ereignisse voller Spannung und Dramatik: den Streit zwischen Staat

---

11 Adam Strzembosz (Vorsitzender des Obersten Gerichtshofs in Warschau): Probleme der Strafverfolgung totalitären Unrechts in Polen, in: Materialien der Konferenz „Umgang mit der Vergangenheit in Deutschland und Polen – Aufdecken oder Zudecken", 28.-30.6.1996, Stettin, Transodra Nr. 16, September 1997.

Die polnische Abrechnung mit der Geschichte nach 1989 299

und Kirche, der seinen Höhepunkt in den Umzügen anläßlich des Milleniums im Jahr 1965 fand, die Unterdrückung der Studentenbewegung im März 1968 und die gewaltsam beendete Arbeiterrevolte an der Küste. In diesem Zeitraum fanden sich die Menschen in Polen mit dem Bestehen des Systems ab, weil eine Alternative nicht in Sicht war. Im dritten Abschnitt (seit 1976) wurde das Herrschaftssystem schwächer. Es kam die Zeit der moralischen Entscheidungen – die Zeit, in der es nicht nur um die Frage ging, ob man sich dem Regime wirklich beugen muß, sondern auch um die Frage, ob und wie man Widerstand leisten kann. In das gesellschaftliche Leben wurde eine neue Qualität hineingetragen.

Schon diese flüchtige Skizzierung zeigt, daß man für jede dieser Epochen das Problem der Abrechnung anders stellen muß.

Uneindeutige Biographien

Weitaus schwieriger noch als die Unterteilung in verschiedene Zeitspannen ist der Versuch, diese Zeitspannen mit einzelnen Biographien in Verbindung zu bringen. Gerade um die Bewertung dieser Biographien geht es aber in den meisten Fällen der Abrechnungsdebatte. Die Schwierigkeit liegt darin, daß den menschlichen Lebensläufen in solch langen Zeiträumen im allgemeinen die Einheitlichkeit fehlt. Eine Person, die sich in einem Zeitabschnitt tadelnswert verhält (z.B. sich für den Stalinismus engagiert), kann sich später anständig und mutig verhalten. Und umgekehrt kann ein ehemaliger Held, wenn er das Schrecklichste überstanden hat, zum zynischen Karrieristen werden.

Beide Verhaltensweisen hat die kommunistische Herrschaft vor 1989 für sich zu nutzen versucht. Die Propagandisten der Polnischen Vereinigten Arbeiterpartei (PVAP) erinnerten viele Oppositionelle in den achtziger Jahren an ihren Stalinismus, um sie in den Augen der Gesellschaft zu diskreditieren. Und umgekehrt stellten sie gern diejenigen als bekehrte Unterstützer des Regimes heraus, die mit der früheren Opposition verbunden gewesen waren.

Etwas anders, aber in den Folgen ähnlich, gehen die Ankläger der PRL nach 1989 vor. Indem sie den Begriff, der für einen spezifischen Geschichtsabschnitt der PRL zutreffen mag, auf einen völlig anderen Abschnitt übertragen, erzeugen sie kaum weniger Verwirrung. Einen nach dem Krieg geborenen Aktivisten der PVAP aus den achtziger Jahren als Stalinisten zu bezeichnen, ist ein krasser Fehlgriff, auch wenn die betreffende Person wegen Karrierismus und Feigheit verurteilt zu werden verdient. Anders gesagt: Den bekehrten Saulus will man ungern verurteilen. Es fällt schwer, den gefallenen Helden und den ehemaligen Häftling zu verdammen.

Solche Manipulationen menschlicher Biographien sollten eine Warnung sein, vorsichtig mit „Abrechnungen" umzugehen, wenn sie gegen konkrete Personen gewendet werden. Weil die Bewertung eines Lebenslaufs völlig anders ausfallen kann als die Beurteilung einer einzelnen Tat oder einer Teilhandlung, sollte man sich immer auf einzelne Taten beziehen und nicht gleich auf den gesamten Lebenslauf einer Person.

Alle Faktoren zusammen – die Tragik des polnischen Nachkriegsschicksals, die lange Dauer des fast ein halbes Jahrhundert währenden Systems und die daraus resultierenden komplizierten Lebensläufe – zeigen, daß es sehr schwer ist, einen bündigen Bewertungsmaßstab für die Bewältigung der Vergangenheit zu finden. Beziehen wir uns auf die Begriffe, die Karl Jaspers vorgeschlagen hat: kriminelle, politische, moralische und metaphysische Schuld. Die Untersuchungen von Jaspers scheinen universell gültig zu sein. Aber wenn man versucht, sie auf die polnische Situation anzuwenden (gleiches gilt für viele andere Länder des ehemaligen Ostblocks), trifft man auf sehr ernste Komplikationen.

Beginnen wir mit der kriminellen Schuld. Der Fall der berüchtigten Menschenschinder der stalinistischen Ära wie Humer, Gębarski oder Światło weckt keinen Zweifel. Von ihnen gibt es viele, und es bleibt noch viel zu tun, bis alle Untaten aufgedeckt und geahndet sind. Wesentlich schwieriger ist es, mit den „Schreibtischtätern" dieser Epoche fertig zu werden. Weitere Komplikationen kommen hinzu. Daß der Erste Sekretär der PVAP, Wojciech Jaruzelski, ein Verbrechen begangen hat, als er den Kriegszustand einführte, sollte keinem Zweifel unterliegen.[12] Das damals gültige Recht erlaubte ihm diesen Schritt nicht. Allerdings hat der Fall nicht nur rechtliche, sondern auch politische und moralische Dimensionen. Deswegen hat er in Polen eine erhebliche Kontroverse ausgelöst. Wenn sich wirklich beweisen ließe, daß die Verhängung des Kriegsrechts das Land vor einer sowjetischen Intervention bewahrte, dann kann man von einem verantwortlichen politischen Handeln sprechen. Danach müßte sich die entsprechende moralische Beurteilung richten. Leider wird eine solche Unterscheidung in Polen fast nie vorgenommen. Die einen wollen Jaruzelski verurteilen, weil sie ihn für einen nationalen Renegaten halten, die anderen verteidigen ihn gegen jegliche Vorwürfe, weil sie in ihm den Erlöser sehen.

Die aktive Teilnahme an der Ausführung der von der Diktatur getroffenen Entscheidungen gehört – nach den Kategorien von Jaspers – unter das Stichwort politische Schuld. Politisch schuldig sind in diesem Sinne mit völliger Sicherheit viele der Mitglieder der PVAP, denen man schwerlich eine kriminelle Schuld wird vorwerfen können. Die Lektüre der Erinnerungen solcher Prominenter des Regimes wie Edward Gierek oder Piotr Jaroszewicz zeigt, daß es durchaus angebracht ist, von ihrer Schuld zu sprechen. Allerdings muß die Vermutung, daß die Größe der potentiellen Schuld steigt, je höher jemand in der Hierarchie angesiedelt war, nicht notwendigerweise zutreffen. Diese Vermutung leistet eher der Annahme einer Kollektivschuld Vorschub und führt zur Verharmlosung des Verhaltens, das viele

---

12 Auf dem deutschen Markt gibt es nur das hagiographische Buch von Manfred A. Berger: Jaruzelski, Düsseldorf 1990. Unbekannt ist dagegen die ihn kritisierende Literatur, z.B. Zbigniew Branach: Pierwszy grudzień Jaruzelskiego [Der erste Dezember des Jaruzelski], Warszawa 1998. Es dokumentiert die Mitverantwortlichkeit von Jaruzelski, der damals Führer der Polnischen Volksarmee war, an dem Arbeitermassaker im Dezember 1970.

auf Kreis- und Gemeindeebene oder in den Betrieben an den Tag gelegt haben. Wer die Menschen zu den Umzügen des 1. Mai getrieben hat, hat keine kriminelle Schuld auf sich geladen, mit Sicherheit aber eine politische Schuld. Auf der anderen Seite muß man in jedem konkreten Fall überlegen, ob sich ein hoher Funktionär der PVAP nicht vielleicht doch für die Demokratisierung oder die größere Souveränität des Landes eingesetzt hat. Wer mit der Schuldkategorie operiert, muß auch eine mögliche Unschuld bedenken. Es ist eine sehr ernste Frage, wer sich wie zu verschiedenen Zeiten verhalten hat. Verbissene Stalinisten waren zum Beispiel später daran beteiligt, das politische Tauwetter herbeizuführen.

Moralische Schuld kann man der Mehrheit derjenigen vorwerfen, die an den fingierten Wahlen teilnahmen. Die Beteiligung der Bevölkerung an den Pseudowahlen vor 1989 ist nie seriös analysiert worden. Wieder liegt dieses Problem anders als in Deutschland im Jahre 1933. Die Wahlen in der PRL waren immer Pseudowahlen – oder ist es eine wirkliche Wahl, wenn das Handeln des Einzelnen letztlich keinerlei Einfluß auf das Wahlergebnis hat?

Die Frage der metaphysischen Schuld – wichtig für jede bürgerliche Gesellschaft, die die Demokratie auf tieferen Grundlagen aufbauen will – erfordert eine besonders vorsichtige Behandlung. Jeder, der dem Bösen zuschaute und in keiner Weise versuchte, es zu verhindern, und sei es nur durch innere Ablehnung, lädt diese Schuld auf sich. Sogar derjenige, der in der Zeit des Stalinismus im Gefängnis saß, kann im metaphysischen Sinn schuldig sein. Niemand kann sich von der metaphysischen Schuld freisprechen, indem er darauf hinweist, daß die Polen im allgemeinen die moralische Probe der Jahre 1944 bis 1989 bestanden haben. Und niemand kann sich dadurch entlasten, daß er vom heldenhaften Verhalten anderer spricht, nicht einmal dann, wenn er sie bewundert und sich im Innern mit ihnen solidarisiert hat.

Metaphysische Schuld impliziert den kritischen Blick auf sich selbst unter dem Blickwinkel der eigenen individuellen Verantwortung für die Zustände im öffentlichen Leben. Bei der Konfrontation mit der Frage der metaphysischen Schuld ist der Mythos der nationalen oder gesellschaftlichen Resistenz gegen das System bedeutungslos. Daß das Böse so lange andauerte, heißt, daß es wenigstens bei einer bedeutenden Minderheit Zustimmung fand (wobei zu fragen ist, ob es zu einzelnen Zeiten nicht sogar die Mehrheit war). Diese Zustimmung darf nicht verharmlost werden. Sie führt zu der schwierigen Frage nach dem kollektiven Selbstwertgefühl und der Wahrhaftigkeit vieler polnischer Mythen. Soziologen und Historiker können Mutmaßungen darüber anstellen, in welchem Ausmaß verschiedene Gruppen und Milieus in das System der kommunistischen Herrschaft verwickelt waren und in den Genuß von Privilegien kamen. Aber vielleicht ist nur die Belletristik in der Lage, die Probleme der metaphysischen Schuld wirklich zu bedenken.[13]

---

13 Deshalb muß man als wichtige Tatsache bemerken, daß es nach 1989 keinen bedeutenden und allgemein diskutierten Bewältigungsroman gibt.

Die Abrechnung mit der Geschichte erschöpft sich nicht in Verurteilungen. Zur deutschen Vergangenheitsbewältigung gehört die Suche nach Spuren des Widerstands und die Erinnerung an mutiges Verhalten und an die Opfer. Die Suche nach Vorbildern ist unerläßlich. Nur wo es solche Beispiele gibt, kann man in überzeugender Weise sagen, daß es auch in schwierigen Situationen und in schwierigen historischen Zeiten möglich ist, würdevoll und anständig zu überleben. Deswegen ist es für die Begründung einer demokratischen Orientierung in der polnischen politischen Kultur wichtig, daß solche Personen wie Ossowski, Cieptinski, Pużak, Lutosławski, Dąbrowska, Wyszyński und Bejmar[14] (um hier beispielhafte Personen zu nennen, die in ganz verschiedenen Bereichen des öffentlichen Lebens aktiv waren) und viele hundert andere, weniger bekannte Lebensläufe weithin bekannt gemacht werden. Letztlich kann nur die konkretisierte und auf Dokumente gestützte Darstellung des Lebens der „zehn Gerechten" vor der relativierenden Mutmaßung schützen, daß in der Zeit zwischen 1945 und 1989 alle irgendwie verwickelt oder alle irgendwie Helden waren.

Die Abrechnung mit der Vergangenheit als universelles Problem

Die Schwierigkeiten der polnischen Abrechnungsdebatte, die in vielen Fällen noch weiter ausgeführt werden könnten, führen zu der Frage, ob die Auseinandersetzungen in Polen auch für andere interessant ist. Eine zu starke Betonung der nationalen Besonderheiten könnte die polnische Debatte um ihren Wert bringen und dazu führen, daß man der Debatte ausweicht.

Die Frage nach der Schuld stößt in Polen auf viele Schwierigkeiten. Im Nachkriegsdeutschland war die Schulddebatte unausweichlich, weil die ganze Welt Deutschland auf die Anklagebank gesetzt hatte. Im polnischen, tschechischen, ukrainischen, litauischen oder ungarischen Fall ist die Angelegenheit wesentlich schwieriger.[15] Diese Gesellschaften haben das durchaus gut begründbare Gefühl, daß sie nicht Täter, sondern Opfer der Geschichte waren. Von der Schuld an den Verbrechen zu sprechen und die Gesellschaften für die Dauer des kommunistischen

---

14 Maria und Stanisław Ossowski, ein Ehepaar gelehrter Soziologen mit sozialistischer Orientierung; Łukasz Ciepliński, der letzte Führer der größten Untergrundorganisation nach dem Krieg WIN, 1952 erschossen; Kazimierz Pużak, Führer der polnischen sozialistischen Bewegung, der 1951 im Gefängnis starb; Lutosławski, Komponist, Begründer des Festivals „Warschauer Herbst", in Künstlerkreisen Symbol des Widerstands gegen die Kommunisten; Maria Dąbrowska, Schriftstellerin, verbunden mit der polnischen Bauernbewegung, ununterbrochen in der Opposition gegen das Regime; Stefan Kardinal Wyszyński, Primas Polens, inhaftiert in der Zeit des Stalinismus; Bejmar, Schriftsteller und Historiker, in der Stalinzeit zum Tode verurteilt, befreit, Autor einer monumentalen Geschichte Polens.
15 Der russische, serbische oder kroatische Fall ist ein vollkommen anderes Kapitel. Zum Thema verschiedener Fälle der Abrechnungsdebatte siehe: Amnestie oder die Politik der Erinnerung in der Demokratie. Hrsg. Gary Smith und Avishai Margalit, Frankfurt a.M. 1997.

Systems verantwortlich zu machen, muß starken Widerstand hervorrufen. Diese Gesellschaften wollen vor allem die „Wahrheit über die Vergangenheit" hören, d.h. sie wollen erfahren, wie sie verfolgt wurden (nicht wie sie verfolgt haben) und wie die Mechanismen der Macht, die sie verführte, ausgesehen haben. Sie wollen Genugtuung und nicht Selbstanklage. In der Perspektive einer so verstandenen Bewältigung können viele der nationalen Selbstbilder Bestätigung und Verstärkung erhalten. Im polnischen Fall ist die Bestätigung des Selbstbildes „Polen als nationaler Märtyrer" besonders einfach, weil nach diesem Muster das nationale Bewußtsein während des gesamten 19. Jahrhunderts aufgebaut wurde.

Erst die Übertragung der Abrechnungsfrage auf eine ganz andere Ebene erlaubt es, eine wirkliche Debatte zu führen. Vor allem muß man anerkennen, daß die Abrechnung mit der Geschichte nichts mit Geschichtsschreibung zu tun hat und nicht das Fällen eines Urteils über die ganze Gesellschaft bedeutet. Dann erst kann man sich auf die These zubewegen, daß die „verfolgte" Gesellschaft ebenso eine innere Abrechnung braucht wie die „verfolgende".

Von zentraler Bedeutung ist die Tatsache, daß innere Abrechnungsdebatten immer in tiefem Widerspruch zu den typischen nationalen Mythen stehen. Jede politische Kultur, in der eine Abrechnungsdebatte geführt wird, verabschiedet sich damit vom 19. Jahrhundert. Das steht im Zusammenhang mit der herausragenden Bedeutung, die dem Individuum in den modernen Gesellschaften der Gegenwart zukommt. Die Bezugsgröße der Abrechnungsdebatten ist schließlich nicht die Gesamtheit, sondern der Einzelne, obwohl natürlich der Einzelne in der Gesamtheit eingebunden ist.

Eine wirkliche Abrechnungsdebatte (die ich als innere bezeichne) führt zu einem historischen Bewußtsein, das sich völlig von dem im 19. Jahrhundert entstandenen und mit Nation bzw. Nationalstaat verbundenen Bewußtsein unterscheidet. Zugleich aber ist die Abrechnungsdebatte durch die Langsamkeit, mit der sich das historische Bewußtsein wandelt, begrenzt. In augenfälliger Weise verhält es sich so auch im polnischen Fall. Wir haben es mit einem komplizierten gesellschaftlichen Prozeß zu tun, der nur zum Teil durch das beschreibbar ist, was man das diskursive oder intellektuelle Element dieser Debatte nennen kann.

Man muß die Entwicklungen vor einem breiteren Hintergrund sehen. Die Traditionen der gegenwärtigen Gesellschaften werden nicht durch die Geschichte gestiftet, sie sind nur in geringem Grad das Produkt der Vergangenheit. Tradition ist vielmehr das Produkt der Gegenwart – die modernen Gesellschaften „produzieren" selber ihre Tradition.[16] Es wäre ernsthaft zu überlegen, in welchem Grad die Veränderungen, die aus der „Abrechnung mit der Geschichte" folgen, für die moderne „Produktion" neuer Traditionen typisch sind. Es wäre ebenso ernsthaft zu überlegen, in welchem Grad die „Abrechnung mit der Geschichte" nötig ist,

---

16 Siehe Anthony Giddens: Leben in einer posttraditionalen Gesellschaft, in: Ulrich Beck, Anthony Giddens, Scott Lash: Reflexive Modernisierung. Eine Kontroverse, Frankfurt a.M. 1996.

damit das kollektive Bewußtsein (als historisches Bewußtsein) im Einklang mit der gegenwärtigen übernationalen demokratischen Ordnung bestehen kann.

Beachten wir, daß das erste Muster für Vergangenheitsbewältigung erst nach dem Zweiten Weltkrieg in Deutschland entstanden ist. Die nationalen Gesellschaften in Europa verhielten sich bis zu diesem Zeitraum zwar elegant, doch ziemlich primitiv, indem sie sich zu dem Grundsatz bekannten „right or wrong, but it is my country". Erst die ungeheuren Verbrechen der Nazis im Herzen Europas (und nicht an der Peripherie der Welt, an der die „zivilisierten" europäischen Mächte im 19. Jahrhundert Anteil hatten) sowie die völlige Niederlage der Nazis machten es nötig und möglich, eine ungewöhnlich schöpferische Abrechnungsdebatte in Deutschland zu beginnen. Anfangs erschien sie als spezifisch deutsch, und der Radikalismus in den Jahren nach 1968 vertiefte diesen Eindruck noch, weil er als Antwort auf die unerhörte Brutalität der nazistischen Verbrechen und die in hohem Grade im verbrecherischen Herrschaftssystem engagierten Deutschen erschien.

Die Situation änderte sich nach 1989. Alle Länder des ehemaligen „Ostblocks" stehen heute vor der Frage, wie sie sich gegenüber dem Zeitraum der kommunistischen Regierungen verhalten sollen. Die Wiedervereinigung Deutschlands hat in spezieller Weise sowohl die Unterschiede wie auch die Gemeinsamkeiten der Abrechnung mit dem nazistischen und dem kommunistischen System sichtbar gemacht. Die wichtige, oftmals von den Historikern nicht genügend erläuterte Kategorie des Totalitarismus taucht im Kontext dieser Debatte wieder auf. Es stellt sich die generelle Frage, inwiefern die Abrechnungsdebatte zur Stabilisierung der nach 1989 entstandenen Demokratie beiträgt.

Die Abrechnungsdebatte hört auf, ein deutsches Spezifikum zu sein. Immer öfter erweist sie sich als notwendige Komponente von Demokratisierung und Demokratie. Es ist kein Zufall, daß sich Fragen der Abrechnung, die zuvor selten in anderen westlichen Staaten mit diesem Nachdruck behandelt wurden, jetzt in Frankreich im Zusammenhang mit dem Pappon-Prozeß, in der Schweiz angesichts der Frage des den Juden geraubten Goldes und in Deutschland erneut im Zusammenhang mit der Ausstellung über die Verbrechen der Wehrmacht sowie des Goldhagen-Buches stellen. Die Kunst und die Fähigkeit, solche Debatten zu führen, sind ein Kennzeichen des postnationalistischen Bewußtseins. Sie sind eine Art Sieg über das aus dem 19. Jahrhundert stammende historische Bewußtsein der europäischen Gesellschaften, deren Paradigma der Nationalstaat war.

Die Frage nach der Universalität der Abrechnungsdebatte ist natürlich nicht leicht zu beantworten. Es geht ja nicht nur darum, die Tradition des Denkens in nationalen oder nationalstaatlichen Kategorien in Frage zu stellen. Es stellt sich selbstverständlich auch die Frage, was die Diskussionen über so verschiedene Fälle wie Hitlerdeutschland, Kroatien (nach Pawelec und Tito) oder das polnische und das russische Beispiel miteinander verbindet. Es scheint, daß die Historiker nicht in der Lage sind, einen gemeinsamen Nenner zu finden. Abrechnungsdebatten betreffen nicht nur die Geschichte, sondern vor allem das Verständnis von Demokratie und Ethik.

Der Sinn der „Abrechnungsdebatte" liegt in der Auffüllung von Lücken in der europäischen Ethik. Der erwähnte klassische Essay von Jaspers hat diese Reflexion im europäischen Sinne begonnen. Die traditionelle Ethik beschäftigte sich mit dem Verhalten des Einzelnen in bezug auf sein Privatleben. Nur den Regierenden wurde Verantwortung für den Lauf der Geschichte zugeschrieben. Spezielle Traktate legten den Grundsatz fest, daß die Regierenden einem anderen ethischen Kodex verpflichtet sein können als die Regierten. Der Lauf der Geschichte schien ein zu großes Ereignis zu sein und zu schnell an den Köpfen der gewöhnlichen Menschen vorbeizueilen, als daß sie dafür mit Verantwortung hätten belastet werden können. Für sie war der Gang der Geschichte ein nicht zu beherrschender Prozeß, und sie selbst waren nur ein Spielball der Geschichte.

Erst nach den schrecklichen Erfahrungen mit den zeitgenössischen Diktaturen entwickelte sich die Überzeugung, daß Demokratie eine bestimmte Art moralischer Norm ist und daß die traditionellen ethischen Reflexionen einer Ergänzung bedürfen. Jaspers stellt die Frage nach der Verantwortung jedes Einzelnen nicht nur für sein privates Leben, sondern auch für die großen politischen Prozesse. Jeder wird zum verantwortlichen Bürger des demokratischen Staates erklärt. Jaspers eröffnet der ethischen Reflexion neue Horizonte, indem er die Begriffe Diktatur und Demokratie in den Bereich der ethischen Reflexion hineinzieht und jedem Einzelnen politische Verantwortung zuschreibt. Er macht den Einzelnen für Ereignisse verantwortlich, denen er nach der älteren Tradition passiv hatte zuschauen dürfen. Die Demokratie, verstanden als moralische Norm, macht alle zu Teilnehmern an der Geschichte und erlaubt ihnen nicht die Rolle des unschuldigen Zuschauers.

In völligem Einklang mit der europäischen Tradition sprach sich Jaspers aber gegen die damalige Neigung aus, von einer Kollektivschuld der Deutschen zu reden. Die sorgfältigen Unterscheidungen, die er vornahm, waren auf den Einzelnen, nicht auf Kollektive gerichtet. Im Unterschied zur Tradition fragte er jedoch nicht nur nach der Verantwortung der Regierenden, sondern auch nach der Verantwortlichkeit jedes einzelnen Deutschen.

Die ethischen Reflexionen von Jaspers lassen sich auf jede Gesellschaft anwenden, die eine Diktatur überstanden hat, wenn sie sich nur mit der Prämisse einverstanden erklärt, daß die Demokratie ein bestimmter Typ der moralischen Norm und jeder Einzelne ein Bürger aus moralischer Berufung ist. In einem demokratischen Staat sollte dieser Grundsatz selbstverständlich sein.[17] Der Essay von Jaspers ist in Polen wohlbekannt.[18] Die von Jaspers entwickelten rechtlichen

---

17 Ausführlicher zu diesem Thema siehe Kazimierz Wóycicki: Jaspers und die polnische Abrechnung mit der Geschichte, in: Materialien der Konferenz „Umgang mit der Vergangenheit in Deutschland und Polen – Aufdecken oder Zudecken", 28.-30.6.1996, Stettin, Transodra Nr. 16, September 1997.
18 Der Essay wurde von Stanisław Tyrowicz (einem bedeutenden Soziologen und Erforscher der nazistischen Soziologie) in den siebziger Jahren in die polnische Sprache übersetzt. Es wurde in der Monatsschrift „Więź" [„Fessel"] abgedruckt und rief eine kontroverse Diskussion hervor. Nicht weniger interessant war das Interesse der Zensur, die einige

und philosophischen Unterscheidungen können vor vielen Mißverständnissen in der Abrechnungsdebatte schützen. Sie lassen sich auf die polnische ebenso wie auf die deutsche Situation anwenden. Eine so verstandene Auseinandersetzung mit der Vergangenheit ist für eine zeitgenössische demokratische Gesellschaft unerläßlich. Die Abrechnung mit der Geschichte ist zwar eng mit dem Stand der historischen Forschung verbunden, geht aber weit darüber hinaus. Sie ist im Kern ein breit angelegter gesellschaftlicher Prozeß, der entscheidend bei der Überwindung der nationalen Kulturen im alten Europa mitwirkt.

Die Abrechnung im Dialog mit anderen

Obwohl es in der polnischen Abrechnungsdebatte deutliche Beschränkungen gibt, muß man doch anerkennen, daß sie in einigen speziellen Punkten bedeutende und interessante Fortschritte erbracht hat. Interessant ist, daß dies vor allem für jene Bereiche gilt, in denen es um die Überprüfung der Beziehungen der Polen zu ihren Nachbarn geht.

Einer kritischen Überprüfung wurde das Verhältnis der Polen zu den Ukrainern unterzogen. Zahlreiche Erklärungen und Veröffentlichungen sowohl zum Thema der Politik der II. Polnischen Republik gegenüber den Ukrainern in Galizien sowie der nach dem Zweiten Weltkrieg durchgeführten Akcja „Wisła" [Aktion „Weichsel"], also der Umsiedlung der ukrainischen Bevölkerung aus den südöstlichen Gebieten Polens, bezeugen dies deutlich.[19] Nicht nur bei Berufshistorikern, sondern auch in breiten gesellschaftlichen Kreisen gibt es eine klare Tendenz, über diese Ereignisse laut und deutlich zu diskutieren. Diesen Prozeß unterstützen eigens berufene Kommissionen wie die Polnisch-Ukrainische Historikerkommission oder auch die Polnisch-Ukrainische Schulbuchkommission. Ein anderer Bereich in diesem Zusammenhang ist die Auseinandersetzung über die Vertreibung der Deutschen.[20] Obwohl sich die Aufarbeitung dieses Themas wegen der psycholo-

Passagen strich. Nach vielen Schwierigkeiten gelang es, den Essay auch als Buch herauszugeben.
19 Siehe vor allem: Akcja „Wisła". Dokumenty. Opracował Eugeniusz Misiło. Archiwum Ukraińskie [Aktion „Weichsel". Dokumente. Bearbeitet von Eugeniusz Misiło. Ukrainisches Archiv], Warszawa 1993.
20 Es gibt heute in Polen zahlreiche Initiativen, die sich zur Aufgabe gestellt haben, den „Vertreibungskomplex" zu verarbeiten. Am 7. Dezember 1996 fand eine große Konferenz in Warschau statt, an der auch Herr Hupka als Gast teilnahm. Anwesend waren die wichtigsten Vertreter aller politischen Parteien, auch Herr Mazowiecki und Frau Suchocka. Der Abschlußbericht der zweijährigen Forschungen der Herren Borodziej und Hajnicz, der bei dieser Konferenz präsentiert wurde, ist in der deutschen Fassung in der Bundesrepublik präsentiert und auch in der deutschen Presse kommentiert worden. Man sollte einige weitere Initiativen mindestens noch erwähnen: Die Zeitschrift „Borussia" in Allenstein hat vor langer Zeit schon ein multikulturelles Programm ins Leben gerufen, das sich prinzipiell mit dem deutschen kulturellen Erbe der Region beschäftigt. Die polnisch-deutsch-tschechische Zeitschrift und Gesellschaft „Ziemia Kłodzka"/Grafschaft Glatz hat ein sehr ähnliches Profil. Nicht ohne Bedeutung ist auch das Buch von

gischen Folgen des Zweiten Weltkriegs als besonders schwierig erwies, wurde auf diesem Gebiet tatsächlich sehr viel geleistet.

Es mag befremden, daß sich die Abrechnung mit der Geschichte in Polen intensiver im Dialog mit den Nachbarn vollzieht als in der Diskussion über das Verhalten der Polen zueinander. In Wirklichkeit jedoch ist der Aufarbeitungsdialog mit den Ukrainern oder den Deutschen weniger aufregend als die innerpolnische Diskussion. Er ruft keine scharfe politische Trennung hervor und verlangt nicht den radikalen Abbau nationaler Selbstbilder. Das Bekenntnis zur Schuld, die man anderen zugefügt hat, verbunden mit der Auffassung, daß beide Seiten schuldig sind, ist keine allzu schwierige Aufgabe. Eine wesentlich ernstere Herausforderung ist die Abrechnung mit der Geschichte, die die Bildung eines neuen historischen Bewußtseins verlangt und die mythisierenden Vorstellungen von der eigenen Gemeinschaft zerstört. Paradoxerweise hat die innere Abrechnung einer Gesellschaft mit ihrer Geschichte eine größere europäische Bedeutung als zahlreiche nach außen gerichtete Versöhnungsgesten.

Das deutsche und noch mehr das französische Beispiel zeigen, daß die Aufarbeitung der Vergangenheit durch die betroffene Generation sehr schwierig und fast unmöglich ist. Die Bewältigung der NS-Vergangenheit in Deutschland ist ein Prozeß, der über Jahrzehnte andauerte und noch keineswegs beendet ist. Sie wurde zur Grundlage der gegenwärtigen deutschen Identität und des historischen Bewußtseins.

Die Fortschritte der Aufarbeitungsdebatte in Deutschland waren und sind nicht nur innerdeutsche Ereignisse. Das dürfte in anderen Fällen nicht anders sein. Auch das polnische Beispiel verdient Aufmerksamkeit. Es unterscheidet sich in einigen Punkten grundsätzlich vom deutschen Vorbild. Der Nazismus war ein verhältnismäßig kurzlebiges Phänomen. Nur mit Abscheu und Entsetzen konnte man darauf reagieren. Die Unterschiede lagen zwischen Verdammung und Verschweigen – unmöglich aber war eine öffentliche Verteidigung der Vergangenheit. Der Kommunismus in Polen dagegen war ein aufgezwungenes Phänomen, das lange dauerte und viele Phasen hatte. Sein Erscheinungsbild enthält viele schwarz-weiße Kontraste, aber auch viele graue Schatten. Polen ist damit sicherlich kein Einzelfall, und es lohnt sich, den Fortgang der polnischen Auseinandersetzungen mit der Vergangenheit genau zu beobachten. In jedem Fall trägt die Aufarbeitung der

---

Frau Podlasek-Ziegler: Wypędzenie Niemców z Polski [Die Vertreibung der Deutschen aus Polen], die offen und ohne wertende Kommentare die durchaus nicht immer polenfreundlichen Positionen der deutschen Vertriebenen referiert. Man sollte auch die ganze Reihe der Studien über die Internierungslager für Deutsche (natürlich auch für Polen, da die kommunistischen Repressalien sich gegen Angehörige beider Völker richteten) nach dem Zweiten Weltkrieg beachten. Die ganze Problematik wurde im polnischen Fernsehen und in den Printmedien diskutiert. Sie war und ist nicht auf einige elitäre Kreise begrenzt. Siehe auch: Włodzimierz Borodziej: Historiografia Polska o „wypędzeniu" Niemców, w: Polska 1944/45, 1989, Studia i materiały II/1996 [Die Historiographie Polens über die „Vertreibung" der Deutschen, in: Polen 1944/56, 1989, Studien und Materialien II/1996].

Vergangenheit zur Bildung eines europäischen Bewußtseins bei. Es ist sehr wahrscheinlich, daß wir die Geschichte unserer europäischen Nachbarn nicht dadurch kennenlernen, daß wir den Erzählungen über ihre nationalen Mythen lauschen, sondern dadurch, daß wir beobachten, wie sie mit ihren Mythen und mit ihrer Geschichte heute umgehen.

Übersetzung aus dem Polnischen: Sabine Grabowski

Zdzisław Krasnodębski

Lob, Verlegenheit und Irritation – Deutsche Vergangenheitsbewältigung und polnische Schwierigkeiten mit der Geschichte

Das verspätete Lob

Die Art und Weise, wie die Westdeutschen mit ihrer Geschichte und der NS-Vergangenheit nach 1945 umgegangen sind, wird heutzutage in Polen meistens nur lobend dargestellt. Man beurteilt sie nach dem Ergebnis, und dieses Ergebnis, nämlich die Bundesrepublik und ihre Gesellschaft, wird in Polen hoch geschätzt. Man ist dabei überzeugt, daß dieser neue deutsche Staat, der als stabil, demokratisch und als fest im Westen verankert gilt, nicht möglich wäre ohne eine Überwindung der negativen Traditionen, ohne eine Lösung der alten Identitäts-Probleme, ohne eine politische und kulturelle Reorientierung und eine weitgehende Liberalisierung. Man nimmt also an, daß der Prozeß der Auseinandersetzung mit der NS-Vergangenheit im großen und ganzen richtig verlaufen ist. Es gelang, die Gesellschaft umzuerziehen und zu liberalisieren, die politische Kultur zu ändern. Dieses Bild ist natürlich durch die politischen Umstände beeinflußt und erst nach der endgültigen Anerkennung der polnischen Westgrenze ganz gefestigt. In der Weigerung sie anzuerkennen, sah man in Polen immer ein Stück der deutschen Kontinuität, die auch als potentielle Gefahr empfunden wurde. Jetzt sind die Ängste, die noch in der Zeit der Wiedervereinigung sehr verbreitet waren, fast völlig verschwunden.

Ob nun dieser Erfolg der Bundesrepublik auf eine konsequente „Vergangenheitsbewältigung" in all ihren Dimensionen zurückzuführen ist oder ob er eher das Resultat einer heilsamen Amnesie in den fünfziger Jahren ist, wie Hermann Lübbe behauptete, ob er durch einen radikalen Elitenwechsel oder durch eine schnelle Wiederintegration der alten Eliten erreicht wurde, dies alles ist in Polen nie ausführlich diskutiert worden. Man kann sogar den Eindruck gewinnen, daß dies aus der heutigen polnischen Perspektive von geringer Bedeutung sei. Einige würden wahrscheinlich gerade in der Mischung von Abrechnung und Unterlassung eine Voraussetzung für den Erfolg sehen: in der richtigen Dosierung von Strafe und Vergebung, von Ausgrenzung und Integration, von Erinnerung und Vergessen. Die ganze Diskussion um Vergangenheitsbewältigung und der Verlauf dieses Prozesses selbst ist jedoch sehr wenig bekannt; bis jetzt ist – soweit ich weiß – keine größere Studie darüber entstanden. Deshalb weiß man auch nicht genau, wie diese Dosierung eigentlich ausgesehen hat. Je nach politischer Richtung – und politischer Vergangenheit – würde man in Polen entweder die Konsequenz der strafrechtlichen, politischen und pädagogischen Abrechnung oder aber den Erfolg der Strategie des partiellen Vergessens, der Amnestie und der Reintegration betonen.

Man kann jedoch vermuten, daß „die traditionellen Lamentos über zu viel oder zu wenig 'Vergangenheitsbewältigung'" (Dudek 1992, S. 41) alle ziemlich unberührt lassen würden. Die „zweite Schuld" oder die „Unfähigkeit zu trauern" als Beschreibung der mentalen Lage würden die Polen bei den heutigen Deutschen nicht vermuten angesichts der Intensität, mit der man über das Thema der Schuld in Deutschland diskutiert und angesichts der Tatsache, daß Trauergesten zum unentbehrlichen Ritual der deutschen Politik geworden sind. Auch den Klagen über die möglichen negativen Folgen der übermäßigen Vergangenheitsbewältigung würde man – wahrscheinlich – nicht viel Glauben schenken. Sicher hat man sich früher in den oppositionell gesinnten Kreisen oft über den einseitigen Pazifismus der Friedensbewegung mokiert, mißtraute man der westdeutschen Neigung, die Nation zu einer überholten Form des menschlichen Zusammenlebens zu erklären und der Idee, daß die Bundesrepublikaner mit ihrer angeblich schon postnationalen Identität die Richtung für alle Europäer vorgeben sollten, gleichermaßen; als ziemlich absurd sah man zudem die These an, daß Deutschland wegen Auschwitz für immer geteilt bleiben müsse. Aber diese merkwürdigen Überzeugungen wurden nicht als Symptome einer nationalen Lähmung infolge der obsessiven und krankhaften Auseinandersetzung mit der nationalsozialistischen Vergangenheit, besonders der strafrechtlichen Verfolgung, verstanden, sondern eher als Resultat der damit nicht notwendig zusammenhängenden falschen Interpretationen, der emotionalen Übertreibungen, der Selbsttäuschung und der ideologischen Verzerrungen und auch einer gewissen „typisch deutschen" Überheblichkeit angesehen. Mehr noch: Man sah gerade dort eine Kontinuität, wo die Akteure selbst stolz auf ihren entschiedenen Bruch mit der Tradition waren und sich selbst als Kämpfer gegen die Ewiggestrigen und die Neokonservativen vorstellten. So sah man die „neuen sozialen Bewegungen" nicht selten als Symptome eines Anti-Amerikanismus an, als Neuauflage einer traditionellen, antiwestlichen Einstellung, als Zeichen der traditionellen Russophilie, des Einflusses der Ostblock-Propaganda und der Unterschätzung der Demokratie und der liberalen Werte, als Mangel an „civic culture" und an Individualismus.

Sicher ist das heutige mangelnde Interesse an eventuellen Unzulänglichkeiten oder auch an der Übermäßigkeit der Vergangenheitsbewältigung in Deutschland auch eine Art Reaktion auf die jahrzehntelange, undifferenzierte und alles andere als geistig raffinierte Propaganda in der Volksrepublik Polen, die die Bundesrepublik ständig beschuldigte, sich nicht genügend mit der Vergangenheit auseinandergesetzt zu haben, und die sie als Nachfolgerin des Dritten Reiches der fortschrittlichen und antifaschistischen DDR gegenüberstellte. (Merkwürdigerweise – aber eigentlich nicht überraschend – wurden einige polnische Wissenschaftler, die diese Propaganda betrieben haben, nach 1989 zu eifrigsten Verfechtern der deutsch-polnischen Versöhnung und zu Verkündern einer völligen Interessenharmonie. Zugleich demonstrieren sie aber eine völlige Abneigung, dem Beispiel der Bundesrepublik im Umgang mit der Vergangenheit zu folgen.) Es läßt sich jedoch nicht alles auf die Folgen der Propaganda zurückführen. Die Einstellung zur Bundesrepublik Deutschland beruht auch auf der Überzeugung, daß viele andere Nationen und Staaten sich der eigenen dunklen Vergangenheit gar nicht stellen wollten, sie verschwiegen oder umgedeutet haben. Um dies festzustellen, braucht man nicht mit Ian Buruma nach Japan zu fahren, man kann auch in Ostmitteleuropa bleiben, der erst jetzt geführten Vichy-Debatte in Frankreich zuhören oder – und dies vor allem – die Situation in Rußland näher betrachten.

Polnische Vergangenheitsbewältigung

Seit 1989 ist allerdings in Polen die deutsche „Vergangenheitsbewältigung" aktuell geworden. Sie ist uns in gewissem Sinne näher gerückt. Und zwar deshalb, weil die Vergangenheitsbewältigung und das Verschweigen der Vergangenheit ziemlich überraschend zu einem eigenen Problem der Polen geworden sind. Die Geschichte und die Vergangenheit änderten nämlich in den letzten Jahren ihren Platz und ihre Funktion im polnischen intellektuellen und politischen Diskurs. Früher – in den Zeiten des realen Sozialismus – spielten sie eine auffällig andere Rolle als in der Bundesrepublik. Man kann zugespitzt sagen, daß man sich in Polen erinnern wollte, um die illiberale und undemokratische Gegenwart zu überwinden. In Deutschland dagegen wollte man sich erinnern, um die Vergangenheit endgültig zu überwinden und die demokratische Gegenwart für die Zukunft zu sichern: Hier ging es um den Bruch der Kontinuität, dort um ihre Bewahrung. In Polen war es die von der Sowjetunion aufgezwungene kommunistische Regierung, die mit der nationalen Vergangenheit und mit dem früheren polnischen Staat brechen wollte, die eine radikale Revision der Tradition und des Bildes der Vergangenheit anstrebte. Obwohl sie sich seit 1956 immer stärker darum bemüht hat, sich an den kulturellen Kontext anzupassen, sich zu „polonisieren" und zu „folklorisieren" und in die nationale Geschichte einzuschreiben, war sie letztlich immer auf historische Manipulationen und Verdrängungen angewiesen, um den Schein der Legitimität zu bewahren. Der politische und kulturelle Widerstand hat sich deshalb in der Erinnerung an verdrängte Geschichte geäußert. Historische Bücher und Aufsätze machten einen großen Teil der Produktion der Untergrund-Verlage aus. Die Geschichte war ein Reservoir, aus dem man Motive, Verhaltensmuster, Ideen und Symbole für den Widerstand gegen das Regime schöpfte. Oft hat man dabei negative Seiten der Tradition und dunklere Kapitel der Vergangenheit an den Rand gedrängt, obwohl man sich doch redlich bemühte, sie nicht zu verschweigen.

Jetzt – mit der politischen und sozialen Differenzierung der Gesellschaft und vor allem nach dem radikalen Systemwechsel – kann die Geschichte nicht mehr einer unumstrittenen Bestätigung der Identität dienen und als ungetrübte Quelle gemeinsamer Werte gelten, sondern man streitet mit geschichtlichen Argumenten um das Bild der Vergangenheit und man bemüht sich, die gestörte kollektive Identität in bezug auf die Vergangenheit neu zu definieren.

Da bisher jedoch kein Minimalkonsens erreicht wurde, ist man heute in Polen gezwungen – ob man es will oder nicht – sich mit der eigenen, sowohl der kollektiven als auch der individuellen, Vergangenheit auseinanderzusetzen. Dies betrifft u.a. die Geschichte der Minderheiten in Polen und die Beziehung der polnischen Mehrheit und des Staates zu ihnen, z.B. die „Aktion Weichsel" (Aussiedlung von Ukrainern 1947), die Einstellung zu den Juden vor und während des Krieges, die Vertreibung der Deutschen usw. Vor allem aber – und das ist am umstrittensten – betrifft es die Beurteilung der Epoche des realen Sozialismus und die Frage der Verantwortung für damals begangenes Unrecht. Obwohl schon früher das endgültige Urteil über den Kommunismus gefällt zu sein schien und viele Studien das Ausmaß seiner Verbrechen gezeigt haben, hört die Debatte nicht auf. Dies betrifft nicht nur die letzten Jahre des realen Sozialismus, wie z.B. den Kriegsrechtszustand, sondern auch einige bis jetzt vernachlässigte Kapitel der Geschichte, wie z.B. die Kollaboration mit der Sowjetmacht während des Krieges, insbesondere in Lemberg von 1939 bis 1941 (Hryciuk 1996).

Obwohl man in Polen nicht von „Vergangenheitsbewältigung" spricht, weil dies ein merkwürdiger und unübersetzbarer Begriff ist, der voraussetzt, daß die Vergangenheit gar nicht vergangen ist, fordert man eine Abrechnung mit der Vergangenheit (obrachunek z przeszłością), spricht man über die Verantwortung für das Vergangene, über das Überwinden des Erbes der Vergangenheit. Die andere Seite in diesem Streit möchte jedoch die Vergangenheit vergangen sein lassen, spricht oft über die Notwendigkeit der ausschließlichen Orientierung auf die Zukunft, über die Integration der Gesellschaft aufgrund gemeinsamer politischer und gesellschaftlicher Ziele (wie z.B. des Beitritts zu NATO und EU oder der wirtschaftlichen Reformen), aber in Wirklichkeit bietet sie eine eigene Version der Vergangenheit an – sogar dann, wenn sie sie verschweigt.

Alles in allem ist das Problem, wie man mit der kommunistischen Vergangenheit jetzt umgehen soll, nach fast zehn Jahren Demokratie in Polen immer noch nicht gelöst. Das Thema kommt immer wieder auf die Tagesordnung. Die Beurteilung der Volksrepublik und die Frage, wie man mit ihren Funktionären umgehen soll, spaltet die polnische Gesellschaft. Und obwohl es sich durchaus um eine andere Vergangenheit als im Falle Nazi-Deutschlands handelt – Parallelen sind nicht zu übersehen. Es handelt sich dabei um ein ähnliches Dilemma wie einst in Deutschland: Wieviel Erinnerung und wieviel Vergessen ist angebracht, wie kann und soll man das vergangene Unrecht bestrafen und wiedergutmachen, wie soll man alte Eliten und Staatsbeamte behandeln. Es gibt ähnliche Phänomene unterlassener Strafverfolgung, Symptome der Verdrängung und der Umdeutung von

Biographien, der Verschwiegenheit und Manipulation. Bis vor kurzem fehlte jedoch die andere Seite dieses Prozesses – die politische und kulturelle Aufarbeitung seitens des Staates; die strafrechtliche Verfolgung der Täter blieb fast völlig aus.

Die heutige „doppelte Vergangenheitsbewältigung" in Deutschland ist deswegen für die Polen zugleich ein Grund zur Verlegenheit, ja sogar zur Irritation, was sich darin zeigt, daß sie meistens verschwiegen oder nur vage erwähnt wird. Die Haltung bleibt höchst ambivalent. Einerseits kann man sich kaum vorstellen, daß jemand in der Öffentlichkeit die Verurteilung des Nationalsozialismus und die Bestrafung seiner Funktionäre als entbehrlich oder zu weitgehend beurteilen würde. Sicher würde jemand, der in Polen eine solche These öffentlich zu vertreten wagte, auf heftigen Protest stoßen. Auch die Frage von Christian Meier, ob die Deutschen jetzt „nicht besser täten, den welthistorischen Regeln im Verhältnis von Erinnern, Verdrängen, Vergessen zu folgen" (Meier 1996), würde wahrscheinlich klar negativ beantwortet werden. Andererseits aber wird der ganze Prozeß des Umgangs mit dem DDR-Erbe von den dominierenden intellektuellen und politischen Eliten mit großer Skepsis betrachtet und jede Übertragung der Erfahrungen im Umgang mit der NS-Vergangenheit auf die kommunistische Vergangenheit würde mißmutige Reaktionen hervorrufen, obwohl man in Polen – anders als in Deutschland – den Stalinismus mit dem Hitlerismus seit langem für durchaus vergleichbar hält. Joachim Gauck und seine Behörde waren lange höchst unpopulär in Polen, die Abwicklung an den Universitäten und die Versuche einer strafrechtlichen Verfolgung der Parteifunktionäre wurden mit Staunen und Ablehnung registriert. Polen hat gerade eine entgegengesetzte Strategie des Umgangs mit der kommunistischen Vergangenheit gewählt (vgl. Gebert 1997). In einem Land, das früher an zuviel historischer Erinnerung zu leiden schien, hat man es nach 1989 vorgezogen, „die Vergangenheit auf sich beruhen zu lassen" (Garton Ash 1998). Von einem Teil der Intellektuellen wurde das heilsame Vergessen verordnet, versteckt hinter der griffigen Formel „Amnestie – ohne Amnesie". Doch in der Realität stellte sich bald heraus, daß eine solche – nur auf der geistigen Ebene verkündete – Amnestie, ohne eine vorherige Feststellung des Straftatbestandes, nur zu schneller Amnesie führen kann.

Es stellte sich also die Frage, wie man den deutschen Umgang mit dem DDR-Erbe beurteilen sollte, wenn man doch den rechtsstaatlichen und demokratischen Charakter der Bundesrepublik nicht in Zweifel ziehen wollte und konnte. Einer der in Deutschland bekanntesten polnischen Intellektuellen, Andrzej Szczypiorski, gestand, nach einigen öffentlich vorgetragenen kritischen Bemerkungen über das Vorgehen in Ostdeutschland, seinen Fehler ein: „Aufgrund der polnischen Erfahrung schienen mir die Formen der Abschaffung des Kommunismus, wie man sie in Deutschland praktizierte, politisch falsch zu sein und den Deutschen mehr Schaden als Nutzen zu bringen. Heute aber weiß ich, daß diese Ansicht falsch ist." Allerdings betonte er, daß das, was Ostdeutsche bräuchten, für Polen völlig entbehrlich sei, weil sie eine andere Tradition, Mentalität und eine andere Einstellung zum Kommunismus hätten (Szczypiorski 1995). Tatsächlich irrte er sich auch diesmal – jedenfalls hat die Meinung, die er vertritt, längst ihre Dominanz in der polnischen Öffentlichkeit verloren, und das Bewußtsein, daß die Strategie des Vergessens falsch war, wird immer stärker, insbesondere bei den Jüngeren, was wieder eine deutliche Parallele zur deutschen Vergangenheitsbewältigungs-Debatte darstellt (vgl. Krasnodębski 1996). Dies um so mehr, als das politische Leben in Polen immer wieder durch Enthüllungen und Skandale erschüttert wurde.

Ohne Relativierung

Es wäre falsch, in dieser Politik des Vergessens mit Max Weber – oder mit Helga Hirsch – einfach einen Gegensatz zwischen der deutschen, auf dem protestantischen Boden erwachsenen Konsequenz und der methodischen Gewissensprüfung und der polnischen – vielleicht katholisch gefärbten – Inkonsequenz zu sehen, die Leszek Kołakowski einmal philosophisch zum ethischen Programm erhoben hat.

Auch das Verbot des Vergleichs der Verbrechen des Nationalsozialismus mit den Verbrechen anderer Regime ist nicht der Grund für eine solche Einstellung zur kommunistischen Vergangenheit. Die meisten Polen werden nicht nur die Ansicht von Alfred Grosser teilen, daß das Wort „unvergleichbar" unsinnig ist und verglichen werden muß (Grosser 1994, S. 17), sondern ihnen wäre auch der ganze Verdacht, daß, wenn über die Opfer des Kommunismus gesprochen wird, die Nazi-Täter entschuldigt würden, kaum in den Sinn gekommen. Die Idee, daß man, wenn man über Katyń zu viel redet, Auschwitz „rechtfertigt" oder „relativiert", ist im polnischen Kontext völlig absurd. Was im deutschen Historikerstreit so oft störte, das war gerade die Tatsache, daß man sich allzuoft verpflichtet fühlte, das eine gegen das andere auszuspielen. Dies betrifft durchaus nicht nur Ernst Nolte, sondern auch seine Kontrahenten. Jürgen Kocka hatte zweifellos recht, als er im „Historikerstreit" behauptete, daß Hitler durch Stalin und Pol Pot nicht verdrängt werden darf. Dies gilt aber – was allerdings nicht hervorgehoben wurde – auch umgekehrt. Man hat jedoch den Eindruck, daß die Angst vor einer Relativierung und Verharmlosung dazu führte, daß man vorsichtshalber über den Kommunismus geschwiegen hat: Stalin wurde verharmlost, ganz zu schweigen von Lenin, Trotzky, Mao und Breschnew. Wenn die Aufdeckung der dunklen Seiten des Kommunismus zum plumpen „Antikommunismus" wurde, der vor allem als „der notwendige Bestandteil der Verdrängung der Judenvernichtung" erschien (Micha Brumlik), dann führte dies leicht zur Tabuisierung der Erforschung der Verbrechen, die in der Sowjetunion und in anderen kommunistischen Staaten begangen wurden.

Dies erklärt, warum man erst jetzt auf der linken Seite wieder solche Stimmen wie die von Ulrike Ackermann hört, die daran erinnert, daß man, wenn man die Verbrechen des Nationalsozialismus verurteilt, auch über den Kommunismus nicht schweigen dürfe. Erst jetzt schreibt Heinrich August Winkler in der „Zeit" über "den intellektuell unbefriedigenden Ausgang des deutschen Historikerstreits" und daß es falsch war, Noltes „Fragen pauschal für erledigt oder gar moralisch unzulässig zu erklären" (Winkler 1997).

Leider wird es schon wieder zu einer inneren deutschen Auseinandersetzung, als ob das das wichtigste wäre. Wie Alan Bullock richtig bemerkte: „Der stalinistische Terror war in seiner Unmenschlichkeit und seinen Exzessen fraglos nicht weniger 'einzigartig' als der nationalsozialistische; aber eine Einzigartigkeit hebt die andere nicht auf, und die Unvergleichlichkeit des Holocausts bleibt bestehen. Nichts von alledem, was in Rußland vor sich ging, kann dies relativieren" (Bullock 1991, S. 1254). Aber mit Recht betont er auch das ungute Gefühl, das man bei der ganzen Diskussion um Einzigartigkeit und Singularität haben muß: „Doch möchte ich hinzufügen, daß die Frage der 'Einzigartigkeit' im Grunde unbefriedigend ist. ... Natürlich beschäftigt diese Frage die Deutschen, doch man betrachtet dabei den Terror und das Morden der Epoche allzusehr vom Standpunkt derer aus, die man für die Schuldigen halten mag, und zuwenig vom Standpunkt der Opfer. Denn man darf die ungeheuerliche Gesamtzahl der Opfer nicht vergessen, welche die Jahre des Terrors gekostet haben. Ihr Leiden gerät allzu leicht aus dem Blick, wenn man sich in einen Streit darüber vertieft, welches Regime das schlimmere war" (Bullock 1991, S. 1255).

Leider kann ich nicht verstehen, was moralisch an dem Satz von Stéphane Courtois anstößig ist, daß der Hungertod eines ukrainischen Kulakenkindes genausoviel zähle wie der Tod eines Judenkindes, das im Warschauer Getto von den Nazis ausgehungert wurde. Gerade die Negation dieses Satzes scheint mir moralisch empörend.

Polen war ein Land, in dem die Ähnlichkeiten beider Regime unverkennbar waren. Im Jahr 1939 wurde das Land von beiden totalitären Nachbarn angegriffen. Beide Okkupanten verfolgten eine verbrecherische Besatzungspolitik. In vielen Familien lebt noch heute die Erinnerung an die Opfer, sowohl der Nazis als auch der Sowjets, fort. Das Schicksal der polnischen Offiziere in Katyń, unter denen sich auch Personen jüdischer Abstammung befanden, war nicht anders als das Schicksal vieler polnischer Juden, die von Einsatztruppen erschossen wurden (vgl. Kadell 1991). Im Gegensatz zu Italien, Frankreich oder Ostdeutschland konnte eine Ideologie des kommunistischen Antifaschismus kaum Fuß fassen, weil in Polen die Legende, daß die Kommunisten als einzige Widerstand gegen „den Faschismus" geleistet hätten, gar nicht aufgebaut werden konnte. Der polnische Widerstand war nämlich überwiegend nichtkommunistisch, und die Kämpfer gegen die Nazi-Besatzung, die Mitglieder der AK [Armia Krajowa – Heimatarmee] und anderer Organisationen wurden zu Opfern der sowjetischen Verfolgung. So saß zum Beispiel Władysław Bartoszewski, der u.a. die Hilfe für den Getto-Aufstand in Warschau organisierte, jahrelang im kommunistischen Gefängnis. An Witold Pilecki, der sich während der Nazi-Besatzung absichtlich festnehmen und nach Auschwitz schicken ließ, um dort den Widerstand zu organisieren und Informationen zu sammeln, wurde die Todesstrafe vollstreckt (vgl. Paczkowski 1998,

S. 415). 16 Führer des polnischen Untergrundstaates, für die meisten Polen Repräsentanten der einzigen legitimen Regierung, wurden unter dem Vorwand von Verhandlungen in eine Falle gelockt und in Moskau vor Gericht gestellt usw.

Leider ist diese Geschichte allzu wenig bekannt und merkwürdigerweise interessierte sie die westdeutschen Osteuropa-Forscher nicht besonders, obwohl gerade sie sich ausgezeichnet eignete, um die tatsächliche Konvergenz und Kollaboration beider Systeme zu studieren. Sie paßte aber zu wenig zu den akzeptierten Schemata, in die man die europäische Geschichte des 20. Jahrhunderts zu pressen pflegte und die vor kurzem so ausgezeichnet Norman Davis rekonstruiert hat (Davis 1997, S. 1-46). Und deshalb ließ sie sich weder von rechts noch von links für politische Zwecke mißbrauchen.

Erst jetzt beginnt sich das Bild der europäischen Geschichte des 20. Jahrhunderts allmählich zu ändern. Aber es ist nicht leicht, sich von alten Vorstellungen zu lösen. Leider konnte man z.B. in der „Wehrmachtsausstellung", die zweifellos notwendig und bedeutsam war, kein Wort darüber finden, daß viele polnische Gebiete, in denen sich die Tragödie ereignete, von der Sowjetunion im Einvernehmen mit Hitler annektiert worden waren und daß die ermordeten Juden zum größten Teil polnische Bürger waren. Ein Wort darüber, daß 1939-1941 mehrere Tausend Menschen von Sowjets ermordet und über anderthalb Millionen deportiert wurden oder daß beide Regime in ihrer Besatzungspolitik kollaboriert haben, wäre natürlich zu viel verlangt. So kann man den sicherlich falschen Eindruck gewinnen, als ob die Organisatoren der Ausstellung den Hitler-Stalin-Pakt akzeptierten und eine ethnische Definition der Nation verträten.

Nebeneffekte der Singularitäts-These

Leider ist eine solche Vergessenheit, die einem Beobachter aus Polen nicht entgehen kann, nicht selten und zeigt, daß auch die pädagogische Wirkung der Aufarbeitung der Vergangenheit trotz allem einseitig bleibt. Dies betrifft teilweise auch die NS-Verbrechen in Polen. Ich stellte z.B. fest, daß keiner meiner Studenten etwas über den General-Plan Ost oder die Aktion AB[1] gehört hat, obwohl sie natürlich viel über das Dritte Reich in der Schule erfahren haben. Sehr oft wurde ich in Deutschland gefragt, auch von Universitätskollegen, ob die Polen tatsächlich – insbesondere die polnische Intelligenzja – starken Repressionen ausgesetzt gewesen sei. Während jedes deutsche Kind etwas über die Verfolgung von Juden und über die Shoah in der Schule vermittelt bekommt, erfährt es nur wenig über das Schicksal von Polen. Wenn der Präsident der Bundesrepublik den Warschauer

1 Außerordentliche Befriedungsaktion, eine der großen Vernichtungsaktionen, die im Frühling und Sommer 1940 im Generalgouvernement mit dem Ziel der Zerstörung der polnischen politischen Führungsschicht und der Intelligenz durchgeführt wurde. Die AB-Aktion erfolgte nach einer dritten gemeinsamen Konferenz von NKWD und Gestapo im März 1940. Parallel dazu kam es zur Exekution polnischer Gefangener in der Sowjetunion.

Aufstand von 1944 mit dem Ghetto-Aufstand von 1943 verwechselt, dann manifestiert sich darin eine ziemlich verbreitete Unkenntnis. Diese Unkenntnis resultiert auch aus Desinteresse. Fast alle Studenten, mit denen ich eine Studienreise nach Warschau unternahm, fühlten sich verpflichtet, in das ehemalige Ghetto-Viertel zu gehen, aber natürlich ist es keinem in den Sinn gekommen, z.B. Palmiry[2] zu besuchen.

Es geht mir natürlich nicht darum, jetzt – wie es früher die kommunistische Propaganda tat – die Leiden von Polen hervorzuheben oder die Einzigartigkeit des Holocaust zu bestreiten. Solche „Konkurrenz der Opfer" hat zu lange die polnisch-jüdischen Beziehungen getrübt (Krzemiński 1996). Um so weniger geht es um die Forderung, daß jeder junge Deutsche bei einem Besuch in Warschau einen Sühneakt vollziehen soll. Es geht vielmehr darum, daß die festgelegte Singularität der Nazi-Verbrechen und damit verbunden die Hervorhebung des Holocaust als des absoluten Bösen sowie das Verbot, ihn mit anderen Genoziden zu vergleichen, historische weiße Flecken erzeugen – wie verständlich sie auch immer sind – und paradoxerweise zu einer moralischen Verharmlosung führen können, besonders bei der jüngeren Generation und bei Personen, die sich um keine vertieften Kenntnisse bemühen. (Dies passierte sogar Jürgen Habermas, als er im „Historikerstreit" über die „Vertreibung von Kulaken" sprach). Andere Taten geraten „notwendigerweise" aus dem Blick oder verblassen, werden fast zu „alltäglich" oder „gewöhnlich", um noch moralische Reflexionen und Entrüstung hervorzurufen. Sie werden höchstens zu Massakern gerechnet, die so oft in der Geschichte veranstaltet wurden (Geiss 1992). Gerade das Verbot des Vergleichens sortiert die Opfer nach denjenigen, die mehr Opfer zu sein scheinen, und denjenigen, die irgendwie nicht so „charakteristisch" erscheinen. Unter den Opfern in der polnischen Bevölkerung befanden sich neben den drei Millionen jüdischen Opfern auch drei Millionen „ethnische" Polen, die nicht Opfer des Holocaust waren. Macht sie das weniger zu Opfern?

Wenn man zu direkt auf die pädagogische und moralische Wirkung abzielt, wirken alle Kompliziertheiten der ostmitteleuropäischen Geschichte störend, und man neigt dazu, sie um eines klar konturierten Bildes willen beiseite zu schieben, weil sie die moralische Entrüstung abschwächen könnten. Wenn sich etwas in den gängigen Schemata, die die Prozesse und Ideen nach den Adjektiven „fortschrittlich" und „reaktionär" sortieren, schwer unterbringen ließ, wurde es oft ignoriert. Wahrscheinlich war der Aufstand von 1944 deswegen nie ein attraktives Thema, weil man nicht sicher war, wie er nach derartigen Kriterien zu beurteilen ist.

Diese Schemata und eine allgemein akzeptierte Interpretation sind nach 1945 ohne eine ausreichende Beteiligung von ost- und ostmitteleuropäischen Intellektuellen und Wissenschaftlern entstanden. Polen war nach 1945 wieder ein besetztes Land und die freie Stimme aus dem Lande wurde in den europäischen Diskus-

---

2 Eine Ortschaft in der Nähe von Warschau, in der viele Opfer der AB-Aktion bestattet sind.

sionen erst nach ein paar Jahrzehnten wieder vernommen. Deswegen wird die polnische Erfahrung nur teilweise in der Fachliteratur berücksichtigt. In der europäischen Massenkultur kam sie kaum zum Ausdruck. Keiner drehte einen Spielfilm oder gar eine Serie über die Gefangenen in Workuta oder über das Schicksal der polnischen Siedler in Wolhynien. Und die Tragödie der AK wurde dem Kinopublikum in Deutschland nur durch einen ziemlich umstrittenen, wenn auch suggestiven Film von Andrzej Wajda, „Asche und Diamant", bekannt.

Solche Defizite in den Kenntnissen und im Interesse sind um so beunruhigender, als sich jetzt beide Hälften Europas wieder begegnen. Deutlich ist das Bedürfnis nach einer neuen Sicht der europäischen Geschichte. Nur wenige Autoren, wie z.B. Norman Davis, dessen Bücher jedoch nicht ins Deutsche übersetzt wurden, versuchen eine neue Synthese zu entwerfen. Auch die politische Bedeutung einer besseren Kenntnis der Geschichte sollte nicht gering geschätzt werden. Die Einseitigkeit der Vergangenheitsbewältigung kann man nicht zuletzt auch daran erkennen, daß der Antipolonismus in Deutschland immer noch sehr verbreitet und – im Gegensatz zum Antisemitismus – in der Öffentlichkeit toleriert und bagatellisiert wird (von Beyme 1994, S. 202, Tabelle).

Der Beistand Gottes

Das Verhältnis eines Polen zum Holocaust kann nicht das eines unengagierten, weit entrückten Beobachters sein, etwa aus Neuseeland oder sogar Großbritannien, der zwar Mitleid mit den Opfern und die Entrüstung wegen der Tat empfinden kann, aber sich selbst nicht persönlich angesprochen fühlt. Die Tatsache, daß die meisten Verbrechen auf polnischem Gebiet begangen wurden, daß sich alle Vernichtungslager hier befanden und unter den Opfern etwa 3 Millionen polnische Juden waren (etwa 90% aller polnischen Juden), macht auch uns, die Polen, zu Beteiligten dieser Tragödie. In diesem Sinne ist die Geschichte der Vernichtung des europäischen Judentums ein Teil der polnischen Geschichte, wie sie ein Teil der deutschen und der jüdischen ist. Wenn man solche Orte, die z.B. Goldhagen und Browning schildern, kennt, hat man unvermeidlich eine ganz andere Beziehung zu den beschriebenen Ereignissen, als jemand der ihre Bücher in New York liest. Die beunruhigende Frage, die sich Polen stellen und die ihnen auch prüfend, manchmal auch vorwerfend gestellt wird, ist: Wie konnte es inmitten von uns geschehen, und haben die Polen alles getan, was sie in der Situation tun sollten und konnten.[3]

Dies ist die Frage nach der Mitschuld und der Mitverantwortung, die – ähnlich

3 So lautet die erste Frage, die Eberhard Jäckel an Franciszek Ryszka, einen polnischen Politologen, im Gespräch über die Vernichtung der Juden richtet: „Was hatten die Polen eigentlich damit zu tun?" Ryszkas Antwort ist einfach: „Gar nichts." Später fügt er hinzu: „In den Augen der Okkupanten, der Nazibehörden, waren Juden Unmenschen. Wir waren lediglich Untermenschen. Das ist der Unterschied." (Rosh/Jäckel 1991, S. 210)

wie im Falle der Deutschen – auch diejenigen betrifft, die längst nach dem Krieg geboren sind. Sie fragt nicht nach der Schuld eines Einzelnen, sondern nach der Schuld eines Kollektivs, der Nation, zu der man gehört, obwohl man sie nicht gewählt hat. (Leider können wir Polen uns dabei nicht mit der Unterscheidung Haftung und Schuld oder Verantwortung behelfen, weil es im Polnischen keine gute Übersetzung für den Begriff „Haftung" gibt. Und leider können wir nicht nach vorne in die postnationale Identität flüchten, weil den meisten von uns die baldige Auflösung der Nationen nicht als wünschenswert erscheint.) In der Mitte der achtziger Jahre kam es in Polen zu einer breiteren Diskussion über das Verhältnis der Polen zu den Juden und zur Vernichtung – u.a. auch unter dem Eindruck des Films „Shoa" von Claude Lanzmann. In den intensiven Diskussionen hat besonders der Essay von Jan Błoński, der in der katholischen Wochenzeitschrift „Tygodnik Powszechny" veröffentlicht wurde, Aufsehen hervorgerufen (inzwischen liegt er auch auf Deutsch vor: Błoński 1997).

Die Schuld der Polen gegenüber den Juden, über die Błoński in seinem Essay schreibt, ist die Schuld der Gleichgültigkeit und des Mangels an Solidarität. Es ist die Schuld von jemandem, der nicht bereit war, das eigene Leben zu riskieren, um andere Menschen zu retten, oder von jemandem, der überhaupt gleichgültig und unberührt angesichts der Verbrechen an den Juden blieb. Dieser Mangel an Solidarität wurde schon während des Krieges von polnisch-jüdischen Politikern der polnischen Gesellschaft und den Führern des Untergrundstaates vorgeworfen. Sie meinten, daß sich die polnischen Führer und die polnische Gesellschaft nicht zu Taten aufraffen könnten, die die polnischen Juden in der Zeit der Not mit Recht von ihnen erwarten durften (Stola 1995, S. 237-244). Es ist jedoch sicher, daß die Schuld zumindest bei einem Teil der Bevölkerung noch darüber hinausging (Żbikowski 1997, S. 244-248).

Andererseits verweist man in Polen darauf, daß nur in Polen allein für das Verbergen eines Juden die Todesstrafe drohte und daß nur in Warschau 1943 und 1944 über 20.000 Juden versteckt wurden. Natürlich neigte man auch in Polen dazu, die Kollaboration mit den Besatzern zu verschweigen (Gross 1979, S. 117-144). Trotzdem ist nicht zu leugnen, daß das Ausmaß dieser Kollaboration im Vergleich zu anderen europäischen Ländern – wie Dänemark, Frankreich, Holland – gering war. Es gab keine polnischen SS-Truppen und keine von Polen gebildeten Einsatztruppen. Das polnische Spezifikum bestand auch darin, daß antijüdisch eingestellte nationalistische Rechte, sogar diejenigen, die faschistische Ideen nachahmten, gegen die Nazi-Besatzer kämpften (Stola 1995, S. 301). Und nach dem Krieg wurden sie (mit einigen Ausnahmen, wie z.B. Bolesław Piasecki, vor dem Krieg Führer der „Falange") Opfer des stalinistischen Terrors. Deshalb muß man Jan Błońskis Meinung zustimmen: „Wenn man liest, was vor dem Krieg über die Juden geschrieben wurde, wenn man entdeckt, wieviel Haß es in der polnischen Gesellschaft gab, muß man sich eigentlich wundern, daß den Worten keine Taten folgten. Doch sie folgten nicht (oder nur selten). Gott hat die Hand zurückgehalten. Ja, Gott, denn wenn wir an diesem Verbrechen nicht teilnahmen, dann nur deshalb weil wir noch ein wenig Christen waren, weil wir im letzten Augenblick begriffen, wie teuflisch die Absicht war." (Błoński 1996, S. 93) Mit Goldhagen könnte man sagen, daß der polnische Antisemitismus nicht „eliminatorisch" war, was auf den Einfluß des Christentums zurückzuführen ist (Grot 1991). Aber, fügt Błoński sofort hinzu:. „Doch von der Mitschuld befreit es uns ganz und gar nicht" (Błoński 1996, S. 93).

In den schwierigen polnischen Diskussionen zeigt sich, daß – wie paradox es auch scheinen mag – die deutsche Vergangenheit relativ „einfach" zu bewältigen war, weil sie viel „eindeutiger" war. Es ist leichter, ein kategorisches Urteil zu fällen, die Verantwortung einzusehen oder zuzuschreiben und diese Zuschreibung zu akzeptieren, wenn die Tat und ihre Urheberschaft unleugbar und klar bestimmt sind. Die von Błoński beschriebene, mehr „subtile" Mitschuld ist viel schwieriger im kollektiven Selbstverständnis unterzubringen. Um so mehr, als das Jahr 1945 nicht das Ende der Verfolgung und der Verbrechen war, weil sich nun das zweite totalitäre System in Polen etablierte.

Heute mag es zuweilen scheinen, daß sich die Deutschen – weil sie sich mit der Vergangenheit auseinandergesetzt und ihre Schuld und Trauer deutlich ausgedrückt haben – besser von der Last der Vergangenheit und den alten Vorurteilen befreien konnten, während in Polen immer noch viel von dem traditionellen Antisemitismus geblieben ist. Manchmal wird dieses Bild auf die vergangenen Ereignisse zurückprojiziert, und dabei kann das Augenmaß und der Sinn für die Proportionen gestört werden. In Polen reagiert man mit Staunen und oft mit einer verständlichen Verbitterung auf solche Aussagen wie die eines jungen Israelis, der unlängst im polnischen Fernsehen über das Verbrechen von Deutschen und Polen an Juden gesprochen hat.

Die zweite Vergangenheitsbewältigung

Wenn man also näher die Vergangenheitsbewältigung in Deutschland betrachtet, sieht man in ihr eine gewisse Besonderheit, ja sogar Einseitigkeit, bemerkt man, daß sie verständlicherweise auch egozentrisch – oder besser deutschzentrisch – war. Nicht so sehr die Frage, ob sie tief und ausreichend war, ob die Deutschen genug getrauert haben und überhaupt dazu fähig sind, scheint mir heute am wichtigsten, sondern die Frage nach der Struktur des ganzen Diskurses, nach den Annahmen, die als selbstverständlich betrachtet wurden, die aber nach 1989 auch denjenigen als sehr zweifelhaft erscheinen müssen, die dies lange nicht wahrnehmen mochten.

Heute muß die Frage gestellt werden, wie es möglich war, daß auf deutschem Boden nach 1945 wieder eine Diktatur entstanden ist und so lange gedauert hat, ohne daß es – auf der westlichen Seite – zu energischeren Protesten, zu Solidaritätsbekundungen mit den Bürgerrechtlern und zu einem breiten Engagement zur Bekämpfung dieser Diktatur gekommen ist. Ist das nicht auch eine Vergangenheit der bundesrepublikanischen Intellektuellen, die nach einer kritischen und selbstkritischen Auseinandersetzung verlangt?

Es stellt sich nochmals heraus, daß Vergangenheitsbewältigung, die eigentlich immer eine Gegenwartstherapie sein wollte, immer ex post und zu spät kommt. Es hat sich außerdem nochmals deutlich gezeigt, daß die Vergangenheit uns nicht direkt zugänglich ist: Unsere Auseinandersetzung mit ihr ist immer von der jeweiligen Situation, die wir nicht ganz durchschauen, abhängig. Die Sicht auf das Vergangene ändert sich im Laufe der Zeit. Es ist für mich klar, daß sich die Einstellung zu den Ereignissen des Zweiten Weltkriegs nach 1989 verändert hat und sich weiter verändern wird. Jede Einseitigkeit und jede Überspanntheit, die den Eindruck erwecken kann, daß man sich mit der Vergangenheit nicht um der Wahrheit willen beschäftigt, sondern um direkte politische Zwecke zu erreichen, wird früher oder später negative Konsequenzen haben.

Die Erfahrung derer, die im realen Sozialismus gelebt haben und sich jetzt unweigerlich der Frage nach der eigenen Verantwortung stellen müssen, bestimmt in Osteuropa die Einstellung zur deutschen Vergangenheitsbewältigung. Jemand, der selbst in einem autoritären System gelebt hat, das zwar seit langem keinesfalls mit dem Naziregime (obwohl man sich während des Kriegsrechtszustandes darauf berufen hat) zu vergleichen war, aber trotzdem auf Unrecht basierte, kann sich natürlich viel leichter in die Lage der Deutschen versetzen, die während des Nationalsozialismus gelebt haben. Man kann sicherlich besser verstehen, wie man ohne Protest in einem solchen System leben konnte. Es ist nicht leicht, ein Regime, in dem man aufgewachsen ist, als Unrechtssystem zu identifizieren, wenn man persönlich nicht direkt mit seinen Verbrechen konfrontiert wurde. Es ist nicht leicht, zu erkennen, daß die offiziellen Medien systematisch Lügen verbreiteten oder daß das ganze öffentliche Leben manipuliert wurde. Obwohl dieses Verstehen nicht mit Rechtfertigen gleichzusetzen ist, verbindet diese Erfahrung meine Generation mit der älteren Generation der Deutschen und trennt uns von der jüngeren, die in einem demokratischen System und unter den Bedingungen der Meinungsfreiheit heranreifte. Diese Erfahrung läßt den – häufig ziemlich rechthaberischen – Moralismus der jüngeren Generation in Deutschland mit gewisser Distanz betrachten. Er scheint manchmal eher Ausdruck eines zeitgebundenen Konformismus zu sein als auf eigenen Überlegungen zu gründen. Das Zeigen von Mut und die Bewahrung der Unabhängigkeit in der Demokratie und im Rechtsstaat fällt einem etwas leichter als in einer totalitären Diktatur. Andererseits lassen jetzige Schwierigkeiten in der Aufarbeitung der Vergangenheit in Ostmitteleuropa und in Polen mit großem Respekt auf dies alles blicken, was in Deutschland getan wurde. Trotz aller bekannten Unzulänglichkeiten wird die deutsche Vergangenheitsbewältigung immer mehr zum Vorbild für die junge Demokratien in Ostmitteleuropa.

Die Gefahr besteht darin, daß im Laufe der Zeit die pädagogisch, politisch und moralisch festgelegte Erinnerung schematisch und die Vergangenheitsbewältigung zu einem leeren Ritual werden kann, das gerade deswegen richtige politische und moralische Reaktionen verhindern könnte (Dudek 1992, S. 45). Da sich die Vergangenheit nicht wiederholt und zugleich immer viele Kontinuitäten entdeckt werden können, und zwar dort, wo man sie nicht erwartet hätte (Aly 1997), sollte man vielleicht auch das Maß der Befreiung von der Vergangenheit ab und zu mit anderen als gewöhnlichen Maßstäben messen. Wer weiß, vielleicht zeigt sich heute der Grad des Erfolges der ganzen Vergangenheitsbewältigung nicht so sehr in der Besucherzahl in den Gedenkstätten, sondern z.B. in dem Verhältnis der deutschen Öffentlichkeit zu einem osteuropäischen Werkvertragsarbeiter oder einem türkischen Migranten.

Literatur

Aly, Götz, 1997: Macht – Geist – Wahn. Kontinuitäten deutschen Denkens, Berlin.
Beyme, Klaus von, 1994: Politische Kultur, in: Oskar Niedermayer (Hrsg.), Politische Kultur in Ost- und Westdeutschland, Berlin.
Błoński, Jan, 1994: Biedni Polacy patrzą na getto, Kraków.
Błoński, Jan, 1996: Die armen Polen blicken aufs Getto, in: Polen zwischen Ost und West. Polnische Essays des 20. Jahrhunderts, hrsg. von M. Klecel, Frankfurt a.M.
Bullock, Alan, 1991:, Hitler und Stalin. Parallele Leben, Berlin.
Buruma, Jan, 1996: Erbschaft der Schuld. Vergangenheitsbewältigung in Deutschland und Japan, Hamburg.
Davis, Norman, 1997: Europe. A history, London.
Dudek, Peter, 1992: Vergangenheitsbewältigung. Zur Problematik eines umstrittenen Begriffs, in: Aus Politik und Zeitgeschichte. Beilage zur Wochenzeitung „Das Parlament", B1-2, S. 44-53.
Garton Ash, Timothy, 1998: Diktatur und Wahrheit. Die Suche nach Gerechtigkeit und die Politik der Erinnerung, in: Lettre International, Heft 40.
Gebert, Konstanty, 1997: Wenn schlafende Akten lügen ... Das Für und Wider der Öffnung der Geheimdienstakten, in: Amnestie, hrsg. von G. Smith und A. Margalit, Frankfurt a.M., S. 138-154.
Geiss, Immanuel, 1990: Massaker in der Weltgeschichte. Ein Versuch über Grenzen der Menschlichkeit, in: Uwe Backes et al. (Hrsg.), Die Schatten der Vergangenheit. Impulse zur Historisierung des Nationalsozialismus, Frankfurt a.M./Berlin.
Gross, Jan T., 1979: Polish Society under German Occupation. The Generalgouvernement 1939-1944, Princeton.
Grosser, Alfred, 1995: Vergangenheitsbewältigung, Jena.
Grott, Bogumił, 1991: Nacjonalizm chrześcijański. Myśl społeczno-państwowa formacji narodowo-katolickiej w Drugiej Rzeczypospolitej, Kraków.
Hryciuk, Grzegorz, 1996: Kolaboracja we Lwowie w latach 1939-1941, Mówią wieki 440, 1/96, S. 37-40.
Kadell, Franz, 1991: Die Katyn Lüge. Geschichte einer Manipulation, München.
Krasnodębski, Zdzisław, 1996: Hat die Revolution ihre Kinder gefressen? Über die geistige Elite Polens sechs Jahre nach dem Ende des Kommunismus, Jahrbuch des Deutschen Polen-Instituts Darmstadt, Wiesbaden, S. 15-28.
Kocka, Jürgen, 1987: Hitler sollte nicht durch Stalin und Pol Pot verdrängt werden, in: Historikerstreit. Die Dokumentation der Kontroverse um die Einzigartigkeit der nationalsozialistischen Judenvernichtung, München, S. 132-143.
Krzemiński, Ireneusz (Hrsg.), 1996: Czy Polacy są antysemitami?, Warszawa.
Meier, Christian, 1996: Erinnern-Verdrängen-Vergessen, in: Merkur, 50. Jg., Heft 9/10, Sept./Okt., S. 937-952.

Paczkowski, Andrzej, 1998: Polen, der „Erbfeind", in: Stéphane Curtois et al., Das Schwarzbuch des Kommunismus. Unterdrückung, Verbrechen und Terror, München/Zürich, S. 397-510.
Quaritsch, Helmut, 1992: Theorie der Vergangenheitsbewältigung, in: Der Staat, 31. Jg., S. 519-551.
Rosh, Lea und Eberhard Jäckel, 1991: „Der Tod ist ein Meister aus Deutschland". Deportationen und Ermordung der Juden. Kollaboration und Verweigerung in Europa, Hamburg.
Rosenberg, Tina, 1995: Overcoming the Legacies of Dictatorship, in: Foreign Affairs 74, S. 134-152.
Schwan, Gesine, 1997: Die Idee des Schlußstrichs, in: Amnestie, hrsg. von G. Smith und A. Margalit, Frankfurt a.M., S. 90-100.
Smith, Gary, 1997: Ein normatives Niemandsland? Zwischen Gerechtigkeit und Versöhnungspolitik in jungen Demokratien, in: Amnestie, hrsg. von G. Smith und A. Margalit, Frankfurt a.M., S. 11-20.
Stola, Dariusz, 1995: Nadzieja i zagłada, Warszawa.
Szczypiorski, Andrzej, 1995: Mein Irrtum. Weshalb die Opposition in der DDR nicht mit der polnischen gleichgesetzt werden darf, in: Frankfurter Allgemeine Zeitung vom 4. März.
Winkler, Heinrich August, 1997: Der Stoß kommt von links, in: Die Zeit vom 21. November.
Zbikowski, Andrzej, 1997: Żydzi, Wrocław.

IV. Japan und Südafrika

Irmela Hijiya-Kirschnereit

„Kriegsschuld, Nachkriegsschuld".
Vergangenheitsbewältigung in Japan

„Vergangenheitsbewältigung" ist ein deutsches Wort. Wird es übersetzt, so nimmt es unweigerlich neue Konnotationen auf, zumindest aber ist die Wahrscheinlichkeit sehr groß, daß nicht alle Konnotationen des Begriffs in die Zielsprache hinübergebracht werden können. Im Japanischen hatte das Wort im Juli 1992 seinen ersten öffentlichen Auftritt – in einer Leitartikelserie der Zeitung Asahi, wo es im Vergleich mit Deutschland und im Zusammenhang mit Fragen der Wiedergutmachung auftauchte (vgl. Awaya u.a. 1994, S. 5 ff.). Übersetzt wurde es mit *kako no kokufuku*, was in der Rückübersetzung „Vergangenheitsüberwindung" lauten könnte. Heimisch ist dieser Lehnbegriff aus dem Deutschen jedoch im Japanischen nicht geworden; zu fremd ist den meisten Japanern wohl die Vorstellung, daß an Vergangenem etwas zu „bewältigen" bzw. „überwinden" wäre. Vergangenheit überwindet sich gewissermaßen selbst, indem sie Tag für Tag in weitere Ferne rückt und von der um sich greifenden Gegenwart bzw. wachsenden Vergangenheitsschichten verdrängt wird. Oder, wie es die amerikanische Historikerin Carol Gluck ausdrückt: „... die faktische Präsenz der Nachkriegszeit bewies die vollständige Überwindung der Vorkriegszeit" (Gluck 1996, S. 63). Was man in Deutschland hingegen unmittelbar und im allgemeinsten Sinne mit dem Begriff „Vergangenheitsbewältigung" assoziiert, nämlich „das (innere) Verarbeiten der Vergangenheit" (Duden, 2. Aufl. 1989), konkreter, den aufgeklärten Umgang mit der problematischen eigenen Geschichte im Dritten Reich (und danach), findet am ehesten eine Parallele in dem japanischen Schlüsselwort *sensō sekinin* – „Kriegsverantwortung", womit die Diskussion um die Schuld Japans im letzten Krieg angesprochen ist.

In den folgenden Ausführungen werden zum einen die Anlässe und Themen skizziert, bei denen sich in Japan die Frage nach dem Umgang mit der Vergangenheit stellt. Zum anderen aber sollen die Modi dieses Umgangs beleuchtet werden, denn sie lassen Spezifika des japanischen Falls besonders hervortreten. Nehmen wir die Gegenwart, also die mittleren bis späten 1990er Jahre, zum Ausgangspunkt und beginnen wir mit einem weniger offensichtlich auf das Thema zugeschnittenen, aber gleichwohl sprechenden Beispiel.

Vorausgeschickt sei die Feststellung, daß in Japan die Belletristik nach wie vor ein wichtiger Ort der Auseinandersetzung mit der Vergangenheit ist. Kein anderes

„Genre" erreicht eine auch nur annähernde Breitenwirkung, zumal die Literatur vielfach den Ausgangspunkt für Dramatisierungen, Verfilmungen, Verarbeitung als Manga (Comic) und andere popularisierende Umsetzungen bildet, durch die weitere Bevölkerungsschichten erreicht werden, und oftmals bilden literarische Darstellungen erst den Anlaß, eine in diesem Zusammenhang thematisierte Frage in der Öffentlichkeit journalistisch, politisch oder wissenschaftlich, unter juristischer oder geschichtswissenschaftlicher Perspektive, aufzurollen. – Das Thema Okinawa nimmt im kollektiven Gedächtnis Japans eine Sonderstellung ein, denn diese kulturell eigenständige Insel, die heute mit den angrenzenden Inselketten Japans südlichste Präfektur bildet, wurde dem „Mutterland" nicht nur relativ spät im 19. Jahrhundert politisch angegliedert, sondern sie war auch Schauplatz der einzigen direkten Konfrontation mit dem Feind auf japanischem Boden im Zweiten Weltkrieg und Ort tragischer, vom eigenen Militär erzwungener Massenselbstmorde der Zivilbevölkerung. Bis zu seiner Rückgabe im Jahre 1972 war Okinawa darüber hinaus amerikanisch besetztes Gebiet, und bis heute konzentrieren sich hier die Militärbasen der US-Verbündeten auf japanischem Territorium.

Okinawa in der japanischen Literatur

Der 117. Akutagawa-Preis, der für die erste Jahreshälfte 1997 vergeben wurde, ging an den 1960 auf Okinawa geborenen Medoruma Shun für seine im April 1997 in der Zeitschrift Bungaku (Literatur) publizierte Erzählung „Suiteki" (Wassertropfen). Der Preis gilt als wichtigste Auszeichnung für literarische Newcomer und verzeichnet nach wie vor ein hohes Medieninteresse. Diesmal also ein Autor aus Okinawa mit einer Erzählung, die auf Okinawa spielt und die letzte Kriegsphase zum Gegenstand nimmt, wobei die Rahmenhandlung jedoch in der Gegenwart spielt. Sie handelt von einem etwa siebzigjährigen Mann namens Tokushô, der sich eines Tages im Bett plötzlich nicht mehr rühren und auch nicht mehr sprechen kann. Ein Bein wird heiß und dick und sondert aus dem großen Zeh Wasser ab, so daß seine Frau am Fußende einen Eimer aufstellen muß, um darin die Flüssigkeit zu sammeln. Der Kranke ist gleichwohl bei Bewußtsein, und so bemerkt er eines Tages, daß jemand das Wasser aus seinem Bein trinkt. Es ist ein schwerverwundeter Soldat, und hinter ihm warten weitere, um an die Reihe zu kommen. Wer seinen Durst gestillt hat, dankt und verschwindet in der Wand, doch für ihn tritt aus der gegenüberliegenden Zimmerwand der nächste Schwerverwundete und stellt sich in die Reihe. So geht es Nacht für Nacht. Dem Protagonisten dämmert, daß es sich bei den nächtlichen Besuchern um jene Soldaten handelt, die, wie er selbst mit siebzehn, vor fünfzig Jahren eingezogen wurden und die man schwerverletzt in einer Höhle zurückließ. Alle anderen flohen vor den anrückenden Amerikanern. Unter den Gestalten, die ihn nächtens aufsuchen, um von seinem Bein zu trinken, macht er auch einen Kameraden aus, der beim Wasserholen von amerikanischen Granaten in den Bauch getroffen wurde und den er sterbend in der Höhle zurückließ. Er erinnert sich nun auch an das Mädchen aus seinem Dorf, das ihm in der Höhle kostbares Wasser und Nahrung zurückgelassen hatte. Wie er erst viel später erfuhr, hatte sie sich dann gemeinsam mit fünf anderen Mädchen mit Handgranaten in die Luft gesprengt, wie es ihnen befohlen worden war, um den Besatzern nicht lebendig in die Hände zu fallen. Keine zweihundert Meter von dieser Stelle entfernt war der Protagonist auf seiner Flucht unter Beschuß geraten, ohnmächtig zusammengebrochen und von amerikanischen Soldaten aufgegriffen worden, was ihm das Leben rettete.

Nach diesen durch die rätselhafte Krankheit und die geisterhaften Besucher ausgelösten Erinnerungen im ersten Teil der Erzählung nimmt die Geschichte im zweiten Teil auf der Ebene der Erzählgegenwart eine makabre Wendung. Sie wird durch das Erscheinen von Tokushôs Vetter ausgelöst, eines windigen Kerls, der sich als Pfleger für den Kranken andient. Als er bemerkt, daß das von ihm aufs Feld geschüttete Wasser den Pflanzenwuchs anregt, beginnt er mit dessen Vermarktung als Haarwuchs- und Potenzmittel. Das Geschäft läuft gut, bis die Steuer und die Yakuza, organisierte Verbrecherbanden, auf ihn aufmerksam werden und Käufer über Nebenwirkungen wie Hautausschlag klagen. Er wird verprügelt und ins Krankenhaus eingeliefert. Unterdessen ist der Kranke langsam wieder genesen, und in seinen Gedanken kehrt er wieder in den Alltag zurück, in die Feldarbeit, die er sich mit seiner Frau teilt. Von den nächtlichen Besuchen kann er ihr wie auch anderen künftig wohl nicht erzählen, aber er nimmt sich vor, ihr die Höhle zu zeigen, in der er den Krieg verlebte. So endet die Erzählung mit dem Vorsatz des alten Mannes, nun wenigstens die Lebensgefährtin an einem wichtigen Abschnitt der eigenen Vergangenheit – wenn auch nur bruchstückhaft – teilhaben zu lassen und mit Blumen der Toten in der Höhle zu gedenken.

Suiteki hat dem Autor, wie gesagt, einen mit besonderer öffentlicher Aufmerksamkeit versehenen Literaturpreis eingebracht, über den beispielsweise die Fernsehnachrichten, die ansonsten nur sehr selten Kulturelles bringen, eingehend berichten. Nun wäre es unstatthaft, an dieser Stelle über den künstlerischen Wert des Werks spekulieren zu wollen, der sich anhand einer Skizze des Plots ohnehin kaum erschließen läßt. Von Interesse ist diese Erzählung hier vielmehr nur, weil sowohl der Stoff und die Thematik als auch der Umgang mit dem Werk in der japanischen Öffentlichkeit Rückschlüsse erlauben. Bezeichnenderweise waren es denn auch weniger literarische Qualitäten, die in den allgemein positiven Rezensionen zum Werk angesprochen wurden, als vielmehr thematische Aspekte. Nimmt man sich etwa die kurzen Urteilsbegründungen vor, die jedes Jurymitglied – es handelt sich dabei fast ausschließlich um prominente Autorinnen und Autoren, die selber zu den Preisträgern zählen – zu Papier bringt und die stets zusammen mit dem preisgekrönten Text in der Monatszeitschrift Bungei shunjû (Literarische Annalen) abgedruckt werden, so fällt auf, daß fast alle die Verarbeitung des Schuldgefühls des Protagonisten gegenüber den Kameraden, die er schwerverletzt in der Höhle zurückließ, hervorheben. Die Schriftstellerin Kôno Taeko hält den von ihr als anti-realistisch klassifizierten Text darüber hinaus für den eindrucksvollsten ihrer gesamten Laufbahn als Jurorin, gerade weil das Werk keine Botschaft zu vermitteln suche und sich somit auch deutlich von der Banalität anderer Kriegserzählungen abhebe.

Eine Deutung des Werks versucht indessen keiner der Juroren, und mit dem von ihnen angesprochenen Schuldgefühl meinen sie durchweg nur das individuelle Versagen des Protagonisten. Immerhin registriert Hino Keizô, daß das Schuldbewußtsein des Helden sich u.a. auch aus seinem zwiespältigen Verhalten während der mehr als fünf Jahrzehnte seit Kriegsende speist. Er habe nämlich nach anfänglichem Zögern die offizielle Aufforderung befolgt, seine Geschichte vor Schulklassen zu erzählen und seine Rolle, für die er eine Entlohnung bekam, schließlich sogar genossen, was ihm wiederum den Spott seiner Ehefrau eintrug. Es ist wiederum Hino, der vermerkt, daß auch nach der Heilung von der „Wassertropfen-Krankheit" keine Entlastung des Protagonisten stattfinde. Den irritierenden zeitweiligen Umschlag in eine Satire, wobei der Vetter und die mit ihm verbundene Wirksamkeit des Wassers im Rahmen der Erinnerungsthematik erzählerisch eigentlich keine Funktion haben, kommentiert nur ein Preisrichter.

Auch die Zeitungsartikel, die anläßlich der Preisverleihung und im Anschluß daran erschienen - es wurden hierzu stichprobenartig insgesamt 43 Beiträge, davon neun aus der Asahi shinbun, zwölf aus der Mainichi shinbun, vier aus der Nihon keizai shinbun, neun aus der Okinawa Times sowie neun aus der Yomiuri shinbun aus dem Zeitraum zwischen Juli 1997 und März 1998 ausgewertet[1] -, gehen nicht auf diese Eigenart ein[2] und beschränken sich vielfach auf eine Diskussion des Textes als neuerliches Indiz für die Vitalität der Peripherie im Kontrast zu Ermüdungserscheinungen im kulturellen Mainstream.[3] Die Literatur aus Okinawa sei, so Osanai Shin, Kulturredakteur der Asahi shinbun, ein Beispiel für das Aufkommen postkolonialer Literatur auch in Japan, und zwar im Stile eines magischen Realismus südamerikanischer Prägung, wenngleich die Kategorie „magischer Realismus" eine europäische Sichtweise impliziere. – Die Erzählung sei weder eine Antikriegsgeschichte noch transportiere sie den Groll der von Japan „wie ein weggeworfener Stein" behandelten Bevölkerung von Okinawa, sondern sie verdichte das Bild der Insel als eines Territoriums, das seit seiner Rückgabe an Japan vom „Geist des Geldverdienens" beherrscht werde, meint der Kommen-

---

1 Um das Literaturverzeichnis zu entlasten, werden diese Titel nur dann aufgeführt, wenn auf sie verwiesen oder aus ihnen zitiert wird.
2 Immerhin spricht der Kommentator der Mainichi shinbun vom 23. Juli 1997 von „schwarzem Humor" und zitiert einen Literaturkritiker, der das Innovative an Medorumas Werk in der „gelungenen Kritik" sieht, die dadurch zustande komme, daß der Autor „den schlichten Realismus verlassen habe und ein ernstes Thema mit einer Farce umgebe".
3 Hintergrund dieser vor allem von der Presse in Okinawa selbst betonten Beobachtung ist die Tatsache, daß zwischen 1985 und 1996 etwa acht wichtige Literaturpreise an Autoren aus dieser Region gingen. Viermal erhielten sie insgesamt den Akutagawa-Preis, wobei besonders ins Auge sticht, daß auch ein Preisträger von 1996 aus Okinawa kam.

tator der Mainichi shinbun am 20. Oktober 1997 und legt damit zumindest implizit das Schwergewicht seiner Deutung auf den zweiten Teil der Erzählung.

Für europäische Leser auffällig ist das Ausmaß, in dem sich die Artikel wertender und analytischer Bemerkungen enthalten, eine Beobachtung, die sich allerdings nicht auf dieses Werk beschränkt, sondern die als generelle Tendenz bei der Behandlung aktueller Literatur in den großen Tageszeitungen zu gelten hat. So sind es weniger die inhaltlichen Akzente als vielmehr die Tatsache, daß und in welchem Umfang über ein Werk geschrieben wird, die Aufschluß darüber erlaubt, ob es Gegenstand öffentlichen Interesses ist. Da vor allem die von der Redaktion ohne Nennung eines Autors bestrittenen Artikel darauf abzielen, durch möglichst neutral gehaltene Ausführungen eine breite Leserschaft „bei der Stange zu halten" – im übrigen eine in japanischen Massenmedien allgemein weithin gepflegte Strategie, die sich mit dem Image von Seriosität im Sinne von Unparteilichkeit verbindet –, sind individuelle Wertungen allenfalls zwischen den Zeilen, etwa in der Gewichtung bei der Nacherzählung des Werks, aufzuspüren. In der Vorstellung des Werks in der Mainichi shinbun vom 19. Juli 1997 etwa wird der Protagonist mit dem Satz zitiert: „Ich hatte Angst davor, bis zu meinem Tod mit der Erinnerung konfrontiert zu sein, die ich mehr als fünfzig Jahre lang verdrängt hatte." Der Kommentar zum Text beschränkt sich auf die Bemerkung „ein schweres/niederdrückendes Werk" (*Omoi shôsetsu da.*). Allerdings setzt auch die Überschrift noch einen Akzent, denn in der Übersetzung zumindest erhält das Image des Autors eine moralisch positive Besetzung.[4]

Da die Literatur über weite Strecken der japanischen Geschichte bis in die achtziger Jahre dieses Jahrhunderts hinein, wo sie allmählich durch neue Formen der Populärkultur verdrängt oder ersetzt wird, zu den wichtigsten Kulturgenres zählt, in denen sich das geistige Leben der Nation manifestiert, bildet sie auch für die Frage nach der „Vergangenheitsbewältigung" eine Informationsquelle ersten Ranges. Dies sollte anhand eines aktuellen literarischen Textes und seiner Rezeption in den gedruckten Massenmedien gezeigt werden. In besonderer Weise trifft das Verhältnis von Literatur und „Vergangenheitsbewältigung" jedoch für die unmittelbare Nachkriegszeit zu, in der noch unter alliierter Besatzung die literarische Auseinandersetzung mit den vorangegangenen Erfahrungen einsetzte und innerhalb weniger Jahre eine künstlerisch eindrucksvolle Ausbeute erbrachte.

---

4 Den japanischen Titel übersetzte ich mit „Ein puristischer Erzähler mit Rückgrat". Diese Übersetzung beruht jedoch bereits auf meiner Ausdeutung des Artikels im Sinne des oben Gesagten und klingt weit pointierter als das Original. Die japanische Formulierung ist offener gehalten, doch läßt sich dies im Deutschen kaum sinnvoll wiedergeben, denn es müßte etwa heißen: „Ein übertrieben reinlicher, starkknochiger Erzähler". Zumindest das erste Attribut impliziert eine eher negative Deutung, meine Übersetzung mit „puristisch" erlaubt dagegen auch eine wertneutrale bis positive Besetzung. Ähnliches gilt für „starkknochig". Beide Attribuierungen, im Kontext der Nachricht von der Vergabe des Akutagawa-Preises sowie der weitestgehend wertneutralen Ausführungen zum Werk, erhalten hier jedoch eine positive Konnotation.

„Kriegsverantwortung" und kollektive Beichte

Im Gegensatz zu Deutschland, wo sich das literarische Leben in den vier Besatzungszonen nur zögerlich wieder entfaltete, blühten in Japan die gegen Kriegsende von der Militärzensur nahezu völlig erstickten intellektuellen Aktivitäten geradezu explosionsartig wieder auf. In den seit August 1945 neu gegründeten oder nach erzwungener Einstellung während des Kriegs nun wieder erscheinenden allgemeinen und literarischen Zeitschriften meldeten sich zahlreiche neue Stimmen zu Wort, und die zuvor vom militaristischen Regime zum Schweigen bzw. zur sogenannten „Konversion" *(tenkô)* veranlaßten marxistisch orientierten Schriftsteller waren die ersten unter den wenigen, die 1946 die Frage nach Japans Kriegsschuld und der Mitverantwortung der Literaten in die Öffentlichkeit trugen (Hijiya-Kirschnereit 1991, S. 100 ff.). Zwar hatte die Regierung unter Prinz Higashikuni bereits Ende August 1945, also zwei Wochen nach der Kapitulation, mit dem Slogan *ichioku sôzange* („gemeinsame Beichte der Hundert Millionen") ein „kollektives In-sich-Gehen" gefordert und dem japanischen Volk damit eine Gesamtverantwortung für Krieg und Niederlage aufgebürdet, von der lediglich der Tennô ausgenommen wurde (Conrad 1998, S. 248). Die von den sich nun wieder als links bekennenden Literaten initiierte Diskussion um die Kriegsverantwortung stieß in der breiteren Öffentlichkeit, wo man in diesen Monaten noch mit dem nackten Überleben und dem einsetzenden Wiederaufbau beschäftigt war, jedoch auf wenig Interesse. Spätestens mit dem Tôkyôter Kriegsverbrechertribunal der Alliierten von 1946, das darauf verzichtete, auch den Tennô zur Verantwortung zu ziehen, setzte sich dann ein stillschweigender Konsens durch, der diese Frage im Wesentlichen als abgegolten betrachtete.

Besonders aber fällt aus japanischer Sicht ins Gewicht – und in diesem Punkt ist die Argumentation über die Jahrzehnte hinweg gleich geblieben –, daß Japan als Ziel der beiden ersten Atombombenabwürfe zumindest in gleichem, wenn nicht in weit höherem Ausmaß ein Opfer von „Verbrechen gegen die Menschlichkeit" wurde, als es je Täter eines solchen Verbrechens in den von ihm besetzten Ländern hätte sein können. Diese nicht selten auch explizit aufgemachte Gegenrechnung[5] setzt immerhin Unrecht auch auf japanischer Seite voraus. In dem

---

5 Vgl. etwa den Autor Takami Jun in seinem 1959 publizierten „Tagebuch der Kriegsniederlage" *(Haisen nikki)*, den Keene (1984, S. 968), wie folgt zitiert: „... if one is going to bring up the matter of atrocities, it was an unspeakable atrocity to burn alive innumerable people in our cities with their incendiary bombs – not to mention the atomic bombs. But the atrocities of the victorious country are never subjected to examination; only the atrocities committed by the defeated country are pointed out in scorn." (Der Tagebucheintrag datiert vom 16. September 1945.)
 Als ein Beispiel neueren Datums könnte der Schriftsteller und damalige LDP-Abgeordnete Ishihara Shintarô herangezogen werden, der in einem Interview des *Playboy* vom Oktober 1990 das Nanking Massaker als „Lüge" und „Erfindung der Chinesen" bezeichnete und auf weitere Nachfragen des amerikanischen Interviewers entgegnete, die Amerikaner hätten doch die Atombomben auf Japan abgeworfen und damit zwei-

Maße jedoch, in dem Japan sich im Zusammenhang mit der im Laufe der Jahrzehnte immer wieder aufgeflammten Diskussion um Kriegsschuld hinter seiner Rolle als Atombombenopfer verschanzte, verblaßte sein Selbstbild als Täter. Zum Verständnis dieses Vorgangs ist es jedoch auch wichtig zu registrieren, daß die japanischen Verbrechen fast durchweg auf fremdem Territorium, in der Mandschurei, in China und Südostasien, stattfanden und daß diese daher viel leichter verdrängt werden konnten als im Falle Deutschlands, wo beispielsweise die verordnete Besichtigung der Konzentrationslager nach dem Krieg Teil der Reedukationsmaßnahmen der Besatzer war.

Die in der Folge auch von liberalen japanischen Intellektuellen heftig kritisierten Tôkyôter Kriegsverbrecherprozesse der Alliierten[6] blieben immerhin der einzige Versuch einer Rechtsprechung in bezug auf japanische Vergehen während des Krieges auf japanischem Boden, denn einheimische Gerichte haben weder Verbrechen japanischer Staatsbürger im besetzten Ausland noch solche, die von Japanern im Militär oder an der eigenen Zivilbevölkerung begangen wurden, geahndet. Das Wissen um Vorgänge wie das Massaker von Nanking war allerdings in der Bevölkerung während der fünfziger Jahre noch durchaus lebendig (Hijiya-Kirschnereit 1997).

Belletristik als Medium der Erinnerung

Sucht man Gründe für die Vitalität der japanischen Literatur unmittelbar nach dem Krieg, so war es wohl zum einen das von vielen empfundene Gefühl einer Befreiung vom lähmenden Druck des alle Lebensbereiche reglementierenden Militarismus, das übrigens auch der bereits in anderem Zusammenhang zitierte Schriftsteller Takami Jun in seinem Tagebuch artikuliert. Emigration hatte es in Japan nicht gegeben, es waren also im Unterschied etwa zu Deutschland, wo sich die ins Ausland Vertriebenen erst langsam – und je nach ihrer politischen Überzeugung in verschiedenen Besatzungszonen – wieder einfanden, alle potentiellen Stimmen vor Ort, sieht man von Fällen verzögerter Repatriierung aus den zuvor von Japan besetzten Gebieten oder Kriegsgefangenschaft ab. Während es die Garde der bereits vor und während des Krieges bekannten und etablierten Schriftsteller vorzog, unter den neuen Vorzeichen ihrer Arbeit nachzugehen, als sei nichts geschehen, und ohne den Drang, sich erklären zu müssen, erschien eine Reihe jüngerer Autoren erstmals auf der Bildfläche, für die das Erlebnis von Krieg und

---

bis dreihunderttausend Menschen getötet. Das Motiv dazu sieht Ishihara übrigens im amerikanischen Rassismus gegenüber den Japanern, vgl. Honda (in Lie 1993, S. 58-61).
6 Vgl. hierzu etwa das Theaterstück „Kami to hito to no aida" (Zwischen Gott und Mensch) von Kinoshita Junji aus dem Jahre 1972, das als repräsentative Antwort japanischer Intellektueller auf die Kriegsverbrecherprozesse gilt (Hijiya-Kirschnereit 1990) und die Diskussion bei Tsurumi Shunsuke, s. Hijiya-Kirschnereit (1988, S. 330) sowie zum breiteren Kontext und mit weiteren Beispielen Hijiya-Kirschnereit (1991, S. 105).

Nachkriegswirren den schreibauslösenden Faktor und zentralen Stoff ihrer Literatur bildete. Fand hier Vergangenheitsbewältigung statt?

Die Literatur der ersten Nachkriegsjahre handelt vielfach von der bedrückenden und trostlosen Realität in den zerstörten Städten – Trümmerliteratur, bei der das verwundete Ich im Mittelpunkt steht (Gebhardt 1996, S. 147). Einen Sonderfall bilden die literarischen Zeugnisse aus den von den Atombomben verwüsteten Regionen von Hiroshima und Nagasaki, die anfangs zum Teil der Besatzungszensur anheimfielen und die angesichts der für den Journalismus wirksamen Berichtssperre zu den ersten Dokumenten über die Katastrophe aus japanischer Sicht zählen.[7]

Einen weiteren thematischen Bereich bilden erwartungsgemäß Kriegserlebnisse, vor allem Geschichten von der Front in Feindesland, in denen neben der erstmals unzensiert beschriebenen Gewalt des Krieges vor allem die Brutalität innerhalb der japanischen Soldateska, die Erniedrigung und Entmenschlichung unter den Vorzeichen einer grausamen, sich auf göttliche Sendung und den Tennô berufenden Militärmaschinerie, im Mittelpunkt standen. Zweifellos fungierten und fungieren diese Werke als wichtiges Reservoir an dokumentierter Erinnerung, wobei sich im Einzelfall ähnlich wie in der (west)deutschen Literatur jener Zeit das Bemühen um Annäherung an die komplexe Wirklichkeit in ästhetischen Experimenten widerspiegelt.[8] Sofern es in japanischen Erzählwerken jedoch um die Frage von Schuld und Verantwortlichkeit geht, wird sie in der Regel auf ein einzelnes Individuum bezogen und in einen ahistorischen, weitgehend politikfreien Raum gestellt. Als Ausnahme kann in dieser Hinsicht Ôoka Shôheis Roman „Feuer im Grasland" von 1952 gelten, Japans wohl bekannteste literarische Auseinandersetzung mit der Kriegserfahrung, geschildert in Form einer vom Arzt verordneten Aufzeichnung des Insassen einer Nervenheilanstalt. Eine Ausnahme bildet dieses Werk im Vergleich zur Mehrzahl der Erzählungen und Romane mit dieser Thematik hinsichtlich der schon durch den Erzählrahmen „Nervenheilanstalt" signalisierten Doppelbödigkeit und Intellektualität des Unterfangens, beispielsweise durch die sichtbar gemachte Distanz von erzähltem und erzählendem Ich (Hijiya-Kirschnereit 1994; Washburn 1997).

„Verarbeitung" in der literarisch aufbereiteten Erinnerung bedient sich in der japanischen Nachkriegsliteratur jedoch vor allem folgender Modi, die ich in anderem Zusammenhang unter Bezugnahme auf ein breiteres Spektrum literarischer und dokumentarischer Texte benannte. Charakteristisch sind – *Sentimentalisierung;*

---

7 Auf dieses wichtige Teilkapitel der japanischen Vergangenheitsbewältigung, bei dem wiederum die Literatur eine bedeutende Rolle spielt, kann hier nicht näher eingegangen werden. Es liegen jedoch bereits zahlreiche Dokumentationen und Analysen vor. Genannt seien hier nur Itô u.a. (1984) sowie Treat (1995).

8 Schlant/Rimer (1991, S. 9) deuten die „preoccupation with formal problems" in der deutschen Nachkriegsliteratur als Zeichen eines „retreat in German literature from the complexities of defeat and from the realization of the atrocities committed".

– *Strategien des Fatalismus* wie Entpersönlichung und Entwirklichung; – *Ästhetisierung* sowie – die *Transformation von Geschichte in Natur*.[9]

Nicht fehlen darf hier allerdings der Hinweis, daß diese Modi allesamt im literarischen Erzählen in Japan zumindest im 20. Jahrhundert ausgesprochen verbreitet sind und daß es sich nicht etwa um Strategien handelt, die eigens für diese Thematik zum Einsatz kamen. Erst wenn man mehr über die Beliebtheit und den Grund für die Verbreitung des autobiographischen sogenannten „Ich-Romans", des *shishôsetsu*, in Japan und seine kommunikative Gebrauchsfunktion weiß (vgl. Hijiya-Kirschnereit 1981, S. 201-254), läßt sich der Fehlschluß vermeiden, diesen Strategien und Modi im Zusammenhang mit dem Thema literarischer Vergangenheitsbewältigung eine Sonderstellung zuzuweisen.

Jibunshi

Auf demselben kulturellen und soziopsychologischen „Humus" wie die literarische Gattung des *shishôsetsu* gedeiht jedoch noch ein weiteres sehr verbreitetes Muster, das aus japanischer Sicht für die Vergangenheitsbewältigung aller Bildungs- und Gesellschaftsschichten eine besondere Eignung aufweist – das nichtliterarische Genre der „Selbsthistorien" *(jibunshi)*. In Japan wird nicht zuletzt durch die Aufsatz- und Tagebucherziehung in der Schule individuelles Schreiben sehr gefördert, und es gab bereits vor dem Krieg, verstärkt jedoch in der Nachkriegszeit, Schreibbewegungen, die sich als lose Netzwerke mit Hilfe von Mitgliederzeitschriften und anderen vervielfältigten Druckerzeugnissen organisierten. Solche aus dem Alltag hervorgegangenen Gebrauchstexte finden sich als Leserzuschrift in zahllosen Publikumszeitschriften, wo sie, wie übrigens auch im Rundfunk und in Fernsehsendungen, einen festen Platz haben. Die Schreiber solcher Erlebnisberichte, die Fröhliches und Trauriges, Kurioses und Belangloses aus ihrem Leben mitteilen, bedienen einen offenbar nie versiegenden Hunger auf Alltagsgeschichten, die ähnlich wie die *shishôsetsu* wichtige psychohygienische Funktionen erfüllen. Gegen Mitte der siebziger Jahre formierte sich nun eine von allen Medien geförderte „Bewegung für die eigene Geschichte/Selbsthistorie" *(jibunshi undô)*. Sie entstand zu einem Zeitpunkt, da die Generation der in den Jahren des japanischen Militarismus aufgewachsenen Männer und Frauen, eine Generation, die Krieg, Niederlage und demokratischen Wiederaufbau bewußt miterlebt hatte, ihre Lebensbilanz zu ziehen begann. Verstärkt wurde die Bewegung noch durch das Ende der Shôwa-Zeit mit dem Tod des Kriegskaisers Hirohito im Januar 1989, denn mit diesem Einschnitt schien für alle, die diese längste Amtszeit eines *tennô*

---

9 Hijiya-Kirschnereit (1991, S. 113). In diesem Beitrag, in dem es mir u.a. um eine Systematisierung der Verarbeitung von Kriegserfahrung in der japanischen Literatur ging, habe ich auch eine mehrgliedrige Matrix zur Klassifizierung entwickelt, die 1. nach dem Abstand zum Geschehen bzw. nach der Erzählmotivation, 2. nach Stoffen und Themen, 3. nach der Fokussierung der Kriegserfahrung (bis hin zur Ausblendung) und 4. nach dem Prosagenre unterscheidet.

in der japanischen Geschichte (1926-1989) durchlebt hatten, die Zeit für einen Rückblick gekommen. Die Verlage und die Medien riefen zum Schreiben auf, und die Aufrufe wurden massenhaft befolgt. Bezeichnenderweise wurde die Rückschau jedoch im Medium der „Selbsthistorie" (jibunshi) als private Erlebnisbilanz formuliert. Was auf diese Weise im Laufe der Jahre an individuellen Erinnerungen vorgelegt wurde, bildet wertvolles Material für Zeit- und Mentalitätshistoriker.[10] Manches in diesen Texten bestätigt frühere Beobachtungen. Die Vorstellung von 1945 als einer „Stunde Null", in der das Imperium aus dem kollektiven Gedächtnis gelöscht wurde (vgl. Gluck 1996, S. 63), wird auch in den privaten Entwürfen gepflegt, wo weniger die Kontinuität als vielmehr der absolute Neuanfang in den Blick genommen wird. „Vergangenheitsbewältigung" bleibt dem Genre und der Disposition der Schreibenden gemäß auf der privaten Ebene in Kategorien von „Schicksal" und menschlichem Versagen, persönlichem Trauma und dem heilenden Faktor Zeit verhaftet.

Kristallisationspunkte der Erinnerung

Soweit ein kurzes Streiflicht auf die Fülle an Dokumenten aus individueller Perspektive, die durch das Konstruieren der eigenen Geschichte für den besagten Zeitabschnitt im Sinne der Selbst- und Sinnfindung, der Autotherapie und der Einbindung in übergeordnete Einheiten von Ort, Epoche und Nation und in ihrer Bündelung als faszinierend vielfältiges und authentisches Reservoir an Erinnerungsmaterial fungieren. Daneben treffen wir im öffentlichen Diskurs Japans seit dem Zweiten Weltkrieg auf einige Themen, in denen sich „Vergangenheitsbewältigung" auf besonders pointierte Weise artikuliert. Interessanterweise waren es auch hier oftmals fiktionale Darstellungen wie Romane oder Dramen, die das Feld für den Journalismus und eine öffentliche Debatte erst erschlossen. Dies gilt in besonderem Maße für den dreiteiligen, 1982 erschienenen und millionenfach verkauften Dokumentarroman „Akuma no hôshoku" (Völlerei der Dämonen), der die Menschenversuche mit biologischen und chemischen Waffen an Tausenden von Gefangenen in der berüchtigten „Einheit 731" bekanntmachte. Die Vorgänge in dieser vor allem in der Mandschurei, aber auch in Japan, China und Südostasien stationierten Einheit wurden auch nach dem Krieg auf Geheiß der Besatzungsbehörden geheimgehalten und in den Tôkyôter Kriegsverbrecherprozessen nicht geahndet, da die Amerikaner die in diesem hervorragend koordinierten Forschungsprogramm gewonnenen Daten für sich sichern und weitere Kooperation der japanischen Experimentatoren erwirken wollten. Der Schock in der japanischen Öffentlichkeit war ein doppelter, denn neben dem – teilweise allerdings ins Voyeu-

---

10 Zu den „Selbsthistorien" bzw. „Eigengeschichten" (jibunshi) bereitet Petra Buchholz an der FU Berlin eine Dissertation mit dem Arbeitstitel „Der Umgang mit der Vergangenheit – Autobiographische Erzählungen japanischer und deutscher Zeitzeugen im Vergleich" vor.

ristische abgleitenden – Entsetzen über die nun in allen Einzelheiten bekanntwerdenden brutalen Experimente machte sich Bestürzung darüber breit, daß ein Interesse an den Ergebnissen auf seiten der Sieger eine Aufklärung und Ahndung bisher verhindert hatte.

Auf ähnliche Weise aufklärerisch wirkte Endô Shûsakus Roman aus dem Jahre 1957 „Umi to dokuyaku" (Meer und Gift, dt. Ü. 1976), der Vivisektionen an Gefangenen während des Krieges aus der Rückschau des daran beteiligten Klinikpersonals zum Gegenstand nimmt und die Frage nach Mitläufertum und Verantwortlichkeit zumindest potentiell thematisiert, obwohl, wie Iwabuchi (1997, S. 12) zurecht vermutet, die in Japan wahrscheinlichste Lektüre auf Identifikation mit dem passiv-resignierten Weisungsempfänger Suguro und damit auf ein Alibi des Lesers hinausläuft.

Vereinzelt wurden auch das Massaker von Nanking, Zwangsarbeit und die Zwangsverpflichtung von Kriegsprostituierten, der sogenannten „Trostfrauen" (jûgun ianfu) in der Literatur und in Form von Dramen aufgegriffen, und zwar, wie Iwabuchi (1997, S. 15) vermerkt, viel früher, als dies für vergleichbare Vergehen beispielsweise in Deutschland geschah. Nicht immer wurden die Themen von der Presse oder in der politischen Öffentlichkeit aufgegriffen. Manchmal dauerte es, wie im Falle der „Trostfrauen", Jahrzehnte, bis das Thema in den frühen neunziger Jahren aufgrund von transnational agierenden Bürgerinitiativen und wachsendem Druck aus dem Ausland auf der Medien-Agenda landete. Insofern fielen der Literatur und dem Theater in dieser Hinsicht eine gewisse Vorreiterrolle und die auch in anderen Gesellschaften mit künstlerischem Schaffen verbundene Vorstellung vom „Gewissen der Nation" zu, auch wenn – um diese Beobachtung nun wieder zu relativieren – die Zahl dieser Werke mit Aufklärungscharakter nicht groß ist. In einem Land, in dem sich sehr aktive und aggressive rechtsradikale Gruppen als Hüter von Tabus, die Rolle des Militärs und des Tennô betreffend, gerieren, kann für die Behandlung solcher Themen auch ein gewisser Mut erforderlich sein.

Im Fall der sogenannten „Trostfrauen" gab es auf offizieller Seite einen ersten Durchbruch im Jahre 1993 mit der Aussage des Kabinettssekretärs Kôno Yôhei, der erstmals einräumte, daß es Fälle von erzwungener Rekrutierung von Frauen sowie vom Militär und anderen japanischen Behörden organisierte Bordelle gegeben habe, eine Tatsache, die von Regierungsseite bis zu diesem Zeitpunkt stets geleugnet worden war. Im April 1998 erfolgte der nächste wichtige Schritt mit der Anerkennung durch ein japanisches Gericht, das drei Südkoreanerinnen eine Entschädigung von je 300.000 Yen (ca. 4.000 DM) zusprach.[11] Zwar hatte aufgrund des wachsenden Drucks die japanische Regierung zwischenzeitlich eine private Stiftung zur Unterstützung der Frauen eingerichtet, doch wurde dies nicht nur im Ausland, sondern auch in Japan selbst vielfach als unangemessene Distanzierung und als ein Sich-Hinausstehlen aus der Verantwortung verstanden. Inzwi-

---

11 Keine Entschädigung erhielten allerdings die früheren Zwangsarbeiterinnen, die im selben Verfahren geklagt hatten, zugesprochen.

schen hat die japanische Seite Revision gegen das Gerichtsurteil von Yamaguchi eingelegt. Den 152 in Südkorea überlebenden und registrierten Opfern wurde angesichts ihres fortgeschrittenen Lebensalters und ihrer Unterstützungsbedürftigkeit und in der Erwartung, die Kosten in künftigen Verhandlungen mit der japanischen Seite zu regulieren, von der eigenen Regierung übrigens ebenfalls im April 1998 eine Entschädigung von je 3,6 Millionen Yen zugesprochen. Sozusagen in allerletzter Minute ist diese Angelegenheit damit in Bewegung geraten.

Weitere Kristallisationspunkte der Erinnerung sind die seit etwa Mitte der achtziger Jahre mit Billigung beider Regierungen durchgeführten Gruppenreisen von Chinesen japanischer Abstammung (zanryû koji, wörtlich: „zurückgebliebene Waisen"), die als Kinder von ihren nach Japan repatriierten Eltern oder Familienangehörigen zurückgelassen wurden und die nun mit Hilfe des Roten Kreuzes ihre Familien in Japan suchen.[12] Die bei den ersten Expeditionen dieser Art noch enorme Aufmerksamkeit der japanischen Medien hat in jüngster Zeit merklich nachgelassen, auch wenn die Zeitungen immer noch recht ausführlich berichten. Die Zeitungsartikel, die seit Mitte der achtziger Jahre dazu erschienen sind, beziffern sich auf mehrere Tausend und wären es wert, einmal systematisch gesichtet zu werden. Im Mittelpunkt der Berichterstattung standen und stehen allerdings Einzelschicksale, vor allem tränenreiche Szenen von Wiederbegegnungen nach Jahrzehnten. Meiner Beobachtung nach hält man sich bei diesem heiklen Thema mit Kommentaren aller Art besonders stark zurück. Neben Erfolgsmeldungen über geglückte, meist nur kurzzeitige, Familienzusammenführung – denn die Mehrzahl der des Japanischen nicht mehr mächtigen Besucher aus China zieht es vor, nach einigen Tagen Japanaufenthalt wieder in den gewohnten Lebensraum zurückzukehren – stehen Kurzhinweise auf erfolglose Suche oder, tragischer noch, Fälle, in denen die japanischen Verwandten sich weigern, mit dem aus China angereisten Familienmitglied zusammenzutreffen, so daß der oder die Arme in der zentralen Gruppenunterkunft bis zur Rückreise ausharren muß, sowie Fälle, wo aufgrund der Ablehnung durch die japanischen Eltern oder Geschwister nach dem ersten Wiedersehen die betreffenden Personen ihren Wunsch, nach Japan überzusiedeln, nicht verwirklichen können. Auch in solchen Fällen erfolgt in der

---

12 Etwa zehn Prozent der über 2.600 zanryû koji, die bis Anfang 1986 nach Japan gekommen waren, hatten sich laut einer Dokumentationssendung des halbstaatlichen Fernsehens NHK vom 15. Februar 1986 zum Bleiben entschlossen. Seinerzeit ging man von einer Gesamtzahl von ca. 4.500 bekannten Fällen dieser Art aus. Die japanische Regierung erkennt jedoch japanisch-chinesische Mischlinge oder rein japanische Kinder, die nach dem 15. August 1945 in China geboren wurden, nicht als zanryû koji (mit Anspruch auf Sozialhilfe) an. – Nach Angaben der Asahi shinbun (Abendausgabe) vom 26. Februar 1998, S. 1, sind seit Normalisierung der japanisch-chinesischen Beziehungen im September 1972 bis zum Januar 1998 insgesamt 5.682 gebürtige Japaner nach Japan umgesiedelt. 12.164 Familienangehörige (in erster Linie Ehegatten und Kinder) haben eine Daueraufenthaltsgenehmigung für Japan erhalten, allerdings ohne Anspruch auf Japanischunterricht, Unterstützung bei der Arbeitssuche oder andere Eingliederungshilfen.

Regel keine Kommentierung, noch werden sie zum Anlaß genommen, die Problematik in einen größeren Rahmen zu setzen.[13]

Die Problematik der Schulbuchzensur schließlich bildet einen weiteren Knotenpunkt. Der sich über mehr als drei Jahrzehnte hinziehende Rechtsstreit des Historikers Ienaga Saburô ist wohl der spektakulärste einer Reihe von Fällen, in denen Schulbuchautoren sich vor Gericht gegen die Eingriffe des Erziehungsministeriums in ihre Darstellung der japanischen Geschichte zu erwehren versuchten. Der mittlerweile gründlich dokumentierte Fall Ienaga nahm 1963 mit dem Verbot seines ersten Schulbuchs für den Geschichtsunterricht seinen Ausgang. Aus weiteren, danach entstandenen Werken wurden Passagen getilgt, in denen es um Themen wie die oben skizzierten, darunter das Nanking Massaker, die Armee-Einheit 731 und die Zwangsprostitution ging. Ienagas Marsch durch die Gerichtsinstanzen, der 1965 begann und von einer breiten publizistischen Diskussion begleitet wurde, an der sich alle politischen Lager beteiligten, endete erst im August 1997, als ihm der Oberste Gerichtshof in Tôkyô einen Schadensersatz zusprach und dem Erziehungsministerium mit seinem Verbot der Bezugnahme auf die Armee-Einheit 731 einen Verfassungsbruch bescheinigte. Weitere Prozesse wie der des Historikers Takashima Nobuyoshi, dessen Darstellung von Japans Kolonialherrschaft in einem Sozialkundebuch von 1993 der Zensur anheimfiel, sind noch nicht abgeschlossen.

Eine Reaktion auf die kontrovers geführte öffentliche Debatte um das in den Schulbüchern vermittelte Geschichtsbild war die Gründung zweier Vereinigungen, die sich der Vermittlung einer „korrekten Geschichte" (seishi) verschrieben haben: Die „Forschungsgemeinschaft für ein liberalistisches Geschichtsbild" (Jiyûshugi shikan kenkyûkai) wurde im Juli 1995 von Fujioka Nobukatsu, Professor für Pädagogik der Universität Tôkyô, mit dem Ziel, den „Stolz auf die japanische Geschichte zu stärken", ausgerufen. Auch in der im Dezember 1996 gegründeten Notgemeinschaft „Schreibt neue Geschichtsbücher!" (Atarashii rekishi kyôkasho o tsukuru kai) spielt Fujioka eine zentrale Rolle. Zu den 78 Gründungsmitgliedern aus Wissenschaft, Publizistik und Geschäftswelt zählen u.a. der Germanist Nishio Kanji,[14] die populäre Autorin Hayashi Mariko und der Cartoonist Kobayashi

---

13 Diese Einschätzung stützt sich auf eine allgemeine Beobachtung des japanischen Fernsehens und der Printmedien sowie auf eine Durchsicht von 21 zwischen dem 6. Januar 1998 und dem 26. April 1998 erschienenen Artikeln zum Thema aus der Asahi shinbun, die diesen Eindruck als Stichprobe untermauern.

14 Nishio, der die Nicht-Vergleichbarkeit der deutschen und der japanischen Kriegs- und Nachkriegserfahrung hervorhebt (Nishio 1994) und der beispielsweise die westdeutsche Nachkriegszeit immer wieder als Phase der Hexenjagd, der Konstruktion von Sündenböcken und des Selbstbetrugs beschrieben hat (z.B. Nishio 1994, S. 93; vgl. dazu auch Seraphim 1996, S. 26 und Fuhrt 1996, S. 347), entwirft neuerdings ein Japanbild, aus dem er alle Spuren des von ihm beklagten japanischen Minderwertigkeitskomplexes, den er beispielsweise in der Rede von der „nationalen Abschließung" vom 17. bis zum 19. Jahrhundert entdeckt, zu tilgen sucht, so etwa in Nishio (1997). Mit seiner Idealisierung der Edo-Zeit reiht er sich übrigens in eine breite Phalanx von Intellektuellen ein, die seit den 80er Jahren das Modell einer auf beschränktem Raum friedlich

Yoshinori. Inzwischen ist der Kreis auf mehr als 500 Mitglieder, darunter auch Politiker wie der frühere Ministerpräsident Nakasone, angewachsen. Ein zentrales Anliegen der Notgemeinschaft ist die Wiederherstellung eines explizit japanischen Geschichtsbewußtseins *(Nihon jishin no rekishi ishiki),* und die Kritik an der „masochistischen" *(jigyakuteki)* Geschichtsschreibung der Nachkriegszeit. Dazu zählen beispielsweise auch die Erwähnung der „Trostfrauen" und des Nanking Massakers, die Eingang in die im April 1997 zugelassenen Schulbücher fanden. Die Notgemeinschaft vertritt die Auffassung, daß Vorgänge dieser Art sich objektivierbarer und eindeutiger Darstellung ohnehin entziehen und daß es vielmehr darauf ankommen müsse, im Geschichtsunterricht ein positives Verhältnis zur nationalen Vergangenheit herzustellen. Alle Verweise auf Schattenseiten gelten in diesem Zusammenhang als Störmanöver, mit denen das Staatswesen und die öffentliche Ordnung unterminiert werden sollen (vgl. McCormack 1997, S. 2).

Für die Notgemeinschaft gilt, was Koschmann zur allgemeinen Lage der japanischen Intellektuellen in den achtziger Jahren vermerkt: Er beobachtet das Verschmelzen postmoderner Positionen – bei Fujioka und seiner Riege wäre es die Berufung auf die Relativität jedes „Geschichtsbilds" – mit nationalistischen Fundamentalismen und stellt fest, daß diese „Anhänger des Status quo erfolgreicher als die kritischen Intellektuellen – von denen es noch viele gibt – beim Zugriff auf das politische Megaphon waren, das die Medien bereitstellen" (Koschmann 1993, S. 423, Übersetzung IHK). Um dies mit einem kleinen Detail am aktuellsten Beispiel zu belegen – die Notgemeinschaft und ihr Spiritus rector Fujioka, ohnehin mit engen Beziehungen zur konservativen Presse gesegnet, findet auch in den allgemein nicht als explizit konservativ eingestuften Zeitungen ein Sprachrohr. So wurde bei Bekanntwerden des „Trostfrauen"-Urteils am 28. April 1998 auch in der Berichterstattung der Mainichi shinbun kommentarlos seine Verlautbarung abgedruckt, derzufolge die Anerkennung einer Zwangsprostitution, die sich nicht beweisen lasse, den Untergang Japans einleite (Mainichi shinbun 1998).

Allgemeiner gesprochen und in einen größeren historischen Rahmen gesetzt, ließe sich hier die kritische Beobachtung des Philosophen Mishima (1996, S. 139 f.) zur Rolle der nationalen Elite seit der Meiji-Zeit anbringen, der im kontrastierenden Blick auf die auch im Deutschland der mittleren neunziger Jahre fortdauernde kritische Debatte und Selbstreflexion vermerkt, daß Generationen japanischer Eliten gegenüber dem „Westen" viel zu sehr damit beschäftigt waren, an Japan zu rechtfertigen, was nicht zu rechtfertigen ist. Sie hätten sich allzu unkritisch an der Herstellung selbstverliebter Erzählungen und an der Erfindung von Traditionen beteiligt. Sie verteidigten bisweilen auch das, was ihnen selbst nicht sonderlich behagte, und wo ihnen dies nicht möglich war, verfielen sie – mit der Taktik eines

---

zusammen lebenden Gemeinschaft der Welt als zivilisatorisches Vorbild für das 21. Jahrhundert anbieten, vgl. hierzu das im deutschen Sprachraum wohl bekannteste Beispiel, Hisako Matsubaras Buch „Raumschiff Japan – Realität und Provokation", München, Hamburg (Knaus) 1988 und meine Rezension in der FAZ vom 14. September 1989, S. 13, sowie Gluck (1996, S. 82 ff.).

André Glucksman – darauf, über die Schwächen des „Westens" herzuziehen. – Um diese Beobachtung wieder auf die Diskussion um Japans Kriegs- und Nachkriegsverantwortung zurückzubinden: Es zeigt sich auch darin das von Mishima mitbeschriebene Muster, nach dem das Denken in der Konstellation einer Konfrontation mit dem „Westen" die innerjapanische Debatte und alle Standortbestimmungen prägt.

Terminologien, „Versprecher" und die „heroische Erzählung"

Die Kontroverse über die Ereignisse und die Bedeutungen der Vergangenheit ist immer noch in vollem Gange, zumal sie von außen ständig neue Anstöße erhält. Und auch wenn in Japan die Tendenz stark ist, die Vergangenheit als abgeschlossen und damit als bewältigt zu betrachten, reizt schon allein die Tatsache, daß man sich auch im Laufe von Jahrzehnten nicht auf eine verbindliche Deutung verständigen konnte, zu immer neuen Anläufen. Dies wurde vor allem im Zusammenhang mit der Debatte zum fünfzigsten Jahrestag der Kapitulation 1995 deutlich (Seraphim 1996). Der Einigungsbedarf ist nicht unbeträchtlich und beginnt bereits beim nächstliegenden – der Benennung des Krieges. Während man in Japan selbst vom Großen Ostasiatischen Krieg *(dai Tôa sensô)* sprach, verfügte die Besatzungsmacht im Dezember 1945 ein Verbot dieser propagandistisch belasteten Nomenklatur und führte statt dessen Pazifischer Krieg *(Taiheiyô sensô)* als verbindliche Bezeichnung ein, womit das Schwergewicht auf die Auseinandersetzung mit den Vereinigten Staaten gelegt und die Aggression gegenüber den asiatischen Nachbarn in den Hintergrund gerückt wurde. Nach dem Motto „Sage mir, wie der Krieg heißt, und ich sage dir, wes Geistes Kind du bist", werden seither verschiedene Versionen parallel verwendet. Die in der Nachkriegszeit stark von der marxistischen Geschichtstheorie beeinflußten „Progressiven" sprechen vom Fünfzehnjährigen Krieg *(jûgonen sensô)*, der die Zählung mit dem sogenannten Mandschurischen Zwischenfall 1931 beginnen läßt und damit die Kontinuität der militärischen Aggression ins Bewußtsein hebt.[15] Erste revisionistische Initiativen in den späten 1950er und frühen 1960er Jahren waren denn auch an der plakativen Verwendung der alten Bezeichnung erkennbar, etwa an Buchtiteln wie „Der Sinn des Großostasiatischen Kriegs" *(Daitôa sensô no imi* von Ueyama Shunpei, 1965) und „Bejahung des Großostasiatischen Kriegs" *(Daitôa sensô kôteiron* von Hayashi Fusao, 1964). Die Diskussion über die angemessenste Benennung ist keinesfalls abgeschlossen. Zu den jüngsten Varianten gehört der Vorschlag, doch einfach von „dem Krieg" *(ano sensô)* zu sprechen (Hijiya-Kirschnereit 1996, S. 21).

Auch andere Schlüsselwörter erfuhren Umdeutungen. So wurde etwa im Zusammenhang mit der Entdeckung von Aufzeichnungen eines an den Kapitulationsverhandlungen im September 1945 Beteiligten bekannt, daß bereits die Ver-

---

15 Der scheinbare Rechenfehler ergibt sich aus der japanischen Zählweise, die mit dem Jahr Eins, nicht mit dem Jahr Null beginnt.

fasser der japanischen Kapitulationsurkunde mit allen Mitteln versuchten, das Wort „Kapitulation" *(kôfuku)* für das englische *surrender* zu umgehen und statt dessen von „Kriegsende" *(shûsen)* zu sprechen (Asahi shinbun 1986). Auch heute noch wird in Rückblicken auf das Jahr 1945 vielfach die neutrale Bezeichnung „Kriegsende" *(shûsen)* anstelle des eindeutigeren Lexems „Kriegsniederlage" *(haisen)* vorgezogen. – Und während sich die japanische Alltagssprache auch in der für ihren „Pazifismus" bekannten Nachkriegszeit gegenüber Militarismen erstaunlich wenig sensibilisiert zeigt und in verschiedensten Zusammenhängen ohne Weiteres von einer „Invasion" *(shinnyû)* spricht, so auch, wenn etwa von der Einwanderung von Puertorikanern nach Amerika die Rede ist (Hijiya-Kirschnereit 1988, S. 186), versuchte es das japanische Erziehungsministerium 1982 in den Schulbüchern für den Einmarsch in China mit einer weicheren Variante, die „Invasion" durch „Vorrücken" *(shinshutsu)* ersetzte. Immer wieder wurden und werden von Regierungsbeamten, Parlamentariern und Mitgliedern des Kabinetts solche Begriffsmanipulationen unternommen. 1988 etwa wurde der sogenannte „Marco Polo-Zwischenfall", der den Vorwand zur militärischen Eskalation bildete, als „Unfall" bezeichnet und der Krieg als Japans defensives Bemühen um Befreiung Asiens von der „weißen Rasse"; und 1989 noch meinte der damalige Premierminister Takeshita die Entscheidung, ob Japan einen Angriffskrieg geführt habe, zukünftigen Generationen von Historikern überlassen zu müssen. Dies und andere „Versprecher" japanischer Politiker wurden erst auf massiven Protest der betroffenen Nachbarstaaten teilweise zurückgenommen, doch die Rücknahme verhindert keinesfalls eine Wiederholung: 1995 stand die Formel vom „Befreiungskrieg der kolonisierten Asiaten", diesmal unterstützt von 221 Parlamentariern, wieder auf der Tagesordnung (Iwabuchi 1997, S. 2 f.). Der Eindruck einer Trotzreaktion und kalkulierten Provokation angesichts wachsender internationaler Aufmerksamkeit ist nicht ganz von der Hand zu weisen. Außerdem sind Aussagen dieser Art wohl in erster Linie an das eigene Wählervolk gerichtet, und die Implikationen und außenpolitischen Konsequenzen einer als innerjapanisch verstandenen Angelegenheit scheinen sich für die Exponenten solcher Thesen vielfach erst im nachhinein abzuzeichnen.[16] Für die Meinungsführer des breiten nationalistischen Lagers haben sich solche provokant wirkenden euphemistischen Manipulationen, die sich besonders gern des Vokabulars der dreißiger und vierziger Jahre bedienen, fast zu einem spielerischen Sport ausgewachsen. Man blättere daraufhin etwa in den Publikationen eines Ishihara Shintarô, früherer Abgeordneter der LDP und Koautor des international bekanntgewordenen Buchs „Ein Japan, das Neinsagen kann". Wenn er in einem Aufsatz zur jüngsten Finanz- und Wirtschaftskrise in Asien und den aus seiner Sicht unerträglich bevormundenden Aktionsplänen des IWF kritisch Stellung nimmt, kann er es sich nicht verkneifen, seinen Gegenvor-

---

16 Eine interessante Auseinandersetzung mit diesen „Versprechern" im Sinne der japanischen Persönlichkeitstheorie und des Interaktionsmusters von *tatemae* (Fassade, Konvention) und *honne* (eigentliche Absicht) bietet Katô (1997, S. 46 ff.) mit weiterführenden Hinweisen auf S. 282, Anm. 11.

schlag gegen die beherrschende Stellung des Dollars auch in Asien in die Terminologie einer „Großostasiatischen Yen-Wohlstandssphäre" *(dai Tōa en kyōeiken*, in Ableitung des Vorkriegs- und Kriegsslogans von der Großostasiatischen Wohlstandssphäre) zu münzen (Ishihara 1998, S. 98 f.). Es bleibt fraglich, wie erfreut die asiatischen Nachbarn über diese neuerliche Befreiung vom Imperialismus der „weißen" Mächte[17] sein werden ...

So beobachten wir in den späten neunziger Jahren zum einen die Fortsetzung des Versuchs, den Krieg in Ost- und Südostasien – nicht den Pazifischen Krieg – umzuschreiben, zum anderen aber ein vielstimmiges Konzert von Erzählungen der Vergangenheit, in denen sich alle politischen Lager, alle Generationen und unterschiedlichste Gruppierungen, von den Frauen über ethnische Minderheiten bis hin zu den Atombombenopfern und den Bürgern von Okinawa, artikulieren. Die „Progressiven", die besonders in den sechziger Jahren größte Sichtbarkeit und öffentlichen Einfluß genossen, sind mit dem in Japan parallel zu anderen Weltregionen zu beobachtenden Erstarken der konservativen Kräfte seit den späten siebziger Jahren stiller geworden. Aus ihrer Sicht hat Japan, von dem die asiatischen Nachbarn immer noch eine „aufrichtige Entschuldigung" fordern, vor allem im Vergleich mit Deutschland versagt. Nirgendwo sonst wird die in einer populären Reihe des Iwanami-Verlags gedruckte Weizsäcker-Rede vor dem Bundestag anläßlich des 40. Jahrestags der deutschen Kapitulation vom 8. Mai 1985 wohl so häufig beschworen wie in Japan. Doch der Fundamentalkritik an den japanischen Verhältnissen haftet auch etwas sehr Resignatives an (vgl. Gluck 1996, S. 79 f.; Fuhrt 1996, S. 346).

Die Rolle der Medien ist dabei schwer zu fassen. Aufgrund der für Japan spezifischen engen Verflechtung der Zeitungen (und ihrer Fernsehsender) mit der Geschäftswelt auf der einen und der Bürokratie auf der anderen Seite herrscht eine hohe Konformität in den Inhalten, wobei schon aufgrund des Instituts von Presseklubs *(kisha kurabu)* ein ungeschriebener Verhaltenskodex einschließlich Selbstzensur greift, um sich dauerhaften Zugang zu Informationen zu sichern. Auf der anderen Seite existiert ein breites Spektrum an oppositionellen und Mini-Medien. Politikwissenschaftler und Medienforscher sprechen mit Blick auf Japan neuerdings von der *trickster* Rolle, der Funktion des unberechenbaren, die unterschiedlichsten Zielsetzungen verstärkenden oder vermittelnden Agenten, um damit die widersprüchlichen Rollen der japanischen Medien zu beschreiben (Pharr/Krauss 1996, S. 19-43). De facto sind es jedoch die skandalbetonten und oft unseriös wirkenden Wochenblätter *(shûkanshi)*, die alternativen und Mini-Medien und die ausländische Presse, deren Journalisten allesamt keinen Zugang zu den Presse-

---

17 Ishihara sieht einen Hauptantagonismus zwischen „Weißen" und „Farbigen". Im Kampf gegen die Vorherrschaft der „Weißen" fällt demnach Japan als einziger „farbiger" Nation mit erfolgreicher Modernisierung eine Führungsrolle unter den Nichtweißen zu (Ishihara 1998, S. 102), ein wiederum nicht ganz neuer Gedanke. Der Artikel erschien übrigens in einem Sonderteil, den die Redaktion der Zeitschrift Bungei shunjû ein wenig leichtfertig unter die Überschrift „Shin Nichibei sensû" (Der neue japanisch-amerikanische Krieg) stellte.

klubs haben, die problematische und tabuisierte Themen in den öffentlichen Raum stellen und so die jüngst als „Kopfkartelle" (Cartels of the Mind, Hall 1997, der Ausdruck stammt von Chalmers Johnson) titulierten unsichtbaren Mauern durchbrechen.

Über lange Zeit weitgehend erhalten blieb im kollektiven Bewußtsein jedoch das, was Carol Gluck die „heroische Erzählung" genannt hat – die schon mit dem Kriegsende entstandene und von den alliierten Besatzern mitgetragene Vorstellung, daß das japanische Volk (wie auch der *tennô*) Opfer einer Militärclique war, der daher die eigentliche Rolle des Übeltäters zufiel (Gluck 1996, S. 62). Diese über Jahrzehnte gleichsam eingefrorene, so bequeme Konturen besitzende Erinnerung begann erst in den neunziger Jahren langsam aufzutauen. Neu ist auch, daß sich die Generation der nach dem Krieg Geborenen für die Frage nach Schuld und Verantwortung zu interessieren beginnt. Oder vielleicht sollten wir vorsichtiger formulieren: Ein Beispiel wie die oben angeführte Erzählung des 1960 geborenen Medoruma Shun zeigt, wie im Zusammenhang mit Problemen der Peripherie und Minoritäten auch die verdrängte Geschichte wieder an die Oberfläche gespült werden kann.[18]

Das Trauma der „Schwarzen Schiffe"

Vermutlich ist es jedoch gar nicht die Kriegsschuldfrage, die aus japanischer Sicht das Hauptkapitel in der Bewältigung der eigenen Vergangenheit ausmacht – sofern das Nachdenken über ein solches Thema überhaupt ein gewisses Gewicht erhält. Wer den öffentlichen Diskurs in Japan während der letzten Jahrzehnte bis in diese Tage hinein beobachtet, stößt vielmehr auf ein tiefersitzendes Trauma, das in den verschiedensten Zusammenhängen und völlig unerwartet jederzeit aufblitzen kann. Ich nenne es das Trauma der „Schwarzen Schiffe", das sich offenbar als mächtiges Bild in das kollektive Unbewußte eingegraben hat. *Kurofune*, die „Schwarzen Schiffe", ist ein feststehender Ausdruck für die zwischen dem späten 16. und dem 19. Jahrhundert immer wieder an Japans Küsten auftauchenden Handelsschiffe aus Europa und Nordamerika.[19] In den Erlassen der Jahre 1633

---

18 Als ein Beispiel für ein neuerwachtes Interesse an der „Vergangenheitsbewältigung" in der Generation der nach dem Krieg Geborenen sei an dieser Stelle auch auf die einschlägigen Essays des Romanisten Katô Norihiro hingewiesen, die in Katô (1997) gesammelt sind. Unter Bezugnahme auf die Studien von Hannah Arendt, Gershom Scholem, Ian Buruma u.a. setzt er sich mit Nachkriegsjapan als „Jekyll-und-Hyde"-Existenz und seiner Unfähigkeit, ein „schuldfähiges Subjekt" zu bilden, auseinander.

19 Das Schwarz soll sich vom schwarzen Anstrich der Schiffe herleiten. Moderne und aktuelle Beschreibungen legen allerdings die Vermutung nahe, daß die Farbe (mittlerweile) mindestens ebenso häufig mit einer bedrohlichen dunklen Silhouette von großen Seglern oder Kriegsschiffen und nicht so sehr mit Teer assoziiert wird. In jedem Fall scheint der Begriff zwischen dem Konkreten und dem Metaphorischen im Sinne von schwarz/dunkel = bedrohlich zu changieren. Dies wird u.a. auch durch eine pejorative Bezeichnung wie die „schwarzen Fremdlinge", wörtlicher: die „tusch-

bis 1639, in denen Japanern das Reisen nach Übersee verboten und der europäische Handel im Lande eingeschränkt wurde – Zugang erhielten nur Schiffe der von den Holländern betriebenen Ostindienkompanie in Nagasaki – gipfelte die Abschließungspolitik der Tokugawa- oder Edo-Zeit. Die „Schwarzen Schiffe" sind jedoch vor allem der Schreckensanblick, der sich den Anwohnern der Bucht von Edo im Juni 1853 bot, als ein Geschwader unter dem amerikanischen Kommodore Perry aufzog, um von Japan in einem Ultimatum die Landesöffnung zu erzwingen. Die Bedrohung von außen führte im Lande selbst, wo es ohnehin innenpolitisch gärte, zu einer Zerreißprobe zwischen der Fraktion der „Patrioten", die eine Vertreibung der Fremden (in Verbindung mit einer politischen Aufwertung des *tennô*) forderten, und jenen, die in einer Öffnung den einzigen Weg zur Wahrung von Japans Souveränität sahen. Das Ergebnis jener heftig geführten Auseinandersetzung war bekanntlich die sogenannte Meiji-Restauration von 1867/68, die Japans raschen Aufstieg zu einem modernen Staat einleitete.

Auch wenn im Land bis in die Gegenwart hinein die Überzeugung vorherrschen dürfte, daß diese Entwicklung alles in allem als überragender Erfolg zu bewerten sei, zumal sie viele im Sinne der Einlösung der nationalen Parole vom „Einholen und Überholen" *(oitsuke oikose)* der westlichen Industrieländer verstehen, so ist doch die über ein Jahrhundert andauernde intensive Auseinandersetzung mit dem „Westen", in den Formen von Aneignung wie von Zurückweisung, nicht ohne soziopsychologische Begleiterscheinungen denkbar. Man könnte von den „Schmerzen der Modernisierung" (Mishima 1996) sprechen und in manchen Abgrenzungs- und Selbstbehauptungsanstrengungen japanischer Intellektueller einen internalisierten „kulturellen Zorn" diagnostizieren, der sich gegen die Modernisierung selbst „und insbesondere gegen die Anstifter des ganzen Spektakels, die westlichen Mächte", richtet (Miller 1996, S. 236).

In der kollektivbildlichen Verdichtung der „Schwarzen Schiffe" ist dieses Trauma auf den Punkt gebracht. Es äußert sich nicht nur in dem nostalgischen bis regressiven Traum vom „Modell Japan" in der Vormoderne, der glücklichen Zeit, als die Japaner sozusagen noch „unter sich" waren, einem Traum, dem auch die japanischen postmodernen Denker frönen (vgl. Gluck 1993, S. 82). Es scheint vielmehr als Subtext in zahllosen Äußerungen im politischen, kulturellen und gesellschaftlichen Leben auf und wird vermutlich in den meisten Fällen von den Redenden gar nicht als solches wahrgenommen. Am deutlichsten noch ist dieser ungelöste Konflikt erkennbar, wenn er sich in dem Bild der „Schwarzen Schiffe" kristallisiert, und dies ist in der Tat überraschend häufig der Fall. Eine systematische Dokumentation und Analyse all der Situationen in Talkshows und Podi-

schwarzen Barbaren" *(bokui)* für die Amerikaner belegt, wobei „schwarz" mit „böse" assoziiert werden kann, vgl. etwa die deutsche Übersetzung des Romans von Shiba Ryôtarô: Der letzte Shôgun, Berlin 1998, S. 77. Wo dies der Fall ist, handelt es sich allerdings um eine nachträgliche Semantisierung eines ursprünglich lautwertig eingesetzten Zeichens, nämlich *boku*, chinesisch *mei* gelesen, übernommen aus einer älteren chinesischen Schreibung für „Amerika".

umsdiskussionen, in wissenschaftlichen Aufsätzen und journalistischen Beiträgen, in denen, unabhängig vom Kontext, plötzlich von den „Schwarzen Schiffen" die Rede ist, könnte diese allgemeine Beobachtung untermauern.[20]

In dieses kollektive Trauma scheint die Frage nach Kriegs- und Nachkriegsschuld letztlich eingebettet, und dieses Trauma ist es auch, das gewissermaßen an den existentiellen Kern der Nation rührt. In diesem Sinne findet wohl die eigentliche japanische „Vergangenheitsbewältigung" auf dem Feld der Auseinandersetzung mit dem nicht mehr rückgängig zu machenden „Einbruch" des „Westens" und der nicht mehr umkehrbaren Modernisierung statt. Angesichts dieser Jahrhundertaufgabe verblaßt die Frage nach der Verantwortung für einen Krieg, den, so der Politikwissenschaftler Ôtake (1997, S. 522), die japanischen Eliten wie die allgemeine Bevölkerung auch heute noch als einen Akt der Verteidigung gegenüber den USA und nicht als Angriffskrieg betrachten. Aus dieser Perspektive scheint ein Fazit wie das von Dale, der zur Nachkriegszeit feststellt: „... the immediate past remained cognitively unmastered" (Dale 1996, S. 29 f.), nur sehr begrenztes Gewicht zu besitzen, da es eine Aufgabe formuliert, die sich die Mehrheit gar nicht gestellt hat und die ihr allenfalls von außen oktroyiert wurde. Gerade auch von seiten amerikanischer Historiker wird neuerdings auf die westliche Mitverantwortung für Japans Vergangenheitsverdrängung hingewiesen (vgl. z.B. Hicks 1997, S. 133).[21] Das eigentliche Gespenst der Vergangenheit aber, die „Schwarzen Schiffe", werden wohl auch künftig durch das kollektive Unbewußte Japans geistern.

20 Ich selbst beobachtete das kollektive Trauma der „Schwarzen Schiffe" bereits 1986 (vgl. Hijiya-Kirschnereit 1988, S. 186) und bin ihm, seither dafür sensibilisiert, in den letzten Jahren immer häufiger begegnet. M.W. existiert dazu jedoch noch keine systematische Studie.
21 Die Mitverantwortung der westlichen Mächte wird vor allem in der Tatsache gesehen, daß Kaiser Hirohito vor dem Kriegsgericht nicht zur Verantwortung gezogen wurde, sowie darin, daß die Politik des Gegenkurses *(reverse course)* ab 1947 im Rahmen der Verschärfung des kalten Krieges die Rehabilitation der kriegszeitlichen Führungsschicht begünstigte.

Literatur

Asahi shinbun, 1986: Shûsen hitsuwa akarumi ni – Mometa kôfuku bunsho chôin (Licht in die Geheimgespräche bei Kriegsende – Die Unterzeichnung des umstrittenen Kapitulationstexts), 20.2. chôkan (Morgenausgabe), S. 22.

Asahi shinbun, 1992: Kaisetsu (Der Kommentar): Miketsu no kako – Sengo hoshô, Doitsu – kako no kokufuku 1 (Ungelöste Vergangenheit – Nachkriegsentschädigungen, Deutschland – Vergangenheitsbewältigung 1), 14.7. chôkan (Morgenausgabe), S. 5.

Asahi shinbun, 1992: Kaisetsu (Der Kommentar): Wasurerareta giseisha – Sengo hoshô – Doitsu – kako no kokufuku 2 (Die vergessenen Opfer – Nachkriegsentschädigungen, Deutschland – Vergangenheitsbewältigung 2), 15.7. chôkan (Morgenausgabe), S. 5.

Asahi shinbun, 1992: Kaisetsu (Der Kommentar): Omoi futan, Kyôsei rôdô ni wakaikin – Sengo hoshô, Doitsu – kako no kokufuku 3 (Die schwere Belastung, Vergleichszahlungen für Zwangsarbeit – Nachkriegsentschädigungen, Deutschland – Vergangenheitsbewältigung 3), 16.7. chôkan (Morgenausgabe), S. 5.

Asahi shinbun, 1992: Kaisetsu (Der Kommentar): Mô hitotsu no sengo – Sengo hoshô – kako no kokufuku 4 (Eine andere Nachkriegszeit – Nachkriegsentschädigungen, Deutschland – Vergangenheitsbewältigung 4), 17.7. chôkan (Morgenausgabe), S. 5.

Asahi shinbun, 1994: Ayamachi no kokufuku – usureru kanshin. Doitsu: 2 – Yomigaeru kako to media (Fehlerbewältigung – schwindendes Interesse. Deutschland: 2, Vergangenheitsrückblick und Medien), 6.1. chôkan (Morgenausgabe), S. 29.

Awaya, Kentarô, Hiroshi Tanaka, Ken'ichi Mishima u.a., 1994: Sensô sekinin – sengo sekinin. Nihon to Doitsu wa dô chigau ka. (Kriegsverantwortung – Nachkriegsverantwortung. Worin unterscheiden sich Japan und Deutschland?) Tôkyô: Asahi shinbun.

Bungei shunjû, 1997: Dai 117kai Heisei 9nendo jôhanki Akutagawa shô kettei happyô (117. Akutagawa Preis, Erste Jahreshälfte 1997, Bekanntgabe der Entscheidung), in: Bungei shunjû, September, S. 423-431.

Buruma, Ian, 1994: The Wages of Guilt. Memories of War in Germany and Japan, New York: Farrar Straus Giroux. (Deutsche Ausgabe: Erbschaft der Schuld. Vergangenheitsbewältigung in Deutschland und Japan, München/Wien: Hanser).

Conrad, Sebastian, 1996: „Die Wahrheit, nichts als die Wahrheit". Die Auseinandersetzung um die Interpretation der Vergangenheit unter Historikern in Japan nach 1945, in: Japanologie und Wirtschaft – Wirtschaft und Japanologie. Referate des 5. Japanologentags der OAG in Tokyo, 28./29. März, hrsg. von Werner Schaumann, München: Iudicium, S. 245-256.

Dale, Peter, 1996: Ideology and Atmosphere in the Informational Society, in: Theory, Culture & Society 13 (3), S. 27-52.

Donahue, Neil A., 1987: An East-West Comparison of Two War Novels: Alfred Andersch's *Die Kirschen der Freiheit* and Shohei Ooka's *Fires on the Plain*, in: Comparative Literature Studies 24 (1), S. 58-82.

Fuhrt, Volker, 1996: Von der Bundesrepublik lernen? Der Vergleich mit Deutschland in der japanischen Diskussion über Kriegsschuld und Vergangenheitsbewältigung, in: Japanstudien. Jahrbuch des Deutschen Instituts für Japanstudien der Philipp Franz von Siebold Stiftung 8, S. 337-353.

Gebhardt, Lisette, 1996: Trümmerliteratur: Am Beispiel von Shiina Rinzô und Wolfgang Borchert, in: Japanstudien. Jahrbuch des Deutschen Instituts für Japanstudien der Philipp Franz von Siebold Stiftung 8, S. 129-151.

Gluck, Carol, 1993: The Past in the Present, in: Postwar Japan as History, hrsg. von Andrew Gordon, Berkeley/Los Angeles/Oxford: California University Press, S. 64-95.

Gluck, Carol, 1996: Das Ende der „Nachkriegszeit": Japan vor der Jahrtausendwende, in: Überwindung der Moderne? Japan am Ende des zwanzigsten Jahrhunderts, hrsg. von Irmela Hijiya-Kirschnereit, Frankfurt a.M.: Suhrkamp, S. 57-85.

Hall, Ivan P., 1997: Cartels of the Mind. Japan's Intellectual Closed Shop, New York/London: W.W. Norton & Co.

Harpprecht, Klaus, 1998: Stille, schicksallose. Warum die Nachkriegsliteratur von vielem geschwiegen hat, in: Frankfurter Allgemeine Zeitung, 20.1., S. 35.

Hicks, George, 1997: Japan's War Memories. Amnesia or concealment? Aldershot/Brookfield (USA)/Singapore/Sydney: Ashgate.

Hijiya-Kirschnereit, Irmela, 1981: Selbstentblößungsrituale. Zur Theorie und Geschichte der autobiographischen Gattung „Shishôsetsu" in der modernen japanischen Literatur, Wiesbaden: Steiner.

Hijiya-Kirschnereit, Irmela, 1988: Rez. v. Shunsuke Tsurumi, A Cultural History of Postwar Japan, 1945-1980, London, New York: KPI Limited 1987, in: Bochumer Jahrbuch zur Ostasienforschung, S. 325-334.

Hijiya-Kirschnereit, Irmela, 1988: Das Ende der Exotik – Zur japanischen Kultur und Gesellschaft der Gegenwart, Frankfurt a.M.: Suhrkamp, 2. Aufl. 1995.

Hijiya-Kirschnereit, Irmela, 1991: Post-World War II Literature: The Intellectual Climate in Japan, 1945-1985, in: Ernestine Schlant und J. Thomas Rimer (Hrsg.), Legacies and Ambiguities – Postwar Fiction and Culture in West Germany and Japan, Washington, D.C.: The Woodrow Wilson Center Press; Baltimore/London: The Johns Hopkins University Press, S. 99-122.

Hijiya-Kirschnereit, Irmela, 1990: Kinoshita Junji „Kami to hito to no aida" (Zwischen Gott und Mensch), in: Kindlers Neues Literaturlexikon, hrsg. von Walter Jens, München: Kindler, Bd. 9, S. 399-401.

Hijiya-Kirschnereit, Irmela, 1994: Nachwort, in: Ôoka Shôhei: Feuer im Grasland, Frankfurt a.M., S. 183-188.

Hijiya-Kirschnereit, Irmela, 1996: Leuchtet Japan? Einführende Gedanken zu einer proklamierten Zeitenwende, in: dies. (Hrsg.), Überwindung der Moderne? Japan am Ende des zwanzigsten Jahrhunderts, Frankfurt a.M.: Suhrkamp, S. 7-24.

Hijiya-Kirschnereit, Irmela, 1997: „Nanking" in der japanischen Literatur, in: DIJ Newsletter, Oktober, S. 1-2.

Ikeda Kiyohiko, 1997: Rez. zu Medoruma Shun: Suiteki, in: Tôkyô Yomiuri shinbun 26.10. chôkan (Morgenausgabe), S. 10.

Ishihara, Shintarô, 1998: Ochiyo, Nihon – Futatabi „No" to ieru Nihon (Japan, sinke ab! – Noch einmal: Ein Japan, das Neinsagen kann), in: Bungei shunjû, Mai, S. 94-104.

Itô, Narihiko, Siegfried Schaarschmidt und Wolfgang Schamoni (Hrsg.), 1994: Seit jenem Tag – Hiroshima und Nagasaki in der japanischen Literatur, Frankfurt a.M.: Fischer.

Iwabuchi, Tatsuji, 1997: Die Vergangenheitsbewältigung und die japanische Literatur. Deutsche Gesellschaft für Natur- und Völkerkunde Ostasiens (OAG), Tokyo, 33 Seiten.

Katô, Norihiko, 1997: Haisengo-ron (Japan nach der Niederlage). Tôkyô: Kôdansha.

Keene, Donald, 1984: Dawn to the West. Japanese Literature of the Modern Era – Fiction, New York: Holt, Rinehart and Winston.

Koschmann, J. Victor, 1993: Intellectuals and Politics, in: Postwar Japan as History, hrsg. von Andrew Gordon, Berkeley/Los Angeles/Oxford: University of California Press, S. 395-423.

Lie, John (Hrsg.), 1993: The Impoverished Spirit in Contemporary Japan. Selected Essays of Honda Katsuichi, New York: Monthly Review Press.

Mainichi shinbun, 1997: „Yoroku" – Keppeki de, honebutana shôsetsuka – „Suiteki" de Akutagawa-shô no Medoruma Shun-san („Zusatzbemerkungen" – Ein puristischer Erzähler mit Rückgrat – Herr Medoruma Shun, Akutagawa-Preis für „Wassertropfen"), in: Mainichi shinbun 19.7. chôkan (Morgenausgabe), S. 1.

Mainichi shinbun, 1997: „Uretemasu" bungei Suiteki – Medoruma Shun cho (Literatur, die „sich verkauft" – „Wassertropfen" von Medoruma Shun), in: Mainichi shinbun 20.10. yûkan (Abendausgabe), S. 7.

Mainichi shinbun, 1997: „Okinawa" tsukinuketa „ko" no chikara – Akutagawa-shô o jushô shita Medoruma-shi no „Suiteki" (Die individuelle Kraft, die das kollektive Okinawa durchbrach – „Wassertropfen" von Herrn Medoruma, dem Akutagawa-Preisträger), in: Mainichi shinbun 23.7. yûkan (Abendausgabe), S. 6.

Mainichi shinbun, 1998: Kuni no „tsugunai" ni isseki. „Kakkiteki" to shiensha ni mo odoroki – „Shimonoseki saiban" hanketsu (Ein Stein in der japanischen „Wiedergutmachung" – Das Urteil im Shimonoseki Prozeß – „epochemachend" – selbst die Unterstützer (der Klägerinnenseite) überrascht), in: Mainichi shinbun 28.4. chôkan (Morgenausgabe), S. 26.

McCormack, Gavan, 1997: Holocaust denial à la Japonaise, Japan Policy Research Institute Working Paper no. 38, October, 6 Seiten.

Medoruma, Shun, 1997: Suiteki (Wassertropfen), Tokyo: Bungei shunjû.

Miller, Roy Andrew, 1996: Sprachwissenschaft und nationale Identität in Japan – Die Forschung zu den Frühformen der japanischen Sprache, in: Überwindung der Moderne? Japan am Ende des zwanzigsten Jahrhunderts, hrsg. von Irmela Hijiya-Kirschnereit, Frankfurt a.M.: Suhrkamp, S. 209-244.

Mishima, Ken'ichi, 1996: Bunka to reishizumu – Tôitsu Doitsu no chiteki fûdo (Kultur und Rassismus – Das intellektuelle Klima im vereinigten Deutschland), Tokyo: Iwanami shoten.
Mishima, Ken'ichi, 1996: Die Schmerzen der Modernisierung als Auslöser kultureller Selbstbehauptung – Zur geistigen Auseinandersetzung Japans mit dem „Westen", in: Überwindung der Moderne? Japan am Ende des zwanzigsten Jahrhunderts, hrsg. von Irmela Hijiya-Kirschnereit, Frankfurt a.M.: Suhrkamp, S. 86-122.
Nishio Kanji, 1994: Kotonaru higeki (Grundverschiedene Tragödien), Tokyo: Bungei shunjû.
Nishio, Kanji, 1997: Atarashii rekishi kyôkasho no sôzô (Erstellung neuer Geschichtslehrbücher, in: Voice, Juni, S. 166-183.
Nishio, Kanji, 1997: Eine Neufassung der Geschichte Japans und der Welt, in: Japan Echo (deutschsprachige Ausgabe) 2, S. 100-106. (Um ca. ein Drittel gekürzte Übersetzung des o.g. Titels).
Osanai Shin, 1997: „Fuhenteki" mezasu Okinawa no sakka (Schriftsteller aus Okinawa, das „Universale" im Blick), in: Asahi shinbun 28.8. chôkan (Morgenausgabe), S. 4.
Ôtake, Hideo, 1997: Rez. v. Peter J. Katzenstein: Cultural Norms and National Security – Police and Military in Postwar Japan, Ithaca: Cornell University Press 1996, in: Journal of Japanese Studies 23 (2), S. 518-523.
Pharr, Susan J. und Ellis Kraus (Hrsg.), 1996: Media and Politics in Japan, Honolulu: University of Hawai'i Press.
Schirrmacher, Frank, 1998: Luftkrieg. Beginnt morgen die deutsche Nachkriegsliteratur?, in: Frankfurter Allgemeine Zeitung, 15.1., S. 31.
Schlant, Ernestine und J. Thomas Rimer (Hrsg.), 1991: Legacies and Ambiguities – Postwar Fiction and Culture in West Germany and Japan, Washington, D.C.: The Woodrow Wilson Center Press; Baltimore/London: The Johns Hopkins University Press.
Seraphim, Franziska, 1996: Der Zweite Weltkrieg im öffentlichen Gedächtnis Japan: Die Debatte zum fünfzigsten Jahrestag der Kapitulation, in: Überwindung der Moderne? Japan am Ende des zwanzigsten Jahrhunderts, hrsg. von Irmela Hijiya-Kirschnereit, Frankfurt a.M.: Suhrkamp, S. 25-56.
Treat, John Whittier, 1995: Writing Ground Zero. Japanese Literature and the Atomic Bomb, Chicago: University of Chicago Press.
Washburn, Dennis, 1997: Toward a View from Nowhere: Perspecitve and Ethical Judgement in *Fires on the Plain*, in: The Journal of Japanese Studies 23 (1), S. 105-131.
Yoshida, Yutaka, 1995: Nihonjin no sensôkan (Wie Japaner den Krieg beurteilen), Tokyo: Iwanami shoten.

Heribert Adam

Widersprüche der Befreiung: Wahrheit, Gerechtigkeit und Versöhnung in Südafrika

Es geschieht nicht gerade häufig, daß sich eine privilegierte ethnische Gruppe auf dem Verhandlungsweg selbst entmachtet, obwohl sie in der Lage wäre, weiterzuregieren – wenn auch mit steigenden Kosten. Noch seltener scheint der Fall, daß eine dominierende ethnische Minderheit ihre Macht *friedlich* an die einer anderen Ethnie angehörenden Mehrheit übergibt, mit der sie nun im selben Staat koexistieren muß, und das vor dem Hintergrund vorangegangener Diskriminierung und daraus erwachsener Verbitterung. Einige der wenigen Beispiele, die einem in den Sinn kommen, sind die Engländer in Quebec, die Russen in den baltischen Republiken und die Chinesen in Malaysia. In all diesen Fällen wurde der Übergang jedoch durch mögliche Umsiedelungen oder durch die Unterstützung und den Schutz seitens nahestehender ethnischer Heimatstaaten erleichtert. Nur im Falle der Buren ist die ethnische Minderheit ganz auf sich allein gestellt.[1]

Wie kam es zu diesem außergewöhnlichen Fall einer dramatischen, aber friedlichen Kapitulation? Im Gegensatz zu beinah allen Klischees, die über die typische Persönlichkeit weißer Südafrikaner bestehen, gaben deren Unterhändler, als es hart auf hart kam, die Macht ab, ohne auch nur zu versuchen, besondere Gruppenprivilegien auszuhandeln (Adam/Moodley 1993). Eine Fülle von Analysen aus der Zeit vor dem Übergang beschreibt die Halsstarrigkeit, die Brutalität sowie den fast selbstmörderischen Erhaltungstrieb und kollektiven Überlebenswillen der politisch dominierenden Buren. Neben der Spekulation auf eine blutige Revolution wurden vielfältige Strategien entworfen, mit denen die Minderheit ihrer Machtposition enthoben werden könnte: die Bildung einer Konföderation oder etwa die Aufteilung des Staatsgebiets. Niemand zog ernsthaft in Erwähnung, daß die weißen Südafrikaner voller Enthusiasmus dabei mithelfen würden, in kon-

---

1 Ungefähr 60% der fünf Millionen weißen Südafrikaner, die 12% der Gesamtbevölkerung ausmachen, verstehen sich als afrikaanssprechende Buren. Nach ihrer Niederlage im Burenkrieg (1900 bis 1901) hat sich die Volksgruppe durch nationalistische Mobilisierung und politische Dominanz seit 1948 den die Privatwirtschaft beherrschenden englischsprachigen Weißen gleichgestellt. Der burische Dissident Breyten Breytenbach hat seine Landsleute zutreffend als kulturell „bastardisierte Afrikaner" bezeichnet, die Erinnerungen an Europa hegen, aber „ohne Wurzeln außerhalb des schwarzen Kontinents" sind und deshalb auch nicht wie andere Kolonisatoren in ein fiktives Ursprungsland zurückkehren können (vgl. Der Spiegel, 12/1998, S. 190).

sensorientierten Verhandlungen einen Prozeß in die Wege zu leiten, der ihre eigene Machtenthebung und eine freiheitlich-demokratische Verfassung zum Ziel haben würde. In Wirklichkeit waren die weißen Südafrikaner dann aber sogar damit einverstanden, daß die politische Entscheidung über die Zukunft des Landes auf der Grundlage nicht näher qualifizierter Mehrheiten erfolgen sollte. Dabei wußten sie ganz genau, daß die neue Mehrheit von den schwarzen Südafrikanern gestellt würde, die sie jahrzehntelang einem systematischen Apartheidregime unterworfen hatten.

Die gekaufte Revolution

Der relativ friedliche Übergang Südafrikas wurde in erheblichem Maße durch die umfangreichen Ressourcen erleichtert, die dem Staat und der Privatwirtschaft zur Verfügung standen. Die auf dem Verhandlungsweg erreichte Revolution wäre ohne die Sicherheit der Renten und den Anreiz erheblicher Abfindungen nicht möglich gewesen. In der Literatur über den Übergang ist bisher die Bedeutung von Kompensationszahlungen unterschätzt worden, die von den Hardlinern zur Vorbedingung für einen Kompromiß gemacht wurden. In verschiedener Hinsicht könnte man das sogenannte südafrikanische Wunder besser als „gekaufte Revolution" bezeichnen. Auf der anderen Seite wurde Mitgliedern der militanten Opposition, die nicht in die regulären Streitkräfte integriert wurden, ebenfalls eine kleine Rente zugesprochen. Viele andere potentielle Störenfriede wurden gekauft, indem man sie auf die Gehaltslisten des öffentlichen Dienstes setzte.

Nur aufgrund der Kontinuität des Rechts und der verhältnismäßig wohlhabenden Wirtschaft waren Beamte, die im alten Regime Schlüsselpositionen innehatten, dazu bereit, die Kontrolle über den Staat gegen Abfindungszahlungen friedlich aufzugeben. Es erfolgten hohe Auszahlungen an Polizeigeneräle, die sich aus „gesundheitlichen Gründen" zur Ruhe setzten oder problemlos einen anderen Arbeitsplatz in der Privatwirtschaft fanden. Anderswo in Afrika klebten Militärführer und ihre Getreuen nicht zuletzt deswegen an ihrer Macht, weil ihre Einkünfte hauptsächlich aus staatlichen Quellen stammten und ihnen daher nicht nur der Verlust ihres Amtes, sondern auch wirtschaftliche Unsicherheit drohte, wenn sie ihr Vermögen nicht auf Bankkonten im Ausland deponiert hatten.

Auf moralischer Ebene entpuppt sich eine gekaufte Revolution jedoch als Kompromiß, der keine Seite zufriedenstellt. Der Pakt auf der Ebene der Eliten hinterläßt einerseits ein moralisches Vakuum bei den politischen Aktivisten, die sich – mobilisiert von der Idee eines *gerechten Kampfes* – um den Sieg betrogen fühlen, wenn sie feststellen müssen, daß die einstigen Unterdrücker weiterhin ihre privilegierten Positionen in der Wirtschaft und – wenn auch in geringerem Umfang – im Staatsdienst innehaben. Auf der anderen Seite sind die Bürokraten der Apartheid darüber verärgert, von sogenannten *Terroristen* beherrscht zu werden, gegen die sie – ihrer Meinung nach – lediglich die *zivilisierten Standards von*

Recht und Ordnung verteidigt hatten. Da nun beide in friedlicher Koexistenz leben müssen, können sie ihre Gegensätze nicht wie bisher austragen und führen deshalb einen symbolischen Krieg um die moralische Überlegenheit. Das große Spektakel einer öffentlichen Wahrheitskommission *(Truth and Reconciliation Commission, TRC)* befriedigt das Bedürfnis, die moralischen Sieger und Verlierer der ausgehandelten Revolution öffentlich auszuweisen. Es ist Teil eines anhaltenden Ringens um politische Legitimität und hat wenig damit zu tun, aus der Vergangenheit lernen zu wollen.

Die Entwicklung in Südafrika macht diesen Zusammenhang deutlich. Beim Kompromiß zwischen dem *African National Congress* (ANC) und dem Burenstaat wurden andere einflußreiche gesellschaftliche Gruppen ignoriert, die ebenfalls am langen Kampf beteiligt gewesen waren. Südafrikanische Non-Government Organizations (NGOs), die dem ANC während der Anti-Apartheid-Proteste tapfer zur Seite gestanden hatten, mußten feststellen, daß sie in zunehmendem Maße von heimkehrenden Exilanten an den Rand gedrängt wurden. Die *United Democratic Front* (UDF) wurde vom ANC kurzerhand absorbiert und aufgelöst. Weder die traditionellen Liberalen an den englischsprachigen Universitäten und in den Redaktionen der oppositionellen Presse noch die Kirchen wurden in die Verhandlungen einbezogen, und sie profitierten nicht unbedingt von deren Ergebnis. Zunächst auf die Rolle interessierter Zuschauer reduziert, rückte erst die Wahrheitskommission sie wieder in den Mittelpunkt der neuen Ordnung: Die Geistlichen und ihnen Nahestehende übernahmen mit Blick auf die Vergangenheit die Rolle von Versöhnern und Schiedsrichtern. Auch die internationale Gemeinschaft war an der Vergangenheitsbewältigung Südafrikas interessiert. Die wichtigen Vorarbeiten für die Gesetzgebung der TRC wurden durch das *Justice in Transition Institute* mit amerikanischem Privatkapital finanziert. Die Europäische Union, insbesondere die Niederlande und Dänemark, unterstützten die Einrichtung einer Wahrheitskommission großzügig mit polizeilichen Ermittlern, juristischer Beratung und Kapital.

Paradoxerweise glaubten viele der unmittelbar an den Verhandlungen beteiligten Politiker zunächst, daß die Wahrheitskommission eine Versöhnung geradezu verhindern würde. Sie mußten erst davon überzeugt werden, wie wichtig die öffentliche Aufklärung vergangener Greuel allein schon für die Opfer war. Innerhalb des ANC waren es der Justizminister Dullah Omar und sein Kabinettskollege Kader Asmal, die geschickt auf die Einrichtung einer Wahrheitskommission drängte. Und tatsächlich war der Druck, die moralische Lücke der gekauften Revolution auszufüllen, 1995 so stark geworden, daß alle wichtigen politischen Akteure mit der Weigerung, eine Vergangenheit zu untersuchen, bezüglich derer sie sich nach eigener Aussage kaum etwas vorzuwerfen hatten, ihr Gesicht verloren hätten. Lediglich Form und Ziel einer Wahrheitskommission blieben umstritten. Bezeichnenderweise wollten sowohl der ANC Nelson Mandelas als auch die *National Party* (NP) Frederik de Klerks das öffentliche Interesse an der Vergangenheit begrenzen. Alex Boraine, der stellvertretende Vorsitzende der Kommission, urteilt rückblickend, es habe einen Moment in der Debatte gegeben, in dem die Mehrheit der im Parlament vertretenen Parteien darin übereinkamen, daß die Verfahren unter Ausschluß der Öffentlichkeit stattfinden sollten. Erst auf die Intervention von 23 NGOs hin sei eine andere Gesetzgebung durchgesetzt worden (vgl. Boraine 1997). Dabei bestand zunächst ganz offensichtlich die Versuchung, die Vergangenheit für tagespolitische und parteitaktische Zwecke auszuschlachten. Die Idee, einen politischen Gegner durch das Ausgraben von in der Vergangenheit verübten Schandtaten zu delegitimieren, war für alle Parteistrategen verlockend. Niemand hatte jedoch damit gerechnet, daß ein hochmoralisches Drama, in dessen Mittelpunkt sämtliche Hauptdarsteller der politischen Bühne standen, eine Eigendynamik entwickeln würde, die außerhalb jeder Kontrolle lag.

Die Politik der Erinnerung

Wissenschaftler, die sich mit der „Politik der Erinnerung" beschäftigt haben (Jelin 1994; Cohen 1995; Ash 1997), haben vier grundsätzliche Möglichkeiten unterschieden, wie eine junge Demokratie mit ihrer unangenehmen Vergangenheit umgehen kann: (1) Amnesie oder Vergessen, wie in Spanien beim Übergang von der Franco-Diktatur, im Japan der Nachkriegszeit und in Rußland. Auch Churchill sprach 1946 von einem „gesegneten Akt des Vergessens". Demokratie hat nicht unbedingt eine *Geschichtsbewältigung*[2] oder eine *Aufarbeitung der Vergangenheit*[3] zur Voraussetzung, wie Deutschland sie beim erfolgreichen Ringen mit seiner Nazi-Vergangenheit unternahm. (2) Säuberung der Institutionen. Die Entfernung von Belasteten aus dem öffentlichen Dienst wurde am gründlichsten in der Tschechischen Republik („Lustration") und in der ehemaligen DDR durchgeführt. Die Entlassung von öffentlichen Bediensteten setzt jedoch das Vorhandensein qualifizierter Nachfolger voraus, die aufgrund des Bildungssystems während der Apartheid in Südafrika nicht in ausreichendem Maße zur Verfügung stehen. (3) Tribunale vom Typ der Nürnberger Prozesse. Sie sind aber eine Option von Siegern gegenüber Besiegten. Im Gegensatz dazu basierte der südafrikanische Übergang auf einer anhaltenden Pattsituation. Keine Seite wurde besiegt. (4) Wahrheitskommissionen, wie sie zuerst in Lateinamerika eingesetzt wurden. Sie sind ein beispielloser Kompromiß zwischen Kriegsgerichten und dem Vergessen der von beiden Seiten begangenen Grausamkeiten.

Ein Verschweigen der Vergangenheit hätte in Südafrika Millionen von Opfern der rassistischen Gesetze betrogen und die moralischen Grundlagen der neuen Ordnung geschwächt. Wegen der notwendigen Versöhnung in einer ethnisch geteilten Gesellschaft verbot es sich andererseits, Bestrafungen vorzunehmen oder Rache zu üben. Straflosigkeit für in der Vergangenheit verübte Verbrechen war eine entscheidende Voraussetzung für den relativ friedlichen politischen Macht-

---
2 Im Original deutsch (AdÜ).
3 Im Original deutsch (AdÜ).

wechsel. Die Bereitschaft zur umfassenden Aufdeckung der Wahrheit durch die Täter und im Gegenzug das Angebot einer Amnestie erwies sich als die beidseitig anerkannte Formel für eine zukünftige Koexistenz.

Die südafrikanische Wahrheitskommission sollte drei Aufgaben erfüllen, für die jeweils eigene Unterkommissionen eingerichtet wurden:

1. Recherchen zur Ermittlung der Wahrheit über grobe Menschenrechtsverletzungen und Gewährung von Amnestie auf der Grundlage voller Geständnisse.
2. Die therapeutische Funktion, den Opfern Gelegenheit zu geben, ihre Geschichte zu erzählen, ihr Leid offiziell und öffentlich anzuerkennen, sie zu beraten und den Hinterbliebenen Trost zu spenden.
3. Die kompensatorische Funktion, die Opfer in Form von Renten, einmaligen Zahlungen oder durch Akte symbolischer Anerkennung zu entschädigen.

Zwangsläufig war die Kommission von Beginn an Adressat politischer Interessen und stand im Mittelpunkt verschiedener Kontroversen. Trotz der außergewöhnlichen Persönlichkeit einiger ihrer Mitglieder waren alle 17 Angehörigen der Kommission mit ihrer eigenen politischen Vergangenheit und ihren jeweiligen persönlichen Idiosynkrasien belastet. So waren einige gerade erst aus einem jahrzehntelangen Exil zurückgekehrt und mit den südafrikanischen Empfindlichkeiten relativ unvertraut, während die Haltung anderer Kommissionsmitglieder sehr stark von ihrem Geschlecht, ihrer Rasse oder ihrer liberalen Haltung beeinflußt war. All dies führte gelegentlich zu Kommunikationsstörungen innerhalb der Gruppe. Daß solche unvermeidlichen Auseinandersetzungen an das Licht der Öffentlichkeit drangen, trug nicht dazu bei, die Kommission als eine unparteiische Institution auszuweisen, die über dem Gezänk des politischen Tagesgeschäfts steht.

Andererseits stellt die afrikaanssprachige Presse die Kommission unermüdlich bloß, so daß die *National Party* schließlich eine formale Anfechtung unternahm. Darin wurde Boraine und dem Vorsitzenden der Kommission, Erzbischof Desmond Tutu, vorgeworfen, die mit ihrem Mandat verbundene Unparteilichkeit dadurch verletzt zu haben, daß sie de Klerks Erscheinen vor der TRC ins Lächerliche gezogen hätten. Der Fall wurde durch eine Entschuldigung bzw. Klarstellung Tutus außergerichtlich beigelegt. Später wurde eine umstrittene Generalamnestie für 39 ANC-Führer vom obersten Gericht als gesetzeswidrig aufgehoben, was das Ansehen der Wahrheitskommission erneut beeinträchtigte.

Zusammenfassend gesagt, ist die südafrikanische TRC mit einigen schwerwiegenden Problemen konfrontiert, die sich unter folgenden Rubriken zusammenfassen lassen: (1) das Problem einer gesetzlich verordneten Versöhnung; (2) das Problem offizieller Wahrheit und gemeinsamer Erinnerung; (3) das Problem individueller Schuld und kollektiver Vorteile; (4) das Problem verweigerter Schuldbekenntnisse; und (5) das Problem bedrohter Identitäten. Diese fünf Problemkreise werden im folgenden kurz skizziert.

Gesetzlich verordnete Versöhnung

Es heißt, daß die Aufdeckung der Wahrheit die Nation versöhnt, aber auch das Gegenteil kann eintreten: je grausamer die Enthüllungen, desto lauter der Ruf nach Gerechtigkeit durch Vergeltung. Die Möglichkeit nationaler Versöhnung beruht also auf der Aufdeckung der Wahrheit einerseits wie auf der Herstellung individueller Gerechtigkeit andererseits. Die Architekten der TRC räumen allerdings bereitwillig ein, die Gerechtigkeit der Wahrheit zu opfern. In der dadurch entstehenden Konkurrenz beider Ziele zeigt sich der grundsätzliche Zwiespalt der südafrikanischen Kommission. Die Verfechter des Prinzips Aufdeckung der Wahrheit vor Herstellung individueller Gerechtigkeit argumentieren, daß politisch motivierte Verbrecher wegen ihres ideologischen Fanatismus nicht zu rehabilitieren seien und daß eine Aburteilung in justizförmigen Verfahren bei unsicherer Beweislage nicht zu gewährleisten sei. Deshalb bestünde die einzige Chance für eine Befriedung der Gesellschaft darin, daß die Überlebenden und die Angehörigen der Opfer erfahren, was geschehen und wer dafür verantwortlich ist (vgl. Verwoerd 1997) – durch Geständnisse, die vor der Wahrheitskommission als Bedingung für eine Amnestie abgelegt würden. In dieser Perspektive, die sich gegen die Option strafrechtlicher Verfolgung wendet, wird die Erlangung individueller Gerechtigkeit zugunsten einer stabilen sozialen Ordnung und der sonst schwierigen Aufdeckung von Verbrechen preisgegeben.

In dieser Argumentation drückt sich aber auch die Scheu vor einer Konfrontation mit den Opfern aus, denen Gerechtigkeit verweigert wird und die durch eben jene Amnestie traumatisiert werden, mit der man die Nation eigentlich therapieren wollte. Der notwendige „schlechte Kompromiß" (Tutu) der Wahrheitskommission zieht allein die heftigen Reaktionen der Weißen auf mögliche Entschädigungsklagen in Betracht und vernachlässigt den Zorn der Opfer über diese Form der Vergebung. Die pragmatisch orientierte Sicherung des Friedens für die Mehrheit erfolgt – was durchaus legitim ist – auf Kosten der berechtigten Ansprüche einer Minderheit.

Wirkliche Versöhnung setzt immer auch ein gewisses Maß an Vergessen voraus. In der deutschen Diskussion hat Jürgen Habermas betont, daß die hartnäckige Forderung nach Versöhnung auf die Förderung des Vergessens angewiesen ist (vgl. Habermas 1996). So wie die alten Nazis entlastet wurden, weil man sie als Verbündete im Kalten Krieg brauchte, so werden die Befürworter der Apartheid nun für Wachstum und Entwicklung benötigt. Zyniker behaupten, daß die TRC die Opfer bloß als Dekoration zur Legitimierung des Exkulpationsrituals benutzt, dessen eigentliche Nutznießer die ehemaligen Herrscher sind. Dennoch bleibt Versöhnung oder wenigstens friedliche Koexistenz das Privileg einer Gesellschaft, in der die einstigen Kolonisten genauso rechtmäßig zu Hause sind wie die von ihnen kolonialisierte einheimische Bevölkerung.

In den Auseinandersetzungen in Südafrika kommt „Versöhnung" gelegentlich allerdings einem religiösen Wert gleich, der selbst Unwilligen aufgezwungen werden soll. Eine starke Minderheit vertritt die Meinung, daß keine Regierung und kein politischer Führer die moralische Autorität besitze, den ehemaligen Unterdrückern im Namen des Volkes zu vergeben, da keine der leidtragenden Parteien um Zustimmung gebeten oder auch nur beteiligt worden sei (vgl. Parry 1995/96). Nur die Opfer können dieser Auffassung zufolge vergeben, und einige Verbrechen sind buchstäblich „unverzeihlich". Gegen diese Position, die von prominenten südafrikanischen Hinterbliebenen, wie etwa den Familien Biko, Mxenge und Ribeiro, geteilt wird und sogar gerichtlich durchgesetzt werden sollte, kann man einwenden, daß das Volk durch die von ihm gewählten ANC-Vertreter wie auch durch die gewählten Vertreter der Opposition diese Zustimmung gegeben hat. In dem Bemühen, sich selbst zu entlasten, wetteiferten ANC und NP anfänglich um das Ritual öffentlicher Geständnisse als Voraussetzung für eine Vergebung. Dabei wurde aber regelmäßig übersehen, daß das Amnestieangebot der Wahrheitskommission keineswegs Reue verlangt, die ohnehin hätte geheuchelt werden können. Leider verfällt die TRC – unter dem Vorsitz von zwei Geistlichen – häufig in den theologischen Diskurs von Reue und Sühne. Wenn Tutu sich „zutiefst betrübt" zeigt, weil de Klerk die Verantwortung für die grausigen Taten seiner Sicherheitskräfte leugnet und somit letztlich seine Entschuldigung für die Apartheidpolitik zurücknimmt, bezieht er sich auf die religiöse Vorstellung einer Absolution, die Reue verlangt. Die Absolution durch einen wohlwollenden ehemaligen Bischof bleibt aber Gläubigen vorbehalten, die an eine „Heilung" glauben oder der afrikanischen Philosophie des *ubuntu* anhängen.[4]

Offizielle Wahrheit und gemeinsame Erinnerung

Die Behauptung, daß das öffentliche Anprangern von Verbrechen selbst schon eine Form der Gerechtigkeit ist, mag aus Sicht der Opfer stimmen, deren Leiden durch die Verhandlungen der Wahrheitskommission öffentlich anerkannt und deren Würde dadurch wiederhergestellt wird. Die Täter brauchen sich in eben jenen Verhandlungen jedoch nicht einmal beschämt zu geben, wenn sie behaupten, daß sie bloß Befehle befolgt oder vermeintliche ausländische Kommunisten bekämpft hatten. Dem Konzept der Kommission zufolge sollen Folterer durch „öffentliche Schande" bestraft werden. Dies setzt jedoch die Verachtung einer moralischen Bezugsgruppe voraus, die die meisten Täter gerade dadurch meiden, daß sie sich nur allzu gerne in ihr ethnisches Umfeld zurückziehen, in dem ihre eigenen Ansichten vorherrschen (vgl. Pauw 1997). Dennoch ist durchaus etwas damit gewonnen, daß die Vertreter des ehemaligen Regimes ihre Untaten zugeben und

4 Zudem setzt sich die südafrikanische Bevölkerung aus Anhängern vieler Weltreligionen zusammen, und jüdische, islamische oder hinduistische Vorstellungen von Versöhnung stimmen nicht unbedingt mit den christlichen Forderungen des Anglikaners Tutu überein.

sich dafür entschuldigen. Jetzt kann wenigstens niemand mehr die in der Vergangenheit verübten Grausamkeiten leugnen. „Wahrheitskommissionen können die Zahl der in einer Gesellschaft akzeptierten Lügen verringern", wie Michael Ingatieff feststellt (1998, S. 173).

Die ehrgeizigen Ziele einiger TRC-Mitglieder bestehen jedoch auch darin, die Geschichte neu zu schreiben. Boraine meint, daß die Südafrikaner „unbedingt eine gemeinsame Erinnerung schaffen müssen" (Boraine 1997). Das Kommissionsmitglied Richard Lyster spricht davon, eine „offiziell akzeptierte Geschichte" etablieren zu wollen, die „in Schulen unterrichtet" werden kann. Der Historiker Hermann Giliomee, einer der lautesten Skeptiker gegenüber der TRC, kritisierte dies und die „damit einhergehende Vorstellung, daß jene, die die offizielle Geschichte in Frage stellen, streng zu bestrafen sind", als totalitäres Gedankengut (Cape Times, 09. Oktober 1997). Und in der Tat kann man sich kaum vorstellen, wie sich 17 Kommissionsmitglieder auf eine von allen Südafrikanern geteilte Geschichte einigen sollen, auch wenn sie bis tief in die grausamsten und einsamsten Ecken der nationalen Psyche gedrungen sein sollten. Nicht einmal in sehr viel homogeneren Gesellschaften und nicht einmal Hunderten von professionellen Historikern ist dies gelungen. Es wäre naiv zu erwarten, daß widersprüchliche Versionen der Geschichte ausgewischt werden könnten. So notwendig es auch sein mag, die Grausamkeiten der Vergangenheit zu erinnern, schafft dies doch keine gemeinsame Grundlage für die ehemaligen Kriegsparteien.

Eine offizielle Version der Geschichte führt nicht automatisch zur Schaffung einer Nation. Die Behauptungen einer solchen Geschichte werden zwangsläufig von jenen in Frage gestellt, deren Interessen durch die „offiziell akzeptierte" Auffassung der Vergangenheit mißachtet werden. Will Kymlicka machte darauf aufmerksam, daß der erfolgreiche Aufbau einer Nation sogar eine Amnesie zur Voraussetzung haben kann, insofern „die Schaffung einer gemeinsamen Identität in einem multinationalen Staat vielleicht eine noch selektivere Erinnerung an die Vergangenheit erfordert" (Kymlicka 1995, S. 189). Vermutlich werden nicht alle nationalen Minderheiten eine solche Entwertung ihrer Geschichte im gleichen Maße hinnehmen. Natürlich wird der Widerstand gegen das Vergessen eher von den Besiegten als von den Siegern ausgehen, weil jene aus ihrem Leid Ansprüche auf Entschädigung, Befreiung oder einfach auf moralische Überlegenheit ableiten können.

Von einem realistischeren Standpunkt aus kann Geschichte als eine unendliche Auseinandersetzung verstanden werden. Bescheidenere Erziehungsziele bestehen dann in der Hoffnung auf eine unablässige kritische Auseinandersetzung mit widersprüchlichen Interpretationen der Vergangenheit. Eine solche Perspektive entwertet nicht die Leistungen von Wahrheitskommissionen, die unter schwierigen Umständen neue Beweismittel ans Tageslicht bringen. Die Skepsis gegenüber einer „offiziell akzeptierten Geschichte" reduziert lediglich überzogene Ansprüche.

Vielleicht kann man sich damit begnügen, daß es zwei Wahrheiten gibt: eine faktische Wahrheit, daß ein historisches Ereignis stattgefunden hat, und eine Wahrheit der Interpretation, die die Bedeutung des Ereignisses betrifft. So sollte zum Beispiel niemand, der im vollen Besitz seiner geistigen Kräfte ist, den Holocaust leugnen dürfen, aber es kann viele legitime Erklärungen für seine Ursachen geben und ebenso viele Auffassungen darüber, was der Holocaust für Täter und Opfer bedeutet.

Zusammenfassend läßt sich feststellen: Der Anspruch, daß Wahrheitskommissionen eine zerrissene Nation mit Hilfe einer allseits anerkannten Wahrheit heilen können, ist fraglich, sei es, weil immer die Gefahr besteht, daß Wahrheit von miteinander konkurrierenden Interessengruppen unterschiedlich definiert wird, sei es, weil Nationen keine kollektive Psyche besitzen. Schuld kann deshalb nur individuell zugeschrieben werden und nicht kollektiv. Es ist zweifelhaft, ob eine „traumatisierte" Nation dadurch geheilt werden kann, daß ihre unterdrückte Erinnerung wiederhergestellt wird. Medizinische Metaphern sind irreführend, wenn man sie auf kollektive Gebilde anwendet. Der Sinn von Gerichten oder Wahrheitskommissionen besteht darin, daß die Untaten Einzelner von der Schuld aller getrennt werden. Insofern dient die südafrikanische Wahrheitskommission dem Gegenteil dessen, was Constand Viljoen, der ehemalige Militärchef Südafrikas, ein „Beispiel für eine Burenhatz" nennt.

Individuelle Schuld und kollektive Vorteile

Der weiße Herausgeber einer einflußreichen südafrikanischen Zeitung stellte unlängst fest, daß nur eine kollektive Entschuldigung der Gemeinschaft der Weißen zu einer wirklichen Versöhnung führen könne. Diese Forderung setzt nicht nur die Existenz einer kollektiven Schuld voraus, wobei diejenigen Weißen, die gegen die Apartheid gekämpft haben, fälschlicherweise miteingeschlossen werden, sondern läßt auch offen, wer denn für eine zutiefst gespaltene ethnische Gemeinschaft sprechen kann.

Allerdings haben alle Weißen von der Apartheid profitiert, unabhängig von ihrer jeweiligen Einstellung. Auch weiße Apartheidgegner konnten sich den konkreten Vorteilen und dem symbolischen Status nicht entziehen, die mit der zufälligen Zugehörigkeit zu einer bestimmten Rasse verbunden waren. Dazu gehören unterschiedliche Löhne für Beschäftigte, die die gleichen Aufgaben und Qualifikationen hatten, ebenso wie extreme Unterschiede hinsichtlich der Lebensbedingungen, der medizinischen Versorgung sowie der Ausbildung in den reichen Vorstädten einerseits und den verarmten Townships andererseits. In Südafrika profitierten alle Weißen von ihrer ethnischen Zugehörigkeit, unabhängig von ihrem Verdienst oder ihrer Klasse.

Mahmood Mamdani (1995) verdeutlichte den Unterschied zwischen Ruanda, wo es viele Täter, aber nur wenige Nutznießer des Genozids gab, und dem südafrikanischen Apartheidsystem, wo es nur wenige Täter, aber viele Nutznießer gab. Die Konzentration der Wahrheitskommission auf „grobe Menschenrechtsverletzung" hat zur Folge, daß die Nutznießer der systematischen Diskriminierung und die zahllosen Opfer der Apartheid aus dem Blickfeld geraten. Sollen die Nutznießer eine Entschädigung zahlen? Können Opfer und Nutznießer mit Hilfe ethnischer Begriffe definiert werden? Kann es eine Versöhnung ohne ökonomische Gerechtigkeit geben?

Die verarmten Eltern, die ihre Kinder verloren haben, die alleinstehende Mutter, die den Verlust ihres Mannes beklagt, oder die geistesgestörten Folteropfer verlangen alle nach einer Entschädigung. Aber können die verschiedenen Nuancen des Leidens finanziell differenziert werden, so wie Versicherungen die unterschiedlichen Beträge für verschiedene Arten von Verstümmelungen berechnen? Sollte es eine Überprüfung des Einkommens geben? Kurz und gut, kann Schmerz gemessen und unvoreingenommen mit einem Preisschild ausgezeichnet werden?

In Anbetracht dieser Schwierigkeiten empfahl die Wahrheitskommission, 22.000 Opfern unterschiedslos sechs Jahre lang eine jährliche Zahlung von 20.000 Rand (ca. 6.100 DM) zu gewähren. Dies würde sich auf eine Summe in Höhe von 0,25% des Staatshaushalts belaufen, aber die zur Reduzierung der Ausgaben verpflichtete Regierung wird wahrscheinlich sogar diese symbolische Geste wesentlich niedriger ausfallen lassen. Ebenso zweifelhaft ist, ob die private Wirtschaft für die Wiedergutmachungszahlungen einspringen wird, sei es in Form einer einmaligen Körperschaftssteuer oder in Form einer allgemeineren Vermögenssteuer.

Die Wahrheitskommission stellt grobe Menschenrechtsverletzungen durch Einzelpersonen und individuelle Schicksale von Opfern in den Mittelpunkt und vernachlässigt die Mittäterschaft von Institutionen und kollektiven Gebilden. Gesellschaftliche Einrichtungen wie politische Parteien und Berufsverbände (Ärzte, Richter, Unternehmen, Medien) sowie Kirchen, die dazu aufgefordert wurden, ihren Beitrag zur Unterstützung oder Legitimierung der Apartheid zu reflektieren, verweigerten dies meistens. Sie übernahmen alle die „kollektive Verantwortung" für die Untaten ihrer Mitglieder. Sie behaupteten jedoch gleichzeitig, daß sie diese „niemals verziehen" oder nicht einmal davon gewußt hätten. In Wirklichkeit hätten sie darüber Kenntnisse haben können bzw. sie hätten die Vergehen oder die Kollaboration mit einem verbrecherischen System in den meisten Fällen verhindern können, wenn nur der politische Wille vorhanden gewesen wäre. Da sie nun einmal in das politische Gerangel um Wählerstimmen oder Glaubhaftigkeit verstrickt sind, kann man von den politischen Parteien einschließlich des ANC kaum erwarten, daß sie sich durch das Geständnis, Grundsätze der natürlichen Gerechtigkeit verletzt zu haben, selbst diskreditieren.

Verweigerte Schuldbekenntnisse

Im Unterschied zur chilenischen Präsidentenkommission, so André du Toit, „ist die Wahrheitskommission ein im hohen Maße öffentliches und demokratisches

Unternehmen" (du Toit 1997). Als parlamentarisches Gremium war sie von lebhaften öffentlichen Debatten, öffentlichen Anhörungen über die Eignung der Kommissionsmitglieder und regelmäßig im Fernsehen übertragenen Verfahren geprägt. Anders als bei der achtköpfigen chilenischen Kommission, die paritätisch besetzt war, waren die Vertreter des alten Regimes in Südafrika in der Minderheit oder – soweit es die ehemals regierende NP oder die Zulu-Partei Inkatha betrifft – überhaupt nicht vertreten. Von daher spiegelte die Wahrheitskommission die neuen politischen Machtverhältnisse wider.

Obwohl die TRC durch das „Gesetz zur Förderung der nationalen Einheit und Versöhnung" aus dem Jahre 1995 zu einer quasi-richterlichen Unparteilichkeit verpflichtet wurde und mit Personen besetzt sein sollte, „die kein übermäßig ausgeprägtes politisches Profil haben", hatten die meisten Kommissionsmitglieder sehr aktiv am langen Kampf gegen die Apartheid teilgenommen. In einer stark politisierten Gesellschaft hätte man auch kaum eine „geeignete und würdige Person" mit einem neutralen politischen Profil gefunden. Zwangsläufig wurde der Wahrheitskommission vorgeworfen, einen politischen Einfluß auf die Verfahren und Urteile zuzulassen. Hermann Giliomee beschuldigte die Wahrheitskommission, daß „sie sich im Verhältnis 22 zu 2 auf Taten von Vertretern des alten Regimes" konzentriere und davon absehe, Beweismittel zu Menschenrechtsverletzungen durch die Befreiungskräfte zu sammeln (Cape Times, 23. Oktober 1997). Tatsächlich hätte die Kommission mehr einzelne ANC-Führer vorladen können, anstatt sie unter Hinweis auf eine kollektive Verantwortung stillschweigend freizusprechen. Allerdings wurde die Kommission von der massiven Anhäufung von Beweismitteln über Grausamkeiten, die durch Vertreter des Apartheidstaates begangen wurden, sowie durch den Druck der öffentlichen Meinung überwältigt. Die offensichtliche Neigung der meisten Kommissionsmitglieder und insbesondere ihrer Mitarbeiter, die Geschichtsversion des ANC weitestgehend zu übernehmen, führte dazu, daß die Legitimität der Wahrheitskommission in den Augen anderer Parteien in Frage gestellt war, da deren Führungsspitzen fürchteten, ständig aufs neue diskreditiert zu werden. Dieser Eindruck wurde durch die schrecklichen Darstellungen der Opfer verstärkt, die anerkannt werden wollten und auf spätere Entschädigungen hofften. Im Gegensatz zum dramatischen Effekt des argentinischen „Nunca-Mas-Berichts", der nach langen nichtöffentlichen Ermittlungen über die Verschwundenen publiziert wurde, wurde die Forderung nach einem „Nie wieder" in Südafrika über drei Jahre lang verbreitet. Darüber hinaus wurden die Namen der Täter nicht geheimgehalten, sondern die Gesichter der Folterer erschienen täglich in den südafrikanischen Medien. Solch ein öffentlicher Diskurs trägt zweifellos zur politischen Bildung bei, aber es ist fraglich, ob sich dadurch eine einende Wahrheit etabliert (Krog 1998).

Entgegen den Erwartungen der ehemaligen Sicherheitsbehörden wurde keine Blanko- oder Kollektivamnestie gewährt. Statt dessen hing die Amnestie von der vollständigen Aufdeckung durch Einzelpersonen ab sowie vom Nachweis, daß die Straftaten politisch motiviert waren und im Verhältnis zur jeweiligen Position in dem Konflikt standen (Noorgard Grundsätze). Dieser Tauschhandel von umfassenden Geständnissen gegen Amnestie wurde nirgendwo sonst praktiziert. Die Anträge von Amnestieanwärtern wurden nicht automatisch genehmigt, sondern die Antragsteller waren Ermittlungen ausgesetzt und wurden Kreuzverhören im Rahmen einer öffentlichen Untersuchung bzw. Anhörungen unterzogen, wenn die Kommission dies für notwendig hielt. Nur wenn die Täter offenlegten, was sie getan und warum und auf wessen Befehl hin sie es getan hatten, erfüllten sie die Bedingungen für eine Begnadigung. Auf diese Weise wurde „Gerechtigkeit gegen Wahrheit eingetauscht". Mehrere hundert Anträge auf Amnestie wurden abgelehnt und bei einigen Tätern, die nur ausweichende Antworten gaben oder offensichtliche Lügen auftischten, wurde eine Strafverfolgung nahegelegt.

Ob die angedrohte Strafverfolgung derjenigen, die sich weigerten, eine Amnestie zu beantragen, in die Tat umgesetzt wird, bleibt abzuwarten. Im Hinblick auf wichtige politische Akteure ist die Erfolgsrate mittelmäßig. Die Militärführung hatte ebensowenig aufzudecken wie die meisten ranghohen Apartheidpolitiker. Die Führer der *Inkatha Freedom Party* (IFP) boykottierten die Wahrheitskommission, weil sie sie als ein Instrument ihrer Gegner vom ANC betrachteten. Dennoch erzählten eine Reihe von Polizeichefs der Kommission ihre Versionen, zumeist aus reiner Verbitterung über ihre zivilen Vorgesetzten aus der NP, die sich weigerten, die Verantwortung für ihre eigenen Befehle zu übernehmen. Dadurch, daß so die einst fest geschlossenen Reihen der ehemaligen Burenherrschaft aufgebrochen wurden, wurden die Befehlsstrukturen offengelegt, wenn auch die Urheber der meisten Grausamkeiten schon lange bekannt waren. Während die Wahrheitskommission oft allgemein *Bekanntes* bestätigte, gelang es ihr meistens nicht, *Schuldbekenntnisse* zu erhalten. Auch wenn der unwahrscheinliche Fall stimmt, daß Botha oder de Klerk in ihrer Funktion als Staatspräsident nichts von den Untaten wußten oder ahnten, die ihre Sicherheitskräfte verübt hatten, hätte man immer noch ein Schuldbekenntnis im Hinblick auf die Grausamkeiten erwarten können, die ja im Namen und zur Verteidigung des Apartheidstaates begangen worden waren. Der Eichmann Südafrikas namens Eugene de Kock, der Leiter einer Einsatzgruppe war und jetzt für nicht-politische Straftaten lebenslang inhaftiert ist, hat denn auch folgerichtig die ehemaligen Apartheidpolitiker als Feiglinge denunziert.

In unterschiedlichen Gesellschaften verwendet man unterschiedliche Euphemismen, um den Mitläufern einen Tötungsbefehl zu erteilen. Der mit Orden ausgezeichnete kroatische Polizeibeamte Mercer sagte „wischt die Scheiße da auf" und meinte damit, daß serbische Gefangene liquidiert werden sollten. In Südafrika deuteten weiße Polizeigeneräle an, daß „ein Plan gemacht werden sollte", und ihre Untergebenen verstanden. Ein anderes Signal lautete, daß ein Aktivist „für immer aus der Gesellschaft entfernt", „eliminiert" oder „neutralisiert" werden sollte.

Heute behaupten alle Mitglieder des früheren Nationalen Sicherheitsrates, daß solche Sätze eher bedeuteten, jemanden zu inhaftieren als jemanden zu töten. Die Suche der Wahrheitskommission nach expliziten Befehlen erweist sich als ergebnislos, weil solche Befehle nicht notwendig waren oder, wie Pik Botha feststellte, nicht erinnert würden, wenn sie explizit gemacht worden wären. Deshalb können Apartheidpolitiker nur sehr schwer aufgrund des Nachweises bewußt begangener Straftaten belangt werden, aber sie haben klare Unterlassungssünden begangen. Die Politiker verstecken sich hinter dem, was man im Recht als „glaubhaft wirkendes Bestreiten" kennt. Sie erhalten weiterhin ihre dicken Staatsrenten, während das Fußvolk als Sündenbock herhalten muß und zurecht verärgert über seine ehemaligen Vorgesetzten ist.

Möglicherweise läßt die Wahrheitskommission den Irrtum wiederaufleben, daß die Nation die Vergangenheit hinter sich gelassen hat, daß es so etwas gegeben habe, was die Deutschen 1945 die *Stunde Null* genannt haben. Der endgültige Erfolg der Wahrheitskommission wird nicht daran gemessen, wie vollständig oder „genau" das von ihr gezeichnete Bild der Vergangenheit ist, sondern inwieweit sie in Zukunft einen Beitrag zur politischen Erziehung leistet. Es ist das Bewußtsein von vergangenem Unrecht, das zukünftigen Generationen eine Vorstellung von Gerechtigkeit vermittelt.

Bedrohte Identitäten

Schuldzuschreibungen sind viel einfacher, wenn sie eine diskreditierte Institution betreffen, wie etwa die Militärs in Lateinamerika oder eine nicht mehr existierende kommunistische Partei in Osteuropa. Anders sieht es aus, wenn es sich um eine mächtige Berufsgruppe oder gar eine ganze ethnische Gemeinschaft handelt wie in Südafrika oder dem ehemaligen Jugoslawien. Wenn Grausamkeiten im Namen einer ethnischen Gruppe begangen werden, steht die Identität aller Gruppenmitglieder vor Gericht. Das wohlwollende Selbstbild und der Ethnozentrismus der ethnischen Identität wird durch das, was die Mitglieder als „kulturellen Suizid" erleben, zerstört. Wann immer anerkannte Gruppenführer die kollektive Verantwortung für Verbrechen aus der Vergangenheit übernehmen, riskieren sie, von Rivalen denunziert zu werden, weil sie die edle Absicht oder das gutmütige „Wesen" einer ethnischen Identität falsch interpretiert haben. Daher rührt der ungewöhnliche Widerstand der weißen Institutionen in Südafrika, selbst der großen calvinistischen *Nederduitse Gereformeerde Kerke* (NGK), die Verantwortung mitzutragen und eine Schuld an den wesentlichen Grundsätzen der Apartheid einzuräumen. Die Entschuldigung der Kirche bei „denen, die durch die Apartheid und die Rolle der Kirche in diesem Zusammenhang verletzt wurden", beinhaltet immer noch nicht die Einsicht, daß nicht nur jede schwarze Person, sondern auch die weißen Herren durch das offizielle rassistische System entmenschlicht wurden.

Wie begrenzt die Bereitschaft war, eine Mitschuld einzuräumen, wurde deutlich, als die Wahrheitskommission die Geschäftswelt, die Richter, die Medien und die Ärzteschaft dazu aufforderte, über ihre Rolle als Unterstützer der Apartheid Rechenschaft abzulegen. In diesem Fall nahm es die Wahrheitskommission mit einem mächtigen Establishment auf und hatte damit, wie vorauszusehen war, wenig Glück. Die meisten Sprecher räumten ein, daß sich ihre jeweilige Gruppe vielleicht mehr an der Abschaffung der Apartheid hätte beteiligen können. Sie hoben jedoch weitaus stärker hervor, daß ihnen aufgrund des Gesetzes die Hände gebunden gewesen wären, daß sie unter diesen Umständen das Beste gemacht hätten und daß auch sie unter der Apartheid zusätzliche Kosten hätten tragen müssen.

Wie man aufgrund tiefverwurzelter Interessen der Schuldfrage auswich, wird an Stellungnahmen von Richtern vor der Kommission besonders deutlich. Denn schließlich wendeten die Juristen die Gesetze der Apartheid in den meisten Fällen an, statt sich für Menschenrechte einzusetzen oder auch nur gegen die Aufhebung der bürgerlichen Freiheiten zu protestieren. Obwohl die südafrikanischen Richter vom Gesetz her unabhängig waren, nutzten nur wenige ihre Unabhängigkeit, um sich kritisch über die inakzeptablen rassistischen Gesetze zu äußern oder auch nur den ihnen zur Verfügung stehenden Spielraum bei der Urteilsfindung zugunsten der Opfer auszuschöpfen. Die Apartheidjustiz wurde durch das stillschweigende Einverständnis von Richtern und Polizei bestimmt, weil die meisten Richter gleichermaßen bereitwillig wie gedankenlos einem System zustimmten, dessen integraler Bestandteil sie waren. Auch wenn sie wegen dieses Verhaltens einen Teil der Schuld auf sich nehmen, weisen die Richter in ihren Stellungnahmen auf „die ungerechtfertigten Versuche [hin], einen wesentlichen Beitrag für die Gesellschaft in einer umstrittenen und schwierigen Zeit zu verunglimpfen" (Stellungnahme von vier Richtern des Revisionsgerichts).

Die Befürchtung, daß ihr Erscheinen vor der Wahrheitskommission der Autorität des Richteramts Abbruch tun könnte, hatte die erstaunliche Tatsache zur Folge, daß kein einziger Richter – nicht einmal die wenigen schwarzen – vor der Anhörungskommission aussagte. Solidarität unter Kollegen, Standesfragen und Arroganz gegenüber den juristischen Laien der TRC hatte den Sieg davongetragen.

Seit Oktober 1996 gestaltete sich die Beziehung zwischen der Wahrheitskommission und den regulären Gerichten ambivalent. Zuvor waren einige hochrangige Apartheidpolitiker, wie etwa der ehemalige Verteidigungsminister, General Magnus Malan, vor ordentlichen Gerichten vom Vorwurf des Mordes und der Konspiration im Zusammenhang mit einem Massaker im Jahre 1987 freigesprochen worden. In einem vorangegangenen, ähnlich umstrittenen Fall sah der Vorsitzende Richter kaum Beweismittel für mutmaßliche polizeiliche Mördertrupps, obgleich entsprechende Vorkommnisse, die das Gegenteil bewiesen, wohlbekannt waren. Hätte nun die Wahrheitskommission freigesprochene Personen vorgeladen oder Richter nach dem Verfahren befragt, hätte sie sich selbst zu einer Art „Obersten Gericht" aufgeschwungen. Die Suche nach der „wirklichen Wahrheit" wäre dabei von Laien vorgenommen worden, von Mitgliedern einer Kommission, die nicht an die gesetzliche Vorgehensweise bei der Überprüfung von Beweismitteln gebunden ist. Der Wahrheitskommission wäre postwendend vorgeworfen worden, selbstherrlich zu handeln und die Unabhängigkeit und Integrität der Gerichte zu unterlaufen.

Desmond Tutu sah sich gezwungen, auf den entscheidenden Punkt hinzuweisen, daß „ein Gerichtsverfahren weder die Feststellung der Wahrheit noch eine Verurteilung gewährleistet" und daß ein „Freispruch von einem Strafgericht sehr wenig über die moralische Schuld oder Unschuld aussagt". In der Tat ist ein Gericht zwar auf Beweise angewiesen. Was das Planen politisch motivierter Gewalttaten anbelangt, sind die Verdunklungsmöglichkeiten aber zahlreich, was zur Folge hat, daß mutmaßliche Täter ungeschoren davonkommen. Daher ist es nicht weiter erstaunlich, daß sich viele Funktionäre des Apartheidsystems lieber von einem regulären Gericht beurteilen lassen, als daß sie vor der Wahrheitskommission eine Amnestie beantragen.

In anderen Berufsgruppen haben die Berichte über die Unterstützung der weißen Vorherrschaft zu einer erneuten Verhärtung im Verhältnis zwischen den Rassen geführt. Zum Beispiel verurteilen im Gesundheitswesen beschäftigte Schwarze die Haltung ihrer Kollegen als „einen Erguß liberaler Selbstgeißelung". Auf der anderen Seite weisen liberale weiße Ärzte auf die fortschrittliche Politik der Aufhebung der Rassentrennung in den Krankenhäusern hin, die oftmals gegen oder im Vorgriff auf das Gesetz erfolgte. Ihre Kritiker bestehen jedoch darauf, daß „der Kampf im Gesundheitswesen in den achtziger Jahren hauptsächlich von Schwarzen geführt wurde und daß die weißen Ärzte in Wirklichkeit nur eine sehr geringe Rolle spielten" (Naidoo 1997). Wie immer liegt die Wahrheit in der Mitte. Während einige wenige ihre Karriere mutig aufs Spiel setzten, um gegen die Mißhandlung von Gefangenen zu protestieren, und andere die bequemen Praxen in den Vorstädten gegen den harten Dienst in den Townships tauschten, gab es ebenso Ärzte, die nichts sagten, wenn Kinder, die in Soweto von Polizisten angeschossen worden waren, auf den Unfallstationen mit roten Aufklebern markiert wurden, um sie später identifizieren zu können. Der Gefängnisarzt, der den übel zugerichteten Steve Biko nicht behandelte, war nur ein besonders skandalöses Beispiel für das Fehlverhalten einer Berufsgruppe, in deren Reihen es zwar auch politisch bewußte Helden, aber weitaus mehr feige, unpolitische Mitläufer gab.

Forcierte Versöhnung ohne politische Konsequenzen

Versucht man eine vorläufige Bilanz des südafrikanischen Beispiels der Vergangenheitsbewältigung, dann läßt sich positiv feststellen, daß erstens die TRC vor allem den Hinterbliebenen und Überlebenden der Menschenrechtsverletzungen öffentlich Anerkennung zollte und die Opfer offiziell rehabilitierte. Indem die Wahrheitskommission an Hunderten von Einzelschicksalen über drei Jahre lang die Apartheidverbrechen bloßstellte, hat sie zweitens zur politischen Bildung beigetragen. Die Ausrede der meisten Weißen, „das hat es niemals gegeben", hat sich wenigstens geändert in „das haben wir nicht gewußt und beabsichtigt".

Drittens blieben bei der Wahrheitsfindung und Verbrechensaufklärung zwar die Bestrafung und das Gerechtigkeitsprinzip auf der Strecke, aber ohne die Amnestiegarantie wären die Urheber vieler Greuel niemals ermittelt worden. Beweismaterial war vernichtet, und von den Tätern konnte man kaum erwarten, daß sie sich aus Gewissensbissen selbst belasteten. Wären normale Gerichtsverfahren gegen Apartheidpolitiker eingeleitet worden, wie es Breytenbach (1998) vorschlug, wäre der Vorwurf der Siegerjustiz und der Schauprozesse erhoben worden, und es wäre lediglich die Unfähigkeit eines überforderten und von den Weißen beherrschten Justizsystems offenbar geworden, solche Prozesse glaubwürdig durchzuführen.

Auf der negativen Seite der Bilanz steht zweifellos die gescheiterte Versöhnung. Daß Wahrheit frei mache und eine nationale Katharsis einleite, beruht auf dem christlichen Konzept der Vergebung durch ein Bekennen der Sünden. Nur wenige Täter auf beiden Seiten waren jedoch zur reuigen Beichte bereit, und wenigen Opfern war nach großzügiger Vergebung zumute. Warum sollten auch aus politischen Motiven begangene Verbrechen entschuldigt werden? Warum soll eine Staatskommission das Recht haben, Vergebung einzuklagen, die doch nur von den unmittelbar Betroffenen gewährt werden kann?

Meinungsumfragen haben denn auch ergeben, daß zwei Drittel der Schwarzen die Arbeit der Wahrheitskommission positiv bewerten und 84 Prozent der Weißen die Kommission als manipulativ und befangen ablehnen. Es gab mehr Versöhnungsbereitschaft vor dem Beginn der gesetzlichen Vergangenheitsbewältigung als drei Jahre nach dem ehrgeizigen Versuch, ein einendes Geschichtsbewußtsein zu schaffen. Das wird sich auch dadurch nicht ändern, daß der Abschlußbericht der TRC wahrscheinlich viel objektiver, d.h. ANC-kritischer, ausfallen wird, als Skeptiker erwarten. Die Regierungspartei wird dann das alte und falsche Argument wieder aufwärmen, daß vom ANC begangene Menschenrechtsverletzungen im Kampf für eine gerechte Sache mit den Untaten eines verbrecherischen Regimes nicht vergleichbar sind (Asmal 1997).[5]

Ob die Alternative einer akademischen Geschichtsaufarbeitung durch ein unabhängiges Gremium von Sozialwissenschaftlern sinnvoll gewesen wäre, bleibt dahingestellt. Ein Historikerstreit nach deutschem Muster hätte wahrscheinlich auf lange Sicht größere Wirkung erzielt als ein amtlicher Kommissionsbericht, der viel leichter als parteiisch abgetan werden kann. Ohnehin wird die unterschiedliche Interpretation der Apartheid-Vergangenheit andauern und durch den offiziellen Bericht nur noch beflügelt.

Der Psychiater Vamik Volkan hat Friedensvermittler in ethischen Konflikten davor gewarnt, „Versöhnung mit früheren Feinden zu übereilen". Die potentiell

---

5 Als 1996 führende Politiker des ANC dieses Argument zur Begründung einer von ihnen gewünschten Bevorzugung durch die Kommission benutzten, hatte Tutu offen mit Rücktritt gedroht. Statt der Selbstamnestie hat sich dann doch die Einsicht durchgesetzt, daß auch eine Partei, die für ein gerechtes Ziel kämpft, nichtsdestoweniger Unrechtstaten begehen kann und sich dafür verantworten muß.

bedeutsame Geste eines Gruppensprechers, die Opfer der anderen Seite um Vergebung zu bitten, setze Trauer voraus. „Verzeihung ist nur dann möglich, wenn die Gruppe, die am meisten gelitten hat, zugleich auch lange und tief genug getrauert hat. Man sollte ihr beim Trauern helfen, statt den scheinbar magischen Einzelakt der Vergebung zu betonen" (1997, S. 226). Bei der gesetzlich angeordneten Versöhnung, zusammen mit der theologisch inspirierten Schnellabsolution, kommt die Trauerfähigkeit zu kurz. Alexander und Margarete Mitscherlich haben im deutschen Kontext ebenfalls darauf verwiesen, daß im Glücksfall Versöhnung der Trauer *folgt*, aber Versöhnung nicht schlechterdings zur *Voraussetzung* von Konfliktregelung gemacht werden kann (Mitscherlich 1967).

Nicht nur fällt die Zwischenstufe der Trauer unter den Tisch der südafrikanischen TRC, es fragt sich auch, ob es überhaupt Versöhnung geben kann, solange der Streit noch andauert. Erst am Ende eines Konflikts können sich beide Parteien versöhnen. In Südafrika ist der Rassen- und Klassenkonflikt jedoch keineswegs abgeschlossen, sondern höchstens politisch institutionalisiert und wird gerade dadurch stets neu entfacht.

Der Kern des historischen Kompromisses besteht in Südafrika darin, daß die Weißen ihre politische Vorherrschaft abgaben, aber dafür die Garantie ihres ökonomischen Besitzstandes eintauschten. Politische Gleichheit ohne eine Politik der wirtschaftlichen Gleichstellung ist jedoch undenkbar. Eine demokratische Regierung, die nicht wenigstens bescheidene Maßnahmen zur Beseitigung der extremen Ungleichheit verspricht, von Umverteilung des gegebenen Besitzstandes gar nicht zu reden, könnte sich vor dem Zorn ihrer enttäuschten Wähler kaum retten. Das Dilemma, nicht durchführen zu können, was die große Mehrheit der schwarzen Wähler wünscht, wird nicht nur symbolisch durch Schuldzuweisungen an die vergangene weiße Herrschaft kompensiert, während wiederum die frühere weiße Machtclique sich mit Schuldabwehr brüstet. Wenn zudem *affirmative action*-Vorschriften im Staatsdienst und in der Privatwirtschaft („Equity Bill") die früheren Benachteiligten jetzt begünstigen und die früher Begünstigten in ihrem beruflichen Fortkommen benachteiligen, fördert diese notwendige Transformation nicht gerade den Frieden.

Die Wahrheitskommission hätte zur stärkeren Bewußtseinsbildung über die fortdauernden materiellen Ungerechtigkeiten und ihre historischen Ursachen beitragen können. Statt dessen hat sich das Wirken der TRC auf individuelle, krasse Menschenrechtsverletzungen beschränkt. Nur ganz wenige Südafrikaner haben sich jedoch Folterungen schuldig gemacht, während alle Weißen Nutznießer der Apartheid waren. Indem die TRC die außergewöhnlichen Greuel betont, erlaubt sie den gewöhnlichen Nutznießern der Greuel ein gutes Gewissen. Der Durchschnittsweiße kann sich von den Verbrechen, die in seinem Namen und zu seinem Vorteil begangen wurden, entrüstet distanzieren, weil er daran ja nicht beteiligt war.

Solcherart Vergangenheitsbewältigung hat die einmalige Chance vertan, moralisches Entsetzen in Unterstützung für Wiedergutmachung zu verwandeln und damit symbolische Gerechtigkeit in entsprechende Sozialpolitik umzusetzen. So notwendig Wahrheitskommissionen für die Rehabilitierung ehemaliger Opfer sein mögen und so nützlich solche Institutionen für die moralische Basis junger Demokratien sind, so sehr kann die personalisierte, auf Individualtäter abgestellte Geschichtsaufarbeitung das fortdauernde strukturelle Erbe einer schrecklichen Vergangenheit verschleiern. Erst die Verknüpfung von Einzel- und Kollektivschicksal bedeutet effektive Geschichtspolitik.

Übersetzung aus dem Englischen: Maren Kutscha-Wöll

Literatur

Adam, Heribert und Kogila Moodley, 1993: The Opening of the Apartheid Mind, Berkeley.
Asmal, Kader u.a., 1997: Reconciliation through Truth. A Reckoning of Apartheid's Criminal Government, Kapstadt.
Ash, Timothy Garton, 1997: South Africa – True Confessions, in: New York Review of Books XLIV (12), vom 17. Juli, S. 33-38.
Boraine, Alex, 1997: The TRC and Human Rights Journalism in South Africa, unveröffentlichtes Skript, Johannesburg.
Breytenbach, Breyten, 1998: „Wir sind alle Bastarde", in: Der Spiegel, Nr. 12, S. 190-195.
Cohen, Stanley, 1995: State Crimes of Previous Regimes: Knowledge, Accountability, and the Policing of the Past, in: Law and Social Inquiry, X, S. 7-50.
du Toit, André, 1997: No Rest without the Wicked: Assessing the Truth Commission, in: Indicator S.A., Sommer, S. 7-12.
Habermas, Jürgen, 1996: Die Einbeziehung des Anderen, Frankfurt a.M.
Ingatieff, Michael, 1998: The Warrior's Honour. Ethnic War and the Modern Conscience, Toronto.
Jelin, E., 1994: The Politics of Memory, in: Latin American Perspectives 21 (2), S. 38-58.
Krog, Antje, 1998: Country of my Skull, Johannesburg.
Kymlicka, Will, 1995: Multicultural Citizenship, Clarendon.
Mamdani, Mahmoud, 1995: Reconciliation without Justice, in: Southern African Review of Books, November/Dezember, S. 3-5.
Mitscherlich, Alexander und Margarete Mitscherlich, 1967: Die Unfähigkeit zu trauern – Grundlagen kollektiven Verhaltens, München.
Naidoo, Prakash, 1997: Truth Commission health-sector hearings should have gone further, in: Sunday Independent vom 6. Juli, S. 7.
Parry, Benita, 1996: Reconciliation and Remembrance, in: Die Suid-Afrikaan, Nr. 55 von Dezember 1995/Januar 1996, S. 10-12.
Pauw, Jacques, 1997: Into the Heart of Darkness. Confessions of Apartheid's Assassins, Jeppestown.
Verwoerd, Wilhem, 1997: Justice After Apartheid?, unveröffentlichtes Skript, vorgelegt in Madras (Indien) am 2.-9. Januar.
Volkan, Vamik, 1997: Bloodlines. From Ethnic Pride to Ethnic Terrorism, New York.

V. Theorie der Vergangenheitsbewältigung

Helmut König

Von der Diktatur zur Demokratie oder Was ist Vergangenheitsbewältigung

I. Das Problem, seine Bedeutung und seine Kontexte

Wenn von Vergangenheitsbewältigung die Rede war, war über Jahrzehnte hinweg sofort klar, daß man sich damit auf Deutschland bzw. auf die Bundesrepublik bezog. Bundesrepublik und Vergangenheitsbewältigung, – das gehörte untrennbar zusammen. Begonnen hatte es mit der schon vor 1945 von den Alliierten geäußerten Absicht, diesen Krieg nicht einfach mit einem Waffenstillstand und einem Friedensschluß nach dem Vorbild des klassischen Völkerrechts zum Abschluß bringen zu wollen. Tatsächlich begnügten sich die Sieger nicht damit, den Besiegten Reparationen aufzuerlegen, das Land zu besetzen, territoriale Veränderungen zu verfügen, Entmilitarisierung vorzunehmen etc. Vielmehr griffen die Alliierten mit einer Reihe von Maßnahmen tief in die inneren deutschen Angelegenheiten ein und legitimierten diese Eingriffe mit dem Ziel einer umfassenden Befreiung des Landes von Faschismus und Militarismus.

Zu diesen Maßnahmen gehörte an erster Stelle, daß Teile der politischen und funktionalen Elite vor ein internationales Gericht gestellt und verurteilt wurden. Damit war ein großer Schritt vom klassischen Völkerrecht zu einem neuen Weltbürgerrecht getan, dessen umwälzende Bedeutung lange durch den Kalten Krieg verschüttet war und der erst heute nach und nach in das internationale politische Bewußtsein tritt. Die Militärtribunale von Nürnberg und Tokyo setzten die Ächtung des Krieges in konkrete Straftatbestände um, schufen den neuen Straftatbestand des 'Verbrechens gegen die Menschlichkeit' und machten Einzelpersonen persönlich auch für solche Verbrechen haftbar, die sie in Staats- und Kriegsdiensten und in Befolgung bestehender Gesetze und Anordnungen begangen hatten. Über die Strafprozesse hinaus wurde die gesamte deutsche Bevölkerung unter den Verdacht des politischen Fehlverhaltens gestellt und im aufwendigen Verfahren der Entnazifizierung zur Rechenschaft gezogen. Und schließlich setzten die Alliierten umfassende aufklärerische, pädagogische und kulturelle Maßnahmen der Umerziehung, der re-education und re-orientation in Gang.

Was in der öffentlichen Diskussion später unter dem Stichwort der Vergangenheitsbewältigung rubriziert wurde, hat hier seine Anfänge. Es bestand aus den drei Elementen, die bis heute zum Kern jeder Vergangenheitsbewältigung gehören:

Strafverfahren, Disqualifizierung belasteter Personen, Aufklärung. In der unmittelbaren Nachkriegszeit korrespondierte den alliierten Bestrebungen auf deutscher Seite eine breite Schulddiskussion, in der allerdings von Beginn an vage und unpolitische Begriffe wie Schicksal, Heimsuchung oder Katastrophe vorherrschend waren. Mit der Währungsreform und der Gründung der Bundesrepublik konstituierte sich die Bürgerschaft des westdeutschen Teilstaates dann jedoch unter dem Zeichen vehementer Kritik an den alliierten Prozeduren und Zumutungen. In der Ablehnung der oktroyierten Vergangenheitsbewältigung, ergänzt durch den Antikommunismus, bildete sich der erste Nachkriegs-Konsensus der Bundesrepublik.

Seit Beginn der 60er Jahre und verbunden mit großen Mühen und Konflikten setzte in der Bundesrepublik dann aber eine aktive Auseinandersetzung mit der NS-Vergangenheit ein. Nach und nach wurde die Herkunft der Bundesrepublik aus einem verbrecherischen Regime in das öffentliche politische Bewußtsein aufgenommen. Dazu trug äußerer Druck erheblich bei. Die DDR z.B. wurde nicht müde, der Bundesrepublik vorzuhalten, daß weite Teile ihres politischen und gesellschaftlichen Führungspersonals aus der NS-Zeit stammten. Der damit von der DDR verbundene Zweck, die Bundesrepublik generell zu delegitimieren, wurde jedoch nicht erreicht. Im Gegenteil. Je mehr die Bundesrepublik die Belastungen ihrer Herkunft nicht verschwieg, sondern sich mit ihnen offen auseinandersetzte, desto mehr gewann sie an Anerkennung und Legitimität.

Die anderen Nachfolgestaaten des 'Dritten Reiches' und die 'Achsenmächte' Japan und Italien wehrten die Auseinandersetzung mit den belastenden und wenig ruhmreichen Aspekten ihrer Vergangenheit 'erfolgreich' ab. Sie hatten es damit kurzfristig leichter, auf längere Sicht aber handelten sie sich viele Probleme und Nachteile ein. Das gilt für die DDR, deren abstrakter und verordneter Antifaschismus sie nicht vor völliger Delegitimierung bewahrte; es gilt aber auch für Österreich, wo über die Selbstbeschreibung, das erste Opfer der Expansionsgelüste des 'Dritten Reiches' gewesen zu sein, jahrzehntelang die Begeisterung über den 'Anschluß' und die Empfänglichkeit des Landes für die Vorstellungen und Praktiken des Nationalsozialismus ignoriert wurden, bevor dann im Kontext der Waldheim-Wahl die Auseinandersetzung über die Bewertung der Vergangenheit um so turbulenter ausbrach. Seitdem scheint Österreich im Zeitraffer das nachzuholen, was sich in der Bundesrepublik über einen viel längeren Zeitraum entwickeln konnte.

In Japan wurden nach dem Tribunal von Tokyo alle Zumutungen einer Schuldübernahme für die Untaten der Vergangenheit mit dem Hinweis auf den Abwurf der Atombombe über Hiroshima und Nagasaki zurückgewiesen. Italien schließlich, das Land, in dem immerhin der Faschismus zuerst die Macht übernommen hatte, überhöhte die Resistenza zu einem Mythos, hinter dem die dunklen Aspekte der eigenen Geschichte verblaßten. Kurz und gut: Über vier Jahrzehnte hinweg schien nur die Bundesrepublik eine belastende Geschichte zu haben, und nur für sie schien sich die Aufgabe der Vergangenheitsbewältigung zu stellen. Im Historikerstreit wurde dieses Faktum noch einmal eindrucksvoll bestätigt.

Seit 1989 hat sich die Lage stark verändert. Die Fragen der Vergangenheitsbewältigung werden jetzt so heftig und so breit diskutiert wie nie zuvor, aber das geschieht in einem vielfach erweiterten Sinn und mit vielfältig neuen Bezügen, die auch den Umgang der Bundesrepublik mit der NS-Vergangenheit in ein neues Licht setzen. In direkter Folge der Systemwechsel in Ost- und Mitteleuropa ist auf der politischen Agenda die Frage ganz nach vorn gerückt, wie die neuen Demokratien mit ihren jeweiligen kommunistischen Vergangenheiten umgehen. Das ist in diesen Ländern nicht nur eine Frage der politischen Kultur und der historischen Aufklärung, sondern eine unmittelbar politische Frage, die konkreter Entscheidungen bedarf: Sollen die Akten und Archive geöffnet, Disqualifizierungen vorgenommen, Strafprozesse durchgeführt werden, oder ist es besser, die mittlerweile sprichwörtlich gewordene Politik des „dicken Strichs" unter die Vergangenheit zu praktizieren, wie sie der polnische Ministerpräsident Tadeusz Mazowiecki im September 1989 proklamierte?

Für den Umgang der Bundesrepublik mit der NS-Vergangenheit stellen sich derartige politische Entscheidungsnotwendigkeiten nur noch selten. Allerdings wurde im Schlepptau der Bewältigung der kommunistischen Vergangenheit in Ost- und Mitteleuropa für eine ganze Reihe von westlichen Ländern die Frage nach ihrem Verhalten in der Zeit des Zweiten Weltkriegs erstmals zu einem relevanten und in den jeweiligen Öffentlichkeiten breit diskutierten Thema. Das gilt für die von den Deutschen besetzten Länder, also z.B. für Frankreich und die Niederlande, es gilt aber auch für die neutralen Länder wie die Schweiz. In ganz unerwarteter Weise und von heftigen öffentlichen Erregungen begleitet werden hier nach mehr als fünfzig Jahren die gar nicht so hellen Aspekte des eigenen Verhaltens in das Zentrum der nationalen wie internationalen Aufmerksamkeit gerückt. Die Mythen, Legenden und Lebenslügen der Zeit nach dem Zweiten Weltkrieg werden zerstört und mit ihnen die Sicherheit der Verankerung in einer ganz und gar intakten Geschichte.

Zweifellos ist das aufregend genug, aber es ist doch etwas anderes als die Vergangenheitsbewältigung, die in den östlichen Ländern gegenwärtig auf der Tagesordnung steht. Was in diesen Gesellschaften eine Sache der harten politischen Entscheidungen und Maßnahmen mit konkreten Handlungsfolgen ist, ist in jenen eine Sache der politischen Kultur, eine Sache des kulturellen, historischen und politischen Wissens, eine Debatte über das Selbstbild und das soziale Selbstverständnis, aus der allenfalls noch Entschädigungszahlungen von Organisationen, Institutionen und Unternehmen an die Opfer und ihre Hinterbliebenen folgen. Zu strafrechtlichen Konsequenzen wegen individuell zuzurechnendem Fehlverhalten oder zu Disqualifizierungen führt das dagegen meistens nicht mehr.

Für die politisch-kulturelle Selbstverständigung hat die NS-Vergangenheit auch in der Bundesrepublik nichts von ihrer Bedeutung eingebüßt. Davon geben, um nur die Beispiele aus der jüngsten Zeit zu nehmen, die Debatten über das Buch von Goldhagen, über die Wehrmachts-Ausstellung des Hamburger Instituts für Sozialforschung und über die Klemperer-Tagebücher eindrucksvoll Zeugnis. Zugleich lassen sich jedoch auch hier eine Reihe bedeutsamer Verschiebungen beobachten, die das Problem der Bewältigung der NS-Vergangenheit in einen neuen Zusammenhang stellen. Zum einen wird seit einigen Jahren die Frage des Umgangs mit der NS-Vergangenheit in der Bundesrepublik erstmals von der Zeitgeschichtsforschung entdeckt und ernstgenommen (Brochhagen 1994; Frei 1996; Herbert 1995, 1996; Loth/Rusinek 1998; Schildt 1996). Bis vor kurzem noch haben sich die Zeithistoriker fast ausschließlich mit der Erforschung der NS-Zeit beschäftigt. Die Frage des politischen und politisch-kulturellen Umgangs mit der Hinterlassenschaft des Nationalsozialismus in der Bundesrepublik wurde den politischen Akteuren und Publizisten überlassen (z.B. Giordano 1987), und wenn Wissenschaftler in diese Diskussion eingriffen, dann taten sie es nicht mit wissenschaftlicher Forschung, sondern auf dem Wege politischer Stellungnahmen.

Zum zweiten gibt es eine regelrechte Flut von Erörterungen zum Thema der kulturellen und gesellschaftlichen Bedeutung von Gedächtnis, Erinnern und Vergessen. Ältere Schriften zu dieser Frage werden breit rezipiert (Halbwachs 1966, 1989), neuere Forschungen nehmen sich des Themas im Blick auf grundsätzliche Fragen historischer Überlieferung an (Assmann 1992; Assmann/Harth 1991; Le Goff 1992; Nora 1990), und Überblicksdarstellungen verfolgen das Problem quer durch die Geschichte (Weinrich 1997; Smith/Emrich 1996).

Zum dritten wird entdeckt, daß die Frage des Umgangs mit der Vergangenheit nach der Beendigung von Tyranneien, Bürgerkriegen und Kriegen ein Thema mit einer langen historischen Tradition ist, in vielen Friedensverträgen und politischen Gründungsdokumenten seinen Niederschlag gefunden und seit langem die Aufmerksamkeit von Historikern und Philosophen auf sich gezogen hat, von der berühmten Amnestie im Athen des Jahres 403 v. Chr. und dem die Athener ob ihrer Weisheit lobenden Kommentar von Aristoteles (vgl. Loraux 1996; Nippel 1997) über die römische Praxis der damnatio memoriae (Simon 1997), den Rezepten Machiavellis zur Befriedung unterworfener Städte bis zum Umgang von Ludwig XVIII. mit den Anhängern und Akteuren der französischen Revolution (Meier 1996).

Zum vierten schließlich wird das Thema in der Bundesrepublik in Zusammenhang mit der Aufarbeitung der DDR-Vergangenheit gebracht, vor allem im Blick auf die Strafprozesse und den Umgang mit den Stasi-Akten, aber auch in einer größeren historischen und systematischen Perspektive (vgl. Herbert/Groehler 1992; Danyel 1995; Wielenga 1995; Sühl 1994).

Es kann also heute keine Rede mehr davon sein, daß Vergangenheitsbewältigung eine spezifisch bundesrepublikanische Angelegenheit und nur im Blick auf die NS-Vergangenheit von Belang wäre. Das gilt höchstens in dem Sinn, daß die Bundesrepublik im Umgang mit einer belastenden Vergangenheit und der Hinterlassenschaft eines verbrecherischen Regimes vermutlich die meisten Erfahrungen hat und das einzige Land ist, dessen Fremd- und Selbstbild über fünf Jahrzehnte von der Auseinandersetzung mit dieser Vergangenheit entscheidend geprägt worden ist. Mehr und mehr ist in den letzten Jahren deutlich geworden, daß die Frage der Vergangenheitsbewältigung in den allgemeinen Zusammenhang extremen politischen Wandels hineingehört. Die Aufgabe, die Hinterlassenschaften der Vergangenheit zu bewältigen, stellt sich überall dort, wo ein abrupter Übergang von vordemokratischen bzw. autokratisch-diktatorischen Verhältnissen zu einem demokratischen politischen System stattfindet. Unter Vergangenheitsbewältigung ist die Gesamtheit jener Handlungen und jenes Wissens zu verstehen, mit der sich die jeweiligen neuen demokratischen Systeme zu ihren nichtdemokratischen Vorgängerstaaten verhalten. Es geht dabei vor allem um die Frage, wie die neu etablierten Demokratien mit den strukturellen, personellen und mentalen Hinterlassenschaften ihrer Vorgängerstaaten umgehen und wie sie sich in ihrer Selbstdefinition und in ihrer politischen Kultur zu ihrer jeweiligen belastenden Geschichte stellen.

So definiert, ist Vergangenheitsbewältigung ein Thema, das in den vier Wellen der Demokratisierung im 20. Jahrhundert (vgl. v. Beyme 1994, S. 11 ff.) eine wichtige Rolle gespielt hat bzw. spielt. Die erste Welle ereignete sich nach dem Ersten Weltkrieg, als z.B. in Deutschland und Österreich die konstitutionelle Monarchie durch die republikanische Staatsform ersetzt wurde. Für die Stabilität und Instabilität der Weimarer Republik war die Frage von großer Bedeutung, wie bestimmend die alten politischen und funktionalen Eliten weiterhin blieben und ob die alten Strukturen etwa im Verhältnis zwischen Militär und Politik ungebrochen weiter existierten. Die schon bald nach Kriegsende in Umlauf gesetzte Dolchstoßlegende ist ein beklemmendes Beispiel mythisierender Geschichts- und Mentalitätspolitik mit verheerenden Folgen für die politische Kultur. Daß die militärischen und politischen Eliten von ihrem Versagen ablenken konnten und ihre Führungsansprüche erfolgreich erneuerten und daß es gelang, mit dem Mythos des Frontsoldaten noch einmal eine ganze Gesellschaft auf die Heroisierung von Krieg, Gewalt und Opfer einzuschwören, hat entscheidend zum Fiasko der ersten deutschen Demokratie beigetragen. In diesen Zusammenhang einer gänzlich mißlingenden Vergangenheitsbewältigung gehören auch die von den Alliierten im Versailler Vertrag geforderten Strafprozesse wegen deutscher Kriegsverbrechen, die – als sie in deutscher Verantwortung vor dem Leipziger Reichsgericht begannen – nicht nur im Sande verliefen, sondern in Deutschland weithin für Hohn und Spott gegen die Alliierten sorgten.

Die zweite Welle der Demokratisierung nach 1945 war so etwas wie ein neuer Anlauf nach dem völligen Scheitern der Demokratien in den Zwischenkriegsjahren. Sie betraf nicht nur Deutschland, sondern auch Italien und – mit besonderen Konditionen – Österreich. Mehr oder weniger nachdrücklich wurden hier die Besiegten bzw. Befreiten des Zweiten Weltkriegs von den Siegern zur Demokratisierung gezwungen und zur Bewältigung der Vergangenheit angehalten.

Von einer dritten Welle der Demokratisierung durch Systemwechsel kann man im Blick auf Südeuropa (Portugal, Spanien) und Lateinamerika sprechen. Auch in diesen Fällen spielten die Fragen der Vergangenheitsbewältigung eine entscheidende Rolle, freilich mit ganz unterschiedlichen Antworten. In Spanien z.B. wurde 1976 als erster Schritt in Richtung Demokratie nach dem Tode Francos eine allgemeine Amnestie für alle politischen Straftaten verkündet. Diese Form der nationalen Versöhnung und des politischen Neuanfangs wurde von allen Seiten, links wie rechts, gleichermaßen positiv aufgenommen und unterstützt (vgl. Sotelo 1994). Man setzte darauf, daß auch treue Diener einer Diktatur sich wie Demokraten verhalten können und daß die schlimmsten Verbrechen Francos so weit zurücklagen, daß das Bedürfnis nach ihrer Bestrafung geschwunden war (vgl. Rosenberg 1995, S. 458). – In Südamerika, in Argentinien und Chile z.B., setzte man dagegen nicht auf Straflosigkeit und Vergessen, sondern suchte mit der Einrichtung von Kommissionen, die das Ausmaß der politischen Gewalt und der Menschenrechtsverletzungen ermittelten, den Weg der Offenlegung (vgl. Roniger/ Sznajder 1997).

Die vierte Welle der Demokratisierung schließlich wurde vom Untergang des realen Sozialismus in Mittel- und Osteuropa ausgelöst. Hinzukommt der Spezialfall des Übergangs zur Demokratie in Südafrika. Diese Welle ereignet sich vor unseren Augen, wir sind ihre unmittelbaren Zeitgenossen.

Vergangenheitsbewältigung im Zusammenhang dieser Demokratisierungswellen sollte nicht mit der Tatsache verwechselt werden, daß die untergegangenen Systeme über den Zeitpunkt ihres Untergangs hinaus Wirkungen zeitigen und mitunter in durchaus erheblichem Umfang die neuen politischen Systeme, die sich ihrerseits als Negation ihrer Vorgänger begreifen, prägen. Dieses Faktum ist wohlbekannt: Politische und gesellschaftliche Strukturen sowie habituelle Gewohnheiten sind langlebig und hören mit dem Ende der ihnen korrespondierenden politischen Systeme keineswegs zu existieren auf. Bei der Sache der Vergangenheitsbewältigung handelt es sich aber um jene Bemühungen, mit denen sich die neuen politischen Systeme aus dem Bann der Vergangenheit aktiv zu lösen und einen neuen Anfang zu machen versuchen. Es geht also nicht um die Kurz- und Langzeit-Wirkungen von geschichtlichen Ereignissen, sondern um das Bündel von Maßnahmen und Initiativen, das der fortwährenden und negativ bewerteten Macht der Vergangenheit ein Ende setzen soll. Das ist immer mit der Thematisierung der Schuld- und Verantwortungsfrage verbunden, sowohl im juristisch-strafrechtlichen wie im politischen, moralischen oder metaphysischen Sinn (vgl. Jaspers 1946; Schwan 1997; Kohlstruck 1997a). Die Verkündung von Amnestien bildet da keine Ausnahme. Amnestien attestieren nicht Schuldfreiheit, sondern nur, daß auf Strafe verzichtet werden soll (vgl. Günther 1997).

Im einzelnen sind die Maßnahmen und Wege der Vergangenheitsbewältigung sehr vielfältig und unterschiedlich. Das zeigt schon der oberflächliche Blick auf die neuen Demokratien der jüngsten Vergangenheit, in Ost- und Mitteleuropa, in Lateinamerika oder in Südafrika. So viele Systemwechsel, so viele Strategien des Umgangs mit der Vergangenheit: von Schlußstrichen und Amnestien über Disqualifizierungen, Strafverfahren und Lustrationen bis zu Wahrheitskommissionen. Diese Unterschiede sind nicht das Resultat voraussetzungsloser, freier politischer Entscheidung, sondern ihrerseits abhängig von den Strukturen der überwundenen autoritären bzw. totalitären Regime, von den Verschiedenheiten in ihrer Dauer, von der Reichweite und dem Ausmaß ihrer Verbrechen, von der Art ihres Endes (gewaltsam oder per Verhandlung, von außen oder von innen) und vom internationalen Umfeld.

Wenn man Vergangenheitsbewältigung in dieser Form bestimmt und allgemein auf den Systemwechsel von der Diktatur zur Demokratie bezieht, stellt sich sofort die Frage nach der Vergleichbarkeit. Bereits die Zuordnung der Vergangenheitsbewältigung zu den vier Demokratisierungswellen fordert den Einwand heraus, daß Unvergleichbares in eine zu große Nähe zueinander gerückt wird. In der Tat scheint es so, daß durch den Vergleich der Vergangenheitsbewältigungen notwendigerweise die Unterschiede zwischen den jeweiligen Vergangenheiten, um deren Bewältigung es geht, nivelliert werden. Für die deutsche Geschichte im 20. Jahrhundert würden hier z.B. das Kaiserreich bzw. der Erste Weltkrieg mit dem Nationalsozialismus und dem realen Sozialismus in eine Reihe gesetzt.

Die Standardantwort auf diesen Standardvorwurf lautet, daß Vergleichen nicht zu verwechseln ist mit Gleichsetzen und daß Vergleiche dazu dienen, Gemeinsamkeiten und Unterschiede herauszuarbeiten und die jeweiligen Gegenstände schärfer zu erkennen als es ohne Vergleich möglich wäre. So richtig diese Antwort ist, so sehr übersieht sie freilich, daß schon in der Wahl der Vergleichsgröße eine inhaltliche Aussage enthalten ist. Die inhaltliche Aussage, die im Fall der Vergangenheitsbewältigung unterstellt ist, lautet, daß es ein klar angebbares tertium comparationis gibt, nämlich den Systemwechsel zur Demokratie. Daß sie jeweils dem Wechsel zur Demokratie vorangehen, das haben diese Vergangenheiten, bei allen sonstigen Unterschieden, miteinander gemeinsam. Und nur im Blick darauf, nicht 'an sich', sind sie gleich.

Daß damit die logischen Schwierigkeiten des Vergleichens nicht beendet sind, ist offenkundig. Sie können aber hier nicht weiter verfolgt werden. Wichtiger als die reine Logik ist ohnedies das einfache Faktum, daß die jeweils späterliegenden Versuche der Vergangenheitsbewältigung stets auch Konsequenzen aus den früheren Erfahrungen ziehen. Wenn das so ist, dann stellen nicht erst die (wissenschaftlichen) Beobachter diese Bezüge der verschiedenen Vergangenheiten und der entsprechenden Bewältigungsversuche zueinander her, sondern die Akteure der Vergangenheitsbewältigung selber sind es, die die Bezüge auf frühere Erfahrungen anderer Akteure herstellen. Und es ist dann an denjenigen, die die verschiedenen Vergangenheitsbewältigungen analysieren, diese Bezüge so genau wie möglich zu beschreiben. Würden sie das unterlassen, würden sie ein wichtiges Stück ihres Gegenstandes verfehlen.

Daß es mittlerweile eine Geschichte der Vergangenheitsbewältigungen gibt, in der die später liegenden Versuche auf die früheren reagieren, sieht man am deutlichsten in der Bundesrepublik. Bei der Frage, wie man mit den Hinterlassenschaften der DDR umgehen soll, spielte immer wieder die Frage eine Rolle, wie die Bundesrepublik mit der NS-Vergangenheit umgegangen war. Dazu gibt es zwei ganz konträre Haltungen. Die eine Position behauptet, daß die Härte, mit der heute im Blick auf die DDR abgerechnet werde, im wesentlichen dazu diene, die

Mängel der Auseinandersetzung mit der NS-Vergangenheit in der Bundesrepublik ungeschehen zu machen. Die Bundesrepublik wolle nun die nach 1945 versäumte Abrechnung am neuen Objekt nachholen, wobei ein schlechtes Gewissen gegenüber der eigenen Aufarbeitungsleistung und ein gutes antikommunistisches Gewissen als doppeltes Motiv verstärkend zusammenwirkten.

Die andere Position argumentiert umgekehrt und behauptet, daß die Bundesrepublik heute an einer wirklichen Vergangenheitsbewältigung im Blick auf die DDR gehindert sei, weil die Vergangenheitsbewältigung gegenüber dem Nationalsozialismus so unzulänglich ausgefallen ist. Eigentlich, so meint z.B. der Berliner Generalstaatsanwalt Schaefgen, müßte die Justiz der Bundesrepublik gegen DDR-Richter härtere Strafen verhängen, was aber wegen der unzulänglichen Bewältigung der NS-Vergangenheit nicht möglich sei. Anklagen wegen Rechtsbeugung gegen DDR-Richter etwa könnten nicht angemessen behandelt werden, wenn NS-Richter in den 50er Jahren für weit schlimmere Fälle straffrei ausgingen (vgl. Tagesspiegel, 22.12.1996).

Wie dem auch im einzelnen sei, – für unseren Zusammenhang genügt die Feststellung, daß die Politik der Vergangenheitsbewältigung nirgendwo mehr präzedenzlos geschieht, sondern die Erfahrungen ähnlicher Bemühungen an anderen Orten und zu anderen Zeiten einbezieht.

II. Was ist Vergangenheitsbewältigung? – Ein Vorschlag zur Konzeption

In der Bundesrepublik ist unendlich viel über Vergangenheitsbewältigung gesprochen und geschrieben worden. An der Bedeutung des Themas besteht kein Zweifel. Um so erstaunlicher ist, daß es bislang trotz einiger Bemühungen in diese Richtung (Kielmansegg 1989; Bude 1992; Reichel 1995) keine umfassende Darstellung zur Geschichte der Vergangenheitsbewältigung in der Bundesrepublik gibt. Erst recht fehlt es (trotz Quaritsch 1992a, 1992b) an Konzepten und Analysen in allgemeiner und systematischer Absicht. Die Autoren beschränken sich durchweg darauf, den Begriff Vergangenheitsbewältigung als unzulänglich abzulehnen, ohne sich weiter um die Klärung des Problems, der Begriffe, der Bedeutungen und Kontexte zu bemühen. Im folgenden versuche ich diesem Mangel abzuhelfen, indem ich eine Reihe systematischer und konzeptioneller Überlegungen vorstelle, die das nach wie vor sehr unübersichtliche Terrain des Themas Vergangenheitsbewältigung aufschlüsseln sollen.

Ich unterscheide zwischen (a) Ziel, (b) Aufgaben, (c) Ebenen und (d) Akteuren.

(a) Ziel: Das Ziel der Vergangenheitsbewältigung besteht darin, eine Wiederholung der Vergangenheit unmöglich zu machen und einen wirklichen politischen Neubeginn herbeizuführen. Darin steckt die Implikation, daß man eine klare Vorstellung von den Ursachen und Funktionsweisen der Vergangenheit, deren fortwirkende Macht beendet werden soll, haben muß. Einfache Antworten auf

Von der Diktatur zur Demokratie 379

diese Frage gibt es nicht. Lepsius (1989) hat gezeigt, daß z. B. die drei Nachfolgestaaten des Großdeutschen Reiches jeweils ganz unterschiedliche Ursachen für die zu bewältigende Vergangenheit ausgemacht haben und folgerichtig auch zu ganz unterschiedlichen Umgehensweisen mit dieser Vergangenheit gekommen sind. Das gilt mutatis mutandis auch für die belastenden Vergangenheiten anderer Länder. Der Aufwand, der für den Neuanfang getrieben werden muß, hängt von den konkreten Umständen und von der Struktur und der Dauer des alten Regimes ab.

(b) Wege: Damit die Belastungen aus der Vergangenheit den politischen Neubeginn nicht unterminieren, werden im allgemeinen fünf Wege eingeschlagen: 1. Verbot der belasteten Organisationen; 2. Bestrafung der Täter; 3. Disqualifizierung belasteter Personen; 4. Rehabilitierung und Entschädigung der Opfer; 5. Öffentliche 'Aufarbeitung' der Vergangenheit.

(c) Politische Ebenen: Die konkrete Festlegung und Durchsetzung der Wege vollzieht sich auf drei politischen Ebenen.

1. Im politischen System. Hier geht es um institutionelle Regelungen, um Gesetze und Normen, um Initiativen und Aktivitäten der Legislative, der Regierungen und der Justiz und um die Tätigkeit der Administration.

2. In der politischen Kultur. Hier operiert eine Vielzahl gesellschaftlicher Gruppierungen und Organisationen, die an Diskussionen, Bewußtseins- und Willensbildungsprozessen beteiligt sind: Wissenschaft, Zeitgeschichtsforschung, Kirchen, Universitäten, Medien, Gewerkschaften, Parteien, Verbände etc.

3. In der politischen Mentalität. Hier geht es um die empirisch feststellbaren Einstellungen, Meinungen, Attitüden und Verhaltensweisen der Bevölkerung zum Thema Vergangenheitsbewältigung.

Für alle drei Ebenen gilt, daß sie jeweils nicht nur in sich selbst kreisen, sondern zugleich auf die anderen politischen Ebenen einwirken. Die erste Ebene läßt sich mit den Mitteln der Politikfeldanalyse untersuchen; die zweite Ebene kann man mit den klassischen Mitteln der quellen- und textkritischen Methoden analysieren; die politische Mentalität ist greifbar in Umfragen, aber auch Biographieforschung, Oral History und andere Formen qualitativer Sozialforschung sind heranzuziehen.

(d) Akteure: Die drei Ebenen der Vergangenheitsbewältigung sind nicht identisch mit den konkreten Akteuren, sondern bezeichnen die Felder, in denen diese tätig sind. Mit der Frage nach den individuellen Akteuren ist eine eigene Untersuchungsdimension angesprochen, die sich in die einfache Frage fassen läßt: Wer sind diejenigen, die auf dem Gebiet der Vergangenheitsbewältigung handeln und sprechen, mit welcher Legitimation und von welchem Ort aus sprechen und handeln sie?

Die Tatsache, daß die Akteure ganz unterschiedliche Erfahrungen, Identifikationen und Interessen verkörpern und mobilisieren, ist in vielen Fällen der Hintergrund für die großen Polarisierungen, die in den Diskussionen über die Vergangenheit und die Vergangenheitsbewältigung immer wieder anzutreffen sind. Die einfache wissenssoziologische Frage danach, wer von welchem Ort aus mit welchem Selbstverständnis spricht und handelt, ist für die Erhellung des Hintergrundes ein wichtiger Schlüssel. Sie sollte an die Stelle der großen erkenntnistheoretischen und moralischen Frage nach wahr und falsch bzw. gut und böse treten.

III. Erläuterungen

Sinn, Plausibilität, Zweckmäßigkeit, Fragwürdigkeit und Grenzen dieser Unterscheidungen können hier nicht in aller Breite behandelt werden. Ich begnüge mich mit einigen Erläuterungen, die sich vor allem auf die Wege beziehen und das Ziel, die politischen Ebenen und Akteure nur kurz streifen.

(a) Das *Ziel* dürfte kaum umstritten sein. Generell gilt, daß Auseinandersetzungen mit der Vergangenheit in einer Gesellschaft deswegen stattfinden, weil man entweder von ihrer Linie nicht abweichen will oder umgekehrt gerade deswegen, weil man ihrer Macht entkommen will. Im ersteren Fall geht es um die Verankerung der Gegenwart in bestimmten Traditionsbeständen der Vergangenheit, und es ist ohne weiteres einsehbar, daß diese Art des Bezugs auf die Geschichte für die Zwecke der Identitätsstiftung sehr dienlich und zweckmäßig ist. Es geht den Kollektiven wie den Individuen: Man erinnert sich lieber an die Vergangenheiten, auf die man stolz und ohne Scham und Schuld zurücksehen kann, also an jene Phasen, die das Selbstwertgefühl nicht in Frage stellen, sondern stabilisieren. Dieses simple Faktum ist dafür verantwortlich, daß Individuen wie Kollektive im Falle der Divergenz von Selbstbild und geschichtlichen Fakten nicht das Selbstbild relativieren, sondern die Erinnerung manipulieren und auf diese Weise Vergangenheit und Gegenwart einander annähern. Legenden sind angenehmer als die Wirklichkeit. Das macht ihre Attraktivität aus. In ihnen kann das Wunschprinzip beinahe unbehindert durch widerstreitende Realwahrnehmungen operieren. Nietzsche hat in „Jenseits von Gut und Böse" (1885, S. 71) diesen Mechanismus prägnant festgehalten: „Das habe ich getan, sagt mein Gedächtnis. Das kann ich nicht getan haben – sagt mein Stolz und bleibt unerbittlich. Endlich – gibt das Gedächtnis nach." Die Neigung zur Umdeutung der Vergangenheit, zu ihrer Angleichung an die politischen Bedürfnisse der Gegenwart ist universal. Wo diese Tendenz zum Inhalt offizieller Politik wird, haben wir es mit Geschichtspolitik zu tun. Die Weimarer Republik mit der Durchsetzung der Dolchstoßlegende ist dafür ein klassisches Beispiel.

Ein besonderer Fall manipulativer Umdeutung der Geschichte besteht in dem Versuch, die Last der Vergangenheit dadurch abzuschütteln, daß man sie einem Erinnerungsverbot unterwirft. Dieses Verfahren ist aus der Politikgeschichte wohlbekannt. Die Macht der belastenden Vergangenheit loszuwerden, dafür schien es am besten, alles, was auch nur entfernt an sie erinnern konnte, zu negieren, zu meiden, zu verbannen. Das Vorhaben, etwas Neues zu beginnen, war in der Geschichte häufig damit verknüpft, das Alte aus der Erinnerung zu streichen. Von der logischen Paradoxie, daß die Aufforderung zum Vergessen des Alten immer zugleich die Erinnerung an das Alte bedeutet, hat sich diese Strategie nicht aufhalten lassen. Vielleicht liegt darin aber der Grund dafür, daß sie vermutlich nie erfolgreich gewesen ist. Ex negativo steckt hinter dem Erinnerungsverbot ein deutliches Bewußtsein von der fortwirkenden Stärke der Vergangenheit. Das Neue, so scheint es, wird schon durch die pure Erwähnung des Alten gefährdet. Diese Strategie trägt zweifellos Züge einer magischen Praxis.

Mit Vergangenheitsbewältigung ist etwas anderes gemeint. Hier geht es nicht um die reflexionslose oder manipulative Einordnung in die Geschichte, sondern umgekehrt darum, die fortwirkende Macht einer negativ bewerteten Vergangenheit dadurch aufzulösen, daß sie aufgeklärt und aufgearbeitet wird, daß die für Verbrechen und Vergehen verantwortlichen Täter strafrechtlich zur Rechenschaft gezogen und andere belastete Personengruppen disqualifiziert werden. Mithin ist das Ziel nicht die ungebrochene Einordnung in eine Tradition, sondern die Abstoßung von ihr, es geht nicht um die Verklärung der Geschichte, sondern darum, sie realistisch wahrzunehmen. Dahinter steckt die Überzeugung, daß die Macht der Vergangenheit nur negiert werden kann, wenn man ihr ins Auge blickt, wenn man sie vergegenwärtigt, aufdeckt, zutage fördert und der ungeschönten Erinnerung zugänglich macht. Nur die Offenlegung eröffnet die Chance, sich ihrer fortwirkenden Macht zu entledigen.

Diese Überlegung hat Vorläufer in der jüdischen Wertschätzung der Erinnerung (vgl. Yeruschalmi 1988) und in der christlichen Bindung der Verzeihung an das Bekenntnis von Sünde und Schuld (vgl. Arendt 1958, S. 231 ff.). Freud hat die Idee säkularisiert, theoretisch durchdacht und für die Zwecke der Neurosenbehandlung mit einer Behandlungstechnik verbunden. Danach sind eine Gesellschaft und eine Person nicht nur in der Wahrnehmung ihrer Umgebung, sondern auch für sich selbst dann zu Selbstsicherheit und Stabilität fähig, wenn sie um ihre Vergangenheit und die aktuellen Folgen früheren Handelns wissen (vgl. Dubiel 1994, S. 887).

Nach dem Zweiten Weltkrieg ist die Auffassung vorherrschend geworden, daß man nur durch die aufmerksame und ungeschönte Vergegenwärtigung der Vergangenheit und durch die Bestrafung der für die Verbrechen verantwortlichen Täter ihrer zerstörerischen Macht entkommen kann. Wieso diese Vorstellung so dominant geworden ist, wieso sich die völkerrechtlich festgehaltenen Kriminalisierungen staatlichen Handelns und die allgemeine Aufwertung der Erinnerung durchgesetzt hat, ist bislang meines Wissens nirgendwo untersucht worden.

(b) Entscheidend für die Erreichung des Ziels sind die Wege, die beschritten werden. Was das *Verbot der belasteten Organisationen* angeht, so erscheint hier die Sache zunächst einfach und klar: Es ist regelmäßig eine der ersten Maßnahmen nach dem Ende diktatorischer Regime, verbrecherische Organisationen und Institutionen aufzulösen. Im einzelnen aber ist natürlich stets umstritten, welche Organisationen verbrecherisch sind und wer die Instanz ist, die darüber entscheidet.

Im Nürnberger Prozeß ist der Versuch gemacht worden, bestimmte Organisationen des NS-Regimes auf gerichtlichem Wege für verbrecherisch zu erklären. Dabei ging es aber nicht um deren Verbot. Die NS-Organisationen (und mögliche Nachfolger) sind nicht von Gerichten, sondern von den Alliierten auf politischem Wege verboten worden. Die Anklage gegen bestimmte Organisationen im Nürnberger Prozeß hatte nur den Sinn, den Besatzungsmächten mit einem entsprechenden Urteil das Recht zu geben, die Mitglieder verbrecherischer Organisationen vor Gericht zu stellen. Generell gilt, daß man Organisationen nur abschaffen bzw. verbieten, nicht jedoch bestrafen kann, – bestrafen kann man nur Mitglieder der Organisationen. Die Frage ist dann freilich sofort, ob der Tatbestand der puren Mitgliedschaft in einer solchen Organisation bereits Grund für eine Verurteilung sein kann.

Ein wichtiger Weg zur Erreichung des Ziels ist die *strafrechtliche Ahndung von Verbrechen* und Vergehen des alten Regimes. Die Probleme sind dabei zunächst die gleichen wie bei allen Strafprozessen: Wer ist der Täter, worin besteht die Tat, wie kann man sie dem Täter zurechnen und welches Strafmaß ist angebracht? Die Beantwortung dieser Fragen im Kontext der Vergangenheitsbewältigung ist außerordentlich schwierig. Denn in diesem Fall geht es nicht um 'normale', sondern um sogenannte Staats-Kriminalität, d.h. um eine Kriminalität, die von Staats wegen auf gesetzlichem Weg oder per Anordnung in die Wege geleitet worden ist und damit zum Zeitpunkt der Tat nicht gegen das geltende positive Recht verstoßen hat. Deswegen ist die Frage, ob wir es bei den Taten des alten Regimes, z.B. der DDR, überhaupt mit Untaten, d.h. mit strafbarem Unrecht zu tun haben, heftig umstritten (vgl. Naucke 1996; Lüdersen 1992). Die Diskussion um das Rückwirkungsverbot, das in der Bundesrepublik im Art. 103 des Grundgesetzes einen hohen Rang hat, aber z.B. in der angelsächsischen Rechtstradition ganz anders behandelt wird, spielt dabei eine entscheidende Rolle (vgl. König 1997).

Umstritten ist also bereits die Frage, ob Strafprozesse wegen Staatskriminalität überhaupt möglich sind. Nicht minder umstritten ist die Frage, ob sie sinnvoll und nötig sind. Für ihre Durchführung werden im allgemeinen vier Argumente ins Feld geführt: Strafprozesse sollen erstens der Aufarbeitung der Vergangenheit dienen, sie fördern Dokumente über die Vergangenheit zutage und haben generell eine aufklärerische Wirkung. Zweitens sollen die Prozesse auf öffentlich wirksame Weise markieren, daß eine neue Epoche begonnen hat, in der andere Normen gelten als in der Vergangenheit. Drittens versprechen sich die Befürworter von der Durchführung der Prozesse und der Verhängung von Strafen eine abschreckende Wirkung und damit Schutz vor der Gefahr der Wiederholung; viertens schließlich wird in Strafprozessen häufig eine Alternative für Rache und wilde Abrechnungen gesehen, ein Mittel also, das auf zivile Weise einen Ausweg aus dem ewigen Kreislauf von Gewalt und Rache weisen soll.

Die Argumente sind von sehr unterschiedlichem Gewicht. Die Durchführung von Prozessen damit zu rechtfertigen, daß sie der allgemeinen Aufklärung dienen, ist prekär. Zwar erzielen Strafprozesse häufig eine große öffentliche Aufmerksamkeit, sie provozieren heftige Debatten und Auseinandersetzungen. Und in der

Geschichte der Vergangenheitsbewältigung in der Bundesrepublik spielen die großen Prozesse zweifellos eine herausragende Rolle. Aber man sollte Strafprozesse nicht mit Geschichtslektionen verwechseln. Historische Aufklärung mag ein Effekt sein, der mit ihnen einhergeht, ihr Zweck ist sie nicht. Historische Fakten und historisches Wissen werden vor Gericht soweit einbezogen, wie es um die Zurechnung bestimmter Handlungen zu Situationen oder zu Personen geht (vgl. Günther 1997). Das ist unter kriminologischen Gesichtspunkten zweifellos zentral. Aber um diese Frage zu erörtern, braucht man nicht unbedingt Strafprozesse. Für die Bildung von historischem Bewußtsein wäre es angemessener und erfolgversprechender, die Frage nicht im Zusammenhang von Strafprozessen zu erörtern, in denen es um individuelle Schuld und Unschuld geht, sondern im Rahmen einer allgemeinen Diskussion über das kollektive postdiktatorische Selbstverständnis.

Mit dem zweiten Argument steht es nicht besser. Wer Strafprozesse damit begründet, daß sie den Beginn einer neuen Epoche öffentlich demonstrieren, bringt sie in die Nähe von Schauprozessen. Beim dritten Argument, also dem Hinweis auf die präventiven Wirkungen der Prozesse, muß bedacht werden, daß häufig die Gefahr der Wiederholung schon wegen des Alters der angeklagten Personen ziemlich gering ist. Vor allem aber ist zu bedenken, daß wir es bei dieser Art von Kriminalität per definitionem mit Systemunrecht zu tun haben, d.h. mit solchen Tätern, die in den meisten Fällen kriminelle Handlungen nur dann begehen, wenn sie von Staats wegen dazu angehalten werden. Solange rechtsstaatliche Verhältnisse herrschen, geht von ihnen keine Gefahr aus.

Bleibt das letzte Argument, das mit Strafprozessen die Wiederherstellung der allgemeinen politischen Ordnung und generell eine zivilisierende Wirkung verbindet. Die Täter seien zu bestrafen, weil das der einzige Weg sei, mit dem der Kreislauf von Gewalt und Rache gestoppt werden könne. Die juristische Normdurchsetzung, mit der die verletzte politische Ordnung wiederhergestellt und der Kreislauf von Gewalt und Rache durchbrochen werde, leiste einen entscheidenden Beitrag zur Pazifizierung der Gesellschaft, weil nur das Prinzip der politischen Gerechtigkeit und der Wiederherstellung gerechter politischer Verhältnisse den Leidtragenden der vergangenen Verbrechen die ihnen gebührende Anerkennung zukommen und sie von Selbstjustiz Abstand nehmen lasse.

Mit einem Argument dieser Art hat Hannah Arendt (1963a, S. 329) seinerzeit das Todesurteil gegen Eichmann gerechtfertigt: Es könne den Menschen nicht zugemutet werden, mit jemandem zusammenzuleben, der einem Teil der Menschheit das Recht auf Leben abgesprochen hat und an seiner Ausrottung maßgeblich beteiligt war. Richard Goldstone, von 1994 bis 1996 Chefankläger am Haager Kriegsverbrechertribunal der Vereinten Nationen für das frühere Jugoslawien, hat diesen Gedanken jüngst erneut ins Zentrum gerückt. Jene Gesellschaften, so meint er, die Verbrechen gegen die Menschlichkeit und Menschenrechtsverletzungen in ihrer Vergangenheit ignorierten und ungeahndet ließen, bezahlten dafür den Preis, daß sie den Kreislauf der Gewalt nicht zu durchbrechen vermochten und die friedensstiftende Rolle des Politischen nicht zur Geltung kommen konnte (vgl. Goldstone 1997).

Über Strafprozesse hinaus gibt es die Möglichkeit, auf politischem Wege *Disqualifizierungen gegen belastete Personenkreise* zu verfügen und das öffentliche Leben postdiktatorischer Gesellschaften auf diesem Wege der „Säuberung" von den Anhängern und Trägern des alten Regimes zu unterziehen. Maßnahmen dieser Art, also Entlassungen, Suspendierungen, der Entzug bürgerlicher Rechte richten sich zumeist auf die Gesamtheit einer Statusgruppe und sind nicht, wie Strafprozesse, an den Nachweis individuellen Fehlverhaltens gebunden. Von solchen Disqualifizierungen haben die Alliierten nach 1945 in Deutschland bei ihrer Entnazifizierungspolitik reichlich Gebrauch gemacht, – die Direktive Nr. 24 des Alliierten Kontrollrats vom 12.1.1946 gibt davon eindrucksvoll Zeugnis. Auch im deutschdeutschen Einigungsprozeß sind solche Maßnahmen zum Zuge gekommen. Der Einigungsvertrag und das Stasi-Unterlagen-Gesetz haben dafür die Rahmenbedingungen festgelegt.

Freilich sind auch mit diesem Weg eine Reihe von Nebeneffekten und Problemen verbunden. Offe (1994) hat sie im Blick auf die Transformation in Mittel- und Osteuropa eindringlich erörtert. So ist z.B. zu bedenken, daß man bei den Betroffenen Ressentiments und Gegenreaktionen erzeugt, die bis zur Entfaltung offensiver Zersetzungstätigkeiten gehen können und auf die Unterminierung der neuen politischen Ordnung zielen. Das war vor allem immer ein Problem beim Umgang mit dem Militär in Lateinamerika. Ferner ist das Verfahren dem Verdacht ausgesetzt, mit pauschalisierenden Mitteln mißliebige Personen und Optionen zu diskreditieren, und die Befürchtung ist nicht von der Hand zu weisen, daß das für die Zukunft Schule machen könnte. Ferner muß man darauf hinweisen, daß die Indikatoren, nach denen hier verfahren wird, unscharf und zufällig sind. Mitgliedschaft bzw. Status sind nicht immer wirklich aussagekräftig, wenn es um die Frage geht, wie sich jemand in der Vergangenheit verhalten hat. Und schließlich haben wir es mit einem pauschalisierenden Verfahren zu tun, das offenkundig das rechtsstaatliche Prinzip des individualisierenden Schuldnachweises gravierend verletzt und die Beweislast umgekehrt. Normalerweise gilt unter rechtsstaatlichen Bedingungen der Verdächtige als unschuldig, und die Verdächtiger müssen die Schuld nachweisen. Bei Disqualifizierungen ist es dagegen umgekehrt so, daß den Betroffenen die Aufgabe zufällt, sich zu entlasten.

Aus diesen Gründen sind die Verfahren nicht-strafrechtlicher Disqualifizierung sehr problematisch. Gleichwohl wird auf sie im Prozeß der Vergangenheitsbewältigung kaum je verzichtet. Wie kein anderes Mittel können sie deutlich machen, daß mit der Vergangenheit gebrochen werden und eine neue Ära mit neuen Personen beginnen soll.

Die Maßnahmen zur *Rehabilitierung und Entschädigung der Opfer* erstrecken sich auf materielle Leistungen, aber umfassen auch den symbolischen Weg der öffentlichen Anerkennung und Wertschätzung, z.B. durch die Aufhebung von Unrechts-Urteilen. Das Problem bei den materiellen Entschädigungen ist, daß ihre Berechtigung häufig in einem langwierigen und gelegentlich entwürdigenden bürokratischen Verfahren nachgewiesen werden muß. Besonders grotesk und unzumutbar wird das in jenen Fällen, in denen die Verfolger von gestern an den Entscheidungen über Entschädigung für die Verfolgung mitwirken. Dafür gibt es in der Geschichte der Bundesrepublik nicht wenige Beispiele. Aber auch auf dem Gebiet der Symbolpolitik und in der Sphäre der Anerkennung gibt es viele Empfindlichkeiten und Schwierigkeiten. Emigranten, die zurückkehren, Oppositionelle und Personen, die Widerstand leisteten, müssen häufig um ihre Anerkennung kämpfen. Sie sind den postdiktatorischen Gesellschaften oft durch ihre pure Existenz ein Dorn im Auge, weil sie die Möglichkeit eines nicht angepaßten und nicht opportunistischen Verhaltens unter den Diktaturen handgreiflich vor Augen führen.

Die Maßnahmen zur Rehabilitierung und Entschädigung der Opfer und zur Bestrafung bzw. Disqualifizierung der Täter nach einem Systemwechsel haben über das Individuelle hinaus den Zweck, allgemein das Verhältnis zwischen Tätern und Opfern neu zu bestimmen. Der Status von Opfern und Tätern, von Verfolgten und Verfolgern, von Schikanierten und Begünstigten, von Oppositionellen und Opportunisten muß neu bestimmt, ihr Verhältnis zueinander neu balanciert werden, und zwar sowohl in rechtlich-politischer Sicht wie im weiten Feld der öffentlichen Bewertungen in der Sphäre der politischen Kultur und der politischen Mentalität.

Der letzte der hier unterschiedenen Wege, die *Aufarbeitung der Vergangenheit* ist gebunden an das Medium der öffentlichen Diskussion. Die Erforschung der Vergangenheit und die Aufklärung über ihre Praktiken, Mechanismen und Funktionsweisen werden zu Elementen eines Diskurses, in dem sich postdiktatorische Gesellschaften über ihr Verständnis der Geschichte und damit über ihre Absichten für Gegenwart und Zukunft Rechenschaft geben (vgl. Wöll 1997). Das unmittelbare Ziel besteht in der möglichst tiefgehenden Delegitimierung des alten Systems. Die Aufarbeitung kann in einer breit entfalteten Erinnerungs- und Gedenkkultur mit Mahnmalen, Gedenktagen, Museen, Ausstellungen ihren Ausdruck finden. Gedenken und Erinnern kann man jedoch nicht auf direktem politischen Wege durchsetzen oder rechtsförmig steuern. Generell können Prozesse der Aufklärung und der Selbstreflexion und die Änderung des politischen Bewußtseins nicht per Dekret verordnet oder gefordert werden. Aber indirekt lassen sich auf politischem und administrativem Wege doch Bedingungen schaffen, die der Aufarbeitung der Vergangenheit förderlich sind.

Die fünf Wege der Vergangenheitsbewältigung, die hier unterschieden wurden, sind nicht gleichrangig, und sie werden meistens auch nicht alle zur gleichen Zeit eingeschlagen. Die Verteilung und die Intensität variieren von Fall zu Fall. Einige Wege haben einen Zeitindex: Strafrechtliche Konsequenzen, Disqualifizierungen und Entschädigungsleistungen sind an die zeitliche Nähe zum untergegangenen Regime gebunden. Sie machen nur Sinn, wenn sie zu Lebzeiten der Opfer und Täter stattfinden. Die Aufarbeitung der Vergangenheit dagegen unterliegt nicht dieser Begrenzung. Sie kann auch dann noch fortgesetzt werden, wenn die anderen

Wege bereits obsolet geworden sind. In der Bundesrepublik erreichte die Aufarbeitung ihre größte Intensität zu einem Zeitpunkt, als Konsequenzen direkter persönlicher Art für die Täter wegen des größer gewordenen zeitlichen Abstands damit nicht mehr verbunden waren, also die Vergangenheit aus Zeitgeschichte bereits in ein Stück Geschichte transformiert worden war.

(c) Die Unterscheidung der verschiedenen politischen Ebenen soll klarmachen, daß wir es bei der Vergangenheitsbewältigung mit einem politischen Feld zu tun haben, an dem unterschiedliche Instanzen mit jeweils eigener Logik beteiligt sind. Sofern die Maßnahmen und Wege in die Gestaltungs- und Steuerungskompetenz des *politischen Systems* fallen, werden sie automatisch zu einem Gegenstand von Verhandlungen zwischen Parteien und Verbänden, sind abhängig von Einfluß- und Kräfteverhältnissen und von innerem und äußerem Druck. Sie sind wie alle anderen zur Entscheidung anstehenden Materien ein Element, an dem sich die Konkurrenz der Parteien um Stimmen, Einfluß und Macht entzündet. Das führt dazu, daß im Kalkül der Parteien auch diejenigen angesprochen und mit ihren Interessen berücksichtigt werden, die das alte Regime getragen haben, von ihm profitierten und ihm immer noch anhängen. In Wettbewerbsdemokratien, die auf die Loyalität und Zustimmung ihrer Bevölkerungen angewiesen sind, ist das kaum anders denkbar. In welchem Ausmaß daraus Belastungen für die neuen Demokratien entstehen, kann man an der Frühgeschichte der Bundesrepublik und gegenwärtig in Mittel- und Osteuropa eindringlich beobachten.

Was die Rolle der Justiz angeht, so ist die Frage der Vergangenheitsbewältigung durch Recht die erste große Bewährungsprobe für die Rechtsstaatlichkeit und Unabhängigkeit der dritten Gewalt. Daran hängt die generelle Frage nach dem Stellenwert des Rechts und der Rechtsstaatlichkeit für eine demokratische bzw. sich demokratisierende Gesellschaft. Ferner muß eine Antwort darauf gefunden werden, ob politisches Handeln überhaupt ein Fall für das Strafrecht sein kann. Das berührt regelmäßig die grundsätzliche Frage nach der Differenz zwischen positivem Recht und naturrechtlich verstandener Gerechtigkeit, auf die nach 1945 in der Bundesrepublik die berühmte Radbruch-Formel eine Antwort zu geben versuchte (vgl. König 1997). Hinzu kommt natürlich das große praktische Problem, daß das Personal der Justiz meist am Unrechtsregime der voraufgegangenen Diktaturen aktiv beteiligt war und also auch die eigenen Untaten auf der Tagesordnung der strafrechtlichen Vergangenheitsbewältigung stehen müssen. Vor dieser Aufgabe der Selbstreinigung und Selbstreflexion hat etwa die Justiz der Bundesrepublik völlig versagt.

In der *politischen Kultur* werden Standards für Auseinandersetzungen entwickelt, an denen eine demokratische Gesellschaft sich orientieren will. Die Zugangsmöglichkeiten zum Markt der Meinungen sind in Demokratien selbstverständlich formell frei. Gleichzeitig gilt, daß auch in Demokratien das Spektrum der akzeptablen politischen Positionen begrenzt ist. In gut funktionierenden Demokratien verfügt die politische Öffentlichkeit über die Fähigkeit, illiberale politische Meinungen mit ihren eigenen Mitteln zu ächten und zu bekämpfen. In der

Geschichte der Bundesrepublik kann man das am Beispiel des Antisemitismus beobachten: Antisemitische öffentliche Äußerungen wurden von Anfang an mit einem Tabu belegt, und Zuwiderhandlungen führten stets zu entsprechenden Konsequenzen (vgl. Bergmann 1997).

In die Debatten der politischen Öffentlichkeit sind im Prinzip alle gleichberechtigt einbezogen. Es geht in ihnen nicht um Anklagen gegen einzelnen Personen oder ihre Verteidigung, es geht auch nicht um die Mehrung von politischer Macht und politischem Einfluß, sondern es geht, im Idealfall, um Wahrheit und Verständigung. Die Debatten der politischen Öffentlichkeit unterscheiden sich also von Wahlkämpfen und Gerichtsverhandlungen. Die Motive der Rede eines Angeklagten vor Gericht sind ganz andere als die Motive eines Teilnehmers an einem offenen und freien Diskurs. Das Interesse des Angeklagten ist darauf gerichtet, und zwar völlig legitimerweise, einer Verurteilung zu entgehen, – es ist nicht gerichtet auf Aufklärung und Erinnerung. Die konträren Wahrnehmungen von Anklägern und Angeklagten prallen vor Gericht nach den Regeln der Strafprozeßordnung aufeinander, nicht nach den Regeln wahrheits- und verständigungsorientierter Diskurse (vgl. Ogorek 1997, S. 237).

Für wahrheits- und verständigungsorientierte Diskurse gelten nach Habermas anspruchsvolle Bedingungen. Die Beteiligten müssen sich als gleichberechtigt anerkennen, sie müssen sich am Ziel der Verständigung orientieren (sollen also nicht etwa strategische Interessen vertreten) und schließlich haben sie individuell die Verantwortung für die von ihnen vorgebrachten Argumente zu übernehmen. Die politische Öffentlichkeit kann eine Debatte in Sachen Vergangenheit, die diesen Bedingungen entspricht, wohl erst dann führen, wenn das politische System den größten Teil seiner Arbeit bereits getan hat, d.h. direkter Handlungs- und Entscheidungsbedarf hier nicht mehr besteht (vgl. König 1998b).

Die politische Kultur ist nicht mit der *politischen Mentalität* bzw. der Bevölkerungsmeinung identisch. Was jemand öffentlich äußert, kann durchaus von seinem Bewußtsein abweichen, und noch einmal davon zu unterscheiden ist die Frage, wie sich jemand de facto verhält (vgl. König 1998a). Generell lautet die weithin akzeptierte Annahme, daß die Stabilität eines politischen Systems dann am größten ist, wenn die Institutionen den subjektiven Einstellungen möglichst weitgehend entsprechen. Der Übergang von der Diktatur zur Demokratie zeichnet sich aber gerade dadurch aus, daß in den meisten Fällen eine erhebliche Divergenz von Einstellungen und politischen Institutionen festzustellen ist. Das Problem des politischen Neuanfangs besteht dann darin, wie weit diese Tatsache den Demokratisierungsprozeß und seine Konsolidierung beeinträchtigt.

(d) Was schließlich die konkreten Akteure angeht, lassen sich hier zwei grobe, aber sehr erkenntnisfördernde Unterscheidungen treffen, nämlich erstens ob die Akteure zur Gruppe der Opfer und Gegner oder zur Gruppe der Täter gehören bzw. mit welcher dieser Gruppen sie sich identifizieren, und zweitens welcher Generation sie zuzurechnen sind. So gehen in die individuellen Handlungs- und Redeweisen der Akteure auf dem Gebiet der Vergangenheitsbewältigung eine

Reihe überindividueller Bestimmungen konstitutiv ein. Für die Angehörigen der 68er Generation z.B. war die moralisch-politische Auseinandersetzung mit der NS-Vergangenheit der Elterngeneration fraglos von zentraler Bedeutung (vgl. Bude 1995), mit weitreichenden Konsequenzen für ihr Politikverständnis (vgl. König 1992). Die Umgangsweisen mit der NS-Vergangenheit bei heutigen jungen Deutschen der sogenannten dritten Generation sind davon deutlich unterschieden (vgl. Kohlstruck 1997a).

In diesen Zusammenhang gehört auch die Frage nach der Weitergabe von Erfahrungen aus der Zeit des Nationalsozialismus an die nachfolgenden Generationen, sowohl auf seiten der Täter wie auf seiten der Opfer. Dabei steht meist das Problem im Vordergrund, wie die Vergessensgefahr, die mit dem Generationswechsel verbunden ist, gebannt werden kann. Dieses Thema ist auch in literarischer Form behandelt worden, z.B. in dem Roman „Vergessen" von Eli Wiesel. Harald Weinrich (1997, S. 235) hat an die Interpretation dieses Romans die Bemerkung geknüpft: „Das Gedächtnis, so lernt der Erzähler an sich selber, ist im letzten so individuell wie das Leben. Also hat vielleicht auch das Vergessen ein Daseinsrecht? Steht es wirklich ganz auf der Seite des Todes oder auch ein bißchen auf der des Lebens?" Damit mündet die Frage nach den Akteuren und ihrer Generationszugehörigkeit in das allgemeine Problem des Zusammenhangs von Geschichte, Erinnerung und Gedächtnis ein.

IV. Schluß

Die Kritik an den Unzulänglichkeiten der Vergangenheitsbewältigung ist so alt wie diese selbst. Was die Geschichte der Bundesrepublik angeht, so läßt sich allerdings beobachten, daß die Kritik mittlerweile zu einem Teil des Kritisierten geworden ist. Sie hat die Vergangenheitsbewältigung selber beeinflußt, verändert und immer wieder neu in Gang gebracht.

Der plausibelste Grund für die Kritik liegt in der Diskrepanz zwischen der Vergangenheitsbewältigung und jener furchtbaren Vergangenheit, auf deren Folgen sich diese Maßnahmen beziehen. Wenn Auschwitz etwas Einzigartiges und Absolutes ist, dann ist jede Form der Bearbeitung unzulänglich, weil sie ihrerseits nicht absolut, sondern nur endlich sein kann.

Diese „konstitutive Unangemessenheit" (Kohlstruck 1997b, S. 346) ist unaufhebbar. Eine pragmatische Form der Reaktion auf sie besteht in der Temporalisierung, in der Ausdehnung ins Zeitliche und im Versuch der Steigerung der jeweiligen Maßnahmen. Eine radikale Reaktion auf die Unangemessenheit ist die Forderung nach wilder, blutiger Säuberung und Abrechnung, die nach 1945 in Deutschland sehr zum Schaden der Bundesrepublik ausgeblieben seien. Die langwierigen, formalisierten, verrechtlichten Verfahren der Vergangenheitsbewältigung gelten in dieser Perspektive als völlig unzulänglich und unfruchtbar, so sehr man sie auch zu steigern versucht. Ein politischer Neubeginn, ein politischer

Gründungsakt müsse radikal und gewalttätig sein, müsse in einem großen Akt der Befreiung und mit einem Schlage das Alte beseitigen und dem Neubeginn Platz schaffen.

In diesem Sinn schreibt etwa Hannah Arendt in ihrem „Besuch in Deutschland" (1950, S. 49) im Blick auf die Entnazifizierungsverfahren: „Das Ganze ist ein Trauerspiel. (...) Die einzig denkbare Alternative (...) wäre eine Revolution gewesen – der Ausbruch einer spontanen Wut des deutschen Volkes gegen all diejenigen, die als prominente Vertreter des Naziregimes bekannt waren. So unkontrolliert und blutig eine solche Erhebung auch gewesen wäre, sie hätte sicherlich gerechtere Maßstäbe angesetzt, als das in einem papiernen Verfahren geschieht."

Auch nach Josef Rovan ist es besser, wenn die Hinterlassenschaften der Tyranneien blutig beseitigt werden. „Blutig, weil mit den Mitteln des Rechtsstaates das Erbe an Haß, Wut, Entrüstung und Verachtung nicht bewältigt werden kann, das die Tyrannei materiell und psychisch hinterläßt, und weil Terrorperioden, die aber so kurz wie möglich sein sollten, den nicht zu vermeidenden Übergang zur Amnestie erleichtern. Diesen braucht die Gesellschaft besonders dann, wenn die Gewaltherrschaft so lange gedauert hat, daß von den Bürgern nur wenige nicht in irgendeiner Weise kompromittiert, einbezogen, mitschuldig gemacht worden sind. Der blutige Aspekt der 'Säuberung' ist eine Art von Kollektivopfer, mit dem die Götter versöhnt werden sollen wie die Kinderopfer einst in Karthago." (nach: Bohrer 1992, S. 958)

Was in diesen Stellungnahmen als Vorbild der Vergangenheitsbewältigung dient, dem diese nie genügen kann, erscheint anderen als Schreckbild, dem die Politik der Vergangenheitsbewältigung viel zu nahe ist. Der polnische Verfassungsrechtler Viktor Osiatynski sagt: „Jede Revolution muß sich drei Fragen stellen. Erstens, was soll mit dem König geschehen? Zweitens, was soll mit den Höflingen geschehen? Und drittens und bei weitem am schwierigsten, was soll mit den enttäuschten Erwartungen der Bevölkerung geschehen? Und dann fällt es den neuen Führern ein – Moment! Wir haben ja einen König, der noch nicht guillotiniert wurde. (...) Und dann kommt die Revolution erneut in Bewegung. Die Entscheidung zwischen Schlußstrich und Hexenjagd, Amnestie und Amnesie, Gerechtigkeit und Rache ist häufig überhaupt nicht klar zu treffen." (nach: Rosenberg 1995, S. 18)

Aus den Zitaten, die leicht um viele Beispiele vermehrt werden könnten, folgt immerhin so viel, daß das Problem der Vergangenheitsbewältigung in den Zusammenhang der Revolutionsgeschichte hineingehört. Nach Hannah Arendt (1963b, S. 9 ff.) hat im 20. Jahrhundert die Revolution den Krieg als Mittel zum Umsturz bestehender politischer Verhältnisse abgelöst. Der Krieg sei als politisches Instrument überholt. An seine Stelle sei die Revolution getreten. Kriege beriefen sich auf die Notwendigkeit, Revolutionen auf die Freiheit. Ihr Zusammenhang werde über die Gewalt gestiftet.

Vielleicht müssen wir heute die Ergänzung vornehmen, daß auch die Revolution als politisches Instrument und damit zugleich als Maßstab der Kritik überholt ist. An ihre Stelle treten als eine Art künstlicher Revolution die aufwendigen und langwierigen Verfahren der Vergangenheitsbewältigung, die die Aufgaben übernehmen, von denen man früher annahm, daß sie im Zuge von Revolutionen spontan und gleichsam nebenbei mit erledigt würden. Im Vergleich zu 'wirklichen' Revolutionen sind die rechtsförmigen und rechtsstaatlich gebundenen Versuche, die Macht der Vergangenheit und die Fortwirkungen des alten Regimes klein zu halten, natürlich ganz unspektakulär und unheroisch. Aber vielleicht sind sie alles in allem am Ende nicht nur rationaler, sondern auch erfolgreicher.

Literatur

Arendt, Hannah, 1950: Besuch in Deutschland, Berlin 1993.
Arendt, Hannah, 1958: Vita activa oder Vom tätigen Leben, München/Zürich.
Arendt, Hannah, 1963a: Eichmann in Jerusalem. Ein Bericht von der Banalität des Bösen, Reinbek 1987.
Arendt, Hannah, 1963b: Über die Revolution, München o.J.
Assmann, Aleida und Dietrich Harth (Hrsg.), 1991: Mnemosyne. Formen und Funktionen kultureller Erinnerung, Frankfurt a.M.
Assmann, Jan, 1992: Das kulturelle Gedächtnis, München.
Bergmann, Werner, 1997: Antisemitismus in öffentlichen Konflikten. Kollektives Lernen in der politischen Kultur der Bundesrepublik 1949–1989, Frankfurt a.M./New York.
Beyme, Klaus von, 1994: Systemwechsel in Osteuropa, Frankfurt a.M.
Bohrer, Karl-Heinz, 1992: Deutsche Revolution und protestantische Mentalität, in: Merkur, Heft 522/523.
Brochhagen, Ulrich, 1994: Nach Nürnberg. Vergangenheitsbewältigung und Westintegration in der Ära Adenauer, Hamburg.
Bude, Heinz, 1992: Bilanz der Nachfolge. Die Bundesrepublik und der Nationalsozialismus, Frankfurt a.M.
Bude, Heinz, 1995: Das Altern einer Generation. Die Jahrgänge 1938 bis 1948, Frankfurt a.M.
Danyel, Jürgen (Hrsg.), 1995: Die geteilte Vergangenheit. Zum Umgang mit Nationalsozialismus und Widerstand in beiden deutschen Staaten, Berlin.
Dubiel, Helmut, 1994: Über moralische Souveränität, Erinnerung und Nation, in: Merkur, Heft 546/547.
Frei, Norbert, 1996: Vergangenheitspolitik. Die Anfänge der Bundesrepublik und die NS-Vergangenheit, München.
Giordano, Ralph, 1987: Die zweite Schuld oder Von der Last ein Deutscher zu sein, München 1990.
Goldstone, Richard J., 1997: Frieden und Gerechtigkeit – Ein unvereinbarer Gegensatz?, in: Gary Smith und Avishai Margalit (Hrsg.), Amnestie oder Die Politik der Erinnerung in der Demokratie, Frankfurt a.M.
Günther, Klaus, 1997: Der strafrechtliche Schuldbegriff als Gegenstand einer Politik der Erinnerung in der Demokratie, in: Gary Smith und Avishai Margalit (Hrsg.), Amnestie oder Die Politik der Erinnerung in der Demokratie, Frankfurt a.M.
Halbwachs, Maurice, 1966: Das Gedächtnis und seine sozialen Bedingungen, Berlin/Neuwied.
Halbwachs, Maurice, 1989: Das kollektive Gedächtnis, Frankfurt a.M.
Herbert, Ulrich, 1995: Rückkehr in die Bürgerlichkeit? NS-Eliten in der Bundesrepublik, in: Bernd Weisbrod (Hrsg.), Rechtsradikalismus in der politischen Kultur der Nachkriegszeit, Hannover.
Herbert, Ulrich, 1996: Best. Biographische Studien über Radikalismus, Weltanschauung und Vernunft, 1903–1969, Bonn.

Herbert, Ulrich und Olaf Groehler (Hrsg.), 1995: Zweierlei Bewältigung. Vier Beiträge über den Umgang mit der NS-Vergangenheit in den beiden deutschen Staaten, Hamburg.
Jaspers, Karl, 1946: Die Schuldfrage, München 1987.
Kielmansegg, Peter Graf, 1989: Lange Schatten. Vom Umgang der Deutschen mit der nationalsozialistischen Vergangenheit, Berlin.
König, Helmut, 1992: Die deutsche Einheit im Schatten der NS-Vergangenheit, in: Leviathan, 20. Jg.
König, Helmut, 1997: Juristische Feinheiten auf politischem Glatteis: Vergangenheitsbewältigung und Rückwirkungsverbot, in: Leviathan, 25. Jg.
König, Helmut, 1998a: Über Bewußtsein und Verhalten in Deutschland. Noch einmal zu Goldhagen, in: Leviathan, 26. Jg.
König, Helmut, 1998b: Der Fall Schwerte im Kontext der Bundesrepublik, in: ders. (Hrsg.), Der Fall Schwerte im Kontext, Opladen.
Kohlstruck, Michael, 1997a: Zwischen Erinnerung und Geschichte. Der Nationalsozialismus und die jungen Deutschen, Berlin.
Kohlstruck, Michael, 1997b: Der Umgang mit dem Nationalsozialismus – Zu einigen neueren Untersuchungen, in: Politische Vierteljahresschrift, 38. Jg.
Le Goff, Jacques, 1992: Geschichte und Gedächtnis, Frankfurt a.M./New York.
Lepsius, Rainer M., 1989: Das Erbe des Nationalsozialismus und die politische Kultur der Nachfolgestaaten des 'Großdeutschen Reiches', in: Michael Haller, Hans-Joachim Hoffmann-Nowottny und Wolfgang Zapf (Hrsg.), Kultur und Gesellschaft. Verhandlungen des 24. Deutschen Soziologentages, Frankfurt a.M./New York.
Loraux, Nicole, 1996: Das Vergessen in der Erinnerung der athenischen Demokratie, in: Gary Smith und Hinderk M. Emrich (Hrsg.), Vom Nutzen des Vergessens, Berlin.
Loth, Wilfried und Bernd-A. Rusinek, 1998: Verwandlungspolitik. NS-Eliten in der westdeutschen Nachkriegsgesellschaft, Frankfurt a.M./New York.
Lüdersen, Klaus, 1992: Der Staat geht unter – das Unrecht bleibt? Regierungskriminalität in der ehemaligen DDR, Frankfurt a.M.
Meier, Christian, 1996: Erinnern – Verdrängen – Vergessen, in: Merkur, Heft 571/572.
Naucke, Wolfgang, 1996: Die strafjuristische Privilegierung staatsverstärkter Kriminalität, Frankfurt a.M.
Nietzsche, Friedrich, 1885: Jenseits von Gut und Böse, in: Werke Bd. III, hrsg. von Karl Schlechta, Frankfurt a.M./Berlin/Wien 1972.
Nippel, Wilfried, 1997: Bürgerkrieg und Amnestie: Athen 411 – 403, in: Gary Smith und Avishai Margalit (Hrsg.), Amnestie oder Die Politik der Erinnerung in der Demokratie, Frankfurt a.M.
Nora, Pierre, 1990: Zwischen Gedächtnis und Geschichte, Berlin.
Offe, Claus, 1994: Der Tunnel am Ende des Lichts, Frankfurt a.M./New York.
Ogorek, Regina, 1997: Diskussionsbeiträge in: Gary Smith und Avishai Margalit (Hrsg.), Amnestie oder Die Politik der Erinnerung in der Demokratie, Frankfurt a.M.
Quaritsch, Helmut, 1992a: Theorie der Vergangenheitsbewältigung, in: Der Staat, Heft 3.
Quaritsch, Helmut, 1992b: Über Bürgerkriegs- und Feind-Amnestien, in: Der Staat, Heft 4.
Reichel, Peter, 1995: Politik mit der Erinnerung. Gedächtnisorte im Streit um die nationalsozialistische Vergangenheit, München/Wien.
Roniger, Luis und Mario Sznajder, 1997: Menschenrechtsverletzungen in Argentinien: Kollektives Erinnern und Vergessen nach der Redemokratisierung, in: Gary Smith und Avishai Margalit (Hrsg.), Amnestie oder Die Politik der Erinnerung in der Demokratie, Frankfurt a.M.
Rosenberg, Tina, 1995: Die Rache der Geschichte. Erkundungen im neuen Europa, München/Wien.
Schildt, Axel, 1996: NS-Eliten in der Bundesrepublik Deutschland, in: Geschichte, Politik und ihre Didaktik, 24. Jg.
Schwan, Gesine, 1997: Politik und Schuld, Frankfurt a.M.
Simon, Dieter, 1997: Verordnetes Vergessen, in: Gary Smith und Avishai Margalit (Hrsg.), Amnestie oder Die Politik der Erinnerung in der Demokratie, Frankfurt a.M.
Smith, Gary und Hinderk M. Emrich (Hrsg.), 1996: Vom Nutzen des Vergessens, Berlin.

Sotelo, Ignacio, 1994: Vergangenheitsbewältigung: Spanien – ein unpassendes Beispiel, in: Klaus Sühl (Hrsg.), Vergangenheitsbewältigung 1945 und 1989. Ein unmöglicher Vergleich?, Berlin.
Sühl, Klaus, 1994: Vergangenheitsbewältigung 1945 und 1989. Ein unmöglicher Vergleich?, Berlin.
Weinrich, Harald, 1997: Lethe. Kunst und Kritik des Vergessens, München.
Wielenga, Friso, 1995: Schatten deutscher Geschichte. Der Umgang mit dem Nationalsozialismus und der DDR-Vergangenheit in der Bundesrepublik, Vierow.
Wöll, Andreas, 1997: Vergangenheitsbewältigung in der Gesellschaftsgeschichte der Bundesrepublik, in: Gary S. Schaal und Andreas Wöll (Hrsg), Vergangenheitsbewältigung, Baden-Baden.
Yerushalmi, Yosef Hayim, 1988: Zachor: Erinnere Dich! Jüdische Geschichte und jüdisches Gedächtnis, Berlin.

Werner Bergmann

Kommunikationslatenz und Vergangenheitsbewältigung

In der Folge eines durch eine militärische Niederlage oder durch eine Revolution ausgelösten Systemwechsels, in dem die herrschenden politischen, teilweise auch die militärischen, wirtschaftlichen und kulturellen Eliten, denen Verbrechen gegen das eigene Volk und gegen andere Völker vorgeworfen werden, (partiell) entmachtet werden, ergibt sich das Problem, wie mit diesen Taten rechtlich, politisch und moralisch umgegangen werden soll. Wenn an diesen staatlich organisierten Verbrechen in Form der gesellschaftlichen Arbeitsteilung weite Teile der Bevölkerung in irgendeiner Weise beteiligt waren, stellt sich nach dem Systemwechsel die Frage, wie die Gesellschaft sich selbst – gewissermaßen von außen – kritisch sehen und umbauen kann, ohne das „Personal" vollständig auswechseln und „umerziehen" zu können. Für die Form, das Ausmaß und den Verlauf der „Bewältigung" spielen eine Reihe von Faktoren eine entscheidende Rolle:

Wichtig ist zunächst das *Zustandekommen des Systemwechsels:* Gibt es einen internen, durch gesellschaftliche oder politische Gruppierungen selbst herbeigeführten, eher kontinuierlichen Übergang, dann ist, wie etwa im heutigen Rußland zu sehen, die Auseinandersetzung mit den Verbrechen der Vergangenheit gering, da es nur wenige politische Akteure gibt, die nicht irgendwie in das alte System involviert waren (vgl. zu Rußland Scherrer 1998). Der Schutz der neuen Ordnung und das Interesse der Eliten an einer Nichtthematisierung der Vergangenheit fallen zusammen.

Erfolgt der Übergang abrupt und greift eine *dritte Partei* (dazu können neben fremden Mächten auch interne oder exilierte Systemgegner, „innere Emigranten" und organisierte Opfergruppen zählen) gleichsam von außen in die Umgestaltung ein, dann ist die Wahrscheinlichkeit einer tiefgreifenderen Umgestaltung und Vergangenheitsbewältigung höher, da es dann starke Interessen an der Thematisierung der Verfehlungen des alten Regimes, an der Ausschaltung der Verantwortlichen und an einer Entschädigung für die Opfer gibt. Vor allem eine externe und mächtige dritte Partei, wie es die Alliierten nach dem Zweiten Weltkrieg in Deutschland waren, kann in der Gestaltung des Verhältnisses zwischen Tätern und Opfern eine zentrale Rolle spielen, soweit es ihrem Eigeninteresse entspricht.

Als weitere wichtige Faktoren sind die *Herrschaftsdauer* und der *Rückhalt des Regimes in der Bevölkerung* zu berücksichtigen: Hatte das Regime Zeit, die Mentalitäten ganzer Generationen zu prägen (wie in Rußland und teilweise auch in der

DDR) oder war nach zwölf Jahren NS-Herrschaft seine Dauer so begrenzt, daß man auf frühere Einstellungsmuster rekurrieren konnte. Im Falle der NS-Herrschaft war wiederum die breite Unterstützung des Regimes ein Hindernis für einen offenen Umgang mit seinen Verbrechen.

Von erheblichem Gewicht ist auch die nach dem Systemwechsel etablierte *Regierungsform:* Folgt eine demokratische Ordnung, dann sind ganz andere Formen der Bearbeitung zu erwarten (etwa rechtsstaatliche Strafverfahren, größere Rücksichten auf die Bevölkerung, die als Wähler gewonnen werden muß, Zulassung eines Meinungspluralismus mit öffentlichen Konflikten über die Vergangenheitsinterpretation), als wenn ein diktatorisches Regime folgt, das weniger Rücksicht auf Rechtsnormen (man denke an die Waldheimer Prozesse in der frühen DDR) und auf die Zustimmung der Bevölkerung zu nehmen braucht. Umfang und Zeitpunkt einer Thematisierung/Nichtthematisierung werden in diesem Fall primär von der herrschenden Partei bestimmt und folgen deren Machtinteressen.[1]

In dieser Auseinandersetzung mit der Vergangenheit laufen jeweils zwei Prozesse parallel: der gegenwarts- und zukunftsbezogene *Aufbau neuer Strukturen und Programme* (etwa in den politischen Institutionen, im Schulwesen, in Massenmedien, im Militär, z.B. durch neue Gesetze, Lehrpläne, Organisationsstrukturen usw.) und die *Auseinandersetzung mit dem alten Regime,* die wiederum ganz unterschiedliche Formen annehmen kann, etwa den Austausch von Personen (politische Säuberung), die Aburteilung von Straftätern, die Entschädigung und Wiedereingliederung der Opfer des Regimes, die öffentlich-moralische Auseinandersetzung mit der Vergangenheit sowie Änderungsdruck auf die „belief systems" („Umerziehung").

Zur Frühgeschichte der Bundesrepublik

In der Frühgeschichte der Bundesrepublik bietet der Umgang mit der NS-Vergangenheit ein ambivalentes Bild: Lernen und Schweigen.

In Verfassung und institutioneller Neuordnung *lernt* sie aus dem Scheitern der Weimarer Republik und aus dem NS-Unrechtsregime. Jeffrey K. Olick und Daniel Levy (1997) haben kürzlich die beiden grundlegenden Reaktionsformen der westdeutschen Nachkriegspolitik in dieser Dimension unterschieden, die auf die Fra-

---

1 Ganz schematisch kann man dies am Beispiel der beiden deutschen Staaten verdeutlichen: In der SBZ/DDR finden zunächst eine intensivere politische Säuberung und Auseinandersetzung mit dem Faschismus statt, die zugleich aber der Durchsetzung einer neuen diktatorischen Regierungsform dienen. Sobald diese durchgesetzt ist, erstarrt die Thematisierung der NS-Vergangenheit zu einem bloßen Ritual, und „Störenfriede", wie die Vereinigung der Verfolgten des Naziregimes (VVN), werden kaltgestellt. In der Bundesrepublik folgt der alliierten „Säuberung" in der Aufbauphase eines demokratischen Systems gerade das Latenthalten der NS-Vergangenheit, dem allerdings nach der Festigung der Demokratie seit den 60er Jahren eine rechtliche und öffentlich-politische Auseinandersetzung folgt, die bis heute andauert.

gen: „What may not be done" und „What must be done" antworten (1997, S. 925): einerseits das Verbot und die Tabuisierung von spezifischen Kennzeichen des Nationalsozialismus (Rassenlehre, Antisemitismus, Rechtsextremismus), andererseits die Ableitung positiver Pflichten und Erfordernisse (Unterstützung Israels, Wiedergutmachung, Westbindung, Wahlrecht, „streitbare Demokratie"). Olick und Levy interpretieren das Grundgesetz als „first major manifestation of this commitment", das sowohl eine „Theorie der Ursachen des Nationalsozialismus" wie auch Vorkehrungen gegen sein Wiederauftreten (z.B. im Wahlrecht) enthalte. Mit diesen Neuorientierungen der politischen Kultur und dem Aufbau neuer Institutionen wollte sich Deutschland auch nach außen als „verläßliche Nation" neu konstituieren. Man wußte unter ost- und westdeutschen Politikern, daß man das Vertrauen der anderen Nationen erst durch die innere Erneuerung des deutschen Volkes wiedergewinnen konnte. Was den Strukturaufbau angeht, wird heute rückblickend die Geschichte der Bundesrepublik als Erfolg im Sinne einer durchgängigen Demokratisierung gewertet.

Dieser Erfolgsbilanz steht entgegen, daß in den 50er Jahren auf eine Auseinandersetzung mit dem Geschehen in den zwölf Jahren des Dritten Reiches weitgehend verzichtet wurde.[2] Es soll im folgenden der Vermutung nachgegangen werden, ob nicht der Strukturaufbau und die Phasen der unterschiedlichen Intensität der Vergangenheitsbewältigung vor und nach 1960 zusammenhängen. Es ist nämlich auffällig, daß sich die Bearbeitung/Nichtbearbeitung der Vergangenheit in allen gesellschaftlichen Teilsystemen parallel vollzieht und damit nicht allein auf politische Steuerung zurückgehen kann (vgl. Bergmann 1992) und daß sich für die frühe DDR gewisse Parallelen mit der frühen Bundesrepublik zeigen, etwa was die Rolle der Verfolgtenverbände und die berufliche und politische Wiedereingliederung ehemaliger Nationalsozialisten betrifft.

Jeffrey Herf sieht dieses inhärente Spannungsverhältnis von Erinnerung und Strafverfolgung einerseits und dem Aufbau der Demokratie andererseits als eines der zentralen Themen der westdeutschen Nachkriegsgeschichte (1997, S. 7). Mit der Gründung der Bundesrepublik verzichtete man zur Stabilisierung der Demokratie auf eine allzu konkrete Konfrontation der Bevölkerung mit der NS-Vergangenheit. Dies gilt in etwas abgeschwächter Weise auch für die DDR, da man auch dort davon ausgehen konnte, daß die Legitimitätsbeschaffung für das Regime eine Reintegrationspolitik verlangte. Die Tatsache allerdings, daß in der Bundesrepublik auch politikunabhängige Teilsysteme, wie Kunst, Literatur, Wissenschaft und Massenmedien, in den 50er Jahren eine Thematisierung des Holocaust und

---

2 Es wird neuerdings darum gestritten, ob sich in der Auseinandersetzung mit dem alten Regime, seinen Untaten und deren Folgen eine „zweite Schuld" aufgehäuft hat, wie Ralph Giordano (1987) meint, oder ob auch diese erfolgreich war und die „zweite Schuld" ins Reich der Legende gehört, wie Manfred Kittel meint (1993). Für die 50er Jahre dürfte, wie die Forschungen zur „Vergangenheitspolitik" von Norbert Frei (1996) und meine eigenen zu Konflikten über Antisemitismus (Bergmann 1997) gezeigt haben, das weitgehende Fehlen einer justitiellen und öffentlichen Bearbeitung der NS-Zeit außer Frage stehen.

anderer NS-Verbrechen auswichen, deutet m.E. über den engeren politischen Kontext hinaus. Der Bedarf an Strukturschutz durch Nichtkommunikation dürfte über die Sicherung des Aufbaus demokratischer Strukturen hinausgegangen sein, da ja auch die Integration der Familien, die personale Kontinuität in Kunst, Wissenschaft etc., die Haltung der Kirchen und vor allem die sog. Wiederbewaffnung Probleme boten. Es bestand sozusagen gesellschaftsweiter Latenzbedarf.

Kommunikationslatenz als Strukturschutz

Zur Kennzeichnung und Kritik dieses Verlaufs der Vergangenheitsbewältigung hat man die psychoanalytische Kategorie der *Verdrängung* gewählt, ohne allerdings mitzudenken, daß sie auch auf der psychischen Ebene eine, zumindest für eine gewisse Dauer, positive Schutzfunktion erfüllt, indem sie das Ich vor schwer erträglichen Einsichten schützt. Helmut Nolte hat für die individuellen und kollektiven Erfahrungen der NS-Zeit, die das Selbstbild und die Lebensperspektiven vieler Deutscher nachhaltig erschüttert haben, den Begriff des kollektiven Traumas benutzt (1997, S. 92), das mittels Abwehrmechanismen wie der Verdrängung, aber auch der Rationalisierung und Isolierung des Geschehenen „bearbeitet" wurde. Daß es gut sein mag, diese Verdrängungen schrittweise wieder aufzulösen, bedeutet nicht, daß die Verdrängung zu einem bestimmten Zeitpunkt nicht funktional für den Aufbau einer neuen Identität und zum Gewinnen von Abstand gewesen sein kann. Diese Schutzfunktion wird von den Kritikern der Vergangenheitsbewältigung nicht gesehen oder aber einseitig nur als Ergebnis der Interessenpolitik belasteter Nationalsozialisten und Teilen der bürgerlichen Eliten bewertet. Doch waren die entscheidenden Nachkriegspolitiker ja gerade keine Ex-Nazis. Was war ihr Interesse an einer „Verdrängung"? Warum haben sich etwa kritische Literaten erst Ende der 50er Jahre dem Thema Nationalsozialismus und Judenverfolgung zugewandt etc.? – Es wäre analytisch m. E. fruchtbarer, die Begriffe Vergangenheitsbewältigung und Verdrängung nicht als *Protestbegriffe*, also moralisch zu benutzen, sondern deskriptiv für einen kollektiven, vielleicht überhaupt nur schrittweise möglichen Prozeß der Bearbeitung eines Traumas.[3]

Im Zuge unserer Analyse des Nachkriegsantisemitismus haben wir vorgeschlagen (Bergmann/Erb 1986), den Begriff der Verdrängung, der zu sehr auf einen psychologischen Vorgang bezogen ist und das Soziale an der Nichtthematisierung verfehlt, durch den der *Kommunikationslatenz* zu ersetzen und zugleich im An-

---

3 Der Traumabegriff ist für die Benennung der Erfahrungen der NS-Opfer in Gebrauch. Es gibt in den Phasen der Bearbeitung der (qualitativ natürlich ganz unterschiedlichen) Erfahrungen bei Opfern und Tätern Parallelen, die es m.E. erlauben, den Begriff analytisch auch für die Erfahrungen der Gegenseite zu benutzen. Es fällt nämlich auf, daß etwa das geringe Interesse an einer Diskussion und Erforschung des Holocaust in den 50er Jahren nicht nur in Deutschland zu beobachten ist, sondern daß er auch in den USA in dieser Zeit kein Thema war (Jick 1981). Selbst die Wiedergutmachungsverhandlungen mit Israel beließen das Ausgangsgeschehen weitgehend im Dunkeln.

schluß an Überlegungen Niklas Luhmanns nach der Funktion von Latenz für das Gesellschaftssystem zu fragen. Neben einer rein faktischen Nichtberücksichtigung bestimmter Themen in der gesellschaftlichen Kommunikation aus Unkenntnis oder aus Unmöglichkeit des Wissens gibt es seiner Ansicht nach auch *funktionale Latenzen*, die die Funktion des Strukturschutzes in sozialen Systemen haben, d.h. eine Kommunikation blockieren, die zur Zerstörung oder Umstrukturierung des Systems führen würden.[4] Dabei wird Latentes nicht völlig eliminiert, sondern es werden Strukturen ausgebildet, die regeln, was in welcher Situation gesagt bzw. blockiert werden soll (Luhmann 1984, S. 68). Der Strukturschutz über Latenzen ist nicht statisch zu denken, sondern er stellt in unserem Falle einen Prozeß dar, in dem die stetige Festigung demokratischer Strukturen und Einstellungen es zunehmend erlaubt hat, den Latenzschutz aufzuheben und Dinge zur Sprache zu bringen, die Jahrzehnte vorher nicht öffentlich artikulierbar gewesen wären.

Nicht alle haben ein Interesse am Latenzschutz. Das Latenthaltenwollen produziert auch immer ein Interesse an einer Durchbrechung, so daß sich die Frage nach den damit verbundenen Interessen stellt. In unserem Fall belegen sich beide Seiten mit dem Verdacht, ihre Haltung zur NS-Vergangenheit sei mit dem Schutz von Ex-Nazis einerseits oder mit einer kommunistischen Destabilisierung von Demokratie und Marktwirtschaft andererseits kontaminiert: man belegt sich wechselseitig mit dem Faschismus- oder dem Kommunismusvorwurf.[5] Diese innenpolitische Konstellation wiederholt sich im deutsch-deutschen Verhältnis: Latenz als Strukturschutz erfüllt ihre Aufgabe jeweils auch gegenüber den systemkritischen Angriffen der Gegenseite, indem Fehlentwicklungen durch Stigmatisierung der Kritiker der Aufmerksamkeit entzogen werden sollen.[6] Die gegenseitigen Versuche

4 Der von Hermann Lübbe in die Diskussion eingeführte Begriff des „Beschweigens" meint etwas Ähnliches, da er diesem Beschweigen eine Integrationsfunktion für die notwendige Zusammenarbeit von Gegnern und Trägern des NS-Systems zuschreibt. Der Begriff der Kommunikationslatenz umschließt diese Fälle, möchte jedoch über die Alltagskommunikation hinausgreifen und den gesamtgesellschaftlichen Umgang mit der Vergangenheit charakterisieren. Nach Herf macht Lübbes Analyse das explizit, was implizit Adenauers Politik gewesen ist: „(...), namely, that the price for postwar integration of those Germans compromised by their believes and actions in the Third Reich was silence about the crimes of that period. Memory and justice might produce a right-wing revolt that would undermine a still fragile democracy. (...) If this analysis is correct, West Germans could foster either memory and justice or democracy but not both" (1997, S. 6 f.).
5 Dieses Muster läßt sich bis heute beobachten: Dem Organisator der Wehrmachtsausstellung, Hannes Heer, wurde von den rechten Kritikern seine linksradikale Vergangenheit vorgeworfen.
6 Spiegelbildlich zum Vorwurf des Kommunismus gegen Kritiker der Vergangenheitsbewältigung in der Bundesrepublik (etwa gegenüber der VVN, den Achtundsechzigern) wurde in der DDR umgekehrt jede Systemkritik am antifaschistischen Sozialismus als „Faschismus" exkommuniziert. Auch für interne Kritiker erschien jede Kritik am Stalinismus als eine Form der Unterstützung der Faschisten und Imperialisten. Das DDR-Regime konnte sich gerade durch das offizielle Erinnern an die Nazizeit gegen Kritik immunisieren: der Aufstand des 17. Juni 1953 wurde zur „faschistischen Provokation", die Mauer zum „antifaschistischen Schutzwall" (Herf 1997, S. 163).

der Latenzdurchbrechung, indem etwa die DDR-Führung auf die Tätigkeit ehemaliger NS-Juristen in der Bundesrepublik hinwies (1957), während der „Untersuchungsausschuß Freiheitlicher Juristen" mit einem Bericht über „Ehemalige Nationalsozialisten in Pankows Diensten" (1958) konterte, waren auf beiden Seiten (!) keineswegs durch das Bestreben nach einer umfassenden Aufklärung über die NS-Vergangenheit motiviert, sondern waren allein Ausdruck der „Staatsräson". Der Ideologieverdacht schränkte wiederum die Wirksamkeit solcher Enthüllungen stark ein.

Das Latenthalten selbst ist also von Anfang an seinerseits zum Gegenstand von Kritik und Diskussion geworden, zunächst von externen Beobachtern (1950 etwa von Hannah Arendt), aber auch von internen Kritikern: Reflexiv finden wir neben dem Diskurs auf der Gegenstandsebene immer auch Diskurse über den Stand der Auseinandersetzung mit dem Gegenstand. Sie kritisieren – wie die Abgeordnete Lüders (FDP) – eine fehlende Bereitschaft, sich der Auseinandersetzung mit dem NS zu stellen.[7]

Läßt sich diese These von der Kommunikationslatenz als Strukturschutz für den Verlauf der Auseinandersetzungen um die NS-Vergangenheit fruchtbar machen und ist sie auf Probleme der Vergangenheitsbewältigung auch in anderen historischen Fällen anwendbar?

Zur Auseinandersetzung mit der NS-Vergangenheit

Das Ausgangsproblem nach 1945 – aber auch nach dem Zusammenbruch anderer diktatorischer und verbrecherischer Regime – lautet: Wie kann eine Gesellschaft nach dem Zusammenbruch des Staates, der moralisch vollständig diskreditiert ist, mit weitgehend demselben „Personal" glaubwürdig ein neues Staatswesen aufbauen? Wie kann sie dies leisten, wenn man weiß, daß man zwar die politischen Strukturen, nicht aber (ohne weiteres) die Personen und deren soziale Beziehungen ändern (oder gar eliminieren) kann? Für beide deutsche Staaten läßt sich sagen, daß die politischen und intellektuellen Eliten der eigenen Bevölkerung sehr mißtraut haben, weil sie Hitler gefolgt war und weil viele Deutsche vermutlich noch an ihrer positiven Einstellung zum Nationalsozialismus festhielten.[8]

Aus soziologischer Sicht ist in einer derartigen Situation das verstärkte Zu-

---

7 Deutscher Bundestag, 18.02.1960, 3/5588-5590.
8 Adenauer vertrat die These eines deutschen Sonderweges und hat die Breite der Mitwirkung der Bevölkerung am Nationalsozialismus sowie ihre autoritäre und militaristische Grundhaltung klar gesehen (vgl. Adenauers Grundsatzrede in der Kölner Universität im März 1946; in: Schwarz 1975, S. 85). Aber auch die linken und liberalen Intellektuellen in der DDR hielten sich mit Kritik am „antifaschistischen" Regime zurück und übten Solidarität, weil sie der eigenen Bevölkerung nicht trauten (Meuschel 1992, S. 168). Walter Ulbricht zog aus der breiten Resonanz des Nationalsozialismus in der deutschen Bevölkerung den Schluß, daß dieses gefährliche Volk nur durch eine Diktatur zu beherrschen sei (Herf 1997, S. 225).

rückgreifen auf Unterscheidungen zu erwarten, die als *Interdependenzunterbrecher* fungieren können, indem sie Diskontinuitäten behaupten und Kontinuitäten abdunkeln.[9] In der *Zeitdimension* geschieht dies etwa durch die Einführung einer zeitlichen Zäsur mit einer Abwertung der Vergangenheit und einer Orientierung auf die Zukunft (vorher/nachher, Fiktion eines Neubeginns),[10] in der *Sozialdimension* mittels der Differenz von (Ver-) Führern und der Masse der Verführten und nun zu Demokraten Gewandelten. Hier fungieren Hierarchievorstellungen als Mittel zur Asymmetrisierung von Schuld: man unterscheidet Haupt- und Minderbelastete, Mitläufer und Unbelastete;[11] Volk und Herrschaftsclique;[12] man differenziert horizontal zwischen Gruppen von Verantwortlichen und Opfern;[13] schließlich postuliert man ein „anderes" oder „besseres" Deutschland. In der *Sachdimension* schafft man eine Diskontinuität zwischen den Regierungsformen und den herrschenden Ideologien: der vergangenen Diktatur (dem totalitären Regime) wird die Demokratie (bzw. der Sozialismus im Osten Deutschlands)[14] entgegengesetzt, wobei nun nur noch über die Festigung der letzteren verhandelt werden soll.[15]

9 Entsprechend versuchen die beiden deutschen Nachfolgestaaten im Ost-West-Konflikt den jeweils anderen als den eigentlichen Fortsetzer des Nationalsozialismus hinzustellen: als neofaschistischen, imperialistischen Staat bzw. als neue totalitäre Diktatur.
10 Jutta Scherrer (1998) hat für Rußland die Abkehr von der Vergangenheit („Laßt die Toten ihre Toten begraben"), die gar nicht mehr als Teil der Geschichte gesehen wird, und die Umorientierung auf den Aufbau der Zukunft beobachtet. Für die DDR bildet die „sozialistische Revolution" hier den Wendepunkt: der Nationalsozialismus wird zur überwundenen Vorgeschichte. Interessant ist dabei, daß auch der scheinbare Bezug auf die NS-Vergangenheit, etwa in Gedenkveranstaltungen zum Tag der Opfer des Faschismus oder zur Reichskristallnacht in der DDR weniger den Zweck der Erinnerung und der Trauer hatte, sondern in den militärisch organisierten Aufmärschen einen heroischen und „progressiven Geist" des neuen Staates feierte und damit letztlich auf die Zukunft gerichtet war (vgl. dazu Herf 1997, S. 166).
11 Nachdem in den Nürnberger Prozessen manche der Hauptschuldigen bestraft worden waren, erlaubte diese Differenzierung und die Zurückweisung einer Kollektivschuld den deutschen Politikern in der Nachkriegszeit, von der weiteren Verfolgung auf Amnestie und Amnesie umzuschalten.
12 Dies war auch das sowjetische Interpretationsmuster: die Trennung von Faschisten und deutschem Volk. In der Justizabteilung des SED-Zentralkomitees wurde 1948 die Auffassung vertreten, die Sowjetunion würde nun die Idee ablehnen, daß das deutsche Volk für Hitlers Krieg verantwortlich sei (vgl. Herf 1997, S. 92). Damit wurde zugleich die Zurückweisung von Wiedergutmachung an die Juden begründet.
13 In Rußland bietet sich eine Verschiebung der Schuld innerhalb der Nationalitäten und Volksgruppen an: Während sich Ukrainer und Balten als Opfer einer russischen Gewaltherrschaft sehen, fühlen sich die Russen selbst als Gruppe, die die größten Opfer gebracht hat (Scherrer 1998).
14 Hier gibt die SED vor, mit der sozialistischen Revolution einen radikaleren Bruch zu vollziehen und damit das Erbe des Nationalsozialismus abzuweisen, während die Bundesrepublik zwar auch den Bruch zum Nationalsozialismus betont, sich aber mit der Übernahme der Verantwortung des Deutschen Reiches weniger von den Folgen abkoppeln kann. Vgl. dazu Lepsius (1988), Bergmann/Erb/Lichtblau (1995).
15 In der Sachdimension finden wir schon früh eine Doppelung der Abgrenzung: von der vergangenen NS-Diktatur und vom gegenwärtigen totalitären Kommunismus. Es gibt

Wie Luhmann betont, ändert auch das Bewußtsein der Fiktionalität solcher Asymmetrisierungen nicht das Erfordernis eines solchen Verfahrens (1984, S. 632), sie verfallen allerdings dem *Ideologieverdacht*, und man kann die Bestrebungen zur Aufarbeitung der Vergangenheit als sukzessive Auflösung dieser Unterscheidungen verstehen, indem man Kontinuitäten zwischen „Drittem Reich" und der Bundesrepublik/DDR betont und die Mitverantwortung immer größerer gesellschaftlicher Gruppen und Organisationen aufdeckt.[16] Nahm in Westdeutschland die Einsicht in die breite Beteiligung der Deutschen an der Deportation und Vernichtung der Juden und anderer Gruppen zu, scheint in der DDR mit dem Freispruch des deutschen Volkes durch die Sowjets und durch den antifaschistischen Traditionsbruch das Bewußtsein einer Mitschuld in der ostdeutschen Bevölkerung eher abgenommen zu haben: man hatte gewissermaßen auf die Seite der Sieger über den Faschismus gewechselt.[17]

In der ersten Phase gab es eine Doppelstrategie der Interdependenzunterbrechung: Die Fiktion eines sachlichen und personellen Neubeginns in der „Stunde Null", gestützt auf eine weit ausgreifende politische Säuberung und Umerziehung unter alliierter Herrschaft. Auch wenn letztere schließlich teilweise zurückgenommen werden mußte und partiell als fehlgeschlagen galt, so waren doch die führenden Nationalsozialisten und zahlreiche Mitglieder der Funktionseliten ausgeschaltet bzw. bestraft worden, so daß sie einen größeren, direkten Einfluß auf die Politik nicht mehr ausüben konnten. Das Dilemma, Demokratisierung und die Abrechnung mit den Nationalsozialisten sowie die Erinnerung an die NS-Verbre-

bis heute noch keine Arbeit, die sich systematisch mit den Rückwirkungen dieser Konstellation auf die Vergangenheitsbewältigung in der Bundesrepublik beschäftigt hat. Dabei dürfte sie einerseits die Übernahme der Demokratie westlichen Typs erleichtert haben, umgekehrt aber die linke Kritik an der Vergangenheitsbewältigung partiell delegitimiert haben (man denke an den Vorwurf der kommunistischen Unterwanderung der VVN, an die Schwierigkeiten der SPD, Globke zu skandalisieren, vgl. Schwab-Trapp 1996).

16 Diesen Trend spiegelt auch der „Paradigmenwechsel" in der Geschichtswissenschaft von den „Hitleristen" (Intentionalisten) zu den „Strukturalisten" wider, da letztere die Verantwortung nicht allein bei Hitler oder einer kleinen NS-Führungsschicht sehen, sondern die breite Mitwirkung vieler Berufsgruppen und Bevölkerungsteile sowie die arbeitsteilige Realisierung des Völkermordes hervorheben. Goldhagen nimmt diesen Impuls einerseits auf, wendet ihn dann aber in einen „Superintentionalismus", indem der Holocaust nun zum kollektiv intendierten Projekt aller Deutschen wird.

17 In einer empirischen Studie zur generationellen Erfahrung zeithistorischer Ereignisse hat Heinrich kürzlich herausgefunden, daß die Assoziationen zur Epoche zwischen 1933 und 1945 in beiden Teilgesellschaften fast mit gleicher Häufigkeit auftreten, daß es aber einen signifikanten Unterschied in der Erinnerung an den Holocaust in Ost- und Westdeutschland gibt: das Bewußtsein der Massenvernichtung von Juden ist in der DDR aus dem historischen Gedächtnis hinausinterpretiert oder besser von den nachwachsenden Generationen nicht gelernt worden (1996, S. 82 ff.). Unter den Westdeutschen zeigt sich ein klarer Generationenbruch: die Generation der Täter und die unter dem Nationalsozialismus sozialisierten Kinder assoziieren zwar Krieg und Niederlage, aber ebenfalls nicht die Judenverfolgung. Sie bleibt aus dem Gruppengedächtnis ausgeschlossen und wird erst von den Alterskohorten ab Jahrgang 1950 erinnert (1996, S. 86).

chen nicht gleichzeitig realisieren zu können, hatten die Alliierten in der Phase 1945-47 gegen die Demokratie aufgelöst. Mit der Gründung der beiden deutschen Staaten begann sich dieses Verhältnis zu verkehren. Die eigentliche „Stunde Null" der Vergangenheitsbewältigung ist das Jahr 1949, denn die ostdeutschen Kommunisten rückten von der 1945 behaupteten Kollektivschuld des deutschen Volkes ab, und Adenauer wollte in seiner ersten Regierungserklärung vom 20. September 1949 die Trennung zwischen den „politisch Einwandfreien und den Nichteinwandfreien" endlich aufheben. Walter Ulbricht wie Konrad Adenauer schalteten von Vergangenheit auf Gegenwart um: Es zählten nicht mehr die früheren Verfehlungen, sondern die Einstellungen zum heutigen Staat. Man wollte „Vergangenes vergangen sein lassen". Die Phase der historischen Aufarbeitung und „Abrechnung" schien beendet zu sein, zumal in der nun beginnenden Periode des Kalten Krieges auch die jeweiligen dritten Parteien (die Westalliierten respektive die Sowjetunion) ihren Druck auf die Fortführung der Auseinandersetzung mit dem Nationalsozialismus stark verminderten. Man favorisierte in der Aufbauphase die Gegenwarts- und Zukunftsdimension (Wiederaufbau),[18] und nun trat auch das Moment der außenpolitischen Darstellung stärker in Erscheinung. Parallel zum Aufbau neuer politischer Strukturen wurden einerseits bestimmte Themen tabuisiert bzw. als nicht länger relevant behandelt (NS-Verbrechen, Antisemitismus),[19] andererseits das belastete Personal in die neue Ordnung integriert und den Opfern Entschädigung zugesprochen. Diese Politik, etwa der Erlaß von immer neuen Amnestien, das „Gnadenfieber" bezüglich der verurteilten Kriegsverbrecher, der Artikel 131 GG usw., basierte auf einem breiten politischen Konsens der Parteien und gesellschaftlichen Gruppen (vgl. Frei 1996). Herf hat klar herausgearbeitet, daß spätestens ab 1949 die Einführung einer sich selbst tragenden deutschen Demokratie – zumindest nach Auffassung Adenauers, der bei einer weiteren Verfolgung von Soldaten und kleineren Nazis das Aufkommen eines extremen Nationalismus fürchtete – nur durch einen weitgehenden Verzicht auf justitielle und öffentliche Vergangenheitsbewältigung gelingen konnte. „Silence won votes" (1997, S. 203).[20] Dieser konservative Weg war allerdings in den späten 40er Jahren nicht ohne Alternative. Die Sozialdemokraten, und hier vor allem Kurt Schuma-

---

18 Dabei fielen eine ganze Reihe wegweisender Entscheidungen: etwa die Bindung an die westlichen Demokratien und die (vorläufige) Absage an den Nationalstaat und die Neutralität.
19 „(...) leaders of the new state acted as if the concrete burdens of the Nazi period had been remedied (....) When occasion arose to address the Nazi past, Adenauer and his associates always emphasised that this was no longer a concern for Germany. Any other position, they argued, would imply an acknowledgement of collective guilt" (Olick/Levy 1997, S. 927).
20 Für die 50er Jahre spielte Bundespräsident Heuss hier die Rolle eines Korrektivs, da er das deutsch-jüdische Verhältnis und andere Aspekte der NS-Vergangenheit in seinen Reden ansprach. Derjenige, der von der Wählergunst unabhängig war, konnte hier einen gewissen Ausgleich schaffen. Bis heute scheint der Bundespräsident immer wieder die Instanz zu sein, die das Thema der NS-Vergangenheit radikaler anspricht als die Regierung.

cher, setzten auf die Verbindung von Demokratie, wirtschaftlicher Neuordnung und einer schonungslosen Konfrontation mit der NS-Vergangenheit, was möglicherweise mit ein Grund für die knappe Wahlniederlage bei der ersten Bundestagswahl war (so Herf 1997, S. 226). Damit war für die 50er Jahre der Weg in Richtung personelle Integration und kommunikative Latenz vorgezeichnet.[21]

Zwar stellte sich für das kommunistische Regime dieses Legitimationsproblem nicht in gleicher Weise, doch auch in der DDR finden wir parallele Erscheinungen, insofern den ehemaligen Nazis Integrationsangebote (etwa in der NDPD) gemacht wurden und die NS-Prozesse endeten. Diese Integration war allerdings in Ost- wie Westdeutschland immer gekoppelt mit dem Verbot einer Betätigung im nationalsozialistischen Sinne. Systemtheoretisch gesprochen, wurde die Kontinuität in der Sozialdimension mit einer Diskontinuität in der Sachdimension verknüpft.[22] Damit waren bestimmte Anschauungen und Themen einigermaßen erfolgreich „exkommuniziert", andererseits boten die wieder eingestellten ehemaligen Nationalsozialisten belasteten Personen ein schützendes Netzwerk (vgl. zur Rolle Werners Bests in dieser Richtung: Herbert 1996). Das Interesse am Latenthalten bestimmter Themen konnte also aus sehr verschiedenen Motiven stammen. Wollten die Demokraten im Westen und die SED im Osten durch die Integration die Akzeptanz der neuen Institutionen und ihre Macht sichern, so wurden zugleich die Ex-Nazis vor einer Aufdeckung ihrer Rolle in der NS-Vergangenheit und vor einer möglichen Bestrafung geschützt. Bezeichnend für diese Integrationsphase ist, daß in der DDR wie in der Bundesrepublik die Verfolgtenorganisationen in Mißkredit geraten, da sie an Latentes rühren (vgl. für den Umgang mit der VVN in der DDR Groehler 1994) und ein Programm auch personeller Diskontinuierung verfechten. Die NS-Opfer kommen in die Rolle von Störenfrieden, da sie als einzige auf die Vergangenheit bezogen bleiben. Andererseits soll über das Wiedergutmachungsabkommen mit Israel und mit den Restitutions- und Entschädigungsregelungen auch den Opfern gegenüber eine Art abschließender Regelung getroffen werden (aus heutiger Perspektive allerdings mit der Ausklammerung vieler Anspruchsberechtigter und vieler Ansprüche), gerade um auch keinen weiteren Anlaß zur Thematisierung des NS-Komplexes insgesamt zu bieten.

---

21 Ob die antizipierte Gefahr für die Stabilität der Demokratie tatsächlich bestand oder ob die Alliierten genügend Sicherheit geboten hätten und wie gangbar andererseits der sozialdemokratische Weg in der Bearbeitung der NS-Verbrechen gewesen wäre, läßt sich kaum abschätzen. Hier helfen eventuell Studien über die zeitgenössische Wahrnehmung der handelnden Politiker weiter. Helmut König ist jedoch Recht zu geben, daß man aus der Geschichte der Bundesrepublik lernen kann, daß Verleugnung und Latenz auf Dauer gerade zu Instabilität und Autonomieverlust führen (1997, S. 314), dennoch hält er die Latenzlösung für wahrscheinlich alternativlos für die frühe Bundesrepublik (S. 308).
22 Die sachliche Diskontinuität war Voraussetzung für die Politik einer personellen Reintegration: Wer sich weiterhin pronazistisch äußerte, verspielte die dauerhafte Reintegration und stand unter der Drohung, seine Stellung zu verlieren (vgl. zum Fall Zind u.a.: Bergmann 1997).

Neben dem Strukturschutz des demokratischen Neuaufbaus im Inneren besitzt das Latenthalten bestimmter Erscheinungen auch eine *außenpolitische Funktion*, die die Reintegration der Bundesrepublik in die Weltpolitik betraf. Latenzschutz dient hier dem „nationalen Interesse". In der Phase der frühen Bundesrepublik war die Erlangung und Festigung der staatlichen Souveränität ein zentrales politisches Ziel vor allem von Bundeskanzler Adenauer, der andererseits gerade kein Nationalist war. Damit wurde die Nichtthematisierung der NS-Vergangenheit sowie aktueller Erscheinungsformen von Rechtsextremismus oder Antisemitismus bzw. die Behauptung, die Aufarbeitung des NS-Unrechts sei im wesentlichen abgeschlossen, gleichsam zur „Staatsräson", da die Alliierten und die übrige Staatenwelt Deutschlands Entwicklung mißtrauisch beobachteten. Wurde eine Thematisierung unumgänglich, etwa in der von Israel zur Voraussetzung für Wiedergutmachungsverhandlungen gemachten Regierungserklärung Adenauers vom September 1951, dann wurde sie als von außen aufgezwungen behandelt: Im Ausland habe man Antisemitismus in der Bundesrepublik entdecken wollen, der jedoch nur bei einer radikalen Minderheit existiere und entschlossen bekämpft werde (Deutscher Bundestag, 27.9.1951). Das Latenthalten diente hier also dazu, die Semisouveränität der Bundesrepublik nicht zu gefährden.[23] Das Wiedergutmachungsabkommen mit Israel war ebenfalls ein Versuch, moralische Verpflichtung mit außenpolitischer Rationalität zu verknüpfen, um die Wiederaufnahme Deutschlands in die Staatengemeinschaft zu erreichen. Daß dieses Abkommen gegen den Widerstand in einigen Parteien und großen Teilen der Bevölkerung durchgesetzt wurde, läßt erkennen, daß politische Entscheidungen zur Bewältigung der Folgen des Nationalsozialismus in großem Maße gegen die vorherrschende Einstellung in der Bevölkerung gefällt wurden, wobei in diesem Fall das Kommunikationsverbot der Bevölkerung und den Gegnern des Abkommens in den Parteien Zurückhaltung auferlegte.[24] Dies zeigt die *Ambivalenz von Tabuisierung*: sie verhinderte einmal die ungeschminkte Auseinandersetzung mit der Vergangenheit und begünstigte damit die Täter, sie verbot diesen andererseits jede

---

23 Entsprechend scharf reagierte Adenauer auf diplomatischer Ebene in den frühen 50er Jahren etwa auf das Bekanntwerden einer von amerikanischer Seite in der Bundesrepublik durchgeführten Meinungsumfrage, bei der ein hoher Grad an nationalistischen und antisemitischen Einstellungen unter den Bundesbürgern erhoben worden war. Noch 1961 beeilten sich führende Politiker von Regierung und Opposition (z.B. Willy Brandt) zu betonen, daß der Eichmann-Prozeß nicht antideutsch interpretiert werden dürfe. Es gab Umfragen, die messen sollten, ob sich das Image der Bundesrepublik etwa in den USA durch den Prozeß verschlechterte. Vgl. Brochhagen (1994, S. 335 ff.).

24 Man könnte sagen, daß das Schweigen der Regierung über das NS-Regime und seine Verbrechen komplementär bei den ehemaligen Anhängern des Systems den Verzicht auf die Äußerung der tabuisierten Einstellungen verlangte. Das „Beschweigen" war nur als ein gemeinsames möglich, es funktionierte nur als gegenseitige Bindung. Da Politiker sich natürlich dennoch ab und zu in ihren Reden zum Nationalsozialismus und seinen Verbrechen äußern mußten, wählten sie eine merkwürdig diffuse, metaphorische Sprache, in der die Taten und die Verantwortlichen selten konkret benannt wurden: Damit konnte man das Thema ansprechen, ohne die Latenz wirklich zu durchbrechen.

öffentliche Verbreitung ihrer politischen Überzeugungen (eine für eine junge Demokratie riskante, weil selbstwidersprüchliche Strategie),[25] so daß die NS-Position im öffentlichen Meinungskampf ausfiel bzw. zur extremistischen Randposition wurde. Mit dem Verbot der Sozialistischen Reichspartei durch das gerade geschaffene Bundesverfassungsgericht wurde 1952 die politische Mitwirkung neonazistischer Parteien im Bundestag beendet, die Zerschlagung des Naumann-Kreises in der FDP (wobei hier Adenauer bezeichnenderweise die Briten in die sonst eifersüchtig gehütete Semisouveränität eingreifen ließ) machte 1953 klar, daß auch die Strategie der Unterwanderung anderer Parteien nicht geduldet wurde. Das Konzept der „streitbaren Demokratie", die sich gegen rechts- und linksextreme Gruppierungen richtet,[26] ist eine der Lehren aus dem Scheitern der Weimarer Republik und den Erfahrungen mit totalitären Systemen gewesen.

Bis Ende der 50er Jahre ist ein Latenthalten der NS-Vergangenheit zu konstatieren wie umgekehrt auch Latenzdurchbrechungen in Richtung Antisemitismus und Rechtsextremismus selten waren. Für diese „windstille" Phase gilt Hermann Lübbes These vom gemeinsamen „Beschweigen" der Vergangenheit, auch wenn die Ruhe immer wieder durch Personalskandale gestört wurde. Nichtthematisierung ist prekär, da sie stets ihrerseits thematisiert und damit angefochten werden kann, wenn dies bestimmten Interessen dienlich ist. Ende der 50er Jahre wird dann die Nichtthematisierung der NS-Zeit und ihres Erbes aus zwei Richtungen beendet. Einmal durch das Bekanntwerden von Fällen, die eine verstärkte Wiederaufnahme der Verfolgung von NS-Verbrechen unabdingbar machten, die Häufung antisemitischer Äußerungen und die Erfolge der rechtsextremen DRP im Innern, zum anderen durch die Politik der DDR, die sich im Ost-West-Konflikt des Mittels der Aufdeckung der „braunen" Vergangenheit in den Eliten der Bundesrepublik bediente.[27] Der Eichmann-Prozeß in Israel machte dann zusätzlich noch die Dimension des Völkermords und die Versäumnisse der bundesdeutschen Justiz augenfällig. Unter dem Eindruck der „Renazifizierung" kam es zu einer Rückwendung auf die „unbewältigte Vergangenheit".

Die Bundesrepublik hatte durch das „Wirtschaftswunder" und die gefestigte Demokratie nun offenbar weniger Bedarf an Strukturschutz durch Latenz und konnte sich etwa durch die Strafverfolgung von NS-Verbrechen (forciert durch die Gründung der Zentralen Stelle der Justizverwaltungen in Ludwigsburg 1958), die Überprüfung belasteter Juristen, aber zunehmend auch in Literatur, Kirche und Schule mit der NS-Vergangenheit konfrontieren (vgl. dazu ausführlich Berg-

---

25 Tatsächlich haben die rechten Antidemokraten diesen Selbstwiderspruch sofort erkannt und für ihre Diskreditierung des demokratischen Systems bis heute genutzt.
26 Diese Verbotspolitik wurde von den rechtskonservativen kleinen Bundestagsparteien jedoch nur unter der Bedingung akzeptiert, daß zugleich auch linksextreme Parteien, in diesem Fall also die KPD, ausgeschaltet würden.
27 Die Vorhaltungen von Ostblockstaaten konnten zwar eher zurückgewiesen werden als die von seiten Israels oder westlicher Länder, doch fanden sie durchaus Resonanz im Westen und bei oppositionellen Gruppen in der Bundesrepublik, so daß die Bundesregierung zum politischen Handeln gezwungen war.

mann 1997). Die Koinzidenz der Befassung mit der NS-Vergangenheit seit 1959/60 in mehreren sozialen Teilsystemen (Recht, Politik, Religion, Erziehung, Kunst) deutet m.E. darauf hin, daß die deutsche Gesellschaft nach einer Latenzphase, in der man sich primär dem materiellen Wiederaufbau gewidmet hatte, nun in der Lage war, sich aus einer gefestigten Position mit Fragen der Mitschuld zu befassen. In der Tat läßt sich in den 60er Jahren ein – von einigen Kritikern von Anfang verfochtener – Paradigmenwechsel im Verhältnis von Demokratie und NS-Aufarbeitung erkennen. Hatte Adenauer den Aufbau der Demokratie (und die Wahlsiege der CDU) an das Latenthalten der NS-Vergangenheit geknüpft, so wird nun Demokratie und Demokratisierung geradezu mit Vergangenheitsbewältigung und Verfolgung von NS-Verbrechen verbunden (Herf 1997, S. 7).[28] Dies bedeutet nicht die Aufhebung von Verdrängung generell, vielmehr blieb die Rolle vieler Personen, Institutionen und Gruppen ausgenommen. Die Verbrechen der Wehrmacht, der Antisemitismus im konservativen Widerstand, die Tätigkeit später skandalisierter Demokraten (von Kurt-Georg Kiesinger über Hans Filbinger bis zu Werner Höfer u.a.) waren offenbar noch nicht thematisierbar; damit wären wohl die noch benötigten demokratische Leitbilder des Widerstands und eine gegen den Widerstand vieler Deutscher neu gegründete Organisation wie die Bundeswehr „beschädigt" worden.[29] Auch eine Anerkennung der russischen und polnischen Opfer des Nationalsozialismus war im Kalten Krieg politisch offenbar ebensowenig denkbar wie die Anerkennung des kommunistischen Widerstandes, denn dies hätte zu jener Zeit ja geradezu eine politische Aufwertung und finanzielle Unterstützung des politischen Feindes bedeutet.[30] Die politische Selbstdefinition und die Rolle im internationalen Kontext zog dem, was thematisierbar war, Grenzen. Dies sollte sich erst mit der Entspannungspolitik Ende der 60er Jahre langsam ändern. Herf hat zu recht darauf hingewiesen, daß die schwache Erinnerung an den Holocaust eng mit dem Kalten Krieg und dem „Vergessen" der Anti-Hitler-

---

28 Ob die Zäsur 1968 anzusetzen ist oder, wie ich meine, bereits um 1960, wird sicherlich im Zuge der „Historisierung" von 1968 noch debattiert werden müssen. Die historischen Untersuchungen zum Verlauf der Vergangenheitsbewältigung machen überdies zunehmend deutlich, daß „die '68er" ihre Behauptung einer Zäsur auch damit verstärkten, daß sie die Bemühungen der 50er und frühen 60er Jahre ignorierten und so taten, als sei bis dato gar nichts geschehen. Diese Sichtweise wird heute als „interessierte Konstruktion" zum Zwecke einer radikalen Systemkritik erkennbar. Herf spricht von der „common misperception that German politicians said next to nothing about the Nazi past until the 1960s" (1997, S. 9).
29 Der Zweite Weltkrieg wurde in den 50er Jahren in Filmen und Illustriertenromanen geradezu verherrlicht und die Realität dieses Krieges verdrängt. Manfred Messerschmidt hält diese Verklärung für eine „psychische Notwendigkeit", da es die Integrationsfähigkeit der deutschen Gesellschaft überstiegen hätte, anzuerkennen, daß viele deutsche Soldaten an diesem verbrecherischen Krieg beteiligt gewesen waren (in: Zeitpunkte 3, 1995, S. 49).
30 In der DDR wurden spiegelverkehrt gerade die Opfer der Sowjetunion und Polens herausgestellt, dabei aber der Anteil der jüdischen Opfer verschwiegen, der bürgerliche Widerstand kaum erwähnt usw.

Koalition der westlichen Demokratien und der Sowjetunion zusammenhing (1997, S. 8).

Gegenüber den auch von konservativ-liberalen westdeutschen Politikern geteilten (oder zumindest öffentlich geförderten) Erwartungen der 50er Jahre, die NS-Vergangenheit im Grunde schon bewältigt zu haben, brachten die 60er Jahre mit ihren großen NS-Prozessen (vor allem dem Eichmann- und dem Auschwitz-Prozeß) und den Verjährungsdebatten 1965 und 1969 die Tatsache ins öffentliche Bewußtsein, daß die (strafrechtliche) Bewältigung auch zukünftig weitergehen und dabei noch vieles zu Tage kommen würde und aufzuarbeiten wäre.[31] Obwohl seit den 50er Jahren eine Mehrheit der deutschen Bevölkerung in Umfragen für einen „Schlußstrich unter die Vergangenheit" votiert, erleben wir seit den 60er Jahren eine in Wissenschaft, Politik und Öffentlichkeit immer intensivere und immer weitere Bereiche umfassende Auseinandersetzung mit dem Nationalsozialismus, die zunehmend auch bis dahin abgedunkelte Themenkomplexe erhellt. Deren Aufdeckung gelingt nicht ohne Konflikte, wie bis heute der Streit über die Wehrmachtsausstellung, die Involvierung von Industrieunternehmen, Banken und Versicherungen in Völkermord und Zwangsarbeit, die Aufhebung von NS-Urteilen usw. zeigt. Inzwischen scheint Strukturschutz durch Latenz immer weniger nötig zu sein bzw. dysfunktional zu werden, da das „dem Projekt 'Demokratie' in diesem Land von Anfang an eingeschriebene Bauelement 'Vergangenheitsbewältigung' (...) in der dritten Generation auch demoskopisch mehrheitsfähig" geworden ist (Schmid 1998, S. 230).

Nach der Wiedervereinigung

Die Verdoppelung der deutschen Vergangenheit nach 1990 hat einerseits Befürchtungen laut werden lassen, daß man die „neue" Vergangenheitsbewältigung zur endgültigen Beendigung der Auseinandersetzung mit dem Nationalsozialismus benutzen würde, und andererseits die Bereitschaft erhöht, im zweiten Fall Fehler des ersten zu vermeiden. Die erste Befürchtung hat sich, wie die Debatten über das Buch Daniel J. Goldhagens und über die Wehrmachtsausstellung zeigen, nicht bewahrheitet, und die Aufarbeitung der DDR-Vergangenheit ist politisch, juristisch wie wissenschaftlich offensiver angegangen worden, so daß hier tatsächlich ein gewisser Lerneffekt gerade durch die Versäumnisse der „ersten Vergangenheitsbewältigung" sichtbar wird. Sicherlich mit angestoßen durch die Probleme der Vergangenheitsbewältigung in den ehemaligen Ostblockstaaten und den damit möglich gewordenen komparativen Blick, erleben wir m.E. in den letzten Jahren eine „Historisierung der Vergangenheitsbewältigung". Sie wird zum Gegenstand

---

31 Wir können hier eine sukzessive Erweiterung des Zeithorizontes feststellen: Glaubte man 1965 noch, die Verlängerung der Verjährungsfrist um vier Jahre würde zur Ermittlung der letzten Fallkomplexe ausreichen, so gab man sich 1969 weitere zehn Jahre, um 1979 die Frist schließlich ganz aufzuheben.

der historischen Forschung, so daß die politisch-moralischen Konfliktlinien an Bedeutung verlieren. Die Erforschung des Umgangs der DDR mit der NS-Vergangenheit hat dazu beigetragen, daß die Bemühungen in der Bundesrepublik nicht mehr einfach mit dem Verweis auf das antifaschistische Idealbild einer gelungeneren Auseinandersetzung abgewertet werden können. Damit ergeben sich, wie meines Erachtens das Buch von Jeffrey Herf paradigmatisch zeigt, Revisionen in der Betrachtung des ost- und westdeutschen Umgangs mit dem Nationalsozialismus. Dies wird verstärkt durch einen Generationenwechsel. Die jüngeren Generationen stehen nicht mehr in derselben persönlichen Konfliktbeziehung zu den Zeitgenossen des NS-Regimes und haben keinen Anteil an den politischen Konflikten über die „Vergangenheitsbewältigung" in den 50-60er Jahren genommen.

Seit einiger Zeit ist zudem zu beobachten, daß diese „Lehren aus der Vergangenheit" selbst fragwürdig werden bzw. zu entgegengesetzten Schlußfolgerungen führen.[32] Im Golf-Krieg und angesichts der ethnischen Säuberungen in Jugoslawien sind Pazifismus und Minderheitenschutz vor Verfolgung bzw. die Sicherheitsgarantie für Israel in Konflikt geraten. Die Situation der internationalen Massenmigration hat zur Überprüfung und Revision des Asylparagraphen im Grundgesetz geführt und damit eine Bestimmung der Verfassungsväter geändert, die als Lehre aus dem „Dritten Reich" eingefügt worden war. Wir befinden uns damit in einer Phase, in der sich wohl die „taboos and prohibitions", aber nicht mehr alle „duties and obligations" als handlungsleitend erweisen. Welche Folgen wird dies für die weitere „Vergangenheitsbewältigung" haben?

32 In einzelnen Fällen ist dies auch schon früher der Fall gewesen. Ende der fünfziger Jahre gibt es angesichts skandalöser Urteile in Verfahren gegen Antisemiten eine Justizdebatte, in der Regierung und SPD-Opposition ganz unterschiedliche Bezugspunkte für ihre Haltung wählen: Die SPD begründete ihre Forderung nach Ablösung der Richter mit den Erfahrungen aus der Weimarer Republik, die bürgerlichen Regierungsfraktionen begründeten ihre Ablehnung dieser Forderung und den Schutz der Richter vor politischer Einmischung mit den Erfahrungen des Nationalsozialismus (Deutscher Bundestag, 22.1.1959, 3/3069 ff.).

Literatur

Arendt, Hannah, 1950: The Aftermath of Nazi Rule: Report from Germany, in: Commentary, Oktober, S. 342-353.
Bergmann, Werner, 1992: Die Reaktion auf den Holocaust in Westdeutschland von 1945 bis 1989, in: Geschichte in Wissenschaft und Unterricht 43 (6), S. 327-350.
Bergmann, Werner, 1997: Antisemitismus in öffentlichen Konflikten. Kollektives Lernen in der politischen Kultur der Bundesrepublik 1949-1989, Frankfurt a.M.
Bergmann, Werner und Rainer Erb, 1986: Kommunikationslatenz, Moral und öffentliche Meinung. Theoretische Überlegungen zum Antisemitismus in der Bundesrepublik Deutschland, in: Kölner Zeitschrift für Soziologie und Sozialpsychologie 38, S. 209-222.
Bergmann, Werner, Rainer Erb und Albert Lichtblau (Hrsg.), 1995: Schwieriges Erbe. Der Umgang mit Antisemitismus und Nationalsozialismus in Österreich, der DDR und der Bundesrepublik Deutschland, Frankfurt a.M.

Brochhagen, Ulrich, 1994: Nach Nürnberg. Vergangenheitsbewältigung und Westintegration in der Ära Adenauer, Hamburg.
Frei, Norbert, 1996: Vergangenheitspolitik. Die Anfänge der Bundesrepublik und die NS-Vergangenheit, München.
Giordano, Ralph, 1987: Die zweite Schuld oder von der Last ein Deutscher zu sein, Hamburg, Zürich.
Groehler, Olaf, 1994: SED, VVN und Juden in der sowjetischen Besatzungszone Deutschlands (1945-1949), in: Jahrbuch für Antisemitismusforschung 3, S. 282-302.
Heinrich, Horst-Alfred, 1996: Zeithistorische Ereignisse als Kristallisationspunkte von Generationen, Replikation eines Meßinstrumentes, in: ZUMA-Nachrichten 39, 20. Jg., S. 69-94.
Herbert, Ulrich, 1996: Best. Biographische Studien über Radikalismus, Weltanschauung und Vernunft, 1903-1989, Bonn.
Herf, Jeffrey, 1997: Divided Memory. The Nazi Past in the Two Germanys, Cambridge, Mass.
Jick, Leon A., The Holocaust: Its Use and Abuse within the American Public, in: Yad Vashem Studies 14, S. 303-318.
Kittel, Manfred, 1993: Die Legende von der Zweiten Schuld. Vergangenheitsbewältigung in der Ära Adenauer, Berlin.
König, Helmut, 1997: Das Erbe der Diktatur: Der Nationalsozialismus im politischen Bewußtsein der Bundesrepublik, in: H. König, W. Kuhlmann und K. Schwabe (Hrsg.), Vertuschte Vergangenheit. Der Fall Schwerte und die NS-Vergangenheit der deutschen Hochschulen, München, S. 301-316.
Lepsius, M. Rainer, 1988: Das Erbe des Nationalsozialismus und die politische Kultur der Nachfolgestaaten des 'Großdeutschen Reiches', in: Kultur und Gesellschaft. Verhandlungen des 24. Deutschen Soziologentages, hrsg. von Max Haller et al., Frankfurt a.M., S. 247-264.
Lübbe, Hermann, 1983: Der Nationalsozialismus im deutschen Nachkriegsbewußtsein, in: Historische Zeitschrift 236, S. 579-599.
Luhmann, Niklas, 1984: Soziale Systeme. Grundriß einer allgemeinen Theorie, Frankfurt a.M.
Meuschel, Sigrid, 1992: Legitimation und Parteiherrschaft in der DDR, Frankfurt a.M.
Nolte, Helmut, 1997: Psyche als öffentliche Angelegenheit – Über Zumutungen und Funktionen nationaler „Vergangenheitsbewältigung", in: Bochumer Beiträge zur Nationalismusdebatte: Dokumentation einer Vortragsreihe in der Ruhr-Universität Bochum, hrsg. von Bernd Faulenbach et al., Essen, S. 91-101.
Olick, Jeffrey K. und Daniel Levy, 1997: Collective Memory and Cultural Constraint: Holocaust Myth and Rationality in German Politics, in: American Sociological Review 62, S. 921-936.
Scherrer, Jutta, 1998: „Laß die Toten ihre Toten begraben". Warum Rußland von den sowjetischen Massenverbrechen nichts wissen will, in: Die Zeit, Nr. 28, vom 2. Juli, S. 40.
Schmid, Harald, 1998: Vagabundierende Normalisierung. Gedanken zur politischen Historisierung des Nationalsozialismus, in: Johannes Heil und Rainer Erb (Hrsg.), Geschichtswissenschaft und Öffentlichkeit. Der Streit um Daniel J. Goldhagen, Frankfurt a.M., S. 328-343.
Schwab-Trapp, Michael, 1996: Konflikt, Kultur und Interpretation. Eine Diskursanalyse des öffentlichen Umgangs mit dem Nationalsozialismus, Opladen.
Schwarz, Hans-Peter (Hrsg.), 1975: Konrad Adenauer: Reden, 1917-1967: Eine Auswahl, Stuttgart.

Helmut Fleischer

Mit der Vergangenheit umgehen

Prolegomena zu einer Analytik des Geschichtsbewußtseins

Wo vom „Umgang" mit unserer deutschen geschichtlichen Vergangenheit die Rede ist, geschieht dies nahezu immer in einer *pragmatischen Absicht*. Man spricht auch gern von einem „Aufarbeiten" der Vergangenheit und nicht mehr kraftmeierisch von ihrer „Bewältigung". Was für eine *Arbeit* ist das, und was ist das eigentlich: „mit der Vergangenheit *umgehen*"? Einprägsame Sinnsprüche beschwören es, wie lebenswichtig namentlich die Erinnerung an die unheilvolle deutsche NS-Vergangenheit ist. „Wer sie verdrängt, muß sie wiederholen..."
  Die achtziger Jahre wurden nach den vorausgegangenen Jahren einer reformfreudigen Unbekümmertheit zur großen Zeit einer neuen geschichtlichen Besinnlichkeit. Was vorher an historischem Erinnern geleistet worden war, schien nicht mehr viel zu bedeuten; nicht nur die ernsthafte Arbeit der ersten Generationen von Zeithistorikern, nicht die volkspädagogische Bemühung um die „unbewältigte Vergangenheit", nicht der „linke" geschichtskritische Eifer der Achtundsechziger, der manchen nur noch als Indiz für eine „Geschichtslosigkeit" galt. Der Historiker Michael Stürmer räsonierte halb gekränkt, halb herausfordernd darüber, was die Geschichte in einem „geschichtslosen" Land, einem „Land ohne Erinnerung", denn eigentlich „wiegt". Er führte für seine Disziplin die frappierende Empfehlung ins Feld, daß in einem geschichtslosen Land derjenige „die Zukunft gewinnt, wer die Erinnerung füllt, die Begriffe prägt und die Vergangenheit deutet".[1] Denn, so setzte er nach: „Jede Reflexion über Gegenwart muß aus der Zukunft ihre Fragen gewinnen und aus der Vergangenheit ihre Antworten."[2] Und dies unter der Überschrift „Die Erforderlichkeit des Unmöglichen: Aus der Geschichte lernen". Es sollte kein bloß technisch-pragmatisches Erlernen von Reaktionsschemata sein, sondern ein höheres Lernen unter einem „Lernziel Identität". Identitätssuche ist die Folge von Orientierungsverlust, und „Geschichte verspricht Wegweiser zur Identität, Ankerplätze in den Katarakten des Fortschritts." Es ist „auf der Suche

---

1 „Geschichte in geschichtslosem Land", FAZ 25.4.1986, Nachdruck in: *„Historikerstreit". Die Dokumentation der Kontroverse um die Einzigartigkeit der nationalsozialistischen Judenvernichtung*, München: Piper 1987, S. 36.
2 Überarbeitung eines Texts von 1983, in: M. Stürmer, *Dissonanzen des Fortschritts. Essays über Geschichte und Politik in Deutschland*, München: Piper 1986.

nach der verlorenen Nationalgeschichte" namentlich um die deutsche Identität zu tun.

Der geschichtsbeflissene Aufbruch der 80er Jahre war bekanntlich aber nur ein Umbruch, ein Gegenzug zu den Großaufgeboten historischen Erinnerns, die in der jugendbewegten Linksopposition der 60er Jahre die Gemüter kritisch-historisch und geschichtskritisch zu bewegen suchte. Auf diesen kritischen, für viele allzu kritischen Umgang mit der deutschen Geschichte antwortete eine moderat, nur manchmal pauschal[3] affirmative Geschichtspflege.

Die beiden gegenläufigen Strömungen trafen im Sommer 1986 im „Historikerstreit"[4] aufeinander, der bis Ende 1988 mehr als 1200 Publikationen provoziert hat,[5] darunter mehrere Bücher. Dieser Streit, an den man oft erinnert wird, ist eigentlich nie ganz zu Ende gegangen. Er hat sich zuletzt in der „Goldhagen-Debatte" fortgesetzt, von der es ebenso wie vom Historikerstreit eine kompakte Dokumentation gibt.[6]

Was für eine Arbeit ist dieses „Aufarbeiten" einer Geschichte, von dem es heißt, es könne, richtig angesetzt, „die Schatten der Vergangenheit bannen"? Das „Lernen aus der Geschichte" kann sich auf einer *intellektuellen* Bahn des Begreifen- und Verstehenwollens bewegen. Doch oft scheint das nicht zu genügen: Es soll auch für den Charakter, für die Identität, für die Moralität produktiv werden.

I. Vorprüfung: Aus der Geschichte lernen?

Als Friedrich Nietzsche 1874 seine „unzeitgemäße Betrachtung" schrieb, die „Vom Nutzen und Nachteil der Historie für das Leben" handelt, bewegte er sich nicht ganz unbekümmert, aber doch auf der Bahn einer *pragmatischen* Manier, die vergangene Geschichte zu behandeln: sei es „monumentalisch", „antiquarisch" oder „kritisch". Er erinnerte sich aber nicht daran, daß der „alte Hegel" in dieser Sache Jahrzehnte zuvor einen sehr eindeutigen Bescheid erteilt hatte: „Was die Erfahrung aber und die Geschichte lehren, ist dieses, daß Völker und Regierungen niemals etwas aus der Geschichte gelernt und nach Lehren, die aus derselben zu ziehen wären, gehandelt haben."[7] Diese Worte sind oft als ein Klageruf mißverstanden worden. Doch ging es Hegel um etwas anders. Er dachte nur, daß das geschichtliche

---

3 In einer Ansprache von Franz Josef Strauß konnte man einmal den Satz hören: „Wir sagen Ja zur deutschen Geschichte."
4 Die Dokumentation dieser Kontroverse (genauer, einer Reihe von Texten, die bis Februar 1987 erschienen waren) hat der Piper-Verlag (München 1987) unter dem Titel „*Historikerstreit*" herausgebracht. Nach dieser Ausgabe werde ich viele Zitierungen vornehmen, die ich jedesmal nur mit dem Buchtitel nachweise.
5 Eine nicht ganz vollständige Bibliographie findet sich in einem von Helmut Donat und Lothar Wieland herausgegebenen Sammelband *Auschwitz erst möglich gemacht?*, Bremen: Donat Verlag 1991.
6 Julius H. Schoeps (Hrsg.), *Ein Volk von Mördern? Die Dokumentation der Goldhagen-Kontroverse um die Rolle der Deutschen im Holocaust*, Hamburg: Hoffmann & Campe 1996.
7 *Vorlesungen über die Philosophie der Geschichte*, Suhrkamp-Werkausgabe Bd. 12.

Lernen *anders vonstattengeht* als nach Art des Lernens aus einer früheren Geschichte, die man nur als historische Überlieferung kennenlernt. Im Hinblick darauf sagte er, daß „so etwas wie eine fahle Erinnerung ... keine Kraft gegen die Lebendigkeit und Freiheit der Gegenwart" habe. Und man kann noch hinzufügen: Nur eine unfreie, unsouveräne Gegenwart sucht Hilfe von einer früheren Geschichte. Das wäre auch meine Replik an M. Stürmer: Geschichtlich lernen können Menschen durchaus, aber nur in ihrer selbsterlebten Geschichte in lebendiger Interaktion mit ihren Mitmenschen. Alles wirklich Maßgebende spielt sich in der Gegenwart unter Gegenwärtigen, den Zeitgenossen ab.

So haben „Achtundvierziger" auf je verschiedene Weise aus ihrer Revolution gelernt, Teilnehmer des Ersten Weltkriegs konnten lernen, aus Kaiser-und-Reichstreuen konnten Republikaner und Demokraten werden; auch das Erleben der Hitlerzeit und des Zweiten Weltkriegs war ein großes Lernen, das nicht ohne gewichtige Folgen blieb. Ernst Nolte bemerkte dazu: „Daß die Deutschen aus ihrer Geschichte Lehren ziehen, wird nicht durch die Historiker und Publizisten garantiert, sondern durch die vollständige Veränderung der Machtverhältnisse und durch die anschaulichen Konsequenzen von zwei großen Niederlagen."[8] Nicht zuletzt haben auch nicht wenige der „Achtundsechziger" einen Lernprozeß über ihre damaligen „Lernprozesse" hinaus absolviert. Auf eine sehr diffizile und nicht „machbare" Weise kann es auch eine Weitergabe von geschichtlichen Erfahrungen von Generation zu Generation geben, doch nur in einem lebendigen personalen Kontakt. Was ein Geschichtslehrer seine Schüler über die Geschichte lehren kann, das kann nur aus einer lebendig-gegenwärtigen Geschichtlichkeit seiner eigenen Personalität erwachsen.

Die „pragmatische Behandlungsart" historischer Vergangenheit wäre damit – ganz im Sinne von Hegel – verabschiedet, stünde dem in der deutschen Gegenwart nicht ein ernstzunehmendes Hemmnis entgegen, ja geradezu eine moralische Hemmung. Ist es denn nicht ganz unverzichtbar, in der „Erziehung nach Auschwitz" wenigstens die für uns konstitutive Geschichte, die deutsche Nazivergangenheit, als den zentralen Ort eines *moralischen Lernens* zu aktivieren? Es wird einige Anstrengung der historischen Vorstellungskraft erfordern, auch für das moralische Lernen einen anderen Weg als den einer moralpädagogischen Anstrengung aufzuzeigen – nicht als den obligaten, aber als einen möglichen.

In den Bahnen der Moralität bewegte sich schon die erste Neubesinnung nach dem schmählichen Ende des Hitlerreichs. Im Umbruch von 1945 wiederholte sich am deutschen „Volksgeist" ein Vorgang, wie ihn die Hegelsche *Phänomenologie* als die französisch-deutsche Dialektik von absoluter Freiheit und Schrecken ausmodelliert hatte. Die absolute Eroberfreiheit der entfesselten Reichsdeutschen, die erst zum Schrecken der anderen Völker wurde, schlug nach dem Fall in ein großes Erschrecken um, und es entstand aufs neue eine „Gestalt des moralischen Geistes".[9] Und der zweimal tragische Vorgang wiederholte sich noch einmal – als Farce –

---

8 In: „*Historikerstreit*", S. 43.
9 *Phänomenologie des Geistes*, Suhrkamp Werkausgabe Bd. 3, S. 441.

in der kleinen großen Rebellion der neu-linken Jugendbewegung, die den revolutionären Schrecken der neueren und neuesten Nachfolgerevolutionen als politisches Spielmaterial gegen die etablierte Nach-Hitler-Gesellschaft richtete und nach dem Fiasko von Studentenparteien und Roter Mini-Armee in den rettenden Hafen der Moralität zurückkehrte.

Der Historikerstreit der achtziger Jahre hatte schon mit der Kampfansage von Jürgen Habermas sogleich eine entschieden *moralische* Wendung genommen und einen besonderen Focus erhalten mit der Erklärung, daß sich „erst nach – und durch – Auschwitz" in der Kulturnation der Deutschen eine „in Überzeugungen verankerte Bindung an universalistische Verfassungsprinzipien" habe bilden können.[10] Und an diese diagnostische Prämisse schließt sich im Nachfolgetext eine kanonisierte Pragmatik des „öffentlichen Gebrauchs der Historie" an, deren Kerngedanke eine permanente moralische Obligation bekräftigt: „Je weniger Gemeinsamkeit ein kollektiver Lebenszusammenhang im Inneren gewährt hat, je mehr er sich nach außen durch Usurpation und Zerstörung fremden Lebens erhalten hat, um so größer ist die Versöhnungslast, die der Trauerarbeit und der selbstkritischen Prüfung der nachfolgenden Generationen auferlegt ist."[11]

Die Antwort auf dieses moralpädagogische Generalprogramm wäre eine ethisch-diagnostische Empirie des Prozesses, in dem die Nach-Hitler-Deutschen nach dem volks-imperialen Exzeß der Hitlerdeutschen über nun schon zwei Generationswechsel hinweg zu den bis jetzt erreichten Maßen einer mittleren zivilgesellschaftlichen Temperierung gekommen sind. In einem abgekürzten Verfahren möchte ich hier nur einige Positionen einer realistischen Analytik geschichtlicher Veränderung im Ethos einer modernen Großgesellschaft skizzieren.

Die zentrale Hochebene bilden hier allerdings nicht irgendwelche in Überzeugungen verankerte universalistisch-ethische Prinzipien, sondern personal und sozial-lebensgeschichtlich erworbene Befähigungen zu einer verbindlichen Art von Vergesellschaftung, die sich in einem hinreichend breit gelagerten Ensemble von nicht unmaßgeblichen Bürger-Individuen auf nicht-doktrinalen Wegen ausbilden. Von der Jahrhundertwende bis durch die zwanziger Jahre hindurch hat sich die Staatsnation der Deutschen in ihrer Sozialkultur (oder in ihrem Ethos[12]) nur graduell von den anderen großen Industrienationen unterschieden. Der Weg nach Auschwitz war kaum in der besonderen und zugleich allgemeinen Grundkonstitution eines „deutschen Lebenszusammenhangs" vorprogrammiert. Er gehörte zur fatalen Steigerungsdynamik eines maßlosen Eroberungs- und Vernichtungskriegs. Für eine ethische Diagnostik[13] liegen die Schlüssel in einem breit gelagerten

---

10 In: „*Historikerstreit*", S. 75.
11 In: „*Historikerstreit*", S. 251.
12 Unter einer *Gesittungsweise* (oder einem „Ethos") verstehe ich eine in normativen Akten festgestellte und als normativ in Kraft gesetzte Ordnung des Verhaltens von Menschen in solchen *Güterverhältnissen* ihres Einzel- und Gemeinschaftslebens, die essentiell mit ihrem *Personenstatus* verbunden sind.
13 Eine moralistische Ethik sieht alles „im Lichte" moralischer Sollensprinzipien, eine realistische „Ethik des Ethos" (die Titulatur hat W. Kluxen 1974 in einer kleinen

konkret-geschichtlichen Komplex von Ermöglichungen,[14] nicht in den für sich genommenen extremen Grenzmöglichkeiten oder Grenz-Unmöglichkeiten wie dem Juden-Genozid. Wie für die Diagnostik gilt auch für die Pragmatik: Daß Auschwitz nie wieder möglich werden darf, ist für eine „Ethik nach Auschwitz"[15] kein hinreichendes und nicht das kardinale Leistungsmaß. Das Schlüsselproblem ist mehr generell, wie die zivil-kooperative Sozialverfassung einer modernen Nation von der Basis der *elementaren Lebens- und Entfaltungsmöglichkeiten* her dauerhaft gesichert sein kann. Die Schlüsselqualifikationen dafür liegen in den Maßbestimmungen solcher personal- und sozialkulturellen Potentiale wie Kollektivprägung, Individuationsspektrum, Ichstärke, Suprematiestreben, Kooperationsfähigkeit bzw. -untauglichkeit, Befriedungspotenz und Rivalitätsfixierung, Weite oder Enge des Raumes positiver Verträglichkeit und Solidaritätsbereitschaft. Sie werden nicht doktrinal[16] und nicht moralpädagogisch generiert, überhaupt nicht durch irgendwelche besonderen Veranstaltungen, sondern sie bilden sich in praktisch-kommunikativen Erfahrungs-, Erprobungs- und Bewährungsfeldern auf eine nicht-intentionale Weise aus.

Das sogenannte Moralische erweist sich in dieser Sichtweise nicht als eine besondere Sphäre von normativen Richtpunkten. Die Moralitätskultur leidet überhaupt an einer dimensionalen Enge, indem sie die altruistischen Vergesellschaftungsleistungen von den eigeninteressierten Güterbezügen, auch denen des personalen Selbstseins, separiert. Wie die Schreckenszeit der Französischen Revolution haben auch die Schrecken der Hitlerzeit in der höheren deutschen Kulturwelt den Rückzug in eine „moralische Weltanschauung"[17] begünstigt, unter anderem eben auch in einen historischen Moralismus mit unhistorischen Zügen.

Die Eröffnung des Historikerstreits mit der Kampfansage vom 11. Juli 1986 war ein Rückfall hinter die Problemeröffnung, zu der im Jahr davor der Zeithi-

---

programmatischen Schrift angesetzt) hat und braucht einen breiten diagnostischen „Unterbau"; sie ist überhaupt mehr *Interpretation* des gelebten Ethos als Proklamation und Begründung moralischer Normprinzipien.

14 Eine genauere historische Lokalisation versucht Arno J. Mayer in dem Buch *Der Krieg als Kreuzzug. Das Deutsche Reich, Hitlers Wehrmacht und die „Endlösung"*, Hamburg: Rowohlt 1988.
15 Unter diesem Titel hat Gerhard Schweppenhäuser eine Studie über Adornos negative Moralphilosophie veröffentlicht (Hamburg: Argument-Verlag 1993). Gernot Böhme hat diese topologische Zentrierung in seiner *Ethik im Kontext* (Frankfurt a.M.: Suhrkamp 1997) praktiziert.
16 Weil Tugend nicht angeboren ist, sondern erworben werden muß, hat die Ethik, wie Kant meinte, eine Doktrin zu sein – „Tugendlehre". Daß sie aber anders als durch Belehrung (und Vorführen von „Vorbildern") erworben werden könnte, nämlich *praktisch kommunikativ* (und unter gewissen naturalen Begrenzungen), zog er dabei nicht in Betracht.
17 Es war wiederum Hegel, der diesen Vorgang in seiner *Phänomenologie des Geistes* protokolliert hat: „... so geht die absolute Freiheit aus ihrer sich selbst zerstörenden Wirklichkeit in ein anderes Land des selbstbewußten Geistes über, worin sie in dieser Unwirklichkeit als das Wahre gilt ... Es ist die neue Gestalt des *moralischen Geistes* entstanden." (Suhrkamp-Werkausgabe Bd. 3, S. 441)

storiker Martin Broszat mit seinem „Plädoyer für eine Historisierung des Nationalsozialismus"[18] angesetzt hatte. Dieser Text hätte unvergleichlich viel besser die Vorlage zu einer politisch-kulturell bedeutsamen Geschichtsdebatte abgegeben. „Historisierung" sollte den Weg von einem negativen Lehrstück der politischen Erziehung zu einem Stück begriffener Geschichte bezeichnen. Der Nationalsozialismus sollte nicht nur als System entfesselter Gewaltherrschaft verabscheut, er sollte auch in seiner breiten Massenbasis als eine Volksbewegung von ihren „sozialen Schubkräften" her sozialhistorisch aufgeschlüsselt und in den größeren Zusammenhang des Zeitalters eingeordnet werden. Nach vierzig Jahren war nüchtern festzustellen, daß sich die „Moralität der Betroffenheit" bereits „stark erschöpft" hatte und „vielfach zu einem Set ebenso risikoloser wie vager Gesinnungsbekenntnisse ohne moralische Kraft" geworden war. Über die unverändert entschiedene Verurteilung hinaus müsse die „Authentizität und Konkretheit auch des Moralischen in der Geschichte" neu erschlossen werden.[19] Ideologische Aufgebote zur permanenten Moralisierung der Vergangenheit, so wäre hinzuzufügen, produzieren nur tönendes Erz und klingende Schellen.

Broszat verwahrt sich dagegen, daß sein Historisierungs-Prospekt auf eine „neokonservative Wende" der Geschichtswissenschaft hinauslaufe, auf einen ethisch neutralisierten Historismus, und er setzt dagegen auf eine „moralische Sensibilisierung der Historie überhaupt".[20] Das verweist auf eine Darstellung von Geschichte, die auf Schritt und Tritt eine deutliche und vielseitige Rechenschaft davon gibt, was ihre Akte jeweils an Erfüllung und Versagung, Erhebung und Erniedrigung für die beteiligten und die betroffenen Menschen bedeutet haben. So könnte es sich erübrigen, dann noch ein gesondertes moralisches Urteil über sie auszufertigen. Wie die Belange der historischen Urteilskraft und die der ethischen Wahrnehmungsfähigkeit zusammenzuführen sind, ist eine offene Frage, solange Moralphilosophen nicht der Geschichte zugewandt sind und übergroße Schwierigkeiten damit haben, die von Kant herkommende Traditionslinie der „Moralität" mit der Hegelschen „Sittlichkeit" zu „vermitteln".[21]

---

18 In: *Merkur* 435 (Mai 1985), S. 373 f., nachgedruckt in: *Nach Hitler. Der schwierige Umgang mit unserer Geschichte*, Beiträge von Martin Broszat, Hrsg. H. Graml u. K.-D. Henke, München: Oldenbourg 1986, S. 159 f.
19 Nach Hitler, S. 172 u. 165.
20 *Nach Hitler*, S. 173.
21 Ein Beispiel dafür ist Karl Otto Apels Betrachtung zum Thema „Kann der postkantische Standpunkt der Moralität noch einmal in 'substantielle Sittlichkeit' aufgehoben werden?", in: Wolfgang Kuhlmann (Hrsg.), *Moralität und Sittlichkeit*, Frankfurt a.M.: Suhrkamp 1986. Als ich in der ersten Runde des Historikerstreits das Programm einer „Historisierung des Moralischen" annoncierte (in: „*Historikerstreit*", S. 130) und darüber bald einen Aufsatz schrieb („Moralisierung der Geschichte – Historisierung des Moralischen", in: *Universitas* 12/1986), hatte ich bereits die Arbeit an einem Buch abgeschlossen, das Grundlinien einer historisierten Ethik entwickelt. Es erschien unter dem Titel *Ethik ohne Imperativ. Zur Kritik des moralischen Bewußtseins* 1987 im Fischer-Verlag und ist jetzt vergriffen.

II. Organe und Konstitutionen der Wahrnehmung von Geschichtlichem

Mit einem Seitenblick auf eine Gebietsteilung, die der Historiker Ernst Nolte in der Einleitung zu seinem umfangreichen Werk *Geschichtsdenken im 20. Jahrhundert* vornimmt, möchte ich vier Verhandlungsräume markieren, von denen zwei mit wissenschaftlichen Disziplinen besetzt sind, den *Geschichtswissenschaften* und der *Geschichtsphilosophie*, während sich die beiden anderen, das sogenannte *Geschichtsbewußtsein* und seine besondere intellektuelle Kulturform als *Geschichtsdenken*, außerdisziplinär in einer weiteren Öffentlichkeit ausbreiten und mehr informell mit den disziplinären Wissenskulturen verbunden sind.

(1) Wenn von *Geschichtsbewußtsein* die Rede ist, meint man damit sichtlich etwas anderes als Geschichtskenntnisse oder historische Bildung. Hier geht es vielmehr um eine Präsenz von Geschichtlichem im Medium einer weiteren Öffentlichkeit, also einer vorwiegend informellen, außerinstitutionellen und außerdisziplinären Sphäre.

Doch was man „Geschichtsbewußtsein" nennt, ist sowohl seiner Aktqualität als auch seinem thematischen Gehalt nach eigentlich immer mehr als bloß ein *Bewußtsein*, ein Ensemble von mentalen Vorgängen und Daten. Es ist in Wirklichkeit der mentale Index eines *Verhaltens*, und was man den „Umgang mit Geschichte" nennt, ist ein Umgehen mit Menschen früherer Zeiten, mit Vor-Zeitgenossen. Nur ist dies eben eine *symbolische* Kommunikation, und zudem eine asymmetrische zwischen gegenwärtig lebenden Menschen und solchen, die nicht mehr unter den Lebenden sind. Die Praxis historischen Erinnerns ist, wenn man durch die Hülle von Geschehens- und Ereignisdaten zum interpersonalen Kern vordringt, ein Würdigen, zuerst schon als ein Zuwenden von größerer oder geringerer Aufmerksamkeit und Beachtung, noch diesseits aller Bewertung. Weiter ist das Würdigen seinem intensiven Gehalt nach ein Zuschreiben und Zurechnen, ein Zuweisen, Zumessen und Zuerkennen von Sinn, sofern man den Wirksamkeiten geschichtlicher Akteure jeweils bestimmte Lebensbedeutungen nachsagt, aktive für die Handelnden selbst, rezeptive für jene, die davon betroffen gewesen sind.

Angesichts der vielen und so oft mörderischen Kollisionen, welche die Geschichte durchziehen, ist die historische Kommunikation ein Anteilnehmen an den Geschicken von Kämpfenden, Siegern und Besiegten, Eroberern und Unterworfenen – einem jeden nach ungleichem oder gleichem Maß. Es wäre recht verwunderlich und unnatürlich, wenn das Anteilnehmen nicht auch eine emotionale oder affektive Tönung hätte und mit einem Stellungnehmen verbunden wäre. Sollte man daraufhin nicht, wenn es um das Gesamtverhältnis zu tun ist, statt Geschichtsbewußtsein besser *historische Kommunikation* sagen?

Richten wir das Augenmerk auf das Erscheinungsbild, das die Manifestationen einer „Gegenwart des Vergangenen" bieten, so dürfte am auffälligsten zunächst eine Tonus-Abstufung sein, die diesen Manifestationen eigen ist. Aus der Mittellage eines lebendigen, wohltemperierten und nicht durch Grenzziehungen beengten, also kommunikationsoffenen Geschichtsdenkens und historischen Erkenntnisverhaltens zeigen sich nach der einen Seite die Bewußtseinslagen einer Geschichtsmüdigkeit oder Geschichtsverdrossenheit – nach M. Stürmer: „Geschichtslosigkeit" einer Gegenwart. Nach der anderen Seite der Skala sieht man die Aufgebote und Auftriebe eines *forcierten Geschichtsbewußtseins*, das sich in Aktivismen und Geschichtskulten ergeht wie im Bismarckreich, in der Hitlerzeit, im Sowjetsozialismus oder in der DDR. Auch unser Historikerstreit war eine Aufwallung forcierten Geschichtsbewußtseins. An den Manifestationen eines solchen Geschichtsbewußtseins treten historisch-retrospektive *Parteilichkeiten* des Anteil- und Stellungnehmens und verschiedene (ethnische oder ständische) Grenzziehungen im Feld historischer Kommunikation besonders deutlich hervor; sie sind aber auch für das anders temperierte Geschichtsbewußtsein charakteristisch. Das ergibt eine wichtige Vormerkung für die Analytik (und eine Metrik) historischer Kommunikationsverhältnisse.

(2) Im Zentrum aller Veranstaltungen mit Geschichte steht natürlich die institutionelle Großkorporation der disziplinären Historie, die *Geschichtswissenschaft* und der an sie sich anschließende schulische Geschichtsunterricht. Die wissenschaftliche Historie ist als ein arbeitsteiliger Riesenbetrieb zur Gewinnung und Teilverarbeitung von Tatsachenwissen über Geschichtszeiten und Geschichtsräume so etwas wie eine Gesellschaft mit beschränkter (kognitiver) Gesamthaftung, dabei aber immerhin mit einem Höchstmaß an empirischer Bodenhaftung und seit geraumer Zeit auch der Kulturraum einer höchsten Gewissenhaftigkeit und Genauigkeit. Die Arbeitsteiligkeit, die ein Produkt aus Materialfülle und Detailliertheit ist, hat nicht nur eine verminderte Gesamtfeld-Kompetenz zur Folge, sondern auch einen Konkretismus, der sich mit dem Vielen-Allzuvielen, das über vieles-allzuvieles zu sagen wäre, meistens weit von dem Wenigeren entfernt, das die menschlich-personale, soziale und kulturelle Essenz des Gesamtfeldes der betreffenden Geschichte ausmacht. (Ein ganzes Historikerleben kann der Figur eines exzentrischen Kaisers gewidmet sein...)

Indessen haben auch professionelle Historiker immer wieder Erkenntniswege und Ausdrucksmittel gefunden, um durch Verfahren einer zunehmenden Kontraktion und essential-abstraktiven Verdichtung aus der unerschöpflichen historischen Datenfülle in unterschiedlichen Größenformaten auch komprehensive Darstellungsformen einer „wesentlichen Geschichte" zu konzipieren. In solcher Fasson können Geschichtsbild-Elemente ihren Eingang in ein öffentliches Geschichtsbewußtsein und in einen Fundus von historischer Bildung finden. Wie ein Historiker gelegentlich ein Porträt des 18. Jahrhunderts in Gestalt einer Vortragsstunde anfertigen konnte, so steht jetzt das zu Ende gehende 20. Jahrhundert zu einer solchen resümierenden Bestandsaufnahme an. Ein auch im Methodologischen sehr interessanter Versuch dieser Art ist Eric Hobsbawms Skizze „Das Jahrhundert aus der Vogelperspektive", die Einleitung zu seinem umfangreichen Opus *Das*

Zeitalter der Extreme.[22] Wenn es der Beruf des Historikers ist, herauszufinden, wie es denn eigentlich gewesen ist, darf eine philosophische Geschichtsbetrachtung weiter gehen und fragen, *was* es denn eigentlich gewesen sein mag.

Als institutionalisierter Großbetrieb hat die wissenschaftliche Historie ihre eigene Pragmatik der korporativen Selbstbehauptung, die mitunter in die Defensive gerät, so daß sich die Legitimitätsfrage stellt: „Wozu noch Geschichte?" Sie stellt sich namentlich dort, wo sich die Historie in der pragmatischen Behandlungsart ergeht und zu einer Agentur der staatspolitischen oder der moralischen Erziehung wird. Nietzsche hat dafür zwar nicht das Konzept, aber einige Stichworte und Modelle geliefert. Ein lebendiges Geschichtsbewußtsein wird jeden Gedanken an eine Nützlichkeit und Dienstbarkeit als sinnfremd zurückweisen und den praktischen Ort, den es im Ganzen der geistigen und politischen Kultur einnimmt, *nicht pragmatisch*, vielmehr auf eine andere Weise *praktisch* verstehen. Die Frage ist hier nicht, wozu erinnerte Geschichte gut sei, sondern vielmehr, *wozu sie fraglos gehört*, zu welcher Gesamtkultur von einer bestimmten Höhenstufe. Historisches Wissen ist in seiner praktischen Essenz nicht instrumentell, sondern *repräsentativ* für diese Kulturformation. Selbst wenn Historiker im pragmatischen Selbstverständnis befangen sich einem Wissensdienst verpflichtet fühlen, könnte es sein, daß ihre öffentliche Wirkung gerade nicht von ihren historischen Wissenselementen ausgeht, sondern von ihren bestimmten personal-sozialpraktischen Kapazitäten und Loyalitäten.

Die historische Wissenskultur eines Gemeinwesens ist als die sonderkulturelle Repräsentation des erreichten Standes und der Potenz personaler und sozialer Allgemeinkultur anzusehen. Bei aller besonderen Disziplinarität erwächst doch auch die wissenschaftliche und kritisch prüfende Historie aus dem Fundus einer vorwissenschaftlich-lebensweltlichen Grunderfahrung menschlicher Geschichtlichkeit und eines bestimmten geschichtlichen Ortsbefindens.

Die Allgemeinkultur, von der die Kultur geschichtlichen Erinnerns eine Repräsentation ist, existiert jedoch seit altersher nicht als eine harmonische Einheit. Sie ist u.a. ethnisch und ständisch fraktioniert. Die professionelle Historie hat auf ihre Weise teil an den Profilierungen, auch an den Forcierungen und Parteilichkeiten des öffentlichen Geschichtsbewußtseins. Sie ist also keine Reinkultur eines reinen Erkennens im Zeichen einer „Objektivität", wie sie der Index naturwissenschaftlicher Erkenntnis ist und immer wieder auch der wissenschaftlichen Historie als das Maß der historischen Wahrheit vorgeschwebt hat.[23] Sieht man jedoch in

---

22 *Age of Extremes. The Short Twentieth Century*, London 1994, deutsch München: Hanser 1995. Die deutsche Ausgabe erhielt den Untertitel „Weltgeschichte des 20. Jahrhunderts".
23 Eine Studiengruppe „Theorie der Geschichte" hat in den siebziger Jahren ihre Arbeit mit einer Tagung zum Thema „Objektivität und Parteilichkeit in der Geschichtswissenschaft" eröffnet. Dazu hat schon Nietzsche eine wichtige Vormerkung hinterlassen. Für ihn gehörte der Kult, den der „historische Sinn" um die „historische Objektivität" treibt, als „Subjektlosigkeit" zum Syndrom einer Konstitutionsschwäche. Nicht „Objektivität" kann das Höchste der historischen Erkenntnis, ihr Inbegriff von Wahrheit

der historischen Erkenntnis einen mentalen Index der historischen Kommunikation, dann wird auch der Inbegriff historischer Wahrheit in einen praktisch-kommunikativen Sinnzusammenhang eingefaßt. Das wäre ebenfalls für die analytische Bearbeitung vorzumerken.[24]

(3) Die *Philosophie der Geschichte* scheint vor der geschichtlichen Erfahrung des 20. Jahrhunderts nahezu verstummt zu sein. Die hohe Virulenz der nahe zurückliegenden Geschichte im Geschichtsbewußtsein der Gegenwart hat der *theoretischen* und philosophischen Reflexion der Geschichte bis jetzt keinen sonderlichen Impuls gegeben. Die „Schwierigkeiten mit der Geschichtsphilosophie"[25] schienen eher einen Grund für ihre skeptische Verabschiedung als für ihre zeitgemäße, geschichtsnahe Erneuerung abzugeben. So war am Historikerstreit notorisch wenig Philosophie beteiligt, die dem hätte entgegenwirken können, daß er zu einer peinlich *untheoretischen* und *unphilosophischen* ideenpolitischen Kampagne geriet. Als die deutschen Philosophen 1993 in Berlin ihren Kongreß abhielten, spürte man kaum etwas davon, daß in Sichtnähe eine geschichtliche Umwälzung in Gang gekommen war.

Die alte Geschichtsphilosophie als die Teleologie einer höheren „Bestimmung des Menschen" (J.G. Fichte) ist selber historisch geworden. Von ihr bleibt heute nur eine heuristische Perspektivierung, kein geschichtsmetaphysischer Entwurf. Eine erneuerte geschichtsphilosophische Disziplin, die an einem lebendigen Geschichtsbewußtsein partizipiert und in material-geschichtlicher Hinsicht um eine sozialanthropologische Ortsbestimmung der Gegenwart bemüht ist, wird zum anderen den kategorialen und methodologischen Fragen des Geschichtsdenkens mehr Aufmerksamkeit schenken als einst die klassische Geschichtsphilosophie und in unseren Tagen die Kontrahenten des Historikerstreits.

(4) Damit ist für unsere Disposition der Zuständigkeiten ein eigenes Arbeitsfeld benannt, in dem alle Linien zusammenlaufen und in dem sich wohl das Entscheidende konzentriert. Das *Geschichtsdenken* hebt sich aus dem Gemenge des außerdisziplinären Geschichtsbewußtseins als eine *theoretisch-begrifflich* diszipli-

---

sein. Die höhere, nicht-triviale Wahrheit *in historicis* hat ihre Wurzel in der *Gerechtigkeit*, subjektiv in einem Trieb und in einer „Kraft zur Gerechtigkeit". So in der „Unzeitgemäßen Betrachtung" *Vom Nutzen und Nachteil der Historie für das Leben*. (Ausgabe Schlechta Bd. I, S. 244, Ausgabe Montinari Bd. 1, S. 284)

24 Einen ersten Modellierungsversuch habe ich bei der Tagung vorgetragen, die in der vorigen Anmerkung erwähnt ist. Statt nur vom Geschichtsbewußtsein sprach ich von einem „Geschichtsverhältnis", das sich als eine „transtemporal erweiterte Vergesellschaftung" von Zeitgenossen mit Vor-Zeitgenossen darstellt, und statt Objektivität oder Wahrheit setzte ich einen Maßbegriff von höherer oder niedrigerer „Integrativität" an. Den thematischen Rahmen bildete eine Betrachtung über Parteilichkeit und Objektivität im Geschichtsdenken nach Marx. (In: *Objektivität und Parteilichkeit*, Hrsg. R. Koselleck, W.J. Mommsen u. J. Rüsen, Band 1 der Reihe *Theorie der Geschichte. Beiträge zur Historik*, München: dtv 1977, S. 349 f.)

25 So der Titel eines Buches von Odo Marquard, Frankfurt a.M.: Suhrkamp 1973.

nierte Oberstufe heraus, die vor allem einen lebendigen Bezug zur Geschichtlichkeit der eigenen Gegenwart hat, ferner sehr angelegentlich der wissenschaftlichen Historie zugewandt ist und auch eine höhere philosophische Reflexivität kultiviert. Ernst Nolte, der den Facetten dieser Denkbemühung im 20. Jahrhundert eine umfangreiche Darstellung gewidmet hat,[26] charakterisiert das Geschichtsdenken als ein diffuses, das in seinen Wissenselementen aus verschiedenen disziplinären und außerdisziplinären Erkenntnisquellen gespeist ist, namentlich auch aus den Erfahrungen persönlich-lebensgeschichtlicher Teilhabe an den großen gesellschaftlichen und weltpolitischen Prozessen. In den Vordergrund rückt Nolte die negativen Geschichtserfahrungen von Unsicherheit und Ratlosigkeit angesichts einer Verworrenheit der Gegenwart und Bedrohlichkeit der Zukunft, kurzum (mit einem Vorbehalt gegen das abgenutzte Wort) eine „Betroffenheit".[27] Aber natürlich kommen auch die mehr aktiven und möglicherweise positiven Arten des Beteiligtseins zur Sprache.[28] Auch disziplinär eingebundene Geschichtswissenschaftler, -theoretiker und -philosophen können aus ihrer disziplinären Kompetenz oder auch aus ihren außerdisziplinären lebensgeschichtlichen Erkenntnisquellen an den Artikulationen des informellen Geschichtsdenkens beteiligt sein. In dem so verstandenen Geschichtsdenken darf man wohl das Zentralfeld und die synthetische Repräsentation historischer Kultur und Bildung sehen. Es ist das, was für Hegel die Philosophie der Geschichte war: „die denkende Betrachtung derselben".[29]

Solche lebensweltlichen Erkenntniszugänge sind für die wissenschaftliche Historie wie das wissenschaftlich disziplinierte Geschichtsdenken von konstitutiver Bedeutsamkeit. Schließlich bildet jedes Individuum in seiner eigenen Lebensgeschichte ein Paradigma historischer Feldwahrnehmung aus, das ineins mit seinem Individuell-Besonderen auch menschlich-allgemeine Konstitutiva enthält, deren kognitive Valenz nicht für gering zu erachten ist. Vielleicht sind alle fachdisziplinären Aufschlüsse nur material erweiternde, spezifizierende und entzerrende Eintragungen in die Matrix jenes primären Erfahrungsfundus.[30]

Das Geschichtsdenken kann ausgesprochen diszipliniert sein kraft seiner Verankerung in materialer wissenschaftlicher Historie, gegen die es bei aller denkerischen Freiheit doch nichts *wider besseres historisches Wissen* vorbringen möchte, kraft seiner philosophisch-begrifflichen Kultivierung und vor allem kraft einer humanen *Gewissenhaftigkeit*, sofern es etwas von der *Gerechtigkeit* in sich trägt, die

---

26 *Geschichtsdenken im 20. Jahrhundert*, Berlin: Propyläen 1992.
27 A.a.O., S. 23.
28 „Menschen denken offenbar als solche und auf höchst mannigfache Weise über Geschichte nach, das heißt über eine Ereignismannigfaltigkeit, in der sie selbst Mitwirkende sind." (a.a.O., S. 12)
29 *Vorlesungen über die Philosophie der Geschichte*, Suhrkamp-Werkausgabe Bd. 12, S. 20.
30 Eine vorläufige Rahmenskizze davon habe ich mit dem Aufsatz „Naturalität ohne Naturalismus. Zum lebensweltlichen Fundus jeder höheren Erkenntnis-Artistik" versucht. (in: M. Hauskeller, Chr. Rehmann-Sutter u. G. Schiemann [Hrsg.], *Naturerkenntnis und Natursein. Für Gernot Böhme*, Frankfurt a.M.: Suhrkamp 1998.) Exemplarisch diskutiere ich namentlich den lebensweltlichen Fundus historischer Erkenntnis.

höher ist als alle bloße Tatsachenwahrheit. In dieser mehrfachen Diszipliniertheit erlangt das Geschichtsdenken, wie Nolte bemerkt, durchaus eine eigene „Apodiktizität", doch nicht die eines einheitlich-allgemeinverbindlichen Kanons und Geltungsanspruchs. Jedes Geschichtsdenken repräsentiert ein bestimmtes Segment der historischen Feldwahrnehmung und Kommunikationskultur. Manche seiner Formationen verhalten sich mit ihren stets selektiven Anschauungs- und Gedankenszenarien komplementär, einige aber auch konträr zueinander.

Das Geschichtsdenken ist denn auch der Raum historischer Kontroversen, die ihrerseits einen aktiv geschichtlichen Gegenwartsindex haben. Das heißt, daß ein Geschichtsdenker mit seinem Geschichtsdenken mit-repräsentativ für geschichtlich-formative Potenzen seiner Gegenwart ist, es heißt jedoch nicht, daß er durch thematische Gehalte seiner Gedanken über Geschichtliches etwas zur Formierung künftiger Geschichte beitrüge. Die Funktionalität ist vielmehr in der umgekehrten Richtung in der Weise zu sehen, daß sich gegenwärtig-zukünftige geschichtliche Potenzen oft auch in der Art der Präsentation vergangener Geschichte bekunden. Wie jemand etwas geschichtlich Vergangenes wahrnimmt, es sich und sich ihm zuordnet, hängt davon ab, „was für ein Mensch er ist", wie er mit seiner persönlichen Lebensgeschichte teilhat an den geschichtlichen Formierungen seiner gesellschaftlichen Welt, was für ein Zeitgenosse seiner Gegenwart er ist, wie er darin aktiv und rezeptiv vergesellschaftet ist.

Diese Sentenz, die Variation eines Ausspruchs von J.G. Fichte,[31] statuiert eine allgemeine Perspektivität und Perspektiven-Pluralität des Modus historischer Apperzeption und Kommunikation. Ob man sie „mit Gründen" allgemein behaupten kann, sei dahingestellt; man kann sie jedoch für die eigene Person und Position anerkennen oder eingestehen, und damit ein Wort für die Legitimität einer historisch-retrospektiven „Parteilichkeit" einlegen. Sie ist in der Analytik der historischen Kommunikation ein Hauptthema.

III. Zu einer historischen Wahrnehmung der Gegenwart

Der Historikerstreit hat gezeigt, wie wenig das deutsche Geschichtsdenken dazu disponiert war, eine Generaldebatte über Gesamtperspektive auf den Ort des Nationalsozialismus *und des Sowjetsozialismus* in der Geschichte des 20. Jahrhunderts zu führen. Statt einer Gesamtperspektive bekamen wir Partialperspektiven geboten, die um den Rang der einen monumentalgeschichtlichen Zentralperspektive wetteiferten. Auch wo sich eine Gesamtperspektive für dieses Zeitalter aufzutun schien, dominierten letztlich doch Partialperspektiven wie die von einem „Zeitalter der Ideologien".

Der Promotor einer modernen „Gesellschaftsgeschichte", Hans-Ulrich Wehler,

---

31 Fichte sagt das von der *Philosophie*, die ein Mensch „wählt". (*Erste Einleitung in die Wissenschaftslehre* [1794], in: *Fichtes Werke*, Nachdruck Berlin: de Gruyter 1971, Bd. I, S. 435.)

brachte zum 50. Jahrestag der nationalsozialistischen Machtergreifung seinen Wunsch vor, nun doch zu einer bündigen „Synthese" zu kommen (statt zur „33. Spezialmonographie").[32] Vielleicht wird Band 4 seiner „Deutschen Gesellschaftsgeschichte" dazu eine Vorlage machen. Inzwischen liegt der großangelegte, überaus reichhaltige und anregende Syntheseversuch des gestandenen Sozialhistorikers Eric Hobsbawm vor, *Das Zeitalter der Extreme*.[33] Er sieht das „kurze 20. Jahrhundert", das auf das „lange 19. Jahrhundert" (1780-1914) gefolgt und um 1989 mit der Auflösung des Sowjetimperiums an sein Ende gekommen ist, in drei Phasen gegliedert: Ein „Katastrophenzeitalter" (1914-45), ein „Goldenes Zeitalter" (bis in die frühen 70er Jahre) und danach eine „neue Ära des Verfalls, der Unsicherheit und Krise", die unabsehbar ins nächste Jahrtausend hineinreicht.[34] Uns interessiert hier, in welchem sozialgeschichtlichen Paradigma Hobsbawm das Ganze dieser Geschichtszeit wahrnimmt. Der Befund scheint mir zu sein, daß er überhaupt kein kohärentes Paradigma in Ansatz bringt, und zumal kein sozialhistorisches. Aus seiner Affinität zum Marxismus plaziert er die Sowjetrevolution an zentraler Stelle: „Die Welt, die Ende der achtziger Jahre in Stücke brach, war eine Welt, die von den Auswirkungen der Russischen Revolution geprägt worden war. Wir alle waren von ihr gezeichnet".[35] Der binäre Gegensatz von „Kapitalismus und Sozialismus" führt wiederum in die Sichtbahn einer Partialgeschichte und ist von einer *gesellschaftsgeschichtlichen* oder sozialdynamischen Charakterisierung recht weit entfernt. Natürlich hat Hobsbawm den Kontext des modernen Imperialismus und seiner Weltkriegsepoche sehr genau im Blick[36] und sieht im Zentrum des Katastrophenzeitalters die „zwei Weltkriege ..., denen zwei Wellen einer weltweiten Rebellion und Revolution folgten". Wenn er allerdings schreibt, die Gesellschaft sei in diesem Katastrophenzeitalter „von Kalamität zu Kalamität gestolpert",[37] so verrät dies eine eigenartige begriffliche Unschärfe. Und geradezu extrem groß wird die Entfernung von einer sozialhistorischen Sichtweise, wenn Hobsbawm das Jahrhundert als eines der *Religionskriege* bezeichnet: „Das Kurze 20. Jahrhundert war ein Zeitalter der Religionskriege gewesen. Die militantesten und blutrünstigsten Religionen waren säkularisierte Ideologien aus dem 19. Jahrhundert, wie der Sozialismus und der Nationalismus, deren Äquivalente zu Gott Abstraktionen oder gottgleich verehrte Politiker waren."[38]

Der Historiker des Geschichtsdenkens im 20. Jahrhundert, Ernst Nolte, veröffentlichte 1991 eine Aufsatzsammlung *Lehrstück oder Tragödie. Beiträge zur Inter-*

---

32 „1933 – ein halbes Jahrhundert danach", in: *Aus Politik und Zeitgeschichte* B 3/88, Nachdruck in: *Aus der Geschichte lernen?*, München: Piper 1988, S. 55.
33 Der englische Originaltitel ist in Anm. 22 angezeigt, ebenso der andere Untertitel, den die dt. Ausgabe (1995 München: Hanser) erhalten hat.
34 A.a.O., S. 20.
35 A.a.O., S. 18.
36 Das vorausgegangene Opus in seiner Werkreihe ist *Das imperiale Zeitalter 1875-1914* (1987), deutsch 1989, New York/Frankfurt a.M.: Campus.
37 A.a.O., S. 21.
38 A.a.O., S. 694.

pretation der Geschichte des 20. Jahrhunderts, die auch einen Aufsatz „Paradigmen der Geschichte des 20. Jahrhunderts" enthält. Nolte umreißt fünf solcher Paradigmen, und das letzte ist eben sein eigenes Paradigma des „Weltbürgerkriegs", der bis 1945 ein Europäischer Bürgerkrieg war und den er 1987 in einem umfangreichen Werk dargestellt hatte.[39] Zuvor bespricht er das traditionale Paradigma eines Kampfes der Machtgebilde, dann eine „germanozentrische" Sichtweise, das Paradigma der „Revolution" und die politologisch-komparatistische „Totalitarismustheorie".

Die Einleitung zum Buch über den Europäischen Bürgerkrieg ist überschrieben „Perspektiven für die Weltkriegsepoche", und das verweist auf den weiteren Kontext. In den Kontext des Weltkriegs hatte Nolte zuvor schon den Faschismus eingezeichnet – als eine Fortsetzung des Krieges („mit ähnlichen Mitteln"), die bald wieder in den Krieg einmündete. Es hatte seine Stringenz, in diese Perspektive nun auch den Bolschewismus einzurücken, dessen Revolution von 1917 ja bei Lenin erklärtermaßen als eine Umwandlung des Imperialkriegs der Nationen in einen Bürgerkrieg der Klassen gedacht war. So war es irritierend, daß Nolte eben doch nicht aufzeigen wollte, wie sich aus dem Weltkrieg der europäischen Bürgerklassen heraus bestimmte Teilkontingente zu potentiellen Bürgerkriegsparteien formiert haben. In seinem Aufriß erscheint die bolschewistische Revolution als das Urereignis schlechthin, und die Innervationen des russischen Bürgerkriegs scheinen von nun an alles Weitere inauguriert zu haben. Damit waren aber eher die Faschismen in die Perspektive der russischen Revolution gerückt als beide zusammen in die Perspektive der Weltkriegsepoche. Mein Haupteinwand zu der Disposition von Nolte ist jedoch, daß es mir unerläßlich scheint, überhaupt den Gedankenraum für weitere Paradigmen offen zu halten.

Unter welchen Prämissen und Vorbehalten kann sich einer, der im Felde philosophischen Geschichtsdenkens arbeitet, an der Diskussion über Paradigmen für die Geschichte des 20. Jahrhunderts beteiligen? In meinem Fall kam der lebensgeschichtliche Anstoß von daher, daß ich 1945 in das Kraftfeld der mit Stalin imperial vollendeten bolschewistischen Revolution hineingezogen wurde und diese Revolution für mich zum Focus einer eigenen Epochenerfahrung geworden ist. Zunächst galt es, nach einem Paradigma für die historische Wahrnehmung des Sowjetsozialismus zu suchen. In einer Art von protestantischem Habitus dazu veranlaßt, vor allem dort zu recherchieren, wo die Anderen eine Lücke gelassen oder eine konzeptive Schwäche gezeigt haben, entstand nach und nach, schließlich jenseits der Formeln von Kapitalismus und Sozialismus, die Grundlinienskizze eines Deutungskonstrukts, in dem Begriffe einer *Energetik* praktisch-geschichtlicher Veränderungen einen wichtigen Platz erhielten – nicht ohne eine Weiterbearbeitung des Marxschen Zentralbegriffs der Produktivkräfte als der Maßbestimmungen von Vergesellschaftungsweisen. Vor allem ging es hier jedoch nicht um irgendwelche Textbefunde, sondern es war das Erleben einer enormen geschicht-

---

39 *Der Europäische Bürgerkrieg 1917-1945. Nationalsozialismus und Bolschewismus*, Berlin: Propyläen 1987.

lichen *Kraftentfaltung*, die der Heranwachsende zuerst schon aus der Gegenwelt des herrschenden Nationalsozialismus geradezu physisch zu spüren bekam.[40] Im Zweiten Weltkrieg potenzierte sich diese Kraftentfaltung noch um ein Vielfaches, für den 16-jährigen Flakhelfer namentlich in der imponierenden Mächtigkeit der alliierten Luftstreitkräfte, dann für den 17-jährigen Frontsoldaten in den zehn letzten Kriegswochen an der Ostfront und dazu noch in zwei Jahren einer Nachkriegsgefangenschaft in der Sowjetunion.

So komplementär wie möglich und so konträr wie unvermeidlich praktiziere ich im Gegenzug zu verschiedenen anderen und zum Teil vorherrschenden Sichtweisen ein *Geschichtsdenken in Personen- und Handlungsbegriffen*.[41] Der praktischen Situationswahrnehmung dieses Zeitalters entsprechend geschieht dies in solchen Handlungs- oder Aktionsbegriffen, die geeignet sind, auch die Kollektivbewegungen großer Massen und die latente Mitbeteiligung diffuser Menschen-Ensembles an den Unternehmungen der Großen Wenigen mitzuerfassen und Geschichte energetisch als gesellschaftliche Praxis zu denken.[42] Als Philosoph aus einer kategorialanalytischen Schule kann man bei vielen Formulierungsproblemen immer wieder die Erfahrung machen, wie viel für den historischen Diskurs an seiner *kategorialen Besetzung und Organisation* gelegen ist und oftmals weniger an der Präsentation historischer Fakten, die einst Ranke für sein Ein und Alles erklärt hatte: „Unsere Aufgabe ist, uns bloß an das Objekt zu halten."[43]

Die Schlüsselphänomene für eine integrale historische Wahrnehmung unseres Zeitalters möchte ich in der folgenden Protokollskizze formulieren, die sich an den Kardinalbefund der „*industriellen Revolution*" anschließt und ihre gesellschaftlichen Dynamismen weiterverfolgt, die nach 1848 aufgebrochen sind. Als das

40 Es ist eine empfindliche Lücke der rationalistischen Erkenntnisphilosophie, daß sie in der Tradition von Kant die Logismen des begreifenden Denkens so vordringlich in der *Anschauung* fundiert sieht, aber keinen erweiterten Inbegriff von *Wahrnehmung* ansetzt, worin die mentale Rückmeldung von Handlungsimpulsen und ihren Kraftwirkungen zentrale Bedeutung erlangt. Bis heute kann das Gesellschaftsdenken auffallend *adynamisch* konstituiert sein. Daher meine kontrapunktierende Hervorhebung.
41 Unter der Signatur „Denken in Personen- und Handlungsbegriffen" erschien 1988 ein Aufsatz, den ich zur Festschrift für Margherita v. Brentano (*Streitbare Philosophie*, Hrsg. G. Althaus u. I. Staeuble, Berlin: Metropol Verlag) beisteuerte.
42 Anlaß zu kontrapunktierender Diskussion bietet etwa ein Text von Fritz Fischer, dessen erste Sätze so lauten: „Machtpolitisch-strategische, ökonomische und ideologische Antriebe in vielfacher Mischung haben z.T. unter Einwirkung von öffentlicher Meinung, 'Pressure Groups' und Parteien, die Regierungen der sechs europäischen Großmächte, Japans und der USA im Zeitalter des Imperialismus in den 80er Jahren des 19. Jahrhunderts zu expansiver Politik geführt." („Die Außenpolitik des kaiserlichen Deutschland und der Ausbruch des Ersten Weltkriegs", in: Gregor Schöllgen (Hrsg.), *Flucht in den Krieg? Die Außenpolitik des kaiserlichen Deutschland*, Darmstadt: Wiss. Buchges. 1991, S. 25.) Darf man sich hier nicht herausgefordert fühlen, einen anders komponierten Eröffnungssatz vorzuschlagen, ohne die dreierlei „Antriebe", mit einer gediegeneren Integration von Repräsentanten und Repräsentierten und ohne den tautologischen Rekurs auf eine Politik, die im Zeitalter des Imperialismus zur Expansion führt?
43 Im Gespräch nach dem ersten Vortrag vor dem bayrischen König, in: *Weltgeschichte* 4. Bd., Leipzig 1895, S. 531.

dynamische Zentrum erscheinen die Aktionsströme eines spontan-initiativen Mobilwerdens und eines reaktiven Mobilisiertwerdens, worin es zahllosen Individuen je nach ihrem spezifischen Anspruch um neu sich eröffnende Möglichkeiten eines erträglichen, angenehmen, anregenden, ansehnlichen oder hochansehnlichen Lebens zu tun ist und die insgesamt eine Ära des *Hochindustrialismus* heraufgeführt haben. Das Prekäre in der Balance dieser ebenso breiten wie impulsiven Sozialmobilisation und Hochmobilisation ist es, daß die Aktionsströme einer enormen Reichtumsproduktion zugleich in eine solche Tension und Friktion geraten, daß sie in eine grandiose Konfliktproduktion umgeschlagen sind, in die Epoche eines modernen Imperialismus, und in eine dreißigjährige Weltkriegsepoche ausmündeten. Das Deutungskonstrukt für diesen Vorgang läßt sich als Korrelationsformel vielleicht so fassen: Wenn im Zuge einer solchen Hochmobilisation produktiver und akquisitiver Energien in beträchtlichen Gesellschaftsteilen eine solche Gesamtmasse von Ansprüchen und Ambitionen eines guten und ansehnlichen Lebens wach oder virulent wird, daß sie die reellen Maße und Zuwächse der Reichtumsproduktion übersteigt, dann heißt das: Einige dieser Ambitionen sind *imperial überschießend* geworden; es tritt dann ein Aggregatzustand ein, den man eine relative *Übermobilisation* nennen kann. Personell gefaßt bedeutet dies, daß die Aktivisten der überschießenden Aspirationen als die Kontingente von notorisch Übermobilisierten hervortreten. In einer gewissen Häufung und Verdichtung können sie kraft ihres gesteigerten Impetus im Ganzen der Nation tonangebend werden und so etwas wie eine „Nation in der Nation" bilden. Die innere Imperialität schlägt in äußere Imperialität um, greift auf fremde Lebensräume und Reichtumsquellen über, sie militarisiert sich und wird kriegsträchtig.[44]

Wenn ich in einem Atemzug mit dem „angenehmen Leben" auch die Attraktion eines *ansehnlichen* und hochansehnlichen Lebens nenne, so ist damit auch schon angezeigt, daß es hier nicht in einem eng ökonomistischen oder gar konsumistischen Sinne um die *zivilisatorische Güterausstattung*, sondern wenigstens ebensosehr um die *Qualität und Ranghöhe des Lebens selbst* zu tun ist, um Betätigungsräume, Personal- und Sozialpositionen. Jede Anwartschaft auf eine Personal- und Sozialposition ist *eo ipso* von *politischer* Valenz; wenn sie sich in einem breit gelagerten Massenvorkommen akkumuliert, hat diese Anwartschaft immer auch ihre besonderen Anwälte, die sie zu einer öffentlich-politischen Angelegenheit machen. Überdies haben sozial-positionelle Anwartschaften ebenso eine *ethische* Valenz, und auch das sogenannte „Moralische" muß man nicht partout als eine eigene Oberinstanz außerhalb der Dynamik des Wirklichen denken. Die Kurzskizze zeigt nur sehr vorläufig eine Begrifflichkeit an, die mit ihren mitlaufenden Verweisungen einen thematischen Raum der historischen Apperzeption markiert: Eine *sozial-zi-*

---

44 Die hier variierte Kurzskizze findet sich in einem Aufsatz „Was heißt: Unser Zeitalter historisch betrachten?", der im Druck unter einer anderen Überschrift erschienen ist: „Eine historisierende Betrachtung unseres Zeitalters", in: U. Backes, E. Jesse u. R. Zitelmann (Hrsg.), *Die Schatten der Vergangenheit. Impulse zur Historisierung des Nationalsozialismus*, Berlin: Propyläen 1989, S. 58-82.

vilisatorische Mobilisationsdynamik, die im 20. Jahrhundert wieder einmal besonders dramatisch ausgeschlagen ist und nicht auf die Dynamismen der Weltkriegs-Mobilisation begrenzt blieb. Die Gewissensfrage, wie sich Aufstellungen dieser Art erkenntnismethodisch begründen lassen, stelle ich für eine gesonderte Verhandlung zurück. Im Moment soll es nur darum gehen, welche *heuristische Funktion* sie gewinnen, was sie als eine spezifisch *historische* Begrifflichkeit qualifiziert und welche *integrative* Potenz ihnen zukommt.

Zur heuristischen Funktion: Das Deutungskonstrukt oder vielmehr: die Wahrnehmungs-Matrix der sozial-zivilisatorischen Mobilisationsdynamik soll nicht konstruktiv „das Ganze" erschließen, sondern lediglich eine thematische Basis-Ebene umschreiben, auf der sich viele Epochenphänomene des modern-imperialen Zeitalters, die sonst nur vereinzelt in je eigenen genealogischen Kontexten figurieren – wie Kolonialismus, Weltkrieg, Faschismen und Sowjetrevolution – als Gliedstücke eines gemeinsamen geschichtlichen Kraftfeldes darstellen. Von einem „Kraftfeld" spreche ich mit Betonung, und ich räume „Kräfte"-Titeln unter den Kategorien des geschichtlichen Handelns und der historischen Apperzeption eine prominente Stellung ein – etwas außerhalb der Üblichkeiten heutiger Theoriebildung. Das „Axiom der Anschauung" lautet: Menschliches Handeln jeglicher Art ist undenkbar ohne die zweifache energetische Qualifikation zum einen von *Interessen*, zum anderen von *Befähigungen*. Auf eine höhere Stufe der geschichtsanthropologischen Allgemeinheit transponiert und als Leitbegriff einer Energetik der Vergesellschaftung und Umvergesellschaftung eingesetzt, erweisen sich die von Marx hervorgehobenen Produktivkräfte der menschlichen Arbeit als ein Moment im Gesamt der sozialen Formativkräfte.

Die integrative Potenz der mobilisationsdynamischen Begriffe liegt, wo sie doch gleichfalls analytische Abstraktiva sind, vielleicht nicht so auf der Hand. Ich sehe sie darin, daß damit zum einen die sehr viel mehr trennenden Abstraktionen des Ökonomischen, Politischen und Ideologischen auf ihr substantielles soziopersonales Agens hin transparent bleiben. Und zum anderen können in ihren Koordinaten auch sehr charakterverschiedene, selbst ganz gegensätzlich ideologisierte Geschichten wie die des Nationalsozialismus und die des Sowjetsozialismus auf gemeinsamen hermeneutischen Nennern verhandelt werden, nämlich als verschiedene Bahnen imperial forcierter Sozialmobilisation an Engstellen des Zivilisationsprozesses.

Die sozial- und zivilisationsgeschichtliche „Historisierung" des Sowjetsozialismus[45] stößt womöglich auf noch größere Hindernisse als die des Nationalsozialismus. Das Ideologische ist hier der stärkste Widersacher des Historischen, und dieser Widersacher wird sekundiert von der politologischen Abstraktion des

---

45 Einen programmatischen Aufsatz „Zur Historisierung des Sowjetsozialismus", der für den 70. Jahrestag der Oktoberrevolution 1987 gedacht war, konnte ich erst später in der *Universitas* 7/1989 veröffentlichen. Drei Kapitel meines 1993 in kleiner Auflage in einem Kleinverlag in Hannover (Dr. W. Neumann) publizierten Buches *Epochenphänomen Marxismus* geben eine etwas breitere Explikation der historisierten Sichtweise.

„Totalitarismus". Es ist geradezu eine Herkulesarbeit, die Sowjetgeschichte aus dem stählernen Gehäuse ihrer eigenen ideologischen Selbstdeutung herauszulösen. Denn wesentliche Züge dieser Deutung hatten sich auch ihre externen Interpreten und Kritiker zu eigen gemacht, so das Dogma vom Ursprung der Sowjetrevolution aus der Teleologie ihrer programmatischen Idee, deren „Verwirklichung" sie zu sein behauptete. Das große Opus von François Furet über den Kommunismus im 20. Jahrhundert, *Das Ende der Illusion*,[46] ist weit mehr eine Abrechnung mit der kommunistischen Ideologie und Gewaltherrschaft als eine historische Rechenschaft von der Quintessenz seiner Geschichte.

Als *historisch* gilt mir eine Sichtweise, welche die Gestaltwerdung der sowjetischen Welt aus der Wirksamkeit der lebendigen Kräfte zu begreifen sucht, die im zivilisations- und sozialdynamischen Feld des Rußland von 1917 zusammengekommen und zusammengestoßen sind, nachdem sie zuvor in den Feuersturm des Weltkriegs geraten waren. Nur wenn man diese Menschen-Ensembles in ihrer geschichtlich-situativen Bestimmtheit vor Augen hat, wird man verstehen können, wie daraufhin ein solches Ideenarsenal wie der von Lenin umgeprägte Marxismus für revolutionierte Gesellschaftsteile – so recht und schlecht, wohl mehr schlecht als recht – zum Gedankenausdruck und Nenner für ihre Situationswahrnehmung und für ihre Bestrebungen werden konnte.[47] Die Mobilisationsdynamik im Feld und Umfeld der drei Revolutionen von 1905/17 ist die eines vielfältigen sozialen Aufbruchs zum sozialen Aufstieg im Kontext eines vehementen zivilisatorischen Aufschwungs, in den die industriellen Klassen des „Schwellenlandes" Rußland im Ausgang des 19. Jahrhunderts eingetreten waren und der auch den Handlungs- und Projektionsraum der nicht-industriellen Klassen modifizierte, zumal den Raum einer auf staatliche und andere Öffentlichkeitsfunktionen verwiesenen Intelligentsia. In dieser hochgradig antagonistisch aufgeladenen gesellschaftlichen Konstellation, in der mehrere politische Eliten in Konkurrenz miteinander geraten sind, schlug eine von ihnen im militärischen Handstreich die anderen aus dem Felde und errichtete ihre Alleinherrschaft.

Die Ausgangslage einer Revolution, die in das Feuer des Weltkriegs geraten ist und sich in diesem Feuer noch enorm erhitzt hat, war naturgemäß mit der „Lage der Zivilisation" in Rußland verbunden, und an ihrem Kräfte-Aggregat waren durchaus auch vitale Energien eines zivilisatorischen Aufbruchs beteiligt. Die Revolution konnte gleichwohl nicht zu einer sozial-zivilisatorischen Entwicklungsrevolution gedeihen. Sie nahm in ihrer bolschewistischen Phase den Charakter einer politokratischen Umverteilungs- und Verdrängungsrevolution an. Denn die revolutionäre Mobilisation war von schweren Anomalien belastet. Schon im weiteren Vorfeld wurde offenbar, wie eine spezifisch politische Mobilisation von Elementarkräften einer sozialen Unterklassenrevolte die Mobilisation der zivilisatorisch-produktiven Energien weit überflügelte, kaum noch in einem or-

---

46 Paris 1995, in deutscher Übersetzung 1996 München/Zürich: Piper.
47 In: *Universitas* 7/1989, S. 615.

Mit der Vergangenheit umgehen

ganischen Verbund mit ihr blieb und auch in keiner halbwegs harmonischen Proportion zu ihr stand.

Weil die Mobilisation politisierter Energien von den zivilisatorischen Produktivkräften der gesellschaftlichen Hauptklassen abgespalten war, geriet sie außerproportional und wurde unversehens imperial überschießend. Vorwiegend „aufs Nehmen" abgestellt, hatte die Revolution mehr den Charakter einer *Conquista*. Hierin zeigte sie sich als ein Derivat und Seitenstück der imperialen Großmobilisation und Übermobilisation in Europas Gesellschaft und Staatenwelt, als eine Facette der Weltkriegsepoche des 20. Jahrhunderts, desselben Kraftfeldes, aus dem zur gleichen Zeit auch die Bewegung der europäischen Faschismen kam.

IV. Zwischennotizen zur Analytik historischer Kommunikation

Diese Überlegungen zeigen bereits durch ihre Titelworte an, daß sie ein Kantisches Erbteil aktivieren und erweitern – auch um die obligate human-hermeneutische Dimension. Mit einer Analytik und Hermeneutik der Akte, in denen wir uns geschichtlich Vergangenes vergegenwärtigen, befinden wir uns jenseits des Raumes, den Kant mit seiner Transzendentalen Analytik menschlicher Erkenntnisleistungen disziplinär zu erschließen versucht hat. In jüngerer hat Zeit hat Hans Michael Baumgartner mit „Thesen zur Grundlegung einer Transzendentalen Historik" begonnen, die bei Kant offene Raumstelle mit Kantischen Denkmitteln zu vermessen.[48] Anders als Baumgartner, der sich in beträchtlicher Breite an die Systematik von Kants *Kritik der reinen Vernunft* anschließt, lasse ich das meiste davon auf sich beruhen und nehme aus dem Kantischen Erbe eigentlich nur eine Problemeröffnung und ihre thematische Dimensionierung auf, die sich schon auf der ersten Seite der Einleitung zu Kants Opus findet. Nur auf diese Eröffnung und einige ihrer über Kant hinausführende Implikationen möchte ich in diesem Schlußabschnitt noch zu sprechen kommen. Nach der Kant-Reprise (a) möchte ich (b) auf den Gedanken zurückkommen, den ich weiter oben anklingen ließ: wie viel für die historische Erkenntnis an ihrer kategorialen Besetzung und Organisation gelegen sein dürfte. Doch dabei fragt es sich, (c) von welcher Art der kognitive Zugang zu den Kategorien der historischen Wahrnehmung ist und was für eine kognitive Evidenz und Geltung diesen Kategorien zukommt. Die Kategorien der Geschichtswahrnehmung und der historischen Kommunikation sind von einer Art, daß in ihnen nicht wenig Geschichtliches material inkorporiert ist. Das heißt, (d) daß wir Essentielles von der Geschichte reflexiv in uns selbst erfassen, und dies in einer zur Geschichts selbst gehörenden Unterschiedlichkeit von Perspektiven, also nicht für alle Menschen auf ein und dieselbe Weise. Ein Pluralismus waltet nicht nur im Materialen der „Geschichtsbilder", sondern auch in den Arten des Umgangs mit dem Vergangenen, namentlich die Differenz zwischen pragma-

---

48 In dem Band, den er zusammen mit J. Rüsen herausgegeben hat, *Seminar: Geschichte und Theorie. Umrisse einer Historik*, Frankfurt a.M.: Suhrkamp 1976.

tischer und nichtpragmatischer Behandlungsart. Zuletzt wäre noch (e) anzuzeigen, wie sich im Paradigma der historischen Kommunikation die Idee der historischen Wahrheit transformiert.

(a) Recht behutsam spricht es Kant als eine triftige Vermutung aus: „... es könnte wohl sein, daß selbst unsere Erfahrungserkenntnis ein Zusammengesetztes aus dem sei, was wir durch Eindrücke empfangen, und dem, was unser eigenes Erkenntnisvermögen (durch sinnliche Eindrücke bloß veranlaßt) aus sich selbst hergibt".[49] Als Kant dies 1787 schrieb, hatte er bereits ein lebhaftes Interesse entwickelt, auch die Menschengeschichte gedanklich zu durchdringen und auf philosophisch reflektierte Begriffe zu bringen. Doch seine 1784 veröffentlichten „Ideen zu einer allgemeinen Geschichte in weltbürgerlicher Absicht" halten sich noch ganz diesseits der zuvor begründeten „transzendentalen", d.h. auf die Erkenntnis der Erkenntnisart gerichteten Denkdisziplin – wie er sich ja auch mit seiner geschichtlichen Zeitgenossenschaft noch diesseits der 1789 einsetzenden Umwälzungen befand, an denen er dann mehr material engagiert als erkenntnisanalytisch interessiert war.

In Kants Formel lassen sich unschwer die Modifikationen eintragen, die sich für das Erkenntnisinteresse an der Geschichte ergeben: Es könnte sehr wohl sein, daß auch unser Erfahrungswissen von der Geschichte ein „Zusammengesetztes" aus zwei Ursprüngen ist, aus einer durch Quellen und Überlieferung vermittelten historischen Information und aus den Präformationen, die aus der Geschichtlichkeit der je eigenen Lebenstätigkeit und aus der lebendigen Teilhabe an einem kollektiven Lebensprozeß erwachsen.

(b) Das greift allerdings viel weiter als Kants Begriff vom Formenbestand eines „Erkenntnisvermögens". So haben wir den Titel einer Analytik des *Geschichtsbewußtseins* längst hinter uns gelassen und die Verhältnisse, in denen sich ein Geschichtsverhalten bewegt, mehr aktivisch mit dem Titelwort *historische Kommunikation* benannt.[50] Da diese Kommunikation erstlich und letztlich von Personen zu Personen und nicht auf Sachverhalte geht, ist das sogenannte „Umgehen mit Geschichte" ein symbolisch-praktisches Umgehen von Zeitgenossen mit diversen Vor-Zeitgenossen, die eben damit in den Raum einer *transtemporal erweiterten Vergesellschaftung* hereingenommen, zu Mitgesellschaftern werden. Im symbolischen Raum ihrer historischen Vergegenwärtigung sind sie virtuell mit dem Gesamtfeld ihrer einstigen Vergesellschaftung gegenwärtig. Ebenso ist die gegenwärtige Person, die soziale Partnerbezüge in einen geschichtlich vergangenen Lebensraum hinein herstellt, mit ihren sozio-personalen Potenzen in das Feld

---

49 Einleitung zur *Kritik der reinen Vernunft*, 2. Aufl. (B), S. 1.
50 Kants thematische Basisebene ist die einer Transzendentalen Logik. In unseren Tagen hat sich die Titulatur „transzendentalpragmatisch" eingebürgert. Da dieser Titel mit normativen Präjudikationen verbunden ist, möchte ich lieber von einer *praxeologischen* Erweiterung sprechen, in der personal- und sozialpraktische Vermögen, Potenzen und Kompetenzen der vergesellschafteten Individuen zum Blickpunkt einer offenen Heuristik werden.

ihrer gegenwärtigen sozialen Assoziierungen eingegliedert. In der historischen Kommunikation treten also die Positionen zweier Beziehungsfelder, des gegenwärtigen und eines vormaligen, in eine weitere, eine trans-temporale Beziehung zueinander. Deren Valenz hängt wiederum davon ab, wie die gegenwärtigen Bezugspersonen in ihrem eigenen sozio-personalen Bezugsraum qualifiziert sind. – Soviel zur ersten topographischen, personal- und sozial-ontologischen Lokalisation. Die Frage bleibt allerdings, von welcher Art und Dignität das *Wissen* ist, das unsereiner von den hier ins Spiel gebrachten Instanzen und Bezügen haben kann, und wie solches Wissen sich im öffentlichen Diskurs geltend macht.

(c) Da ist zuerst die Rückfrage, welchen kognitiven Status die eben rekapitulierten Aufstellungen über das Instanzengefüge der historischen Kommunikation beanspruchen können. Das betrifft ebenso die Aufschlüsse über Variantenbildungen und Polaritäten in der Personal- und Sozialkultur von Individuen, die schon an früherer Stelle zur Sprache kamen, die Maßbestimmungen von Kollektivprägung, personaler Individuation, Kooperationsfähigkeit, Suprematiestreben und andere Beziehungsarten. Sie alle sind zuerst reflexiv sich erschließende Befunde aus einer je eigenen lebenspraktischen Selbst- und Fremdwahrnehmung, bevor sie „objektiviert" zu Kategorisierungen der gesellschaftlich-geschichtlichen Feldwahrnehmung werden. Bei der Inventur der verschiedenen Stufen von Geschichtswahrnehmung vermerkte ich bereits, daß auch die wissenschaftliche und kritisch prüfende Historie bei aller besonderen Disziplinarität doch aus dem Fundus einer vorwissenschaftlich-lebensweltlichen Grunderfahrung menschlicher Geschichtlichkeit und eines bestimmten geschichtlichen Ortsbefindens erwächst. Angesichts der gewaltigen historisch-materialen Fülle, die in der wissenschaftlichen Historie zu konkreter Historiographie wird, kann jener Fundus ganz unbeträchtlich erscheinen. Und doch ist es ein Fundus, nicht nur eine Vorstufe. Oder genauer, es ist eine Matrix, in die sich alle konkreten Befunde einzeichnen. Die Matrix von Feldkoordinaten der historischen Apperzeption ist *mutatis mutandis* das, was in Kants Analytik der Erfahrung das kleine Repertoire von „Anschauungsformen" (Raum, Zeit) und „Kategorien" (der Qualität, Quantität, Relation und Modalität) gewesen war. Sie ist eine Analytik von Gliederungen in einer Organik, deren Medium nur hermeneutisch zu erschließen ist und in der es mehr auf Wahrnehmungsfähigkeit als auf Urteilssprüche ankommt. Dennoch spricht nicht alles dagegen, für diese Matrix den Traditionstitel „Kategorien" beizubehalten. Nur sind die Kategorien des Menschseins in materialer Hinsicht unvergleichlich reicher, sie sind keine übergeschichtlichen Konstanten und müssen nicht universal dieselben für alle vernünftigen Wesen sein. Personale und geschichtliche Formationen bilden für ihre Selbst- und Fremdwahrnehmung ihre je eigene kategoriale Organisation aus. In welcher intuitiven und kategorialen Matrix ein Zeitgenosse ein Stück geschichtlicher Vergangenheit wahrnimmt, hängt vom soziopersonalen Profil seiner Zeitgenossenschaft ab.

(d) Vor welche Probleme uns das erkennende Eindringen in die kategoriale Organisation unseres Erkennens und überhaupt die reflexive Erkenntnisart stellt, hängt davon ab, mit welchen höheren oder bescheideneren Prätentionen man seine reflexiven Befunde vorbringt. Die Rückwendung auf das eigene Erkenntnisvermögen ist das Ingrediens einer besonderen Reflexionskultur. Und innerhalb einer solchen muß es diesbezüglich keine besonderen Probleme geben, weil hier die Prätentionen maßvoll sind. Was an Evidenz oder Geltungsgewißheit kann hier denn gefragt sein? Es ist nicht die Evidenz von Axiomen oder logischen Implikationen, vielmehr eine Eigenevidenz von Selbsterfahrenem, das man anderen gegenüber nicht im Modus eines apodiktischen Behauptens geltend machen muß. Die Reflexionskultur ist der Kooperationskultur eng benachbart. Von ihr gilt, was Th.W. Adorno etwas überemphatisch im Aphorismus 44 der *Minima Moralia* über das Recht-behalten-Wollen und den advokatorischen Gestus des Überzeugens sagt. Wer zu einem nicht nur reflexiven, sondern auch kooperativen Erkenntnisverhalten disponiert ist, wird es im Partikularen und Ungesicherten leidlich aushalten; er wird auch keine Schwierigkeit damit haben, andere in ihrer Andersheit gelten oder auch sich von ihnen korrigieren zu lassen. Propositionen aus reflexiven Befunden sind anders als solche, die sich auf Sachverhalte beziehen, keine autoritativ nötigenden Behauptungen, sondern tentative Verständigungsangebote. Im Felde der reflexiven Befunde und im Umkreis einer Reflexionskultur signalisiert das Attribut „subjektiv" keinen Defekt, und auch nicht nur eine Begrenzung. In der Reflexionskultur geht es anders zu als in der Argumentationskultur, die im Wissenschaftsbetrieb vorherrscht. Die Probleme entstehen, wenn es zu einer Interferenz dieser beiden Kulturen kommt. Sie sind nicht in einem argumentativen Diskurs entscheidbar. Im Paradigma historischer Kommunikation ist die pragmatische Behandlungsart von Geschichte verabschiedet und zugleich überboten, indem sich das Umgehen mit dem geschichtlich Vergangenen als symbolische Praxis im Verbund einer realen Praxis erweist. Suspendiert ist jedoch das geschichtsideologische Credo, man könne durch Vergegenwärtigung bedeutsamer Geschichte zu einem geschichtlich bedeutsamen Handeln anleiten. Es schwindet damit zugleich der Eifer für historische oder pseudohistorische Deutungskämpfe, für das Widerspiel von Plädoyers und Gegenplädoyers um das Rechten und Richten, in denen das forcierte Geschichtsbewußtsein einen Mangel an gegenwärtig-politischer formativer und integrativer Kraft überspielt. Eine republikanisch-libertäre politische und historische Kultur lebt ganz aus einer Positivität und Produktivität der Kräfte, die sie zu vereinigen vermag, nicht aus der Bekämpfung von Widersachern. Das zivil-kooperative Geschichtsverhalten ist ein von jeder pragmatischen Absicht und Zweckdienlichkeit freies anteilnehmendes Erinnern, das in einer retrospektiven Ausweitung der Achtungs- und Solidaritätsverhältnisse besteht, zu denen die gegenwärtige Personal- und Sozialkultur in seinem engeren Umkreis bis dahin gediehen ist.

(e) Nach allem, was sich seit Hegels Diktum „Das Wahre ist das Ganze" zugetragen hat, ist das neuere kritische Erkenntnis- und Geschichtsdenken zu einer immer weiter getriebenen Parzellierung des Index von Wahrheit gekommen. Für die Perspektivik historischen Wissens erklärt Hans Michael Baumgartner: „Wahrheit über Geschichte und Geschichten erweist sich als eine nur partikular und relativ einlösbare Vorstellung, die ihrer Intention nach darum selber nur den Stellenwert einer regulativen Idee der Erweiterung und Präzisierung unseres Wissens ... einnimmt."[51] Die personenbezogene Geschichtswahrnehmung kann immer nur exemplarisch-selektive Partnerbezüge zu Vor-Zeitgenossen realisieren, bei Einzelnen in noch engeren Kapazitätsgrenzen als im Ganzen einer Erinnerungskultur mit weitgefächerter Geschichtswissenschaft.

An die Stelle eines zu hoch angesetzten Begriffs von Wahrheit kann im Paradigma der historischen Kommunikation selbstredend nicht ein Index von „historischer Objektivität" treten, der gerade das Personale gar nicht erreicht. Schon bei der einführenden Charakteristik dieser Art von Kommunikation und ihrer interpersonalen Faktur hieß es, daß sie ein *Würdigen* in sich schließe. Das Würdigen, das mit dem Zuwenden von Aufmerksamkeit und Beachtung beginnt und sich im Zuschreiben positiver oder negativer Lebensbedeutungen an die Wirksamkeiten geschichtlicher Akteure und Mitbetroffener ausspricht, hat ein weites Register von Arten einer spezifischen, qualifizierenden und bemessenen Anerkenntnis oder auch Aberkennung. Es verfährt also durchaus differentiell. Der gegenwärtige Partner läßt die Maßbestimmungen seiner Personal- und Sozialkultur nicht hinter sich, vielmehr bringt er sie als seine eigene spezifische Differenz in Ansatz, wenn er sich das Wirken von Gewaltherrschern und Vernichtungskriegern vergegenwärtigt; schon in den charakterisierenden Benennungen von Rücksichtslosigkeit, Brutalität u.a.m. kommt diese Differenz zum Ausdruck, allerdings nicht im Ton des moralischen Vorwurfs. Das Würdigen ist nicht eigentlich ein Bewerten, zumal kein Beurteilen nach einem übergeordneten Kanon, schon gar nicht nach dem einer universalen Moralität. Anders und intensiver, auch mehr positiv wird die Anteilnahme an den Schicksalen und den Bestrebungen auf dem Gegenpol der bedrängten und unterdrückten Gesellschaftsteile und der von Eroberern heimgesuchten Populationen sein. Eine retrospektive Parteinahme wird jedoch nicht dazu führen, daß sich der Betrachter distanzlos in die damaligen Kämpfe einreiht und ihre Leidenschaften teilt. Er übt eine Basis-Solidarität auch im Blick auf die Täter von Untaten, für die er Abscheu empfindet, die er aber trotz all ihrer Menschenverachtung nicht als Unmenschen, sondern als extrem dissoziierte Mitmenschen würdigt; oder, wo bereits die Errungenschaften bürgerlicher Zivilität den Kontext bilden, als Menschen, die kraft ihrer lebensgeschichtlichen Dispositive nicht in den Umkreis ziviler Vergesellschaftung hineingelangt oder aus ihm herausgefallen sind. Er ist also, obgleich er Verständnis für fatal Unausweichliches aufbringt, kein „Parteimann des Schicksals", vielmehr ein Mittler und Schlichter zwischen

---

51 In: J. Rüsen (Hrsg.), *Historische Objektivität. Aufsätze zur Geschichtstheorie*, Göttingen: Vandenhoeck & Ruprecht 1975, S. 61.

unvereinbaren Ansprüchen. Auf das fatal Unausweichliche antwortet er mit einer ethisch-metaphysischen Trauer. Das Bemühen, den Akteuren der Geschichte als Mitmenschen gerecht zu werden, jedem auf seine Weise, hat gewiß etwas mit dem Traditionsbegriff von Gerechtigkeit zu tun. Dieser läßt jedoch ebensowenig wie der von Wahrheit eine übergeschichtliche Totalisierung zu. Die kognitive Dignität ist ein Index von Leistungsmaßen personaler Verhaltenskultur in ihren interpersonalen Bezügen. Die „Präzisierung" von der H.M. Baumgartner spricht, ist eine Kultivierung, ein Subtiler-werden der interpersonalen Wahrnehmungsfähigkeit, eine Zunahme in der Eindringtiefe und Reichweite möglichen Verstehens, eine Ausweitung des Personenkreises, dem Beachtung zuteil wird. Die kognitive Leistungsfähigkeit historischen Wahrnehmens gründet in den Maßbestimmungen ihrer praktisch-soziopersonalen Integrativität.

Bernhard Schlink

Die Bewältigung von Vergangenheit durch Recht

I.

Was vergangen ist, kann nicht bewältigt werden. Es kann erinnert, vergessen oder verdrängt werden. Es kann gerächt, bestraft, gesühnt und bereut werden. Es kann wiederholt werden, bewußt oder unbewußt. Es kann in seinen Folgen betroffen werden, so daß es sich auf Gegenwart oder Zukunft nicht oder nicht in bestimmter Weise oder gerade in bestimmter Weise auswirkt. Aber was geschehen ist, ist geschehen. Das Vergangene ist unerreichbar und unveränderbar. Bewältigung im eigentlichen Sinn, wie man eine Aufgabe bewältigt, die zunächst vor einem steht, dann bearbeitet wird, durch die Bearbeitung ihre Gestalt verändert und schließlich erledigt ist und als Aufgabe verschwindet, gibt es bei Vergangenem nicht. Daß in Deutschland der weder eine englische noch eine französische Entsprechung findende Begriff der Vergangenheitsbewältigung gebräuchlich geworden ist, offenbart Sehnsucht nach Unmöglichem: das Vergangene so in Ordnung zu bringen, daß seine Erinnerung nicht mehr auf der Gegenwart lastet.

Das Römische Recht kennt das Prinzip „in praeteritum non vivitur" (Codex 2, 4, 8[1]). Dessen rechtspraktische Pointe ist, daß Unterhalt nicht für die Vergangenheit, sondern nur für Gegenwart und Zukunft gefordert werden kann. Seine rechtsphilosophische Bedeutung ist, daß wir in der Gegenwart und in die Zukunft leben, nicht in der oder in die Vergangenheit, und daß auch das Recht nicht das vergangene, sondern nur das gegenwärtige und zukünftige Leben gestalten und in Ordnung bringen kann. Zwar kann für vergangenes Unrecht ein Schadensersatz zu- oder eine Strafe ausgesprochen werden. Aber der Schadensersatz ist eben nur Ersatz für das beschädigte oder verlorene Gut und macht den Verlust oder Schaden nicht ungeschehen, und die Strafe ist die Negation des Verbrechens nur, wenn auch das Verbrechen als Negation begriffen wird (Hegel 1833, § 97). Sogar das sog. rückwirkende Gesetz wirkt nicht zurück, sondern in der Gegenwart und in die Zukunft; es knüpft lediglich an Vergangenes an, und da das Recht dies oft tut und tun muß, ist schon die Frage, wann von einem rückwirkenden Gesetz die Rede sein kann, schwierig (Pieroth 1981, S. 97 ff.).

Aber dem Recht ist nicht nur die Vorstellung, Vergangenes gestalten und in Ordnung bringen zu können, fremd. Ihm ist im Gegenteil die Vorstellung eigen,

---

1 Codex Iustiniani, 2. Buch, 4. Titel, 8. Abschnitt.

daß Vergangenes abgeschlossen und erledigt sein soll. Nach einer Weile muß der Bürger sich mit dem Handeln des Staats oder eines anderen Bürgers, gegen das er sich nicht gewehrt hat, abfinden. Nach einer Weile haben die Entscheidungen der Verwaltung Bestandskraft und die der Rechtsprechung Rechtskraft und sind nicht mehr angreifbar. Nach einer Weile verwehrt die Verjährung die Anknüpfung an Vergangenes und steht der Strafverfolgung durch den Staat und der Verfolgung von Ansprüchen durch den Bürger entgegen. Die Strafverfolgung durch den Staat scheitert im Rechtsstaat auch dann, wenn sie an Vergangenes anknüpfen will, das seinerzeit nicht strafbar war; „nulla poena sine lege" ist der feste Ausgangspunkt der schwierigen verfassungsrechtlichen Beurteilung rückwirkender Gesetze.

Daß, was vergangen ist, nicht bewältigt werden kann und daß auch das Recht sich eine Bewältigung des Vergangenen nicht anmaßt, hat nicht nur Bedeutung für das, was von einer auf Vergangenes zielenden Strafverfolgung erwartet werden kann. Es bedeutet nicht nur, daß Strafverfolgung an dem, was geschehen ist, nichts ändert und daß auch der beste Eifer, mit dem Strafverfolgung betrieben wird, das Vergangene nicht besser macht; wenn die zweite Schuld des Ver- und Beschweigens und auch der zögerlichen Strafverfolgung der nationalsozialistischen Verbrechen (vgl. Rückerl 1984, S. 105 ff.; Werle 1992) die Aufmerksamkeit gelegentlich so beherrscht, daß die erste Schuld dahinter perspektivisch kleiner wird, dann heißt dies doch nicht, daß bei Vermeidung der zweiten Schuld die erste geringer gewesen wäre. Daß, was vergangen ist, nicht und auch nicht vom Recht bewältigt werden kann, bedeutet auch, daß die Strafverfolgung, die heute der kommunistischen Vergangenheit gilt, die zögerliche Strafverfolgung der nationalsozialistischen Vergangenheit nicht kompensiert. Diese Vorstellung begegnet bei engagierten Staatsanwälten und Richtern, die die Strafverfolgung der nationalsozialistischen Verbrechen als beschämend unzulänglich empfinden und darum einen besonderen Eifer bei der Strafverfolgung kommunistischer Verbrechen zu schulden meinen. Aber auch eine vergangene unzulängliche Strafverfolgung kann nicht bewältigt werden.

Gleichwohl kann das Recht in alles eingespannt werden, was Gesellschaft und Politik mit Vergangenem machen. Es kann das Erinnern unterstützen, das Vergessen und das Verdrängen. Das Erinnern unterstützt es besonders durch Strafverfolgungen, Wiedergutmachungen, Wahrheitskommissionen und -tribunale und die Gewährung von Einsicht in Akten und Archive, das Vergessen und Verdrängen durch Amnestien und Verbote von Themen und Thesen. Es kann dafür sorgen, daß das Vergangene um seine Fortwirkung gebracht oder daß ihm die Fortwirkung gesichert wird, kann verurteilte Bürger rehabilitieren, erlittene Strafen entschädigen, zerstörte Karrieren reparieren und vergangene Enteignungen rückgängig machen und kann ebenso vergangene Verurteilungen, Bestrafungen, Enteignungen und Karrieren bestehen lassen. Das Recht wurde und wird auch in jeder dieser Hinsichten eingespannt. Denn die gesellschaftliche und politische Kultur ist manchmal eine Erinnerungs- und manchmal eine Vergessenskultur. Sie ist sogar immer ein wenig von beidem; auch als der Vergangenheit zugewandte Erinnerungskultur blendet sie Teile der Vergangenheit aus, auch als auf Gegenwart und Zukunft bezogene Vergessenskultur hält sie Vergangenheitsstücke fest und hoch. Erinnerungskulturen sind Opferkulturen; sie geben Erinnerung und Anerkennung den Opfern, die drunten starben, und wenn daneben einer von droben Erinnerung verlangt, ist es peinlich. Umgekehrt sind Vergessenskulturen Siegerkulturen, bei denen die Sieger zwar die Opfer vergessen, die sie gefordert, aber nicht die, die sie gebracht haben, und bei aller Gegenwarts- und Zukunftszugewandtheit doch ihre Erinnerungsikonen haben.

In diesem Sinn gibt es auch die Bewältigung von Vergangenheit. Vergangenheit ist nicht das Vergangene, sondern dessen Konstruktion derart, daß seine Integration in die individuelle oder kollektive Biographie gelingt. Vergangenheit ist ein Konstrukt, und das Konstrukt zu schaffen, ist eine Aufgabe, die bearbeitet wird, durch die Bearbeitung ihre Gestalt verändert und erledigt wird, allerdings nur vorläufig, weil ständig neue Funde von Vergangenem oder neue Integrationsbedürfnisse auftreten. Vergangenheit ist eine Aufgabe, die bewältigt werden kann und auch bewältigt wird, gleichgültig, ob die Konstruktion des Vergangenen dieses unter partiellem Vergessen erinnert oder bei partiellem Erinnern vergißt. Die Aufgabe muß im übrigen auch bewältigt werden; individuelle und kollektive Biographien brauchen die Integration des Vergangenen als Bedingung der Integrität der Selbstwahrnehmung und -darstellung. Das Vergangene muß integriert werden, damit es nicht gegen das Gegenwärtige ausgespielt werden und dabei die gegenwärtige Selbstwahrnehmung und -darstellung zerstören kann.

Daß die Bewältigung von Vergangenheit sowohl über Vergessen als auch über Erinnern laufen kann, ist vielfach zu beobachten. Es gibt Vergessenskulturen von der Antike bis zur Moderne (vgl. Meier 1997), und bei Ländern wie Spanien, Rußland oder Österreich mag der vergessende und verdrängende Umgang mit Bürgerkriegs-, stalinistischen oder nationalsozialistischen Verbrechen als moralisch nicht akzeptabel kritisiert, kann aber schwerlich argumentiert werden, Vergessen und Verdrängen funktionierten nicht. Die Länder haben die während einer Generation begangenen Furchtbarkeiten in die kollektive Biographie integriert und den friedlichen Übergang zur nächsten Generation geschafft, und wenn ihre gegenwärtigen Probleme mit ihren Vergangenheiten zu tun haben, dann doch nicht mit der spezifisch moralischen oder rechtlichen Qualität der Furchtbarkeiten, die in der Vergangenheit geschehen sind.

II.

Die Instrumentalität, die das Recht für erinnerndes wie für vergessendes Bewältigen, für Erinnerungs- wie Vergessenskulturen hat, bedeutet nicht notwendig Beliebigkeit. Sie schließt nicht aus, daß das Recht zum Erinnern oder zum Vergessen in besonderer innerer Nähe steht und nur um den Preis von Folgeproblemen gegenläufig instrumentalisiert wird.

Einige Befunde liegen auf der Hand. Je kürzer ein Ereignis zurückliegt, desto leichter wird es erinnert und desto schwerer vergessen, desto stärker ist die Forderung nach rechtlicher Aufarbeitung und desto schwächer die Bereitschaft zum rechtlichen Schlußstrich. Allerdings kann nach einer ersten Welle der Erinnerung und rechtlichen Aufarbeitung gerade vergangener Ereignisse ein Zustand der Erschöpfung eintreten, der die nächsten Wellen verzögert. Erinnerung und rechtliche Aufarbeitung ruhten in den 50er Jahren auch, weil die Deutschen von Krieg, Zerstörung und Vertreibung erschöpft, der Beschäftigung mit der Vergangenheit müde und mit ihren Energien auf Neuanfang und Wiederaufbau konzentriert waren. Die erste Welle wäre sogar noch früher ausgelaufen, wenn sie sich nicht dem Antrieb und der Unterstützung der Alliierten verdankt hätte. Auch nach dem Fall der Mauer wollten die vom Wandel erschöpften Bürger der neuen Länder vom Ungemach und Unrecht in der DDR bald nichts mehr hören; die einschlägigen gerichtlichen Verfahren sind dem Einfluß der alten Länder geschuldet. Ohnehin sind die Deutschen kein Volk, das in Erinnerung und rechtlicher Aufarbeitung zur Abrechnung neigt; der Erste Weltkrieg, der Zweite Weltkrieg und das ökonomische und politische Versagen der DDR wurden eher als gemeinsam zu ertragende Schicksalsschläge denn als etwas erlebt, das eine Minderheit der Deutschen deren Mehrheit angetan und nun zu verantworten, zu büßen hätte.

Relevant ist auch nicht nur, ob ein Ereignis kurz oder lang zurückliegt; es kann kurz zurück und doch fern liegen, weil damals Krieg war und jetzt wieder Friede ist, weil es sich in der Ferne, in der Revolution oder einem alten System zugetragen hat, während man jetzt wieder zu Hause, in geordneten Verhältnissen oder unter einem neuen System lebt. Zwei Welten, die ferne und die nahe, die des alten und die des neuen Systems, der Revolution und der Ordnung, des Kriegs und des Friedens können bei geringem zeitlichen Abstand doch so unterschiedlich sein, daß das Erinnern sich schwer tut, die vergangenen Ereignisse in den Koordinaten der gegenwärtigen Welt einzuordnen und festzuhalten. Da die Welt eher kollektiv als individuell konstituiert ist, gilt auch, daß ein kollektives Bedürfnis nach Vergessen sich eher gegen einen individuellen Erinnerungswunsch durchsetzt als ein individueller Vergessenswunsch gegen ein kollektives Bedürfnis nach Erinnerung.

Entscheidend dafür, ob erinnert oder vergessen wird und ob von Rechts wegen erinnert oder vergessen werden muß oder darf, ist ferner, ob es einen anderen gibt, der seinerseits erinnert und Erinnerung, Aufklärung, Wiedergutmachung, Strafverfolgung und -verurteilung fordert. Der einzelne tut sich mit dem Vergessen schwer, wenn er von anderen an einem Ereignis, einem Verhalten, einem Verbrechen festgehalten wird, und auch die Gemeinschaft, die von anderen mit bestimmten Ereignissen, Verhalten, Verbrechen identifiziert wird, kann sich davon nicht einfach durch Vergessen und Verdrängen befreien. Sie kann es um so weniger, je zahlreicher und stärker die anderen sind, und je mehr sie nicht nur Zeitgenossen, sondern Opfer sind; sind die Opfer hinreichend zahlreich und stark, können sie der Kultur der Gemeinschaft ihren Stempel aufdrücken und sie zur Opferkultur prägen, wie umgekehrt die Kultur der Gemeinschaft sich über wenige und schwache Opfer als Siegerkultur hinwegsetzt. Die Befreiung von Identifizierungen mit Ereignissen, Verhalten, Verbrechen gelingt auch um so weniger, je mehr Glieder der Gemeinschaft darin verstrickt sind.

Dabei geht es nicht nur um die Verstrickung durch Täterschaft, Mittäterschaft, Anstiftung und Beihilfe. Es gibt eine Verstrickung durch Mitwisserschaft, durch Zu- und Wegschauen, durch das Unterlassen von Hilfe für die Opfer und dadurch, daß die Täter nicht ausgestoßen, nicht verfolgt und verurteilt, sondern toleriert oder sogar respektiert werden. Wenn bei den germanischen Stämmen der Angehörige eines Stamms den Angehörigen eines anderen Stamms verletzte oder tötete, konnte der eine Stamm den Täter entweder ausstoßen oder er mußte, wenn er ihn nicht ausstieß, sondern in der Gemeinschaft des Stamms hielt, dem anderen Stamm für die Tat haften (Schlink 1988, S. 63). Solidarität mit dem Täter verstrickt in dessen Verbrechen und Schuld – dies ist der rationale Kern der Vorstellung einer Kollektivschuld. Kollektivschuld ist nicht eine Befindlichkeit einer Gemeinschaft, wie Krankheit eine Befindlichkeit eines Körpers ist; Schuld wird nicht von den kranken, schuldigen Teilen der Gemeinschaft auf die gesunden übertragen wie ein Bazillus und nicht von der einen Generation auf die nächste vererbt wie ein Gen. Die Vorstellung einer Kollektivschuld kann sinnvoll nur meinen, daß eine Gemeinschaft dadurch, daß sie mit den Tätern eines Verbrechens Solidarität übt, auch an deren Schuld teilhat und gegenüber den Opfern des Verbrechens Verantwortung übernimmt.

Daß die Täter des Dritten Reichs nicht ausgestoßen, nicht verfolgt und verurteilt, sondern toleriert, respektiert, in ihren Positionen belassen und bei ihren Karrieren gefördert, als Eltern und Lehrer akzeptiert wurden, hat die Generation der Täter und die ihrer Kinder in Verbrechen und Schuld des Dritten Reichs verstrickt. Diese Verstrickung zu vermeiden, hätte es konsequenter Ausgrenzung, Strafverfolgung und -verurteilung bedurft. Aber angesichts der Fülle der Täter und Teilnehmer, Mitwisser, Zu- und Wegschauer war die erforderliche Konsequenz nicht zu leisten. Sie war auch psychisch nicht zu leisten; Kinder sind nicht frei, ihre Eltern, die zweite Generation ist nicht frei, die erste auszugrenzen. Zwar hätte es mehr an Ausgrenzung, konsequentere Strafverfolgungen und -verurteilungen geben müssen, eine hinreichend konsequente Ausgrenzung hätte es aber nicht geben können, so daß die Verstrickung ein Moment des Unvermeidlichen und, wenn man so will, Tragischen hat. Dieses Moment macht verständlich, daß das Reden von der Kollektivschuld manchmal einen irrationalen Klang bekommt, bei dem Blut und Fluch und Erbe assoziiert werden. Aber verständlich machen heißt nicht rechtfertigen. Die Vorstellung einer Kollektivschuld hat einen rationalen Kern, und es ist nicht das Blut, ein Fluch oder das Erbe, das eine Gemeinschaft in Schuld verstrickt, sondern ein bestimmtes Verhalten der Angehörigen der Gemeinschaft in einer bestimmten Situation. Wenn die Situation fehlt oder entfällt und wenn das Verhalten sich erledigt, kommt es auch nicht zur Verstrickung oder endet sie wieder. Das bedeutet, daß die Verstrickung sich bei der dritten Generation löst. Die dritte Generation steht nicht mehr vor der Alternative, die Täter auszustoßen oder in der Gemeinschaft zu halten; sie kann sich dadurch, daß sie die Täter nicht ausstößt, nicht in deren Schuld verstricken.

Die Bewältigung der kommunistischen Vergangenheit steht somit unter ganz anderen Vorgaben als die der nationalsozialistischen. Bei dieser wurden und werden die Deutschen kollektiv mit Verbrechen identifiziert, die sie anderen Kollektiven, besonders den Juden angetan haben; in die Schuld dieser Verbrechen sind sie in der beschriebenen Weise kollektiv verstrickt, und ihrem Vergessen und Verdrängen steht der Erinnerungs- und Wiedergutmachungswunsch der Opfer gegenüber. Bei der kommunistischen Vergangenheit geht es nicht um Verbrechen, die anderen Kollektiven angetan wurden, es geht nicht um kollektive Verstrickung in Schuld, und in der Gesellschaft kommt auch kein Erinnerungs- und Wiedergutmachungswunsch der Opfer zur Geltung, der dem Vergessen und Verdrängen entgegenstünde. Die zögerliche Strafverfolgung der Verbrechen des Holocaust ist ein Teil der deutschen Schuld gegenüber den Juden. Würde dagegen die Strafverfolgung von Mauerschützen unterbleiben, hätte dies zwar schmerzliche Bedeutung für die Angehörigen der Opfer, wäre aber ohne kollektive Dimension, sondern fiele unter die vielen jederzeit und allerorten stattfindenden individuellen Fälle, in denen Angehörige von Opfern darunter leiden, daß Täter nicht nachdrücklich verfolgt, nicht gefaßt oder nicht scharf verurteilt werden.

III.

Mit diesen Überlegungen ist die Frage, ob das Recht ungeachtet der Instrumentalität, die es für erinnerndes wie für vergessendes Bewältigen von Vergangenheit hat, zum Erinnern oder zum Vergessen in besonderer innerer Nähe steht, noch nicht erschöpft. Drei Gründe werden gemeinhin für das Erinnern und gegen das Vergessen oder Verdrängen angeführt, sei es das Erinnern bzw. Vergessen der nationalsozialistischen, der kommunistischen oder einer anderen furchtbaren, verbrechens- und schuldbeladenen Vergangenheit (vgl. Ash 1998, S. 35 f.), und es ist zu prüfen, was in ihnen an Aussagen über oder Forderungen an das Recht enthalten ist. Zum einen ist vom Erinnern als Geheimnis der Erlösung die Rede (Wiesel 1974, S. 204), zum anderen vom Erinnern und der damit einhergehenden Schuld- und Trauerarbeit als Bedingung für Offenheit, Vertrauen, Individualität und Solidarität in Familien, zwischen und unter den Generationen und in der politischen Kultur (Schwan 1997) und zum dritten vom Erinnern als Voraussetzung dafür, daß das, was geschehen ist, sich nicht wiederholt (Ash 1998, S. 35[2]).

Der erste Grund ist der dunkelste. Daß Erinnern das Geheimnis der Erlösung ist, ist eine Weisheit der jüdischen Tradition und leuchtet in der jüdischen Tradition auch ein; das jüdische Volk hätte in Vertreibung, Gefangenschaft und Exil ohne seine Erinnerungen seine Identität verloren. Aber was soll die Weisheit für die,

---

2 „How many times has one heard repeated in Germany George Santayana's remark that those who forget the past are condemned to repeat it?"

die sich zwischen dem Erinnern und Vergessen von Verbrechen zu entscheiden haben, die von Angehörigen der eigenen Generation oder der Elterngeneration begangen wurden? Was soll sie als Weisheit einer Vergangenheitsbewältigung, die nicht einfach eine Vergangenheitsüberlieferung oder -vergegenwärtigung ist, wie sie für das jüdische Volk wichtig war und ist?

Die Weisheit wurde in der Debatte um die Bewältigung der deutschen Vergangenheit denn auch variiert. Das Erinnern wurde vom Geheimnis der Erlösung zu dem der Versöhnung (Schwencke 1987, S. 7). Versöhnung setzt Vergebung durch die überlebenden Opfer und die Angehörigen der Opfer voraus, Vergebung setzt voraus, daß die Täter und die, die sich mit ihnen in die Schuld verstrickt haben, diese Schuld eingestehen und sich mit der Chance der Vergebung auch dem Risiko der Verurteilung aussetzen, und das Eingestehen der Schuld setzt das Erinnern der Tat voraus. Darin liegt auch eine soziale Restitution, denn die Täter und die, die sich mit ihnen in die Schuld verstrickt haben, erkennen die überlebenden Opfer und die Angehörigen der Opfer als die an, auf deren Verurteilung oder Vergebung es ankommt. Da Vergebung auch voraussetzt, daß die Schuldigen tun, was in ihrer Macht steht, um die Folgen der Tat zu tilgen, ist das Erinnern dann, wenn die Tat nicht nur auf den Tod der Opfer, sondern auf das Auslöschen ihrer Welt, ihrer Spuren, ihres Gedächtnisses gezielt hat, auch ein Beitrag zur Tilgung der Folgen der Tat. Der Kern dieser Überlegungen zu Tat, Schuld, Tatfolgen, Verurteilung und Vergebung ist sowohl rechtlich als auch moralisch; die Schuldigen müssen sich an ihrer Schuld festhalten lassen und dafür einstehen. Eine andere Variante der Weisheit bestimmt als Geheimnis der Erlösung den Kampf gegen die Gleichgültigkeit und das Erinnern als Mittel dieses Kampfs (Wiesel 1987, S. 157 f.). Dabei ist Gleichgültigkeit gefährlich, weil sie das Gegenteil von Hoffnung, Glaube und Liebe ist. Sie macht die Menschen unsensibel gegenüber dem, was in der Welt geschieht, auch und gerade gegenüber dem Unrecht, das in ihr geschieht, und läßt sie damit zu Komplizen des Unrechts werden. Das Erinnern kann die Gleichgültigkeit aufbrechen, es kann mit dem Bewußtsein für die Folgen des Unrechts die Sensibilität für dessen Wurzeln wecken; die Erlösung ist der Zustand, in dem Menschen Unrecht nicht geschehen lassen. Das Erinnern wird damit im Sinne des dritten Grunds zur Voraussetzung dafür, daß das, was geschehen ist, sich nicht wiederholt, daß Vergleichbares nicht geschieht.

Auch der zweite Grund, der das Erinnern als Bedingung für das Gelingen von Familien- und politischer Kultur versteht, bündelt verschiedene Überlegungen. Da ist die voraussetzungsvolle psychologische Überlegung, daß das Vergessen und Verdrängen von traumatischer Vergangenheit diese weiter schwären läßt, daß Eltern, die ihre Täter- und Schuld- oder auch ihre Opfertraumata ver- und beschweigen, ihre Individualität nicht leben und ihren Kindern nicht mit Offenheit und Vertrauen begegnen, so daß die Kinder Offenheit und Vertrauen nicht lernen und eine kraftvolle, zugleich kompromiß- und widerstandsfähige Individualität nicht entwickeln können. Da ist die voraussetzungsvolle soziologische Überlegung, daß ohne die Offenheit, das Vertrauen und die Individualität, die in der

Familie erworben werden, auch die Fähigkeit zu Individualität und Solidarität in der Gesellschaft fehlt. Da ist die voraussetzungsvoll vom Faktischen ins Normative übergreifende politologische Überlegung, daß Demokratie auf Offenheit, Vertrauen, Individualität und Solidarität als demokratische Tugenden ihrer Bürger angelegt und angewiesen ist und daß eine Demokratie, die eine Diktatur ablöst, ihre Glaubwürdigkeit gefährdet und für die Opfer der Diktatur überhaupt verliert, wenn sie die Täter nicht bestraft und nicht rechtlich verhindert, daß sie ihre Positionen behalten und ihre Karrieren weiter verfolgen. Der Zweck rechtlicher Sanktionen und besonders der Strafe ist hier die präventive Bestätigung und Bestärkung der Bürgertugenden.

Der dritte Grund stellt auf das Vermeiden einer Wiederholung der Verbrechen ab und trifft sich direkt mit dem Strafzweck der General- und Spezialprävention. Er trifft sich mit dem Strafzweck der Spezialprävention, der auf die Verhütung der Verbrechenswiederholung durch Einwirkung auf den einzelnen Täter zielt. Er trifft sich aber auch mit dem Strafzweck der Generalprävention; wo die Gesellschaft ausnahmsweise Täter geworden ist, weil so gut wie alle ihre Mitglieder die Verbrechen wenn nicht begangen, dann unterstützt oder akzeptiert oder hingenommen haben, da zielt Generalprävention auch auf die Vermeidung einer Wiederholung der Verbrechen durch die Gesellschaft.

Freilich ist die Lehre vom Strafzweck der Prävention den Einwänden, denen sie immer begegnet (vgl. Roxin 1997, S. 47 f., 52 f.), hier besonders ausgesetzt. Der Konformist, der in einem vergangenen politischen System systemkonforme Straftaten begangen hat, ist auch im neuen politischen System Konformist und muß nicht von der Begehung von systemnonkonformen Straftaten abgeschreckt werden. Er muß auch nicht resozialisiert werden; er hat sich im vergangenen System gemeinschaftsgemäß verhalten und verhält sich auch im neuen System gemeinschaftsgemäß. Bei der Verfolgung und Verurteilung nationalsozialistischer Verbrechen war regelmäßig festzustellen, daß die Täter nach 1945 ein normales Leben geführt hatten und von großer nachbarlicher und kollegialer Freundlichkeit, Verläßlichkeit und Hilfsbereitschaft sein konnten. Auch eine Gesellschaft, deren altes politisches System untergegangen und bei der ohnehin ein neues politisches System wächst oder schon gewachsen ist, muß nicht eigentlich abgeschreckt und resozialisiert werden. Daß die Bürger eines freiheitlichen demokratischen Systems über den Mühen der Freiheit deren Gewinn vergessen und die Schwierigkeiten der Welt, die von der Demokratie zwar nicht hervorgerufen, aber abgebildet werden, doch der Demokratie anlasten und sich nach der scheinbaren Klarheit, Sicherheit und Ordnung eines autoritäreren Systems sehnen, droht immer wieder einmal. Es muß auch immer wieder erkannt und bekämpft werden. Aber der Pendelschwung zwischen Freiheitswunsch und Ordnungssehnsucht ist zu universell, und die Einrichtungen, auch die mehr oder weniger verbrecherischen Einrichtungen, nach denen die Ordnungssehnsucht verlangt, sind zu verschieden, als daß hier von Wiederholung zu reden wäre. Der Holocaust muß nicht erinnert werden, damit er nicht wiederholt wird, und Prävention kann hier nur darauf zielen, daß Vergleichbarem schon in den Anfängen gewehrt und daß die dafür nötigen Bürgertugenden, die nötige politische, moralische und rechtliche Sensibilität und Courage geschärft werden.[3]

IV.

Dem Recht wohnt beides inne: das Erinnern und das Vergessen. Es verlangt, daß Täter an ihrer Schuld festgehalten werden und für ihre Schuld einstehen und daß mit ihrer Bestrafung ein Zeichen dafür gesetzt wird, daß Vergleichbares nicht geschehen darf, daß es nicht hingenommen, ihm vielmehr entgegengetreten wird. Zugleich verlangt es, daß Vergangenes abgeschlossen und erledigt sein soll. Gewiß, es verlangt Abschluß und Erledigung erst nach einer Weile oder nur bei Fehlen eines Gesetzes, das die heute zu verhängende Strafe schon damals für die begangene Tat angedroht hat. Aber damit ist der Konflikt nicht gelöst; die Gesellschaft braucht kein Gesetz, um schuldig sprechen und strafen zu wollen, und Zeichen können beliebig lange nach der Tat gesetzt werden. Auch daß das Recht nicht das vergangene, sondern nur das gegenwärtige und zukünftige Leben gestalten kann, löst den Konflikt nicht. Schuldspruch und Bestrafung geschehen in der Gegenwart und setzen ein Zeichen für Gegenwart und Zukunft.

Weil dem Recht beides innewohnt, ist seine Instrumentalisierung in die eine wie in die andere Richtung nicht bloße Instrumentalisierung. Sie bringt das Recht zur Geltung – mit einer seiner beiden Seiten. Zugleich bringt sie das Recht in Konflikt – mit seiner anderen Seite. Die strafrechtliche Bewältigung sowohl der nationalsozialistischen als auch der kommunistischen deutschen Vergangenheit kam denn auch mit dem Verjährungsgrundsatz und dem Rückwirkungsverbot in Konflikt. Als es an die Verfolgung und Verurteilung sowohl nationalsozialistischer als auch kommunistischer Taten ging, waren diese zum Teil verjährt oder drohten, alsbald zu verjähren, und außerdem konnten sie unter dem Rückwirkungsverbot nur dann verfolgt und verurteilt werden, wenn sie schon zur Zeit ihrer Begehung strafbar waren. Der Konflikt wird anschaulich, wenn Gesetzgebung, Rechtsprechung und Rechtswissenschaft in den Blick, auch und gerade in den juristischen Blick genommen werden.

Das Verfolgungs- und Verurteilungshindernis der Verjährung wurde zunächst durch die zwischen 1946 und 1948 erlassenen Ahndungsgesetze relativiert, die anordneten, bei Straftaten, die aus politischen Gründen zwischen 1933 und 1945 nicht geahndet wurden, deren nachträgliche Bestrafung aber ein Gebot der Gerechtigkeit war, vom Ruhen der Verjährung zwischen 1933 und 1945 auszugehen

---

[3] Das ist das moralische Dilemma der These, der Holocaust sei als unvergleichbares Ereignis zu erinnern. Die Unvergleichbarkeitsthese versteht sich als moralische These und lehnt die Vergleichbarkeitsthese als unmoralische These ab. Aber ein entscheidender moralischer Grund des Erinnerns ist die Vermeidung der Wiederholung, die ernsthaft und sinnvoll nur die Vermeidung von Vergleichbarem sein kann.

(vgl. Zimmermann 1997, S. 67 f.). Die tragende Überlegung war, daß da, wo Strafverfolgung aus politischen Gründen überhaupt gehemmt gewesen sei, sie auch nicht habe verjähren können (vgl. Zimmermann 1997, S. 61; BGH, NJW 1962, 2308; BGHSt 18, 367, 368[4]). Ähnlich hat das Verjährungsgesetz von 1993 angeordnet, vom Ruhen der Verjährung zwischen 1949 und 1990 für Straftaten auszugehen, die während dieser Jahre in der DDR aus politischen Gründen nicht verfolgt wurden (vgl. Kramer 1992, S. 235 f.; Pieroth/Kingreen 1993, S. 385 ff.). Der Eintritt gleichwohl drohender Verjährung wurde in den 60er und 70er Jahren für nationalsozialistische und in den 90er Jahren für kommunistische Taten durch die Verlängerung oder Aufhebung noch nicht abgelaufener Verjährungsfristen abgewendet (vgl. Schreiber 1995, S. 178; Zimmermann 1997, S. 177 ff.).[5]

In der Rechtswissenschaft gab und gibt es gegen diese Änderungen des Verjährungsrechts Bedenken; wenn nicht das als Prinzip „nulla poena sine lege" tradierte, in Art. 103 Abs. 2 GG positivierte Verbot rückwirkender Bestrafung (Grünwald 1965, S. 521 ff.; ders. 1992, S. 336; Pieroth/Kingreen 1993, S. 390 f., 392), dann seien doch die im Rechtsstaatsprinzip wurzelnden Postulate der Rechtssicherheit und des Vertrauensschutzes verletzt (Zimmermann 1997, S. 214 ff.; vgl. m.w.N. Buchner 1996, S. 83 ff., 118 f.; Schreiber 1995, S. 180). Das Bundesverfassungsgericht hat diese Bedenken nicht geteilt; es hat wie schon die Ahndungsgesetze (BVerfGE 1, 418[6]) auch die Verlängerung oder Aufhebung noch nicht abgelaufener Verjährungsfristen als verfassungsgemäß akzeptiert (BVerfGE 25, 269; BVerfG, NJW 1995, 1145). In der Tat spricht vieles dafür, daß die Strafbarkeit, die nach Art. 103 Abs. 2 GG gesetzlich bestimmt sein muß, bevor die Tat begangen wird, zwar den Straftatbestand und die Strafandrohung, aber nicht die Strafverfolgungsvoraussetzungen umfaßt (vgl. Bemmann 1965, S. 339 f.). Der Bürger soll darüber sicher sein und darauf vertrauen können, welche seiner Handlungen und Unterlassungen strafbar sind und welche Strafe ihm droht, aber nicht, wie die Strafverfolgung funktioniert. Dies entspricht auch dem Schuldprinzip: Der Bürger macht sich zwar dann nicht schuldig, wenn er sein Verhalten nicht für strafbar hält und angesichts der Rechtslage auch nicht für strafbar halten muß, seine Schuld

---

4 Entsprechend den üblichen juristischen Abkürzungskonventionen steht BGH für Bundesgerichtshof, NJW für Neue Juristische Wochenschrift und BGHSt für die Entscheidung des Bundesgerichtshofs in Strafsachen, gefolgt von der Angabe des Bandes, der Angabe der Seite, an der die einschlägige Entscheidung beginnt, und der Seite, an der sich in der Entscheidung die relevante Passage findet.

5 Mit den Gesetzen der Jahre 1965, 1969 und 1979 verhinderte der Gesetzgeber den Eintritt der Verjährung allerdings nur für noch nicht entdeckte Mordtaten. Die als Totschlag zu qualifizierenden vorsätzlichen Tötungen verjährten 1960. Werle (1992, S. 2531) verweist auch auf die „Amnestie durch die Hintertür", die dadurch herbeigeführt wurde, daß 1969 die Strafbestimmungen für Beihilfe zum Mord geändert wurden.

6 BVerfG steht für Bundesverfassungsgericht. BVerfGE steht für die Entscheidungen des Bundesverfassungsgerichts, die anschließende Zahl für den Band, die folgende für die Seite, auf der die einschlägige Entscheidung beginnt und eine evtl. folgende weitere Zahl für die Seite, auf der sich, wenn es nicht um die Entscheidung insgesamt geht, die relevante Passage findet.

Die Bewältigung von Vergangenheit durch Recht 443

wird aber nicht dadurch in Frage gestellt, daß die Gesetze ihm einen Termin verheißen, nach dem sein strafbares Verhalten nicht mehr verfolgt wird.

Verfassungsrechtlich ungleich problematischer ist die Verfolgung und Verurteilung sowohl nationalsozialistischer als auch kommunistischer Taten, bei denen außer Zweifel steht, daß sie im Dritten Reich oder in der DDR nie verfolgt und verurteilt worden wären. Denn hier sind die Täter davon ausgegangen und konnten angesichts der Rechtslage davon ausgehen, ihr Verhalten sei nicht strafbar. Wenn im Dritten Reich sog. Exzeßtäter, die Juden ohne Befehl töteten, strafrechtlich zur Verantwortung gezogen wurden, wurden sie es wegen militärischen Ungehorsams und ausdrücklich nicht wegen der Tötung der Juden; diese war nicht strafbar (vgl. Werle 1992, S. 2535). Wenn in der DDR ein ungesetzlicher Grenzübertritt im schweren Fall mit einem tödlichen Schuß verhindert wurde, war dies durch das Grenzgesetz gerechtfertigt und wurde nicht nur nicht bestraft, sondern belobigt und prämiiert (vgl. Jakobs 1994, S. 5; Schreiber 1995, S. 164).

Anders als das Statut des Internationalen Gerichtshofs in Nürnberg und das Kontrollratsgesetz Nr. 10 der Alliierten, die das Rückwirkungsverbot ausdrücklich suspendierten, hat die Rechtsprechung der Bundesrepublik Deutschland an ihm stets festgehalten (vgl. Werle 1992, S. 2533). Die Bestrafung nationalsozialistischer Taten gleichwohl zu rechtfertigen, wurde schon früh auf die Forderung von Radbruch zurückgegriffen, das positive Gesetz müsse, wenn es in unerträglichem Widerspruch zur Gerechtigkeit stehe, der Gerechtigkeit als unrichtiges Recht weichen (Radbruch 1946, S. 107). Bestraft wurde nach dem im Dritten Reich geltenden Strafrecht, das aber mit der sog. Radbruchschen Formel von den Rechtfertigungs- oder auch Schuldausschließungsgründen gereinigt wurde, dank derer die Täter im Dritten Reich nicht hätten bestraft werden können (vgl. Sagel-Grande 1979, S. 444; Werle 1992, S. 2534). Als seit den späten 50er Jahren die Judenvernichtung Gegenstand der Rechtsprechung wurde, wurde Hitlers Vernichtungsbefehl in erster Linie nicht mit der Radbruchschen Formel, sondern mit einer auf den Rechtsstaat rekurrierenden Erwägung als Rechtfertigungsgrund aus dem Strafrecht des Dritten Reichs herausgebrochen: Als nur mündlich geäußerter, nicht veröffentlichter, sondern gerade geheimer Befehl habe Hitlers Vernichtungsbefehl der rechtlichen Verbindlichkeit entbehrt. Durch den Vernichtungsbefehl sei Hitler mit den Angehörigen der nationalsozialistischen Führung aber der eigentliche Täter der Judenvernichtung gewesen; die Täter vor Ort seien strafrechtlich nur Gehilfen gewesen, es sei denn, sie wären als Exzeßtäter befehlswidrig über ihre Rolle als Rad in der von den Haupttätern in Gang gesetzten und gehaltenen Vernichtungsmaschinerie hinausgegangen (vgl. Werle 1992, S. 2533).

Am nationalsozialistischen Rechtssystem geht diese Erwägung vorbei. Das Dritte Reich war kein Rechtsstaat, und die rechtsstaatlichen Vorstellungen von den Formen des Rechts und von Rechtsnichtigkeit bei Formwidrigkeit waren ihm fremd. Der Wille und Befehl des Führers, oberster Rechtssatz und zugleich Quelle allen Rechts im nationalsozialistischen Rechtssystem war an keine Form gebunden. Auch der mündliche, nichtveröffentlichte, geheime Befehl Hitlers setzte Recht

(Werle 1989, S. 683; ders. 1992, S. 2534). Die Rechtsprechung der Bundesrepublik Deutschland nahm dies immerhin so ernst, daß sie hilfsweise doch auf eine Art von Radbruchscher Formel zurückgriff und dem Führerbefehl auch bei unterstellter Formrichtigkeit absprach, einen nach allgemeiner Auffassung unverletzlichen, vom Konsens zivilisierter Völker getragenen, das Verbot der Vernichtung der Juden einschließenden Kernbereich des Rechts außer Kraft setzen zu können (BGHSt 2, 234, 237 ff.; vgl. Sagel-Grande 1979, S. 444; Werle 1992, S. 2534).

Mit einer ähnlichen Mischung aus naturrechtlicher Aberkennung der Geltung und Überstülpung einer rechtsstaatlichen Interpretation geht die bundesrepublikanische Rechtsprechung auch mit dem Recht der DDR um. Unter Berufung auf die Radbruchsche Formel läßt sie bei tödlichen Schüssen an der Mauer den Rechtfertigungsgrund des Grenzgesetzes der DDR unbeachtet, weil er die allen Völkern gemeinsame Überzeugung von Wert und Würde des Menschen verletze und gegen Grundgedanken der Menschlichkeit und Gerechtigkeit verstoße (BGH, NJW 1993, 141, 144; BGH, NJW 1994, 2703, 2705; BGH, NJW 1994, 2708, 2709). Daneben sieht sie den Richter bei der Beurteilung dessen, was zur Tatzeit das Recht der DDR war, nicht an das gebunden, was zur Tatzeit in der DDR als Recht interpretiert und angewandt wurde, sondern verlangt, auf das „richtig interpretierte Gesetz" abzustellen, d. h. das rechtsstaats- und menschenrechtsfreundlich und nach Maßgabe des Grundsatzes der Verhältnismäßigkeit interpretierte Gesetz. In dieser bundesrepublikanischen Interpretation habe das Grenzgesetz der DDR tödliche Schüsse an der Mauer nicht gerechtfertigt (BGH, NJW 1993, 141, 148).

Das Argument, als Recht habe nicht gegolten, was als geltendes Recht angewandt wurde, sondern was aus anderer, späterer Sicht als geltendes Recht hätte angewandt werden sollen, will über das naturrechtliche Argument der Radbruchschen Formel hinausgehen. Aber stimmig ist es allenfalls als naturrechtliches Argument, als Ausspielen eines naturrechtlichen Gelten-Sollens gegen ein positiv-rechtliches Gelten.[7] Daß die Geltung eines Gesetzes zu einer bestimmten Zeit und an einem bestimmten Ort etwas anderes als die Interpretation, Anwendung und Befolgung sei, in der das Gesetz sich zu dieser Zeit und an diesem Ort wirklich zur Geltung bringt, ergibt keinen stimmigen Begriff der Geltung (vgl. Dreier 1997, S. 431; Günther 1993, S. 21 f.; Jakobs 1994, S. 5 ff.; Kelsen 1960, S. 215 ff.; ders. 1979, S. 111 ff.; Schlink 1994, S. 435). So hängt denn alles an der Radbruchschen Formel.

---

[7] In diesem Sinn geht Alexy (1992, S. 201 ff., 204) zwar vom Kriterium der sozialen Wirksamkeit im großen und ganzen als Voraussetzung der Geltung aus, sieht es jedoch durch „das negative Definitionsmerkmal der extremen Ungerechtigkeit eingeschränkt". Auch Kaufmann (1995, S. 84 f.) modifiziert seinen Begriff der Geltung „bei sehr schwerem, eben unerträglichem Unrecht, dem der Makel auf der Stirn geschrieben steht und das unter keinem denkbaren Gesichtspunkt als gerecht erscheint".

V.

Auch das Bundesverfassungsgericht setzt auf sie. Aber es setzt nicht auf sie allein. Bei der strafrechtlichen Bewältigung der nationalsozialistischen Vergangenheit hatte es sich nur mit der Suspendierung, Verlängerung und Aufhebung der Verjährung zu beschäftigen, deren verfassungsrechtlicher Ort zweifelhaft ist. Bei der Bewältigung der kommunistischen Vergangenheit war es mit dem strafrechtlichen Rückwirkungsverbot konfrontiert. Daß dieses in Art. 103 Abs. 2 GG seinen verfassungsrechtlichen Ort hat, steht außer Zweifel.

Daß der Ort, den es im Recht hat, ein Ort im Verfassungsrecht ist, ist für den inneren Konflikt des Rechts von entscheidender Bedeutung. Erinnerndes Recht ist das Strafrecht, ein vielgestaltiges Restitutions- und Wiedergutmachungsrecht, das Recht des öffentlichen Dienstes, soweit es um entsprechende Positionen und Karrieren geht, und vergessendes Recht ist das Prozeß- und Verfahrensrecht mit seinen Bestimmungen über Verjährung, Bestands- und Rechtskraft. Dieses erinnernde und vergessende Recht ist einfaches Recht, vom Gesetzgeber mit einfacher parlamentarischer Mehrheit mal mehr in die eine und mal mehr in die andere Richtung zu gestalten. Der innere Konflikt des Rechts ist hier als normaler politischer Konflikt auszutragen und zu entscheiden. Mit dem strafrechtlichen Rückwirkungsverbot von Art. 103 Abs. 2 GG ist der innere Konflikt des Rechts an einem zentralen Punkt durch das Recht selbst entschieden; das Recht höherer Ordnung gibt dem Recht niederer Ordnung eine Grenze vor, die der Gesetzgeber mit einfacher parlamentarischer Mehrheit nicht überschreiten darf. Wie stets, wo die freiheitliche, demokratische und rechtsstaatliche Verfassung Grenzen vorgibt, macht auch diese die politisch schwächere Seite gegen die stärkere stark, das Interesse des einzelnen, nicht bestraft zu werden, wenn er sein Verhalten nicht für strafbar hielt und angesichts der Rechtslage auch nicht halten mußte, gegen den Strafwunsch, das Strafbedürfnis der Gesellschaft.

Dieser verfassungsrechtlichen Entscheidung hat das Bundesverfassungsgericht mit der Radbruchschen Formel nur wenig entgegenzuhalten, obwohl es, wie angelegentlich auch schon der Bundesgerichtshof, auf eine völkerrechtliche Verstärkung und Konkretisierung des naturrechtlichen Arguments setzt und in der Gerechtigkeit, der das positive Recht als unrichtiges Recht weichen muß, besonders die völkerrechtlich anerkannten Menschenrechte enthalten sieht (BVerfGE 95, 96, 133 ff.). Wenig ist dies, weil die Radbruchsche Formel in doppelter Weise nicht paßt. Sie paßt nicht in die heutige Zeit; immerhin kann die Anerkennung des Naturrechts nicht vorausgesetzt, sondern nur zum Bekenntnis und zur Forderung erhoben werden, und dieses Bekenntnis und diese Forderung werden seit dem Ende der Naturrechtsrenaissance der späten 40er und 50er Jahre (Kühl 1990, S. 331 ff.) keineswegs mehr allgemein geteilt. Sie paßt auch nicht auf die heutigen Fälle; von einem bei ungesühntem Schuß an der Mauer drohenden unerträglichen Widerspruch zur Gerechtigkeit kann nicht die Rede sein, wenn schließlich die von der Gerechtigkeit geforderte Strafe lediglich in einer geringen, auf Bewährung ausgesetzten Freiheitsstrafe besteht (vgl. BGH, NJW 1993, 141, 142; BGH, NJW 1994, 2240).

So findet sich beim Bundesverfassungsgericht neben der Radbruchschen Formel eine fundamentale Relativierung des in Art. 103 Abs. 2 GG verbürgten Rückwirkungsverbots (BVerfGE 95, 96, 132 f.). Zwar gelte das Rückwirkungsverbot absolut. Aber es gelte absolut nur im Normalfall. Dieser sei gegeben, wenn eine Tat unter der Geltung des Grundgesetzes begangen wurde und unter der Geltung des Grundgesetzes auch bestraft werden soll. Dann dürfe sie nicht nach einem Strafgesetz bestraft werden, das zwar zur Zeit der Bestrafung in Geltung ist, aber zur Zeit der Begehung noch nicht in Geltung war. Wenn eine Tat unter der Geltung einer anderen, der Gewaltenteilung und den Grundrechten nicht verpflichteten Verfassung begangen wurde und unter der Geltung des Grundgesetzes bestraft werden soll, liege ein Ausnahmefall vor. Hier gelte das Rückwirkungsverbot nur relativ. Der Bürger, der eine Tat unter der Geltung der anderen Verfassung begangen hat und dafür unter der Geltung des Grundgesetzes bestraft werden soll, könne auf einen strikten Schutz seines Vertrauens in das zur Tatzeit geltende Recht nicht rechnen. Geschützt werde sein Vertrauen nur, wenn das zur Tatzeit geltende Recht nicht im Widerspruch zur Gerechtigkeit steht.

Damit ist das Rückwirkungsverbot im Nerv getroffen. Wenn es so verstanden wird, wie es vom Bundesverfassungsgericht entfaltet wird, geht es ins Leere. Im gewaltenteiligen, grundrechtsgebundenen Staat des Grundgesetzes später rückwirkend zu bestrafen, was in diesem Staat früher geschehen ist, ist auch ohne Art. 103 Abs. 2 GG rechtlich nicht möglich. Schon die Grundrechte der Art. 1-19 GG verwehren, das Verhalten eines Bürgers nachträglich zu verbieten, weil das Verbot eines Verhaltens nur zur Erreichung eines anderen Verhaltens geeignet und gerechtfertigt ist, das nachträgliche Verbot zur Erreichung des anderen Verhaltens aber zu spät kommt, daher nicht geeignet ist und nicht gerechtfertigt werden kann. Sollte es aber den, an den es gerichtet ist, gar nicht beeinflussen wollen, sondern allein die Abschreckung anderer bezwecken und für diesen Zweck auch geeignet sein, wäre es dennoch nicht gerechtfertigt, weil es den, an den es gerichtet ist, als bloßes Objekt benutzen und damit gegen seine Menschenwürde verstoßen würde.

Das Rückwirkungsverbot zielt demgegenüber auf Wandlungen des Gerechtigkeitsempfindens und -bewußtseins, auf Veränderung in der Sicht von dem, was Staatsräson und Wohl der Gesellschaft verlangen, und damit auch auf System- und Regimewechsel. Dies sind die Situationen, in denen sich mit der Vorstellung von Gerechtigkeit auch das Strafbedürfnis wandelt und rückwirkend durchsetzen will. Es will sich rückwirkend durchsetzen, weil es die Gerechtigkeitsvorstellung, die zur Zeit der Tat herrschte, als falsch und die Gerechtigkeitsvorstellung, die jetzt herrscht, als richtig voraussetzt. Wenn das Rückwirkungsverbot mit dem Bundesverfassungsgericht da nicht angewandt wird, wo das zur Zeit der Tat geltende Recht im Widerspruch zu der Vorstellung von Gerechtigkeit steht, die

Die Bewältigung von Vergangenheit durch Recht

zur Zeit der Verfolgung und Verurteilung der Tat herrscht, wird es gerade der Anwendung beraubt, in der es als Schutz gegen einen rückwirkenden Strafwunsch, ein rückwirkendes Strafbedürfnis gebraucht wird. Da, wo die jetzige Gerechtigkeitsvorstellung dieselbe wie die damalige ist, gibt es kein rückwirkendes Strafbedürfnis und keinen Grund, ihm mit dem Rückwirkungsverbot zu begegnen.

Die bundesverfassungsgerichtliche Sicht des Rückwirkungsverbots läßt nicht nur dessen ausdrückliche Suspendierung durch das Statut des internationalen Gerichtshofs in Nürnberg und das Kontrollratsgesetz Nr. 10 der Alliierten unnötig erscheinen. Sie rückt auch die nationalsozialistische Aufhebung des Rückwirkungsverbots in ein neues Licht, soweit es ihr darum ging, zur Durchsetzung der nationalsozialistischen Vorstellung von Gerechtigkeit Taten aus der Weimarer Republik im Dritten Reich schärfer zu bestrafen, als dies in der Weimarer Republik möglich war (vgl. Werle 1989, S. 167, 348 f., 418 f., 696). Auch wenn die schärfere nationalsozialistische Bestrafung nach unserer Vorstellung von Gerechtigkeit Unrecht ist – die nationalsozialistische Aufhebung des Rückwirkungsverbots ist in Konsequenz der Sicht des Bundesverfassungsgerichts kein Unrecht, sondern die deklaratorische, eigentlich überflüssige Anerkennung seiner Relativität bei System- und Regimewechseln.

Das Rückwirkungsverbot, das weder nach der guten oder bösen Absicht derer fragt, die die Tat zur Zeit ihrer Begehung mit Strafe bedroht oder nicht bedroht haben, noch nach der Absicht derer, die sie jetzt verfolgen und verurteilen wollen, noch auch danach, ob die Tat seinerzeit mit guter oder böser Absicht begangen wurde, das auch nicht fallweise fragt, ob das Strafen der Gerechtigkeit nützt oder schadet, sondern es kategorisch verbietet, wenn das Bedürfnis danach zur Zeit der Begehung der Tat nicht die Form des Gesetzes gewonnen hatte, ist von Formalität gekennzeichnet. Darum ist es nicht etwa formalistisch und positivistisch; es steht nicht als Ausdruck einer positivistischen Vorstellung von Rechtssicherheit gegen naturrechtliche Gerechtigkeitsvorstellungen und Strafbedürfnisse. Die Vorstellung von Rechtssicherheit, nach der dem, der gestern dem Recht gehorcht hat, dieser Gehorsam heute nicht vorgeworfen werden kann, ist ebenso eine inhaltliche Vorstellung von dem, was Recht ist oder sein soll, wie die naturrechtlichen Gerechtigkeitsvorstellungen und Strafbedürfnisse, mit denen sie in Konflikt geraten kann. Die Vorstellung ist nicht positivistisch; Positivismus handelt überhaupt nicht vom Gehorsam und der Pflicht oder auch dem Recht zum Gehorsam (Dreier 1990, S. 182). Das Rückwirkungsverbot ist in einer Verfassungs- und Rechtsordnung entweder positiviert oder nicht positiviert, und sowohl der eine wie der andere Befund kann positivistisch beschrieben werden. Ist es positiviert, dann gewährleistet es an einem wichtigen Punkt Verläßlichkeit der Lebenswelt. Soweit es um das Bestrafen eines Verhaltens geht, soll man sich auf das Recht so verlassen können, wie es zur Zeit des Verhaltens galt. Das strafrechtliche Rückwirkungsverbot heißt nicht, daß das Verhalten moralisch richtig war und schließt weder spätere soziale oder ökonomische Sanktionen noch negative Folgen für Beruf und

Karriere aus. Es heißt nur, daß an die vergangene Lebenswelt strafrechtlich nicht mehr gerührt werden kann.

VI.

Wo das Rückwirkungsverbot gilt, kann eine Gesellschaft Vergangenes nicht mehr mit dem scharfen Mittel der strafrechtlichen Ausgrenzung in die kollektive Biographie integrieren, sondern muß die Integration auf andere Weise leisten und dabei auch integrieren, daß die strafrechtliche Ausgrenzung nicht gelingen kann. Wie, wenn eine Gesellschaft eben dies nicht kann oder will? Wenn das Vergangene so furchtbar ist, daß sie es nur durch strafrechtliche Ausgrenzung integrieren kann?

Das Rückwirkungsverbot ist verfassungsrechtlich garantiert. Es kann zwar vom einfachen Gesetzgeber nicht aufgehoben oder geändert werden. Der verfassungsändernde Gesetzgeber ist aber frei, es wenn nicht aufzuheben, dann doch zu ändern. Er findet seine Schranke nur in Art. 79 Abs. 3 GG, der mit den Grundsätzen der Achtung und des Schutzes der Menschenwürde (Art. 1 GG) und der Bindung der Rechtsprechung an Gesetz und Recht (Art. 20 GG) vielleicht der völligen Aufhebung des Rückwirkungsverbots entgegensteht, aber nicht seiner Änderung (BVerfGE 30, 1, 24 ff.; vgl. Dreier 1997, S. 433; Grünwald 1965, S. 525; Schlink 1973, S. 94 f.). Die Relativierung des Rückwirkungsverbots, die die Rechtsprechung nur um den Preis seiner Entleerung bekommen hat, wäre ohne diesen Preis durch eine Verfassungsänderung zu bekommen gewesen, die das Rückwirkungsverbot ausdrücklich für die Verfolgung nationalsozialistischer oder auch kommunistischer Straftaten suspendiert hätte.

Die Frage der rückwirkenden Bestrafung wäre dann nicht von der Rechtsprechung, sondern vom Gesetzgeber zu beantworten gewesen – mit der politischen Diskussion und Publizität, die verfassungsändernde Gesetzgebung genießt. Sie hätte diese Diskussion und Publizität als Gegenstand der verfassungsändernden Gesetzgebung auch besonders verdient; ob Vergangenes rückwirkend bestraft und dadurch ausgegrenzt oder auf andere Weise in die kollektive Biographie integriert werden soll, ist eine entscheidende Frage der Bewältigung der Vergangenheit.

Daß die bundesrepublikanische Rechtsprechung sie nicht der Gesetzgebung überlassen, sondern selbst beantwortet hat, dürfte mehrere Gründe haben. Zum einen waren die Verbrechen des Dritten Reichs so furchtbar, daß es zur Frage der rückwirkenden Bestrafung nur eine Antwort zu geben schien; diese erst vom Parlament statt sogleich von den Gerichten geben zu lassen, die die rückwirkende Bestrafung schließlich auszusprechen hatten, schien entbehrlich. Zum anderen hat die Rechtsprechung, die für die Verbrechen des Dritten Reichs das Rückwirkungsverbot anstelle der Gesetzgebung relativiert hat, ihr Ansehen gewahrt. Wenn das Recht eigentlich immer naturrechtlich durchwirkt war, wenn also auch im Dritten Reich dessen Verbrechen nicht rechtens und eigentlich strafrechtlich zu verfolgen und zu verurteilen waren, dann war das Recht im Dritten Reich nicht falsch, sondern eigentlich richtig und die Rechtsprechung daran, das Richtige zu wirken, nur durch die nationalsozialistischen Machthaber gehindert. Die Strafverfolgung im Dritten Reich war dann eben gehemmt, wie es auch bei Schaffung der Ahndungsgesetze gesehen wurde. Zum dritten dürfte, was die kommunistische Vergangenheit angeht, weniger die alte, Nationalsozialismus und Kommunismus gleichsetzende Totalitarismusthese eine Rolle gespielt haben als vielmehr der Umstand, daß das strafrechtliche Rückwirkungsverbot nun schon relativiert war. Der Vergleich politischer Systeme, ihres gleichen, ähnlichen oder verschiedenen Totalitarismus, ihrer gleichen, ähnlichen oder verschiedenen Qualität als Unrechtsstaat ist sowieso nicht das Geschäft der Gerichte (BGH, NJW 1993, 141, 144 f.[8]; vgl. Schlink 1994, S. 434); sie beschäftigen sich mit einzelnen Taten und fanden dabei zur Verurteilung kommunistischer Taten trotz strafrechtlichen Rückwirkungsverbots ein Muster vor, das sie mit kleinen Änderungen anwenden konnten. Also wendeten sie es auch an.

So hat die Verfassungsdiskussion und -entscheidung zur Bewältigung der nationalsozialistischen und kommunistischen Vergangenheit durch rückwirkende Bestrafung nicht stattgefunden. Das Recht wurde damit um seinen spezifischen Beitrag zur Bewältigung der Vergangenheit gebracht. Mit der verfassungsrechtlichen Garantie des Rückwirkungsverbots gibt es die Verfassung als die Ebene vor, auf der die Frage nach der Bewältigung der Vergangenheit durch rückwirkende Bestrafung zu stellen und zu beantworten gewesen wäre, als eine politische Frage von besonderem Rang, zu beantworten in politischer Diskussion, mit politischer Publizität, zur politischen Aufklärung. Daß sie nicht so gestellt und beantwortet wurde, war für die Bewältigung der Vergangenheit der Bundesrepublik Deutschland ein Verlust.

Denn eben dies ist der Beitrag des Rechts zur Bewältigung von Vergangenheit: nicht die Weise, wie Gesellschaft das Vergangene konstruiert und in die Biographie integriert, sondern wie sie sich für die Weise der Konstruktion und Integration entscheidet. Zwar spielt das Recht eine wichtige Rolle, wie immer die Entscheidung fällt; es unterstützt in Vergessenskulturen das Vergessen und in Erinnerungskulturen das Erinnern. Aber seine eigentliche Leistung ist die Vorgabe von Formen und Verfahren, in denen die Entscheidung über die Weise der Konstruktion und Integration getroffen wird. Ausgrenzung nicht durch eine Nacht der langen Messer, sondern durch Strafprozesse, Strafprozesse nicht als revolutionäre Tribunale, sondern als gerichtliche Verfahren, gerichtliche Verfahren nicht in richterlicher Usurpation von Entscheidungsmacht, sondern in rechtsstaatlichem Respekt vor den Entscheidungen des Gesetzgebers, Entscheidungen des Gesetzgebers nicht mit

---

8 Immerhin sieht auch der Bundesgerichtshof (a.a.O.), daß „die Tötung von Menschen an der innerdeutschen Grenze nicht mit dem nationalsozialistischen Massenmord gleichgesetzt werden kann". Allerdings fährt es fort: „Gleichwohl bleibt die damals gewonnene Einsicht gültig, daß bei der Beurteilung von Taten, die im staatlichen Auftrag begangen worden sind, darauf zu achten ist, ob der Staat die äußerste Grenze überschritten hat, die ihm nach allgemeiner Überzeugung in jedem Lande gesetzt ist."

einfacher, sondern mit qualifizierter Mehrheit, weil es um die Verfassung geht, um Entscheidungen des Gesetzgebers zur Verfassung, um die entsprechende politische Diskussion, Publizität und Aufklärung und in dieser politischen Diskussion um die Konstruktion des Vergangenen und seine Integration in die Biographie – dies sind Weichen, die das Recht stellt. Sein spezifischer Beitrag zur Bewältigung von Vergangenheit sind seine Formen und Verfahren. Sie sind sein Beitrag zur politischen Kultur überhaupt.

Literatur

Alexy, Robert, 1992: Begriff und Geltung des Rechts, Freiburg i.Br./München.
Ash, Timothy Garton, 1998: The Truth about Dictatorship, in: The New York Review of Books 19.02., S. 35-40.
Bemmann, Günter, 1965: Zur Frage der nachträglichen Verlängerung der Strafverfolgungsverjährung, in: Juristische Schulung, S. 333-340
Buchner, Silke, 1996: Die Rechtswidrigkeit der Taten von „Mauerschützen" im Lichte von Art. 103 II GG unter besonderer Berücksichtigung des Völkerrechts. Ein Beitrag zum Problem der Verfolgung von staatlich legitimiertem Unrecht nach Beseitigung des Unrechtssystems, Frankfurt a.M.
Dreier, Horst, 1990: Rechtslehre, Staatssoziologie und Demokratietheorie bei Hans Kelsen, 2. Aufl., Baden-Baden.
Dreier, Horst, 1997: Gustav Radbruch und die Mauerschützen, in: Juristen-Zeitung, S. 421-434.
Grünwald, Gerald, 1965: Zur verfassungsrechtlichen Problematik der rückwirkenden Änderung von Verjährungsvorschriften, in: Monatsschrift für deutsches Recht, S. 521-525.
Grünwald, Gerald, 1992: Zur Frage des Ruhens der Verjährung von DDR-Straftaten, in: Strafverteidiger, S. 333-338.
Günther, Klaus, 1993: Anmerkung zum Urteil des Bundesgerichtshofs vom 03.11.1992, in: Strafverteidiger, S. 18-24.
Hegel, Georg Wilhelm Friedrich, 1833: Grundlinien der Philosophie des Rechts oder Naturrecht und Staatswissenschaft im Grundrisse, Berlin.
Jakobs, Günther, 1994: Untaten des Staates – Unrecht im Staat. Strafe für die Tötungen an der Grenze der ehemaligen DDR?, in: Goltdammer's Archiv für Strafrecht, S. 1-19.
Kaufmann, Arthur, 1995: Die Radbruchsche Formel vom gesetzlichen Unrecht und vom übergesetzlichen Recht in der Diskussion um das im Namen der DDR begangene Unrecht, in: Neue Juristische Wochenschrift, S. 81-86.
Kelsen, Hans, 1960: Reine Rechtslehre, Wien.
Kelsen, Hans, 1979: Allgemeine Theorie der Normen, Wien.
Kramer, Volker, 1992: Zur Verjährungsproblematik bei SED-Unrechtstaten. Kritische Betrachtung zum Beschluß des OLG Braunschweig vom 22.11.1991, in: Neue Justiz, S. 233-236.
Kühl, Kristian, 1990: Rückblick auf die Renaissance des Naturrechts nach dem 2. Weltkrieg, in: Gerhard Köhler, Meinhard Heinz und Jan Schapp (Hrsg.), Geschichtliche Rechtswissenschaft. Ars Tradendo Innovandoque Aequitatem Sectandi, Gießen, S. 331-357.
Meier, Christian, 1997: Erinnern – Verdrängen – Vergessen. Zum öffentlichen Umgang mit schlimmer Vergangenheit in Geschichte und Gegenwart, Berichte und Abhandlungen der Berlin-Brandenburgischen Akademie der Wissenschaften, 3. Bd., Berlin, S. 59-99.
Pieroth, Bodo, 1981: Rückwirkung und Übergangsrecht. Verfassungsrechtliche Maßstäbe für intertemporale Gesetzgebung, Berlin.
Pieroth, Bodo und Thorsten Kingreen, 1993: Die verfassungsrechtliche Problematik des Verjährungsgesetzes, in: Neue Justiz, S. 385-392.

Radbruch, Gustav, 1990: Gesetzliches Unrecht und übergesetzliches Recht, in: Süddeutsche Juristenzeitung 1946, S. 105-108 (auch in: Kaufmann, Arthur (Hrsg.): Gustav Radbruch, Gesamtausgabe, 3. Bd., Heidelberg, S. 83-93).
Roxin, Claus, 1997: Strafrecht. Allgemeiner Teil, 1. Bd., Grundlagen. Der Aufbau der Verbrechenslehre, 3. Aufl., München.
Rückerl, Adalbert, 1984: NS-Verbrechen vor Gericht, Heidelberg.
Sagel-Grande, Irene, H.H. Fuchs und C.F. Rüter, 1979: Justiz und NS-Verbrechen. Sammlung deutscher Strafurteile wegen nationalsozialistischer Tötungsverbrechen 1945-1966, 21. Bd., Amsterdam.
Schlink, Bernhard, 1973: Das Abhör-Urteil des Bundesverfassungsgerichts, in: Der Staat, S. 85-108.
Schlink, Bernhard, 1988: Recht – Schuld – Zukunft, in: Jörg Calließ (Hrsg.), Geschichte – Schuld – Zukunft, Loccumer Protokolle 66, Loccum, S. 57-78.
Schlink, Bernhard, 1994: Rechtsstaat und revolutionäre Gerechtigkeit, in: Neue Justiz, S. 433-437.
Schreiber, Hans-Ludwig, 1995: Die strafrechtliche Aufarbeitung von staatlich gesteuertem Unrecht, in: Zeitschrift für die gesamte Strafrechtswissenschaft, Berlin, S. 157-182.
Schwan, Gesine, 1997: Politik und Schuld. Die zerstörerische Macht des Schweigens, Frankfurt a.M.
Schwencke, Olaf, 1987: Das Geheimnis der Versöhnung heißt Erinnerung, in: Olaf Schwencke (Hrsg.), Erinnerung als Gegenwart. Loccumer Protokolle 25, Loccum, S. 7-8.
Werle, Gerhard: Der Holocaust als Gegenstand der bundesdeutschen Strafjustiz, in: Neue Juristische Wochenschrift, S. 2529-2535.
Werle, Gerhard, 1989: Justiz-Strafrecht und polizeiliche Verbrechensbekämpfung im Dritten Reich, Berlin/New York.
Wiesel, Elie, 1974: Chassidische Feier, Wien.
Wiesel, Elie, 1987: Erinnerung gegen die Gleichgültigkeit, in: Olaf Schwencke (Hrsg.), Erinnerung als Gegenwart. Loccumer Protokolle 25, Loccum, S. 138-160.
Zimmermann, Stefan, 1997: Strafrechtliche Vergangenheitsaufarbeitung und Verjährung. Rechtsdogmatische und -politische Analyse mit vergleichenden Ausblicken nach Tschechien, Ungarn und Frankreich, Freiburg i.Br.

Verzeichnis der Autorinnen und Autoren

Heribert Adam lehrt seit 1968 Soziologie an der Simon Fraser University in Vancouver, Kanada, und ist jährlich für drei Monate Gastprofessor an der Universität in Kapstadt, Südafrika. Veröffentlichungen: Südafrika, Frankfurt a.M. 1994; mit Kogila Moodley: The Opening of the Apartheid Mind, Berkeley 1993.

Werner Bergmann, Dr. habil., Oberassistent am Zentrum für Antisemitismusforschung an der TU Berlin. Forschungsgebiete: Geschichte und Soziologie des Antisemitismus, Vorurteilsforschung, Rechtsextremismus, soziale Bewegungen, Systemtheorie. Jüngste Publikation: Antisemitismus in öffentlichen Konflikten. Kollektives Lernen in der politischen Kultur der Bundesrepublik 1949-1989, Frankfurt a.M. 1997; Antisemitism in Germany. The Post-Nazi Epoch Since 1945, New Brunswick (NJ) 1997 (zus. mit Rainer Erb).

Christiane Brenner, wissenschaftliche Mitarbeiterin am Collegium Carolinum (Forschungsstelle für die böhmischen Länder) in München. Veröffentlichungen u.a.: Staat, Nation und Minderheiten nach der tschecho-slowakischen Teilung, in: Margaditsch A. Hatschikjan und Peter Weilemann (Hrsg.), Nationalismen im Umbruch, Köln 1995; Demokracie v českém politickém diskurzu 1945-1948 (Demokratie im tschechischen politischen Diskurs 1945-1948), in: Historické Studie. K sedmdesátinám Milana Otáhala (Historische Studien. Zum 70. Geburtstag von Milan Otáhal), Praha 1998.

Heinz Bude, Leiter des Bereichs Bundesrepublik am Hamburger Institut für Sozialforschung. Veröffentlichungen u.a.: Bilanz der Nachfolge. Die Bundesrepublik und der Nationalsozialismus (1992); Das Altern einer Generation. Die Jahrgänge 1938-1948 (1995).

Helmut Fleischer, em. Professor für Philosophie an der TU Darmstadt. Kriegsgefangenschaft 1945-1947 in der Sowjetunion, Studium und Promotion 1955 in Erlangen, Wiss. Mitarbeiter an den Osteuropa-Instituten Fribourg und Berlin. Buchveröffentlichungen: Marxismus und Geschichte (1969); Marx und Engels (1970); Sozialphilosophische Studien (1973); Ethik ohne Imperativ (1987); Epochenphänomen Marxismus (1993).

Constantin Goschler, Dr. phil., 1983-1988 und 1991-1992 Mitarbeiter am Institut für Zeitgeschichte, München; 1992-1998 Hochschulassistent am Institut für Geschichtswissenschaften der Humboldt-Universität zu Berlin; 1998-1999 Visiting Scholar am Center for European Studies der Harvard-Universität. Veröffentlichungen u.a.: (Hrsg. zus. mit Ludolf Herbst): Wiedergutmachung in der Bundesrepublik Deutschland, München 1989; Wiedergutmachung. Westdeutschland und die Verfolgten des Nationalsozialismus 1945-1954, München 1992; (Hrsg.): Hitler. Reden, Schriften, Anordnungen. Februar 1925 bis Januar 1933, Bd. IV: Von der Reichstagswahl bis zur Reichspräsidentenwahl. Okt. 1930 - März 1932. Teil 1: Oktober 1930 - Juni 1931, München u.a. 1994.

Sabine Grabowski, wiss. Mitarbeiterin am Institut für Politische Wissenschaft der RWTH Aachen, Bearbeiterin des von der Volkswagen-Stiftung geförderten Forschungsprojektes „Vergangenheitsbewältigung in Polen nach 1989". Veröffentlichungen: Deutscher und polnischer Nationalismus: Der Deutsche Ostmarken-Verein und die polnische Straż 1894-1914, Marburg/Lahn 1998 (im Erscheinen); Vom „dicken Strich" zur „Durchleuchtung", Ansätze der Vergangenheitsbewältigung in Polen, in: Osteuropa 10/1998; Der demokratische Umbruch in Polen, in: Formen der Demokratie, Heft 13, hrsg. von der Landeszentrale für politische Bildung Thüringen, Erfurt 1998.

Irmela Hijiya-Kirschnereit, Professorin für Japanologie (Literatur- und Kulturwissenschaft) an der Freien Universität Berlin, seit 1996 Direktorin des Deutschen Instituts für Japanstudien (DIJ) in Tokyo. Publikationen zur modernen japanischen Literatur, Sprachsoziologie, Wissenschaftsgeschichte und Methodologie der Japanforschung. Herausgeberin der Japanischen Bibliothek im Insel Verlag sowie der Reihe Iaponai Insula – Studien zu Kultur und Gesellschaft Japans im Verlag Harrassowitz, Wiesbaden. Publikationen u.a.: Selbstentblößungsrituale. Zur Theorie und Geschichte der autobiographischen Gattung „Shishôsetsu" in der modernen japanischen Literatur, Wiesbaden 1981 (jap. Tokyo 1992, engl. Cambridge 1996); Das Ende der Exotik, Frankfurt a.M. 1988; Was heißt: Japanische Literatur verstehen?, Frankfurt a.M. 1990; Überwindung der Moderne? Japan am Ende des zwanzigsten Jahrhunderts (Hrsg.), Frankfurt a.M. 1996.

Helmut König, Professor für Politische Wissenschaft an der RWTH Aachen. Mitherausgeber des „Leviathan". Veröffentlichungen zur politischen Theorie und zu Fragen der Vergangenheitsbewältigung. Zuletzt erschienen: Vertuschte Vergangenheit. Der Fall Schwerte und die NS-Vergangenheit der deutschen Hochschulen (Hrsg. mit Wolfgang Kuhlmann, Klaus Schwabe), München 1997; Der Fall Schwerte im Kontext (Hrsg.), Opladen 1998.

Michael Kohlstruck, Dr. phil., Sozialwissenschaftler, zuletzt am Institut für Politische Wissenschaft der RWTH Aachen. Veröffentlichungen u.a.: Zwischen Erinnerung und Geschichte. Der Nationalsozialismus und die jungen Deutschen, Berlin 1997; Der Fall Mehnert, in: Helmut König (Hrsg.), Der Fall Schwerte im Kontext, Opladen 1998.

Zdzisław Krasnodębski, Professor für Kulturgeschichte Ost- und Ostmitteleuropas an der Universität Bremen, bis 1991 unterrichtete er Soziologie und Sozialphilosophie an der Universität Warschau.

Joachim Perels, Professor für Politische Wissenschaft an der Universität Hannover. Letzte Veröffentlichungen: Wider die 'Normalisierung' des Nationalsozialismus. Interventionen gegen die Verdrängung, Hannover 1996; Heinrich Grosse, Hans Otte und Joachim Perels (Hrsg.): Bewahren ohne Bekennen? Die hannoversche Landeskirche im Nationalsozialismus, Hannover 1996; Joachim Perels und Irmtrud Wojak (Hrsg.): Fritz Bauer, Die Humanität der Rechtsordnung. Ausgewählte Schriften, Frankfurt a.M. 1998; Redaktion Kritische Justiz (Joachim Perels, verantw.) (Hrsg.): Die juristische Aufarbeitung des Unrechts-Staats, Baden-Baden 1998; Das juristische Erbe des Hitler-Regimes. Beschädigungen der demokratischen Rechtsordnung (in Vorbereitung, Frankfurt a.M. 1999).

Lore Maria Peschel-Gutzeit, seit Nov. 1997 Senatorin für Justiz in Hamburg. Veröffentlichungen u.a.: Das Nürnberger Juristen-Urteil von 1947. Historischer Zusammenhang und aktuelle Bezüge (Hrsg.), Baden-Baden 1996.

Attila Schauschitz, freier Journalist bei ungarischen Zeitungen. Veröffentlichungen u.a.: Die Sozialisten sind wieder da – Demokratie und Politik in Ungarn 1990-1994 (Teil 1-3), in: SüdOsteuropa Forum, Nr. 3-5 (1994-1996); Hektische Zeitvergeudung – Eine kurze Bilanz der sozialliberalen Regierung in Ungarn, in: SüdOsteuropa Forum, Nr. 4 (1995); Ungarn – ein Land ohne Vergangenheit: Zur Geschichte der „Durchleuchtung" und der Aktenveröffentlichung in Ungarn, in: Halbjahresschrift für südosteuropäische Geschichte, Literatur und Politik, Nr. 8 (1996).

Bernhard Schlink, Professor für Öffentliches Recht und Rechtsphilosophie an der Humboldt-Universität zu Berlin, Richter des Verfassungsgerichtshofs für das Land Nordrhein-Westfalen. Veröffentlichungen u.a.: Abwägung im Verfassungsrecht (1976); Die Amtshilfe (1982); Grundrechte (1985, 14. Aufl. 1998) (mit Bodo Pieroth); Weimar – a Jurisprudence of Crisis (1999) (mit Arthur J. Jacobson).

Verzeichnis der Autorinnen und Autoren

Tine Stein, Dr. phil., Wiss. Assistentin am Fachbereich Politische Wissenschaft der Freien Universität Berlin, 1990 Geschäftsführerin und 1991-1992 Mitglied im Arbeitsausschuß des Kuratoriums für einen demokratisch verfaßten Bund deutscher Länder. Veröffentlichungen u.a.: Die Verfassungsdiskussion im Jahr der deutschen Einheit (Hrsg. mit Bernd Guggenberger), München 1991; Demokratie und Verfassung an den Grenzen des Wachstums. Zur ökologischen Kritik und Reform des demokratischen Verfassungsstaates, Opladen 1998.

Annette Weinke, Doktorandin an der Universität Potsdam. Veröffentlichungen u.a.: Aufklärung von DDR-Justizunrecht in Strafverfahren (gemeinsam mit Klaus-Heinrich Debes), in: Deutschland-Archiv 1995; Die DDR-Justiz der 'Wende'. Zur Transformation der DDR-Juristen von 'Tätern' zu 'Opfern', in: Deutschland-Archiv 1997.

Andreas Wöll, Dipl.-Pol., wissenschaftlicher Mitarbeiter am Institut für Politische Wissenschaft der RWTH Aachen. Veröffentlichungen: Vergangenheitsbewältigung. Modelle der politischen und sozialen Integration in der bundesdeutschen Nachkriegsgeschichte, Baden-Baden 1997 (Hrsg. zusammen mit Gary S. Schaal); Psychoanalyse, Politik und Moral, Tübingen 1998 (Hrsg. zusammen mit Angelika Ebrecht-Laermann).

Kazimierz Wóycicki, 1974-1984 Mitarbeiter der von Tadeusz Masowiecki geleiteten Monatszeitschrift „Więź" („Verbundenheit"); während des Kriegszustandes 1981/1982 interniert, 1984-1986 Aufenthalt in Deutschland und Studium der Politikwissenschaft sowie Neuester Geschichte an der Universität Freiburg; 1986/87 Mitarbeiter der BBC in London; nach seiner Rückkehr nach Polen Sekretär des Bürgerkomitees von Lech Wałęsa; 1990-1993 Chefredakteur der Tageszeitung „Życie Warszawy" („Warschauer Leben"); 1993-1995 Leiter der politischen Abteilung der täglichen Nachrichtensendung „Wladomości" („Die Nachrichten") im 1. Programm des Polnischen Fernsehens; seit Januar 1996 Direktor des Polnischen Instituts Düsseldorf. Veröffentlichungen u.a.: Zur Besonderheit der deutsch-polnischen Beziehungen, in: Aus Politik und Zeitgeschichte, Beilage zur Wochenzeitschrift Das Parlament, B 28/96; Jaspers und die polnische Abrechnung mit der Geschichte, in: Transodra. Deutsch-polnisches Informationsbulletin, B 16/96; Der verlorene Osten. Über den Balkan, das Auge und den deutsch-polnischen Vertriebenendialog, in: Verlorene Heimat. Die Vertreibungsdebatte in Polen, Bonn 1998. 1989 erschien in Warschau seine Publikation Sollen wir vor den Deutschen Angst haben? mit einem Vorwort von Stanislaw Stomma.

Gesellschaft im Wandel
Leviathan - Sonderhefte

Hartmut Häußermann / Ingrid Oswald (Hrsg.)
**Zuwanderung
und Stadtentwicklung**
1997. 470 S. (Leviathan-Sonderheft 17/97)
Br. DM 78,00
ISBN 3-531-13097-8
Großstädte sind immer multikulturell. Wie die daraus sich ergebenden Spannungen bewältigt und verarbeitet werden – ob produktiv durch kulturelle und ökonomische Innovation, ob regressiv durch Abwehr und Fremdenfeindlichkeit –, ist zu unterschiedlichen Zeiten durchaus verschieden und hängt von beiden Seiten ab: von den Regeln und dem Verhalten der aufnehmenden Stadtgesellschaft einerseits, von den Aspirationen und Selbstdefinitionen der Zuwanderer andererseits. In diesem Band sind Beiträge aus verschiedenen Ländern versammelt, die Integrationsprozesse und Konflikte in den Bereichen Arbeit, Wohnen und Politik analysieren sowie Strategien der symbolischen Repräsentation und des Überlebens in der Illegalität behandeln.

Gerhard Göhler (Hrsg.)
Institutionenwandel
1997. 285 S. (Leviathan-Sonderheft 16/96)
Br. DM 58,00
ISBN 3-531-12936-8
Unsere Zeit ist in besonderem Maße durch Institutionenwandel geprägt. Im Blickpunkt stehen die vielfältigen und häufig schwer durchschaubaren Prozesse des Institutionenwandels in Mittel- und Osteuropa. Aber Institutionenwandel findet nicht nur dort statt, wo es besonders augenfällig ist. Auch die europäische Integration bringt fundamentale institutionelle Veränderungen, deren Richtung und Ausmaß nicht leicht abzuschätzen sind, dasselbe gilt für die Dritte Welt und nicht zuletzt auch für internationale institutionelle Arrangements wie etwa die Vereinten Nationen. So sehen wir uns mit einer Vielfalt von heterogenen Prozessen konfrontiert, die in ihrer Variationsbreite von revolutionären Brüchen bis hin zu den nahezu unmerklichen, aber nicht minder gravierenden Veränderungen eines „schleichenden Institutionenwandels" reichen. Der Band gibt Aufschluß über Ursachen, Verlauf und Entwicklungstendenzen dieser Vorgänge.

Barbara Riedmüller / Thomas Olk (Hrsg.)
**Grenzen des
Sozialversicherungsstaates**
1995. 325 S. (Leviathan-Sonderheft 14)
Br. DM 52,00
ISBN 3-531-12662-8
Der demographische Wandel gibt Anlaß zu weitreichenden Spekulationen über die Zukunft der Rentenversicherung, die Gesundheitsreform und die Einführung der Pflegeversicherung verunsichern den historischen Kompromiß zwischen Arbeitgeber- und Arbeitnehmerbeiträgen. Schließlich stellt die steigende Armut und Sozialhilfeabhängigkeit die Verteilungswirkung des Sozialversicherungssystems in Frage. Die Autoren analysieren die Leistungsfähigkeit der Sozialversicherungssysteme und skizzieren Entwicklungsmöglichkeiten des modernen Sozialstaats.

Änderungen vorbehalten Stand. Oktober 1998

WESTDEUTSCHER VERLAG
Abraham-Lincoln-Str. 46 · D - 65189 Wiesbaden
Fax (06 11) 78 78 - 400 · www.westdeutschervlg.de

GPSR Compliance
The European Union's (EU) General Product Safety Regulation (GPSR) is a set of rules that requires consumer products to be safe and our obligations to ensure this.

If you have any concerns about our products, you can contact us on

ProductSafety@springernature.com

In case Publisher is established outside the EU, the EU authorized representative is:

Springer Nature Customer Service Center GmbH
Europaplatz 3
69115 Heidelberg, Germany

www.ingramcontent.com/pod-product-compliance
Lightning Source LLC
LaVergne TN
LVHW010252260326
834688LV00044B/1241